RMB FUNDS

人民币基金
法律与实务指引

主　编 郭 强 | 副主编　陈 瑱

LAW & PRACTICE REVIEW

法律出版社
LAW PRESS · CHINA

本书赞誉

这是一本专业律师团队编写的关于私募投资基金法律与实务问题的专业书籍。郭强律师团队多年来同时服务于凯雷、黑石、高盛、摩根士丹利、KKR、德太、华平等全球知名基金管理人，作为其各自人民币基金的“御用”律师，据我所知，这在国际基金法律服务市场上并不多见。郭律师团队既能开风气之先，又能坚持学习、不断进步，逐渐形成了专注于为市场头部 GP 和领先 LP 提供定制化法律服务的专业特色。本书是团队多年实战经验和学习思考心得的总结，对于私募基金的基础法律关系以及从设立、募集、运营到实务的各个环节都进行了较为全面和深入的梳理分析。书中对于发起人的代际传承、私募管理人的平台化、永续基金、GP 主导的基金重组等国际基金市场前沿话题的诸多实证研究都令人耳目一新，颇受启发。相信本书对于私募基金的管理人、投资人以及从业人员乃至对私募基金感兴趣的普通读者，都会有较高的借鉴意义。

——郭雳（北京大学法学院教授）

从 KKR 到德弘资本，我和团队一路亲历了 PE 基金进入中国以及人民币基金的起承转合。一路上得到郭强律师团队的优质专业法律服务襄助，共同见证了人民币基金市场的发端与发展。作为一名亲历者和践行者，非常愿意向读者朋友推荐这本反映了人民币基金市场发展的心路历程、兼具国际视野和本土经验的好书。书中对于永续资本基金等的研究与讨论在国内尚不多见，具有开创性意义。

——刘海峰（德弘资本董事长、中华股权投资协会理事长）

私募投资基金在国外是非常成熟的产品，但在中国尚在完善之中，操作环境与国外也有许多不同。郭强律师以他在国内外的从业经验，以他对中国国情的谙熟，对人民币私募投资基金的法律与实务做了精辟的分析，可称为从事人民币私募投资基金者的指南，也是我们完善私募投资基金环境的重要参考资料，是值得一读的专业好书！

——吴晓灵（中国人民银行前副行长）

私募股权投资基金在中国蓬勃发展 20 年，打造了一大批优秀企业，助力实体经济高质量发展。我有幸作为行业的实践者之一，参与了诸多传统企业焕发新生、新兴企业创新发展的过程，也见证了私募基金的立法与监管一步步走向广泛、纵深和专精。郭强律师和团队的新书，既是对这一领域的系统梳理，也可帮助业内人士从更专业的视角进行总结、思考、提升。

——赵令欢（弘毅投资董事长、总裁）

2003 年，我在代表新桥资本参与其收购深圳发展银行的交易过程中，面对的最大障碍之一就是向交易对方和监管机构解释什么是私募基金，为什么是有限合伙？过去十几年里，这些名词对于国内资本市场已经不再陌生，境内外基金在推进中国创新企业成长中发挥了巨大的作用。中国的私募股权投资基金在过去 10 年内经历了狂飙突进，监管环境也日趋复杂。行业繁荣的背后，必须清醒地看到支撑这一投资工具的法律基础依然缺失，不管是严格的审批还是依样画葫芦的合同都不足以产生这一基础。在法律对于很多基本问题（比如普通合伙人的信义责任）没有清晰答案的时候，法律执业者应该严谨地帮助行业各方防范风险。从 2007 年开始，我见证了郭强和方达的投资基金团队在这一领域的实践。他们不是以营销和复制合同模板为模式获得成功的律师，他们始终致力于深入理解行业的复杂商业实践，帮助交易各方建立复杂商业模式下的合同机制，防范极端情况下的风险。在经济成长发生周期性变化，在理论风险变成现实的时候，他们的价值会被更多地看到。今天，郭强和团队将他们的经验和积累通过这本书和行业分享，值得推荐！

——周志峰（蚂蚁集团）

山一程、水一程，身向榆关那畔行*

《人民币基金法律与实务指引》序

郭强先生领导的方达律师事务所投资基金业务组一直服务于境内外投资基金的法律实务，参与和见证了2007年以来我国私募基金行业的蓬勃发展。2010年是外资PE入华的重要历史时点：这一年，中国GDP总量超越日本跃居全球第二。外资基金管理人（GP）如果能通过在境内设立人民币PE机构，为境内迅速积累的财富提供差异化的投资回报，并以A股这一全球第二大资本市场实现项目退出，这将会更符合PE投资的商业逻辑，也比美元PE基金在投资运营效率上更具吸引力。十余年来，郭先生和他的团队一直专注于国际和国内资产管理领域，历练于中国最前沿的人民币私募基金法律实务，于喧嚣中静心格物。其在2015年出版的《中国资产管理：法律和监管的路径》对散落于不同监管部门的私募产品进行了梳理总结，呼吁建立功能监管和行业监管基础上的统一私募基金监管体制。2015年至今又已6年，中国私募基金格局俨然已具大江大河气象，私募股权投资基金（含VC基金）在管资产（assets under management，AUM）达11.06万亿元，*<u>私募证券投资基金</u>*AUM达3.77万亿元人民币，[1]成为提高我国直接融资比例和提升资本配置效率的重要支撑，也是A股资本市场机构化专业化的重要力量。2018年出台的《资管新规》[2]对人民币基金的销售募集、管理运营，以及母基金的运作产生重大影响并引起业界大量讨论。郭先生和团队的这本新书从宏观层面系统总结人民币基金20年来起承转合和法律制度变迁，从微观实务层面以鲜活的案例和严谨生动的文字为您娓娓道来人民币私募基金的法律体系和管理运营所面临的关键法律和实务细节。这不仅是一部关于人民币私募基金的系统性的法律专著，也是人民币基金运营实务的佳作。

当今恰逢百年未遇之大变局，疫情初缓、百业待兴，我国已深度融入全球化并成为全球经济引擎。前路仍将曲折，如何过滤层出不穷的短期扰动因素，以历史的长周期时间轴审视当下的格局，事关私募基金特别是以长期价值创造为己任的PE基金之成败。从大的格局来

---

* 本书系作者个人观点，不代表所在公司立场。为避免歧义及便于理解，本书诸多专有名词和翻译名词在第一次出现时皆以斜体字及下画线标出。

〔1〕 中国证券投资基金业协会2020年12月数据。

〔2〕 全称《关于规范金融机构资产管理业务的指导意见》（银发[2018]106号）。

看,我国在发展上的长期确定性有:中国城镇化2.0阶段的城市化率将由2019年的60%增长到2030年的75%;堪称世界级的五大城市群崛起将带来信息、人才、产业链、资金流等强大的集聚效应;5G、AI、智能交通控制、高速轨道等下一代高科技的应用将进一步提升智慧城市水准并大幅缓解“大城市病”;农村土地流转和集约化经营将与信息基础设施和研发投入共同推动我国全要素生产率以每年1.6%的速度增长,劳动生产率也将翻一番,并解放和推动2.2亿农民进城成为新市民;全国城镇居民人均可支配收入将从目前的6000美元翻一番达到1.2万美元;GDP总量跃居全球首位,从制造业大国迭代为制造业强国和科技大国,并在那时跃居为全球最大的消费市场(USD12.7万亿元)和第一大经济体。[1] 无与伦比的统一大市场带来的规模优势、经世致用东方哲学特别是以“人”为中心的社会伦理观和人文精神,借鉴西方公司制组织体系和管理经验,推陈出新为中国特色的制度创新,给我国极富企业家精神的创业群体和7.7亿劳动者提供了绝佳的商业土壤,也给了中国PE机构绝佳的投资机会。然而,对比大时代不断涌现的世界级新经济公司,中国私募基金管理人的机构化与专业化尚有较大提升空间。本书融合全球最佳实践,给出了不少关键启示。

资产管理行业的基础法律关系基于*信义义务*(fiduciary duty)。信义概念我国古已有之,曾子曰:“吾日三省吾身:为人谋而不忠乎?与朋友交而不信乎?传不习乎?”现代法律契约概念下的信义义务起源于英美法系下的信托制度,信托财产具有双重所有权,*受托人*取得*普通法*上的所有权而*受益人*取得*衡平法*上的所有权。信托制度后被大陆法系国家引入并继受,但与大陆法系下根深蒂固的“一物一权”原则产生冲突。我国的信托法律关系以《信托法》为主要依据,除了大陆法系固有的受托人和受益人财产权利之争,还多出一层*委托人*的原始所有权之争,也更容易与“代理”等不同财产管理模式相混淆。本书贯通中西法律体系、厘清我国私募基金的基础法律关系和信义义务的内涵与外延,并进一步辨析私募基金信义义务的承担主体[涵盖*管理人*、*托管人*、*投资团队*、*投资人咨询委员会*(LP Advisoru Committee,LPAC)、*第三方服务机构*等]。信义义务所涉各主体的权利义务范围和边界是私募基金公司治理机制的基石。私募基金是典型的“人合”与“资合”并重的组织机构,公司治理的核心是出资人(LP)、管理人(GP)和投资团队(team)三方关系的平衡。

在私募基金层面的公司治理,作为私募基金受托人,GP的首要信义义务对象是基金的投资人LP。GP与LP的沟通主要通过年度投资人会议(annual general meeting,AGM)、定期投资报告披露、投资者关系回访等常规方式进行。对于关联交易、基金额外展期、调整投资策略、利益冲突等重要事项,则由LP全体会议或者代表全体LP且能够真正负起责任的LPAC来审查批准。信息披露的透明度和披露质量常常引起投资人争议:对于私募证券基金,其投资的二级市场证券资产的信息披露和资产流动性都相当充分;而PE基金的底层资产流动性低,如何对投资组合进行公允估值往往涉及主观判断,也受诸多外部因素影响。比如,为了下一期基金的募资或是尽早获得业绩分红而人为调高本期基金投资组合的公允价

---

[1] 本段数据源于摩根士丹利研究报告。

值。后续基金对前期基金所投项目的继续加仓是否为了托盘而非出于客观独立判断？对于同时管理人民币与美元基金（双币基金）的 GP 来说，项目投资机会如何在双币基金之间分配，是否需要 LPAC 审批？如果美元基金规模比人民币基金大很多，GP 是否会在出现利益冲突时更加偏向规模更大（GP 的主要经济利益来源）的美元基金？如果 GP（和投资团队）在两只基金的强制跟投金额显著不同，是否会扭曲投资团队向两只基金公允推荐项目？如果人民币基金存续期较短，是否因此采取更快（但影响价值创造）的投资和退出节奏，从而连带影响美元基金投资组合的退出和投资策略？由于金融的强外部效应，广义的私募基金公司治理还包括与监管机构的合规与汇报，比如，基金业协会的私募基金管理人登记和基金产品的备案。近年来，特别是新冠肺炎疫情发生之后，*社会责任投资*（Socially Reponsible Investing，ESG）成为热门话题，也是美元基金募资的一个必答题。我国如何发展出适合自身历史阶段的一套标准化的 ESG 数据指标体系，值得拭目以待。

PE 基金管理人层面的公司治理主要聚焦于投资决策流程、投资团队的强制跟投和薪酬和业绩分红机制，以及前中后台的岗位隔离与制衡内控。在投资决策流程和内涵方面，最重要的是形成真正的合伙人文化和投资团队作为“所有人”而非“打工人”的归属感（owner ship）。互补而各具专长的团队成员要进行充分透明、开诚布公的投资决策讨论，警惕所谓的“共识”达成，要以批判性思维去下功夫“大胆假设、小心求证”，不唯上、只唯实。“君子之道，辟如行远，必自迩”，所以 PE 机构要下大力气在社会发展、宏观经济、产业趋势、商业模式、业务逻辑与财务等方面广泛研究，对少数重大问题、关键变化、重要领域与重点企业进行深度前瞻分析，持之以恒的不断复盘历史投资组合表现、总结行业发展规律、预测未来的突破和演变。投资团队对行业的深度思维能力、对自身认知力的客观评价，以及长期积累的企业家生态圈往往能“先验性”地决定一家 PE 机构未来的投资业绩。中华文化背景下的企业家关系要多以道家自处而以儒家待人。所谓“以儒家待人”是指珍惜人情的一种忠恕心理，“以道家自处”则指的是“不争”而多以对方视角思考问题。在扎实的基本面研究分析基础和执行效率之上，伟大的投资机构必须找到自己的核心价值观，团队的关键人士与核心层往往需要长期的合作共事磨合、打造出适合 PE 机构核心竞争力和能力圈的严谨投资原则和标准、严格的投资纪律和自我修炼、大格局的领导人和团队、长期磨炼和煎熬所沉淀积累的意志力。

然而，人性之恶是“人合型”投资机构最大的风险。要克服人性的脆弱性，PE 机构长期主义的胜利更加需要机构化和制度化来积淀和固化。要用市场化的激励机制发掘、培养和激励最优秀的专业投资团队，以组织体系的整体力量来应对日益复杂多变的投资环境和产业与资本的竞合，沉淀和升华出适合投资机构自身特点的企业文化。正如管理大师 James Collins 所言：“企业文化并非企业战略的重要补充，企业文化本身就是战略。”投资机构要建立一套标准如一的企业文化，让团队有机会共同分享因为实现伟大梦想而获得的回报，这种合伙人的文化杜绝打工者心态，要让最基层的员工也要感受到自己是企业的主人。本书介绍了投资机构的激励机制要点，包括在 GP、团队及个人层面的*业绩分红*（carried interest，也称

*附带权益*或*绩效分成*)和薪酬设计与平衡;在充分激励的同时,通过*强制跟投*(co-investment)、*延迟奖金*(deferred bonus)、*分红确权*(carry vesting schedule)、*分红回拨机制*(clawback)等方式来强化信义义务,减少代理人风险,使投资团队/GP的利益与LP的利益高度一致。

此外,具有前瞻性的优秀投资机构不仅着眼于当下合伙人文化的真正建立,更未雨绸缪投资机构自身的进化与传承。本书也介绍了合伙人的退出机制以及诸多国际案例,并讨论了以GP股权为标的的*GP权益基金*。实际上,随着中国资产管理行业规模的迅速增长和AUM的头部化趋势,*GP融资*(fund finance)这一新事物可以提升GP和投资团队对强制跟投的出资能力,从而进一步强化GP和投资团队与LP的利益一致性。

人民币基金的运营管理千头万绪,往往挂一漏万。本书的一大显著特点在于以法律的视角囊括人民币基金运营的方方面面,并对当下最为关注的核心问题进行了深入探讨。试举基金运营费用、基金收益分配、基金业绩评估为例。

费用验证(fee validation)是GP与LP争议中的常见话题。特别是基金的表现不理想时,LP更加倾向对GP的费用开销进行审计验证。一是确保费用在基金与管理人层面的分摊与*有限合伙协议*(LPA)的约定相一致;二是LP并不愿意看到GP收取的管理费结余成为其主要利润来源,而应来源于长期价值创造产生的业绩分红。此外,基金费用也会相当程度的影响到LP端的净回报计算:*净内部收益率*(net IRR)与*毛内部收益率*(gross IRR)会因为费用分摊的合理与否产生较大差别。因而,PE机构要强化其中台部门能力,真实准确透明地向LP披露基金运营的相关费用明细,这对塑造LP与GP间的长期互信和后续基金的募集至关重要。本书详细阐述了收费模式、费用抵扣、基金费用、管理人费用等诸多方面的国际惯例与国内实践。

*业绩分红*与*收益分配*(carried interest和waterfall)是PE会计核算里极其复杂的部分:除了每单项目所涉每笔投资与退出现金流在时空的精确分布和经典的waterfall四步分配法,还牵涉到基金的架构(公司制或有限合伙企业)、税务筹划、地方政府补贴、*已实现*和*未实现业绩*(realized + unrealized/accrued carry)等。这使GP业绩分红的信息提供异常复杂且工作繁重,信息披露的完整一致性备受关注,在国际实践中一直是LP与GP间争议的焦点。因而,2015年以来,*机构有限合伙人协会*(Institutional Limited Partners Association, ILPA)发布了"ILPA报告格式指引"(ILPA reporting template),此后逐渐被KKR、黑石、凯雷等采用。*收益分配顺序*(distribution waterfall)究竟是选择*美国模式*(US-style deal-by-deal)还是*欧洲模式*(european-style return-all-capital-first)?亚洲包括中国PE行业的IRR偏高而*投入资本分红率*(DPI)偏低,从而现金流和J Curve更加陡峭。欧洲模式能让LP更早地获得现金回报,在总体可分配现金流一致的情境下获得更高的LP端的IRR,所以LP的直觉选择自然倾向欧洲模式。人民币PE基金也多以欧洲模式为主,分配条款对GP参与超额收益分成要求相对严格,更加注重对LP的利益保护。实际上,随着国际PE行业的深度全球化,欧美基金越来越

多地采用二者混合模式，以期取精用宏、达成 LP 有效保护与 GP 充分激励之间的平衡。正如本书所阐述："PE/VC 基金行业中 GP 和 LP 并非对立的输赢博弈格局，而是在一个 8～10 年的合伙事业中谋求共赢的模式，美国模式较早让 GP 取得业绩分红，有助于 GP 尤其是运营首只基金的 GP 对团队给予必要的激励以留住顶尖的人才，毕竟 GP 本质上不是靠机构而是靠顶尖的投资人才来为 LP 创造价值。"实践中，两种分配模式在激励 GP 如何进行投后管理、资产核销、尾盘资产处理等方面都有不同的效果。所以说，收益分配方式不是简单的技术层面的零和博弈，更要着眼于潜在利益冲突和人性的"道"的层面、针对 GP 特点来设计相适应的正向价值创造与分配平衡方案。

GP 与 LP 约定俗成 8% 的*门槛收益率*（hurdle rate，也称*优先回报率* preferred return，二者在法律定义上略有细微差别），起源于数十年前的美国无风险收益率（当年的美国长期国债利率约为 8%），并被国际和我国的 PE 行业沿用至今。本书亦对此惯例安排进行了更符合 PE 投资价值创造使命的讨论。实际上，巴黎高等商学院的 Oliver Gottschalg 提出：PE/VC 基金可以依照不同的投资策略和市场状况约定某基准利率适当上浮的门槛收益率，或引入 PE/VC 行业指数作为业绩比较基准，或以二级市场指数（如 MSCI）作为近似的 LP 的机会成本基准，甚至以某一类型 PE 基金的*风险概况*（risk profile）计算出来的机会成本作为基准。PE 机构讲求的是在风险可控的情况下为 LP 赢取*超额收益*（alpha），上述建议在理论上更能体现业绩分红的实质，提升 LP 与 GP 的利益一致性，但在实践中过于烦琐而并未广为采纳，或许在私募基金行业的数据标准化和数字化工作有了实质性进展后才有可能加以应用推广。

投资机构的绩效评价受限于信息对称水平。私募证券投资基金可以用*夏普比率*（sharp ratio）来考察某一基金产品风险调整后的收益率，对收益与风险同时进行综合考量，从而排除风险因素对绩效评估的不利影响；而 PE 基金行业的底层资产由于其"盲池性"、非流动性、长期持有、信息披露不完整等因素限制了更严谨评估指标的运用。此外，我国尚未出现针对另类投资市场的专业第三方数据机构（如国际上的 Cambridge Associate、Burgiss、Preqin），因而无法对某一 PE 基金的整体业绩作出客观公允的对标评价。即使目前业界广为应用的 IRR 和*资本回报倍数*（Multiple of Capital Contributed，MOC）这些简明指标，也常被有意无意地误导和引用。比如，IRR 往往由于基金早期投资项目的成功而变得畸高，并非基金存续期的整体表现。中国的 PE 投资以少数股权投资为主，高度依赖 IPO 退出这一狭窄渠道，而且项目退出缓慢，因而投入资本分红率（distributed to paid in capital，DPI）更受 LP 重视；人民币基金的存续期与国际同行相比较短，因而存续后期往往形成大比例的*未实现收益*（unrealized gain/unrealized capital）。所以，中国 PE 行业有全球最高的*投入资本总值倍数*（total value to paid in，TVPI），但也有全球主要经济体中最长的退出时间。

有什么样的 LP，就有什么样的 GP 和基金产品。对于人民币基金管理人来说，最大的现实应对策略无非是顺应当下历史阶段的各类 LP 偏好提供相应的基金产品。在基金实务章节，本书详细梳理了人民币基金的各类基金产品发展和特点。为应对前述中国 PE 行业基金存续期短、高 TVPI 而低 DPI 等结构化矛盾，我国私募股权二级市场和 *S 基金*（secondary fund）应运而生，为PE基金权益的流动性、大类资产配置多元化以及行业的风险管理提供了重要支持，是我国PE行业生态建设的重要一环。S基金由于投资阶段偏向于基金的中后期，收益率为负的时间大幅缩短、退出周期相对更快、回款周期相对更短，能有效降低PE基金的IRR通常呈现的J曲线效应。S基金的交易类型灵活多元，既可以直接收购LP所持有的基金权益，也可以收购GP的部分或全部投资组合；既能帮助LP解决其所持PE基金权益流动性的需求，也能帮助GP优化其基金投资人结构，解决因基金存续期短而甩卖尾盘资产问题，并为更复杂的交易产品创造了可能性。比如：S基金以*捆绑认购*（stapled commitment）方式向现有基金LP要约收购其基金权益以解决既存LP的流动性问题，同时绑定认购GP新一期基金的份额。又如，全球*GP主导型基金重组*（GP-led restructuring）在经济下行特别是新冠肺炎疫情肆虐的2020年非常流行，在私募股权二级市场的交易数量占比达到创纪录的44%，交易金额达到260亿美元。S基金参与的基金重组交易模式中，S基金与GP新设承续实体收购原基金投资组合，原有基金LP可以选择转换为新设基金LP（roll-over）或获得现金退出（cash-out），S基金在此过程中有更强的话语权与GP共同商定新基金的条款。2020年9月，Harbour Vest联手LGT通过QFLP途径收购境内IDG资本旗下人民币基金的6亿美元资产组合，这是我国私募股权二级市场里程碑式的交易实践。

再举并购基金为例，这一控股型投资模式兴起于美国20世纪80年代的经济结构调整和新旧产业的更替。受益于垃圾债券的创新和广泛运用，企业可以借助杠杆融资方式筹措大量资金进行行业收购整合，杠杆收购（leveraged buyout，LBO）的繁荣也催生了黑石、KKR等私募巨头。如果做并购基金的业绩归因分析，欧美成熟市场并购基金回报的50%以上来自并购杠杆这种财务工具，而并购标的利润增长对回报的贡献占比较低；在亚洲和中国这样的新兴市场，并购基金方兴未艾，而债务杠杆的运用几乎为零，其回报更加依靠行业年化"10+%"的增长率。中国特色的"上市公司+PE"模式则毁誉参半：此模式下的并购基金，内部管理面临GP与上市公司不同利益主体间的诉求冲突，外部则面临金融工具有限、关联交易和信息披露的监管合规限制。对诸如上述重要基金类型所涉关键法律实务进行提纲挈领地凝练阐述也是本书的一大特点。

PE机构以长期主义来创造*深度价值*（deep value），需要依赖稳定的外部环境，从而使PE机构自身能力在价值创造中占据决定性因素。稳定并非一成不变，而是在产业与资本的演进中寻求相对的可预期性。投资之道，也并非泛泛而论的大道至简，而是逆水行舟不进则退，加以长周期的身体力行知行合一，且与国家与民族的命运紧密相连。国家竞争优势在于创造良好的商业环境和制度支持，以确保生产要素的投入能够依照预期达成高效利用和产业升级。私募基金行业作为强监管的泛金融业务，不可避免地面临诸如政策周期等外部不确定因素。监管与投资机构应该相互依赖、积极对话、清除障碍，降低不必要的监管成本（对监管机构而言）与合规成本（对私募基金而言），共同创造稳定可预期的外部环境。

从国际经验看，PE/VC行业为代表的股权直接融资以"风险共担、利益共享"机制激发市场主体创新创造活力，促进科技、资本和产业的紧密融合。截至2020年9月末，我国直接融资存量达到79.8万亿元，约占社会融资规模存量的29%。[1] 然而，我国直接融资中的债券融资占比较大，而债券的持有主体是银行，且其中相当部分实为银行以货币创造为企业融资，具有间接融资的特点。实际上，我国股权融资比重一直偏低，PE/VC基金存量占社会融资规模存量比例已从2018年末4.34%的历史最高点下滑到2020年末的3.88%。[2] “募资难”问题一直是困扰我国PE行业发展的最大“瓶颈”。如何在制度建设和配套上继续深化改革开放，引导当前国内国际较为充足的流动性在前端一级市场凝聚沉淀出机构化的长线资本金，并进一步完善和制度化资本市场注册制改革和股权退出通道，这将是影响我国PE行业发展的最关键问题。

菩提达摩东来，只要寻一个不受人惑的人。郭先生和团队这本新书千言万语，总结国际PE行业的最佳实践，以法律视角映照我国人民币基金的成败得失，也是要教私募基金行业一个不受人惑的方法。中华文明向来文化多源、重视开放、勇于接受外来刺激和挑战，正如万里长江，从源头的涓涓细流一路收纳支流河川水量，亦消纳其承载的多元文化，终于大江入海，百川朝宗，天下众流在五洋七海中泯合而无所区别。中国以长期主义渐进式改革与迭代，凭借本国市场巨大的网络效应构造出全球独一无二的创业创新试验场，人力资本与金融资本相融合的PE机构将在这一试验场发挥更大的作用。PE这一源于西方16世纪大航海探险时代的古老商业模式，如果能够与中华商业文明相互激荡、吸收外来异质文明精华，实现行业参与各方的帕累托演进，形成中国特色的兼容并蓄、融合创新的PE生态景象，将为中华民族迈向创新型强国奠定坚实基础。

周　熙*

摩根士丹利　董事总经理

2021年3月3日

---

[1] 资料来源：中国证监会。

[2] 资料来源：中国证券投资基金业协会、中国人民银行。

* 周熙先生为摩根士丹利人民币私募股权基金的联席主管，摩根士丹利的董事总经理、中国区运营委员会和管理委员会委员、摩根士丹利华鑫基金董事长。周先生于2008年加入摩根士丹利，曾任摩根士丹利北京代表处首席代表。自2011年加入亚洲私募股权基金后，周先生主导过众多私募股权投融资交易，包括科锐国际、天下秀、华致酒行、当代金融、中翰盛泰、海普润、集萃药康及红云融通等。周先生被投中评为2019年中国最佳私募股权投资人TOP50。加盟摩根士丹利之前，周先生曾就职于高盛。周先生获上海交通大学学士（优等）学位，密歇根大学电子工程硕士学位和工商管理硕士学位，中国人民大学金融学博士（肄业）。

前　言

2002 年,华尔街刚刚经过又一轮经济危机,我还在华尔街一家律师事务所执业。事务所当时正代表一家潜在投资人参与美国第四大钢铁公司 LTV 的破产重整案,担任财务顾问的是一家叫作黑石的公司。

那一年是黑石成立的第十七个年头,华尔街的轻蔑仍然溢于言表。事务所主管 LTV 交易的合伙人是银行业务组的一位资深合伙人,拥有一份涵盖华尔街传统巨头的超级客户名单。在这位大佬的眼里,黑石不过是一个妄自尊大的无名之辈(They are a nobody,full of hot air)。

多年以后读到,那一年黑石通过大力发展咨询业务拓展收入来源,使咨询费收入占到当年总收入(3.2 亿美元)的 45%,在行业低谷仍然实现了净利润和较高的税前利润率,为经济回暖后利润大幅增长并成为日后的"资本之王"奠定了基础。

十年弹指一挥间。近十年后有幸担任黑石的中国法律顾问,帮助其设立旗下第一只人民币基金。2009 年 10 月 30 日百仕通(中国)股权投资管理有限公司在沪挂牌。29 日接到梁锦松、郭明鉴两位先生的通知时已经买不到直飞上海的航班机票,只好从项目所在地飞到杭州,折腾到酒店已经是凌晨 3 点,终于在一早的挂牌仪式上见到仰慕已久的苏世民。也从此有机会近距离观察到以黑石为代表的国际私募基金管理人从专业 PE 管理机构(1.0 模式)向另类管理机构(2.0 模式)再向以"另类 +"为标志的 3.0 模式的"蝶变"。

从 1985 年 40 万美元的启动资金到 2019 年 5000 亿美元的 AUM,黑石从一家专业 PE 管理机构成功转型成为一家另类管理机构,成为全球最大的资产管理机构和资产类别多元化的典范,其中不乏戏剧性桥段:

- 1985 年黑石以"私人投资银行"的定位创立,以并购咨询为切入口,并于 1987 年设立旗下首只 PE 基金(规模 8.5 亿美元)。适逢 20 世纪 80 年代美国经济复苏,美股开启长期牛市,并购交易迎来快速发展,黑石凭借"友好收购"的差异化战略精准切入市场。

- 1990 ~ 1997 年,银行信用危机后,并购行业震荡调整,黑石通过拓展对冲基金(1990 年设立 BAAM 即黑石另类资管业务)、重组咨询、地产投资(1992 年)等业务,在行业低谷期拓宽了收益来源,逐步奠定行业地位。

- 1998 ~ 2002 年,科技股泡沫破灭,许多投资策略较激进的公司受损严重,黑石谨慎把握能力圈内投资，于2002年设立信贷业务部门，开始尝试秃鹰投资，逐渐抢占市场，确立龙头地位。

- 2003~2007年，信贷宽松及经济繁荣背景下美国迎来又一次“并购浪潮”，黑石稳步扩张，成功上市（2007年），在临近周期高点时选择投资更为稳健的非周期性行业，成功渡过金融危机；2005年建立不良资产自营对冲基金，成立帕克希尔集团（Park Hill Group），开启基金募资业务；在管基金中增加封闭式共同基金和CDO基金等。与此同时，也开始饱受成为公众公司前后的负面新闻困扰：上市前夕的超级生日派对引发轩然大波，上市前中国主权财富基金战略入股，却遭遇股市低迷、账面损失15亿美元，苏总因此连续3年受到朱镕基总理的批评。

- 2008年至今，行业步入稳步增长期，黑石把握全球投资机会，资产类别进一步多元化，AUM持续增长，业绩保持领先，龙头地位稳固。收购GSO成为全球最大另类信贷资产平台之一，创设地产“Core+基金”、私募股权FOF业务、生命科学基金等全新产品。2012年完成旗下首只人民币基金的设立；创立跨资产类别、跨行业和地域的策略机遇（Tactical Opportunities）板块。2013年收购瑞士信贷旗下战略资本合伙（Strategic Capital Partners）。2014年创立核心股权策略。2015年，黑石集团将帕克希尔从集团剥离重组，实现了在纽交所的单独上市。2019年适逢美国大规模税改，完成上市主体公司制改制，从一家有限合伙企业（UP-PTP）改制为公司。

2010~2013年是人民币基金（特别是外资发起人民币基金）募集的高峰期。感谢凯雷、黑石、高盛、摩根士丹利、摩根大通、德太集团、华平投资、里昂证券及托马斯利等全球PE巨头的信任，使我们有机会作为其各自第一只人民币基金的基金律师，全程参与了人民币基金在中国市场的落地、生根、开花和结果。此后，又有多家PEI 300的头部机构（近期代表如锐盛Ares）纷纷在华设立其首期人民币基金；凯雷和摩根士丹利更先后成功完成了多期后续人民币基金的募集设立。与此同时，还有十余家全球PE基金管理人也曾试水人民币基金，但由于市场、监管或内部商业决策等原因未能最终实现落地，从而为我们从另一个侧面全面观察和评价人民币基金提供了宝贵的经验教训。

无独有偶，再次遇到2002年以3.25亿美元收购LTV的WL罗斯公司[1]是在15年后中国钢铁行业的首例市场化重整交易中，我们作为基金律师协助完成了国内首只钢铁产业结构调整基金的设立。这是人民币基金市场发展的一个重要缩影，反映了人民币基金已经成为国际私募投资基金市场的一个不可分割且日益重要的分支，除信贷策略之外的几乎所有重要类别的基金投资策略都能在人民币基金市场找到一席之地。

作为国际私募投资基金的一个细分市场，人民币基金与其国际同行相比，既有相似性，也有其特立独行之处。20年来人民币基金的监管版图经历了深刻的变化，尽管在上位法上

---

〔1〕 被称为“破产重组之王”的威尔伯·罗斯（Wilbur L. Ross, Jr.）曾是这家公司的董事长兼首席执行官，在2017年2月出任美国商务部长后，罗斯辞去了WL罗斯公司董事长的职务。

仍然存在若干瑕疵无法做到逻辑自洽，但人民币基金事实上已经被纳入《基金法》所统领的法律和监管（包括自律监管）的框架中，在募资、投资、投后及退出等环节都能够深切感受到监管的力量。

人民币基金市场激荡20年，以下是我们对其中若干法律和实务问题的一些粗浅看法，与读者朋友商榷：

➢《基金法》是否适用于私募股权投资基金？

《基金法》引入了非公募基金的概念，同时按照“适度监管、自律为主”的原则，对私募证券投资基金实行管理人登记和基金备案的管理制度（而非行政审批制度）。2013年通过中央编办批准部委三定方案的形式，又将投资非证券类资产的私募基金也一并纳入证监会监管体系（随后又延伸至基金业协会主导的自律监管体系），但法律层面存在的瑕疵始终未及修补。[1]

《基金法》第94条第2款规定，非公开募集基金财产的证券投资，包括买卖公开发行的股份有限公司股票、债券、基金份额，以及国务院证券监督管理机构规定的其他证券及其衍生品种。私募股权投资中更为常见的投资标的（如有限责任公司股权和合伙企业权益等）等并未包括在“证券投资”的定义中；与此前的修订草案征求意见稿相比，“股票”一词前又加上了“公开发行的股份有限公司”的前缀，因此被广泛认为是将非证券类私募投资基金排除在了《基金法》的调整范围之外。

2019年12月28日新修订的《证券法》将“资产管理产品”纳入了“证券”范围，授权国务院按照《证券法》的原则制定其发行和交易管理办法。[2] 但并未对资产管理产品进行定义，也未对资产管理产品是否包括非证券类私募投资基金做出回答。

然而，基于客观监管现实，现在的问题可能已不再是《基金法》是否应该适用于非证券类私募基金，而是如何在遵守《立法法》的前提下让《基金法》尽快适用于非证券类私募基金。一种思路是修订完善《证券法》或《基金法》，将未上市企业股权纳入证券范围或非公开募集基金的投资范围。比如，有学者提议对《基金法》第94条做技术性修改，将“公开发行的股份有限公司股票”修改为“公司股权”。[3] 此外，是否可以将第94条理解为授予了证监会对“其他证券”的解释权，从而为证监会将私募股权投资基金统一纳入证券投资基金监管体系埋下了伏笔？《证监会105号文》规定，“私募基金财产的投资包括买卖股票、股权、债券、期货、期权、基金份额及投资合同约定的其他投资标的”，是否可以沿此思路对“其他证券”做出扩大解释（使其包括有限责任公司股权和合伙企业权益等）？

---

〔1〕 参见郭强主编：《中国资产管理：法律和监管的路径》，中国政法大学出版社2015年版，第三章。

〔2〕 参见吴晓灵、邓寰乐等：《资管大时代》，中信出版集团2020年版，第306页。《证券法》第2条规定，资产支持证券、资产管理产品发行、交易的管理办法，由国务院依照本法的原则制定。

〔3〕 吴晓灵：《落实新修〈证券法〉完善财富管理法律框架》，载《清华金融评论》2020年第2期。

➢ 私募基金管理人是否有法定的信义义务？

《基金法》与《信托法》为特殊法和一般法的关系，《基金法》中未规定的适用《信托法》。因此，证券类私募基金管理人对其投资人承担法定信义义务应当没有疑义。但是，如果不能解决《基金法》对于非证券类私募基金的适用性问题，《信托法》中规制的信义义务适用于私募股权投资基金法律关系可能就无从谈起。作为组织法的《公司法》和《合伙企业法》对于信义义务的规定通常都比较原则、缺乏明确的标准，尚缺乏司法实践的广泛支持。而非证券类的契约型基金如果不能依据《基金法》而只能依据《合同法》设立，则基金管理人对于投资者的义务仅限于平等民事主体间的合同义务，而非《信托法》下受托人之信义义务。其实，将源于普通法系的信义义务概念植入大陆法系本身就是一个具有挑战性的任务。本属普通法系的英国要求其资产管理机构遵循“为投资者最佳利益行事”的原则，而没有坚持信义义务原则，〔1〕个中缘由也许值得我们借鉴。

➢《资管新规》是否适用于私募股权投资基金？〔2〕

按照《资管新规》的定义，资产管理业务是指银行、信托、证券、基金、期货、保险资产管理机构、金融资产管理公司等金融机构接受投资者委托、对受托的投资者财产进行投资和管理的金融服务。尽管从功能监管的角度，私募投资基金无疑符合金融之资金融通的属性，作为连接投资和融资的工具，其核心也是金融资产的形成、定价与风险处置。〔3〕但从《资管新规》的行文来看，私募投资基金管理人并未明确列明在“资产管理业务”定义中的“金融机构”里。事实上，私募投资基金管理人是否属于金融机构、私募基金投资和管理是否属于金融服务，在法律和监管上仍无定论。〔4〕

此外，《资管新规》规定：“私募投资基金适用私募投资基金专门法律、行政法规，私募投资基金专门法律、行政法规中没有明确规定的适用《资管新规》，创业投资基金、政府出资产业投资基金的相关规定另行制定。”所谓“私募投资基金专门法律、行政法规”，由于《证监会105号文》属于部门规章，《私募投资基金管理暂行条例》仍在征求意见稿阶段，因此在目前阶段可能仅包括《基金法》。因此，金融系私募投资基金适用《资管新规》应该比较明确，但非金融系私募投资基金〔5〕是否也适用《资管新规》？如果适用，其中的净值化管理、错层嵌套等限制性规定应当如何适用？都是需要进一步明确的问题。

---

〔1〕 参见吴晓灵、邓寰乐等：《资管大时代》，中信出版集团2020年版，第58页。

〔2〕 参见《〈资管新规〉浓荫下的私募投资基金》，载“投资基金法律观察”微信公众号：https://mp.weixin.qq.com/s/YhHLNZadX8IdhToST3dekw，2021年1月25日最后访问。

〔3〕 参见吴晓灵、邓寰乐等：《资管大时代》，中信出版集团2020年版，第23页。

〔4〕 参见汪灵罡：《何为“金融机构”?》，载“金融监管研究院”微信公众号：https://wemp.app/posts/0612703a-8813-4031-9eed-4dc3eef98626，2021年1月17日最后访问。

〔5〕 其中创业投资基金、政府出资产业投资基金已明确暂不适用《资管新规》。

➢ 橄榄球变哑铃?

人民币基金市场经过近30年的发展呈现明显的中间(成长期基金)大、两端(VC基金和并购基金)小的“橄榄球形”特征。

过去30年,由于改革开放、加入世界贸易组织、人口红利等因素,中国经济保持了较长时期的高速增长。成长期基金成为人民币基金的主流,即使国际并购基金巨头旗下的人民币基金也不例外。随着中国经济进入新常态,粗放式、高速度的增长模式不再可行,成长性投资机会不再像以前那样充分。越来越多的企业家开始愿意考虑出卖控股权,国企混改、企业分拆交易等投资机会也开始涌现。注册制下Pre-IPO的套利模式风险越来越大,有利于并购交易的环境正在形成。与此同时,一二级市场估值倒挂,人民币基金市场甚至比美元市场更为严重。越来越多的基金管理人开始向投资链条的前端转移,进入VC投资市场。从政策层面,PE和VC基金差异化监管也促使行业差异化发展的趋势日益明显。

人民币基金市场正在向欧美成熟市场私募股权投资市场中间(成长期)占比小、两端(VC和并购)占比大的“哑铃形”格局转化。当然,与欧美市场略有不同的是,囿于市场和监管条件,我们的哑铃形格局中VC端明显大于并购端。

➢ (长期)资本从哪里来?

常青资本和永续资本基金是近年来国际私募投资基金的热门话题。[1] 而存续期限普遍较短依然是人民币基金的显著特征,平均6.43年的存续期限远远低于美国PE基金平均10年的存续期,盖因长期资本支持严重不足。

社保基金在私募股权投资基金的配置上限是10%,目前整体配置率仅为2%~3%;保险资金投资于权益类资产(含股票与股权)的上限已从30%提高至45%,但目前的实际配置比例仅为15%左右。我国所谓的“养老三支柱”在资金端和配置端两头儿受限,难堪机构投资人之重任。亟须通过深化养老金制度改革和税收激励政策,将散户资金聚集成规模化的机构资金,并通过专业化的资产管理和市场化运作,使其成为机构化和长期化的投资基金。

各级地方政府旗下的产业引导基金以及各种国有性质的资本日益成为人民币基金的重要资金来源,这可能成为人民币基金市场区别于国际投资基金市场的长期特征。从2014年起有幸连续两届担任国家科技成果转化引导基金理事会理事,与马蔚华理事长领导下的理事会同事一起,亲身参与了这支科技部与财政部联合设立的国家级政府引导基金的运作,受益匪浅。但是应当承认,相当一部分引导基金仍然在不同程度上存在一些行政色彩较浓、自身运作不够市场化、机制不够健全、考核不够科学的弊端,自身定位不清晰,难免在政策引导和市场逐利之间徘徊。一位行业人士曾经评价说,未来人民币基金市场最需要的是复合型的人才:不光会投资,也会融资;不光懂美元基金,也懂

〔1〕 参见本书第七章第十二节。

人民币基金;甚至还要懂政府、“讲政治”、深谙国有资本的运作机制。此话可能不无戏谑的成分,但是人民币基金的投资人构成与诉求与欧美国家存在显著差异是一个客观现实,理解人民币投资人(包括国有资本)的差异化诉求,尽力提供有针对性的市场化解决方案,恐怕是现阶段人民币基金管理人不得不认真思考和面对的一个课题。

人民币基金市场发展的前一二十年,受到各方面因素(尤其是上市退出制度)的影响,留给GP创造亮眼业绩的机会并不多,真正赚到盆满钵满的LP恐怕更少,很难期待LP形成长久的忠诚度。一方面,随着鼓励投资行为长期化的各项制度出台,希望中国养老金能够尽快成长为机构化、长期化的投资者;另一方面,大型LP对另类资产的配置需求进一步提高,有望从重要配置目标上升到核心资产大类。随着人民币基金2.0时代的来临,GP和LP之间形成“机构对机构”的新型战略合作关系,能够更好地理解彼此的核心诉求,一些长期的资本合作自然水到渠成,比如被黑石等另类投资人所广泛采用的核心策略已经开始在人民币地产基金中得到应用。

➢ 会有一天出现中国的黑石吗?

人民币基金中的一些头部机构因为投资策略和优良业绩的原因曾先后被市场冠以“中国的黑石”的头衔,但是黑石离开中国究竟有多远?不要说35年前黑石设立时,即使在今天,苏总也可能会因为拿不到私人投资银行的牌照或无法满足注册资本金要求而无法开业。黑石旗下各重要产品线要么无对应牌照,要么需要逐个申请许可,要么需要借助相关持牌机构的通道。以私募信贷业务为例,要么拿不到基金备案,要么需要被迫采用融资类资管业务方式,投资端明股实债,资金端保本保收益,乃至通过持牌基金销售机构增信。

国际成熟市场已经基本完成了从“1.0时代”到“3.0时代”的成功转型,从产品驱动到平台驱动、再到以资本市场服务和财富管理服务等为特色的“另类+”,管理人成功转型为另类资产管理公司,资产类别多元化,为投资人提供持续的综合α回报(而不是局限于某一产品的单一α)的能力大幅提升。不同产品如PE基金和对冲基金间的趋同和融合(convergence)倾向也日益明显,对冲基金可能有侧袋(side pocket)用于配置一级市场资产,而PE基金亦可能将部分可投资金直接投资于二级市场证券。

人民币基金市场正在经历从1.0向2.0的转化,头部基金管理人致力于将自己打造成为多产品类别的另类资产管理人。[1] 但受到监管的制约,人民币基金的升级转型之路命运多蹇。《证监会105号文》确立了私募基金管理人专业化经营的原则,2017年更升格为私募基金管理人必须按照不同类型[2]进行分类登记、分类监管的硬性要求。管理人只可备案与本机构已登记业务类型相符的私募基金,而不能兼营多类业务。

---

[1] 参见本书第三章第四节。

[2] 初期分为“证券投资类”、“股权/创投类”和“其他类”三类,后又增设“资产配置类”,成为四大类设置。目前“其他类”仅对QDLP等特定管理人开放。

经验证明，向黑石这样的外资另类资产管理机构解释中国的资产管理行业是一件另双方都无比沮丧的事情。受制于监管制度的巨大差异，中外资管机构在数量、结构和经营模式上都存在巨大差异。我国的资产管理业务缺乏明确的法律定义、独立的制度规范和清晰的监管边界。重视审慎监管、忽视行为监管，建立在机构监管而非功能监管基础上的“分业经营、分业监管”，导致中国资管业务异化，被《资管大时代》一书生动地总结为直接融资间接化、投资业务融资化、私募产品公募化及市场主体行政化。[1]

正如吴晓灵老师所指出的，导致监管当局滋生“地盘意识”、难以公平对待所有市场主体的主因之一是行业发展和风险防控的双重考核要求。要破除“地盘意识”、实现市场的统一监管，就必须改变监管的职责划分、优化问责机制、将业务创新和持续发展的责任还给资管机构，监管当局只需维护好自己批准的持牌业务的市场纪律[2]。相反，如果不能尽快调整职责分工、实行功能监管、划清市场与监管的边界、降低市场经营主体的展业和合规成本，给予基金管理人和投资人自主决定基金策略、产品投向和经济条款的权利，类似黑石的全能型资产管理机构可能永远无法在中国出现。

2003 年我回国后加入了另一家华尔街律所，有机会参与了《外商投资创业投资企业管理规定》的后续配套立法工作。专家组集思广益、众志成城，终于在当时的三资企业法框架中“无中生有”地嵌入了类似境外有限合伙的制度安排，甚至还实现了基金实体税务穿透的功能，创造性地将符合国际惯例的基金形式移植到了中国的监管框架中。这一切之所以成为可能，离不开当时的外经贸部（现商务部）、科技部、国家工商总局、国家税务总局和国家外汇局等部门领导开明务实的工作作风。

相信在各界有识之士和市场的推动下，困扰行业发展的阻碍终将消除，人民币基金市场能够迎来又一个难得的发展机遇！

郭 强

2021 年 2 月于香港特别行政区

---

〔1〕 参见吴晓灵、邓寰乐等：《资管大时代》，中信出版集团 2020 年版，总论。

〔2〕 参见吴晓灵、邓寰乐等：《资管大时代》，中信出版集团 2020 年版，附录一《遵循规律，坚守底线，做勇于担当的金融人》。

凡　　例

法律法规及其他规范性文件全称与简称对照

序号	全　称	简　称
1	《中华人民共和国民法典》	《民法典》
2	《中华人民共和国民法总则》	《民法总则》
3	《中华人民共和国公司法》	《公司法》
4	《中华人民共和国合伙企业法》	《合伙企业法》
5	《中华人民共和国证券法》	《证券法》
6	《中华人民共和国证券投资基金法》	《基金法》
7	《中华人民共和国证券投资基金法释义》	《基金法释义》
8	《中华人民共和国信托法》	《信托法》
9	《中华人民共和国外商投资法》	《外商投资法》
10	《中华人民共和国外商投资法实施条例》	《外商投资法实施条例》
11	《中华人民共和国外资企业法》	《外资企业法》
12	《中华人民共和国中外合资经营企业法》	《中外合资经营企业法》
13	《中华人民共和国中外合作经营企业法》	《中外合作经营企业法》
14	《中华人民共和国反不正当竞争法》	《反不正当竞争法》
15	《中华人民共和国反垄断法》	《反垄断法》
16	《中华人民共和国反洗钱法》	《反洗钱法》
17	《中华人民共和国个人所得税法》	《个人所得税法》
18	《中华人民共和国个人所得税法实施条例》	《个人所得税法实施条例》
19	《中华人民共和国监察法》	《监察法》

续表

序号	全　称	简　称
20	《中华人民共和国立法法》	《立法法》
21	《中华人民共和国企业所得税法》	《企业所得税法》
22	《中华人民共和国商标法》	《商标法》
23	《中华人民共和国网络安全法》	《网络安全法》
24	《中华人民共和国消费者权益保护法》	《消费者权益保护法》
25	《中华人民共和国刑法》	《刑法》
26	《中华人民共和国刑事诉讼法》	《刑事诉讼法》
27	《中华人民共和国保险法》	《保险法》
28	《中华人民共和国城市房地产管理法》	《房地产管理法》
29	《全国法院民商事审判工作会议纪要》	《九民纪要》
30	《关于促进创业投资持续健康发展的若干意见》	《创投国十条》
31	《关于加快发展现代保险服务业的若干意见》	《保险业新国十条》
32	《有限合伙企业国有权益登记暂行规定》	《有限合伙国有权益登记规定》
33	《关于进一步明确规范金融机构资产管理产品投资创业投资基金和政府出资产业投资基金有关事项的通知》	《1638 号文》
34	《关于规范金融机构资产管理业务的指导意见》	《资管新规》
35	《私募投资基金管理暂行条例(征求意见稿)》	《私募基金条例(征求意见稿)》
36	《非居民金融账户涉税信息尽职调查管理办法》	《涉税信息尽调管理办法》
37	《政府出资产业投资基金管理暂行办法》	《政府出资基金暂行办法》
38	《企业国有资产交易监督管理办法》	《32 号令》
39	《创业投资企业管理暂行办法》	《创投企业管理办法》
40	《外商投资创业投资企业管理规定》	《外资创投规定》
41	《关于加强私募投资基金监管的若干规定》	《私募基金监管规定》
42	《证券期货经营机构管理人中管理人(MOM)产品指引(试行)》	《MOM 产品指引》
43	《证券期货经营机构私募资产管理计划运作管理规定》	《资管计划运作规定》,与《证券期货经营机构私募资产管理业务管理办法》合称《私募资管细则》
44	《证券期货经营机构私募资产管理业务管理办法》	《资管业务管理办法》,与《证券期货经营机构私募资产管理计划运作管理规定》合称《私募资管细则》
45	《证券期货投资者适当性管理办法》	《投资者适当性管理办法》

续表

序号	全　称	简　称
46	《证券期货经营机构私募资产管理业务运作管理暂行规定》	《私募资管暂行规定》
47	《私募投资基金监督管理暂行办法》	《证监会105号文》
48	《商业银行理财子公司管理办法》	《理财子公司办法》
49	《保险资金投资股权管理办法(征求意见稿)》	《股权办法征求意见稿》
50	《商业银行理财业务监督管理办法》	《理财新规》
51	《金融资产投资公司管理办法(试行)》	《AIC管理办法》
52	《有关私募投资基金“基金类型”和“产品类型”的说明》	《基金类型说明》
53	《私募基金登记备案相关问题解答(一)》~《私募基金登记备案相关问题解答(十五)》	《登记备案问答(一)》~《登记备案问答(十五)》
54	《私募投资基金备案须知》(2019年12月23日发布)	《2019版基金备案须知》
55	《私募投资基金备案须知》(2018年1月12日发布)	《2018版基金备案须知》
56	《私募基金管理人登记须知》	《管理人登记须知》
57	《私募基金管理人投资者保护倡议书》	《投资者保护倡议书》
58	《基金募集机构投资者适当性管理实施指引(试行)》	《投资者适当性管理指引》
59	《私募投资基金服务业务管理办法(试行)》	《基金服务业务管理办法》
60	《证券期货经营机构私募资产管理计划备案管理规范第1号》~《证券期货经营机构私募资产管理计划备案管理规范第4号》	《私募资管计划备案管理规范第1号》~《私募资管计划备案管理规范第4号》
61	《私募投资基金管理人内部控制指引》	《内控指引》
62	《关于进一步规范私募基金管理人登记若干事项的公告》	《规范管理人登记公告》
63	《私募投资基金募集行为管理办法》	《募集行为管理办法》
64	《私募投资基金信息披露管理办法》	《信息披露办法》
65	《私募投资基金信息披露内容与格式指引1号》	《信息披露指引1号》
66	《私募投资基金信息披露内容与格式指引2号——适用于私募股权(含创业)投资基金》	《信息披露指引2号》
67	《私募投资基金管理人登记和基金备案办法(试行)》	《登记备案办法》

续表

序号	全　称	简　称
68	《证券公司私募投资基金子公司管理规范》	《券商私募子公司管理规范》,与《证券公司另类投资子公司管理规范》合称《券商子公司管理规范》
69	Internal Revenue Code	美国《国内税收法典》
70	Securities Act of 1933	美国《1933 年证券法》
71	Securities Exchange Act of 1934	美国《1934 年证券交易法》
72	Investment Company Act of 1940	美国《1940 年投资公司法》
73	Investment Advisor Act of 1940	美国《1940 年投资顾问法》

CONTENTS

目　录

第一章 / 001

概述篇

第一节　人民币基金——中国法语境下的私募投资基金 / 001

第二节　私募投资基金的基础法律关系 / 005

第三节　中国私募投资基金的法律法规和监管体系 / 029

第二章 / 042

基金设立篇——架构设计

第一节　私募投资基金的架构设计 / 042

第二节　基金设立的税务考量 / 052

第三节　外资发起人的特殊考量 / 066

第三章 / 084

基金设立篇——普通合伙人和基金管理人

第一节　私募基金管理人的设立 / 084

第二节　私募基金管理人的登记 / 091

第三节　投资管理团队——激励与约束 / 100

第四节　GP/管理人平台化与代际传承 / 111

第五节　GP 少数权益交易及 GP 权益基金 / 127

第四章 / 137

基金设立篇——人民币基金投资人

第一节 国资投资人 / 138
第二节 保险资金及保险私募基金 / 150
第三节 证券公司 / 158
第四节 三类股东 / 167
第五节 银行资金 / 176
第六节 上市公司 / 182
第七节 家族办公室 / 184

第五章 / 190

基金募集篇

第一节 私募投资基金的募集与销售 / 190
第二节 私募投资基金的备案 / 201
第三节 基金募集设立的主要法律文件 / 205
第四节 人民币基金核心商业与法律条款——国际惯例与本土实践 / 210

第六章 / 248

基金运营篇——基金管理人不可不知的运营相关监管和合规问题

第一节 管理人的持续合规义务 / 248
第二节 私募基金的持续披露和报告义务 / 253
第三节 投资者适当性管理 / 258
第四节 CRS 尽职调查和报告义务 / 264
第五节 私募投资基金的估值问题 / 269
第六节 私募基金服务业务监管 / 276
第七节 基金设立及运营中的反垄断合规问题 / 279
第八节 基金运营中的反洗钱合规问题 / 286
第九节 基金运营中的数据合规问题 / 303
第十节 基金运营中的反腐败合规问题 / 319

第十一节 基金设立与运营相关知识产权保护问题 / 335
第十二节 基金运营中的 ESG 问题 / 344
第十三节 基金解散清算相关法律与监管问题 / 352
第十四节 基金运营中的常见争议解决问题 / 360

第七章 / 373

基金实务篇——具体而微的基金形态及其创新

第一节 并购基金 / 376
第二节 创业投资基金 / 384
第三节 地产基金 / 397
第四节 特殊机会基金 / 406
第五节 S 基金 / 415
第六节 夹层基金 / 425
第七节 纾困基金 / 432
第八节 企业创投(CVC)——创投界的观光客 / 442
第九节 基金之基金(FOF) / 455
第十节 PIPE 基金与私募定增基金 / 463
第十一节 GP 主导的基金重组 / 471
第十二节 永续资本基金 / 479
第十三节 私募对冲基金 / 491
第十四节 人民币基金的跨境投资 / 507

结 语 / 523
附录一 私募基金管理人登记申请材料清单(证券类) / 525
附录二 私募基金管理人登记申请材料清单(非证券类) / 536
附录三 私募投资基金(证券类)备案申请材料清单 / 547
附录四 私募投资基金(非证券类)备案申请材料清单 / 555
附录五 私募基金重大变更及清算申请材料清单 / 565
附录六 私募投资基金市场、法律与监管路线 / 567
附录七 参考文献 / 584
后 记 / 587
审阅人 / 589

第一章

概　述　篇

/第一节/

人民币基金——中国法语境下的私募投资基金

一、人民币基金

人民币基金，指在中国境内设立的以人民币计价的私募投资基金。私募投资基金(private investment funds)一般指以非公开方式募集的、由专业投资团队或机构管理的、主要以非上市公司股权为投资标的的集合投资载体。

私募投资基金源起于“二战”后，兴盛于20世纪70～80年代的美国和欧洲，迄今一直是全球投资交易的重要参与方和资金来源。私募投资基金被认为是管理人的投资管理经验和投资人的资金的最佳结合，管理人因其为私募投资基金发掘投资机会、进行投资管理并完成投资退出而取得报偿，而投资者则从基金成功的下游投资收益中取得其资本返还和投资回报。

人民币基金的肇始与本土私募股权投资市场的发展密不可分，是国际知名私募投资机构和中国机遇、中国策略有机结合后的自然发酵。20世纪末国际VC基金管理人开始关注中国创业投资领域的投资机会。以2004年新桥投资收购深发展17.89%控股权为标志，国际PE基金也开始进入中国市场，从而将国际先进的PE投资经验介绍到中国。作为舶来品，这一时期的PE基金和VC基金均采取离岸美元基金的形式，从市场准入和项目审批的角度都被作为外国投资人对待。

为寻求比美元基金更便利顺畅的市场准入甚或国民待遇，同时为了亲近中国本土投资人、扩大潜在基金投资人基础，国际VC基金和PE基金管理人开始积极探索在中国境内设立在岸基金实体(人民币基金)的可行性。

从2001年起开始出现的外商投资创业投资企业，到2010年开始各地陆续推出的QFLP

制度,以及旧瓶装新酒的外商投资性公司,无一不是这种探索的具体表现。这些在岸基金实体的投资人主要为境内投资人,认缴出资和实缴出资均为人民币,因此被冠以"人民币基金"之名,以区别于同一管理人旗下的境外美元基金。

从外延上讲,人民币基金主要包括私募股权投资基金(以下简称 PE 基金)和私募创业投资基金(以下简称 VC 基金)。近年来随着监管实践的发展,国际对冲基金管理人也可以依据私募证券投资基金管理人制度(Private Securities Investment Fund Manager,PFM 制度)在中国境内募集人民币基金投资于中国境内二级市场,从而使人民币基金的范畴中也纳入了私募证券投资基金。

近 20 年来,中国私募投资基金市场取得了长足的发展,法律和监管环境都发生了翻天覆地的变化。2006 年《合伙企业法》的修改引入了有限合伙企业的形式并迅速成为私募投资基金的主流载体,2012 年《基金法》首次引入"非公开募集基金"的概念。具体到私募股权投资基金,2013 年取消了早期的发展改革部门牵头的备案监管,明确了中国证券监督管理委员会(以下简称证监会)负责股权投资基金行业的具体监督管理,由中国证券投资基金业协会(以下简称基金业协会)履行自律监管职能,具体负责私募投资基金管理人登记和私募基金备案等工作。

人民币基金就此完全融入了中国特色的私募投资基金的法律和监管框架中,而不再局限于曾经的为外资私募投资机构量身定做的小众产品的定位。曾经放之四海而皆准的商业和法律条款,需要重新放置在中国特定的监管棱镜下和司法环境中检视。作为国际私募基金市场中最为专业、经验最为丰富的管理人和投资人,人民币基金的外资发起人深谙国际惯例和最佳实践,也为观察和评价中国私募投资基金法律和监管水平和尺度提供了独特视角。

从一个更广的维度来看,所有根据中国法律在中国境内设立的私募投资基金都可以被归入"人民币基金"的范畴,以区别于通常在中国之外的在岸和离岸法域设立的美元(或其他外币)基金。作为国际私募投资基金的一个细分市场,人民币基金(或曰中国法语境下的私募投资基金)的法律和实务有哪些特点?与国际同业相比,又具有哪些共性和特质?这就是本书所要讨论的主要议题。

二、私募投资基金的中国法定义

中国法语境下的"私募投资基金"(或"私募基金")的概念源起 2012 年《基金法》下的"非公开募集基金"一词,大致经历了如下的监管演进,见表 1.1。

表 1.1 中国私募投资基金的监管演进历程

发布时间	发布机构	法律法规/自律规则	定 义
2012 年 12 月 28 日	全国人民代表大会常务委员会(以下简称全国人大常委会)	《基金法》(2012 年修订)	非公开募集基金,是指通过非公开募集方式设立的基金

续表

发布时间	发布机构	法律法规/自律规则	定 义
2014 年 1 月 17 日	基金业协会	《登记备案办法》	私募投资基金,系指以非公开方式向合格投资者募集资金设立的投资基金,包括资产由基金管理人或者普通合伙人管理的以投资活动为目的设立的公司或者合伙企业
2014 年 8 月 21 日	证监会	《证监会 105 号文》	私募投资基金,是指在中华人民共和国境内,以非公开方式向投资者募集资金设立的投资基金
2017 年 8 月 30 日	国务院法制办公室(以下简称国务院法制办)	《私募基金条例(征求意见稿)》	私募投资基金,是指在中华人民共和国境内,以非公开方式向合格投资者募集资金设立,由基金管理人管理,为投资者的利益进行投资活动的私募证券投资基金和私募股权投资基金
2018 年 3 月 30 日	基金业协会	《私募投资基金非上市股权投资估值指引(试行)》	私募基金,包括基金管理公司及其子公司管理的特定客户资产管理计划、证券公司及其子公司管理的资产管理计划、期货公司及其子公司管理的资产管理计划以及经中国证券投资基金业协会登记的私募基金管理人管理的私募投资基金

由此可见,狭义而言,中国法语境下的私募基金仅指以非公开方式向投资者募集资金设立、由私募基金管理人管理的投资基金。而广义上的私募基金还可包括受金融行业监督管理部门监管的金融机构发起设立或管理的私募资产管理产品,例如私人银行理财产品、信托公司的各类信托计划(如集合/单一资金信托计划)、证券公司的集合/定向/专项资产管理计划、基金管理公司及其子公司的多个/单一客户特定资产管理计划及专户产品、期货公司的期货资产管理计划、保险公司及资产管理公司的保险资产管理产品、股权投资计划、债权投资计划和项目资产支持计划等。

除非特别说明,本书探讨的私募基金取狭义概念。

相应地,狭义的私募基金管理人一般指非为受金融行业监督管理部门监管的金融机构且主要从事发起设立和管理私募基金的机构。在广义的范畴上,如果特定金融机构或其子公司根据金融行业监督管理部门相关规定可以发起设立和管理特定类型的私募基金的,该等金融机构或其子公司亦可构成私募基金管理人,例如证券公司的私募投资基金子公司、取得中国银行保险监督管理委员会(以下简称银保监会)批准设立保险私募基金的保险资产管理公司及其相关作为保险私募基金管理人的子公司。

按照现行监管口径,私募基金分为以下五大类:[1]

PE 基金(private equity funds)

PE 基金,按照自律监管体系下的分类,是指私募股权基金,指投资包括未上市企业和上市企业非公开发行和交易的普通股(含上市公司定向增发、大宗交易、协议转让等),可转换为普通股的优先股和可转换债等的私募基金。市场一般认为,PE 基金的主要投资对象为处于成长、扩张期甚至上市前成熟期企业的股权及上市企业非公开发行的股份。

VC 基金(venture capital funds)

VC 基金,按照自律监管体系下的分类,是指主要向处于创业各阶段的未上市成长性企业进行股权投资的基金。与 PE 基金相比,由于主要投资于创建或重组过程中的成长性企业或未上市高新技术企业,VC 基金的投资风险相对较高、投资期限较长,且为风险分散的目的,VC 基金多以非控股的方式投资于数量众多的企业。

私募证券投资基金

私募证券投资基金,指主要投资于公开交易的股份有限公司股票、债券、期货、期权、基金份额以及证监会规定的其他证券及其衍生品种的私募基金。

其他私募投资基金

其他类别私募基金,指投资除证券及其衍生品和股权以外的其他领域的私募基金,例如投资于红酒的私募基金、投资于艺术品的私募基金、投资于重金属的私募基金等。此外,合格境内有限合伙人(qualified domestic limited partner,QDLP)基金因其专门作为汇集境内资金的联接基金,部分 QDLP 基金备案为其他私募投资基金。

私募资产配置基金

私募资产配置基金,指主要采用 FOF(定义请见本书第三章第五节第三部分)的投资方式进行证券、股权等跨类别资产配置投资的私募基金,其 80% 以上的已投基金资产应当投资于已备案的私募基金、公募基金或者其他依法设立的资产管理产品。基金业协会自 2018 年 9 月 10 日起增设私募资产配置基金类别。根据基金业协会的要求,私募资产配置基金投资单一资产管理产品或标的的比例不超过该基金资产规模的 20%。[2]

---

〔1〕 参见《有关私募投资基金“基金类型”和“产品类型”的说明》,载基金业协会网,https://ambers.amac.org.cn/web/app/static/publicTemplate/productInfo.html,2021 年 1 月 16 日最后访问。

〔2〕 参见《登记备案问答(十五)》。

/第二节/

私募投资基金的基础法律关系

如何认定私募基金的基础法律关系涉及私募基金各方参与者(投资人、管理人及托管人)各自的角色定位及权利义务确定。近年来,"信义义务"(fiduciary duty)一词越来越多地出现在私募基金行业的话语体系中,资产管理的行业监管者(包括自律监管机构)多次强调资产管理的基础法律关系是信托关系,基金业协会在多个场合强调私募基金行业应落实信义义务,[1]保护投资者的合法权益。针对私募基金的基础法律关系究竟如何、如何理解信义义务与信托之间的关系、是否所有的私募基金均构成信托关系、信义义务是否适用于所有私募基金等问题,下文试简要探讨。

一、私募基金的基础法律关系的迷思和辨析

长久以来,业界、学界对私募基金(乃至资产管理行业)的基础法律关系多有争论,存在诸多迷思。

(一)迷思之一:契约型——信托还是委托代理?

契约型私募基金(或者推而广之,包括金融机构的各种私募资产管理产品)究竟构成信托关系还是委托代理,大约是中国资产管理行业发展史上最为长久的争论,在《基金法》2012年修改后情况有所好转,但该争论仍未完全停止。

1. 信托

现代信托制度起源于英美法系,而后被大陆法系国家引入并继受。在英美法系国家,信托一般被理解为"受托人基于委托人的信任,以名义所有人身份,就委托人授予的财产为受益人的利益进行管理和处分的行为",[2]信托财产具有双重所有权,受托人取得普通法上的所有权而受益人取得衡平法上的所有权。而在大陆法系国家中,信托这一舶来品与大陆法系根深蒂固的"一物一权"原则产生冲突,大陆法系国家在移植信托过程中,通过所有权与管理权分离、受托人拥有财产所有权但对受益人附有义务或将信托视为独立法人等方法将信

[1] 参见《中国基金业协会负责人就发布〈关于进一步规范私募基金管理人登记若干事项的公告〉答记者问》,载证监会网,http://www.csrc.gov.cn/shanxi/xxfw/tzzsyd/jczs/201602/t20160215_291287.htm,2021年1月16日最后访问;吴晓灵:《准确界定金融相关概念,实现资产管理市场统一监管》,载新浪专栏,http://finance.sina.com.cn/zl/china/2019-11-04/zl-iicezzrr7004408.shtml,2021年1月16日最后访问;《落实行业信义义务,保护投资者合法权益——协会党委书记、会长洪磊在首届"中小投资者服务论坛"上的讲话》,载基金业协会网,https://www.amac.org.cn/aboutassociation/associationgovernance/supervisionconference/leaderSpeak/xhld_hl/201912/t20191228_1054.html,2021年1月16日最后访问。

[2] 《元照英美法词典》,法律出版社2003年版,第1360页。

托与大陆法系的固有法律原则和体系嫁接。[1] 信托涉及三方当事人:

➢ 委托人,指将财产权转移给受托人的一方当事人,信托的设立始于委托人的财产转移行为,委托人将财产转移给受托人之后,不得随意干涉受托人的活动。

➢ 受托人,指拥有信托财产法律上的所有权,同时负有为受益人利益管理处分信托财产义务的人;受托人在处理信托事务时有自己独立的法律意志,不受委托人和受益人的随意干预。

➢ 受益人,是根据信托享受信托财产利益的人;受益人和委托人可以重叠,构成自益信托,否则,构成他益信托。

自益信托和他益信托的结构区别如图 1.1 所示。

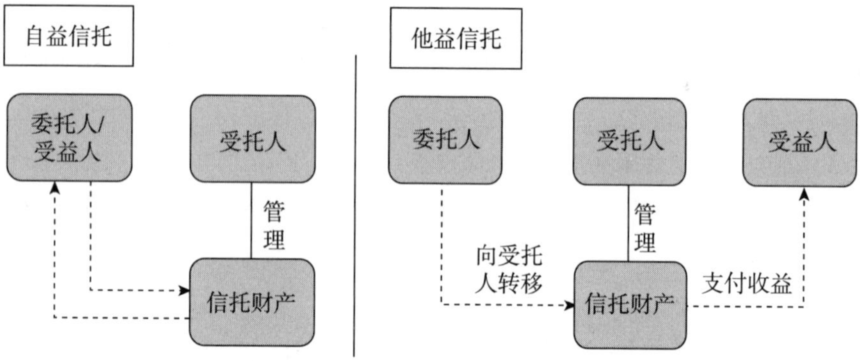

图 1.1 自益信托和他益信托的结构区别

信托主要具有以下特征:

➢ 信托财产所有权与受益权相分离。信托财产的所有权与受益权相分离,信托财产的名义所有权要转移到受托人名下,受托人以自己的名义为委托人(或受益人)的利益管理财产,这是信托最显著的特征。

➢ 信托财产独立。指的是信托关系成立后,委托人转移给受托人的财产就成为信托财产,并且信托财产独立于受托人的固有财产。

➢ 受托责任的独立性和有限性。受托人为了受益人的利益而管理信托事务,财产的收益和损失均归于受益人。一般情况下,除非存在受托人对于信托事务未尽到其诚信义务、谨慎义务等情况,受托人对信托财产的财产损失不以其自身财产承担责任。

➢ 信托目的制约信托财产管理。信托受信托目的的制约,信托目的决定了信托财产的管理方式和限制等。

当前我国信托法律关系的主要依据为《信托法》。《信托法》第 2 条规定,本法所称信托,是指委托人基于对受托人的信任,将其财产权委托给受托人,由受托人按委托人的意愿以自己的名义,为受益人的利益或者特定目的,进行管理或者处分的行为。根据该法律规定,我

---

〔1〕 参见高达、王鹏:《中国信托法的发展完善》,载《学术探索》2014 年第 1 期。

国的信托关系也是三方法律关系，涉及委托人、受托人和受益人三方。同时，按照《信托法》第43条的规定，委托人可以自行担任受益人，亦即可设置自益信托。

值得注意的是，无论英美法系国家还是多数大陆法系国家，信托财产在信托设立之始即已从委托人手中转移，因此，即使在大陆法系国家，信托财产的所有权之争论也多发生在受托人与受益人之间，而对委托人通过"出售""转让"不再对信托财产拥有所有权这一点并无多少争议。[1] 而我国《信托法》第2条对信托的定义并未明确规定委托人在信托成立后即失去财产所有权，"委托给"这一提法回避了财产权归属问题，造成我国信托法律关系除了大陆法系固有的受托人和受益人财产权利之争外，还多出一层委托人的原始所有权之争，也更容易与代理、行纪等不同财产管理模式相混淆。[2]

2. 委托代理[3]

根据民法原理及《民法典》的规定，委托代理为代理的一种，委托代理人按照被代理人的委托行使代理权。

委托合同主要具有以下特征：

➢ 委托合同是以为他人处理事务为目的的合同。只要委托事项不违背公序良俗或法律的禁止性规定，不是与委托人人身密不可分的、具有人身性的事务（如婚姻登记等），委托人都可以经由委托合同委托他人处理。

➢ 委托合同的订立以委托人和受托人之间的相互信任为前提。如果一方对另一方产生了不信任，可随时终止委托合同。

➢ 委托合同是诺成合同及不要式合同。委托合同的当事人双方意思表示一致时，合同即告成立，无须以物之交付或当事人的义务履行作为合同成立的要件。因此，委托合同为诺成合同，而非实践合同。

委托合同与代理并非同一法律关系，而是存在交叉的两种法律关系。委托合同与代理的区别在于：

➢ 委托合同中受托人受托处理或管理的事务可以包括事实行为；而代理人的代理行为不能包括事实行为。

➢ 委托合同体现的是一种对内关系，存在于委托人和受托人之间；而代理属于对外关系，存在于本人与代理人以外的第三人之间，不对外也就无所谓代理。

➢ 委托合同为双方民事行为，若受托人不允诺，则委托合同不能成立；而被代理人授予代理人代理权属于单方民事行为。

若委托人所委托的事务须对外为民事行为时，一般都有代理权的授予。此时，委托合同

---

[1] 参见高达、王鹏：《中国信托法的发展完善》，载《学术探索》2014年第1期；楼建波、刘燕：《论信托型资产证券化的基本法律逻辑》，载《北京大学学报(哲学社会科学版)》2006年第4期。

[2] 参见郭强主编：《中国资产管理：法律和监管的路径》，中国政法大学出版社2015年版，第15~17页。

[3] 参见郭强主编：《中国资产管理：法律和监管的路径》，中国政法大学出版社2015年版，第15~16页。

构成委托代理的基础。委托代理为双方间的法律关系，存在于被代理人（委托人）与代理人（受托人）之间。

图 1.2 说明了委托合同以及由此形成的代理关系。

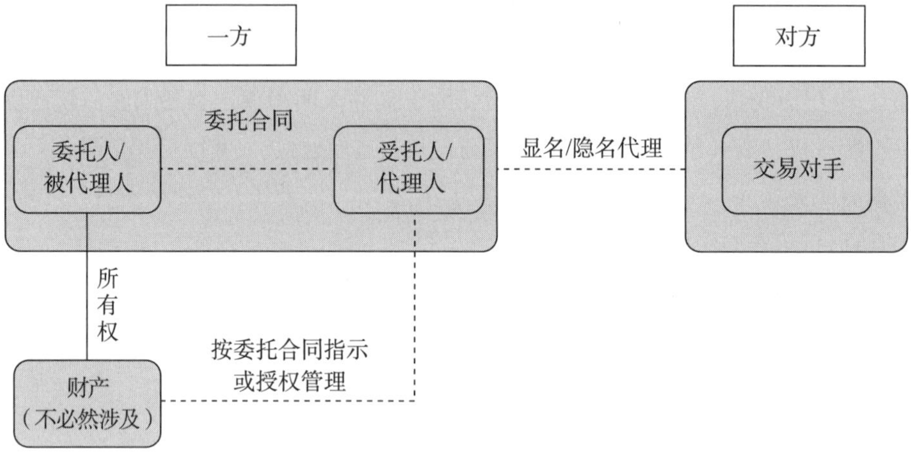

图 1.2　委托合同以及由此形成的代理关系

3. 信托与委托代理的比较

我国在起草《信托法》时并未将信托与委托进行严格区分，从《信托法》第 2 条“委托给”的表述中也可以看出我国《信托法》起草者深受合同法中委托合同的影响。信托关系和委托代理的确存在一定的相似性，例如，均基于当事人之间的信任产生，均属于管理他人财产的制度，规则也在一定程度上相通。

从法理上看，信托与委托代理的主要区别如下：[1]

➢ 法律关系主体：委托代理是双方间的法律关系；而信托是三方间的法律关系，虽然在自益信托中委托人与受益人重合。

➢ 财产权归属转移：委托代理中，涉及的财产归被代理人（委托人）所有；而信托关系中，财产或财产权转移给受托人，或至少在中国《信托法》体系下，即使以“委托给”代替“转移”，法律依然明文规定了信托财产与委托人未设立信托的其他财产相区别。

➢ 法律关系稳定性：委托代理可由于一方的死亡、解散等原因而终止，也可由当事人一方任意解除委托合同而终止；而信托关系不会由于委托人或受托人的死亡、丧失民事行为能力、依法解散等原因而终止，也不因受托人的辞任而终止。

➢ 委托人的指示权利：委托代理中，被代理人（委托人）享有广泛的指示权利，代理人（受托人）遵照被代理人（委托人）的指示处理事务，某种意义上可以说，听从本人的悉

〔1〕 参见彭夯：《私募基金监管法律问题研究》，复旦大学法学院 2011 年博士学位论文；朱小川：《金融理财业务的法律关系——试探信托关系的扩大应用》，载顾功耘主编：《中国商法评论》（2009 年卷），北京大学出版社 2010 年版，第 283 ~293 页；赵廉慧：《信托法解释论》，中国法制出版社 2019 年版，第 62 ~63 页。

数指示和受到本人控制是代理中的常态;而信托关系中,受托人有较大的管理权和裁量权,受托人除了受信托目的的限制和法律的限制之外,不需要听从委托人或者受益人的指示——毋宁说,委托人或者受益人不能指示是常态,受托人享有几乎类似所有人的对信托财产的职权。

➢ 受托人从事法律行为的名义:虽然在委托代理中,受托人可以以自己的名义从事法律行为,但通常情况下除间接代理外,受托人一般是以委托人的名义对外从事法律行为;而信托关系中,受托人则是以自己的名义对外从事法律行为,不论对外签订合同,还是处理信托财产的纠纷。

➢ 行为效果的归属:委托代理中,代理人行为的后果直接归属于本人;而信托关系中,受托人的行为虽然约束信托财产,其效果并不直接归属于委托人或者受益人。

➢ 权利/权益转让:委托代理一般具有专属性,被代理人(委托人)未经代理人(受托人)同意,一般不得将有关委托事务的请求权转让给其他方;而信托关系中,受益人原则上可以转让信托受益权除非信托文件有限制性规定。

➢ 和第三人的关系:委托代理中,由于财产权的瑕疵使第三人受到损害之时,由本人承担责任;而在信托关系中,作为信托财产的名义人的受托人对第三人承担损害赔偿责任。

➢ 责任严格程度:代理人一般仅在过错情况下对代理行为承担责任;而信托关系中,受托人的责任程度较高,对受益人负有信义义务。

在中国现行法律框架内,委托代理关系和信托关系(尤其是委托人与受益人重合的自益信托)比较容易混淆,这主要是因为我国《信托法》未能采纳传统信托关系中的"受托人中心主义",而以委托人为中心,在财产转移上模糊"委托"和"转让"的界限,而在信托事务管理上则以大量不作为义务架空受托人的管理权力,使其只能按照信托文件预先约定作出有限的投资管理决策。[1]

4. 将契约型私募基金认定为信托关系在目前法律法规体系下的障碍

目前除了私募证券投资基金外,将其他类型的契约型私募基金(包括但不限于契约型PE/VC 基金)的法律关系定性为信托关系,缺乏直接的法理支撑,存在如下障碍:

一方面,我国《信托法》立法采取了信托法和信托业法两分方式,根据《信托法》第 4 条规定,受托人采取信托机构形式从事信托活动,其组织和管理由国务院制定具体办法;然而迄今为止,国务院并未就信托机构的组织和管理出台行政法规,实践中由原中国银行监督管理委员会(以下简称原银监会)颁布的《信托公司管理办法》替代了这一职能。根据国务院办公厅《关于〈中华人民共和国信托法〉公布执行后有关问题的通知》规定,人民银行、证监会分别负责对信托投资公司、证券投资基金管理公司等机构从事营业性信托活动的监督管理。未经人民银行、证监会批准,任何法人机构一律不得以各种形式从事营业性信托活动,任何自

[1] 参见郭强主编:《中国资产管理:法律和监管的路径》,中国政法大学出版社 2015 年版,第 17 ~19 页。

然人一律不得以任何名义从事各种形式的营业性信托活动。而私募基金管理人并非信托公司及证券投资基金管理公司,无法直接根据《信托法》认定为信托关系。此外,最高人民法院的法官曾撰文指出,应将委托理财关系的法律性质认定为委托代理,属于全权代理,而非信托关系,因为如认定为信托,则会涉及监管部门审批、信托机构资质、以信托方式从事委托理财活动的资质等一系列问题。[1]

另一方面,除私募证券投资基金外的其他私募基金能否根据《基金法》被认定为信托关系,仍然存在较大争议。我国《基金法》2003 年出台时并未涵盖私募基金,2012 年修订时才首次将"非公开募集基金"纳入其调整范围。根据《基金法》第 2 条[2]以及全国人大的基金法释义,证券投资基金以信托原理为基础,在《基金法》无特殊规定时,适用《信托法》。但如本书第一章第三节第一部分所述,《基金法》所规范的非公开募集基金仅包括私募证券投资基金,有学者称立法时由于监管职能分配上的冲突和私募主体对私募股权投资基金纳入《基金法》调整上的误解,私募股权投资基金、创业投资基金等都没有纳入《基金法》的调整范围。[3] 因此,私募证券投资基金适用《基金法》并进而适用《信托法》应无争议,但是 PE 基金、VC 基金、其他私募投资基金以及私募资产配置基金是否属于《基金法》第 94 条规定的"国务院证券监督管理机构规定的其他证券"从而在《基金法》无明确规定时适用《信托法》并不明确。

5. 将契约型私募基金认定为委托代理的障碍

将私募基金认定为委托代理可能并不符合私募基金安排的本意,原因如下:结合委托代理的特征来看,私募基金的财产通常是独立于委托人的其他财产,通常情况下也并非一方当事人任意可以解除委托合同,在最常见的盲池基金中,受托人也并非按照委托人的指示处理事务,而是可以根据自己的专业判断进行投资,在 PE 基金惯常采取的有限合伙形式中,投资人作为有限合伙人不参与基金事务的执行,普通合伙人执行合伙事务并对合伙企业的债务承担无限连带责任。

另外,认定为委托代理,则给予投资者的保护标准可能大大下降,受托人的义务将限于合同约定的范围,其损害赔偿责任的门槛也将相应升高,导致投资人承担更高风险。

6. 司法实践对契约型产品法律关系的定性

目前,司法实践对于契约型产品的基础法律关系并无统一的定性,而是根据契约型产品的实际条款及其执行情况加以判定。《九民纪要》第 88 条第 2 款规定,根据《关于规范金融机构资产管理业务的指导意见》的规定,其他金融机构开展的资产管理业务构成信托关系

[1] 参见高民尚:《审理证券、期货、国债市场中委托理财案件的若干法律问题》,载《人民司法》2006 年第 6 期。

[2] 《基金法》第 2 条规定:"在中华人民共和国境内,公开或者非公开募集资金设立证券投资基金,由基金管理人管理,基金托管人托管,为基金份额持有人的利益,进行证券投资活动,适用本法;本法未规定的,适用《中华人民共和国信托法》、《中华人民共和国证券法》和其他有关法律、行政法规的规定。"

[3] 参见刘运宏、卫学玲:《证券投资基金法修改中的创新与不足》,载《证券法苑》2013 年第 1 期。

的,当事人之间的纠纷适用信托法及其他有关规定处理。由此可见,司法部门并没有将资产管理业务(包括私募基金)的基础法律关系简单定性为信托关系,司法实践中需要根据具体情况判断其基础法律关系。

检索相关案例可以看到,司法实践中法院认定委托关系的主要理由包括:

- 受托人按照委托人的指令开展业务,不直接、主动参与信托资产管理业务,不承担风险。[1]
- 未经审批从事信托业务,委托财产仍属于委托人的财产,且并未与委托人的其他财产相区分。值得注意的是,在该案中一审法院认为,受托人所从事的商业活动基本符合信托公司集合资金信托业务经营行为的构成要件,其实质为从事营业性信托活动,但由于受托人不具备营业性信托活动的资质而被法院认定协议无效,而二审法院则是基于受托人不具备营业性信托资质且委托财产未与其他财产相区分,认定委托人和受托人之间的关系为委托合同关系,而非信托关系。[2]
- 委托人将其资金汇入受托人的账户,目的是委托其放贷获取利息,并非将资金所有权转移给受托人委托其进行处分,因此受托人对委托人的资金不享有法律上、形式上的所有权。因此,双方之间并非信托关系,而是委托关系。[3]

司法实践中法院认定信托关系的主要理由包括:

- 对于委托人将资金交付持有信托业务牌照的信托公司,信托公司按照委托人指定,以自己名义与借款人签订信托贷款合同的,法院认定为信托关系而非委托关系。[4]
- 受托银行自行确定委托贷款的借款人、借款用途、借款期限、借款利率等事宜,委托人将其财产权委托给受托银行进行管理和处分,收取理财收益,是基于对受托银行的信任,应认定为信托合同纠纷。[5]

可以看出,司法裁判中对委托关系和信托关系的区分标准并不明确,主要考虑的因素包括受托人是否具备从事信托业务的资质、受托人是否主动参与资产管理、是否进行资金交付、资金是否与其他财产相区分等。

综上所述,无论是法律法规层面的规则制定、分业监管的实践差异,还是法理层面的定性分析、司法实践的判例规则,契约型私募基金由于基金类型和实践的多样性,其基础法律关系恐无法完全归结为信托。

---

〔1〕 参见《沈阳城市公用集团有限公司、舟山湖商智本投资有限公司借款合同纠纷二审民事判决书》,(2019)辽民终516号;《舟山湖商智本投资有限公司与沈阳城市公用集团国际贸易有限公司、沈阳城市公用集团有限公司企业借贷纠纷一审民事判决书》,(2017)辽07民初49号。

〔2〕 参见《闫某与余某友合同纠纷上诉案》,(2017)豫15民终3924号及(2018)豫15民再140号。

〔3〕 参见《李某池与郑某学委托合同纠纷二审民事判决书》,(2015)枣民二商终字第203号。

〔4〕 参见《吉林省建苑设计集团有限公司与四川信托有限公司信托纠纷上诉案》,(2017)川民终680号。

〔5〕 参见《河南省漯平高速公路发展有限责任公司诉中国建设银行股份有限公司漯河分行等信托合同纠纷案》,(2010)豫法民二终字第29号。

（二）迷思之二：公司制、合伙制私募基金的组织形式与基金本质的错位

由于我国立法采用信托法和信托业法两分的方式，使符合信托本质的私募基金无法采用信托的组织形式，公司制、合伙制私募基金由于分别受到《公司法》和《合伙企业法》的规范，其法律关系相对比较清晰。但由于私募基金本质上具有信托属性，需在《公司法》和《合伙企业法》的框架内，植入私募基金“受人之托代人理财”的基本属性，由此产生私募基金的组织形式（公司制、合伙制）与其本质（广义信托或者信义关系）的错位。

目前学界对公司制、合伙制私募基金性质的探讨，主要集中在其是否符合所谓“广义上的信托关系”。以公司型基金为例，有学者认为，公司型基金存在两层信托关系，第一层信托关系存在于基金投资者和基金公司之间，投资者认购股份，成为委托人和受益人，基金公司的董事会成为受托人，而第二层信托关系分别存在于基金公司和基金管理人、基金公司和基金托管人之间，以两份合同建立两个信托关系，委托人和受益人均是基金公司，而受托人分别是投资顾问和托管人；[1] 也有学者认为，投资者和基金公司的关系是股东和公司间的关系，不是信托法律关系，否则就是对信托关系的无限放大，而在第二层法律关系中，基金公司和投资者应分别作为名义和实质委托人（和受益人）。[2] 对有限合伙型基金的信托关系也有类似探讨，有学者认为，投资者通过认购有限合伙权益而与普通合伙人/管理人形成广义的信托关系。[3]

有学者进一步指出，上述对公司型和有限合伙型私募基金是否在投资者与公司董事会（或普通合伙人）之间形成信托关系的探讨，主要源于英美法系和大陆法系对“信托”的理解偏差，英美法系中“信托”的概念有较大弹性，许多其他权利义务关系也可纳入其中；而大陆法系移植的“信托”是基于其作为一种财产管理制度，对信托的形式要求较高，大大压缩了信托的范围。[4]

（三）迷思之三：通道类业务对基础法律关系的影响

理论上，通道业务是相对于主动管理业务而言的，其并非严谨的法律概念，目前资产管理业界也并没有统一的定义。2017 年 11 月 6 日，证监会证券基金机构监管部发布了《机构监管情况通报》（2017 年第 11 期），其中提到通道业务具备以下四个特征：一是资金和资产“两头在外”，通道方（或称为受托方）的资产管理业务仅作为委托资金流向委托方指定资产的“管道”；二是通道方（受托方）按照委托方的投资指令开展业务，通常不承担主动管理责任；三是投资风险通常由委托方承担；四是管理费相对较低。2019 年年底发布的《九民纪要》中提到通道业务的判定标准为“当事人在信托文件中约定，委托人自主决定信托设立、信托

---

[1] 参见吴弘、徐振：《投资基金的法理基础辨析》，载《政治与法律》2009 年第 7 期；吴弘、徐振：《投资基金性质的信托法分析》，载《中国商法年刊》2010 年。

[2] 参见江翔宇：《我国引入公司型基金法律制度的探讨》，载《政治与法律》2009 年第 7 期。

[3] 参见吴弘、徐振：《投资基金的法理基础辨析》，载《政治与法律》2009 年第 7 期。

[4] 参见江翔宇：《我国引入公司型基金法律制度的探讨》，载《政治与法律》2009 年第 7 期；郭强主编：《中国资产管理：法律和监管的路径》，中国政法大学出版社 2015 年版，第 32 ~33 页。

财产运用对象、信托财产管理运用处分方式等事宜,自行承担信托资产的风险管理责任和相应风险损失,受托人仅提供必要的事务协助或者服务,不承担主动管理职责”。

在《资管新规》出台前,实践中通道类业务较多表现为金融机构之间的合作业务,例如银信合作中信托公司的单一信托计划,银证合作中券商的定向资管计划和银基合作中基金管理公司子公司的专户。另外两类具备通道特征的产品,一类是2003年《基金法》修订前广为采用的信托形式“阳光私募”,随着私募基金管理人可在基金业协会登记,“阳光私募”定格为资管产品的历史形态;另一类是资产管理机构或第三方财富管理机构等作为私募基金的销售代理或募集代理,为其募集的投资者设立的渠道产品(如联接基金),通常可以认为属于基金销售活动。通道类业务通常包含监管套利的因素。[1]

由于受托人不再承担主动管理职能,而是成为监管套利的通道方,因此可能导致原先的基础法律关系发生变化,例如不再符合信托关系的要件,而更加偏向“委托代理”,与此相应,对信托公司开展和参与的通道业务,《九民纪要》明确要根据其实际构成的法律关系确定其效力,并在此基础上依法确定各方的权利义务。《资管新规》对通道业务持否定态度,规定金融机构不得为其他金融机构的资产管理产品提供规避投资范围、杠杆约束等监管要求的通道服务。实践中私募基金从事的通道业务既存在与其他金融机构合作规避监管要求的情形,也存在借用私募基金管理人牌照备案私募基金的行为。青岛证监局2019年6月24日公布的《关于对青岛圆融金融投资有限公司采取出具警示函监管措施的决定》[2]中,也可以看出监管机构对私募基金从事通道业务的否定态度。

(四)迷思之四:保底条款、担保、刚性兑付等对基础法律关系的影响[3]

保底条款并非严谨的法律概念,而是实践中对受托人向投资者或客户承诺到期返本并支付固定收益或最低收益的合同安排的总称;担保或类似安排则是在基金合同外,发起人(或其关联方)和投资人之间有关担保或流动性支持等安排,在协议中约定发起人(或其关联方)对投资人提供担保、保证或承诺,如果相关产品不能对投资人按时返本并支付固定收益,则由发起人(或其关联方)补足;而刚性兑付与保底条款类似,一般理解为发行方以其自身信用承担保证责任,即使相关监管规定及组织文件均未要求发起人承担该等保证责任,《资管新规》第19条中也进行了较为明确的列举。

保底条款、担保、刚性兑付的共同点在于模糊了资管产品“信托”的性质,导致其整体交易架构更接近于贷款,基础法律关系也更类似于借贷关系,同时也模糊了实行最低资本管理和负债管理的金融机构的表内表外业务分界,累积了较高的系统风险。因此《资管新规》明确禁止刚性兑付,基金业协会发布的《2019版基金备案须知》也明确了管理人及其实际控制人、股

---

[1] 参见郭强主编:《中国资产管理:法律和监管的路径》,中国政法大学出版社2015年版,第24~27页。

[2] 参见《关于对青岛圆融金融投资有限公司采取出具警示函监管措施的决定》,载证监会网,http://www.csrc.gov.cn/pub/qingdao/jgcs/201906/t20190625_357865.htm,2021年1月16日最后访问。

[3] 参见郭强主编:《中国资产管理:法律和监管的路径》,中国政法大学出版社2015年版,第27~30页。

东、关联方以及募集机构不得向投资者承诺最低收益、承诺本金不受损失,或限定损失金额和比例。

(五)迷思之五:资金池业务对基础法律关系的影响〔1〕

最早运用资金池模式的是商业银行资金池理财产品,资金池产品的主要特征包括不单独核算投资收益、期限错配、资产和负债双重表外化、信息不透明、权责不明确等。〔2〕其他资金池产品在架构、销售、管理、投资及退出等运作上也有相似情况,资金池产品在运作上普遍具有"滚动发售、集合运作、期限错配、分离定价"〔3〕的特点,其中:

➢"滚动发售"指连续发售产品和到期续发产品,保证募集资金的连贯性;

➢"集合运作"指将基于同一资产池发售的产品所得的资金归集管理,统一投资于符合该资产池范围的各类资产包(通常以非标债权为主);

➢"期限错配"指产品期限与投资项目的期限长短有别,不能匹配;

➢"分离定价"指同一资产池的各产品收益水平一般不与该资产池中各类投资的实际收益直接挂钩,而是根据各产品预期的收益率分别定价。

资金池产品的上述特征,可能影响资管产品的相关法律关系。例如,资金池理财业务在实际操作中,"如果资金池投资收益超过发行时的预期收益,则剩余收益将归银行,这使得理财业务代客性质减弱,在某种程度上具有了银行自营业务的属性"。〔4〕

就私募基金而言,如从事资金池业务可能对相关法律属性带来负面影响。例如,以资金池形式开展投资管理业务,与受托人须将不同委托人的信托财产分别管理、分别记账以及信托财产的利益归于受益人等基本原则不符,同时也会因为资金池业务信息披露不充分、产品投向不明确等弊端,而存在受托人被认为属于越权代理的风险。

因此,2018 年出台的《资管新规》中明确禁止金融机构开展资金池业务,基金业协会发布的《2019 版基金备案须知》中也明确禁止管理人开展任何形式的资金池业务。

综上所述,私募基金由于其法律形式多样、运营实践复杂多变、投资者诉求和谈判能力的不同、立法基础的缺陷、监管目的的多元和司法实践的因案制宜等原因,很难从法理上简单纳入统一的基础法律关系。在以上因素短期内较难改变的情况下,为了保护投资者、避免监管套利等目标,监管者和业界似可往广义的信义义务上考量,通过具体的行业规则和自律监管指南,让私募基金的管理人等受托人承担较为一致的义务和责任。

---

〔1〕参见郭强主编:《中国资产管理:法律和监管的路径》,中国政法大学出版社 2015 年版,第 30 ~32 页。

〔2〕参见中国人民银行货币政策分析小组:《中国货币政策执行报告(2013 年第一季度)》,载《金融时报》2013 年 5 月 10 日。

〔3〕对资金池产品的 16 字总结参见《中国银监会关于印发王华庆纪委书记在商业银行理财业务监管座谈会上讲话的通知》(银监发〔2011〕76 号)。

〔4〕参见中国人民银行货币政策分析小组:《中国货币政策执行报告(2013 年第一季度)》,载《金融时报》2013 年 5 月 10 日。

二、广义信义义务

信义义务(fiduciary duty)是信义关系(fiduciary relationship)中受托人的义务。信义关系和信义义务的概念起源于英美法下的信托制度,信义义务也称受托人责任、信托义务或受信义务,是指为他人利益办事时,必须使自己的个人利益服从于他人的利益。这是法律所默示的最严格的责任标准。[1]《布莱克法律词典》将信义义务定义为:受托人(如律师或公司员工)对受益人(如律师的客户或股东)所负有的最大善意(faith)、信任(trust)、信义(confidence)以及诚意(candor);对另外一个人最高等级的诚实和忠实并为其最大利益行动的义务。[2] 信义义务是就对他人事务具有裁量权的人士所要求的一种特别的义务。

(一)信义义务的内涵和特征

一般认为,信义义务主要包括忠实义务(duty of loyalty)和注意义务(duty of care)。忠实义务主要为消极义务,重点在于禁止受托人挪用信托财产或滥用受托权利,忠实义务包括两方面含义,一方面指受托人应仅为受益人的利益行事,另一方面,禁止受托人从事与受益人利益相冲突的行为,即便该等行为并未实际损害委托人的权利;[3]而注意义务为积极义务,要求受托人以善良管理人的标准管理受托财产,做到审慎决策、亲自管理、分别管理、保存记录、信托清算等。[4] 此外,在忠实义务的基础上,还发展出额外的义务,包括:(1)遵守有关委托权力或财产委托指示的义务;(2)履行受托服务时善意行事的义务;(3)不将受托服务转托他人的义务;(4)向委托人披露相关信息的义务;(5)公平对待委托人的义务。[5]

信义义务主要具有如下特征:

1. 受托人的义务程度高于合同义务,具有一定的法定性。在合同义务中当事人所有的义务是通过谈判确定下来的,当事人并没有超出约定义务为对方考虑的义务;而信义义务则要求受托人本着诚实和公正行事,必须确保受益人的最大利益,不能允许自己的利益或者他人的利益和受益人的利益发生冲突。受托人的信义法(fiduciary law)在这种意义上是现代社会上"利益冲突"观念的起源。

进一步而言,违反信义义务的行为可能在合同义务项下并不构成违约行为。例如,受托人根据合同有义务将私募基金投资于非上市公司股权,其将自身持有的非上市公司股权向基金出售,在合同没有明确禁止的情况下,其行为可能并不违反合同义务。但适用信义义务

---

〔1〕《元照英美法词典》,法律出版社 2003 年版,第 550 页。

〔2〕参见《布莱克法律词典》(第 8 版),宁波出版社 2004 年版,第 1536 页,原文为"Fiduciary duty. A duty of utmost good faith, confidence, and candor owed by a fiduciary (such as a lawyer or corporate officer) to the beneficiary (such as a lawyer's client or a shareholder); a duty to act with the highest degree of honesty and loyalty toward another person and in the best interests of the other person (such as the duty that one partner owes to another)"。

〔3〕See Tarmar Frankel, *Fiduciary Law*, Oxford, Oxford University Press, 2011, p. 108.

〔4〕参见王涌:《信义义务是私募基金业发展的"牛鼻子"》,载《清华金融评论》2019 年第 3 期。

〔5〕See Tarmar Frankel, *Fiduciary Law*, Oxford, Oxford University Press, 2011, pp. 106 – 107.

后,其行为则构成违反信义义务,因其同时代表买方和卖方,在决定价格时存在明显的利益冲突。这就是信义义务的功能之一,它可以使一个原本可能在合同义务下适当的行为转变成一个信义义务下的错误行为,原因就在于该行为存在利益冲突。

2. 信义义务不同于传统的法定义务,信义义务的具体内容和标准可由当事人进行一定的约定,具有任意法属性。信义义务作为对受托人行为的限制,无法提供绝对清晰的禁止行为的清单,只能是抽象的规定,这给当事人进行约定留下了必要性和空间。信义义务的重要功能之一是限制受托人从事利益冲突的行为,如果能保证信托目的、受益人或者信托财产的利益不受损害,过分严格的信义义务将会限制受托人灵活管理的能力,也会导致很多情况下的交易无效。有学者主张在以下五个条件满足时,适用合同义务而非信义义务:(1)受托人应告知委托人就特定情形而言其无须履行信义义务;(2)委托人必须进行独立决定及判断;(3)就拟议利益冲突交易,受托人应向委托人进行完全的信息披露;(4)委托人对该等交易的同意明确且特定;(5)该等拟议交易的实质条件对于委托人而言必须合理且公平。[1]

我国《信托法》上关于信义义务的规则也是任意性规范,当事人可以通过约定的方式加以修改。例如,关于忠实义务的规定为法定规范,但也允许当事人通过约定或者取得委托人或受益人同意的方式排除某些形式上构成利益冲突行为的违法性(第28条但书);关于谨慎义务的规定也为法定,但是,法律就此无法提供明晰的行为标准,受托人因此可以在信托文件中明确约定自己行为和义务的边界,以此减轻自己的责任。

(二)信义义务与信托

如前所述,信义义务起源于英美法系的信托制度,一般理解为"受托人基于委托人的信任,以名义所有人身份,就委托人授予的财产为受益人的利益进行管理和处分的行为",[2]而信义义务则是该受托人义务的核心,但随着信义义务的发展和在多场景下被拓宽适用,信义义务适用的范畴已广于信托制度,信义义务的存在已不再严格地以信托法律关系为基础。

英国大法官法院通过一系列判例确立了衡平法下信托受托人义务,是衡平法下信托关系的重要组成部分。后来,英美法系法官在个案审理中发现,一些法律关系与信托存在本质相似性,例如律师、投资顾问以及其他专业人士与其客户之间,医生与病人之间,合伙人之间,董事及经理与公司之间,父母与子女之间等。此类关系严格来说并不一定是信托法律关系,但其与信托的共同点在于其产生系委托人对受托人的信赖而将其财产或权利置于另外一方的控制之下,而其信赖系基于信息不对称、能力和专业技能的不平等,其风险在于受托人辜负了委托人的信任,例如滥用被授予的权利(如提供专业建议),损害受益人的利益。[3]因此,此类关系下的受托人被要求承担与信托关系下受托人类似的义务,此类关系被称为信义关系(fiduciary relationship)或者广义的信托关系。

---

[1] See Tarmar Frankel, *Fiduciary Law*, Oxford, Oxford University Press, 2011, pp. 200 – 207.

[2] 参见《元照英美法词典》,法律出版社2003年版,第1360页。

[3] See Tarmar Frankel, *Fiduciary Law*, Oxford, Oxford University Press, 2011, p. 6.

因此，可以看出，信义义务由信托关系衍生发展而来，但适用范围广于信托关系，亦即从逻辑上看，法律上的信托关系中必然存在信义义务，但有信义义务并不一定严格基于法定的信托关系，而只要构成信义关系即可存在信义义务。

大陆法系借鉴了英美法系的信托制度，将之嫁接到大陆法的成文法体系中，但大陆法系的法律并非判例发展而来，因此信托制度、信托关系皆需要由成文法加以规定，符合相关信托法律方可形成法律意义上的信托关系；但与英美法系类似，大陆法系国家亦没有将信义义务局限于信托关系，而是推而广之在许多其他法律关系中通过立法加大了受托一方的义务，形成类似信托义务的广义信义义务。例如在大陆法系，日本的债权法修改以英美的信义义务为基础，提出在民法中增加忠实义务的提案；德国法中，则以诚实信用原则为基础，学说和司法实践中形成了相当于英美法信义义务的规则。[1] 现代社会法治中，无论在哪一法系，信义义务、信义关系均是较为广泛的概念，并非必须以信托的法定构成作为信义义务存在的前提条件。

有学者认为，信义关系可以存在于以下四类情形：(1)基于一方对另外一方的信赖，导致另一方相对于该方存在优势或可对其施加影响；(2)一方对另外一方存在控制或者责任负担；(3)根据该等关系，一方应为另一方行事或向其提供建议；或(4)传统上认为存在信义义务的关系。在信义关系的范围内，一方有为另外一方利益服务的义务，[2] 委托人和/或受益人相对受托人具有“脆弱性”(vulnerability)，为了平衡双方的利益，约束受托人的行为，受托人应当承担信义义务。[3]

为行文方便，本节中信义义务、信义关系均采广义的概念，亦即不局限于法律规定的信托法下的受托人义务，也不必然以构成法律规定的信托关系为基础。而信托、信托关系等则采用法律规定的较为狭窄的概念和范围。

(三)私募基金本质上构成信义关系

尽管存在本书第一章第二节第一部分介绍的私募基金基础法律关系上的诸多迷思，但如果抛开成文法对于各种法律关系构成要件的硬性规定，而从投资者保护目的、功能监管的目标等实践理性上考量，目前适用于私募基金的法律法规、部门规章、监管规定(包括自律监管规定)已使得私募基金管理人等受托人在实质上对投资人承担起了广义的信义义务，并且在法律关系上，以下特征也使私募基金作为财产组织形式在受托人和投资人之间形成了广义的信义关系。

---

[1] 参见楼建波、姜雪莲：《信义义务的法理研究——兼论大陆法系国家信托法与其他法律中信义义务规则的互动》，载《社会科学》2017 年第 1 期。

[2] 参见《布莱克法律词典》(第 8 版)，宁波出版社 2004 年版，第 4028 页，原文为“Fiduciary relationship. A relationship in which one person is under a duty to act for the benefit of another on matters within the scope of the relationship”。

[3] 参见黄韬：《我国金融市场从“机构监管”到“功能监管”的法律路径——以金融理财产品监管规则的改进为中心》，载《法学》2011 年第 7 期。

● 私募基金中存在财产权归属转移:在私募基金的实践中,投资人缴付实缴出资形成私募基金自身的财产,而市场上几乎所有的投资人都以货币形式出资,通说认为货币归属一律适用“占有即所有”的原则,也就是说货币的所有权不得与对货币的占有相分离。[1] 因此,投资人缴付出资后,应当认定私募基金已经取得了资金的所有权。即使该等财产无法实现破产隔离的功能,但也无法否认该等货币占有的转移本身也属于一种处分行为,属于我国《信托法》中“委托给”表述的应有之义。[2]

● 私募基金的中委托人并无广泛的指示权:在私募基金的实践中,普通合伙人/管理人控制着私募基金的设立、管理和投向,而投资人如对于标准的私募基金——盲池基金而言,并无权选择、无从控制产品的投资对象,更无一般委托管理关系中的广泛指示权;同时,有限合伙形式为私募投资基金惯常采取的法律形式,根据《合伙企业法》第68条,有限合伙人不执行合伙事务,不得对外代表有限合伙企业,投资人作为有限合伙人对私募基金本身并无控制力。

● 私募基金的受托人不以委托人的名义实施法律行为,行为后果直接约束基金财产,并对第三人承担损害赔偿责任。综上所述,对于有限合伙形式的私募基金,普通合伙人执行合伙事务时以基金的名义,而非以投资人(委托人)的名义,并且在基金对外产生法律纠纷时,以基金名义起诉或仲裁,并对基金债务承担无限连带责任,并不符合委托代理的特征。

● 私募基金本质上符合信托原理的要求:根据适用法律及自律监管机构的监管要求,管理人应当做到每只基金的资金单独管理、单独建账、单独核算,不得开展或者参与任何形式的“资金池”业务,遵循“投资者利益优先原则”。从信托法的原理及《信托法》第26~29条的规定上看,受托人名下的信托财产必须首先是确定的或者可以确定的,且独立于自己的固有财产,受托人的信托财产和固有财产之间也不得进行交易,而且,同一受托人名下的不同信托财产之间也要进行分别管理,多个信托财产之间不得进行交易。因此,私募基金本质上也符合信托关于财产分离的原则要求。

实践中存在以合同约定排除信义义务,将信托关系降格为合同关系的情形,违背了信托关系的本义。在立法层面调整对“信托”的解释之前,将私募基金法律关系定位为广义的信义关系,尽量通过规范性文件和自律监管等引导业界适用较为统一的信义义务要求,这在现阶段对于投资者保护有重大意义,而且信义义务并不能通过当事人之间的约定免除,[3] 也能够为投资者提供更高程度的保护。

---

[1] 其主要原因在于货币的作用为流通,如认定其占有可与所有权相分离,则会极大增加交易相对人的交易成本。

[2] 参见季奎明:《论金融理财产品法律规范的统一适用》,载《环球法律评论》2016年第6期。

[3] 信义义务具有法定性,但不同于传统的法定义务,其并不能通过当事人之间的约定免除,但具体内容和标准可由当事人进行一定的约定,个别交易中的利益冲突也可以通过充分的信息披露和同意进行弱化。

1. 现行法律法规及监管规则体系下信义义务的具体规定

虽然相关法律及监管规定(包括自律监管规定)中没有明确的“信义义务”字样,但近年来我们观察到我国的监管规则和自律监管体系也为私募基金构建了较为完整的信义义务的具体规范体系,从《信托法》《基金法》《公司法》《合伙企业法》到基金业协会的《管理人登记须知》及《2019 版基金备案须知》等自律监管规则及要求,甚至管理人登记时强制提交的承诺函模板等细节中都体现出信义义务的内涵。结合上述关于信义义务内涵的总结,我们将对应的规则列示如下,见表 1.2。

表 1.2

信义义务原理		我国法律法规及自律监管规则的规定
忠实义务	仅为受益人的利益行事,禁止利益冲突	•《信托法》第 25 条:受托人应当遵守信托文件的规定,为受益人的最大利益处理信托事务。 •《信托法》第 26 条:受托人除依照本法规定取得报酬外,不得利用信托财产为自己谋取利益。受托人违反前款规定,利用信托财产为自己谋取利益的,所得利益归入信托财产。 •《信托法》第 28 条:受托人不得将其固有财产与信托财产进行交易或者将不同委托人的信托财产进行相互交易,但信托文件另有规定或者经委托人或者受益人同意,并以公平的市场价格进行交易的除外。受托人违反前款规定,造成信托财产损失的,应当承担赔偿责任。 •《基金法》第 9 条:基金管理人、基金托管人管理、运用基金财产,基金服务机构从事基金服务活动,应当恪尽职守,履行诚实信用、谨慎勤勉的义务。 •《合伙企业法》第 32 条:合伙人不得自营或者同他人合作经营与本合伙企业相竞争的业务。 •《合伙企业法》第 96 条:合伙人执行合伙事务,或者合伙企业从业人员利用职务上的便利,将应当归合伙企业的利益据为己有的,或者采取其他手段侵占合伙企业财产的,应当将该利益和财产退还合伙企业;给合伙企业或者其他合伙人造成损失的,依法承担赔偿责任。 •《证监会 105 号文》第 22 条:私募基金管理人管理可能导致利益输送或者利益冲突的不同私募基金的,应当建立防范利益输送和利益冲突的机制。 •《募集行为管理办法》第 6 条:募集机构应当恪尽职守、诚实信用、谨慎勤勉,防范利益冲突。 •《私募基金监管规定》第 9 条:私募基金管理人及其从业人员从事私募基金业务,不得将其固有财产、他人财产混同于私募基金财产,将不同私募基金财产混同运作,或者不公平对待不同私募基金财产。 •《私募基金监管规定》第 11 条:私募基金管理人不得从事损害私募基金财产或者投资者利益的关联交易等投资活动。私募基金管理人应当建立健全关联交易管理制度,对关联交易定价方法、交易审批程序等进行规范。使用私募基金财产与关联方进行交易的,私募基金管理人应当遵守法律、行政法规、中国证监会的规定和私募基金合同约定,防范利益冲突,投资前应当取得全体投资者或者投资者认可的决策机制决策同意,投资后应当及时向投资者充分披露信息。 •《内控指引》第 9 条:私募基金管理人应当健全治理结构,防范不正当关联交易、利益输送和内部人控制风险,保护投资者利益和自身合法权益。 •《管理人登记须知》第 4(3)条:私募基金管理人不得兼营与私募基金管理无关或存在利益冲突的其他业务。

续表

信义义务原理		我国法律法规及自律监管规则的规定
		•《2019版基金备案须知》第3(3)条:管理人应当遵循专业化运营原则,不得从事与私募投资基金有利益冲突的业务。 •《2019版基金备案须知》第3(19)条:私募投资基金进行关联交易的,应当防范利益冲突,遵循投资者利益优先原则和平等自愿、等价有偿的原则,建立有效的关联交易风险控制机制。 • 管理人登记时强制提交的《私募基金管理人登记和基金备案承诺函》模板(以下简称《承诺函模板》):本机构、本机构实际控制人及本机构从业人员承诺登记完成后,作为管理人开展私募基金业务应当坚持投资者利益优先原则,有效防范投资者与管理人及其从业人员、出资人、关联方等利害关系人之间的利益冲突,不得从事损害基金财产和投资者利益的活动。
	与忠实义务相关的其他义务	
	遵守有关委托权利或财产委托指示的义务	•《合伙企业法》第35条:被聘任的合伙企业的经营管理人员应当在合伙企业授权范围内履行职务。 •《基金法》第3条:基金管理人的权利、义务,依照本法在基金合同中约定。基金管理人依照本法和基金合同的约定,履行受托职责。
	履行受托服务时善意行事的义务	•《证监会105号文》第3条:从事私募基金业务,应当遵循自愿、公平、诚实信用原则,维护投资者合法权益。
	不将受托服务转托他人的义务	•《2019版基金备案须知》第3(3)条:管理人应当按照诚实信用、勤勉尽责原则切实履行受托管理职责,不得将应当履行的受托人责任转委托。私募投资基金的管理人不得超过一家。 •《信托法》第30条:受托人应当自己处理信托事务,但信托文件另有规定或者有不得已事由的,可以委托他人代为处理。受托人依法将信托事务委托他人代理的,应当对他人处理信托事务的行为承担责任。
	向委托人披露相关信息的义务	•《信托法》第20条:委托人有权了解其信托财产的管理运用、处分及收支情况,并有权要求受托人作出说明。委托人有权查阅、抄录或者复制与其信托财产有关的信托帐目以及处理信托事务的其他文件。 •《证监会105号文》第24条:私募基金管理人应当如实向投资者披露可能存在的利益冲突情况以及可能影响投资者合法权益的其他重大信息。 •《私募基金监管规定》第12条:私募基金管理人及其出资人和实际控制人、私募基金托管人、私募基金销售机构和其他私募基金服务机构所提交的登记备案信息及其他信息材料,不得有虚假记载、误导性陈述或者重大遗漏,并应当按照规定持续履行信息披露和报送义务,确保所提交信息材料及时、准确、真实、完整。 •《信息披露办法》第9条、第18条:信息披露义务人应当向投资者披露的信息包括……可能存在的利益冲突。信息披露义务人应及时向投资者披露基金发生的重大关联交易事项。 •《2019版基金备案须知》第3(19)条:关联交易应进行事前、事中披露。

续表

信义义务原理		我国法律法规及自律监管规则的规定
	公平对待委托人的义务	●《信托法》第 29 条:受托人必须将信托财产与其固有财产分别管理、分别记帐,并将不同委托人的信托财产分别管理、分别记帐。 ●《私募基金监管规定》第 9 条:私募基金管理人及其从业人员从事私募基金业务,不得不公平对待同一私募基金的不同投资者,损害投资者合法权益。 ●《内控指引》第 19 条:私募基金管理人应建立健全相关机制,防范管理的各私募基金之间的利益输送和利益冲突,公平对待管理的各私募基金,保护投资者利益。 ●《2019 版基金备案须知》第 3(15)条:管理人不得在私募投资基金内部设立由不同投资者参与并投向不同资产的投资单元/子份额,规避备案义务,不公平对待投资者。
注意义务	受托人以善良管理人的标准管理受托财产	●《信托法》第 25 条:受托人管理信托财产,必须恪尽职守,履行诚实、信用、谨慎、有效管理的义务。 ●《基金法》第 9 条:基金管理人管理、运用基金财产,应当恪尽职守,履行诚实信用、谨慎勤勉的义务。基金从业人员应当具备基金从业资格,遵守法律、行政法规,恪守职业道德和行为规范。 ●《登记备案办法》第 16 ~ 17 条:从事私募基金业务的专业人员应当具备私募基金从业资格。私募基金管理人的高级管理人员应当诚实守信,最近三年没有重大失信记录,未被中国证监会采取市场禁入措施。 ●《管理人登记须知》第 2(1)条:从事私募基金管理业务相关工作人员应具备与岗位要求相适应的职业操守和专业胜任能力。 ●《2019 版基金备案须知》第 3(4)条:私募投资基金托管人应当严格履行《基金法》第三章规定的法定职责,不得通过合同约定免除其法定职责。基金合同和托管协议应当按照《基金法》《证监会 105 号文》等法律法规和自律规则明确约定托管人的权利义务、职责。 ●《承诺函模板》:作为管理人应当遵守审慎经营原则,建立科学合理的投资策略、权责匹配的风控合规管理制度,清晰有效的业务运营体系,确保独立运作。

从表 1.2 中可以看出,我国关于信义义务的原则体现在众多法律法规、监管规范及自律监管规则的具体规定中,目前在规则层面基本可以涵盖信义义务的各个子区间。尽管存在法律、行政法规层面的供给欠缺,整个私募基金行业或者说整个资产管理行业缺乏统一的、高位阶的法律规划,难以保证规则适用的统一性和协调性,但我们看到在上层规则缺失的现状下,行业监管部门和行业自律组织,已经尽力在行业监管中渗入信义义务的原理,通过对私募基金及其管理人的行业监管办法、管理人登记、私募基金备案等规则,间接地将信义义务的原理纳入基金合同的约定以及基金的募集、运营过程中,在缺少上位法支撑的前提下,通过内化为合同义务的方式促进在私募基金行业践行信义义务的目标。

2. 促进信义义务的行业自律监管实践

基金业协会在自律监管过程中一再强调受托人的信义义务,从其纪律处分决定中可见一斑:

- 在丰利财富(北京)国际资本管理股份有限公司(以下简称北京丰利)的纪律处

分决定书[1]中，基金业协会明确指出，北京丰利采用伪造机构签章、投资人签字等欺诈手段挪用基金财产的行为严重违反了基金管理人应遵循的信义义务，破坏了基金行业的信赖基础；

- 在和合资产管理（上海）有限公司（以下简称和合资管）的纪律处分决定书[2]中，基金业协会指出，和合资管未经备案就开始投资运作的行为严重违背了《基金法》规定的“谨慎勤勉”义务；

- 在恒泰证券股份有限公司（以下简称恒泰证券）的纪律处分决定书[3]中，基金业协会指出，恒泰证券应将专项计划持有人的利益摆在优先位置。可以看出基金业协会在自律监管实践中对私募基金适用信义义务的肯定态度。

（四）私募基金信义义务的承担主体

1. 管理人

私募基金的管理人应承担信义义务在业界基本已达成共识。无论是契约型基金还是合伙型、公司型基金，一般认为管理人都构成私募基金的受托人，与投资人形成信义关系。投资人基于对管理人的高度信赖交付其财产，管理人承担投资管理职能，用自己的名义（或基金的名义）管理、处分基金财产，其行为会对私募基金的财产产生重大影响，投资人相较于管理人具有“脆弱性”（vulnerability），为了平衡双方的利益，管理人应当承担信义义务。

在现行私募基金法律法规和监管规则中，管理人承担的信义义务具体体现的规则包括：

- 坚持投资者利益优先，防范利益冲突

——建立健全相关机制，防范管理的各私募基金之间的利益输送和利益冲突，公平对待管理的各私募基金；

——坚持投资者利益优先原则，有效防范投资者与管理人及其从业人员、出资人、关联方等利害关系人之间的利益冲突，不得从事损害基金财产和投资者利益的活动；

——如实向投资者披露可能存在的利益冲突情况以及可能影响投资者合法权益的其他重大信息。

- 以善良管理人的标准管理受托财产，提升受益人利益的能力与努力

——从事私募基金业务的专业人员应当具备私募基金从业资格，高级管理人员应当诚实守信，最近三年没有重大失信记录，未被中国证监会采取市场禁入措施；

[1] 参见《纪律处分决定书（丰利财富（北京）国际资本管理股份有限公司）》，载基金业协会网，http://www.amac.org.cn/selfdisciplinemeasures/cyry/hyjg/202004/t20200401_7769.html，2021年1月16日最后访问。

[2] 参见《纪律处分决定书（和合资产管理（上海）有限公司、袁某滢、蒋某尧、郭某冰）》，载基金业协会网，http://www.amac.org.cn/selfdisciplinemeasures/cyry/hyjg/201807/t20180712_2519.html，2021年1月16日最后访问。

[3] 参见《纪律处分决定书（恒泰证券股份有限公司）》，载基金业协会网，http://www.amac.org.cn/selfdisciplinemeasures/cyry/hyjg/201707/t20170728_2510.html，2021年1月16日最后访问。

——从事私募基金管理业务的相关工作人员应具备与岗位要求相适应的职业操守和专业胜任能力；

——遵守审慎经营原则，建立科学合理的投资策略、权责匹配的风控合规管理制度，清晰有效的业务运营体系，确保独立运作。

2. 托管人

关于托管人是否应当承担信义义务，业界尚未达成统一意见。有观点认为，托管人与投资者之间的关系并非建立在信任基础之上，托管人也未作出利他承诺，在履行义务过程中，托管人也不以投资者的利益诉求作为行为依据。因此，托管人的行为为平等主体之间的逐利行为，义务应限于合同义务，不承担信义义务；[1] 也有学者指出，不将管理人、实际控制人失联后的接管责任延伸到托管机构是典型的以合同法思维代替信托法思维的做法，将信义义务仅仅视为合同义务，忽视了其法定性，[2] 故认为托管人也需承担信义义务。

以上议论各有其切中肯綮的方面，但是讨论托管人的信义义务恐怕需要考量托管人在不同类型私募基金中的不同情形。

契约型基金中，托管人往往作为基金合同一方，与管理人一样作为受托人，其在基金财产保管和财产使用方面具有受托权利及责任，与管理人处在势均力敌的位置。尤其契约型私募证券投资基金的托管人，该类私募基金直接受《基金法》规制，虽然《基金法》只抽象规定托管人"应当恪尽职守，履行诚实信用、审慎勤勉的义务""履行受托职责"，但是其中可以看出《基金法》将托管人作为受托人而非仅为财产保管人的定位，而且《基金法释义》第 18 条也明确提到托管人与管理人是投资者的共同受托人。[3] 其他类型的契约型私募基金虽然是否受《基金法》规制存在一定疑问，但实践中该类型基金只要有托管人，大都采用托管人作为受托人之一，与投资者和管理人共同签署基金合同的方式，托管人除了安全保管资产外，被进一步赋予核算资产、履行信息披露和监督投资运作等更丰富的职责，在信用补充作用上拓展出权力制衡功能，对管理人有监督职能，因此此类托管人应承担信义义务应无太多争议。

而公司制、合伙制基金的托管人，则往往从表现形式上看来，更类似于基金（或者普通合伙人、管理人代表基金）聘请的基金服务机构，起到对基金资产的保管作用，该类型基金的托管人更换往往由普通合伙人或管理人决定即可，从法理角度，托管人对管理人、普通合伙人负责，而普通合伙人、管理人对基金（及其投资人）负责的双重法律关系也有一定合理性。

但行业监管者特别是基金业协会并未严格区分以上两类组织形式下的托管人义务，相反，从监管目标——保护投资者的角度，倾向于要求托管人均需承担信义义务，例如，要求管理人发生异常且无法履行管理职责时，托管人应按照法律法规及合同约定履行托管职责，维

〔1〕 参见陶伟腾：《基金托管人之义务属性辨析：信义义务抑或合同义务?》，载《南方金融》2019 年第 10 期。

〔2〕 参见王涌：《信义义务是私募基金业发展的"牛鼻子"》，载《清华金融评论》2019 年第 3 期。

〔3〕 参见《基金法释义》第 18 条，载全国人大网，http://www.npc.gov.cn/npc/c2213/200410/f09065abb8474f2f9e37b5512a62fce5.shtml，2021 年 1 月 28 日最后访问。

护投资者合法权益。

3. 管理人的团队

为了避免管理人自身的信义义务落空，在境外私募基金实践中，管理人的团队成员（如基金的关键人士、核心投资团队成员以及投资决策委员会委员等），由于有权直接做出基金的投资决策、对基金的财产具有裁量权等，通常被认为对基金及/或投资人负有信义义务。在人民币基金的实践中往往通过基金合同将关键人士、投资经理、投委会委员等的职权和职责加以概括性规定，虽然该等人士不是基金合同的一方，但管理人、普通合伙人通常负有促使该等人士认真履行义务的责任，这些权利义务也往往参照信义义务的标准，对该等人士形成较高的忠实勤勉义务准则。

4. 投资人咨询委员会成员

投资人咨询委员会（Limited Partners Advisory Committee，LPAC）又称顾问委员会，是由GP按照一定标准选取部分投资人，由该等投资人各自委派代表作为顾问委员会成员组成。

在国际基金惯例中，通常在基金合同中明确顾问委员会成员作出的顾问委员会决议仅具有咨询性质，从而特别排除了顾问委员会成员对基金或者其他投资人的信义义务。在人民币基金的实践中，则往往有谈判实力强大的投资者要求顾问委员会对基金事务的种种干预权利，范围常常不限于利益冲突事项，而且特别要求基金合同明确顾问委员会的决定是基金、管理人、普通合伙人必须遵守的。此类情形下，顾问委员会成员是否对其他投资人一定免于承担信义义务是一个值得探讨的议题。

5. 私募基金服务机构

私募基金服务机构是受管理人聘请为私募基金提供基金募集、投资顾问、份额登记、估值核算、信息技术系统等服务，本身不参与投资决策，对私募基金的财产无裁量权。该等机构提供服务过程中的过错、失误等造成的基金损失虽然一般也需承担赔偿义务，但并不因此解除管理人或GP对基金的最终责任，因此一般理解私募基金服务机构对基金不承担信义义务，而仅基于合同约定承担合同义务。

时至今日，监管者和业界已基本达成私募基金符合广义的信义关系、管理人等受托人应承担信义义务的共识，但实践中却由于金融分业的现实而导致法律规范中欠缺甚至回避“信托关系”的称谓，而监管部门为了继续保有对相关市场活动的监管权，也缺乏将其界定为信托关系的动力，造成大量事实性信托游离于信托法等法律规范之外，效力层次不高、稳定性不强的部门规范性文件以及行业自律监管规则反而成为私募基金募集运营的主要依据。效力层次低、稳定性差的监管文件在司法实践中未必得到裁判机构的采用，由此又带来司法实践中私募基金乃至整个资管行业的基础法律关系认定分歧。阶段性共识加部门规范性文件和自律监管规则将信义义务具体规范化，这一做法毕竟仅能解决短期问题，尽量促进管理人等接受较为统一的信义义务标准，但长久看来，缺乏上位法支持和功能监管统一规范的局面仍待立法者和监管者的共同努力加以改变。

三、值得探讨的其他法律关系

早年间，私募基金行业法律和监管空白较多，而投资者保护等目标又急需理论基础，法律界对于私募基金投资者保护除了基础法律关系的考量外，也讨论过以一些其他法律为基础，对投资者从相关方面提供保护措施。另外，《证券法》的修改引入了投资者保护机构，或许也对私募基金的投资者保护有一定的借鉴意义。

（一）私募基金投资者、金融消费者与消费者权益保护

私募基金投资者是否属于金融消费者？根据2020年9月的《中国人民银行金融消费者权益保护实施办法》（中国人民银行令〔2020〕第5号）第2条规定，金融消费者是指购买、使用银行、支付机构提供的金融产品和服务的自然人。私募基金管理人并非银行、支付机构，私募基金投资者恐难以被界定为金融消费者；此外，金融消费者可能更倾向于自然人，机构投资者恐无法被纳入其中。

私募基金投资者是否适用《消费者权益保护法》？《消费者权益保护法》第2条规定："消费者为生活消费需要购买、使用商品或者接受服务，其权益受本法保护；本法未作规定的，受其他有关法律、法规保护。"所谓生活消费需要，在金融消费领域，往往指的是为维系家庭财产的保值、增值需要；而投资私募基金具有一定的逐利性，往往超出了生活消费需要的范畴。

该观点亦得到一些规定及案例的支持，例如，《九民纪要》第77条规定，金融消费者因购买高风险等级金融产品或者为参与高风险投资活动接受服务，以卖方机构存在欺诈行为为由，主张卖方机构应当根据《消费者权益保护法》第55条的规定承担惩罚性赔偿责任的，人民法院不予支持。亦有相关案例支持了该观点，在高某良、海通证券股份有限公司证券交易代理合同纠纷二审[（2016）浙06民终3749号]中，二审法院认为："高某良提出依据《消费者权益保护法》的规定，因海通证券绍兴营业部存在隐瞒佣金可协商的事实属于欺诈，其作为消费者可以要求海通证券绍兴营业部赔偿三倍佣金。《消费者权益保护法》规定'消费者为生活消费需要购买、使用商品或者接收服务，其权益受本法保护'，而本案中高某良与海通证券绍兴营业部签订的证券交易代理合同是为了投资获取收益而非为了生活消费，故本案不属于《消费者权益保护法》调整范畴。"

尽管关于金融消费者的权益保护已经受到了立法、司法以及行政监管层面的关注，例如，国务院办公厅2015年的《关于加强金融消费者权益保护工作的指导意见》（国台办〔2015〕81号）、最高人民法院2019年11月的《九民纪要》及2020年9月的《中国人民银行金融消费者权益保护实施办法》（中国人民银行令〔2020〕第5号）等文件，均对金融消费者的权益保护作出了较为明确的规定及指引。但在现行的法律法规和规范体系下私募基金投资者可能无法纳入金融消费者范畴，作为构成较为复杂的特殊群体，私募基金投资者的权益保护可能更多地需要通过《基金法》《私募投资基金管理暂行条例（征求意见稿）》等与私募基金直接相关的法律法规予以落实。

（二）私募基金募集与广告法

私募基金，一般指以非公开方式募集的、由专业投资团队或机构管理的、主要以非上市公司股权为投资标的的集合投资载体。尽管在中国法下不同监管机构对私募基金的定义并

非完全一致,但毋庸置疑,以非公开方式募集系私募基金的标志性特征之一。正因该私募属性,认为私募基金募集完全不适用《广告法》可能是常见的误区之一。《广告法》第2条第1款规定:“在中华人民共和国境内,商品经营者或者服务提供者通过一定媒介和形式直接或者间接地介绍自己所推销的商品或者服务的商业广告活动,适用本法。”私募基金的宣传推介虽然并不通过公开方式进行,但亦属通过一定形式介绍基金产品的商业推广活动。因此,在私募基金的推介过程中,亦应注意《广告法》中的相关规定。

- 避免使用绝对化用语(见表1.3)

表1.3　私募基金募集与广告法-1

《广告法》	《募集行为管理办法》
第9条　广告不得有下列情形: (三)使用“国家级”、“最高级”、“最佳”等用语;	第24条　募集机构及其从业人员推介私募基金时,禁止有以下行为: (八)……任意使用“业绩最佳”、“规模最大”等相关措辞;

- 引用的数据和信息应当真实准确(见表1.4)

表1.4　私募基金募集与广告法-2

《广告法》	《募集行为管理办法》
第11条　广告内容涉及的事项需要取得行政许可的,应当与许可的内容相符合。 广告使用数据、统计资料、调查结果、文摘、引用语等引证内容的,应当真实、准确,并表明出处。引证内容有适用范围和有效期限的,应当明确表示。	第24条　募集机构及其从业人员推介私募基金时,禁止有以下行为: (八)采用不具有可比性、公平性、准确性、权威性的数据来源……

- 合理、明确作出风险提示,且不得对未来收益作出保证性承诺(见表1.5)

表1.5　私募基金募集与广告法-3

《广告法》	《募集行为管理办法》
第25条　招商等有投资回报预期的商品或者服务广告,应当对可能存在的风险以及风险责任承担有合理提示或者警示,并不得含有下列内容: (一)对未来效果、收益或者与其相关的情况作出保证性承诺,明示或者暗示保本、无风险或者保收益等,国家另有规定的除外;	第24条　募集机构及其从业人员推介私募基金时,禁止有以下行为: (三)以任何方式承诺投资者资金不受损失,或者以任何方式承诺投资者最低收益,包括宣传“预期收益”、“预计收益”、“预测投资业绩”等相关内容; (四)夸大或者片面推介基金,违规使用“安全”、“保证”、“承诺”、“保险”、“避险”、“有保障”、“高收益”、“无风险”等可能误导投资人进行风险判断的措辞;

• 避免利用任何学术机构、行业协会、专业人士、受益者的名义、形象作出推荐证明(见表1.6)

表1.6 私募基金募集与广告法-4

《广告法》	《募集行为管理办法》
第25条 招商等有投资回报预期的商品或者服务广告,应当对可能存在的风险以及风险责任承担有合理提示或者警示,并不得含有下列内容: (二)利用学术机构、行业协会、专业人士、受益者的名义或者形象作推荐、证明。	第24条 募集机构及其从业人员推介私募基金时,禁止有以下行为: (七)登载个人、法人或者其他组织的祝贺性、恭维性或推荐性的文字;

总体而言,私募基金推介机构应采用允许的形式,按照规定的程序和步骤向符合法律法规及相关监管机构(包括自律监管机构)要求的特定人士进行宣传推介,且宣传推介的具体内容应避免触及《募集行为管理办法》《广告法》等相关适用规定中载明的禁止性要求。

(三)证券法下的投资者保护机构代表诉讼

2019年12月28日,第十三届全国人大常委会第十五次会议审议通过了修订后的《证券法》,并于2020年3月1日起正式施行。投资者保护机构代表人诉讼制度,是本次《证券法》修订的一大亮点。根据《证券法》第95条规定,投资者保护机构可以接受50名以上投资者委托作为代表人参加诉讼,并且可以按照证券登记结算机构确认的权利人向人民法院登记诉讼主体,但投资者明确表示不愿意参加该诉讼的除外。在投资者保护机构参加的代表人诉讼制度下,法院作出的裁判将对所有参加登记的投资者发生效力,并且由于《证券法》明确规定了"明示退出、默示加入"的诉讼机制,预期该机制可以有效提高司法资源的利用效率、降低投资人的维权成本。

• 投资者保护机构

实践中,投资者保护机构主要指中证中小投资者服务中心有限责任公司(以下简称投服中心)和中国证券投资者保护基金有限责任公司(以下简称投保基金公司)。前者是证监会设立的专门的投资者保护机构,后者通过《证券法》第126条予以明确。

投服中心于2014年经证监会批复成立,其主要职责是"公益性持有证券等品种,以股东身份或证券持有人身份行权",通过持有全国所有上市公司(停牌除外)的100股(一手)股票,以股东身份依法行使权利。从职能上而言,投服中心侧重于以投资者的身份,行使《公司法》《证券法》等赋予的权利,全面知权、主动行权并依法维权,目的是做积极股东和积极投资者,积极参与上市公司等市场主体的治理,关注其经营和信息披露,从而达到对中小投资者的保护。而投保基金公司则主要在监控客户资金安全、监测证券公司风险、先行赔付、纠纷调解、调查评价等方面发挥作用。

通俗而言,投服中心的角色主要在于"动手",侧重于投资者保护的事前、事中的活动;投保基金公司的角色主要在于"动钱",侧重于投资者保护的赔偿性安排,重在善后活动。可以预见,未来《证券法》下投资者保护机构代表人诉讼的职能可能将主要由投服中心承担。

• 相关实践

根据《证券法》第95条的规定，代表人诉讼制度实际上分为两个层次，第1、2款规定了投资者代表人诉讼制度（投资者提起虚假陈述等证券民事赔偿诉讼时，诉讼标的是同一种类，且当事人一方人数众多的，可以依法推选代表人进行诉讼；对按照前款规定提起的诉讼，可能存在有相同诉讼请求的其他众多投资者的，人民法院可以发出公告，说明该诉讼请求的案件情况，通知投资者在一定期间向人民法院登记。人民法院作出的判决、裁定，对参加登记的投资者发生效力），第3款规定了投资者保护机构代表人诉讼制度。目前，实践中"试水"的案例多是投资者代表人诉讼，例如，杭州中院于3月13日发布公告，针对五洋债券适用人数不确定的代表人诉讼，通知该债券自然人投资者到法院登记；5月8日，南京中级人民法院发布四则公告，针对怡球资源等四家上市公司虚假陈述引发的民事赔偿案件，通知投资者到法院登记起诉。

投资者保护机构代表人诉讼制度尽管在实践层面尚未落地，但在制度层面的探索已取得较大发展。上海金融法院、深圳市中级人民法院、杭州市中级人民法院和南京市中级人民法院四地法院发布了证券纠纷代表人诉讼机制的程序细则，其中均涉及了投资者保护机构代表人诉讼机制。2020年7月31日，最高人民法院发布了《关于证券纠纷代表人诉讼若干问题的规定》（法释〔2020〕5号），同日，证监会亦发布了《关于做好投资者保护机构参加证券纠纷特别代表人诉讼相关工作的通知》（证监发〔2020〕67号）。最高司法机关以"司法解释"的形式、证券监督管理部门以"专项通知"的形式推动了《证券法》第95条规定的证券纠纷代表人诉讼制度尤其是特别代表人（投资者保护机构）诉讼制度在制度层面的重要发展。在最高人民法院、证监会发布相关规定和通知后，投服中心亦第一时间发布了《中证中小投资者服务中心特别代表人诉讼业务规则》，就贯彻落实《证券法》第95条第3款规定的特别代表人诉讼制度提出了详细的配套业务操作规范。

• 对私募基金的适用

鉴于《证券法》的主要适用对象是公开发行的证券，而私募基金一方面具有非公开募集的属性，另一方面私募基金投资者持有的合同份额（对应契约制）、合伙权益（对应有限合伙企业）或股权（对应公司制）等并不完全属于《证券法》下的"证券"。尽管《证券法》有扩大"证券"范围的意图，[1]但截至目前，有限责任公司的股权、合伙企业的合伙权益、契约制下的合同份额等均不属于"证券"，且证监会也未明确出台规范性文件将此类权益认定为"证券及其衍生品种"，因此，对于私募基金而言，直接适用《证券法》下的投资者保护机构代表人诉讼制度尚缺少必要的逻辑支撑。

然而，该制度的创立及后续实践对私募基金投资者的权益保护仍有较强的参考意义，期

〔1〕《证券法》第2条新增第3款规定："资产支持证券、资产管理产品发行、交易的管理办法，由国务院依照本法的原则规定。"存在一些解读认为，该条在一定程度上体现了拟将资产支持证券、资产管理产品视为准证券的意图。

待相关监管机构能够在《基金法》《私募投资基金管理暂行条例(征求意见稿)》等与私募基金直接相关的法律法规中予以借鉴。

/第三节/

中国私募投资基金的法律法规和监管体系

中国私募投资基金的法律监管大致经历了国家层面强制监管缺位但对 VC 基金自愿选择监管、中华人民共和国国家发展和改革委员会(以下简称国家发改委)对股权投资基金试点备案而后全国范围强制备案监管,直至 2012 年《基金法》修订后形成并沿用至今的证监会监管加基金业协会自律监管几个阶段。目前初步形成了由法律—行政法规—联合部门规章—证监会部门规章—基金业协会自律规则构成的多层次监管体系。

一、法律

2003 年 10 月,全国人大常委会通过了《基金法》,该法第 2 条将该法的调整范围限定为"公开发售基金份额募集证券投资基金"。及至 2012 年 12 月,全国人大常委会修订了《基金法》,其调整范围修订为"公开或者非公开募集资金设立证券投资基金",并首次对"非公开募集基金"进行了专章规定。该章对非公开募集基金的主要方面进行了规定,包括合格投资者、投资者人数、托管要求、非公开募集的要求和限制、非公开募集基金管理人的行业协会登记、基金合同的必备内容、基金在行业协会备案等。

从文义解释和立法历史的角度看,《基金法》所规范的非公开募集基金仅包括私募证券投资基金,而不包括 PE 基金和 VC 基金,也不包括其他类私募投资基金。《基金法》第 94 条明确规定,"非公开募集基金财产的证券投资,包括买卖公开发行的股份有限公司股票、债券、基金份额,以及国务院证券监督管理机构规定的其他证券及其衍生品种",而根据中国目前的法律,尽管《证券法》可能有扩大"证券"范围的意图,但截至目前有限责任公司的股权、合伙企业的合伙权益等都不属于"证券",且证监会也未明确出台规范性文件明确将有限责任公司的股权、合伙企业的合伙权益等认定为"证券及其衍生品种",因此对该等权益的投资尚不属于《基金法》下的"证券投资",亦即《基金法》迄今并不直接适用于私募股权投资基金。

尽管在立法层面,《基金法》无法为司法者和监管机构提供必要的规范支持,但实践中法官和监管机构却常常从《基金法》中为与私募股权投资基金相关的争议解决寻找规范依据。例如,在彭某华诉深圳市端盈投资基金管理企业合同纠纷案中,天津市第一中级人民法院认为"私募投资基金与证券投资资金仅仅是投资标的不同,其本质同样属于信托法律关系",进而参照适用《基金法》来处理案件中的私募股权投资基金。[1] 在这种立法排斥适用而实践

[1] 参见《天津市第一中级人民法院(2019)津01 民终3107 号民事判决书》,类似观点也见于《大连市中级人民法院(2019)辽02 执异33 号裁定书》《四川省成都市中级人民法院(2017)川01 民终 12773 号判决书》等。

又不得不适用的尴尬局面背后,不容忽视的是私募股权投资基金和证券投资基金在金融风险防范角度上的相似性。换言之,二者在内部治理结构上大体类似,基金管理人和基金托管人法定权利义务的配置和安排并没有本质区别,对两者区别设置规范不仅会造成立法资源的浪费,更会导致相关司法和行政执法无所适从。在比较法上,私募股权投资基金和私募证券投资基金的统一规范也是立法趋势所向。例如,美国《多德—弗兰克法案》(Dodd-Frank Act)以及《创业企业扶助法案》(Jumpstart Our Business Startups Act,"JOBS"法案)消除了很多原本区别应用于证券投资基金与私募股权投资基金的规定。[1] 尽管证券投资基金管理人的义务依然更为繁重,但二者在核心要求上呈现明显的趋同性。

二、行政法规

2017 年 8 月,国务院法制办拟定了《私募基金条例(征求意见稿)》,并公开向社会各界征求意见。《私募基金条例(征求意见稿)》第 2 条规定:"本条例所称私募投资基金,是指在中华人民共和国境内,以非公开方式向合格投资者募集资金设立,由基金管理人管理,为投资者的利益进行投资活动的私募证券投资基金和私募股权投资基金。非公开募集资金,以进行投资活动为目的设立的公司或者合伙企业,资产由基金管理人或者普通合伙人管理的,其基金管理人、基金托管人、资金募集、投资运作和信息提供适用本条例。私募基金财产的投资包括证券及其衍生品种、有限责任公司股权、基金份额,以及国务院证券监督管理机构规定的其他投资品种。"根据这一规定,"私募证券投资基金"与"私募股权投资基金"均符合该条例对私募基金的定义,至于"其他私募投资基金"是否适用则尚不明确。值得一提的是,为了体现国家对于创业投资的扶持,《私募基金条例(征求意见稿)》对创投基金设专章,明确将在管理人登记、基金备案、投资情况报告等方面对创投基金实行差异化管理和服务。

《私募基金条例(征求意见稿)》试图明确私募投资基金的定义、组织形式和投资范围,加强对私募投资基金参与主体(如基金管理人及其高管、基金托管人)的要求,对私募基金管理人的募集活动、投资运作、信息披露进行规范,尤其强调了法律责任。《私募基金条例(征求意见稿)》中提到的大部分对于私募投资基金的规范和要求均来源于已生效的相关法律、法规、规范性文件及行业自律规则。因而私募条例出台最重大的意义可能在于提高了立法层级,通过行政法规的形式对私募投资基金的监管规则进行明确和统一,沿袭和保障现有监管体系,且在提高立法级别的同时明确了上位法,特别是明确了《基金法》《信托法》的上位法地位,有利于确立契约型私募股权投资基金法律关系为信托关系。

2019 年 5 月和 2020 年 6 月,国务院办公厅连续两年将《私募投资基金管理暂行条例》列入立法工作计划,由证监会负责起草。2021 年 3 月,证监会在其 2021 年度立法工作计划中亦提及其将配合国务院有关部门做好《私募投资基金监督管理条例》的制定、修改工作。如果正式发布和实施,将大大提高私募投资基金监管的立法层级,并弥补证监会和基金业协会

---

[1] WULF A. KAAL, Confluence of Mutual and Private Funds, U of St. Thomas (Minnesota) Legal Studies Research Paper No. 16 - 06.

监管私募股权投资基金的上位法缺失,意味着中国私募投资基金行业监管体系顶层设计的初步完成。

三、联合部门规章

(一)资管新规

2018 年 4 月 27 日,中国人民银行(以下简称人民银行)、银保监会、证监会、国家外汇管理局(以下简称国家外汇局)联合发布了《资管新规》,为资产管理行业制定了统一的监管规则。《资管新规》从产品分类、投资者适当性管理、金融机构受托管理职责、产品代销、投资限制、信息披露、第三方托管、资金池、刚性兑付、产品分级、多层嵌套和通道等方面对金融机构的资产管理业务进行了统一规范。《资管新规》对于金融机构资产管理业务的影响是毋庸置疑的,但就其是否及如何适用于非金融机构的私募投资基金曾一度引起较大争议。

《资管新规》第 2 条规定,"私募投资基金适用私募投资基金专门法律、行政法规,私募投资基金专门法律、行政法规中没有明确规定的适用本意见。创业投资基金、政府出资产业投资基金的相关规定另行制定"。[1]

结合《资管新规》其他条款的行文来看,该条所指的"私募投资基金"仅限于非金融机构发起、设立和/或管理的私募投资基金,其相对的是金融机构发起设立和/或管理的私募投资基金,两者的划分标准是基金发起人/管理人的主体性质。因此,《资管新规》下的私募投资基金范围窄于证监会和基金业协会监管体系下的私募投资基金。

此外,该条所谓的"私募投资基金专门法律、行政法规"具体包括哪些规范存在一定的不确定性,这对于《资管新规》和证监会及基金业协会私募基金规范如何协调适用于私募基金也带来了不确定性。在《资管新规》出台前,适用于私募投资基金的法律、法规、规范性文件及行业自律规则主要包括《基金法》《证监会 105 号文》及基金业协会的相关行业自律规范性文件(合称私募系适用规范)。2017 年 8 月国务院法制办还曾发布过《私募基金条例(征求意见稿)》。根据《立法法》,法律的制定主体为全国人民代表大会和/或全国人民代表大会常务委员会;行政法规的制定主体为国务院。如按照上述标准判断,现行有效的私募系适用规范中的法律、行政法规可能仅包括《基金法》;《私募基金条例(征求意见稿)》作为可能适用于私募投资基金的行政法规,还处于征求意见稿阶段,何时出台尚未可知;目前的体制下私募投资基金主要遵守的证监会和基金业协会的相关规范并不属于"法律、行政法规"的范畴。

尽管如此,随着监管实践的发展,对于非金融机构的私募投资基金而言,相关监管机构

---

[1] 国家发改委、人民银行、财政部、银保监会、证监会、国家外汇局于 2019 年 10 月 19 日发布了《关于进一步明确规范金融机构资产管理产品投资创业投资基金和政府出资产业投资基金有关事项的通知》,该通知明确了适用该通知的创业投资基金和政府出资产业投资基金的条件,且规定(1)金融机构已与符合该通知规定要求的两类基金签订的认缴协议继续有效;(2)对于《资管新规》出台前已签订认缴协议且符合该通知规定要求的两类基金,过渡期内,金融机构可以继续发行老产品出资;《资管新规》出台后新签订认缴协议的两类基金,应严格按照《资管新规》有关规定执行;(3)符合该通知规定要求的两类基金接受资产管理产品及其他私募投资基金投资时,该两类基金不视为一层资产管理产品。

（包括自律监管机构）一方面贯彻了《资管新规》的监管原则，另一方面也给予了此类私募投资基金一些差异化安排。以《2019版基金备案须知》为例，其在贯彻《资管新规》"五个坚持"（坚持严控风险的底线思维、坚持服务实体经济的根本目标、坚持宏观审慎与微观审慎监管相结合、坚持有的放矢的问题导向、坚持积极稳妥审慎推进）的监管原则基础上，沿用了《资管新规》禁止刚兑、禁止资金池、分级制度、杠杆限制等规定，但同时提供了一些差异化监管规则（例如，不同的合格投资者制度、相对灵活的封闭运作机制、关于投资集中度的建议、未强制适用风险准备金机制）以保持适度的灵活性。

《资管新规》的主要规定包括以下方面：

1. 明确分级制度

《资管新规》规定，开放式私募产品不得进行份额分级；分级私募产品的负债比例上限为140%；分级私募产品应当设定分级比例（优先级份额/劣后级份额，中间级份额计入优先级份额），固定收益类产品的分级比例不得超过3∶1，权益类不得超过1∶1，商品及金融衍生品类、混合类不得超过2∶1；金融机构对分级资管产品自主管理，不得转委托给劣后级投资者；分级资管产品不得直接或者间接对优先级份额认购者提供保本保收益安排。

2. 控制投资集中度

《资管新规》规定，除金融监督管理部门另有规定的外，同一金融机构全部资产管理产品投资单一上市公司发行的股票不得超过该上市公司可流通股票的30%。

3. 限制负债杠杆

《资管新规》规定，资管产品应当设定负债比例（总资产/净资产）上限，同类产品适用统一的负债比例上限，每只私募产品的负债比例上限为200%（按照穿透原则合并计算总资产），分级私募产品的负债比例上限为140%；金融机构不得以受托管理的份额进行质押融资，放大杠杆；投资者不得使用贷款、发行债券等筹集的非自有资金投资资管产品。

4. 强制计提准备金

《资管新规》规定，金融机构应当按照资管产品管理费收入的10%计提风险准备金，风险准备金余额达到产品余额的1%时可以不再提取；金融机构应当定期将风险准备金的使用情况报告金融管理部门。

5. 禁止担保

《资管新规》规定，金融机构不得为资产管理产品投资的非标准化债权类资产或者股权类资产提供任何直接或间接、显性或隐性的担保、回购等代为承担风险的承诺。

6. 限制嵌套结构

《资管新规》规定，金融机构不得为其他金融机构的资产管理产品提供规避投资范围、杠杆约束等监管要求的通道服务；资管产品可以再投资一层资管产品，但所投资的资管产品不得再投资公募证券投资基金以外的资管产品。

《资管新规》将嵌套行为限制在一层嵌套，这将对银行资金参与股权投资（或明股实债）、定向增发、部分私募FOF或者产业基金的母子基金结构设计产生重大影响。但如一个一般类型的有限合伙企业、公司作为中间层，是否即能规避嵌套的限制，仍待今后的监管实践加以明确。

7. 禁止资金池

《资管新规》规定，资管产品应符合三单原则，即单独管理、单独建账、单独核算，不得开展或者参与具有滚动发行、集合运作、分离定价特征的资金池业务；封闭式资产管理产品期限不得低于90天；资产管理产品直接或者间接投资于非标债的，非标债的终止日不得晚于封闭式资产管理产品的到期日或者开放式资产管理产品的最近一次开放日，投资于未上市企业股权及其受（收）益权的，应当为封闭式资产管理产品，未上市企业股权及其受（收）益权的退出日不得晚于封闭式资产管理产品的到期日；禁止通过为单一融资项目设立多只资管产品的方式，变相突破投资者人数限制或者其他监管要求；发行多只资管产品投资同一资产的，多只资管产品投资该资产的资金总规模合计不得超过300亿元。

8. 业绩报酬

《资管新规》规定，金融机构可以与委托人在合同中事先约定收取合理的业绩报酬，业绩报酬计入管理费，须与产品一一对应并逐个结算，不同产品之间不得相互串用。

就金融机构管理的典型资管产品而言，承认业绩报酬具有重大意义，有助于各类资管产品的公平竞争地位，有助于推动从通道业务向投研为主的主动资产管理的发展。尽管《资管新规》有该项规定，但根据目前的实践，监管机构尚未要求金融机构管理的资管产品的业绩报酬强制计入管理费。

9. 净值化管理

《资管新规》规定，资管产品应当实行净值化管理，且应由托管机构进行核算并定期提供报告。

10. 产品分类

《资管新规》规定，按照投资性质的不同，资管产品分为四大类，并对每类资管产品的投资比例作出了最低限制：固定收益类产品投资于债权类资产的比例不低于80%；权益类产品投资于股票、未上市企业股权等权益类资产的比例不低于80%；商品及金融衍生品类产品投资于商品及金融衍生品的比例不低于80%；混合类产品投资于债权类资产、权益类资产、商品及金融衍生品类资产且任一资产的投资比例未达到前三类产品标准。非因金融机构主观因素导致突破前述比例限制的，金融机构应当在流动性受限资产可出售、可转让或者恢复交易的15个交易日内调整至符合要求。

就产品突破比例限制的情形，何为"主观因素"？资管产品部分股权投资退出而导致的债权投资比例超过限制的是否属于主观因素导致？进一步，资管产品在退出期阶段可能出现大量的股权投资的退出，即使某一或某些债权投资届时可进行处置，也未必能够保证该产品可迅速调整至符合要求的比例。

11. 合格投资者

《资管新规》规定，合格投资者是指具备相应风险识别能力和风险承担能力，投资于单只资产管理产品不低于一定金额且符合下列条件的自然人和法人或者其他组织。

(1)具有2年以上投资经历,且满足以下条件之一:家庭金融净资产不低于300万元,家庭金融资产不低于500万元,或者近3年本人年均收入不低于40万元;

(2)最近1年末净资产不低于1000万元的法人单位;

(3)金融管理部门视为合格投资者的其他情形。

合格投资者投资于单只固定收益类产品的金额不低于30万元;投资于单只混合类产品的金额不低于40万元;投资于单只权益类产品、单只商品及金融衍生品类产品的金额不低于100万元。

根据《2019版基金备案须知》,"合格投资者应当符合《私募投资基金监督管理暂行办法》的相关规定",并未提及《资管新规》,因此,非金融机构私募投资基金关于合格投资者的标准仍适用《证监会105号文》,即合格投资者是指具备相应风险识别能力和风险承担能力,投资于单只私募基金的金额不低于100万元且符合下列相关标准的单位和个人,且"下列投资者视为合格投资者:(一)社会保障基金、企业年金等养老基金,慈善基金等社会公益基金;(二)依法设立并在基金业协会备案的投资计划;(三)投资于所管理私募基金的私募基金管理人及其从业人员;(四)中国证监会规定的其他投资者"。根据证监会发布的《私募基金监管规定》,国务院金融监督管理部门监管的机构发行的资管产品、合格境外机构投资者(QFII)和人民币合格境外机构投资者(RQFII)也被视为合格投资者。

12. 信息披露

《资管新规》规定,对于私募产品,金融机构应当至少每季度向投资者披露产品净值和其他重要信息。

根据基金业协会发布的《信息披露指引2号》,尽管基金业协会仅是鼓励非金融机构私募股权(含创业)投资基金进行季度披露,而不做强制要求,但随着市场实践(如较多的机构投资者要求PE基金和VC基金提供季度报告)及相关监管措施(如私募基金信息披露备份系统将于2020年2月14日正式上线向投资者开放的定向披露功能模块)的推进,非金融机构私募股权(含创业)投资基金进行季度信息披露趋于常态化,与《资管新规》强制要求进行季度信息披露在实质上是一致的。

13. 托管

《资管新规》规定,金融机构发行的资产管理产品资产应当由具有托管资质的第三方机构独立托管,法律、行政法规另有规定的除外。

根据《2019版基金备案须知》,对于非金融机构私募投资基金:(1)契约型基金原则上应当托管;(2)私募资产配置基金应当托管;(3)通过特殊目的载体间接投资的私募投资基金应当托管;及(4)有后续募集需求的私募投资基金应当托管。在目前的监管要求下,各类私募投资基金强制托管要求趋同。

14. 投资顾问

《资管新规》规定，可以聘请具有专业资质的受金融监督管理部门监管的机构作为投资顾问。

而如何能够成为"具有专业资质的受金融监督管理部门监管的机构"，可能还需遵循相关金融监督管理部门的具体规定。例如，证监会于 2020 年 4 月 17 日发布了《证券基金投资咨询业务管理办法(征求意见稿)》，其中明确将证券基金投资咨询业务分为三大类，即证券投资顾问业务、基金投资顾问业务和发布研报业务。证券投资顾问和基金投资顾问主要是向特定客户就证券、基金等具体投资品种提出投资建议，发布研报业务主要是向客户就市场走势、投资标的投资价值等提出分析意见，不涉及具体的投资建议。在此基础上，该稿进一步对前述主体按类别作出了准入安排。

为进一步落实《资管新规》中的相关规定，银保监会、证监会等相关金融监督管理部门相继出台了配套规则。其中，证监会于 2018 年 10 月 22 日发布《资管业务管理办法》和《资管计划运作规定》(合称《私募资管细则》，并于 2020 年 10 月 23 日发布了修改《私募资管细则》的通知)。根据《私募资管细则》，证券公司、基金管理公司、期货公司及其私募子公司可以从事私募资产管理业务。上述金融机构从事私募资产管理业务、产品和投资范围与私募证券投资基金有很大的相似性，但在机构的设立审批和内部合规管理上，仍然遵循的是针对金融监管部门所监管的机构的监管思路。根据《私募资管细则》，此类金融机构发行的私募资产管理计划产品，也需要向基金业协会备案。更多证券公司私募基金子公司对《私募资管细则》的适用相关内容请见本书第四章第三节。

《资管新规》的出台对私募投资基金的募集造成了显著影响。一方面，资管新规向上穿透合格投资者，通过清晰量化的标准提高了资管产品合格投资者的门槛，直接导致合格投资者数量的减少，间接影响了资管产品的募资规模；另一方面，向下穿透底层资产，明令禁止多层嵌套的资管产品，严格控制封闭式资管产品的产品期限与资产持有期限的匹配度等，关闭了银行理财资金通过各类资管计划进入包括母基金在内的私募股权行业及其下游投资的渠道。

(二)《市场准入负面清单》

2019 年 10 月，国家发改委、商务部正式发布《市场准入负面清单》(2019 年版)，私募基金首次被纳入《市场准入负面清单》。具体而言，作为"禁止准入类"项下的"禁止违规开展金融相关经营活动"措施，非金融机构、不从事金融活动的企业，在注册名称和经营范围中原则上不得使用"基金管理"(指从事私募基金管理业务的基金管理公司或者合伙企业)等与金融相关的字样。凡在名称和经营范围中选择使用上述字样的企业(包括存量企业)，市场监管部门将注册信息及时告知金融管理部门，金融管理部门、市场监管部门予以持续关注，并列入重点监管对象。主管部门为人民银行、银保监会、国家市场监督管理总局(以下简称市场监管总局)和国家外汇局。

同时，作为"与市场准入相关的禁止性规定"，非公开募集基金，不得向合格投资者之外的单位和自然人募集资金,不得通过报刊、电台、电视台、互联网等公众传播媒体形式或者讲座、报告会、分析会等方式向不特定对象宣传推介。管理部门为证监会。

2020 年 12 月的《市场准入负面清单》(2020 年版)在私募基金方面沿袭了 2019 年版的做法,将私募基金行业纳入全国统一的市场准入制度体系,着眼于破解私募基金行业准入难,特别是民营企业准入难问题,明确了政府对私募基金行业市场准入管理的边界,通过更加规范透明准入环节的管理,力求将真正从事私募基金行业的企业与打着"私募基金"旗号从事其他活动乃至违法犯罪活动的企业区分开来,目标是进一步维护市场公平,公开准入标准,降低准入门槛,破除隐性壁垒,鼓励支持优质私募基金企业充分发展。

四、证监会部门规章

如前所述,《基金法》并未将私募股权投资基金纳入调整范围,因而《基金法》严格来说并不能作为证监会作为私募股权投资基金(包括创投基金)的行业监管机构的上位法根据。即使在《基金法》生效后,私募股权投资基金的监管权也一度在证监会和国家发改委之间争执不下。[1] 直到 2013 年 6 月,中央机构编制委员会办公室(以下简称中央编办)印发了《关于私募股权基金管理职责分工的通知》(中央编办发〔2013〕22 号),明确了证监会和国家发改委在私募股权投资基金监管上的职责分工,证监会负责股权投资基金行业的具体监督管理,国家发改委则从宏观上负责组织拟订行业发展政策措施。自此,私募股权投资基金的监管权转移至证监会。

证监会于 2014 年 8 月 21 日正式发布了《证监会 105 号文》。《证监会 105 号文》对于私募投资基金的范围、登记备案条件和程序、合格投资者标准、非公开募集、投资运作及行业自律等进行了规范。《证监会 105 号文》对"私募基金财产的投资"范围规定为"包括股票、股权、债券、期货、期权、基金份额及投资合同约定的其他投资标的",与《基金法》第 94 条相比,增加了"股权"和"投资合同约定的其他投资标的",显著扩大了《基金法》下"非公开募集基金财产的证券投资"的范围。《证监会 105 号文》可以视为证监会将其基于《基金法》获得的对私募证券投资基金的监管权和根据中央编办通知而取得的对私募股权投资基金的监管权从功能监管角度进行的统一,为私募投资基金行业整体制定的基本部门规章。

此后,证监会对私募基金的监管主要依赖于基金业协会的行业自律监管以及其在各省和直辖市的证监局不时对私募基金管理人等进行的现场和非现场检查。证监会在《证监会 105 号文》之后没有直接制定专门针对私募基金行业的部门规章。其在 2016 年 12 月发布的《投资者适当性管理办法》中规定,投资者适当性的标准、规则和规范要求等适用于包括私募基金在内的资管产品。直至 2021 年 1 月,证监会发布了《私募基金监管规定》。

---

〔1〕 例如,2013 年证监会发布的《资产管理机构开展公募证券投资基金管理业务暂行规定》(中国证券监督管理委员会公告〔2013〕10 号),允许股权投资基金管理人和创投基金管理人开展公募基金管理业务。而同期国家发改委发布的《关于进一步做好股权投资企业备案管理工作的通知》(发改办财金〔2013〕694 号),则禁止股权投资基金和创投基金管理人参与公募基金和私募证券投资基金管理投资工作。

《私募基金监管规定》共 14 条，具体的规范大体可分为六类：规范私募基金管理人名称、经营范围和业务范围；优化集团化私募基金管理人监管；重申细化非公开募集和合格投资者要求；明确私募基金财产投资要求；强化私募基金管理人及从业人员等主体规范要求；明确法律责任和过渡期安排。该规定针对私募投资基金领域风险事件的发生特点和处置经验，重申和细化了私募基金监管的底线要求。其中，既包括对既存的行业自律规范的重点归纳，以提高其监管层级，也包括在既存规则基础上深化提炼的新要求新规范。前者例如，《私募基金监管规定》归纳了私募基金管理人、销售机构及其从业人员在募集中的“十不得”；总结了私募基金管理人、托管人、销售机构、其他服务机构及其各自从业人员的十三条禁止性行为。后者例如，《私募基金监管规定》要求私募基金管理人名称必须包括“私募基金”、“私募基金管理”和“创业投资”三种字样之一，并在经营范围中标明“私募投资基金管理”“私募证券投资基金管理”“私募股权投资基金管理”“创业投资基金管理”等体现受托管理私募基金特点的字样；进一步细化和拓展了合格投资者的范围，明确了国务院金融监督管理部门监管的机构发行的资管产品、合格境外机构投资者（QFII）和人民币合格境外机构投资者（RQFII）均为《证监会 105 号文》规定的合格投资者，无须穿透核查最终投资者。

在《证监会 105 号文》已无法完全匹配目前私募基金监管需求的情况下，该规定的出台将迅速起到补丁作用，因时制宜为加强私募基金行业监管提供依据，并有利于证监会部门规章与基金业协会不断迭代的自律规则和自律监管实践实现无缝衔接。在《私募基金条例（征求意见稿）》出台并据此修改《证监会 105 号文》前，该规定及时响应了私募基金业务中发生的焦点问题，也一定程度上呼应了《资管新规》的原则性规定。但是，该规定毕竟限于部门规章和规范性文件层面，无法弥补《基金法》和部门规章之间的行政法规断层，继《私募基金条例（征求意见稿）》发布向各界征求意见以来，私募条例已多年被列入行政法规的立法计划，业界期盼私募条例尽快出台为私募基金行业提供更高层级的法律法规保障，为私募基金业务和各相关主体提供清晰明确的制度供给。

五、基金业协会行业自律监管体系

2012 年，基金行业自律组织——中国证券投资基金业协会成立。基金业协会根据《基金法》、[1] 中央编办 2013 年有关明确由证监会负责股权投资基金监管的通知以及证监会的有关授权，[2] 取得私募投资基金行业自律监管的权责。作为基金行业的自律组织，基金业协会负责私募投资基金管理人登记和私募投资基金备案，并履行对私募投资基金行业的自

---

〔1〕《基金法》第 10 条规定：“基金管理人、基金托管人和基金服务机构，应当依照本法成立证券投资基金行业协会（以下简称基金行业协会），进行行业自律，协调行业关系，提供行业服务，促进行业发展。”第 108 条规定：“基金行业协会是证券投资基金行业的自律性组织，是社会团体法人。……”

〔2〕《证监会 105 号文》第 6 条规定：“中国证券投资基金业协会（以下简称‘基金业协会’）依照《证券投资基金法》、本办法、中国证监会其他有关规定和基金业协会自律规则，对私募基金业开展行业自律，协调行业关系，提供行业服务，促进行业发展。”

律监管职能。目前已形成了较为全面的自律规则体系，本书称为“7＋2＋2＋2＋8＋N”体系。

（一）7个办法（见表1.7）

表1.7　7个办法

自律规则	发布时间
《登记备案办法》	2014年1月17日
《募集行为管理办法》	2016年4月15日
《信息披露管理办法》	2016年2月4日
《基金服务业务管理办法》	2017年3月1日
《私募投资基金管理人从事投资顾问服务业务管理办法》	尚未制定发布
《私募投资基金托管业务管理办法》	尚未制定发布
《基金从业资格考试管理办法（试行）》	2015年7月24日

（二）2个公告（见表1.8）

表1.8　2个公告

自律规则	发布时间
《规范管理人登记公告》	2016年2月5日
《关于私募基金管理人在异常经营情形下提交专项法律意见书的公告》	2018年3月27日

（三）2个须知（见表1.9）

表1.9　2个须知

自律规则	发布时间
《管理人登记须知》	2018年12月7日
《2019版基金备案须知》	2019年12月23日

（四）2个清单（见表1.10）

表1.10　2个清单

自律规则	发布时间
《关于便利申请办理私募基金管理人登记相关事宜的通知》	2020年2月28日
《关于公布私募投资基金备案申请材料清单的通知》	2020年3月20日

（五）8 个指引（见表 1.11）

表 1.11　8 个指引

自律规则	发布时间
《内控指引》	2016 年 2 月 1 日
《信息披露指引 1 号》	2016 年 2 月 4 日
《私募投资基金合同指引（1～3 号）》	2016 年 4 月 18 日
《信息披露内容指引 2 号》	2016 年 11 月 14 日
《投资者适当性管理指引》	2017 年 6 月 28 日
《私募股权投资估值指引》	2018 年 3 月 30 日
《绿色投资指引（试行）》	2018 年 11 月 10 日
《私募投资基金命名指引》	2018 年 11 月 20 日

（六）"N"个问答和通知

2014～2018 年，基金业协会陆续发布了《私募基金登记备案相关问题解答（一至十五）》（以下简称《登记备案问答（一）》～《登记备案问答（十五）》），[1] 并因应当时的基金发展趋势和监管目标陆续发布了《关于改进私募基金管理人登记备案相关工作的通知》《关于进一步优化私募基金登记备案工作若干举措的通知》《关于加强私募基金信息披露自律管理相关事项的通知》《关于疫情防控期间私募基金登记备案相关工作安排的通知》《关于进一步规范异常经营专项法律意见书出具行为的通知》《关于适用中国证监会〈关于加强私募投资基金监管的若干规定〉有关事项的通知》（中基协字〔2020〕27 号）等多个通知。

该自律规范体系较为完备地规范了私募投资基金业务的重大方面，包括私募基金管理人登记、私募基金备案、募集行为、基金合同、投资运作、信息披露以及私募基金服务机构的行为等，是私募投资基金募集设立和运营的重要行业规范和指引。

除自律规范外，基金业协会的行业自律监管及其对私募基金行业的服务主要依赖于其三大线上系统，各系统亦有各自的填写、上传指引等。

1. 资产管理业务综合报送平台（"AMBERS 系统"，https://ambers.amac.org.cn），于 2016 年 9 月 6 日推出，自 2017 年 4 月 5 日起全面上线运行，为私募基金管理人登记及基金备案的网上填报平台，同时还集成了管理人会员管理、管理人及其私募基金的后期可持续运营维护（包括重大变更、信息更新等）、上市公司 VC 基金股东减持股份特别规定的政策申请等功能。

2. 私募基金信息披露备份系统（信息披露平台，https://pfid.amac.org.cn/pof/login.jsp），于 2016 年 10 月 10 日正式运行，用于报送私募基金的信息披露报告。

〔1〕《登记备案问答（一）》～《登记备案问答（三）》、《登记备案问答（五）》和《登记备案问答（七）》已于 2020 年 8 月 10 日废止。参见《关于废止部分自律规则的公告（第一批）》（中基协字〔2020〕123 号）。

3. 从业人员管理平台(http://person.amac.org.cn),于2017年4月5日全面启用,对私募基金从业人员基本情况、资格取得、从业经历、诚信记录、后续培训等信息实现全口径管理;由于基金业协会拟进行系统升级和数据迁移工作,对于2019年11月30日后在AMBERS系统新注册的私募基金管理人,应通过从业人员管理平台的新网址(https://human.amac.org.cn/web/login.html),指定机构资格管理员,由该管理员为新增人员进行从业资格注册。

六、司法裁判规范

除前述直接涉及私募投资基金的法律法规及监管规定外,随着私募投资基金的发展及部分早期私募投资基金已进入退出期甚至启动解散清算程序,私募投资基金领域出现的纠纷日益突出。最高人民法院于2019年11月8日发布了《九民纪要》,结合民商法的最新动态及金融领域的最新监管政策,对民商事审判中的前沿疑难争议作出回应,以期统一裁判思路、规范法官自由裁量权、增强民商事审判的可预期性。从私募投资基金的视角,《九民纪要》中关于金融纠纷案件的部分应特别予以关注,以便于市场主体规范相关业务活动、加强实践中的法律风险管控。

(一)关于金融消费者权益保护纠纷案件

《九民纪要》规定,在审理金融产品发行人、销售者以及金融服务提供者(统称卖方机构)与金融消费者之间因销售各类高风险等级金融产品和为金融消费者参与高风险等级投资活动提供服务而引发的民商事案件中,必须坚持"卖者尽责、买者自负"原则,将金融消费者是否充分了解相关金融产品、投资活动的性质及风险并在此基础上作出自主决定作为应当查明的案件基本事实,依法保护金融消费者的合法权益,规范卖方机构的经营行为。卖方机构不能证明其已经按照法律、行政法规和相关监管规定的要求履行了适当性义务的,应当对金融消费者因此所受的损失承担赔偿责任。关于适当性义务,《九民纪要》从法律适用规则、责任主体、举证责任、告知说明义务、损失赔偿数额、免责事由等方面作出了详细规定。更多适当性义务的相关内容请见本书第六章第三节。

(二)关于营业信托纠纷案件

《九民纪要》对营业信托纠纷的认定、资产或者资产收益权转让及回购、劣后级受益人的责任承担、增信文件的性质、保底或者刚兑条款无效、通道业务的效力、受托人的举证责任、信托财产的诉讼保全等进行了规定。尽管该等规定的主体多为"信托公司""信托文件""信托财产",但对于私募投资基金,尤其是以信托关系为基础法律关系的契约型私募投资基金,亦有较强的引导借鉴意义。例如,《九民纪要》明确,劣后级受益人负有对优先级受益人从信托财产获得利益与其投资本金及约定收益之间的差额承担补足义务,优先级受益人请求劣后级受益人按照约定承担责任的,人民法院依法予以支持。该规定旨在明确优先级受益人和劣后级受益人之间的关系属于投资风险在不同的市场主体之间的合理分配,其之间的关系本质为借贷关系,区别于受托人为受益人保底或提供刚兑。又如,《九民纪要》再次重申了保底或刚兑条款无效。而对信托公司开展和参与的多层嵌套、通道业务、回购承诺等融资活动,《九民纪要》明确要以其实际构成的法律关系确定其效力,并在此基础上依法确定各方的权利义务。按照“新老划断”的监管政策要求,在过渡期之前,一方当事人以信托目的违法违规为由请求确认无效的,人民法院不予支持。

中国私募投资基金法律法规和监管体系仍然处在一个逐渐演变的过程中,诸多规则之间还存在需要磨合之处。对于现行规则中具体规定的讨论将在本书余下章节中展开。

第二章

基金设立篇
——架构设计

/第一节/

私募投资基金的架构设计

一、私募基金的组织形式

私募投资基金目前存在三种主要组织形式:有限合伙制、公司制和契约制。

(一)有限合伙制

有限合伙制私募投资基金主要依据《合伙企业法》设立,由基金管理人或其关联方作为普通合伙人[general partner,也被简称为GP;本书为便于表述,将基金管理人、普通合伙人、投资管理团队及其必要的关联方(如SLP和其他团队实体)一并统称为GP]负责基金的投资管理并承担无限连带责任、投资人作为有限合伙人(limited partner,LP)以出资额为限承担有限责任。图2.1为有限合伙制私募投资基金的典型架构。

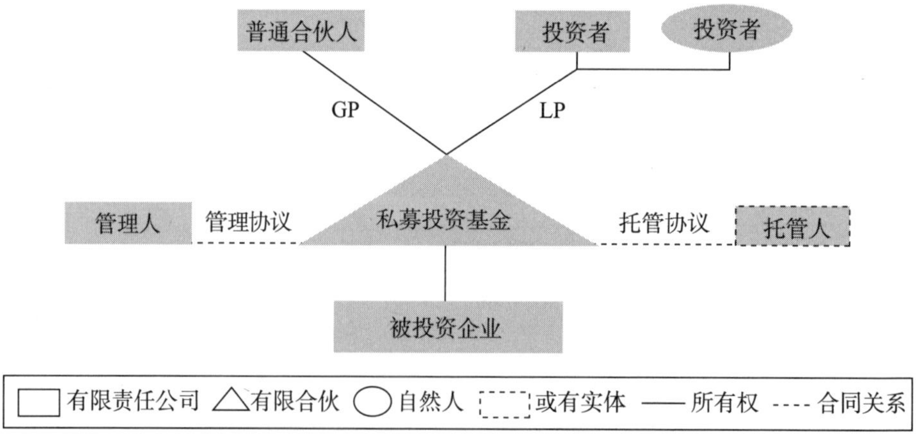

图2.1　有限合伙制私募投资基金的典型架构

境内外PE基金和VC基金多数采用有限合伙作为基金的组织形式，以“有限合伙”作为字样在基金业协会私募基金公示信息中进行检索，约有4万多条记录。私募投资基金采用有限合伙形式的主要考量包括：

- 优化税收成本：在目前的所得税体系中，有限合伙企业作为所得税穿透主体，在其层面无须缴纳所得税，而由合伙人直接缴纳企业所得税或个人所得税。相比于公司制，有限合伙企业有效避免了双重征税，税负成本相对较低。[1]
- 契合基金规律的治理结构：有限合伙制的另一大优势在于其较好地实现了GP投资技能和LP资金优势的有机结合，GP凭借其专业技能负责基金的投资管理，LP作为消极投资人主要负责提供资金，该等内部治理结构比较符合PE基金和VC基金的商业模式。

(二)公司制

公司制的私募投资基金主要依据《公司法》设立，投资人为公司股东，通过公司分红的形式取得收益；基金管理人既可以通过委派高管的形式通过董事会参与公司的投资管理(在此情况下，基金管理人或其关联方一般为公司的小股东)，也可以以外部管理公司的身份接受委托而对基金进行投资管理。图2.2为公司制私募投资基金的两种典型架构。

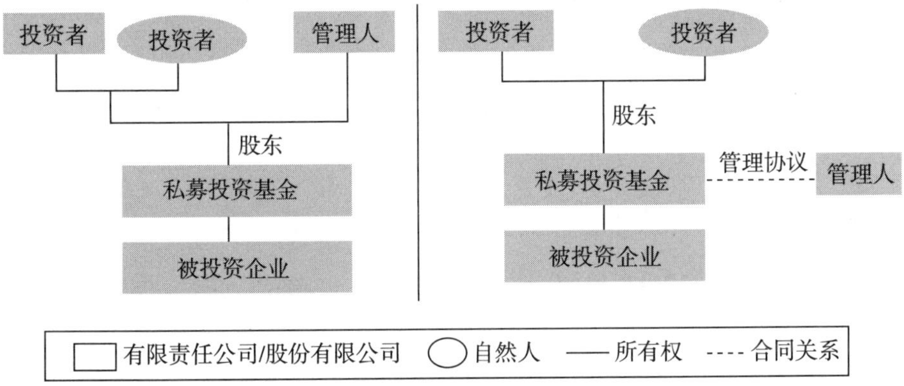

图2.2 公司制私募投资基金的两种典型架构

公司制目前不是私募投资基金的主流组织形式。采用公司制的私募投资基金主要是政府部门下属投资平台或者以央企、国企等为主要投资人的产业基金或投资平台，例如，国家制造业转型升级基金股份有限公司(基金编号：SLA143)、国家军民融合产业投资基金有限责任公司(基金编号：SGC907)、国家集成电路产业投资基金二期股份有限公司(基金编号：SJU890)。相比有限合伙制，公司制私募投资基金税赋成本较高，基金层面需缴纳增值税和企业所得税，股东层面则需缴纳企业所得税(针对居民企业的非股息红利收入而言，例如股权转让所得)或个人所得税。此外，公司制私募投资基金内部治理结构由法律直接规定，涉

[1] 更多税务相关内容请见本书第二章第二节。

及股东会、董事(会)、监事(会)、经理等多重机构,且部分职能由法律强制规定,可能导致决策效率较低。相较于有限合伙制,公司制可能无法与 PE 基金和 VC 基金类信托的商业模式完全契合。

公司制的私募投资基金可以采用有限责任公司或股份有限公司的组织形式。总体而言,有限责任公司作为规模较小、私密性高的公司形式,保护股东之间的信任关系,是人合性与资合性的结合,运营上具有灵活性,其设立、运作步骤简单;股份有限公司则规模庞大,往往股东人数众多,是典型的资合公司,其设立比有限责任公司更严格、更复杂。两种公司形式具体差异主要表现在:

- 股东人数。有限责任公司的股东不得多于 50 人;股份有限公司必须有 2 ~ 200 个发起人,对股东人数无限制。
- 股权表现形式。有限责任公司,权益总额不作等额划分,股东的股权是通过认缴出资比例来表示,股东表决和偿债时以其认缴的出资比例享有权利和承担责任;股份公司的全部资本分为数额较小、每一股金额相等的股份,股东的表决权按认购股本金额计算,每股享有一票表决权。
- 设立方式。有限责任公司只能由发起人筹集资金,不能向社会公开募集,也不能发行股票,不得上市;股份有限公司除了可以使用有限责任公司的设立方式外,还可以向社会公开筹集资金并上市融资,但鉴于私募投资基金的私募属性,股份有限公司制的私募投资基金不得向社会公开筹集资金或上市融资。
- 组织机构设置。有限公司比较简单、灵活,可以通过章程约定组织机构,可以只设执行董事、监事,不设监事会、董事会;股份有限公司则必须设立董事会、监事会。

(三)契约制

契约型基金并非人民币 PE 和 VC 基金的主流形式。较早的实例是 2006 年设立的渤海产业投资基金。在《基金法》和《证监会 105 号文》颁布后,一些管理人也以契约型组织形式试水设立了 PE 基金和 VC 基金,但总体而言应用有限。

契约型私募投资基金不以具体的实体形式存在,该类基金一般由投资者、管理人、托管人三方通过签订合同的形式设立,并由管理人进行投资管理、托管人负责财产托管。图 2.3 为契约型私募投资基金的典型架构。

相较于有限合伙制、公司制,契约型私募投资基金没有具体的法律实体,其设立及退出程序更为灵活,且单只基金可容纳的投资人人数更多,比较适合作为对流动性有较高要求的证券投资基金等的投资载体。采用契约型的私募 PE/VC 基金则主要是第三方募集服务机构的联接基金和投资管理团队的跟投基金。便利、灵活的优势也同时为契约型 PE 基金和 VC 基金带来一些问题,其中之一即为“三类股东”问题。[1]

---

〔1〕 更多“三类股东”相关内容请见本书第四章第四节。

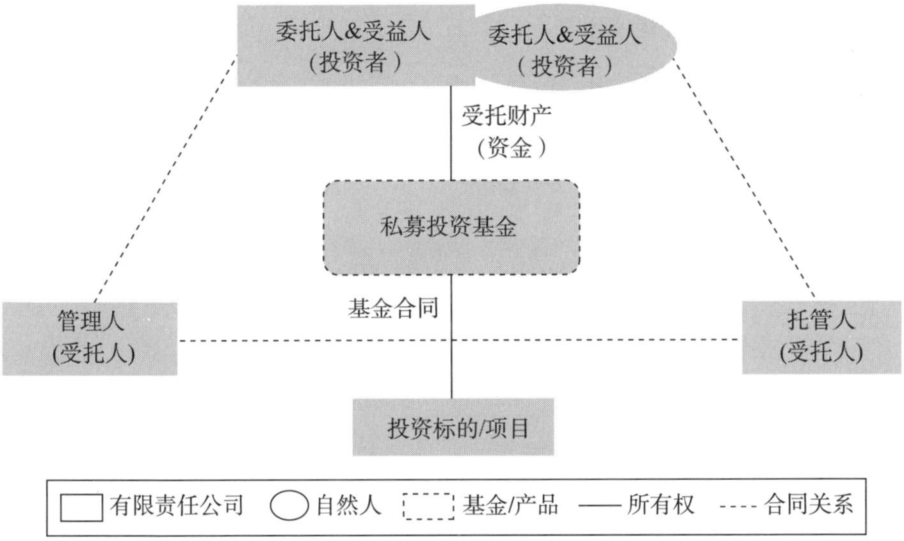

图 2.3 契约型私募投资基金的典型架构

二、主要相关方

(一)发起人

每一只投资基金都需要一个启动基金设立流程的人士,即发起人。发起人可以是机构(如金融机构),也可以是个人。比如 Henry Kravis 和 George Roberts 在 1976 年创立 KKR 并设立其第一只 PE 基金时,就是该基金的发起人。以后,随着 KKR 逐渐实现机构化,后续基金的发起人就逐渐变成了机构化了的 KKR,而两位发起人则变成了创始人。机构化了的 PE 机构又随时会有团队分立出来创设新的基金,团队又成为新基金的发起人。

(二)普通合伙人

以有限合伙制私募投资基金为例,基金管理人与普通合伙人通常为关联方。出于风险隔离的考虑,发起人通常会为每一只投资基金设立一个专门的普通合伙人。而同一个管理公司可以管理不同的基金。所谓 PE 机构化,通常是在管理公司的框架内实现的。成功的管理公司依靠业绩和品牌,有望成为“百年老店”。

就组织形式而言,普通合伙人可能采用公司制也可能采用有限合伙制,而基金管理人多采用公司制;就两者之间的关系而言,普通合伙人可以由基金管理人自行担任,也可以由基金管理人的关联方担任。

架构设计时根据商业、税务、监管等因素综合考量,基金架构可以在前述基本架构基础上进行各种必要的变更和复合。例如,在普通合伙人与基金管理人分立模式下,除了如图 2.1 所示的普通合伙人与基金管理人“平行”架构外,还可能存在如下“垂直型”的基金架构,见图 2.4 和图 2.5。

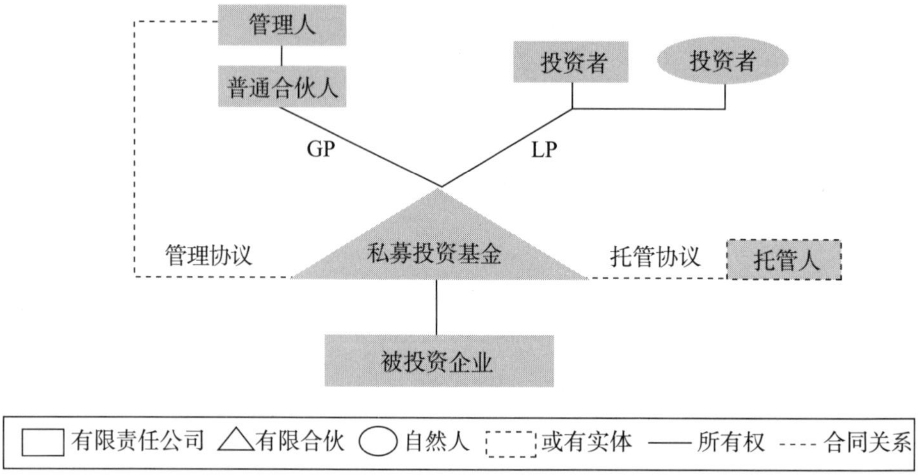

图 2.4

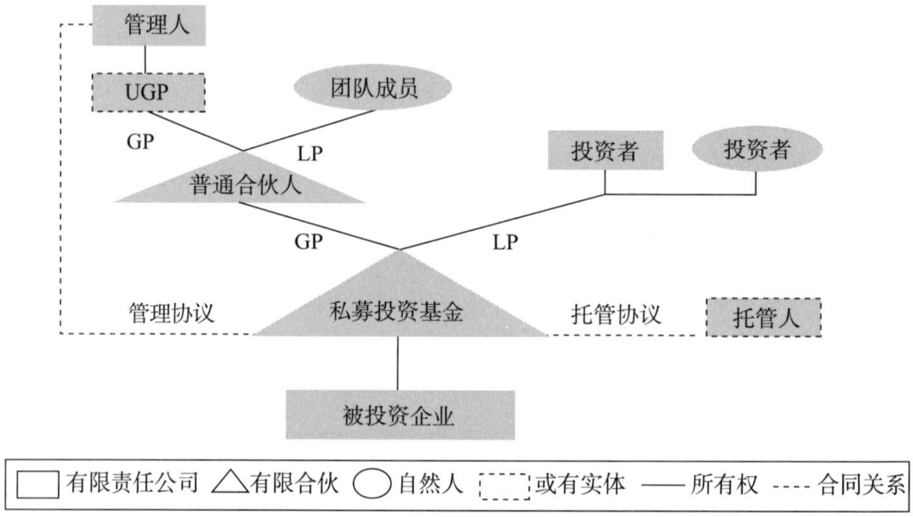

UGP：普通合伙人的普通合伙人

图 2.5

除普通合伙人和基金管理人外，投资管理团队成员也可能参与基金的跟投并参与分享基金收益，常见的方式包括，相关团队成员（或团队成员组成的实体）作为普通合伙人的有限合伙人或者作为基金的 SLP 等。

（三）有限合伙人

根据《证监会 105 号文》，私募投资基金的投资者应符合“合格投资者”的条件，即应具备相应风险识别能力和风险承担能力，投资于单只私募基金的金额不低于 100 万元人民币且（1）（如为单位）净资产不低于 1000 万元人民币；或（2）（如为个人）金融资产（包括银行存款、股票、债券、基金份额、资产管理计划、银行理财产品、信托计划、保险产品、期货权益等）

不低于300万元人民币或者最近3年个人年均收入不低于50万元人民币。其中,下列投资者视为“合格投资者”:(1)社会保障基金、企业年金等养老基金,慈善基金等社会公益基金;(2)依法设立并在基金业协会备案的投资计划;(3)投资于所管理私募基金的私募基金管理人及其从业人员;(4)中国证监会规定的其他投资者。根据证监会发布的《私募基金监管规定》,国务院金融监督管理部门监管的机构发行的资管产品、合格境外机构投资者(QFII)和人民币合格境外机构投资者(RQFII)也被视为合格投资者。[1]

在“合格投资者”的基础上,根据《投资者适当性管理办法》和《投资者适当性管理指引》,依据风险识别和风险承受能力的不同,又可进一步划分为“专业投资者”和“普通投资者”。募资机构对普通投资者在信息告知、风险警示、适当性匹配等方面承担更多的义务。[2] 此外,根据《募集行为管理办法》,投资者如为“专业投资机构”[3]的,可豁免适用“投资冷静期”和“回访确认”程序。[4]

此外,就一些特殊类型的投资者(如国资投资者、外资投资者、保险公司、上市公司等),[5]除作为私募投资基金的投资者受限于上述规定外,依据其本身的性质还可能受限于其他监管要求。

(四)托管机构

境外PE基金和VC基金较少采用财产托管或资金保管,但境内的私募投资基金基于监管要求一般均有托管机制。尽管《证监会105号文》规定,“除基金合同另有约定外,私募基金应当由基金托管人托管。基金合同约定私募基金不进行托管的,应当在基金合同中明确保障私募基金财产安全的制度措施和纠纷解决机制”,但目前私募投资基金备案的实践操作,对于私募投资基金基本等同于要求必须托管。根据基金业协会发布的基金托管行业数据,截至2019年第四季度,采用托管的私募投资基金总计22,421只,约占私募投资基金总规模的61.5%。

由于上海意隆财富投资管理有限公司、上海西尚投资管理有限公司、上海郁泰投资管理有限公司和易财行财富资产管理有限公司等私募基金管理人先后发生实际控制人失联事件,基金业协会自2018年起加强了对托管机构切实履行共同受托职责的要求,[6]并一度针对部分拟备案的私募投资基金通过反馈意见要求托管机构对该基金投资范围、产品结构、收

[1] 更多合格投资者相关内容请见本书第五章第一节第四部分。

[2] 更多投资者适当性管理相关内容请见本书第六章第三节。

[3] 尽管《募集行为管理办法》使用了“专业投资机构”这一术语,但并未给出明确界定。目前业界多参考适用《投资者适当性管理办法》中判断机构投资者是否为“专业投资者”的标准来确定专业投资机构。

[4] 更多私募投资基金募集相关内容请见本书第五章。

[5] 更多特殊类型投资者相关内容请见本书第四章。

[6] 参见《关于上海意隆等4家私募基金管理人风险事件的公告(2018年7月13日)》,载基金业协会网,http://www.amac.org.cn/aboutassociation/gyxh_xhdt/xhdt_xhgg/201807/t20180713_2410.html,2021年1月15日最后访问。

益分配、底层投资协议等的合规性和真实性、基金后续募集安排、基金拟投资进度安排、工商确权安排等进行核实并发表意见且签章确认。这一要求曾一度在私募投资基金备案的反馈意见中出现频率较高,也一度成为基金管理人当时选择托管机构的重要考量因素。

(五)服务机构

境外私募基金(无论是PE基金还是对冲基金)使用基金行政管理服务是行业惯例,很多中后台工作均可交由专业的基金行政管理人进行。而境内,证券公司、(公募)基金管理公司、证券投资咨询机构、基金销售机构等惯常为(公募)证券投资基金提供估值、份额登记、销售等服务的机构,在依托信托、资管产品等模式以投资二级市场证券为主的阳光私募出现后也顺带为该等私募产品提供了类似的估值、销售、托管等服务,在《基金法》允许设立私募证券投资基金后,该等机构随即为私募证券投资基金提供了大量的此类服务。而PE基金和VC基金则因其在境内的源起、投资范围、估值方式、选择的组织形式等与私募证券投资基金不同,导致前述机构不能轻易将提供给私募证券投资基金的服务移植到PE基金和VC基金,而在PE基金和VC基金投资、运营和监管均粗放的年代,基金管理人并无大量的外包需求。

然而随着PE基金和VC基金的基金管理人专业化程度的加深、监管趋于严格以及基金的规模化和多样化,作为私募基金的相关行业,针对PE基金和VC基金的服务也日益从基金管理人中独立出来成为专业化机构。基金业协会于2017年3月发布了《基金服务业务管理办法》,对为私募投资基金提供基金募集、投资顾问、份额登记、估值核算、信息技术系统等服务业务的服务机构提出了原则性的要求,并对提供份额登记服务、估值核算服务、信息技术系统服务的服务机构提出了具体标准和监管要求,而对私募基金管理人委托服务机构从事私募投资基金募集、投资顾问等业务的相关规定,则明确将由基金业协会另行规定。与私募基金管理人登记类似,服务机构也应向基金业协会申请登记并需满足一系列条件。同时,该办法也明确要求私募基金管理人应当委托在基金业协会完成登记并已成为协会会员的服务机构提供服务,且在委托前应当对服务机构开展尽职调查,并与服务机构签订书面服务协议。此外,还进一步明确私募基金管理人委托服务机构提供服务的,私募基金管理人依法应当承担的责任不因委托而免除。证监会于2020年4月发布了《证券基金投资咨询业务管理办法(征求意见稿)》,将证券投资咨询业务区分为证券基金投资顾问和发布证券研究报告两种基本形式,在此基础上又具体分为证券投资顾问业务、基金投资顾问业务和发布研究报告业务,并分类作出准入安排。尽管该征求意见稿系主要针对证券基金投资咨询业务作出的规定,但亦可能对基金业协会制定私募投资基金投资顾问业务规则产生有益影响并加速该等规则的落地。[1]

三、相关投资载体

除以上的基本架构和相关方外,境内外PE基金和VC基金出于相关法域的法律、监管或税收考量、为达到特定商业目的、为便利特定类型投资者的投资及/或为对具备某些特征的投资者

---

〔1〕 更多服务机构相关内容请见本书第六章第六节。

集中管理并做出特定经济安排等目的，往往还需要在PE基金或VC基金之外设立特定的投资载体。境外基金中较为常见的有，就美元基金而言，在美国特拉华州设立有限合伙作为主基金，主基金直接接纳作为美国税收居民的投资人，GP同时在开曼群岛设立一个或几个豁免合伙企业作为联接基金或平行基金，用以接纳豁免美国报税义务的投资人和非美国税收居民投资人。人民币基金基于商业、法律、监管和税收等原因，同样也广泛使用了投资载体，典型的有以下几类。

（一）联接基金

联接基金（feeder fund），是指因法律、税务或监管等因素某些投资者不能直接成为或继续担任PE/VC基金（此处为“主基金”）的有限合伙人或为满足某些投资者的特定投资要求，GP设立的用以接纳该等投资者的特殊目的载体，GP将促使该载体以其实质上的全部认缴出资向主基金出资成为主基金的有限合伙人。图2.6为联接基金—主基金示意图。

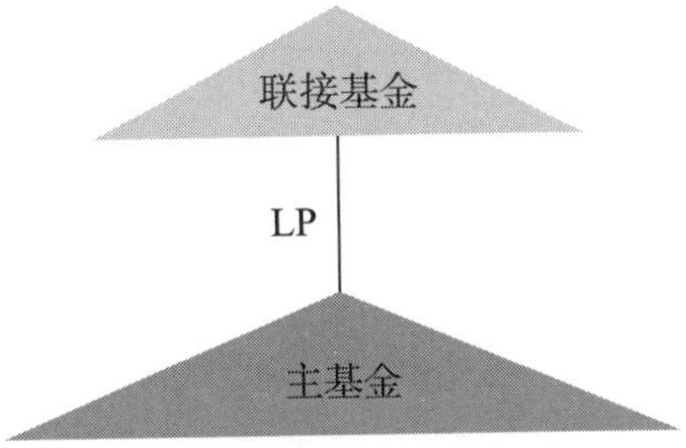

图2.6 联接基金—主基金示意图

联接基金—主基金架构在解决特定投资者的法律、监管障碍，为特定投资者进行税收筹划以及GP对不同类型投资者进行特定安排等方面被广泛使用。但在带来灵活性的同时，也不可避免地给GP管理多个基金实体带来更多管理和协调成本。

（二）平行基金

平行基金（parallel fund），是指因法律、税务或监管等因素某些投资者不能直接成为或继续担任主基金的有限合伙人或为满足某些投资者的特定投资要求，GP可以在目标基金之外设立一个或多个投资载体接纳该等投资者成为该等投资载体的有限合伙人、股东或类似权益持有人，在适用法律和监管允许的范围内GP应促使该等投资载体与主基金就投资组合按比例共同投资。境外市场严格意义上的平行基金，在适用法律允许的最大范围内其投资者应被同等对待，包括平行基金的经济和法律条款通常实质相同、平行基金对投资项目共同投资同时退出、平行基金间的投资、收益、费用均应合并计算且必要时相互调账、平行基金投资人在参与投资人咨询委员会、合伙人会议及表决等事项上应视同参与同一只基金等。前述安排在我国目前的法律和监管体系中还较难完全实现。常见的私募投资基金平行模式包括人民币基金与人民币基金互为平行、人民币基金与美元基金互为平行的情况。当然，囿于目前我国对外商投资、对外投资、外汇等的监管限制，人民币/美元平行结构并非真正的平行基金，实际上更接近于一种共同投资安排。图2.7为平行基金架构。

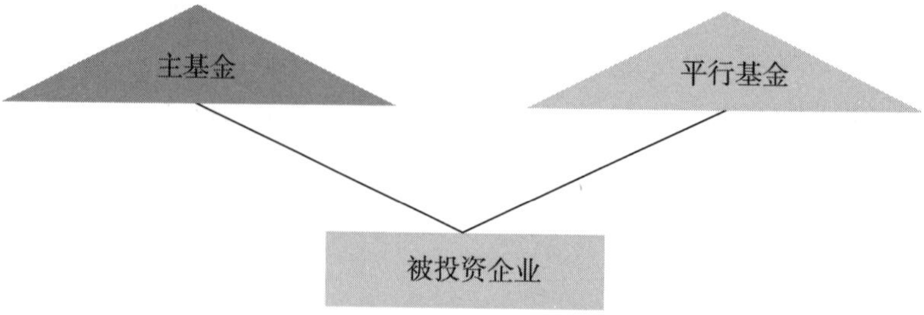

图 2.7　平行基金架构

（三）替代投资载体

替代投资载体（alternative investment vehicle，AIV），是指如果因为法律、税务或监管因素或为便利参与某些类型的投资，主基金不能或不便于直接投资某投资组合，GP 可以设立特殊目的载体，接纳全部或部分投资者作为替代投资载体的 LP、股东或类似权益持有人，并促使替代投资载体全部或部分代替主基金对该投资组合进行投资。典型意义上的替代投资载体，其经济利益、费用等应与主基金合并计算，其条款一般尽可能与主基金保持实质一致。图 2.8 为替代投资载体架构。

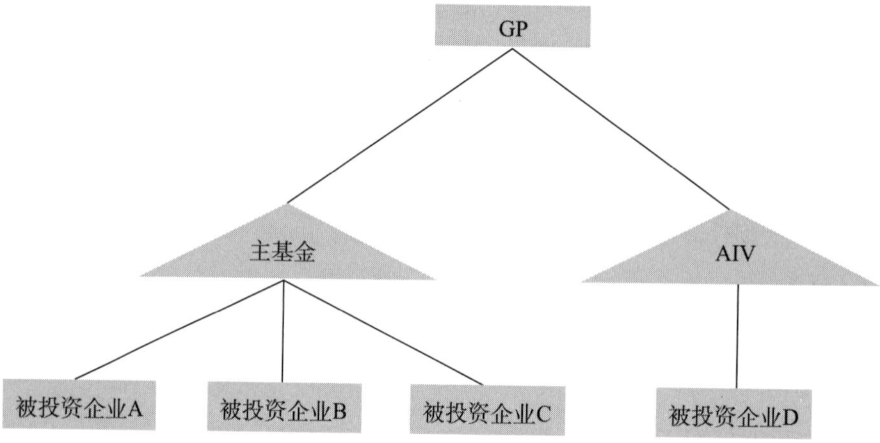

图 2.8　替代投资载体架构

（四）联合投资载体

在基金存续期限内，GP 可能向其他人士提供与基金一起向被投资公司进行联合投资的机会。有时为了统筹安排包括基金在内的多家投资人的联合投资，GP 会为某一联合投资行为专门设立特殊目的载体，该类载体即联合投资载体（co-investment vehicle）。根据提供联合投资机会的商业安排，联合投资载体可能向联合投资人收取管理费和绩效分成，但通常 GP 不会对同作为联合投资载体 LP 的主基金重复收费。图 2.9 为联合投资载体架构。

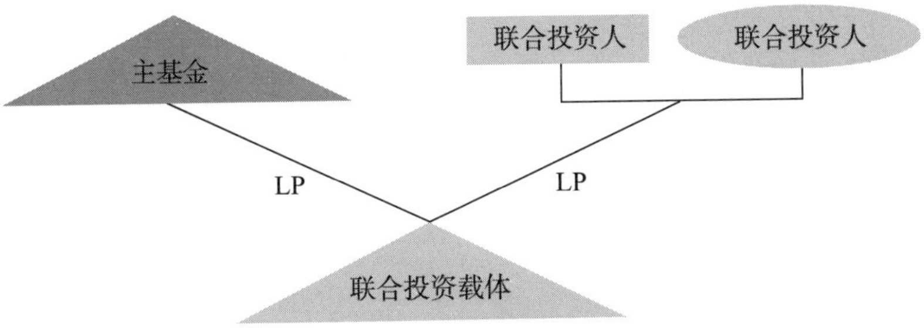

图 2.9 联合投资载体架构

(五)特殊目的载体

除前述投资载体外,因法律、监管等因素或为便利参与某些类型的投资,GP 还可能为实现特定目的而设立其他类型的投资载体,统称为“特殊目的载体”(special purpose vehicle, SPV)。例如,某行业的投资组合受到特殊监管,基金本身难以满足作为该行业企业股东的特定条件,此时基金可能收购或新设 1 家能够满足该特定监管条件的公司,由该公司作为被投资企业的直接股东。典型的架构设计如图 2.10 所示。

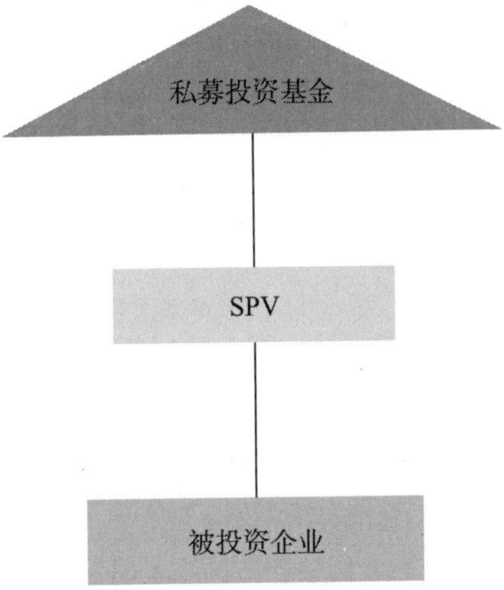

图 2.10 特殊目的载体架构

以上投资载体虽然在私募投资基金市场上已获较为广泛的应用,但现行不断趋严的监管要求可能对该等投资载体的应用提出新的合规要求,例如《资管新规》关于禁止多层嵌套的相关规定,即“资管产品可以再投资一层资管产品,但所投资的资管产品不得再投资公募证券投资基金以外的资管产品”。

/第二节/

基金设立的税务考量

税务筹划是基金设立中的重要一环，不同的基金架构可能会对基金本身、GP、LP 和管理人造成不同的税务影响。

一、私募投资基金及其管理人的常规税负

对于私募投资基金的征税主要有间接税和直接税两个层次，前者主要指针对特定业务行为触发的增值税纳税义务，后者则主要是适用于基金自身或是基金投资人的所得税纳税义务。

（一）私募投资基金的常见税负

如前所述，私募投资基金的法律形式基本可分为公司型、契约型和有限合伙型，以下按照可能涉及的税种分别详述。

1. 增值税

私募投资基金常见的增值税应税行为包括：[1]

（1）转让金融商品：若私募投资基金转让外汇、有价证券、非货物期货、基金、信托、理财产品等各类资产管理产品和各种金融衍生品，应以转让金融商品盈亏相抵后的余额为销售额，计征增值税。

转让已经解禁的限售股同样构成金融商品转让。因此，如果 PE/VC 基金在项目退出时被投资公司已经上市，则应缴纳增值税，并应基于首次公开发行的发行价为买入价确定基金的金融商品转让销售额。[2] 转让新三板公司股权是否构成转让金融商品目前尚无明确定论。基金转让未上市公司股权，取得被投资企业的股息分红收入以及基金持有金融商品至到期后取得分配，不构成金融商品转让的增值税应税行为。

（2）贷款行为：若私募投资基金发生资金贷与他人使用而取得利息收入的业务活动，或在金融商品持有期间取得利息收入，收取保本收益、报酬、资金占用费、补偿金等收入，则应当按照贷款行为计征增值税。

合伙制和公司制形式的私募投资基金自身构成独立的增值税纳税主体，基金实体应按上述规则核算并履行增值税纳税义务。契约型基金不构成独立的增值税纳税实体，基金运营过程中发生的增值税应税行为应当区别于管理人自身的增值税纳税行为，由管理人代为申报。契约型基金（包括各类金融机构的私募资产管理产品）的增值税纳税义务可适用简易计税方法，就其

---

〔1〕 参见财政部、国家税务总局《关于全面推开营业税改征增值税试点的通知》（财税〔2016〕36 号）。

〔2〕 参见国家税务总局《关于营改增试点若干征管问题的公告》（国家税务总局公告 2016 年第 53 号）。

销售额按3%的征收率缴纳增值税。[1]

2. 所得税

前述三类组织形式下的私募投资基金自身的所得税处理稍有不同。公司制基金应当就其纳税年度的应纳税所得按25%或适用的优惠税率[2]缴纳企业所得税。合伙制基金适用"先分后税"的原则,应将生产经营所得和当年留存的所得按照合伙协议约定的分配比例分配给作为其合伙人的投资人,以投资人为所得税纳税义务人。[3] 就契约制基金而言,税收理论通常认可基金本身不构成所得税纳税主体,纳税实践也主要以投资人为所得税纳税义务人。[4] 有关基金投资人的税负请见后文详述。

然而,由于立法存在不够清晰之处,合伙型私募基金和契约型私募基金的所得税税务处理尚存在一定的不确定性,详见后文"私募基金运作中的主要税务问题"中的进一步介绍。

3. "实缴资本"印花税

记载"实收资本"和"资本公积"的资金账簿构成印花税应税凭证。公司制的私募投资基金应就其投资人的实缴资本缴纳印花税。由于合伙企业可以不设置"实收资本"和"资本公积"科目,合伙制基金是否需要按照投资人的实缴资本缴纳印花税尚存在不一致的税收征管实践。在契约型基金中,管理人接纳在管基金投资人的投资款项应当与管理人的股东或投资人对其进行出资的行为进行区分,基金投资人认购基金缴付的出资并不导致管理人实收注册资本的增加,也不需要就投资人认购基金份额并缴付的实缴资本缴纳印花税。

(二)基金管理人和GP的税负

基金管理人从事资产管理和基金管理业务收取的管理费构成"直接收费金融服务",若管理人构成一般纳税人,则按6%的适用税率计算增值税,若管理人构成小规模纳税人则按3%的征收率缴税。需要指出的是,基于基金最终的业绩表现,GP或管理人还可以收取或指定特殊有限合伙人实体收取绩效分成。通常而言,在契约型基金结构下,基金管理人收取绩效分成的基础仍旧是管理人提供的投资管理服务,构成其"直接收费金融服务"的服务对价的一部分,因此也应当计征增值税。但对于合伙型和公司型基金,绩效分成适用的纳税规则

---

[1] 参见财政部、税务总局《关于资管产品增值税有关问题的通知》(财税〔2017〕56号),该简易计算办法适用于由银行、信托公司、公募基金管理公司及其子公司、证券公司及其子公司、期货公司及其子公司、私募基金管理人、保险资产管理公司、专业保险资产管理机构、养老保险公司作为管理人,运营的各类资管产品,包括银行理财产品、资金信托(包括集合资金信托、单一资金信托)、财产权信托、公开募集证券投资基金、特定客户资产管理计划、集合资产管理计划、定向资产管理计划、私募投资基金、债权投资计划、股权投资计划、股债结合型投资计划、资产支持计划、组合类保险资产管理产品、养老保障管理产品。

[2] 当前,普通企业的企业所得税税率为25%。若符合西部大开发政策或是海南自由贸易港鼓励类企业的政策,则可适用15%的企业所得税税率。

[3] 参见财政部、国家税务总局《关于合伙企业合伙人所得税问题的通知》(财税〔2008〕159号),合伙企业生产经营所得和其他所得采取"先分后税"的原则,生产经营所得和其他所得,包括合伙企业分配给所有合伙人的所得和企业当年留存的所得(利润)。

[4] 参见殷秀梅:《契约型基金所得课税法律问题研究》,中南大学法学院2014年硕士学位论文。

存在不确定性，后文“私募基金运作中的主要税务问题”中将就此做进一步介绍。

基金管理人和GP应就其应税所得基于其适用所得税税率缴纳企业所得税。同样地，如果基金管理人和GP为合伙企业，则应当适用“先分后税”的原则，以每一个合伙人为纳税义务人。

（三）投资人的税负

对投资人而言，投资于私募基金取得的收益通常会对其带来所得税层面的影响。具体来看，这种影响因基金的法律形式和投资人的不同类型而稍有不同。

1. 公司制基金的投资人

如前所述，公司制私募基金自身应当缴纳企业所得税，其税后的利润分配将根据投资人的不同类型产生不同的所得税影响。自然人投资人从公司制私募基金运作期间取得的分红性质的收益构成“股息所得”，在解散清算期间取得的收益在减除投资成本后构成“财产转让所得”，均适用20%的税率缴纳个人所得税。公司制投资人在基金运作期间取得的收益可能构成居民企业直接投资于其他居民企业取得的权益性投资收益，免征企业所得税。在解散清算期间的分配，则按减除投资成本后的余额确认为投资收益，按照投资人的适用税率缴纳企业所得税。因此，自然人投资人投资于公司制的私募基金取得的收益很可能无法避免双重所得税负担；公司制投资人则受益于居民企业间股息分配的免税政策，可避免双重征税。

2. 合伙制基金的投资人

在合伙制基金中，投资人取得投资回报应当按其主体资格各自缴纳所得税，即投资人是自然人的，缴纳个人所得税，投资人是法人和其他组织的，缴纳企业所得税。[1] 按照当前《个人所得税法》及《个人所得税法实施条例》的规定，合伙企业的个人合伙人源于境内注册的合伙企业生产、经营的所得构成“经营所得”，适用5%～35%的累进税率。合伙企业对外投资而从被投资企业取得的利息或者股息、红利，不并入合伙企业的收入，而应单独作为投资者个人取得的利息、股利、红利所得缴纳20%个人所得税。但财政部和国家税务总局于2018年对个人投资于创业投资企业的税务处理作了特殊规定，具体请参见第七章第二节“创业投资基金”下对VC基金税收优惠待遇的进一步介绍。若投资人是法人和其他组织，需要将合伙制基金分配的收入并入其当年应纳税所得额，按照适用税率缴纳企业所得税，但合伙制基金的亏损不得抵减其盈利。由于合伙型私募基金的税收立法过于原则性，税收实践存在一定的不确定性，这直接影响了基金投资人的所得税处理，我们将在后文“私募基金运作中的主要税务问题”中对其作进一步论述。

3. 契约制基金的投资人

在契约制基金中，各投资人应将其从基金取得的分配缴纳所得税。当前我国的个人所得税征管执行了支付机构的代扣代缴制度，在执行层面，各地征税实践中尚存在不确定性，契约制基金个人投资人的扣缴主体可能缺位，也可能由基金管理人或基金的被投资企业进

[1] 参见财政部、国家税务总局《关于合伙企业合伙人所得税问题的通知》（财税〔2008〕第159号）。

行扣缴,请参考后文"私募基金运作中的主要税务问题"中对契约型私募基金的所得税问题的进一步介绍。

二、私募投资基金行业的特殊税收优惠及税务处理

(一)私募基金进行符合条件的创业投资可享有应纳税所得额的特别抵扣

为了鼓励创业投资,若私募投资基金采取股权投资方式投资于符合条件的种子期、初创期的科技型企业,则其投资额的70%在股权持有满2年的当年可以抵扣应纳税所得额。该优惠政策的出发点是鼓励私募投资基金开展符合政策导向的创业投资,被投资对象被限定为符合特定条件的初创科技型企业,对于不同形式的私募投资基金,投资人将在不同层级受惠于此抵扣政策。公司制私募投资基金可以在基金层面直接扣除抵扣额。有限合伙制基金的各合伙人在核算自身的应纳税所得额时抵扣该金额。天使投资个人在计算转让该初创科技型企业股权取得的应纳税所得额中扣除该抵扣额。[1] 这一政策适用于VC基金,也适用于其他私募基金,其关注点在于基金的投资方式和被投资企业的性质,而不关注私募基金本身是否被标记为VC基金。

(二)合伙制创投基金的个人合伙人可在两种纳税方式中选择

对于有限合伙形式的创投基金,基金可以选择按单一投资基金核算或是按年度所得整体核算两种方式,确定个人合伙人源于基金的应税所得。[2] 具体可参见第七章第二节"创业投资基金"下对VC基金税收优惠待遇的进一步介绍。需要指出的是,该政策的适用对象"创投基金"和"创投企业"包含了符合《创投企业管理办法》和《证监会105号文》关于创业投资企业(基金)的有关规定,并按照上述规定完成备案且规范运作的合伙制创业投资企业(基金)。因此,若私募投资基金能够在基金业协会备案为"创业投资基金",通常即认为符合该政策的主体资格条件。不过,各地的证监局和税务部门对此问题亦可能作不同安排,通常将判断的权利交给地方监管部门,实践中某些地区的监管机构可能允许备案为"创投基金""股权基金"的私募投资基金均享受该政策。

(三)公司制创投基金所得税试点

2020年8月28日,国务院发布了《关于深化北京市新一轮服务业扩大开放综合试点建设国家服务业扩大开放综合示范区工作方案的批复》(国函〔2020〕123号),提出在中关村国家自主创新示范区开展公司型创投企业所得税优惠政策试点。在试点期限内,对符合条件的公司型创投企业将按照企业年末个人股东持股比例免征企业所得税,个人股东从该企业取得的股息红利按照规定缴纳个人所得税。该政策的核心目的之一是改善个人投资者投资于公司型创投基金的双重税收负担,甚至为公司型创投基金的个人投资者提供相比合伙型基金更为优惠的税收待遇。例如,相对合伙型基金,公司型创投基金投资的损失可以根据

---

〔1〕 参见财政部、国家税务总局《关于创业投资企业和天使投资个人有关税收政策的通知》(财税〔2018〕55号)。

〔2〕 参见财政部、国家税务总局、国家发改委、证监会《关于创业投资企业个人合伙人所得税政策问题的通知》(财税〔2019〕8号)。

《企业所得税法》在5年之内进行结转,基金层面费用扣除无须受限于财政部、国家税务总局、国家发改委、证监会《关于创业投资企业个人合伙人所得税政策问题的通知》(财税〔2019〕8号)选择的核算方法[1],个人股东取得基金投资收益可作为股息红利在分配之际缴税且个人所得税确定性地适用20%的税率。

此外,在中关村国家自主创新示范区还将实施公司型创投企业所得税反向挂钩的优惠政策试点,投资期限越长缴纳企业所得税越少的反向挂钩制度。具体可参见第七章第二节的详细介绍。这一类鼓励创投基金长期投资的税收优惠制度是否能在未来推向全国,值得期待。

(四)地方政府对私募基金可能提供地方优惠待遇

除国家层面出台的税收优惠政策以外,出于促进当地经济发展和吸引投资的目的,一些地方政府还就私募基金、私募基金相关实体以及基金管理人出台了更具体的财政奖励和补贴政策,财政奖励的金额大多基于相关实体对当地的财政贡献,效果上实现了税负的降低。此外,私募基金纳税规则的制定尚存在模糊或空白,不同的地方税务部门对规则的解释和执行存在不同的实践(可参见后文的讨论)。因此,不少管理人在设计基金架构的时候,也会在基金实体设立地点方面做适当的规划,包括寻求地方政府对税收政策的确认,最终为基金、基金相关实体和投资人争取更低的税负和更高的税务确定性。

三、私募基金运作中的主要税务问题

尽管我国税法对私募投资基金、基金管理人/GP及基金投资人的税负均已作出了原则性的规定,但私募基金行业仍存在一些不确定性的税务问题。本部分将某些基金管理人和基金投资人重点关注的问题作进一步的分析和探讨。

(一)绩效分成的税务处理

如后文"基金合同主要条款"对基金收益分配模式的介绍,绩效分成(carried interest)通常是指在基金收益达到约定的门槛收益率后,从利润部分中划分一定比例分配给普通合伙人、管理人或普通合伙人指定的其他主体(如团队实体)。绩效分成在实质上归属于基金利润的一部分,但是又与投资人取得基金利润存在一定差异:前述普通合伙人等主体收取的性质上归于绩效分成的分配并未与该等主体在基金中的权益份额相匹配,因此绩效分成的税务性质常在税务处理上存在争议,即绩效分成的性质究竟是属于普通合伙人等作为投资人对基金的投资行为而取得的利润分配,还是基于基金的业绩表现向基金管理人等支付的业绩报酬。这一问题在一些私募投资基金行业较为发达的国家争论已久。[2]

在美国,基金管理人(普通合伙人)从有限合伙制私募股权基金取得的绩效分成长期以来一直被认定为资本利得(消极收入),适用较低的税率。2021年1月6日,美国国税局和美

---

〔1〕 根据财税〔2019〕8号,若基金选择按"单一投资基金"核算,则包括管理费和业绩报酬在内的其他支出不得在核算个人投资者的应税所得额时扣除。

〔2〕 参见林烺:《西方私募股权基金所得税制研究动态及启示》,载《上海金融》2016年第1期。

国财政部发布了税法第1061条有关“绩效分成”(carried interest)的税收规则。根据该规则,绩效分成如果满足一定的条件(如产生该绩效分成的投资被持有超过3年),取得该绩效分成收益的符合资格主体就该笔绩效分成可适用资本利得的税率。[1]

在英国,绩效分成被视为是一项长期、递延且符合投资者利益的利润分成。2003年,税务部门和英国创业投资协会(British Private Equity & Venture Capital Association,BVCA,以下简称英国创投协会)在共同发布的一份备忘录中确认,绩效分成将继续被视为一项资本利得而非普通收入。[2] 由于担心短期交易的基金适用资本利得税的规则避税,英国政府出台了Disguised Investment Management Fee(DIMF)规则对绩效分成适用资本利得税进行了限制,但并未从原则上否认私募股权和其他长期投资基金支付的绩效分成的资本利得税处理。[3]

在中国香港特别行政区,税务部门对绩效分成的税务处理也面临较大的争议,香港税务局的立场是,附加权益收入可归因于在香港进行的管理或顾问活动产生的收益,并被视为来自香港的管理或咨询服务收入,但2020年,香港财政司在财政预算案中宣布将引入一项针对绩效分成的税收优惠政策,“旨在进一步巩固香港作为亚洲领先的私募股权投资行业中心的地位”。[4] 2021年年初,该方案得以逐渐完善并于2月初向立法会提交修订草案,草案将提议符合条件的“绩效分成”将明确适用“零税率”,且在计算个人薪俸税时将个人符合条件的“绩效分成”收入100%从雇佣所得中剔除。[5]

这些税务争议主要围绕绩效分成究竟是一种消极性质的收入还是积极收入出发,学者们争论的核心更多基于政策考量,即绩效分成的税收政策应当如何在保持充分的激励制度以促进行业发展和防止贫富差距加剧这天平的两端寻求平衡。目前主流的倾向还是将绩效分成视为消极的资本利得,尽管在适用具体规则的时候可能会附加一定的限制。

在这一问题上,我国的税收法规并没有明确。由于契约型基金中收取绩效分成的主体通常是基金管理人,不存在取得消极性质的资本利得的基础,因此,在我国,绩效分成的税收不确定性主要体现在合伙制和公司制基金中。

在合伙制和公司制基金中,尽管收取绩效分成的主体通常也是基金的合伙人或股东,税

---

[1] 参见https://www.irs.gov/pub/irs-drop/td-9945.pdf,2021年1月21日最后访问。

[2] “Memorandum of Understanding between the BVCA and Inland Revenue on the income tax treatment of Venture Capital and Private Equity Limited Partnerships and Carried Interest”, https://webarchive.nationalarchives.gov.uk/20131003113056/http://www.hmrc.gov.uk/shareschemes/bvca_and_fb2003_carried_interest.pdf, July 1, 2020.

[3] Deloitte, A global focus on the investment management industry (Fall 2017), https://www2.deloitte.com/content/dam/Deloitte/us/Documents/financial-services/us-fsi-itams-newsletter-fall-2017.pdf, July 1, 2020.

[4] 《资产管理:香港“附加权益”的新纪元》,载KPMG网,https://home.kpmg/cn/zh/home/insights/2020/03/asset-management-tax-update.html,2020年6月30日最后访问。

[5] 参见https://www.ird.gov.hk/chs/ppr/archives/21010401.htm,2021年1月21日最后访问。

务机关或许会主张,权益性分配通常会附带投资本金的投入,但在私募投资基金中,基金管理人或 GP 并未就归属于绩效分成的分配有投资本金的投入,GP 或基金管理人收取绩效分成的实质原因是对基金投资的管理付出,是对基金达到约定业绩后给予 GP 或基金管理人的奖励。事实上,实践中有不少地方税务部门在针对私募投资基金的税务稽查中已经明确提出了这一问题,即普通合伙人取得绩效分成的分配并未与其出资匹配,因此属于普通合伙人投资收益以外的业绩报酬。相应地,若基金选择按照单一投资基金核算,则这部分业绩报酬并不能构成在确定个人投资人的应税所得额时可以进行扣除的项目。这可能意味着,对于普通合伙人,业绩报酬将构成管理服务的一部分对价,额外计征增值税;对于个人投资人,甚至可能因业绩报酬无法计入其应纳税所得额扣除基数,导致承担更高的个人所得税税负。

对此,基金管理人或 GP 或可主张:

(1)从法律层面来看,绩效分成的支付基础是基金实体的组织文件约定的利润分配条款。全体合伙人或股东在合伙协议或公司章程中约定按照特定的顺序和核算方法将基金的投资收益划分为:①分配给有限合伙人的份额;②分配给普通合伙人的份额,绩效分成是分配给普通合伙人的份额中的一部分,这一部分受制于特别的前提条件和返还承诺。这种约定本质上是一种收入分配的核算方法。从基础关系上看,普通合伙人/管理人取得绩效分成是基于其在合伙企业/公司中持有的份额/股权,而非各方额外约定的投资管理服务。事实上,在公司制和合伙制的私募基金中,各方也并没有意图构建这种额外的投资管理服务关系。

(2)从商业角度看,各主体在私募基金中的角色和地位并不相同,绩效分成的分配安排反映了各方作为出资人在基金运作过程中的合理商业诉求。绩效分成的安排从本质上体现了各主体收益与风险的对等,是私募投资基金这一行业中,资本与智力因素有效结合的体现。普通合伙人/管理人取得超过其出资比例的分配不应当与其承担的额外义务和风险割裂开。以合伙制基金为例,普通合伙人除承担出资义务以外还需履行其作为执行事务合伙人的各项职责,并就基金的债务承担无限连带责任。

(二)合伙制基金收益分配的所得税处理

要确定合伙制基金的所得税处理,就需要考虑对合伙企业的征税模式作出怎样的政策选择。从世界范围来看,学术界将合伙企业的征税模式主要归纳分为三种:实体课税模式,(合伙企业作为独立纳税实体),非实体课税模式(合伙企业不作为独立纳税实体)和准实体课税模式(介于前述两者之间的准纳税实体模式)。[1]

(1)在实体课税模式下,合伙企业基本按照类似公司法人所得税的征税模式进行征税,尽管其并不一定都具有法人资格。合伙人取得分配的利润之后,还要以其分配到的所得缴纳个人所得税。实体课税模式最显著的影响是,它很可能因为双重征税,加重了合伙企业及

〔1〕 参见叶姗:《合伙企业课征所得税规则之创制》,载《华东政法大学学报》2019 年第 1 期;梁新:《有限合伙企业所得税制度研究——以杭州市上城区为例》,复旦大学国际关系与公共事务学院 2013 年硕士学位论文。

合伙人的税收负担,除非在利润分配环节通过额外的税制设计消除双重征税带来的负面影响。

(2)在非实体课税模式下,合伙的总收入和总成本费用将被分配到合伙人,由合伙人各自计算税前利润或亏损。在采纳非实体课税模式的国家,合伙企业被视为是完全的税收透明实体,所得和亏损通常被视为参与者的所得和亏损,因此通常合伙人分得的所得会保留其在所得税法下的性质。非实体课税模式通常会对征管工作带来压力,因为合伙企业的经济活动可能数量繁多且性质复杂,每一因素分别传导于每一合伙人后还需要分别核算每一合伙人因参与合伙企业的经济活动的税务影响,而每一合伙人自身的所得税状况又可能千差万别,因此税务核算过程是相对复杂的。

(3)在准实体课税模式下,合伙企业仍旧不具有独立的所得税纳税义务,但与非实体课税模式的显著区别在于,合伙企业的收入、成本和费用将在合伙企业层面根据特定规则核算出合伙企业层面的应税所得或损失,各合伙人被分配到的是已经核算完成的来自合伙企业的应税所得或损失,继而由合伙人在各自层面缴纳所得税。

采取非实体课税模式的国家,通常认为合伙企业为一种经济集合关系,其人合性是重要特征,远不同于公司这样的资合性法律实体。尽管这些国家可能采纳不同的理论基础,有的认为人合性是源于合伙人之间达成的契约,有的认为是源于对财产的共同经营行为,但是均认可,合伙企业有必要区别于公司实体。将集合理论贯彻到税收层面,则体现为在税收上的流经(flow-through)原则,即合伙企业取得各项收入、发生成本和费用在实质上如同这些经济效果直接作用于各合伙人。例如,在美国税法下,虽然合伙协议明确了每位合伙人所分配的最终应税所得,但合伙企业在进行分配时也必须将一般收入和单独列明所得分开核算。合伙人在适用某些税收条款时有限制条件,相应的一些所得项目必须单独说明。[1]

我国对合伙企业的税收立法基本上采纳了准实体的模式,合伙企业不是企业所得税纳税主体,但是在合伙企业层面应当核算出应纳税所得额,并划分给各合伙人各自纳税。[2] 但由于税法规则过于原则性,各地的税收征管部门在具体适用时标准并不统一,合伙制基金的分配性质在所得税层面曾经出现处理不一的情形。《企业所得税法》项下,居民企业取得的不同类型的收入几乎均适用统一的企业所得税税率,因此,公司制合伙人的所得税负担与基金收益分配的税务定性关系不大。与此不同的是,《个人所得税法》对自然人的“经营所得”和“利息、股息、红利所得,财产租赁所得,财产转让所得和偶然所得”适用不同税率的个人所得税;《企业所得税法》对非居民企业源于中国的不同类型的所得适用不同的企业所得税纳税方法。因此,合伙制基金分配性质在税收立法层面的空白,直接导致了个人合伙人和非居民纳税人取得合伙制基金的收益时所得税负担的不确定性。

---

〔1〕 参见梁季:《中美市场主体及其适用所得税税制的比较与分析》,载《经济研究参考》2020 年第 1 期;叶姗:《合伙企业课征所得税规则之创制》,载《华东政法大学学报》2019 年第 1 期。

〔2〕 参见财政部、国家税务总局《关于合伙企业合伙人所得税问题的通知》(财税〔2008〕第 159 号)。

- 个人合伙人取得基金分配的税务处理

《合伙企业法》制定之初，合伙企业的合伙人为自然人，所有合伙人均需执行合伙事务，合伙企业多直接从事生产经营活动，因此当时的规则将个人合伙人取得合伙企业的利润分配作为“生产经营所得”。但随着有限合伙企业的大量涌现，且越来越多的私募投资基金采用了这种法律形式，这种规则是否适宜继续适用于私募投资基金中的个人合伙人值得商榷。《个人所得税法实施条例》在确定个人纳税人所得类型时，仍笼统地规定合伙企业的个人合伙人源于境内注册的合伙企业生产、经营的所得构成个人纳税人的“经营所得”，适用5% ~35% 的累进税率，并未区分合伙企业的合伙人类型。

根据《合伙企业法》，有限合伙人在合伙企业中仅承担有限责任，不参与合伙企业的日常经营管理，不执行合伙事务，其自合伙企业取得的所得类似于股东取得的投资收益，具备部分消极所得的特征。如果合伙制私募基金的投资人，作为有限合伙人取得的收入作为“经营所得”缴纳所得税，在某些情况下可能不太合理。如前介绍，“创投基金”当前可以选择适用不同的核算方式为个人合伙人争取不同的所得税处理，暂时对这一问题进行了修正和明确。若基金选择按单一投资基金核算，则其个人合伙人可以适用20% 的个人所得税税率。若基金选择按年度所得整体核算，则此时基金的收益分配将作为“经营所得”，仍旧适用5% ~35% 的累进税率。该政策的执行期限为 2019 年 1 月 1 日起至 2023 年 12 月 31 日。

但上述“创投基金”制度并未区分个人合伙人是否执行合伙事务，即使在合伙企业中执行合伙事务的个人合伙人同样可以在“单一投资基金核算”下享受20% 的个人所得税税率。这可能是因为，市场实践中几乎不存在个人作为普通合伙人暨执行事务合伙人的情况，但也似乎暗示，该税收政策的出台可能如其开篇所阐述的那样，仅是单纯地“为了支持创业投资行业的发展”，规则制定者并不因不同类型的合伙人的地位和特征不同而在税收征管上区别对待。

- 境外合伙人投资于合伙制私募基金取得的分配

在当前的监管框架下，境外主体可以通过外商投资合伙企业参与私募投资基金，境外主体在这种结构下若取得基金分配的收益，则需要判断该等收益是否需要缴纳中国的所得税。

在通行的国际税收理论中，若一国的税收居民因其跨境的业务活动在他国产生收入，可能导致两个或两个以上的国家对该部分收入均有征税权。各国签订的避免双重征税的双边税收协定中，通常会对以下四类收入采用来源地的标准确定征税权：(1)营业利润；(2)劳务所得；[1]

〔1〕 非居民个人的“劳务所得”划分为“独立个人劳务”和“非独立个人劳务”，分别由不同条款加以管辖，征税权主要基于个人是否构成固定基地或是否达到必要的入境时间。在不包含“劳务所得”条款的税收协定中，“非独立个人劳务”被划分为“雇佣所得”，通常按入境时间判断来源地；“独立个人劳务收入”被划分至“营业利润”条款共同遵循“常设机构”规则确定征税权。参见窦美杰：《OECD 与 UN 协定范本中的税收管辖权比较研究》，辽宁大学法学院 2016 年硕士学位论文。

(3)投资所得;(4)财产转让所得/资本利得。这四类收入的"来源地"判断标准并不相同。投资所得和资本利得的来源地判断通常与境外主体在境内被投资主体中的权益比例及权益持有时间有关,劳务所得与个人的入境时间及是否构成固定基地有关。"营业利润"的来源地判断则需要借助"常设机构"的概念。

我国采取与国际通行理论相同的立场,作为非居民纳税人的境外主体[1]投资于外商投资合伙企业形式的私募投资基金取得的收益,其中国所得税负担与该收益在税法上构成何种性质的收入直接相关,有学者将这一问题归纳为合伙企业中的"所得性质上传"问题。[2]具体来看,这个问题取决于税务部门对如下三个问题作何判断:

(1)非居民纳税人是否可以按照合伙企业最底层的收入性质确定其分配所得的类型;

(2)合伙企业是否可以被视为将其取得的各类收益性质混同之后向境外主体分配,境外主体是否应被视为取得了来源于中国的类似于股息性质的被动投资所得;或

(3)是否应当将境外主体投资于合伙企业的行为定性为一种主动的业务经营行为。

由于基金主要的业务活动为股权投资,若按照第(1)项和第(2)项处理,境外主体取得基金收益大多应当归属于来源于中国的投资所得、资本利得,若境外投资人为企业所得税纳税人,则适用10%的预提所得税,若境外投资人为个人所得税纳税人,则适用个人所得税法下20%的税率。当税收协定提供更为优惠的所得税税率时,则按照更优税率处理。

若税务部门认为应当按照第(3)项处理,则需要进一步判断境外主体投资于合伙企业是否构成在中国境内设立常设机构,如果不构成常设机构,则营业利润收入不应当在中国征税;如果构成常设机构,则与该常设机构相关的所得应当缴纳25%的企业所得税。常设机构通常以固定的营业场所为标志。"母公司通过投资设立子公司,拥有子公司的股权等形成的控制或被控制关系,不会使子公司构成母公司的常设机构。从税收角度看,子公司本身是一个独立的法人实体,即使它在业务上受母公司管理,也不应仅凭此而被视为母公司的常设机构。"[3]诚然,外商投资合伙企业与公司实体性质不同,但该规则至少说明不能仅因在一国的投资行为就判断非居民构成一国的常设机构。此外,非居民参与基金的方式对判断常设机构有何影响也需要作进一步探讨,即该非居民是积极地参与基金业务活动和决策,还是依靠基金GP/管理人行事获取利益。值得借鉴的是,欧盟委员会风险投资税务专家组(The Venture Capital Tax Expert Group)2009年在其发布的关于消除跨国创业投资税收障碍的报告中提出,非居民投资人可被视为通过基金管理人作为其独立代理人从事活动,从而避免构

[1] 由于外商投资合伙企业形式的私募投资基金大多需要基于地方的合格境外投资者制度(QFLP),而境外个人获得QFLP资格的情形在当前的监管框架下十分少见,此处着重讨论非居民企业作为私募投资基金的投资人的情况。

[2] 参见芮弦:《合伙企业中非居民合伙人所得税法律问题研究》,华东政法大学2014年硕士学位论文。

[3] 《〈中华人民共和国政府和新加坡共和国政府关于对所得避免双重征税和防止偷漏税的协定〉及议定书条文解释》。该原则源于经合组织:Articles of the Model Convention with Respect To Taxes on Income and on Capital (2003)。

成在该国的常设机构。[1]

遗憾的是,我国当前的税法并没有明确非居民纳税人自外商投资合伙企业取得的收入如何定性,也没有明确应当采纳何种标准来判断外商投资合伙企业合伙人常设机构问题。

(三)合伙制基金份额转让

依据《个人所得税法实施条例》第6条的规定,合伙人转让合伙企业中的财产份额应该按照"财产转让所得"缴纳个税。按比例规则,转让所得应适用税率20%,以转让的收入额减除投资成本及合理费用后的余额,为应纳税所得额。尽管个人所得税法将合伙企业财产份额的转让定性为财产转让所得,但是,合伙企业的财产份额并不指向特定的财产,而是合伙企业中财产份额对应的合伙权益。确定合伙份额转让之际的应纳税所得额并非简易的过程,并不能简单比照公司股权转让的课税规则进行适用。

"合伙人"的法律性质与"股东"的法律性质存在本质的区别,合伙人对持有的合伙企业财产份额也并非股权,而是一种民事权利义务的总和。合伙人基于其合伙人的类型以其财产对合伙的债务承担无限或有限的责任,尽管对于有限合伙人而言这种责任也属于有限责任,但这种有限责任与公司法中股东的有限责任并不相同:对有限合伙人而言,其以取回的财产承担退伙前的原因带来的合伙债务;对于股东而言,股东的有限责任基于其认缴的出资额,在股东适当履行出资义务且公司独立法人未因特定因素被否定的情况下,股东无须再就公司的债务承担责任。这导致合伙份额的转让方转让的不仅是自己在合伙中的财产份额,还包括该份额对应的之前发生的债务,而且这个债务并非转让时已经发生的债务,还包括转让后由于转让前原因新发生的债务。然而,通常在股权转让交易中,转让的标的建立在公司法人人格独立和财产独立的制度基础上,转让之际的股权价值通常是确定的,转让所得可以简单地根据转让价减去成本和合理费用后的余额确定。实际上,这种观点在税收实践中得到了认可,国家税务总局并不认为股权转让的课税规则可以直接适用于合伙企业份额的转让。[2]

个人投资者转让合伙企业财产份额,若单纯地以转让收入减去投资成本后的差额计算应纳税所得额,可能导致对以前年度留存的利润进行重复征税的问题。例如,投资人A和B各投资100万元于合伙企业。一年后,合伙企业实现税前利润60万元,在不考虑法定扣除费用等因素的情况下,各合伙人应当就该利润缴纳个人所得税。此时,若A按照公允价值,将其持有的合伙企业财产转让,则在确定A的应纳税所得之际,若按照惯常的"财产转让所得"的课税方法,A已经就利润缴纳所得税的部分,将再一次在转让过程中被重复征税。为避免

---

[1] The Venture Capital Tax Expert Group Report of Expert Group on Removing Tax Obstacles to Cross-Border Venture Capital Investments,2009.

[2] 例如,在国家税务总局曾经出台的《股权转让所得个人所得税管理办法(试行)》中就曾明确,其规则不适用于个人独资企业和合伙企业。

重复征税的问题，某些地方税务部门[1]在征税实践中曾经明确过，在适用“财产转让所得”对合伙企业份额转让进行征税时，应当扣除被投资企业未分配利润等投资者留存收益，这部分金额实际上应当已经由合伙人按照“先分后税”的规则完税。

之所以存在这种重复征税的问题，还是在于投资人参与合伙经营的过程中其“经营所得”和“财产转让所得”两个类目的所得应当如何衔接，以及投资人就留存收益的纳税时点如何确定。实践中，有一种做法是将合伙企业份额的转让过程分为三步：第一步，投资者收回投资、注销清算其财产份额；第二步，合伙权益转让给受让方；第三步，受让方将资产重新注入合伙企业。相应地，出让方取得的价款也视为由两部分构成，一部分是参与合伙企业的“经营所得”，适用5%～35%的税率，这是在转让之际视同进行了退伙清算并计算出了个人合伙人的清算所得，若这部分金额超过实缴资本，即为“经营所得”；第二部分则是判断出让方收到的转让价款是否超过视同退伙分配取得的“经营所得”的部分，如果超过则按照“财产转让所得”项目征税。

这种方式看似实现了对合伙企业收入性质分类的理论自洽，但也会产生额外的问题。例如，如何确定征收方式，是按照“财产转让所得”的代扣代缴方式，还是按照视同退伙清算的代扣代缴方式，还是二者兼而有之；如何确定个人所得税的征收地；若视同清算所得低于出让方实际收到的转让价款，出让方又应当如何处理；如果当地税务部门并未对合伙企业的留存收益征税（这在私募投资基金领域并不鲜见），若在征税之际视同进行了退伙分配区分经营所得和财产转让所得，则对于其他合伙人是否也需要同样确认“经营所得”类目下的应税所得。

除个人所得税外，合伙份额转让是否应当征收印花税也在税收实践中出现过不同的处理。《印花税暂行条例》第2条规定产权转移书据为印花税的应税凭证。产权转移书据，是指单位和个人产权的买卖、继承、赠与、交换、分割等所立的书据。按照《印花税税目税率表》，包括财产所有权和版权、商标专用权、专利权、专有技术使用权等转移书据。印花税的特点是仅针对税法列举的应税凭证征收印花税，若未作明确列明的书据则无须贴花。但是，“合伙份额”是否构成印花税意义上的“财产所有权”也并不确定，各地对此的税收实践并不统一。

（四）契约型私募基金的所得税问题

公司型、有限合伙型的私募投资基金基本上可以跟随公司和有限合伙企业的一般税收制度，但对私募类投资基金而言，却没有明确的税收法规或政策说明契约型私募基金的纳税地位。[2] 由于契约型私募基金多以证券类投资基金为主，当前对契约型私募基金的涉税问

〔1〕 参见《个人所得税若干征税业务指引（2010年）》（穗地税函〔2010〕141号），该通知规定，个人独资企业和合伙企业投资者转让其在企业财产份额，应以其转让收入额减除财产原值和合理费用后的余额为应纳税所得额，按照“财产转让所得”项目适用20%税率缴纳个人所得税。对合伙企业投资者退伙时分得的财产份额，比照前款规定计征“财产转让所得项目”个人所得税，但在计算投资者应纳税所得额时，可扣除被投资企业未分配利润等投资者留存收益中所分配金额。

〔2〕 参见闫海：《基于组织形态的私募投资基金所得税法困境及其破解》，载《税收经济研究》2018年第6期。

题研究主要集中在私募证券基金,经常被讨论的问题是:私募证券投资基金是否为一个独立的纳税主体,独立于基金管理人申报纳税;私募证券投资基金是否能够比照公募基金的税收政策进行纳税。[1]

对第一个问题,契约型私募证券基金和契约型私募股权基金有一定的共性。从所得税地位上看,契约型基金自身并非所得税纳税人,而是由各投资人各自作为所得税纳税义务人,因为其并不具备法律实体,在法律性质上被作为一种信托形式对待。管理人作为受托人,负责基金资金的日常运作,投资的利润向基金投资人分配,基金本身应当被视为一个导管将全部或大部分的投资收益传输给了个人投资者。在这一理论的指导下,无论契约型基金是私募证券投资基金还是私募股权投资基金,其自身均不应构成所得税纳税义务人,而应由企业投资人和个人投资人分别核算其自身的所得税。但对于个人投资者,随之而来的疑问是其扣缴义务人应当如何确定。尽管,2012 年修订的《基金法》原则上提到了需要遵照规则代扣代缴,但实际上当前的规则并未在扣缴主体方面达成明确的共识。[2] 实务当中,大部分私募契约型基金,并未实行代扣代缴,而是由投资人自行申报,[3] 但也有地方税务局表示要求支付机构进行扣缴。[4]

对第二个问题,由于底层投资资产以及投资模式存在显著的差异,契约型私募证券基金和契约型私募股权基金则应当区别对待。从投资资产来看,契约型私募证券基金的投资方向多为二级市场的股票债券等证券类资产,和主要投向一级市场非上市公司股权的私募股权投资基金存在明显不同。从投资期限和流动性来看,契约型私募股权基金持有下游投资的时间较长,而契约型私募证券基金的投资交易频率可能较高,持有底层资产的时间相对更短。实践中,地方税务部门大部分认为公募基金的免征所得税优惠政策属于鼓励公募基金的行业税收优惠,契约型私募证券基金尽管不能直接比照适用,却存在进一步研究政策适用性的空间。[5] 但是,契约型私募股权投资基金则恐不能适用,例如,有观点主张投资人自契约型私募股权投资取得的收入,应当缴纳 25% 的企业所得税和 20% 的个人所得税。[6]

---

〔1〕 参见陈斌才:《契约型私募基金税务处理解析》,载《财会研究》2015 年第 2 期。

〔2〕 例如,《关于实施上市公司股息红利差别化个人所得税政策有关问题的通知》(财税〔2012〕85 号)规定了上市公司对于个人取得上市公司分红的代扣代缴义务,也提到证券投资基金从上市公司取得的股息红利所得应当按照该通知计征个人所得税,但并未明确扣缴主体。

〔3〕 参见王博:《契约型私募基金的特点及税务处理初探》,载《西部财会》2016 年第 8 期。

〔4〕 参见《私募基金清算个人所得税咨询》,载国家税务总局网,https://12366.chinatax.gov.cn/nszx/onlinemessage/detail?id=7e6152e8eba643ceaa31cf4fc934ead2,2020 年 12 月 31 日最后访问。

〔5〕 这主要体现在财政部、国家税务总局《关于企业所得税若干优惠政策的通知》(财税〔2008〕1 号)中“证券基金”的免税政策是否能够适用于私募基金,参见《企业从私募证券投资基金分配中取得的收入是否缴纳所得税》,载国家税务总局网,https://12366.chinatax.gov.cn/nszx/onlinemessage/detail?id=9a880621955f4ff090ebb43cdd5ff438,https://12366.chinatax.gov.cn/nszx/onlinemessage/detail?id=820c4c694cd844b6a6cd41ba9ab02e71,2020 年 12 月 31 日最后访问。

〔6〕 参见王勇:《私募契约型基金及其会计税务处理探析》,载《新会计》2015 年第 10 期。

四、对私募投资基金税收立法的期待

诚然，税制体系应该具备一定的灵活性以确保其能够不断地适应变化的商业环境，税收制度也不可能事无巨细全方位涵盖各类具体的税务问题。私募股权基金在我国近十来年的迅速发展对我国的税收立法技术提出了更高的要求。当前对私募基金相关的课税实践各地不一甚至带有过多的随意性，这给一系列税收基本原则带来了挑战。因此，在未来进一步完善私募投资基金的税收制度时，需要适当地考虑以下问题。

（一）税收法定原则：通过税收立法明确核心经济行为的税收属性，避免因多样性的征税实践动摇税收法定的基本原则

根据我国《立法法》，税种的设立、税率的确定和税收征收管理等税收基本制度只能制定法律。有观点认为，税收征管中之所以总是发生法律解释和创制规则之间界限模糊的问题，根本原因在于，立法的水平离税收法定原则的要求存在差距，未经立法程序的特殊课征规则散落于规范性文件中。“诸如合伙企业课征所得税的特殊规则，它不仅仅是一项税收征管措施，若想要在自然人、法人和其他组织等各类纳税实体之间公平分配所得税的税收负担，依靠解释法律的方法行不通”，而这种解释甚至可能被随意扩大，并产生以解释为名进行重新立法的结果。[1]

如前所述，合伙制基金中面临各种税收的不确定性，均与立法未能明确界定合伙人参与合伙企业的行为性质相关。税收立法在“经营所得”和“财产转让所得”中犹疑，未能反映有限合伙企业的法律属性和私募投资基金行业的商业特征，各参与主体在商业关系中的税务地位混同，导致在课税实践中，个人合伙人取得收益的性质难以判断，普通合伙人取得绩效分成所得的性质难以判断，合伙制基金财产份额转让所得的性质难以判断，境外合伙人自私募基金取得收益性质难以判断。从这个意义上来看，中国对合伙制基金税制的立法进程尚有很长一段路要走。

（二）税收中性原则：尽量避免不同类型的私募基金税负差异过大

根据古典经济学理论，理想的税收制度需保持中立，以促使生产要素可以按照市场规则更有效率地进行最佳配置，而非受外部税收制度的影响。在此原则下，税收制度应当尽量避免鼓励或影响市场主体对特定经济形式的选择，相同的征税原则应适用于所有形式的市场主体。

私募投资基金行业里，投资人与管理人的合作，实际上是资本与管理能力两种要素的结合。公司型基金、契约型基金和有限合伙制基金为这两种要素的结合方式提供了不同的法律框架。有限合伙制企业兼有人合与资合的属性，为市场主体提供了不同于公司制和契约制基金的另一种权利义务安排。市场主体究竟是选择公司制、契约型还是合伙制作为私募投资基金的主体，应当由市场主体在考虑不同法律形式下的法律效果后作出抉择，而非引导市场主体衡量不同形式下的税务负担作出税务最优的抉择。

政府并没有充分的理由鼓励商事主体为私募投资基金选择一种法律形式而摒弃另一

---

〔1〕 参见叶姗：《合伙企业课征所得税规则之创制》，载《华东政法大学学报》2019 年第 1 期。

种法律形式。商事主体在选择其法律形式之际，完全可以基于参与各方的权利义务和财产安排，自由地选择符合其商业目的的结构。若税务考量因素过多，可能会扭曲和破坏私募投资基金领域中资本和管理这两种核心要素的组合模式。例如，有学者就提出，“有限合伙企业作为一种介于公司和合伙企业之间的混合型商事组织，其应当作为实体进行课税还是非实体课税均情有可原”，甚至也可以在条件成熟之际，将合伙企业按照何种规则纳税的选择机会交给纳税人。[1]

（三）税收征管政策稳定原则：重大问题征税实践应当保持统一，避免复杂多变的税收政策降低了商事主体决策的效率性且影响税收公平性

税收政策应该在可行的情况下简单清晰，降低纳税主体的合规成本，这样，纳税主体更容易理解其税务立场，也更可能做出最直接的商业最优决策。在复杂的税收制度下，商事主体可能倾向于作出积极的税收筹划，容易触发无谓的经济损失。在权衡不同的私募基金法律形式的税负，比较不同地区对于私募投资基金的税务处理的同时，商事主体为搭建更“优化”的税务架构会付出原本无须付出的经济成本和时间成本。而在一个透明、稳定、简洁的税收体制下，商事主体的这些决策原本应当回归于其商业初衷。

在制定优惠政策时，需要尽可能地通过国家层面的立法或税收政策加以确定，避免各地另行出台的税收制度影响税收制度的公平性，也变相地增加了商事主体的商业决策复杂性。

组织国家财政收入是税收最基本的职能之一，但是对税收制度的评价不能仅限于其创造财政收入的能力。政府通过税收，参与社会分配，也进而改变了社会各集团及其成员在国民收入分配中占有的份额。税收政策将影响纳税人的经济活动能力和行为，进而对社会的经济结构产生影响。对于私募投资基金领域的税收立法和课税规则创设也应当充分考虑这些目标，促进社会资源的有效分配和经济的稳定运行。

/第三节/ 外资发起人的特殊考量

外资发起人设立人民币基金的尝试可以追溯到21世纪初。当时美元基金在华投资受到以“三资企业法”[2]为标志的外商投资管理体制的规制，具体体现在：

---

[1] 参见叶姗：《合伙企业课征所得税规则之创制》，载《华东政法大学学报》2019年第1期。

[2] 《外商投资法》及《外商投资法实施条例》自2020年1月1日起实施后，《外资企业法》、《中外合资经营企业法》和《中外合作经营企业法》均同时废止。《外商投资法》规定，外商投资企业的组织形式、组织机构及其活动准则，适用《公司法》《合伙企业法》等法律的规定；《外商投资法》施行前依照《外资企业法》《中外合资经营企业法》《中外合作经营企业法》设立的外商投资企业，在该法施行后5年内可以继续保留原企业组织形式等，具体实施办法由国务院规定。《外商投资法实施条例》规定，2020年1月1日前制定的有关外商投资的规定与《外商投资法》及《外商投资法实施条例》不一致的，以《外商投资法》及《外商投资法实施条例》的规定为准。

● 市场准入方面需要符合《外商投资产业指导目录》[1]及《政府核准的投资项目目录》[2]等的规定；

● 交易审批方面基本上遵循以事先审批为主的投资管理体制，根据项目所属行业、投资金额等受制于不同的审批层级和程序；

---

〔1〕 从1995年起，《外商投资产业指导目录》大致经历了1995年版、1997年版、2002年版、2004年版、2007年版、2011年版、2015年版和2017年版共8个版本。前7个版本基本上沿用了鼓励类、限制类和禁止类的体例。2017年版在体例上有重大变化，从原来的鼓励、许可、限制和禁止类变为鼓励外商投资产业目录和外商投资准入特别管理措施（外商投资准入负面清单），其中负面清单类条目整合了（1）原鼓励类条目中有外资股比限制等要求的条目；（2）限制类条目；（3）禁止类条目，并删除了内外资均适用的限制/禁止类条目。2018年6月，国家发改委和商务部发布了单独的《外商投资准入特别管理措施（负面清单）》（2018年版），取代了《外商投资产业指导目录》（2017年修订）中的负面清单，但其中的"鼓励外商投资产业目录"则继续执行。2019年6月和2020年6月，国家发改委和商务部分别发布《外商投资准入特别管理措施（负面清单）》2019年版和2020年版、《自由贸易试验区外商投资准入特别管理措施（负面清单）》2019年版和2020年版，总体上继续减少对外商投资的市场准入限制。2020年1月1日，《外商投资法》及其实施条例正式施行，该法正式在基础性法律层面植入"准入前国民待遇"及"负面清单"的外商准入制度，为外商投资中国提供了更大的确定性。

〔2〕《政府核准的投资项目目录》主要规定的是固定资产投资项目及类似项目的审批，主管部门是国家发改委，其不仅涉及外商投资，境内企业投资于该等项目亦受该目录管辖。与该目录对于外商投资的适用相关，国家发改委陆续发布过《外商投资项目核准暂行管理办法》《关于进一步加强和规范外商投资项目管理的通知》等规范。相关历史沿革小结如下：

——2004年7月，《政府核准的投资项目目录》（2004年本）规定了以下外商投资项目由国家发改委批准：（1）《外商投资产业指导目录》中总投资（包括增资）1亿美元及以上鼓励类项目；（2）《外商投资产业指导目录》中总投资（包括增资）1亿美元及以上允许类项目；（3）《外商投资产业指导目录》中总投资（包括增资）5000万美元及以上限制类项目。此外，《政府核准的投资项目目录》（2004年本）还规定国家规定的限额以上、限制投资和涉及配额、许可证管理的外商投资企业的设立及其变更事项；大型外商投资项目的合同、章程及法律特别规定的重大变更（增资减资、转股、合并）事项，由商务部核准。上述项目之外的外商投资项目由地方政府按照有关法规办理核准。

——2004年10月，《外商投资项目核准暂行管理办法》进一步增加了外资进入中国市场的限制，该办法在《政府核准的投资项目目录》（2004年本）的基础上进一步规定了"总投资5亿美元及以上的鼓励类、允许类项目和总投资1亿美元及以上的限制类项目由国家发展改革委对项目申请报告审核后报国务院核准"。

——2008年7月，《关于进一步加强和规范外商投资项目管理的通知》重申："按照《外商投资产业指导目录》，总投资（包括增资额，下同）1亿美元及以上的鼓励类、允许类项目和总投资5000万美元及以上的限制类项目，由国家发展改革委核准项目申请报告；总投资1亿美元以下的鼓励类、允许类项目和总投资5000万美元以下的限制类项目由地方发展改革部门核准，其中限制类项目由省级发展改革部门核准，此类项目的核准权不得以任何理由、任何方式下放。"

——2010年起，国家发改委逐步下放对外商投资项目的核准权限。2010年5月，国家发改委发布《关于做好外商投资项目下放核准权限工作的通知》规定："原由我委核准的《外商投资产业指导目录》中总投资（包括增资）3亿美元以下的鼓励类、允许类项目，除《政府核准的投资项目目录》规定需由国务院有关部门核准之外，由省级发展改革委核准"。

——此后发布的2013年本、2014年本和2016年本三个版本的《政府核准的投资项目目录》中，国家发改委的核准权限不断下放给地方政府，同时需要核准的项目金额也同比增加，越来越多的外资项目可以按照内资项目的审批流程进行。

• 外汇管制方面实行严格的外汇管制制度，资本项目下的换汇及用途有严格的限制性规定。

作为一个在岸实体，人民币基金（特别是基金投资人完全或主要由国内人民币投资人构成的情形下）是否有可能在以上任何方面取得任何突破，是外资发起人下决心启动基金设立工作前十分关心的问题。此外，作为国际上最为流行的基金形式的有限合伙在当时中国法下缺乏制度供给，[1]如何在现有法律框架下引入符合国际惯例的基金架构，也是需要认真考虑的问题。

从某种意义上讲，人民币基金在中国落地生根的过程就是围绕着现行外资管理体制所进行的一系列尝试、突破和妥协的过程。

一、外商投资创业投资企业（FIVCIE）

2003年1月30日，原对外经济贸易合作部与科技部、原国家工商总局、国家税务总局和国家外汇局联合颁布了《外商投资创业投资企业管理规定》（外经贸部、科技部、原国家工商总局、国家税务总局、国家外汇局令2003年第2号，以下简称《外资创投规定》，现已根据2015年10月28日《商务部关于修改部分规章和规范性文件的决定》修正）对外国投资人在中国境内设立的以创业投资为经营活动的外商投资企业（以下简称外资创投企业）及其管理企业的设立登记、投资运作及审核监管等方面作出规定。[2]

外资创投企业可采用两种组织形式，分别是：

• 法人制外资创投企业。该形式的企业依托《外资企业法》（已失效）、《中外合资经营企业法》（已失效），通过设立外商独资企业或中外合资经营企业以发起设立外资创投企业。及

• 非法人制外资创投企业。该形式的企业依托《中外合作经营企业法》（已失效），通过当事人合意的方式实现事实上的合伙。

《外资创投规定》在中国现行法律法规框架下，借鉴国际通行的基金惯例，尽其所能地复制了国际私募行业所广泛采用的有限合伙基金形式：

• 由于当时的合伙企业法还不允许企业法人担任合伙人，依托于《中外合作经营企业法》（已失效），创设了非法人制的外商投资创投企业，其中“必备投资者”相当于境外美元基金的GP，其他投资者相当于LP，以契约自治的方式实现了有限合伙的效果。

• 赋予非法人制创投企业税收透明体待遇。国家税务总局《关于外商投资创业投资公司缴纳企业所得税有关税收问题的通知》（国税发〔2003〕61号文，部分失效）规定，非法人创投企业可由投资各方分别申报缴企业所得税，也可以由创投企业申请，经当地

---

[1] 2006年修订的《合伙企业法》第一次引入有限合伙企业的组织形式。2009年《外国企业或者个人在中国境内设立合伙企业管理办法》（国务院令第567号）允许外国投资人在中国境内设立有限合伙企业。

[2] 2015年10月28日，商务部对《外资创投规定》进行修改。删去《外资创投规定》第6条第2项中的“非法人制创投企业投资者认缴出资总额的最低限额为1000万美元；公司制创投企业投资者认缴资本总额的最低限额为500万美元。除第七条所述必备投资者外，其他每个投资者的最低认缴出资额不得低于100万美元”。

税务机关批准,统一依照税法的规定,申报缴纳企业所得税。非法人创投企业没有设立创投经营管理机构,不直接从事创业投资管理、咨询等业务,而是将其日常投资经营权授予一家创业投资管理企业或另一家创投企业进行管理运作的,对此类创投企业的外方,可按在我国境内没有设立机构、场所的外国企业,申报缴纳企业所得税(按照10%或税收协定或安排规定的税率缴纳预提所得税)。[1]

- 资本金结汇。根据国家外汇局2008年的批复,经商务部批准的外商投资创业投资企业可以在经营范围内以外汇资本金进行境内股权投资。[2]

同时,在当时审批制为主的外商投资管理制度下,为FIVCIE创设了一条所谓"快速通道"(在鼓励类和允许类行业中的投资项目只需履行备案程序)。

2005年,《创投企业管理办法》颁布,规定外资创投企业可享受《创投企业管理办法》给予创业投资企业的相关政策扶持,主要包括:(1)国家与地方政府可以设立创业投资引导基金,通过参股和提供融资担保等方式扶持创业投资企业的设立与发展;(2)国家运用税收优惠政策扶持创业投资企业发展并引导其增加对中小企业特别是中小高新技术企业的投资;(3)创业投资企业可以通过股权上市转让、股权协议转让、被投资企业回购等途径,实现投资退出等。

由于《外资创投规定》主要面向创业投资["本规定所称创业投资是指主要向未上市高新技术企业(以下简称所投资企业)进行股权投资,并为之提供创业管理服务,以期获取资本增值收益的投资方式"],因此实践中采用外资创投企业形式设立人民币基金的以外资的VC管理人为主,其中不乏红杉、北极光、赛富等知名机构的身影。[3] 但对于外资PE基金管理人的吸引力不大。

二、外商投资的投资性公司

《关于外商投资举办投资性公司的规定》(商务部令2004年第22号,根据2015年10月28日《商务部关于修改部分规章和规范性文件的决定》修正,以下简称《外商投资性公司规定》)规定,外国投资者可通过设立外商投资的投资性公司(投资性公司)从事直接投资。投资性公司可以独资或与中国投资者合资的形式设立,可采用的组织形式为有限责任公司或股份有限公司。

《外商投资性公司规定》为申请设立投资性公司的外国投者设定了较高的门槛,包括:

- 外国投资者资信良好;
- 拥有举办投资性公司所必需的经济实力;以及
- 申请前一年的资产总额不低于4亿美元,且在中国境内已设立了外商投资企业,其实际缴付的注册资本超过1000万美元,或者
- 在中国境内已设立了10个以上外商投资企业,其实际缴付的注册资本超过3000

[1] 部分条款被国家税务总局公告2011年第2号废止。

[2] 国家外汇局综合司《关于外商投资创业投资企业资本金结汇进行境内股权投资有关问题的批复》(汇综复〔2008〕125号),2013年被国家外汇局《关于印发〈外国投资者境内直接投资外汇管理规定〉及配套文件的通知》废止。

[3] 参见《2012年已备案的外商投资创业投资企业名单》,载商务部官网,http://wzs.mofcom.gov.cn/aarticle/zcfb/201208/20120808265787.html,2020年12月31日最后访问。

万美元。

近年来,各地对设立投资性公司的条件有所放宽,如北京和天津先后将外国投资者在申请设立投资性公司前一年的资产总额要求降为不低于2亿美元,并取消对外国投资者在中国境内已设立外商投资企业的数量要求。[1]

根据《外商投资性公司规定》,设立投资性公司须由省级以上商务主管部门审核同意后报商务部批准。《外商投资法》确立了准入前国民待遇加负面清单管理制度,我国外商投资管理制度也相应地发生了重大变革,原"外资三法"下审批、备案制度不再实行。[2]

自2020年1月1日起,外商投资企业的设立或变更无须商务主管部门批准或备案,转而适用外商投资信息报告制度。外国投资者或者外商投资企业应当按照《外商投资信息报告办法》(商务部、市场监管总局令2019年第2号)的规定,通过企业登记系统在线提交初始报告、变更报告,通过国家企业信息公示系统在线提交年度报告。外商投资性公司在境内投资设立企业的,参照以上规定报送投资信息。

符合条件的投资性公司还可向商务主管部门申请认定为跨国公司地区总部,以便在资金运作和管理方面享受诸多便利。各地对地区总部的界定有所不同,以上海为例,按照《上海市鼓励跨国公司设立地区总部的规定》,跨国公司地区总部,是指在境外注册的母公司设立的,以投资或授权形式对在1个国家以上区域内的企业履行管理和服务职能的唯一总部机构。跨国公司地区总部可按照主管部门的认定享有落户奖励、办公场地租金减免、财政补贴等优惠措施。

传统上外商投资性公司主要为跨国公司所采用,近年来外商投资性公司也引发了一些PE机构、资产管理机构的兴趣。特别是境外已有募集完成的基金实体、本身没有在境外开展募集活动的需要的机构,为了完成某些特定投资的目的可能考虑外商投资性公司在换汇等方面的便利。

三、外商投资合伙企业(FIP)

2009年11月国务院颁布《外国企业或者个人在中国境内设立合伙企业管理办法》(国务院令第567号,以下简称《外商投资合伙企业管理办法》),2010年3月1日起施行,从而为外商投资设立有限合伙企业奠定了法规基础,填补了21世纪初外资管理人开始酝酿人民币基金时的制度空白。

《外商投资合伙企业管理办法》同时规定,国家对外国企业或个人在中国境内以投资为

---

[1] 国务院于2019年1月31日发布了《关于全面推进北京市服务业扩大开放综合试点工作方案的批复》(国函〔2019〕16号),批复同意《全面推进北京市服务业扩大开放综合试点工作方案》,试点工作的实施期限为2019年1月30日至2022年1月30日。其中规定,"放宽外商设立投资性公司申请条件,申请前一年外国投资者资产总额降为不低于两亿美元,取消对外国投资者在中国境内已设立外商投资企业的数量要求"。天津市商务局于2019年5月14日发布的《天津市商务局关于放宽外资准入加强外资管理工作的通知》(津商外管〔2019〕4号)同样规定"将申请前一年外国投资者资产总额降为不低于两亿美元,取消外国投资者在中国境内已设立外商投资企业数量限制"。

[2] 《司法部、商务部、发展改革委负责人就〈中华人民共和国外商投资法实施条例〉有关问题答记者问》。

主要业务的合伙企业另有规定的,依照其规定。以投资为主要业务的外商投资合伙企业境内投资的,应当依照国家有关外商投资的法律、行政法规、规章办理。

2011年颁布的《商务部关于外商投资管理工作有关问题的通知》(商资函〔2011〕72号,以下简称《72号文》,现已失效)〔1〕规定,以投资为主要业务的外商投资合伙企业视同“境外投资者”,其境内投资应遵守外商投资的行业准入限制和法律法规。《外商投资法》出台后,外商投资实行准入前国民待遇加负面清单管理制度(详见本节第五部分)。

根据《关于完善外商投资企业外汇资本金支付结汇管理有关业务操作问题的通知》[汇综发〔2008〕142号,以下简称《外管局142号文》,2015年被《国家外汇管理局关于改革外商投资企业外汇资本金结汇管理方式的通知》(汇发〔2015〕19号,以下简称《外汇局19号文》废止],“外商投资企业资本金结汇所得人民币资金,应当在政府审批部门批准的经营范围内使用,除另有规定外,结汇所得人民币资金不得用于境内股权投资”。“商务主管部门批准成立的投资性外商投资企业从事境内股权投资,其资本金的境内划转应当经外汇局核准后才可办理。”资本金结汇问题成为以外商投资合伙企业形式设立人民币基金的主要障碍,也成为日后各地出台QFLP试点机制的主要诱因。

2014年7月4日,国家外汇局下发《关于在部分地区开展外商投资企业外汇资本金结汇管理方式改革试点有关问题的通知》(汇发〔2014〕36号,以下简称《外管局36号文》,已失效),决定在天津滨海新区、苏州工业园区、中关村国家自主创新示范区、深圳前海深港现代服务业合作区等16个地区开展改革,对试点区域内的外商投资企业外汇资本金实行意愿结汇。所谓意愿结汇,是指外商投资企业资本金账户中经办理出资权益确认的外汇资本金,可根据企业的实际经营需要在银行办理结汇。外汇资本金意愿结汇所得人民币纳入结汇待支付账户管理,并可用于经营范围内开支。《外管局36号文》明确规定,试点地区外商投资企业外汇资本金结汇暂不适用《外管局142号文》的有关要求。

2015年3月30日,国家外汇局发布《外汇局19号文》,〔2〕将之前在试点地区试行的外商投资企业资本金意愿结汇管理模式推广至全国实施,〔3〕规定资本金的使用应在企业经营范围内遵循真实、自用原则。为便利外商投资企业以结汇资本开展境内股权投资,允许投资为主业的外商投资企业按实际投资规模将外汇资本金直接结汇或将结汇待支付账户中的人

---

〔1〕 2019年12月25日商务部关于废止部分规范性文件的公告(商务部公告2019年第59号)。

〔2〕 《外汇局19号文》第6条中的“境外汇入保证金专用账户和境内划入保证金专用账户内的外汇资金不得结汇使用”已被国家外汇局《关于废止和失效5件外汇管理规范性文件及7件外汇管理规范性文件条款的通知》(汇发[2019]39号)废止。

〔3〕 2016年6月9日,国家外汇局发布了《关于改革和规范资本项目结汇管理政策的通知》(汇发〔2016〕16号,以下简称《外汇局16号文》),在《外汇局19号文》的基础上进一步明确了意愿结汇资金的资金来源和范围及结汇资金使用管理。《外汇局16号文》统一了境内机构资本项目外汇收入意愿结汇政策(相关政策已经明确实行意愿结汇的资本项目外汇收入可根据境内机构的实际经营需要在银行办理结汇),规范了资本项目收入及其结汇资金的支付管理。

民币资金划入被投资企业账户。

为了深入推进“放管服”改革,国家外汇局于2019年10月23日发布《关于进一步促进跨境贸易投资便利化的通知》(汇发〔2019〕28号),取消非投资性外商投资企业资本金境内股权投资限制。在满足以下两个实质要求的前提下非投资类外商投资企业可以以外汇资本金进行境内股权投资:(1)不违反现行外商投资准入特别管理措施(负面清单);且(2)境内所投项目真实、合规。但结汇资金进入被投资主体的“资本项目-结汇待支付账户”,[1]每一次使用亦须经银行审核确保在被投资主体的经营范围内。

由于非投资性外商投资企业以人民币开展境内股权投资的,接受投资的企业需要事先在银行申请办理接收境内再投资基本信息登记并开立结汇待支付账户,而以投资为主业的外商投资企业则可以省却该环节。同时,意愿结汇制度出台后,在实际操作中仍然存在诸多不确定性,各地银行的把握尺度差别较大。[2] 因此,总体而言,比起非投资性外商投资企业,显然投资性外商投资企业是人民币基金更为理想的选择。同时,由于QFLP制度已经有十年左右的历史,操作经验更加成熟,因此,外资发起设立人民币基金更多地依然是在各地QFLP/RQFLP机制的框架中进行,QFLP基金依然是市场主流的外资发起设立的人民币基金的主要方式。

四、QFLP及RQFLP基金

(一)QFLP试点制度介绍[3]

QFLP是qualified foreign limited partners(合格境外有限合伙人)或qualified foreign limited partnership(合格境外有限合伙企业)的缩写。QFLP机制,是指由试点地区地方主管部门推出的、旨在为境外投资人在试点地区设立在岸股权投资企业、从事股权投资活动提供制度支持的一种地方性试点。该机制允许外国企业或个人在试点地区发起设立外商投资股权投资企业(以下或称QFLP基金)和外商投资股权投资管理企业(以下或称QFLP基金管理人),以非公开募集的方式向境外投资者及/或境内投资者募集资金,同时允许其中境外投资人的外汇资本金在基金层面结汇,进而以人民币形式投资于境内标的企业。[4]

QFLP基金管理人,是指经政府机构认定、依法由外国企业或个人参与投资设立的、以发起设立股权投资企业或受托管理股权投资企业为主要经营业务的企业;QFLP基金指经政府机构认定、依法由境外企业或个人参与投资设立的、以非公开方式向境内外投资者募集资金、投资于非公开交易的企业股权的企业。[5]

上海于2010年3月19日率先发布了《关于本市开展外商投资股权投资企业试点工作的

---

〔1〕 国家外汇局《关于精简外汇账户的通知》(汇发〔2019〕29号)之附件2《银行办理相关资本项目外汇业务操作指引》。

〔2〕 比如,仍有相当部分地区的外管部门不允许非投资类外商投资企业的外币结汇资金投向私募基金等非实业类的企业。

〔3〕 参见陈桂发:《史上最全:全国各地QFLP试点政策的比较与演变》,载搜狐网,https://www.sohu.com/a/313532239_618578,2021年1月18日最后访问。

〔4〕 Richard Guo and Flora Qian, China's QFLP Program: Revived and Growing, HKVCA Webinar, August 20, 2020.

〔5〕 资格认定环节在新近的QFLP项目(如广州)中已经废止。

若干意见》(沪府办〔2010〕17号),于2010年12月24日印发了《关于本市开展外商投资股权投资企业试点工作的实施办法》(沪金融办〔2010〕38号)(以下合称上海QFLP制度)。

2011年北京、重庆和天津先后推出了自己的QFLP制度。黑石、凯雷、高盛和TPG先后在上海、北京、重庆设立了各自的第一只人民币基金,掀开了国际大牌PE基金管理人的第一波人民币基金之旅。方达律师事务所基金团队有幸作为基金律师全程参与了这几笔里程碑式的交易,见证了这一重要的历史进程。

截至本书出版之日,先后有近20个省市推出了QFLP制度,见表2.1。[1]

表2.1 各地QFLP制度一览

发布时间	发布地点	政策文件
2010年12月24日	上海	《关于本市开展外商投资股权投资企业试点工作的实施办法》
2011年2月28日	北京	《关于北京市开展股权投资基金及其管理企业做好利用外资工作试点的暂行办法》[2]
2011年5月16日	重庆	《重庆市关于开展外商投资股权投资企业试点工作的意见》
2011年10月14日	天津	《关于本市开展外商投资股权投资企业及其管理机构试点工作的暂行办法》
2012年12月10日	深圳	《关于本市开展外商投资股权投资企业试点工作的暂行办法》[3]
2015年2月9日	青岛	《青岛市开展合格境外有限合伙人试点工作暂行办法》
2017年10月25日	贵州	《贵州省关于开展外商投资股权投资企业试点工作的暂行办法》
2018年3月27日	平潭	《开展外商投资股权投资企业试点工作的实施办法(试行)》
2018年12月21日	珠海	《珠海市外商投资股权投资企业试点管理暂行办法》[4]
2019年4月18日	广州	《广州市促进外商投资股权投资类企业集聚发展工作指引》
2020年7月23日	厦门	《关于印发促进外商投资股权投资基金发展工作指引(试行)的通知》
2020年7月24日	苏州	《苏州工业园区外商投资股权投资企业试点办法》
2020年10月10日	海南	《海南省关于开展合格境外有限合伙人(QFLP)境内股权投资暂行办法》

2020年4月,人民银行等多部门联合发布《关于金融支持粤港澳大湾区建设的意见》(银发〔2020〕95号)规定:"允许港澳机构投资者通过合格境外有限合伙人(QFLP)参与投资粤港澳大湾区内地私募股权投资基金和创业投资企业(基金)"。

---

〔1〕 除表2.1所列省市外,沈阳、嘉兴嘉善县、南宁、雄安新区和义乌等地也先后颁布了各自QFLP试点办法。

〔2〕 北京市于2021年4月28日印发了《关于本市开展合格境外有限合伙人试点的暂行办法》,取代了2011年的暂行办法和配套实施细则。新规于颁布之日起施行。

〔3〕 深圳市于2017年9月22日发布《深圳市外商投资股权投资企业试点办法》(深金规〔2017〕1号),取代2012年暂行办法;并于2021年1月29日发布修订后的《深圳市外商投资股权投资企业试点办法》,取代了2017版试点办法。新规将于2021年2月8日起施行,有效期3年。

〔4〕 珠海市于2021年5月25日发布《珠海市外商投资股权投资类企业试点办法》,取代2018年版试点办法,有效期3年。

QFLP 制度的十年试点是一个渐次宽松的发展历程。

1. 对 QFLP 基金管理人的资金和人员要求逐渐放松

早期试点办法中对 QFLP 基金管理人的注册资本(或认缴出资)一般都有具体的要求,多数地方要求最低应不低于 200 万美元(也有个别地方有另外要求,例如天津曾要求人民币 1000 万元,贵州则要求 150 万美元),且注册资本(或认缴出资)应当在营业执照签发之日起 3 个月内到位 20% 以上,余额在 2 年内全部到位。对于高级管理人员的资质也有比较具体的要求,如要求拟设 QFLP 基金管理人应当至少有 2 名同时符合一定条件的高级管理人员。广州 QFLP 制度对拟设 QFLP 基金管理人的注册资本(或认缴出资)、首次出资比例、货币出资比例、出资期限以及高级管理人员资质条件等均未再作硬性要求。厦门 QFLP 制度要求拟设 QFLP 基金管理人的注册资本(或认缴出资)不低于 100 万美元,而对于高级管理人员的资质条件未作硬性要求。海南 QFLP 制度对于拟设 QFLP 基金管理人的注册资本(或认缴出资)没有限制,仅要求至少具备 2 名具有一定从业经验的高级管理人员。深圳 2021 年 QFLP 办法则完全删除了对于 QFLP 基金管理人的资金和人员要求。北京 2021 年 QFLP 办法对 QFLP 基金管理人不设最低注册资本或认缴出资额限制,但要求具备不少于两名具有 3 年以上股权投资或股权投资管理经历的高管人员。

对于所谓 QFLP 基金管理人股东的基金机构发起人,各地试点办法规定不尽一致。有些地方有比较明确的资质要求(比如,股权投资或投资管理方面的业务或经验,一些城市还有资产规模或管理资产规模及持牌要求)。如深圳和珠海要求申请人上一年度自有资产规模不低于 1 亿美元等值货币或 AUM 不低于 2 亿美元等值货币,持有境外金融监管部门颁发的资产管理牌照。北京 2021 年 QFLP 办法要求 QFLP 基金管理人的实控人,为金融企业(须经所在国家或地区监管机构批准从事相关金融业务,具备当地监管机构颁发的许可证明)或 AUM 不低于 1 亿元人民币或等值外币的基金管理企业。广州 QFLP 制度未作明确规定。厦门 QFLP 制度对基金管理人的境外股东设置了资质要求,但对境内股东没有明确的资质限制,同时明确对于台港澳、东南亚及"一带一路"沿线地区的企业或个人出资作为 QFLP 基金管理人的股东或合伙人,可适当放宽要求。海南及深圳新修订的 QFLP 制度则对于基金管理人的境内外股东或合伙人均未设置背景资质要求。

2. 对基金投资者的资质要求逐渐放松

早期的试点办法对作为基金的投资人一般设有比较高的资金要求,如一般要求境外投资人单笔投资金额不少于 100 万美元等值外币。早期一些地方对于投资人的资产规模也有要求,如深圳曾要求机构投资者自有净资产不低于 500 万美元,境内机构投资者净资产不低于 1000 万元人民币,个人投资者金融资产不低于 300 万元人民币。在后续出台的试点办法(如珠海)中,对境内外投资者都未设定额外条件,仅要求应当符合中国相关法规中的合格投资者要求。广州对投资人的资产规模和出资额也未设定额外条件。厦门在对基金投资者设定条件之外,对于台港澳、东南亚及"一带一路"沿线地区的企业或个人出资作为 QFLP 基金的股东或合伙人,可适当放宽要求。海南和深圳对 QFLP 基金的股东或合伙人没有设置任何背景资质要求。但并非所有地方的 QFLP 试点机制均完全放松 QFLP 基金投资人的标准,例如,北京 2021 年 QFLP 办法区分境内投资者、境外个人投资者和境外机构投资者,对于境内投资者和境外个人投资者采用私募基金的合格投资者标准,但对于境外机构投资者则要求其净资产不低于 500 万美元等值货币且单笔投资金额不低于 100 万美元等值货币。

3. 对 QFLP 基金规模的要求逐渐放松

早期试点办法中对基金的规模一般都有比较具体的规定,如上海、深圳、珠海等都有 1500 万美元或等值外币的要求。广州的 QFLP 制度在《外商投资法》之后出台,对最低注册资本或认缴出资额均未设限,在首次出资比例、货币出资比例、出资期限等方面也没有具体限制,体现了《外商投资法》中内外资一致的原则。厦门和苏州也仅在基金规模上设置了类似的限制。海南对于 QFLP 基金明确不设最低注册资本或认缴出资金额限制,在首次出资比例、货币出资比例、出资期限等方面无限制。北京 2021 年 QFLP 办法将对 QFLP 基金规模的要求从 5 亿元人民币降低到 1 亿元人民币,且取消了外资认缴原则上不得超过基金规模的 50% 的限制。

4. 对 QFLP 业务范围的管控逐渐放松

各地 QFLP 规则及实践对 QFLP 基金的投资范围逐渐放开。比如,上海地区支持试点企业由原来单一的股权投资,扩展到可投资优先股、定增、可转债、夹层、不良债务等领域。[1] 中国人民银行等多部门联合发布的《关于金融支持粤港澳大湾区建设的意见》中规定,"允许港澳机构投资者通过合格境外有限合伙人(QFLP)参与投资粤港澳大湾区内地私募股权投资基金和创业投资企业(基金)",而此前 2017 年深圳和 2018 年珠海的 QFLP 规则都强调 QFLP 试点企业应投资于实业,禁止以基金中的基金(FOF)模式进行投资。苏州和厦门对于 QFLP 基金的投资范围,仅要求按照国家外汇管理相关规定实施负面清单管理。海南 QFLP 基金的投资范围同样采取负面清单管理模式,并且可以通过特批的方式投资二级市场股票和企业债。深圳 2021 年修订的 QFLP 办法亦删除了其 2017 年办法中禁止 FOF 投资等限制,并进一步放宽了 QFLP 基金的投资范围,允许 QFLP 基金投资上市公司定增、大宗交易、协议转让及作为上市公司原股东参与配股等。北京 2021 年 QFLP 办法取消了原办法中对 QFLP 基金投资重点行业的要求,大幅放宽了 QFLP 基金的投资范围,在非上市公司股权投资之外,明确允许投资于上市公司非公开发行和交易的普通股、优先股和可转债,允许投资于夹层投资、私募债、不良资产,并允许进行 FOF 投资等。

(二)QFLP 试点制度的审批流程

设立 QFLP 基金通常按"一事一批"的原则审议,通常由地方金融办牵头并由多个相关监管部门(包括但不限于市级金融办、市级商务主管部门、市市场监督管理部门、市发展改革委员会、市外汇局、市财政局等)共同组成的联席会议(或工作小组)主管试点资格的审核工作,[2] 联席会议(或工作小组)审核通过后,方可启动相关实体的工商设立登记程序。以上

---

〔1〕 上海市金融局副局长李军在 2020 年 4 月 27 日通过公开媒体表示。

〔2〕 联席会议、试点资格认定等规定在近年来的 QFLP 实践中有所改变。比如,根据《广州市促进外商投资股权投资类企业集聚发展工作指引》(穗金融〔2019〕11 号),广州由市区两级金融工作部门管理对外商投资股权投资类企业的设立、运营,并未设立由多个监管部门共同组成的联席会议。

海 QFLP 试点为例,设立申请流程主要如图 2.11 所示。

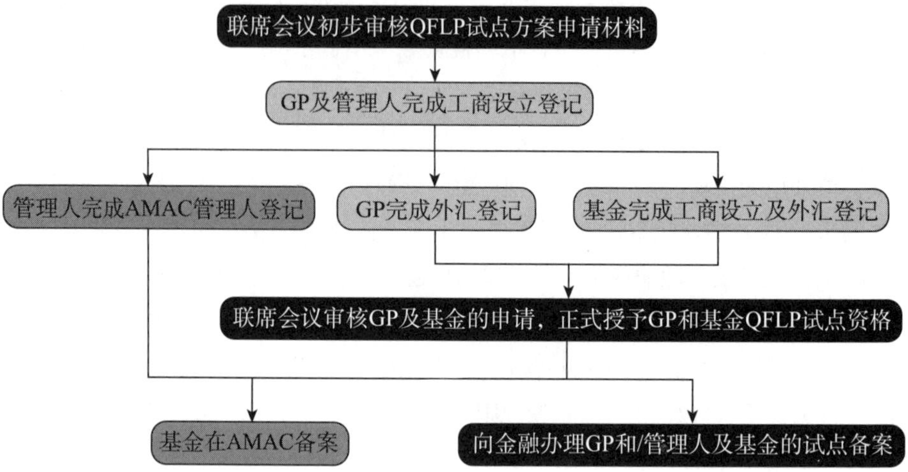

图 2.11　上海 QFLP 基金设立的申请流程

(三)QFLP 基金的常用架构

常见的 QFLP 基金架构可以简单归纳为以下三种。[1]

- “外管内”模式

如图 2.12 所示,所谓“外管内”模式,是指由境外 PE/VC 机构单独(或与境内机构共同)设立一家外商投资企业(WFOE、FIP 或 JV)作为 QFLP 基金的普通合伙人及/或基金管理人,只面向境内合格投资者募集人民币资金。

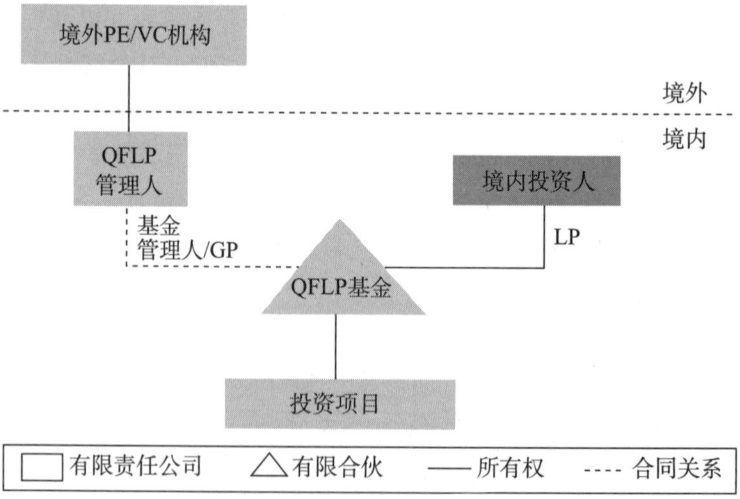

图 2.12　QFLP 基金“外管内”模式

〔1〕 为简便起见,架构图所示为极简化的基金架构,未反映 GP/管理人分立等架构考量,仅供参考。

由于种种原因(比如《72 号文》),第一批外资发起的人民币基金大多并未采取外商投资合伙企业的形式,基本上以吸纳内资人民币投资人为目的,基金结构中唯一的外资成分来源于 GP 或管理人。[1]

上海 QFLP 制度规定,试点 QFLP 基金管理企业可使用外汇资金对其发起设立的股权投资基金出资,金额不超过所募集资金总额度的 5%,该部分出资不影响所投资股权投资基金的原有属性。

- "内管外"模式

如图 2.13 所示,所谓"内管外"模式,是指由境内发起人设立普通合伙人及/或基金管理人,并同时面向境外内投资人募集人民币资金及向境外投资人募集外币资金。[2]

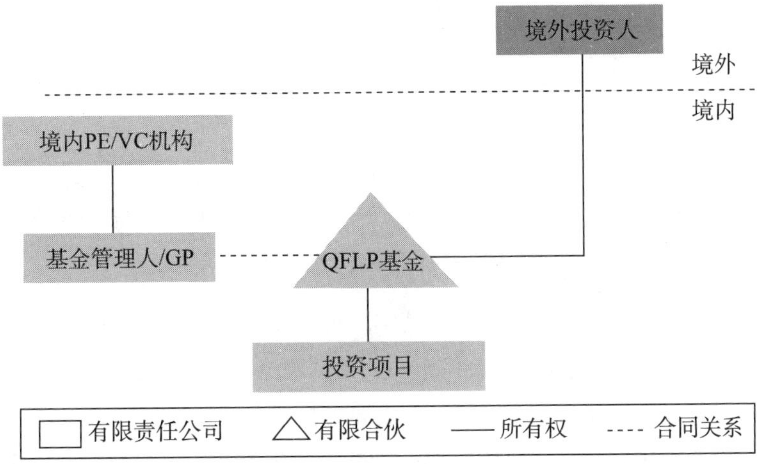

图 2.13 QFLP 基金"内管外"模式

"内管外"模式下,境内发起人需要满足相应的资质要求。如珠海规定,境内股东或合伙人应当满足如下条件之一:(1)商业银行、证券、保险、信托、金融租赁、公募基金等经国家金融监管部门批准的持牌金融机构或由其控股 50% 以上的一级子公司;(2)注册在珠海,且满足以下条件之一的企业在申请前的上一会计年度,具备自有资产(净资产)规模不低于 3 亿元人民币或管理规模不低于 5 亿元人民币;或近 3 年净利润累计总额不低于 6000 万元人民币,且累计缴纳税收总额不低于 1800 万元人民币;或在境内主板上市的企业或其控股股东。深圳原先有类似要求,但在其 2021 年修订的 QFLP 办法中已删除对境内发起人的资质条件要求。

---

[1] 该结构也称"FIE GP 模式",参见郭强主编:《中国资产管理:法律和监管的路径》,中国政法大学出版社 2015 年版,第 120 ~ 122 页。

[2] 深圳市 2017 年《深圳市外商投资股权投资企业试点办法》率先提出将 QFLP 试点范围从外资公司管理外资基金的"外资管外资"模式,拓展到国内公司管理外资基金的"内资管外资"模式的外商股权投资企业。深圳市 2021 年修订的试点办法则明确新增了"外管内"模式。

- “外管外”模式

如图 2.14 所示，所谓“外管外”模式，是指由境外 PE/VC 机构设立并运营普通合伙人及/或管理公司，并仅向境外投资人募集外币资金。

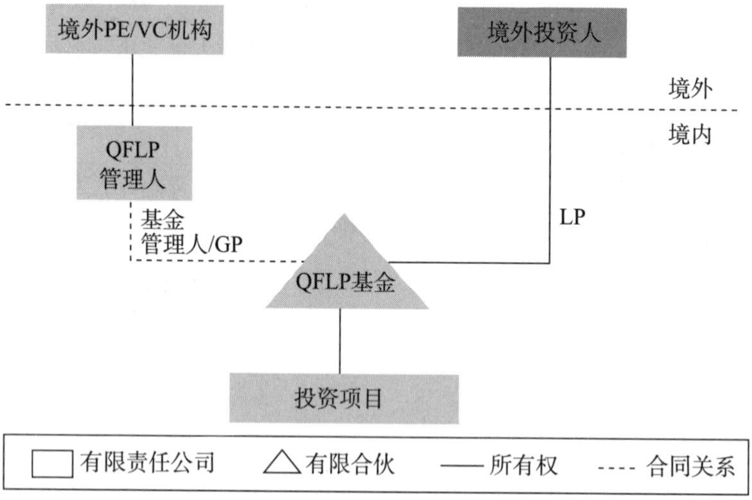

图 2.14 QFLP 基金“外管外”模式

需要指出的是，在以上每一种模式下，其实都可以通过同时吸纳境内人民币投资人和境外外币投资人，使基金本身成为一个人民币和外币的混合币种基金，这一点其实是一些外资发起人在考虑发起设立人民币基金时的一个重要考量因素。

珠海试点制度中规定：“外商投资股权投资企业的普通合伙人与有限合伙人为同一控制人时，该同一控制人出资占比不超过 50%。”根据我们对珠海 QFLP 基金设立的相关实践经验，在当地设立 QFLP 基金架构时需注意，如果申请人的关联方在境外发起设立的美元基金拟担任该 QFLP 基金的有限合伙人，须注意将该美元基金对 QFLP 基金的认缴比例控制在 50% 以下，另外 50% 的资金须考虑对第三方另行募集。深圳原有类似限制，但在其 2021 年修订的 QFLP 法中已删除类似限制条款。

(四) RQFLP 试点制度

人民币合格境外有限合伙人(RMB qualified foreign limited partner, RQFLP)制度系在 QFLP 试点制度上延伸出的以离岸人民币作为投资币种的类 QFLP 制度，RQFLP 基金与 QFLP 基金最大的区别为境外投资人使用离岸人民币(而非外币资金)投资于外商投资股权投资企业。与跨境人民币在监管体系上与外币有所不同，RQFLP 基金受中国人民银行跨境办而非外汇局的监管。RQFLP 基金的币种和所受监管体系的区别，使其在实务操作中相对于 QFLP 基金可能更为灵活。

2015 年，青岛出台了关于 QFLP 和 RQFLP 的试点办法(《青岛市开展合格境外有限合伙人试点工作暂行办法》(青金中字〔2015〕10 号))，其他 QFLP 试点城市尽管未就 RQFLP 制定单独的规定,但实践中已存在批准 RQFLP 试点申请的案例,如上海[1]和深圳[2]等。

五、外资发起设立的人民币基金的外资属性问题

设立在岸基金实体、在市场准入和国民待遇方面争取到优于美元基金的待遇,一直是外资基金管理人发起设立人民币基金的主要诉求之一。

为外商投资创投企业在鼓励类和允许类行业中的投资提供的快速通道、上海 QFLP 制度中关于 GP 出资不超过 5% 及不影响基金的属性的规定等,都可以看作监管机关对这种诉求的回应。

(一)直接外资的基金架构

根据《72 号文》(2011 年颁布)的[3]规定,以投资为主要业务的外商投资合伙企业视同境外投资者,其境内投资应遵守外商投资的行业准入限制和法律法规。在当时的外资管理模式下,该等外商投资合伙企业将被视为境外投资者,其境内再投资应符合外商投资的相关要求,包括行业准入限制和对被投企业外资属性的影响。具体而言,该等外商投资合伙企业不得投资于《外商投资产业指导目录》下禁止外商投资的行业,可投资于鼓励类、允许类行业,或在遵守相关法规限制的前提下,投资于限制类行业。

(二)间接外资的基金架构

部分由于《商务部关于外商投资管理工作有关问题的通知》的缘故,实践中外资设立的人民币基金更多的是采用间接外资的结构,即基金的所有 LP 都是境内人民币投资人,只有 GP 因为采用外商投资企业(FIE,包括 WFOE、FIP 或 JV)的形式而存在间接外资(称为"FIE GP 型基金"[4]或"外管内"型基金)。GP 为向基金履行认缴出资义务,一般需要借助于 QFLP 制度取得换汇资格。[5]

对于这种"外管内"型基金(由 FIE 担任普通合伙人、仅由中国投资者担任有限合伙人的基金),按照企业登记管理部门(市场监督管理局)的通常实践,一般作为内资企业对待。

从外商投资主管部门的角度,对于此类基金的下游投资,地方商务主管部门一般也不作为外商投资对待(尽管出于谨慎的考虑,PE 基金管理人在个别敏感行业的投资可能会事先

[1] 2013 年海通证券香港子公司海通国际成为首家获得上海 RQFLP 试点资格的投资机构,上海银行担任其外汇监管银行,参见时娜:《人民币回流新增 RQFLP 渠道,海通证券拔得头筹上海成为首个 RQFLP》,载新浪财经,http://finance.sina.com.cn/stock/t/20121025/033213469542.shtml,2020 年 12 月 31 日最后访问。

[2] 2015 年,中国华融旗下的深圳 RQFLP 基金完成了首笔 1300 万元人民币的收益分配出境,这是全国 RQFLP 试点中首只实现对境外投资者收益退出的 RQFLP 基金。参见《前海完成全国首笔 RQFLP 基金收益分配出境》,载金融界网,http://finance.jrj.com.cn/2015/12/16043020245543.shtml,2020 年 12 月 31 日最后访问。

[3] 商务部《关于外商投资管理工作有关问题的通知》被 2019 年 12 月 25 日商务部发布的《商务部关于废止部分规范性文件的公告》(商务部公告 2019 年第 59 号)所废止。

[4] 参见郭强主编:《中国资产管理:法律和监管的路径》,中国政法大学出版社 2015 年版,第 120 ~122 页。

[5] 意愿结汇制度推出后,存在以一般外商投资企业形式设立 GP、无须申请 QFLP 资质、依据《关于进一步促进跨境贸易投资便利化的通知》结汇并向基金出资的可能性。部分地方已有实践。

征求商务部门的意见)。

2012年国家发改委致上海发改委的一纸复函国家发展改革委办公厅《关于外资股权投资企业有关问题的复函》(发改办外资〔2012〕1023号,以下简称《发改委1023号文》)很大程度上复杂化了此类基金的监管定位问题。复函指出,对于上海黑石股权投资合伙企业(有限合伙)及此类普通合伙人是外资、有限合伙人是内资的有限合伙制股权投资企业,应按照外资政策法规进行管理,其投资项目适用《外商投资产业指导目录》。

《发改委1023号文》在PE基金业界引起了极大争议,对"外管内"型基金的下游投资造成了许多不确定性,比如应该适用何种外资审批程序、被投资公司是否需要改制(成外商投资企业)等。[1]

(三)《外商投资法》的"终极解答"

1.《外商投资法》——外资管理的基本大法

外商投资法正式在基础性法律层面植入"准入前国民待遇"及"负面清单"的外商准入制度,为外商投资中国提供了更大的确定性。"负面清单"明晰了禁止和限制外商投资的业务,让外商不再有所投项目是否需要批和是否可批的投前顾虑,可以为内部决策提供确定的依据。随着负面清单制度的推出和不断缩短,更多的领域已经对外资开放,对外资禁止和限制的领域越来越少。特别是一直以来高度限外的金融领域,在过去一年中推出的政策放宽了对外商的诸多限制,基本达到了对外资的全面开放。

以审批制为基础的外商投资管理制度彻底退出历史舞台,取而代之的是外商投资的事后报告制度。这移除了附之于审批的诸多不确定性,不仅体现在投资者无须担心相关项目最终是否能够得到批准,也体现在外商投资管理部门将无权再对中外各股东方之间的具体商务安排进行审查。事后报告制度将使中外双方之间完全有自主的权利按照商业意图决定他们之间的合作条款。这将彻底地改变原先前存在的一些跨境商业安排无法执行的不确定性,使得外商投资能够在不违反中国强制法律规范的前提下,按照国际通行惯例及当事人的商业意图执行。

外商投资法贯彻实施内外资企业的平等待遇原则,明确外商投资企业的地位与国内企业的地位相同,外商投资企业依此可以公平地参与国内市场竞争享受中国市场红利。

外商投资企业的组织形式与一般国内企业保持一致,外商投资企业的公司治理架构从原先独立的三资企业治理架构改为《公司法》下的公司治理架构。这一改变使外商投资企业对更多的国内企业不再神秘且敬而远之,有利于外商投资企业与国内企业之间的商业交易。同时,从法律上,外商投资企业也有了更为发达的公司法体系的支持。

2.外资发起的人民币基金

《外商投资法》确立了准入前国民待遇加负面清单的外商投资管理制度,对外资发起设立的人民币基金的外资属性(无论直接还是间接外资)似乎也作出了终极解答。

---

〔1〕 参见郭强主编:《中国资产管理:法律和监管的路径》,中国政法大学出版社2015年版,第121~122页。

准入前国民待遇是指在投资准入阶段给予外国投资者及其投资不低于本国投资者及其投资的待遇。外商投资需要办理投资项目核准、备案的,需要办理相应的项目核准及备案。外国投资者在依法需要取得许可的行业、领域进行投资的,除法律、行政法规另有规定外,负责实施许可的有关主管部门应当按照与内资一致的条件和程序,审核外国投资者的许可申请,不得在许可条件、申请材料、审核环节、审核时限等方面对外国投资者设置歧视性要求。

所谓(外商投资)负面清单,是指国家规定在特定领域对外商投资实施的准入特别管理措施。[1] 其中:(1)负面清单规定禁止投资的领域,外国投资者不得投资;(2)负面清单规定限制投资的领域,外国投资者进行投资应当符合负面清单规定的股权要求、高级管理人员要求等限制性准入特别管理措施;(3)外商投资准入负面清单以外的领域,按照内外资一致的原则实施管理。

特别地,《外商投资法》确立了外商投资的多层穿透核查原则:

- 外商投资包括外国投资者"直接或间接"在中国境内进行的投资活动。[2]
- 外商投资企业在中国境内投资,适用《外商投资法》和《外商投资法实施条例》的有关规定。[3]

外商投资的创业投资公司、以投资为主要业务的外商投资合伙企业境内投资设立的企业,其登记注册参照外商投资企业。[4] 从实际操作的角度大致会有如下几方面的影响。

(1)通过企业登记系统申请外商投资企业登记注册。在申请外商投资企业设立或者变更登记时,投资人应当承诺是否符合《市场准入负面清单》要求,并根据实际情况如实勾选涉及《市场准入负面清单》的行业领域。法律、行政法规规定企业设立、变更、注销登记前须经

---

[1] 目前正在适用的负面清单包括《市场准入负面清单(2020年版)》、《外商投资准入特别管理措施(负面清单)(2020年版)》(《全国版负面清单》)和《自由贸易试验区外商投资准入特别管理措施(负面清单)(2020年版)》(《自贸区版负面清单》),以上负面清单由监管机构根据具体监管要求不时更新,其中,市场准入负面清单适用于所有中国境内企业(包括内资企业和外商投资企业),《全国版负面清单》及《自贸区版负面清单》则专门适用于外商投资企业。在外资准入限制领域,在自贸区进行的外商投资应优先适用《自贸区版负面清单》,在自贸区之外的地区进行的外商投资应适用《全国版负面清单》,整体而言,《自贸区版负面清单》对于外资准入限制较《全国版负面清单》更加宽松。在负面清单之外,发改委及商务部联合发布了正在适用的《鼓励外商投资产业目录(2020年版)》,明确了对于外资准入予以鼓励的行业。此外,限于不同行业的主管机构的要求不同,目前负面清单之外,也存在国务院及行业主管机构颁布的行业管理法规对于行业中的外资准入实际提出了高于负面清单要求的管理标准,就该等行业准入目前除负面清单管理措施外仍需要适用该等管理标准,这也导致在实践中,虽然外资负面清单的形式要求可以符合,在相关股东资质等条件不能满足行业监管法规要求的情况下,该等行业仍然难以实现在单纯满足负面清单要求时实现外资准入。另外,涉及外国投资者并购中国境内企业或者以其他方式参与经营者集中的,应当依照《反垄断法》的规定接受经营者集中审查;对影响或者可能影响国家安全的外商投资,则建立了外商投资安全审查制度,由国家发改委和商务部牵头的国家安全审查部际联席会议进行外商投资安全审查。

[2] 《外商投资法》第2条。

[3] 《外商投资法实施条例》第47条。

[4] 《关于贯彻落实〈外商投资法〉做好外商投资企业登记注册工作的通知》(国市监注〔2019〕247号)。

行业主管部门许可的,还应当向登记机关提交有关批准文件。

(2)登记机关对相关申请材料进行形式审查。外国投资者或者外商投资企业在《市场准入负面清单》以外的领域投资的,按照内外资一致的原则进行登记注册。外国投资者或者外商投资企业投资《市场准入负面清单》内对出资比例、法定代表人(主要负责人)国籍等有限制性规定的领域,对于符合准入特别管理措施规定条件的,依法予以登记注册;行业主管部门在登记注册前已经依法核准相关涉企经营许可事项的,登记机关无须就是否符合准入特别管理措施规定条件进行重复审查。外国投资者或者外商投资企业在《市场准入负面清单》禁止投资的领域投资的,不予登记注册。登记机关要将登记信息推送至省级共享平台(省级信用信息共享交换平台、政务信息平台、部门间数据接口等),实现与有关政府职能部门的信息互联共享。

(3)企业类型登记。按照内资企业类型分别登记为"有限责任公司""股份有限公司""合伙企业",并应当标明外商投资或者港澳台投资。

(4)外商投资信息报告。外国投资者直接在中国境内投资设立公司、合伙企业的,应按照《外商投资信息报告办法》的规定,通过企业登记系统在线提交初始报告、变更报告,通过国家企业信用公示系统在线提交年度报告。注销报告相关信息由市场监管总局和商务部共享,外国投资者或外商投资企业无须另行报送。外商投资举办的投资性公司、创业投资企业和以投资为主要业务的合伙企业在境内投资设立企业的,参照前款规定报送投资信息。[1]外商投资企业境内投资(含多层次投资)的企业的初始报告、变更报告、注销报告和年度报告,由市场监管总局和商务部共享,企业无须另行报告。

(5)"多报合一"改革。自2019年度年报实施市场监督、商务、外汇年报"多报合一"改革以来,外商投资企业(机构)应当按照《外商投资法》的规定,统一通过国家企业信息公示系统,报送"多报合一"年报。所谓"外商投资企业(机构)",是指外国投资者直接在中国境内投资设立的公司、合伙企业,外国(地区)企业在中国境内从事生产经营活动,外国(地区)企业在中国境内设立从事生产经营活动的分支机构,外商投资性公司、创业投资企业、以投资为主要业务的外商投资合伙企业在中国境内投资设立的企业。[2]

可见,从登记注册角度,对外商投资的创业投资公司、以投资为主要业务的外商投资合伙企业仍然沿用了之前的监管逻辑,其被投企业被作为外商投资企业对待。

从实际操作的层面,内外资平等待遇的真正落实可能仍然需要相当一段的时间。在负面清单之外可能仍然存在隐性的牌照管理行业,牌照监管机关可能仍然拥有较大的裁量权;

---

[1] 商务部《关于外商投资信息报告有关事项的公告》(商务部公告2019年第62号),另见商务部、市场监督管总局2019年12月30日公布的《外商投资信息报告办法》。

[2] 市场监管总局、商务部、国家外汇局《关于做好年报"多报合一"改革有关工作的通知》(2019年12月16日发布)。商务部、市场监管总局、外汇局2019年12月31日发布的《关于开展2019年外商投资信息报告年度报告的公告》(商务部公告2019年第72号)在措辞上略有不同,外商投资性公司、创业投资企业、以投资为主要业务的外商投资合伙企业在中国境内投资设立的企业,参见《外商投资企业报送年度报告》。

隐性不平等待遇(如企业规模、设立年限、管理资产规模、过往交易量等定量条件)可能仍然不同程度地存在。因此,在相当一段时间内外资发起设立的人民币基金与其境外美元基金相比可能仍然是更为理想的选择。特别地,外资发起设立的人民币基金能够同时容纳本土投资人和外资投资人,因此依然是本土资金和国际经验的最佳组合形式。

第三章

基金设立篇

——普通合伙人和基金管理人

/第一节/

私募基金管理人的设立

一、普通合伙人与基金管理人分立

境内外PE基金和VC基金的架构设计多选择采用普通合伙人和基金管理人分立的架构,[1]采用该等分立架构的主要考量包括税务筹划、业绩保有和风险隔离等。现将私募投资基金采用该架构的考量简述如下。

(一)税务筹划

通常,基金的管理费由基金管理人取得,而普通合伙人在满足条件的情况下从基金取得绩效分成。目前,虽然中国的税法不完全明确且税收征管实践各地有所差别,但根据相关地方的税收征管实践,管理费收入将产生增值税,而由普通合伙人收取的绩效分成则有可能划为投资收益而不被征收流转税。为在合法合规范围内尽量进行税务优化,GP多会采用不同实体分别担任普通合伙人和基金管理人,以通过不同的收取主体更好地区分管理费和绩效分成的性质,从而实现税务优化。

(二)业绩保有

境内外PE基金和VC基金的市场惯例中,普通合伙人和基金管理人通常由受共同控制的关联方担任。基金管理人往往是长青的实体,而普通合伙人是为每一基金单独设立的特殊目的载体。该等安排有助于基金管理人在募集下一期基金时正当地拥有并使用既存基金的投资业绩作为其过往业绩;也有利于业绩积累,如后续有上市计划,有助于满足上市的业绩要求。

(三)风险控制

根据《合伙企业法》的规定,普通合伙人对有限合伙企业的债务承担无限连带责任。

[1] 更多常见的普通合伙人和基金管理人分立的架构相关内容请见本书第二章第一节。

采用普通合伙人与基金管理人分立架构的另一考量即为避免将基金管理人的收益用于向基金的债务承担无限连带责任，一定程度上控制无限连带责任风险。

二、基金管理人的组织形式、选址及设立流程

（一）基金管理人组织形式

根据《基金法》第12条的规定，基金管理人由依法设立的公司或者合伙企业担任。基金业协会在《登记备案问答（一）》（已废止）中对此亦进行了重申，同时明确，自然人不能登记为私募基金管理人，境外注册设立的私募基金管理机构暂不纳入登记范围。根据前述规定，私募基金管理人包括境内注册的公司制私募基金管理人和合伙企业制私募基金管理人。根据《公司法》《合伙企业法》对公司及合伙企业组织形式的分类，公司制私募基金管理人又可进一步划分为有限责任公司制和股份有限公司制，合伙企业制私募基金管理人可进一步划分为普通合伙企业制和有限合伙企业制。

公司制私募基金管理人和合伙企业制私募基金管理人在治理结构、利润分配、债务承担等方面均存在诸多方面不同，见表3.1。

表3.1 公司制私募基金管理人和合伙制私募基金管理人的比较

	有限责任公司	股份有限公司	有限合伙企业	普通合伙企业
股东/合伙人数	1～50	2～200	2～50	≥2
治理结构	股东会、董事会（执行董事）、经理、监事（会）	股东大会、董事会、经理、监事会	通常仅有一位普通合伙人，普通合伙人为执行事务合伙人，负责执行合伙事务	全部或部分普通合伙人作为执行事务合伙人，负责执行合伙事务
利润分配	公司弥补亏损和提取公积金后所余税后利润，根据股东的实缴出资比例分配，但公司章程规定不按实缴出资比例分配的除外	公司弥补亏损和提取公积金后所余税后利润，按照股东持有的股份比例分配，但公司章程规定不按持股比例分配的除外	按照合伙协议的约定分配；合伙协议未约定或者约定不明确的，由合伙人协商决定；协商不成的，由合伙人按照实缴出资比例分配、分担；无法确定出资比例的，由合伙人平均分配、分担	按照合伙协议的约定分配；合伙协议未约定或者约定不明确的，由合伙人协商决定；协商不成的，由合伙人按照实缴出资比例分配、分担；无法确定出资比例的，由合伙人平均分配、分担。 合伙协议不得约定将全部利润分配给部分合伙人
债务承担	股东以其对公司认缴的出资额为限承担有限责任	股东以其对公司认缴的出资额为限承担有限责任	有限合伙人以其对合伙企业认缴的出资额为限承担有限责任，普通合伙人对合伙企业债务承担无限连带责任	普通合伙人对合伙企业债务承担无限连带责任

续表

	有限责任公司	股份有限公司	有限合伙企业	普通合伙企业
所得税	• 企业所得税 • 代扣代缴自然人股东个人所得税，自然人股东存在双重征税问题	• 企业所得税 • 代扣代缴自然人股东个人所得税，自然人股东存在双重征税问题	• 合伙企业本身为“税收穿透实体”，每一合伙人为纳税义务人 • 代扣代缴自然人合伙人个人所得税，自然人合伙人不存在双重征税问题	• 合伙企业本身为“税收穿透实体”，每一合伙人为纳税义务人 • 代扣代缴自然人合伙人个人所得税，自然人合伙人不存在双重征税问题

公司制私募基金管理人内部有较为成熟的治理机制，股东均以其认缴出资额为限承担责任，而且许多国资背景投资人认为公司形式的私募基金管理人更为常规和稳定，因此市场上采用公司制私募基金管理人的是多数，截至 2021 年 1 月 16 日，基金业协会公示的私募基金管理人中，有 1887 家采用合伙企业形式，而 22,697 家采用公司形式。[1]

（二）设立地选择

在筹建私募基金管理人初期，首先需考虑的问题之一即是私募基金管理人的设立地选址问题。截至 2020 年 11 月，存续登记私募基金管理人数量从注册地分布来看，集中在上海、深圳、北京、浙江（除宁波）和广东（除深圳），总计占比达 70.41%，私募基金管理人管理基金规模前十的地区如表 3.2 所示。[2]

表 3.2　私募基金管理人管理基金规模前十的地区

序号	辖区名称	私募基金管理数量（家）	管理基金数量（只）	管理基金规模（亿元）
1	上海市	4663	26,692	36,951. 33
2	深圳市	4492	16,078	19,593. 33
3	北京市	4356	15,492	35,693. 31
4	浙江省（不含宁波）	2072	7820	9383. 30
5	广东省（不含深圳）	1745	6652	8882. 24
6	江苏省	1161	3548	8173. 31

〔1〕 参见《私募基金管理人综合查询》，载基金业协会网，http://gs. amac. org. cn/amac-infodisc/res/pof/manager/index. html，2021 年 1 月 16 日最后访问。

〔2〕 参见《私募基金管理人登记及产品备案月报（2020 年第 11 期）》，载基金业协会网，https://www. amac. org. cn/researchstatistics/report/zgsmjjhysjbg/202012/P020201216619763527393. pdf，2021 年 1 月 16 日最后访问。

续表

序号	辖区名称	私募基金管理数量(家)	管理基金数量(只)	管理基金规模(亿元)
7	宁波市	847	366	4762.95
8	天津市	473	1986	7885.54
9	四川省	436	1007	1978.00
10	湖北省	384	785	1736.27

在选择私募基金管理人设立地的决策过程中通常需统筹考虑如下因素。

1. 相关地方监管机构的行政效率及配套服务

在私募基金管理人从设立到解散、清算的过程中,往往涉及多个地方监管机构的监管和审批,如在办理工商登记、工商变更、清算、注销等事项时会涉及当地的市场监督管理部门,在办理税务登记、税务注销等事项时会涉及当地的税务主管部门等。如果注册地的相关主管部门熟悉私募基金管理人及私募基金业务,办事效率高,能提供优质配套服务,将极大节省私募基金管理人的日常维护成本。因此,在选择私募基金管理人设立地时,还需充分考虑当地行政办事效率及配套服务。

此外,在私募基金管理人的设立过程中,还可能会涉及当地金融监管部门的监管和审批。2017 年全国金融工作会议之后,多个地方金融工作局逐渐转变职能,改挂牌“地方金融监督管理局”,地方监管主体的地位得到进一步的明确。[1] 目前对于私募管理人和私募基金而言,地方金融监管部门的监管主要涉及两方面。一方面,在投资类企业的设立受到多地政府限制的背景下,私募基金管理人的设立可能会涉及当地金融监管部门的前置审批,当地金融监管部门可能会对基金管理人和基金投资人的背景、拟发起基金的投资方向、拟募集规模等多方面情况进行整体的考察;另一方面,对于设立 QDLP、QFLP 而言,通常会由地方金融监管部门牵头并由多个相关监管部门共同组成的联席会议(或工作小组)主管试点资格的审核工作,地方的金融监管部门往往是其中的主要领导机构,更多有关 QFLP 的内容请参考本书第二章第三节第四部分。

2. 是否开放注册

由于 P2P、非法集资等事件频发,早在 2016 年 4 月,国家工商总局等 17 部门即发出《关于印发〈开展互联网金融广告及以投资理财名义从事金融活动风险专项整治工作实施方

---

〔1〕 2018 年机构改革,各省、直辖市金融办陆续改为地方金融监管局。地方金融监管局由“办”到“局”,职能由“服务 + 协调”转向“服务 + 协调 + 管理”。地方金融监管局拥有行政权力,可以对类金融机构进行准入、监管和处罚。地方金融监管局的主要职能包括组织、协调或配合有关部门打击辖区内各类非法金融活动,防范化解地方金融风险,处置地方金融突发事件和重大事件。负责对“7 + 4”类机构实施监管,即“小额贷款公司、融资担保公司、区域性股权市场、典当行、融资租赁公司、商业保理公司、地方资产管理公司”7 类机构;“投资公司、开展信用互助的农民专业合作社、社会众筹机构、地方各类交易场所”4 类机构。市县金融办代表地方政府负责金融监督、协调、服务,履行属地管理职责。

案〉》，要求非金融机构以及不从事金融活动的企业，在注册名称和经营范围中，原则上不使用“交易所”“交易中心”“金融”“资产管理”“理财”“基金”“基金管理”“投资管理”“财富管理”“股权投资基金”“网贷”“网络借贷”“P2P”“股权众筹”“互联网保险”“支付”等字样。凡在名称和经营范围中选择使用上述字样的企业，工商部门将相关企业注册信息(包括存量企业信息)及时告知金融管理部门，并列入重点监管对象。此后，为控制类金融风险，许多地方政府暂停投资类、投资管理类企业的设立工作，例如，曾一度成为热门私募基金及私募基金管理人注册地的宁波梅山保税港区于2018年8月发布通知暂停受理类金融企业名称核准和新设登记。

目前仍有不少地区，例如天津、苏州工业园区、珠海横琴新区等地，可经当地金融监管部门事前批准后进行私募基金管理人及私募基金实体的设立或变更，该等事前审批关注重点包括发起方背景、潜在投资人情况、投资方向、资金管理规模等。由于各地注册政策亦会随着市场环境、监管要求不时发生变化，故在筹建私募基金管理人时还需具体与当地进行确认。

3. 设立优惠政策

为吸引优质基金落户当地，许多开放投资类企业注册地区的地方政府(如天津滨海新区、深圳前海、珠海横琴新区等)均出台了各项扶持政策，包括税收优惠、落户奖励、规模奖励、办公用房补贴、金融人才奖励等，有些地区甚至可以提供高管子女教育方面的便利政策。一般而言，税收优惠包括企业所得税、增值税、个人所得税地方留成部分的返还，落户奖励为基金管理人、基金落户当地的一次性奖励，规模奖励则是指基金规模达到一定程度额外给予奖励。私募基金管理人可与当地政府签署合作备忘录等法律文件，落实各类优惠扶持政策。

但值得注意的是，地方优惠政策的落实在不同程度上存在一定的不确定性。例如，尽管西藏自治区交通不便，其仍通过提供的税收优惠政策吸引了大批私募基金管理人注册于当地，但西藏自治区人民政府于2017年2月发布《西藏自治区人民政府关于清理规范财税政策的通知》，要求全面清理规范辖区内正在实施的、除中央、国务院及所属部委、自治区党委、政府统一制定出台的财税政策以外的政策，既包括正式文件规定的政策，也包括没有正式文件规定但实际执行的政策。

4. 区域优势因素

在设立私募基金管理人时，注册地是否具有区位优势也是考量因素之一：比如当地是否属于国家划定的自贸区，是否属于当地政府重点支持的基金小镇，是否具备金融产业优势，是否有其他私募基金注册于当地形成私募行业的产业聚集效应等。如当地具备前述区位优势，也可以为私募基金管理人及基金带来积极影响。

5. 交通便利性等其他因素

除前述因素外，在私募基金管理人选址时还需考虑的其他因素包括交通便利程度、可否提供注册地址等。例如，由于在私募基金管理人运营过程中可能面临需到注册地当地现场办理手续的问题(如税务局法定代表人现场实名认证)，故交通便利性也会成为不少私募基金管理人选址时考虑的问题之一，这也是相较于西藏、新疆等地区，东部及东南部沿海地区城市苏州、天津、珠海等地更受私募基金管理人青睐的原因之一。

（三）基金小镇

近年来，借鉴美国格林尼治基金小镇、硅谷沙丘路小镇等的基金小镇经验，配合国内各类特色小镇建设的热潮，各地为了吸引私募基金落地竞相推出各自的基金小镇计划。截至2018年7月全国已公开（包括规划建设中）的基金小镇计有61个。[1]

各地基金小镇扶持政策大致可以划分为四类：企业落户奖励政策、企业税收优惠政策、人才引进优惠政策以及个性化配套政策。[2]

1. 企业落户奖励政策

最常见的企业落户奖励政策方式是对不同的入驻金融机构进行差异化奖励。比如VC、PE、私募证券基金及其他基金四类，根据到位资金规模和基金特性设置了不同的奖励标准。部分基金小镇为了优先吸引优质的中大型基金，还会进一步细化落户奖励标准。例如，根据VC基金管理机构实际资金管理规模细分为三个规模等级（1亿~2亿元、2亿~5亿元、5亿元以上），并可分别享受不超过基金规模1%、1.5%和2%的"规模发展奖励"。此外，各基金小镇落户奖励政策的奖励上限和拨付方式也有所不同。有些基金小镇以一次性拨付方式为主，也有部分基金小镇会采用更为复杂的分期拨付方式，以杜绝入驻金融机构的骗补贴风险。例如，有的基金小镇规定规模发展奖励在资金实际到位并实现投资后先兑付30%；在投资收益开始产生后再给予兑现30%；基金全部实现退出或关闭时兑现余下40%。除此之外，为入驻金融机构提供办公室的租赁或购置补贴也是一种重要的企业落户奖励手段。

2. 企业税收优惠政策

比较主流的税收优惠方式是按比例"退税"。基金小镇一般会设置一定长度的税收优惠年限，在年限内按金融机构对地方财税贡献值"返还"一定比例金额。例如，嘉兴南湖基金小镇规定，"股权投资企业及股权投资管理企业在我区缴纳营业税和企业所得税的，自工商登记之日起六年内，按企业当年实现的营业税和企业所得税的区级所得部分，给予70%的发展奖励"。此外，一些基金小镇会允许金融机构申请减免在小镇经营活动中涉及的部分其他税费。

3. 人才引进优惠政策

主要包括个人税收的补贴、人才奖励、租/购房补贴、生活福利等。其中，个人税收补贴是最重要的人才引进手段。政策制定部门通常会划定一个特定受益人范围，为每家入驻的金融机构提供若干个人税收补贴指标，以奖励基金机构的高级管理人员或关键人才。税收补贴的常见方式是在一定年限内，将被补贴人在当地留存的个人所得税中的一部分作为奖

---

[1] 参见国立波、王丹丹、隋易霖：《2018年中国基金小镇白皮书》，载投中网，https://www.chinaventure.com.cn/cmsmodel/report/detail/1445.html，2021年1月16日最后访问。

[2] 参见《2017年中国基金小镇全面回顾》，载清科研究网，https://free.pedata.cn/1440998437038516.html，2021年1月16日最后访问。

励"返还"还给被补贴人。返还的比例则是政策吸引力强弱的关键,各基金小镇会按照自身的定位和财力水平制定适合的个人税收补贴标准。一些基金小镇会着重建设宜居宜业的小镇环境,尽可能地为金融高端人才提供工作生活的便利。同时,部分基金小镇会向目标人才提供租房以及购房的补贴政策,通常根据基金小镇所在地的房地产价格水平和地方政府财政承受能力,制定一个可执行的补贴方案,按照被补贴人实际租房/购房的面积进行补贴。不少基金小镇会对入住机构的高级管理人员,在办理户籍及子女入托、入学、就医等方面提供优先服务。

4. 个性化配套政策

一些基金小镇会围绕各自定位,通过特定的补贴政策,引导基金管理机构主导或参与有利于基金小镇建设的各类活动。例如,北京基金小镇通过专项补贴政策,鼓励和支持在北京基金小镇举办有一定影响力的基金产业相关商业活动和开展与基金有关的课题研究工作。

归因于以上扶持政策,一些基金小镇逐渐成为基金管理人注册的热土。但是,基金小镇的爆发式增长也不可避免地受到"野蛮生长"和"同质化发展"的质疑。

(四)设立流程

根据目前的实践,一般来说,私募基金管理人设立流程如下。

1. 金融局(办)前置审批

注册地区金融局(办)对私募基金管理人整体情况进行考察,包括了解私募基金管理人发起人情况、管理团队构成、拟发起设立的私募基金的投资方向、募集计划、拟募集规模等。

2. 工商名称预先核准/自主申报

根据过往实践,私募基金管理人在金融局(办)前置审批通过后需到当地市场监督管理局申请企业名称预先核准。核名手续办理完成可取得《名称预先核准通知书》,该文件往往设置一定的有效期,需在有效期内办理工商登记手续。

值得注意的是,2019年2月,国务院发布《关于取消和下放一批行政许可事项的决定》(国发〔2019〕6号),拟取消名称预先核准程序这一行政许可事项,改为企业自主申报名称,由市场监管部门在企业注册登记时进行名称核准。随后,市场监管总局于2019年4月发布《关于做好取消企业名称预先核准行政许可事项衔接工作的通知》(国市监注〔2019〕70号),要求在2019年9月底之前全面推行企业名称自主申报,不再发放《企业名称预先核准通知书》,但对于涉及工商登记前置审批事项的,申请人可以向企业登记机关申请企业名称预先核准登记,经企业登记机关确认予以保留的,在申请人办理企业登记时直接予以登记。

上述通知在各地的实际执行情况因地而异,例如,江苏省已宣布全面取消名称预先核准并建立统一的企业名称库,域内企业可通过自主申报系统"一键申请、即时生效",企业名称是否可使用实现"一秒反馈",[1]而在浙江省内设立投资类企业仍需提前进行名称核准。因

〔1〕 参见《全面取消预先核准,江苏企业名称"一键申请、即时生效"》,载中央人民政府网,http://www.gov.cn/xinwen/2019-07/03/content_5405707.htm,2021年1月16日最后访问。

此,在实践操作中,私募基金管理人还需视注册地的要求确定进行名称预先核准登记还是名称自主申报程序。

值得一提的是,根据证监会发布的《私募基金监管规定》及基金业协会发布的《关于适用中国证监会〈关于加强私募投资基金监管的若干规定〉有关事项的通知》,未来新设私募基金管理人应当在名称中标明“私募基金”“私募基金管理”“创业投资”字样。

3. 办理工商登记

名称核准完成后,即可着手办理工商实体设立程序,领取营业执照。此环节所需资料一般包括:名称核准通知书、企业设立登记申请表、出资人名录、公司章程或合伙协议、注册地址租赁协议及产权证、委托授权书等。

4. 刻章、备案

领取营业执照后,到注册地公安局指定刻章处,刻制企业公章、法定代表人章、财务章。

5. 银行开户

私募基金管理人完成工商实体设立后,到银行开立企业基本户,以满足日常经营所需。

6. 办理税务事项

完成工商实体设立之后,私募基金管理人需在当地税务局办理税务事项,包括采集信息、税种认定、财务会计制度备案等。

/第二节/
私募基金管理人的登记

私募基金管理人的工商实体设立完成后,即可开始筹备管理人登记申请事宜。在未完成基金业协会登记前,私募基金管理人不得从事私募投资基金管理业务,不得开展私募基金募集。

私募基金管理人在基金业协会登记始于2014年。2014年1月,基金业协会依据《基金法》、《私募基金管理职责分工通知》及证监会的有关规定,制定并发布了自律规则《登记备案办法》,规定了办理私募基金管理人登记及私募基金备案的相关规则框架,并且将非证券类私募基金及其管理人纳入登记备案管理范畴。2014年2月,基金业协会的私募基金管理人登记、私募基金备案工作正式开展,根据基金业协会主办的私募基金管理人公示平台的公示信息,2014年3月,首批私募基金管理人成功通过了基金业协会的登记。[1] 2014年8月,证监会正式发布《证监会105号文》,在部门规章的层级再次明确由基金业协会办理各类私募基金管理人申请登记及私募基金备案。

---

〔1〕 参见《私募基金管理人分类公示》,载基金业协会网,http://gs.amac.org.cn/amac-infodisc/res/pof/manager/managerList.html,2021年1月16日最后访问。

此后，基金业协会在其自律监管实践过程中，从2014年至今不同时期因应国家相关政策和监管环境的变化，陆续就私募基金管理人登记和私募基金备案发布了一系列自律规范性文件和其他形式的文件（如相关问答）。2021年1月8日，证监会发布《私募基金监管规定》及其起草说明，此为继2014年《证监会105号文》以来证监会再一次发布直接针对私募基金业务的监管规范。私募基金管理人登记和私募基金备案的自律监管趋于规范化、严格化。

一、管理人登记的主要依据

基金业协会相关监管实践中，办理管理人登记、备案等事宜的主要依据包括《登记备案办法》《私募基金管理人登记法律意见书指引》《管理人登记须知》《关于便利申请办理私募基金管理人登记相关事宜的通知》等。

其中，《管理人登记须知》总结了近年基金业协会陆续就管理人登记提出的细节性规范和要求，《关于便利申请办理私募基金管理人登记相关事宜的通知》则结合监管规则要求及管理人登记工作实践发布私募基金管理人登记申请材料清单，承诺管理人登记申请材料清单“单外无单”，同时对申请机构办理登记进度进行全流程公示，增加了私募基金管理人登记流程的透明度。

二、私募基金管理人登记的流程

目前，私募基金管理人工商设立完成后，其应向基金业协会申请登记。私募基金管理人登记的流程大致如下：

第一步，筹备管理人登记申请事宜，包括完成注册资本的实缴、聘请符合资质要求的从业人员、建立必要的内部控制制度、租赁办公场所等。

第二步，按照律师事务所的要求准备法律尽职调查材料，以配合律师事务所依据《私募基金管理人登记法律意见书指引》出具法律意见书，[1]就所需之文件材料，在参考基金业协会发布的私募基金管理人登记申请材料清单的基础上，各律师事务所的具体要求可能会有所差异。

与第二步同时，申请机构需在从业人员平台为拟任高管开立账户并完成高管信息填报，申请机构于AMBERS系统开立管理人账户，依照AMBERS系统提示完成信息填报及上传要求的相关文件。

第三步，管理人向AMBERS系统线上提交登记申请（包括法律意见书）。基金业协会对管理人登记的官方核查时限为自收齐登记材料之日起20个工作日内。

---

〔1〕 2016年2月，基金业协会发布《规范管理人登记公告》及其附件《私募基金管理人登记法律意见书指引》，私募基金管理人登记须聘请中国律师事务所出具法律意见书，增加了私募基金管理人登记申请及资格保有的难度。根据《规范管理人登记公告》的规定，自2016年2月5日起，新申请进行私募基金管理人登记的，应提交符合《私募基金管理人登记法律意见书指引》要求的全面法律意见书；未经登记的私募基金管理机构不得从事私募投资基金管理业务，不得开展私募基金募集。

第四步，如基金业协会下发反馈意见要求补正，则申请机构需进行相应整改，或律师事务所需进行补充尽调并按要求出具补充法律意见书，直至申请机构完成管理人登记或被基金业协会告知中止办理或不予登记。

三、私募基金管理人登记类型

根据《证监会105号文》确立的专业化经营原则，基金业协会于2017年以问答方式发文，将该原则进一步升级为，要求私募基金管理人只可备案与本机构已登记业务类型相符的私募基金，不可管理与本机构已登记业务类型不符的私募基金；同一私募基金管理人不可兼营多种类型的私募基金管理业务。《管理人登记须知》再次重申强调了该原则。

目前基金业协会自律规范体系下，私募基金管理人机构类型与业务类型的对应关系如表3.3所示。

表3.3 私募基金管理人机构类型与业务类型的对应关系

机构类型	业务类型
私募证券投资基金管理人	私募证券投资基金、私募证券投资类FOF基金
私募股权、创业投资基金管理人	私募股权投资基金、私募股权投资类FOF基金、创业投资基金、创业投资类FOF基金
其他私募投资基金管理人[1]	其他私募基金、其他私募投资类FOF基金
资产配置基金管理人	私募资产配置基金[2]

私募基金管理人登记时仅能选择一种类型，登记后只能按照其登记类型开展特定私募投资基金的募集和运营活动。对于不同类型的私募基金管理人，基金业协会对于其登记条件亦有不同规定。

四、私募基金管理人登记的申请材料

《关于便利申请办理私募基金管理人登记相关事宜的通知》以附表形式，区分证券类和非证券类私募基金管理人，详细列示了基金业协会登记申请材料清单。分别见本书附录一和附录二。

五、中止办理和不予登记的情形

《管理人登记须知》首次提出了“中止办理”的概念，规定申请机构出现下列两项及以上

〔1〕 除QDLP管理机构以外，“其他类私募管理人”的登记申请事实上已被叫停。根据基金业协会的私募基金管理人公示信息，自2018年6月至2021年1月仅陆续新登记路博迈等22家其他类管理人，其他类私募管理人并未全面放开。

〔2〕 私募资产配置基金应当主要采用基金中基金的投资方式进行证券、股权等跨类别资产配置投资，80%以上的已投基金资产应当投资于已备案的私募基金、公募基金或者其他依法设立的资产管理产品，参见《有关私募投资基金“基金类型”和“产品类型”的说明》，载基金业协会网，https://ambers.amac.org.cn/web/app/static/publicTemplate/productInfo.html，2021年1月16日最后访问。

情形的，基金业协会将中止办理该类机构私募基金管理人登记申请6个月：(1)申请机构名称不突出私募基金管理主业，与知名机构重名或名称相近的，名称带有“集团”“金控”等存在误导投资者字样的；(2)申请机构办公场所不稳定或者不独立的；(3)申请机构展业计划不具备可行性的；(4)申请机构不符合专业化经营要求，偏离私募基金主业的；(5)申请机构存在大额未清偿负债，或负债超过净资产50%的；(6)申请机构股权代持或股权结构不清晰的；(7)申请机构实际控制关系不稳定的；(8)申请机构通过构架安排规避关联方或实际控制人要求的；(9)申请机构员工、高管人员挂靠，或者专业胜任能力不足的；(10)申请机构在协会反馈意见后6个月内未补充提交登记申请材料的；(11)证监会、基金业协会认定的其他情形。

另外，根据《关于便利申请办理私募基金管理人登记相关事宜的通知》，如申请机构连续两次未按照《私募基金管理人登记申请材料清单》要求完整提交材料的，基金业协会将参照《管理人登记须知》，中止办理申请机构管理人登记申请6个月。

除中止登记情形外，私募基金管理人存在一些更为严重的情形则根据《管理人登记须知》等规范，基金业协会将对相关管理人“不予登记”。“不予登记”情形包括：(1)申请机构违反《基金法》《证监会105号文》关于资金募集的相关规定，在申请登记前违规发行私募基金，且存在公开宣传推介、向非合格投资者募集资金行为的；(2)申请机构提供(或申请机构与律师事务所、会计师事务所及其他第三方中介机构等串谋提供)虚假登记信息或材料；提供的登记信息或材料存在误导性陈述、重大遗漏的；(3)申请机构主要出资人、申请机构自身曾经从事过或目前仍兼营民间借贷、民间融资、融资租赁、配资业务、小额理财、小额借贷、P2P/P2B、众筹、保理、担保、房地产开发、交易平台等与私募基金业务相冲突业务的；(4)申请机构被列入国家企业信用信息公示系统严重违法失信企业名单的；(5)申请机构的高管人员最近3年存在重大失信记录，或最近3年被中国证监会采取市场禁入措施的；(6)属于《管理人登记须知》所述之“特殊目的载体”的；(7)证监会、基金业协会规定的其他情形。

六、基金业协会登记实践中的核查重点

从基金业协会登记的材料清单公示、中止登记和不予登记情形的规定等可以归纳出，基金业协会在私募基金管理人登记实践中的核查重点包括以下方面。

——实质重于形式，例如其对股权架构的穿透审查，并从严防范代持；

——注重利益冲突审查，重点在于防范私募基金管理人的股东、实控人和高管等与基金及其投资者之间的利益冲突；

——注重关联方和关联交易披露，期望以此达到防范私募基金管理人集团化、内部同质化竞争及关联方利益输送等目的；

——在利益相关方之间进行“连坐”以期达到互相监督的目的，例如，要求私募基金管理人为其新申请私募基金管理人登记的关联方担负连带责任，对于为不合格私募基金管理人或者因故被注销登记的管理人出具正面法律意见书的律师事务所和律师进行自律处罚等。

完成登记的私募基金管理人需要尽快备案其首只私募基金产品方可保有其管理人登记。根据相关自律规则，新登记的私募基金管理人在办结登记手续之日起6个月内需完成首只私募基金产品的备案，否则其登记资格将被注销。[1]

七、私募基金管理人的内部治理

管理人的内部治理结构是私募基金管理人在基金业协会登记时的审查重点之一，同时建立并维持良好的公司内部治理也是管理人今后开展私募基金业务的基础。

（一）公司制私募基金管理人的内部治理

公司制私募基金管理人包括有限责任公司制和股份有限公司制，有限责任公司的治理结构一般由股东会、董事会（执行董事）、监事（会）及总经理等高级管理人员构成，股份有限公司的治理结构由股东大会、董事会、监事会及总经理等高级管理人员构成。

➢ 股东（大）会，由全体股东组成，负责决定公司经营管理的重大事项，为公司最高权力机构，职权包括决定公司经营方针和投资计划、选举和更换董事、监事、审议批准董事会（执行董事）、监事（会）的报告、审议批准公司的利润分配方案和弥补亏损方案、对公司增加或者减少注册资本作出决议、对公司合并、分立、解散、清算或者变更公司形式作出决议等。

私募基金管理人应在公司章程或股东协议等文件中对股东（大）会的职权作出清晰明确的界定，同时明确股东（大）会召开流程、表决机制等，避免权责、流程不清晰而在执行阶段发生争议。

➢ 董事会由股东会选举产生。股东人数较少和规模较小的有限责任公司，可以设一名执行董事，不设立董事会。董事会（执行董事）职责包括召集股东会会议并向股东会报告工作、执行股东会的决议、决定公司的经营计划和投资方案、制订公司的年度财务预算方案及决算方案、制订公司的利润分配方案和弥补亏损方案、制订公司增加或者减少注册资本以及发行公司债券的方案、制订公司合并、分立、解散或者变更公司形式的方案、决定公司内部管理机构的设置等。

董事应当遵守法律法规和公司章程的规定，忠实勤勉地履行职责，维护私募基金管理人利益。私募基金管理人应明确董事会（执行董事）职责、董事会召开流程、表决机制等，避免董事会滥用职权，损害私募基金管理人及其股东利益。

➢ 监事会由股东会选举产生，是对公司的业务活动进行监督和检查的法定必设机构，股东人数较少或者规模较小的有限责任公司，可以设一至二名监事，不设监事会。监事（会）职权包括检查公司的财务，对董事、高级管理人员执行公司职务的行为进行监

[1] 2020年因为新冠肺炎疫情的影响，基金业协会在2020年2月发布了《关于疫情防控期间私募基金登记备案相关工作安排的通知》，允许新登记及已登记但尚未备案首只产品的私募基金管理人，在12个月内备案其首只私募基金产品。该等期限延长措施在疫情结束后是否会继续适用尚不明确。

督，对违反法律、公司章程或股东（大）会决议的董事、高级管理人员提出罢免的建议，依据《公司法》相关规定对董事、高级管理人员提起诉讼等。

➢ 经理由董事会决定聘任或者解聘，职责包括主持公司的生产经营管理工作，组织实施董事会决议、组织实施公司年度经营计划和投资方案、拟订公司内部管理机构设置方案、拟订公司的基本管理制度、制定公司的具体规章等。

（二）合伙制私募基金管理人的内部治理

合伙企业并不具备独立的法人资格，《合伙企业法》亦未规定合伙企业的内部权力机构设置。根据《合伙企业法》第26条规定，普通合伙企业的合伙人对执行合伙事务享有同等的权利，合伙人也可以委托一个或数个合伙人对外代表合伙企业执行合伙事务。根据《合伙企业法》第67条规定，有限合伙企业由普通合伙人执行合伙事务，有限合伙人不执行合伙事务。但同时，《合伙企业法》赋予了有限合伙人一定限度内参与合伙企业治理的权利，包括参与决定普通合伙人入伙、退伙，对企业的经营管理提出建议，参与选择承办有限合伙企业审计业务的会计师事务所，获取经审计的有限合伙企业财务会计报告；对涉及自身利益的情况，查阅有限合伙企业财务会计账簿等财务资料，在有限合伙企业中的利益受到侵害时，向有责任的合伙人主张权利或提起诉讼，在执行事务合伙人怠于行使权利时，促使其行使权利或为了有限合伙企业的利益以自己的名义提起诉讼，依法为合伙企业提供担保。

由于合伙企业亦无类似监事（会）的内部监督机构，故对执行事务合伙人的专业能力及职业道德均有较高的要求。

（三）具有私募基金行业特色的内部治理结构设计

基金业协会于2016年2月发布的《内控指引》提出私募基金管理人的组织结构应当体现职责明确、相互制约的原则，建立必要的防火墙制度和业务隔离制度，各部门有合理及明确的授权分工，操作互相独立。私募基金管理人作为受托管理投资人资产、开展投资活动的专业投资机构，除根据《公司法》《合伙企业法》相关规定对内部治理结构做出安排之外，结合其业务开展需要而演化出的内部组织结构设置也颇有行业特色。除股东（大）会、董事会（执行董事）、监事（会）及总经理等《公司法》设置的机构外，常见的私募基金管理人内部部门设置包括投资决策委员会、投资部门、风控部门、财务部门、投资者关系部门、人力资源部门等。

投资决策委员会主要负责项目投资及投资退出相关的决策，成员一般由私募基金管理人委派。对于投资决策委员会成员的委派问题，除了私募基金管理人聘任的员工之外，私募基金管理人亦可聘请外部第三方专业机构人员作为投资决策委员会成员，以增强投资决策委员会决策的专业性。为确保高质量的投资决策，投资决策委员会委员一般需具备金融、相关行业的知识储备及较强的专业判断能力，拥有丰富的项目投资、管理及退出的经验。

投资决策委员会是私募基金内部投资决策的最高权力机构，一些私募机构选择将投资决策委员会设立在私募基金管理人之下,也有一些则选择设立在执行事务合伙人之下(尤其是同一私募基金管理人之下将投资团队按照不同投资领域进行划分,并就每一只私募基金单独设立执行事务合伙人实体的),市场上并无统一做法。

《公司法》并未对投资决策委员会这一类职能部门在公司治理中的地位进行专门的规定,一些私募基金管理人会在其组织文件中明确投资决策委员会为董事会之下属专业委员会,同时制定专门的投资决策委员会议事规则,一般亦会明确投资决策委员会系关于私募基金投资决策的最高权力部门,意味着即便其为董事会的下属专业委员会,董事会通常亦无权推翻投资决策委员会作出的投资或投资退出决定。

除投资决策委员会外,私募基金管理人还需根据自身内部经营需要,结合基金业协会的指导性意见,量身定制内部组织结构,例如:

> ➢ 对于初创期的基金管理人而言,往往由于初创团队人数较少,此时可以考虑仅设置投资部门、风控部门、财务部门等核心职能部门,满足基本的运营需求和基金业协会管理人登记要求,后续再根据经营需要进一步扩充各职能部门。对于发展较为成熟的基金管理人而言,其内部部门设置一般更为全面,例如专门设置投资者关系部负责资金募集和投资者关系维护、将投资团队和研究团队进行专业化区分等。
>
> ➢ 对于证券公司私募基金子公司而言,由于《证券公司私募投资基金子公司管理规范》(中证协发〔2016〕253 号,以下简称《券商私募子公司管理规范》)明确要求证券公司应当将私募基金子公司的合规与风险管理纳入公司全面风险管理体系,防范私募基金子公司相关业务的合规风险、流动性风险、市场风险、信用风险、操作风险等各类风险,因此,证券公司私募基金子公司一般不再单独设立风控部门,而收归证券公司法律部主管。此类证券公司私募基金子公司一般亦会沿袭投行做法,将前台投资和中后台财务、公共关系、投资者关系等部门进行大类划分。
>
> ➢ 对于国资控股私募基金管理人而言,其还应注意遵守《关于进一步推进国有企业贯彻落实"三重一大"决策制度的意见》的要求,凡属重大决策、重要人事任免、重大项目安排和大额度资金运作事项必须由领导班子集体作出决定,负责决策的领导班子集体一般指的是党委(党组)、董事会、未设董事会的经理班子等决策机构。

八、管理人的内控建设

内部控制制度是私募基金管理人内部建立的,使各项业务活动相互联系、相互制约的措施、方法和规程,是现代化企业管理的产物。面临日益竞争激烈的外部环境,不断改善内部管理水平,也是私募基金管理人增强自身的竞争能力的手段之一。

2016 年 2 月,基金业协会发布《内控指引》,从私募基金管理人内部控制的目标与原则、内部环境、风险评估、控制活动、信息与沟通及内部监督等方面的制度建设进行自律管理,并列示了对私募基金管理人加强内部控制的具体要求,构成了私募基金管理人内部控制的自律监管框架。基金业协会发布的《管理人登记须知》亦指出,私募基金管理人应当建立健全内部控制机制,明确内部控制职责,完善内部控制措施,强化内部控制保障,持续开展内部控制评价和监督。

根据《内控指引》第2条的规定，私募基金管理人的风险管理和内部控制，是指私募基金管理人为防范和化解风险，保证各项业务的合法合规运作，实现经营目标，在充分考虑内外环境的基础上，对经营过程中的风险进行识别、评价和管理的制度安排、组织体系和控制措施。内部控制贯穿于私募投资基金的资金募集、投资研究、投资运作、运营保障和信息披露等各个环节。内控制度的质量将直接影响到私募基金管理人发展的稳定性和其所管理的私募基金财产的安全性。

(一)内部控制的目标

《内控指引》确定了私募基金管理人内部控制的四大目标，包括合法合规、稳健经营、财产完整、安全和信息真实、准确、完整、及时。合法合规目标要求私募基金管理人在日常经营中保证遵守私募基金相关法律法规和自律规则；稳健经营目标要求私募基金管理人在合法合规的基础上，防范经营风险，确保经营业务的稳健运行；财产完整、安全目标强调私募基金管理人应当保障私募基金财产的安全、完整；信息真实、准确、完整、及时目标则要求私募基金管理人应做到私募基金、私募基金管理人的财务信息和其他信息的真实、准确、完整和及时披露。

(二)内部控制的原则

《内控指引》要求私募基金管理人制定内控制度时应遵循以下六项原则。

(1)全面性原则。私募基金管理人的内部控制应当覆盖各项业务、各个部门和各级人员，并涵盖资金募集、投资研究、投资运作、运营保障和信息披露等主要环节。

(2)相互制约原则。私募基金管理人组织结构应当权责分明、相互制约。这要求私募基金管理人在设计内部职能部门及具体岗位时，应科学合理地分配权责，确保不同部门、岗位之间在职责分明的基础上达到相互制约的效果。

(3)执行有效原则。私募基金管理人应通过科学的内控手段和方法，建立合理的内控程序，维护内控制度的有效执行。

(4)独立性原则。私募基金管理人各部门和岗位职责应当保持相对独立，基金财产、管理人固有财产、其他财产的运作应当分离。

(5)成本效益原则。私募基金管理人应以合理的成本控制达到最佳的内部控制效果，内部控制与私募基金管理人的管理规模和员工人数等方面相匹配，契合自身实际情况。

(6)适时性原则。私募基金管理人应当定期评价内部控制的有效性，并随着有关法律法规的调整和经营战略、方针、理念等内外部环境的变化同步适时修改或完善。

(三)内部控制制度的制定

结合《内控指引》上述内控目标及原则的要求，私募基金管理人在制定内部控制制度时，需注意：(1)内控制度应覆盖到私募基金管理人的各项业务、各个部门和各级人员；(2)组织结构做到权责分明，确保各层级相互制约；(3)通过科学的内控方法，建立合理、高效的内控程序，保障内控制度的有效执行，在实现内部控制目的的同时避免内控流程过于烦琐而降低效率;(4)内控制度应随着外部监管、市场环境的变化以及私募基金管理人经营战略、方针的变化及时修改和完善。

根据基金业协会的要求,私募股权投资基金管理人在申请管理人登记时必须具备并应上传至 AMBERS 系统的内控制度包括以下几项。

1. 运营风险控制制度

运营风险控制制度通常参考《内控指引》制定,一般是私募基金管理人内部控制制度的总领性制度,明确内部风险控制的目标、原则、风险类别、风险控制组织体系及职责、风险控制流程以及应对各类风险的控制措施等。

2. 信息披露制度

信息披露制度一般参考《信息披露办法》、《募集行为管理办法》及《内控指引》的要求制定,包括信息披露过程中需遵循的基本原则、信息披露的内容、时间及方式、信息披露文件档案管理等。信息披露制度的目的在于维护信息沟通渠道的畅通,保证向投资者、监管机构及基金业协会所披露信息的真实性、准确性、完整性和及时性。

3. 机构内部交易记录制度

内部交易一般指私募基金管理人与其附属公司及附属公司之间发生的交易。机构内部交易记录制度一般包括内部交易审批程序、定价原则和定价方法以及内部交易过程性文件及最终签署的交易文件的记录、存档。

4. 防范内幕交易、利益冲突的投资交易制度

防范内幕交易、利益冲突的投资交易制度一般包括内幕交易、利益冲突的界定、内幕信息的保密管理要求、相关利益冲突人员的回避要求等。

5. 合格投资者风险揭示制度

合格投资者风险揭示制度通常参考《募集行为管理办法》的要求制定,明确在募集过程中对投资人进行风险揭示的方式、内容、风险类型等。

6. 合格投资者内部审核流程及相关制度

合格投资者内部审核流程及相关制度一般参考《募集行为管理办法》、《投资者适当性管理办法》及《投资者适当性管理指引》的要求制定,明确投资者适当性审核的核查内容、流程、核查记录保存等事项。

7. 私募基金宣传推介、募集相关规范制度

私募基金宣传推介、募集相关规范制度一般参考《募集行为管理办法》《信息披露办法》的要求拟定,明确推介材料制作方、内容、推介方式,以及募集过程中应遵守的特定对象确认、风险揭示等流程性要求,规范推介募集行为。

除上述内部控制制度外,根据基金业协会的《内控指引》《管理人登记须知》等自律规则,私募基金管理人还应建立有效的人力资源管理制度、投资业务控制制度、私募基金托管人遴选制度、财务制度,特别地,私募证券投资基金管理人还应建立公平交易制度、从业人员买卖证券申报制度。结合内部经营管理的需要,私募基金管理人还可以根据需要建立合同管理

制度、印章管理制度、档案管理制度、中介机构聘请管理制度等。同时，私募基金管理人在基金募集以及运营的全过程中均需遵守投资者适当性管理要求，根据《投资者适当性管理指引》和《投资者适当性管理办法》，私募基金管理人需制定、落实适当性管理制度（需要明确适当性匹配的具体依据、方法、流程等内容）、风控制度（如限制不匹配销售行为、客户回访检查、评估与销售隔离等）、培训考核制度、执业规范制度以及监督问责制度。更多投资者适当性管理相关内容请见本书第六章第三节。

根据《内控指引》的规定，管理人未建立健全内部控制或内部控制存在重大缺陷，导致违反相关规则的，私募基金管理人及其主要负责人视情节轻重，可能会受到书面警示、行业内通报批评、公开谴责等惩罚措施。《内控指引》还要求私募基金管理人对内控制度执行情况进行定期或不定期的自查，基金业协会对执行情况进行监督；私募基金管理人应当保存内控活动等相关信息资料，保存期限自基金清算终止之日起不少于10年。

/第三节/

投资管理团队——激励与约束

一、投资管理团队构建

伴随着私募投资基金的行业发展及其与周边行业的合纵连横，随着《资管新规》的出台，现行分业监管体制正逐步向功能监管倾斜，在经历过爆发式粗放发展后，私募投资基金行业进入大浪淘沙时代。在日趋激烈的竞争中，组建一支经验丰富、人员精干、配置合理的投资管理团队将是相关基金品牌得以深耕并持续发展的关键。

对于基金管理人而言，为完成私募基金管理人登记，首先需满足基金业协会对私募基金管理人从业人员的一系列要求，该等要求主要包括对从业人员构成及数量的一般性要求，对高管兼职、专业胜任能力、是否具有基金从业资格的特殊要求及限制性条件，对普通员工专业胜任能力、是否具有基金从业资格的特殊要求及限制性条件。[1]

此外，如相关私募投资基金拟接纳特殊类型投资人（如险资），投资管理团队可能还需满足该等特殊类型投资人的相关监管要求。[2]

结合私募投资基金行业的特点，投资管理团队多形成以关键人士为核心，以投资为主，法律、财务为双翼的团队格局；从人员构成来看，通常可划分为关键人士、高管、普通员工等层级，见图3.1。

---

〔1〕 更多基金业协会对私募基金管理人从业人员要求相关内容请见本书第三章第一节第二部分。

〔2〕 更多特殊类型投资人相关内容请见本书第四章。

图3.1 投资管理团队的人员构成

(一)关键人士

在以团队为背景的发起人中,关键人士通常亦是发起人的股东、实际控制人并同时任职高管;在以机构为背景的发起人中,关键人士通常可能是某一区域(如大中华区)或某一领域(如基础设施领域)负责人。他们深耕在相关区域或领域,兼具资本、人脉及经验,是基金品牌的标识及旗帜。在相关基金中,关键人士通常是投资决策委员会成员并同时受到私募投资基金"关键人士"条款的约束。

为尽力锁定关键人士持续提供服务,关键人士通常将参与旗下私募投资基金的跟投(且多为强制跟投)并分享绩效分成,以期实现经济利益的绑定。[1]

从另一方面而言,该等人士的离职也将对相关基金产生根本性影响,因此,关键人士在享受丰厚经济利益的同时,通常亦承担了严格的离职后义务,且该等义务通常又与其经济利益挂钩,该等义务主要包括不竞争、不招揽及保密等其他义务。

——不竞争(non-competition)

不竞争义务要求团队成员(尤其是参与分享绩效分成的团队成员)在离职后的一段时间内不得以相同或类似的方式从事与前雇主(通常指基金管理人或其关联方)存在竞争关系的业务。不竞争条款通常会被包括在团队成员与基金管理人(或基金管理人的关联方)的劳动合同中,但通常也体现在团队成员参与的激励计划中,并且由于激励计划往往适用合同法而未必强制适用劳动法,激励计划中的不竞争条款往往比劳动合同中的更为严格。为了使激励计划中的不竞争条款能够得到执行,通常违反不竞争条款将导致相关团队成员的跟投及/或分享绩效分成比例在离职时所享有的比例的基础上被进一步降低甚至在某些恶意竞争的情况下,被直接清零。

---

〔1〕 更多投资管理团队经济利益相关内容请见本书第三章第三节第二部分。

——不招揽(non-solicitation)

除了前述不竞争义务外,离职后义务通常还包括不招揽义务。不招揽义务具体体现在两个方面,即团队成员离职后不得诱使前雇主旗下基金的投资人投资于其现在服务的基金或投资项目,以及不得招揽其他团队成员或前雇主旗下的其他雇员加入其现在服务的机构。与不竞争条款类似,不招揽条款通常也约定一定限制期限,且一旦违反,也通常与离职团队成员在激励计划下的既存经济利益挂钩。

——其他

除不竞争义务和不招揽义务外,团队成员可能还会受到以下义务的限制:

保密义务(non-disclosure),即未经授权不得披露 GP 的机密信息,但通常也会有一些惯常的排除条款,例如已为公众所知的信息。

不贬损义务(non-disparagement),此项义务通常在于限制离职成员在离职后发表一些可能对 GP 及其他团队成员尤其是高管和关键人员造成贬损的言论,包括通过互联网等社交网站发表相关言论等。

(二)高管

除关键人士外的高管通常负责具体业务的管理。该等人士通常在某一方面具有出众的专业技能及丰富经验,结合私募投资基金行业的特点,该等方面可能包括投融资、法律、财务、政府关系/投资者关系管理等。

作为专业领域的优秀人才,高管通常也是发起人要尽力锁定的对象,他们通常将参与旗下私募投资基金跟投和/或分享绩效分成。[1]

较之关键人士,高管的离职也可能对相关基金产生重大影响,因此,通常高管也需承担较为严格的离职后义务。

(三)普通员工

普通员工,即团队中负责具体事务执行的人员,较之对专业技能、经验的要求,普通员工的勤勉尽职的态度可能是衡量其工作表现的重要考量因素。在员工激励方面,普通员工(尤其是私募投资基金中的中后台成员)可能多以工资奖金的方式实现。在离职后义务方面,受到的限制可能较少且较为宽松。

如下分别以某知名机构背景发起人(见图 3.2,来自其官方网站介绍)和某知名团队背景发起人(见图 3.3)为例,进一步具象化商业考量因素下的投资管理团队构建。

---

[1] 更多投资管理团队经济利益相关内容请见本书第三章第三节第二部分。

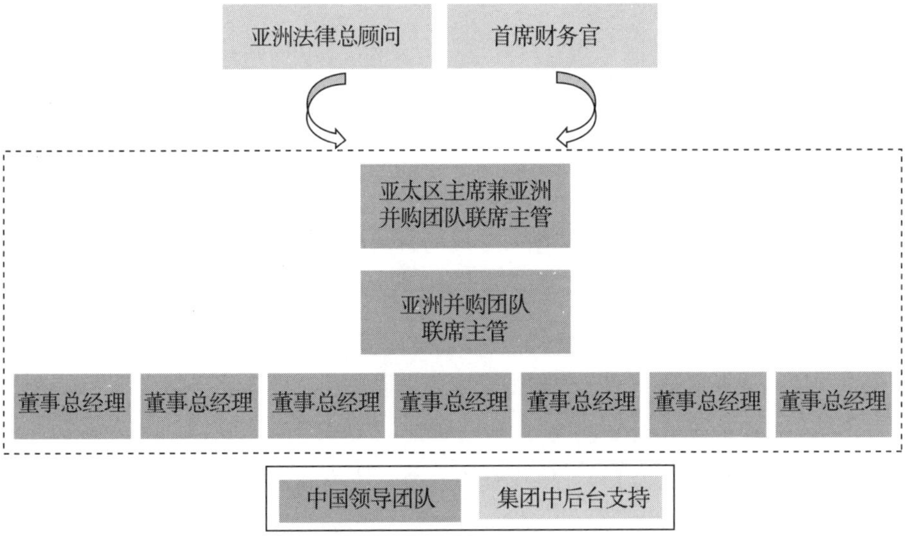

图 3.2 机构背景发起人投资管理团队构建示例

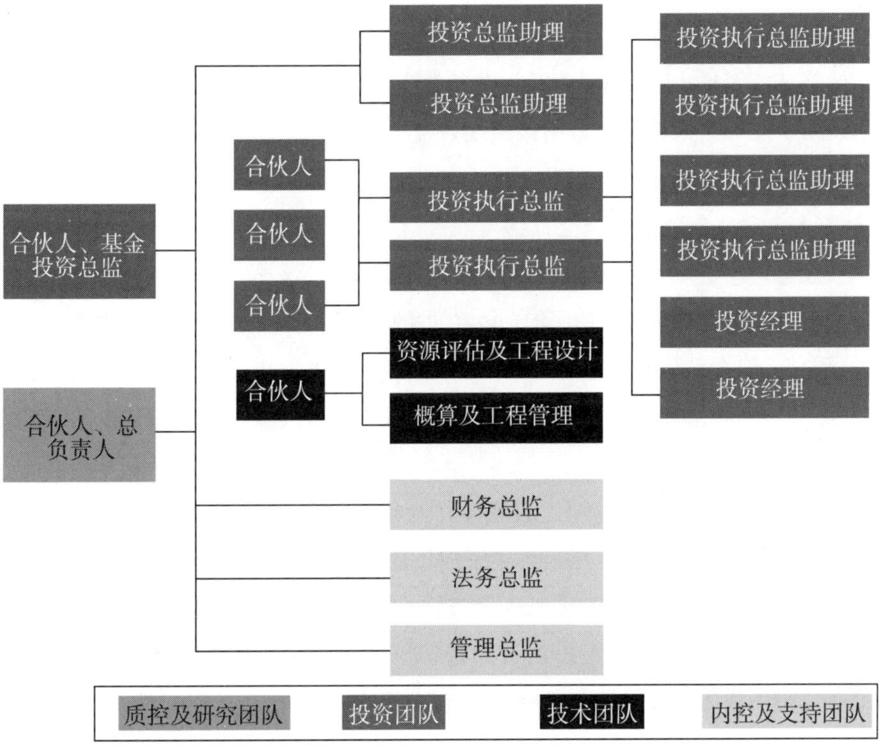

图 3.3 团队背景发起人投资管理团队构建示例

受到监管政策趋严等影响，人民币私募投资基金已步入优胜劣汰阶段。投资管理团队的专业化及规范运作将是决定基金品牌能否站得住、站得稳的关键。投资管理团队构建需结合商业诉求、合规要求、税务筹划等多种因素进行综合考量。

二、投资管理团队的经济利益

境内外 PE 基金和 VC 基金的投资管理团队分享基金经济利益的方式通常包括跟投和绩效分成分享(合称“激励机制”)。

(一)PE 基金和 VC 基金团队激励机制的常见模式

1. 工资奖金

以普通合伙人跟投的投资收益和绩效分成的一部分作为投资管理团队成员的工资和奖金。该模式的优点在于简单直接;不足之处在于税负较高且一般无法通过此方式实现成员跟投。该模式与实业企业的激励方式相比并无太多特点,但如 GP 对为多只基金和基金管理人本身提供中后台服务的员工给予一定的激励则可能采用此模式。

2. 直接作为基金的投资人(LP)

参与激励机制的成员作为 LP 直接投资于基金。该模式的优点在于可以实现成员跟投以达到与基金利益绑定的目的,且在税务上可享受与基金的外部自然人投资者基本相同的待遇;不足之处在于团队成员直接作为基金的 LP,将导致成员之间的跟投比例、分享比例、进入/退出机制等向外部投资者全面披露,并且其激励机制的修改也将导致基金合同的修改从而可能须取得外部投资人的同意。在私募投资基金市场上,还存在团队成员难以满足合格投资者条件等其他困难。鉴于以上因素,该模式较少采用,某些初创管理团队的首只基金如果多为向亲朋好友募集则较可能采用该模式。

3. 组成实体作为基金的特殊有限合伙人(SLP)

GP 为参与激励机制的成员设立或参与成员自行设立特殊目的载体,该等特殊目的载体作为 SLP 投资于基金并借此对基金跟投并分享绩效分成。该模式的优点在于可以容纳一定人数的跟投,SLP 的组织形式选择可给予必要的税收筹划空间,且基金合同层面不涉及具体的激励机制安排;但在私募投资基金市场上,与前述直接作为基金 LP 的模式相同,即使通过 SLP,成员可能仍需满足合格投资者的条件。该模式为私募投资基金较为常用的方式。

4. 跟投载体

参与跟投的团队成员设立特殊目的载体作为跟投载体,该等跟投载体与基金就投资项目进行联合投资。该模式的优点在于解决了成员通过跟投分享投资收益的需求或者解决了 GP 要求相关团队成员强制跟投以达到利益绑定的需求,跟投载体的组织形式选择可根据必要的税务筹划加以选择,且可在跟投项目的选择上给予团队成员一定灵活性。但不足之处在于较难通过跟投载体实现绩效分成分享。此外,如不对所有项目均跟投,可能引起外部投资者的质疑,其会认为团队成员仅选择跟投盈利前景好的项目(cherry-picking),可能产生较多的利益冲突、关联交易、利益输送问题。如采用这一模式,在基金募集阶段可能就需要提前向潜在投资者就利益冲突、关联交易等安排进行解释沟通,并可能须将具体的投资项目分配机制落实在基金合同中。采用这一模式的,往往还需采用前述其他模式以实现绩效分成分享。

(二)设计激励机制的主要考量因素

激励机制的设计可能涉及的主要考量因素包括以下几个。

1. 参与成员范围

GP 出于商业考量,决定参与跟投的成员和分享绩效分成的成员范围。两者范围可能一致,也可能不一致。

2. 参与模式

根据商业需要,跟投的参与通常分为强制跟投、自愿跟投和两者结合的模式。跟投可能是按项目也可能是按基金发生。

3. 收益分配

跟投收益和绩效分成收益是激励计划中两类不同的收益,前者的分配往往同参与跟投成员的出资直接相关,而后者的分享则更多考量成员对相关基金募投管退的贡献。

4. 新成员加入

PE 基金和 VC 基金通常期限较长并且基金管理人往往是长青实体,因此不可避免地会有新的团队成员加入,GP 因此需要考虑是否允许新成员中途进入激励机制、以什么方式进入以及在多大程度上溯及已投资的项目等问题。

5. 离职处理及确权计划(vesting schedule)

同样地,在基金期限或者激励计划期限内,往往发生团队成员的离职、退休等事件,对于此类事件 GP 往往需要考虑是否强制离职成员退出、是否继续保有其原先的跟投份额、其享有的绩效分成是否需要分阶段确权调整(vesting)、采用什么机制保证离职成员继续履行缴付出资或者分配返还义务等。针对不同的离职原因,GP 可能需要区别对待,例如对于死亡、丧失工作能力而离职的情况,往往对其份额不做调整以体现人道主义关怀;而对于团队成员过错离职,则不再按阶段确权,直接将其分享比例清零;对于处于两者之间的正常离职情况,则往往按照离职时点与项目投资时点间的期限长短按比例确定离职员工实际可分享的比例。

6. 激励分配的返还义务

普通合伙人在基金合同项下惯常需要承担绩效分成回拨义务(GP clawback),同时其跟投部分也与其他投资人一起就基金的损害赔偿等义务承担分配返还义务(LP giveback)。与此相应,激励计划中取得跟投收益和分享绩效分成收益的成员,也需要为前述两类返还义务承担对应的分配返还义务。激励计划中往往还需就此在分配前留出一定可分配收益作为返还义务的拨备,尤其是针对离职人员设立监管账户,留存一定比例的分配金额用于离职人员的分配返还义务。

三、执业保险

境外美元基金的 GP 和团队成员购买执业保险非常普遍,境内人民币基金管理人及其从业人员的执业保险则仍处于早期阶段。然而,人民币基金管理人及其从业人员,相比于其境外同行,可能更加需要执业保险提供基本保障。概因人民币基金市场中,免责及补偿条款和投资人分配返还条款一向被投资人极力排斥，即使勉强接受，也在受偿人士范围、可补偿情形、返还金额等各方面设置诸多限制。人民币基金市场中，GP 如希望尽可能降低团队在基金运营过程中可能涉及的执业风险带来的损失，仅仅依赖基金合同的免责及补偿机制可能是远远不够的，必须尽量寻找其他的赔偿或补充途径。另外，在被索赔或受损人士为团队成员个人而非 GP 机构本身的情形下，考虑到免责补偿可能对基金整体收益率造成的影响，GP 可能也不希望直接以基金的财产进行赔偿，此时执业保险赔偿便是一个较好的替代途径。

然而，人民币基金市场上，执业保险似乎并未受到市场的普遍重视，主要体现在：

- 发起人意愿较低。人民币基金发起人尤其是旗下人民币基金规模较小的发起人一般不会购买执业保险，部分同时管理规模较大的人民币基金和境外美元基金的知名发起人，可能因为较多地接触到相对完善的境外美元基金执业保险制度，购买执业保险的意愿较高。

- 保险公司业务局限。境内绝大多数保险公司（尤其是内资保险公司）没有为私募基金管理人及其团队承保的经验，也没有动力主动开展该等业务，这可能是因为保险公司认为私募基金在运作的规范性方面相比上市公司低，信息披露不透明，一旦发生索赔，金额可能会巨大。部分保险公司愿意参考上市公司高管责任险的做法，为私募基金管理人的高管承保，但由于信息披露不对称等，往往要求很高的保费而且增加大量的除外条款。部分外资保险公司因为有服务境外美元基金的经验，可以为私募基金管理人及其团队提供“一揽子”承保的服务，但同样保费比较昂贵。

比较而言，境外美元基金的执业保险方面的情况则与人民币基金大不相同，境外美元基金市场上有为私募基金行业量身定做的 GPL 保险（general partnership liability insurance），在被保险人、承保范围等方面均会考虑到私募基金行业的特点，而且可以针对不同基金的类型（PE/VC 基金、夹层基金、对冲基金等）制定不同的保险条款。由此可见，人民币基金管理人的执业保险有巨大的发展空间，但任重道远。

四、劳动法合规问题

投资管理团队的配置除需满足对私募投资基金的相关监管要求外，构建劳动关系本身还应遵守劳动法相关法律法规的规定。以下是基金设立项目中管理人（特别是外资背景管理人）最为关心的一些劳动法合规问题。

（一）外籍员工

外籍员工指用人单位聘用的外国人。外国人是指依照《国籍法》规定不具有中国国籍的人员，此外，根据《台湾香港澳门居民在内地就业管理规定》，中国台湾地区居民、香港特别行政区和澳门特别行政区居民中的中国公民在内地就业一般亦比照外籍员工进行管理。

1. 作为境内企业的 GP 或其关联方如何招聘外籍员工？

用人单位聘用外国人从事的岗位，应当是有特殊需要、国内暂缺适当人选，且不违反国家有关规定的岗位。用人单位聘用的外籍员工，必须年满 18 周岁、身体健康；具有从事其工作所必需的专业技能和相应的工作经历；无犯罪记录；持有有效护照或能代替护照的其他国际旅行证件。用人单位聘用外籍员工,应当为其办理外国人就业许可,取得《外国人工作许可证》。

在姜某丞(CHIANG)诉江苏史福特光电股份有限公司劳动争议纠纷案中,江苏省高级人民法院认为:“根据《外国人在中国就业管理规定》第八条和《最高人民法院关于审理劳动争议案件适用法律若干问题的解释(四)》第十四条第一款的规定,外国人在中国就业必须取得外国人就业证,外国人、无国籍人未依法取得就业证件即与中国境内的用人单位签订劳动合同,以及香港特别行政区、澳门特别行政区和台湾地区居民未依法取得就业证件即与内地用人单位签订劳动合同,当事人请求确认与用人单位存在劳动关系的,人民法院不予支持。姜某丞系中国台湾地区居民,其未依法取得就业证件即与中国境内的用人单位江苏史福特光电股份有限公司签订劳动合同,违反了法律法规对订立劳动合同主体的相关禁止性规定。因此,一审、二审法院确认该劳动合同无效符合法律规定。”[1]

2. 公司与无就业许可的外国公民订立的劳动合同,其性质如何认定?

由于用人单位没有为外籍员工办理就业证违反相关法律法规,属于《劳动合同法》中因违反法律、行政法规强制性规定而导致劳动合同无效的情形。劳动合同被确认无效,劳动者已付出劳动的,用人单位应当向劳动者支付劳动报酬。劳动报酬的数额,参照本单位相同或者相近岗位劳动者的劳动报酬确定。

在彭某与慈溪伊凡仕伯工程管理咨询有限公司追索劳动报酬及经济赔偿金纠纷上诉案中,昆明市中级人民法院认为:“本案争议的焦点为:一、上诉人与被上诉人之间是否存在劳动关系;二、上诉人主张的各项赔偿请求是否有事实及法律依据。关于争议焦点一……即使上诉人确为被上诉人工作,但由于其就业未办理《外国人就业许可证》,违反了《外国人在中国就业管理规定》的规定,按照上述司法解释之规定,上诉人与被上诉人之间不存在劳动关系。关于争议焦点二,对于上诉人主张的工资、加班工资及违法解除劳动合同的经济赔偿金,系基于合法的劳动关系存在而主张。但根据前述认定,上诉人与被上诉人之间不存在合法的劳动关系,故上诉人的上述主张缺乏法律依据。同时《劳动合同法》第二十八条规定:‘劳动合同被确认无效,劳动者已付出劳动的,用人单位应当向劳动者支付劳动报酬。劳动报酬的数额,参照本单位相同或者相近岗位劳动者的劳动报酬确定。’根据审理查明,上诉人所领取的劳动报酬的数额已超过其应领取的金额,而其主张的加班事实亦缺乏相应证据予以证实,故本院对于上诉人劳动报酬的主张不予支持。”[2]

3. 公司是否需要为外籍员工办理社会保险?

用人单位招用外国人的,应当自办理就业证件之日起30日内为其办理社会保险登记,缴

---

〔1〕 参见《姜某丞(CHIANG)诉江苏史福特光电股份有限公司劳动争议纠纷案裁定书》[(2015)苏审二民申字第02153号]。

〔2〕 参见《彭某与慈溪伊凡仕伯工程管理咨询有限公司追索劳动报酬及经济赔偿金纠纷上诉案判决书》[(2014)昆民二终字第399号]。

纳社会保险费。

在玛某与某外资科技公司劳动争议纠纷案中(北京市人社局发布2018年本市劳动人事争议仲裁十大典型案例之九),2016年2月1日,某外国公民玛某与某外资科技公司签订了为期3年的劳动合同,科技公司为玛某办理了《外国人就业证》。2017年5月,玛某因患病在京公立医院治疗,产生了高额的医疗费用。在与病友闲聊过程中玛某得知,中国公民就业缴纳基本医疗保险,大部分医疗费用均可由基本医疗保险实时结算报销。出院后,玛某找到某科技公司询问,为何其在京就业不享有与中国公民同等的基本社会保障。某科技公司答复,因玛某不是中国公民,故无法缴纳社会保险。2017年6月29日,玛某以未依法缴纳社会保险为由提出解除劳动合同。2017年7月,玛某提出仲裁申请,要求科技公司支付解除劳动合同经济补偿,并按基本医疗保险报销比例向其支付医疗费用。仲裁委审理后认为,玛某取得了《外国人就业证》,属于合法就业,受我国法律法规的保护及约束,其应与我国公民在华就业一样,享有参加社会保险和享受社会保险待遇的合法权益。科技公司未依法为玛某缴纳基本社会保险,故裁决支持了玛某的仲裁请求。[1]

(二)竞业限制

竞业限制,又称竞业禁止、竞业避让,指用人单位禁止知悉商业秘密的劳动者在一定期限内,到与本单位有竞争关系的其他单位从事同类产品及业务,或者自己从事与原单位有竞争关系的生产经营活动。

2019年10月22日,北京市第一中级人民法院召开竞业限制十大典型案例新闻发布会。自2014年至2019年6月,该院共审结竞业限制案件211件,具体来看,案件呈现以下特点:(1)科技、教育行业案件多发,涉诉行业呈扩张趋势;(2)技术、销售、培训岗位案件多发,涉诉岗位呈泛化趋势;(3)单一诉求多发且争议焦点集中,案件标的相对较大;(4)案件审理难度加大,案件调解率低。竞业限制案件的审理难点主要包括:(1)是否违反竞业限制义务认定困难;(2)竞业限制违约金数额认定困难;(3)竞业限制补偿约定不明情况多发;(4)竞业限制协议解除不规范情况多发;(5)竞业限制协议主体及期限违法情况多发。[2]

1. 公司与员工签订竞业限制协议或约定竞业限制条款时没有约定补偿金的数额,该协议或条款是否有效?

有效,该条款对劳动者和用人单位都有约束力。劳动者履行了竞业禁止义务的,有权要求用人单位按照劳动者在劳动合同解除或者终止前12个月平均工资的30%按月支付经济补偿。但如果双方未约定经济补偿金,用人单位也未实际支付且达到3个月期限,劳动者可以依法解除竞业限制协议。

---

[1] 参见《北京市劳动仲裁2018年案例九:外国人就业同样须参保,签有双边或多边协议方可免除》,载北京市朝阳区劳动仲裁网,http://www.cy12333.com/info.asp?infoid=20424,2021年1月15日最后访问。

[2] 参见《北京法院:涉竞业限制劳动争议十大典型案例发布》,载搜狐网,https://www.sohu.com/a/351513544_825373,2021年1月15日最后访问。

在陈某诉广州市某生物科技有限公司劳动争议案[广州法院劳动争议典型案例(2014～2016)之十]中,广州市某生物科技有限公司是经营食品添加剂的企业,陈某于2007年12月入职并担任区域销售经理。双方签订了竞业限制条款,约定陈某在离职后2年内,负有竞业禁止义务,生物公司支付一定的补偿金,如陈某违反协议,应支付30万元违约金给生物公司。2013年3月,陈某提出辞职,生物公司在其离职前书面提出要求陈某履行竞业限制义务,并表示将按陈某在职期间工资标准的44%即2500元按月支付竞业限制补偿金。同年4月,生物公司向陈某的原工资账户汇出第一笔补偿金2500元,遭陈某退款并销户。陈某离职后入职百乐公司市场部,该公司也是生产食品添加剂的企业,与生物公司存在同业竞争关系。陈某于同年7月代表该公司向生物公司的客户推销相关食品添加剂。双方遂因竞业限制违约责任产生纠纷。二审法院认为,根据最高人民法院《关于审理劳动争议案件适用法律若干问题的解释(四)》第6条第1款的规定,当事人在劳动合同或者保密协议中约定了竞业限制,但未约定解除或终止劳动合同后给予劳动者经济补偿及其支付标准、数额的,如用人单位按照不低于劳动者在劳动合同解除或者终止前12个月平均工资的30%按月支付经济补偿的,有权要求劳动者履行竞业限制义务,劳动者未按照约定履行竞业限制义务的,应当承担违约责任。本案中,生物公司已按陈某在职期间工资标准的44%即2500元按月提存经济补偿金,陈某必须履行双方约定的竞业限制条款,由于陈某违反约定,依约应承担违约责任,考虑双方约定的违约金30万元过高,明显超出陈某的负担能力,综合考虑陈某在生物公司任职期间的收入情况,二审酌定由陈某支付5万元违约金。[1]

2. 竞业限制的期限最长几年?

对于需要履行竞业限制义务的劳动者,双方约定的竞业限制期限最长不得超过两年,自双方劳动合同解除或终止之日起算,该期限应连续计算。

《海淀区劳动争议审判情况白皮书(2017)》案例一:张某于2010年3月入职青松公司,担任技术部门总监。双方签订了《竞业限制协议书》,约定张某自离职之日起5年为竞业限制期,其间青松公司需按照张某在职期间工资标准的35%支付竞业限制补偿金。2013年10月,张某自青松公司离职,青松公司依约按月足额向张某支付了竞业限制补偿金。2016年1月,张某入职与青松公司存在竞争关系的柏树公司担任技术经理,从事与青松公司存在竞争关系的业务活动。后青松公司通过仲裁诉讼程序,要求张某继续履行竞业限制义务。法院经审理后认为,双方签订的《竞业限制协议书》中约定5年的竞业限制期超过法律规定的最长期限,根据法律规定,张某仅在离职后2年内负有竞业限制义务。最终,法院判决驳回了青

〔1〕 参见《广州法院劳动争议典型案例之十:陈某诉广州市某生物科技有限公司劳动争议案——竞业限制协议效力的认定》,载北大法宝,https://www.pkulaw.com/pfnl/a6bdb3332ec0adc41fe4eff0d5307b3e053f312485b8a35abdfb.html?keyword=%E6%9F%90%E8%AF%89%E5%B9%BF%E5%B7%9E%E5%B8%82%E6%9F%90%E7%94%9F%E7%89%A9%E7%A7%91%E6%8A%80%E6%9C%89%E9%99%90%E5%85%AC%E5%8F%B8,2021年1月15日最后访问。

松公司的诉讼请求。[1]

3. 负有竞业限制义务的员工是否可以放弃竞业限制补偿金而停止履行竞业限制义务？

如果双方约定的竞业限制条款合法有效，则对双方具有约束力。劳动者履行竞业限制义务并非以获得竞业限制补偿金为前提。换言之，即使用人单位未如期支付补偿金，劳动者依然要履行自己的竞业限制义务，但有权要求用人单位支付补偿金。未经用人单位同意豁免，劳动者无权单方决定以放弃补偿金为条件拒绝履行竞业限制义务。

2011 年李先生入职某商贸公司，从事销售工作。2017 年 2 月 19 日，李先生递交《辞职申请表》，以"个人原因"为由申请离职。2017 年 3 月 15 日，双方解除劳动合同关系。双方之间存有竞业限制约定；且商贸公司在竞业限制期间按月向李先生支付竞业限制经济补偿金，月度金额相当于劳动合同终止前一个月基本工资金额的 1/3；李先生如违反竞业限制义务，则应当向公司支付相当于本协议约定的竞业限制补偿金总额 3 倍的违约金。李先生离职次月，即 2017 年 4 月，商贸公司即按照（税前）每月 23, 640 元的标准向李先生转账支付了竞业限制补偿金；2017 年 5 月，商贸公司再次向李先生支付竞业限制补偿金时，因收款账户异常，交易失败。且不久，商贸公司收到了李先生转账退回的补偿金。商贸公司主张，李先生离职后入职竞争对手处，违反了竞业限制约定义务。

法院经审理后认为：商贸公司已经按照约定支付了竞业限制补偿金，而李先生虽就账户注销、退回款项等行为作出解释，但仍有躲避接收、怠于接收竞业限制补偿金的明显主观意愿。故竞业限制经济补偿金支付情况并不影响双方间竞业限制约定，即李先生仍应遵守双方约定的诚实、信用履行竞业限制义务。[2]

4. 公司如何应对离职员工违反竞业限制协议或竞业限制条款的情形？

根据法律规定，劳动者违反竞业限制约定应当按照约定向用人单位支付违约金。为此，双方可以在约定竞业限制义务相关事项的同时，约定劳动者违反竞业限制义务的违约金及其具体数额。一旦发现劳动者违约，用人单位可以要求劳动者继续履行竞业限制义务并支付违约金。

北京市第一中级人民法院 2019 年 10 月发布的竞业限制十大典型案例七中，饶某于 2009 年入职某公司，双方约定若饶某违反竞业禁止约定的，应向某公司支付违约金 50 万元。双方于 2014 年 3 月解除劳动关系。2014 年 6 月，饶某入职与某公司存在竞争关系的 A 公司，某公司要求饶某支付违约金。法院经审理后认定饶某违反了竞业限制义务，综合考量劳动者的岗位、薪酬水平、掌握商业秘密的程度、过错程度、竞业限制补偿标准等因素，最终判决饶

[1] 参见《〈海淀区劳动争议审判情况白皮书（2017）〉及竞业限制十大典型案例》，载北京市海淀区劳动仲裁网，http://www.hd12333.com/info.asp?infoid=4673，2021 年 1 月 15 日最后访问。

[2] 参见蔡笑：《销售总监离职后违反竞业限制约定，法院判决向"老东家"支付违约金 85 万余元》，载海淀法院网，http://bjhdfy.chinacourt.gov.cn/article/detail/2018/06/id/4016688.shtml，2021 年 1 月 15 日最后访问。

某支付竞业限制违约金30万元。[1]

5.竞业限制补偿金可否于员工在职时包含在其工资里,与工资一起发放?

不可以。竞业限制补偿金应当在双方劳动关系终止后的竞业限制期内按月发放。

在王某与北京鑫农源房地产开发有限公司劳动争议案中,王某于2013年12月16日入职鑫农源,担任副总。双方签有《保密协议》,其中第6条约定:甲方同意就乙方离职后所承担的保密义务、竞业限制义务,向其支付保密和竞业限制补偿金,包含在甲方支付乙方每月的工资报酬内;乙方认可,甲方在支付乙方每月的工资报酬时,已考虑了乙方离职后需要承担的保密及竞业限制义务,已随同每月工资一并发放,故无须在乙方离职时(后)另外支付保密及竞业限制费用。双方劳动关系解除后,鑫农源主张竞业限制补偿金已随工资发放,不应再予支付。王某否认鑫农源的上述主张,并表示一直在履行竞业限制义务。

北京市第三中级人民法院认为:"关于竞业限制补偿金。《最高人民法院关于审理劳动争议案件适用法律若干问题的解释(四)》第六条规定:'当事人在劳动合同或者保密协议中约定了竞业限制,但未约定解除或者终止劳动合同后给予劳动者经济补偿,劳动者履行了竞业限制义务,要求用人单位按照劳动者在劳动合同解除或者终止前十二个月平均工资的30%按月支付经济补偿的,人民法院应予支持……'鑫农源与王某签订的协议约定竞业限制补偿金随工资一并发放与法律规定的发放形式不符,且王某对此不予认可,故鑫农源仍负有支付义务。一审法院认定并无不妥,本院予以维持。"[2]

/第四节/

GP/管理人平台化与代际传承

一、GP的平台化

(一)美元基金GP平台化(从1.0到3.0)

以北美PE基金为代表的私募股权市场经过将近40年的演化,已经跨越了三大发展阶段。基金管理人从1.0时代单纯的PE基金管理人的角色定位转化为2.0时代的另类资产管理人,并正在向3.0时代的"另类+"模式迈进(见图3.4)。[3]

---

〔1〕参见《北京法院:涉竞业限制劳动争议十大典型案例发布》,载搜狐网,https://www.sohu.com/a/351513544_825373,2021年1月15日最后访问。

〔2〕参见《可否约定竞业限制补偿金与工资一并发放?》,载中国劳动法网,http://chinalaborlaw.com/hot-case/可否约定竞业限制补偿金与工资一并发放%EF%BC%9F/,2021年1月15日最后访问。

〔3〕参见王欧:《另类资产行业LP/GP永恒的博弈》,载搜狐网,https://www.sohu.com/a/351698971_618347,2021年1月4日最后访问。

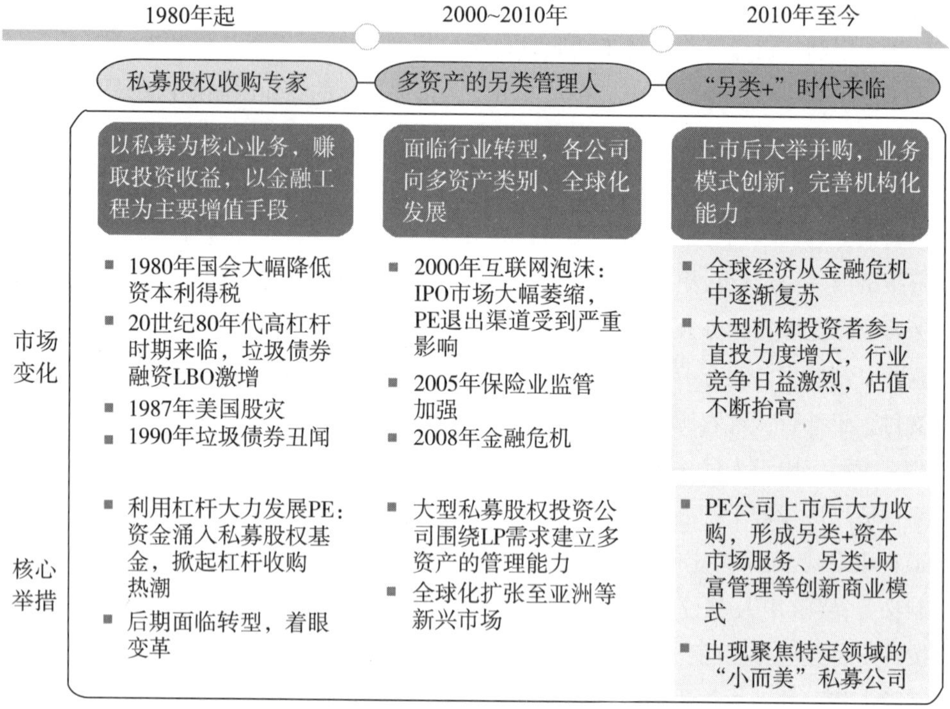

图 3.4 基金管理角色转换：从 1.0 到 3.0 时代

资料来源：麦肯锡中国银行业 CEO 季刊，2018 年秋季刊。

1. PE 专家和产品为王的 1.0 时代

在 1.0 时代，私募投资机构的定位是“私募收购专家”，GP 和 LP 之间是典型的产品驱动型（product-driven）关系。GP 依靠优秀业绩每隔几年发行一期同类基金产品，通过收购交易，为 LP 提供高投资回报，而后 GP（在管理费之外）获得 20% 的绩效分成，是 1.0 时代经典的业务模式。

2. 平台驱动型的 2.0 时代——从 PE 基金管理人到另类资产管理人

在开始于金融危机前后的 2.0 阶段，私募投资管理机构的身份转变为“多资产类别的另类资产管理人”，核心特征是平台驱动（platform driven），不断扩大 AUM、稳步提升管理费收入（fees）成了平台机构尤其是上市平台机构发展的核心目标。这一阶段有两个关键词：永续资本（permanent capital）和资产类别多元化（multi-asset class）。

一个标志性事件是大型 PE 管理公司开始寻求上市，转变为公众公司。2007 年，成立于 1984 年的黑石集团成为首家上市的 PE 管理机构。上市为其带来了永续资本，并由此改变了私募投资行业的业务模式和游戏规则。黑石得以用这些属于自己的真正长期资金进行持续投资，不断推陈出新，丰富产品线以及产品组合，大幅提升 AUM 管理规模，并逐步用这一新的业务模式替代了行业传统的以产品为导向（product driven）的业务模式。

2010 ~ 2012 年，KKR、阿波罗（Apollo Global Management）和凯雷（The Carlyle Group）等

多家 PE 管理巨头相继上市。平台型 GP 的出现,标志着美元市场上私募投资管理机构正式进入了 2.0 时代。[1]

2005 ~ 2015 年的十年间,全球大型私募投资机构除了 AUM 高速增长外,其管理的资产类别也呈现日益多元化的趋势,这使它们逐步从私募股权投资管理机构(private equity manager)转型成另类资产管理公司(alternative asset manager)。黑石几乎实现了私募股权基金、信用基金、房地产基金和对冲基金等大类资产的全覆盖,且各类资产比例基本相当。黑石因此成了全球最大的另类资产管理公司,是资产类别多元化模式的典范。

3. "另类 + "为标志的 3.0 时代

美国市场由 PE 管理机构演化而来的大型另类资产管理机构开始进入 3.0 时代,业务模式进一步演化为"另类 + ",正逐步形成"另类 + 资本市场服务""另类 + 财富管理"等创新商业模式。与此同时,行业也出现了聚焦特定领域的"小而美"的私募投资管理机构。

黑石集团的 Park Hill Group 可以说是这个时期的典型代表。设立于 2005 年的 Park Hill Group 是从黑石集团的募资部门发展而来,它不仅帮助黑石集团的各种基金募集资金,同样还给市场上其他 PE 基金、房地产基金和对冲基金等提供募资服务。截至 2020 年年底,Park Hill Group 已服务超过 350 只基金,募集总额超过 3750 亿美元。2015 年,黑石集团将 Park Hill Group 从集团剥离重组,实现了在纽交所的单独上市。

专注于软件行业投资的 Vista Equity Partners 的投资哲学是"通过增加企业价值、而不仅仅是财务杠杆来获取最大限度的投资回报"。他们有一套标准作业流程帮助所投公司与管理层合作,比如如何执行重组变革,从而推动盈利能力、提升业绩增长、提高客户满意度,更快地发布所投公司的软件产品,被称为私募股权 3.0 模式。[2] 旗下 Vista 咨询集团(Vista Consulting Group,VCG)是 Vista 投资增值的核心武器,为所收购公司提供运营咨询,提升收购公司的运营管理,从而增加所投企业的价值,此模式被称为 Vista Standard Operating Procedure(VSOPs)。

在 3.0 时代,金融危机后受沃克尔法则等约束的大型银行撤出留下市场空白,私募投资管理机构再次进入了卖方市场,开展部分与投资业务高度相关的资本市场中介服务,并将其内置化,逐步成为核心业务和盈利点。

(二)人民币基金 GP 平台化(从 1.0 到 2.0)

人民币基金市场发展的早期,由于退出渠道和流动性等原因,基本只是美元基金的从属产品,基本由美元基金管理团队按照"中餐西吃"的模式经营,即美元基金的 GP 们将美元基金的运作模式套用在人民币基金上,依靠其美元投资形成的长期业绩记录,募集人民币基

---

[1] 参见王欧:《另类资产行业 LP/GP 永恒的博弈》,载搜狐网,https://www.sohu.com/a/351698971_618347,2021 年 1 月 4 日最后访问。

[2] 参见杜秀:《Vista 私募:专注于软件投资的隐形巨人》,载钛媒体网,https://www.tmtpost.com/222744.html,2021 年 1 月 4 日最后访问。

金，并按照美元基金的运作模式实现募投管退并给投资人带来回报。与此同时，本土私募投资机构崛起，凭借人民币资金对PE基金这一个新鲜事物的热情，在Pre-IPO的历史大潮中获得了快速的发展。这种业务模式在本质上仍属于产品驱动，与美元基金市场发展初期大同小异。

2018年《资管新规》出台后，信托、银行等资金进入私募投资领域的难度越来越大，再加上人民币LP中的大部分都未能从过往的PE投资中得到预期的回报，人民币基金募集形势严峻。

市场两极分化进一步加剧，头部的基金管理人的竞争优势进一步加强，开始向更多的领域扩张，建立更丰富的产品线，逐步从1.0时代的依靠产品驱动发展到2.0时代的平台驱动，变成多资产类别的另类资产管理人。越来越多的头部机构完成了横跨创投、成长、并购、地产、夹层、母基金乃至对冲等策略的广泛产品线的布局。前十大私募股权基金管理人中，有八家涉猎两种或以上的资产类别，前六大中的每一家都涵盖2～6种资产类别。以鼎辉投资为例，鼎辉投资2002年发端于私募股权基金业务，在20年的发展中逐渐建立了横跨私募股权、创新与成长投资、地产投资、夹层投资、财富管理、证券投资六大业务板块的另类资产平台，在管资金规模1600亿元。同样地，弘毅、博裕等头部PE机构等都已经设立自己的二级市场投资平台。中信产业基金多年前即开始积极拓展多资产平台的搭建。深创投和弘毅还拿到了公募基金牌照。

高瓴更是奉行常青基金的理念，致力于成为全天候、全生命周期的投资机构，采取全阶段、跨地域的投资模式。高瓴不但横跨了一二级市场，同时覆盖了早期、VC、PE、Buyout等不同阶段，成为真正意义上的Total Capital，为被投企业提供全周期、全阶段资本和赋能解决方案。

一些头部GP（如红杉、IDG和深创投等）还相继推出了母基金产品。比如由红杉资本、国风投及数家知名互联网上市公司联合发起的星界基金，作为一只母基金，其配置策略中除直投业务外还包含了三类业务：一线知名基金作为"恒星"一般的"定海神针"，跟投及二级市场投资是起到完善生态作用的"行星"，最后优选初创黑马GP作为"卫星"陪同运转。[1]

头部GP的母基金化被认为具有以下优势：[2]

- 有利于放大管理规模，做大AUM。
- 但又可以避免AUM过大、机构化太深带来的管理边际成本。管理一只母基金所需付出的人力成本和决策压力要小于一只同体量的直投基金，同时可进一步分散投资风险。

---

〔1〕 参见耿希玉：《深度观察：一线GP的母基金化》，载母基金周刊网，https://www.fofweekly.com/index.php?s=fof_da_ka_shuo/2005.html，2021年1月4日最后访问。

〔2〕 参见耿希玉：《深度观察：一线GP的母基金化》，载母基金周刊网，https://www.fofweekly.com/index.php?s=fof_da_ka_shuo/2005.html，2021年1月4日最后访问。

- 某些细分领域(医药、新材料等),由于存在较高的认知壁垒,资源只掌握在少数“专家投资人”手中,形成了很多小而美的专业子基金,头部机构可以相对容易地募集到资金但不妨让更专业更垂直的团队帮其深挖赛道,从而节省聘请顶尖产业人才的费用。
- 如果机构内部有多只行业垂直基金需要募集,则自身母基金的存在是对各只基金的募资的一个很好补充。
- 自我LP角色的确立,使一线GP内部团队想要独立单干的Spinoff团队获得了初始资本并且保全了老东家的面子。
- 母基金灵活的投资策略,可以布局LP、直投、跟投、二手份额等多种投资手段,为日后全品类资产配置打下基础,甚至可以使机构内部的资产形成二级市场(secondary)流动性。
- 通过布局早期专精于某一领域的GP,一线机构可以在对明星项目投资份额的争抢中获得更强的先发优势和信息优势。

人民币基金已经进入2.0时代,LP挑选GP的核心标准不再是该期产品本身能否带来显著的α回报,而是该GP能否为自己带来持续的综合α回报。优秀的GP要有为LP解决资产配置需求的能力,为LP提供“一揽子”服务,反过来推动自身平台化进程。

二、PE机构上市

(一)美国

“公开上市的合伙企业”(Publicly Traded Partnerships,PTPs)[1]在美国是GP上市的常见形式。其中黑石集团2007年6月在纽交所的成功上市,被认为是GP上市的里程碑事件。

黑石期望通过上市达到一系列商业目的:

- 获得可持续发展所需的永续资本;
- 提升品牌价值;
- 获得公开交易的股票作为未来战略收购的支付工具;
- 优化员工激励机制;
- 为现有合伙人所持权益提供价值实现的途径。

黑石希望继续保留有限合伙企业的运作架构,以便维持黑石作为GP对私募基金投资决策的控制,同时维持有限合伙企业税收透明体的地位。此外,还需要避免被认定为美国《1940年投资公司法》下的公募投资公司。简言之,根据美国《1940年投资公司法》,任何面向投资大众募集的、主要从事“证券”投资、再投资或交易、持有或计划收购的投资类证券(现金类、美国国债除外)的价值超过其总资产价值的40%的公司[2]都有可能构成公募投资公

[1] 其公开发行的标的名为“普通单位”(common units),公众投资者则被称为普通单位持有人(common unit holder)。

[2] 美国法域下的“公司”一词并不仅指股份有限公司或其他公司制的实体,也包括合伙、信托及以其他形式设立的基金,因此并不等同于中国法语境下的“公司”一词。

司,从而需要满足该法下的注册要求以及其他一系列严格的监管措施。[1]

为此,黑石的律师和会计师设计了一套精巧复杂的“伞形合伙—公开交易合伙”(UP-PTP)结构,见图3.5。

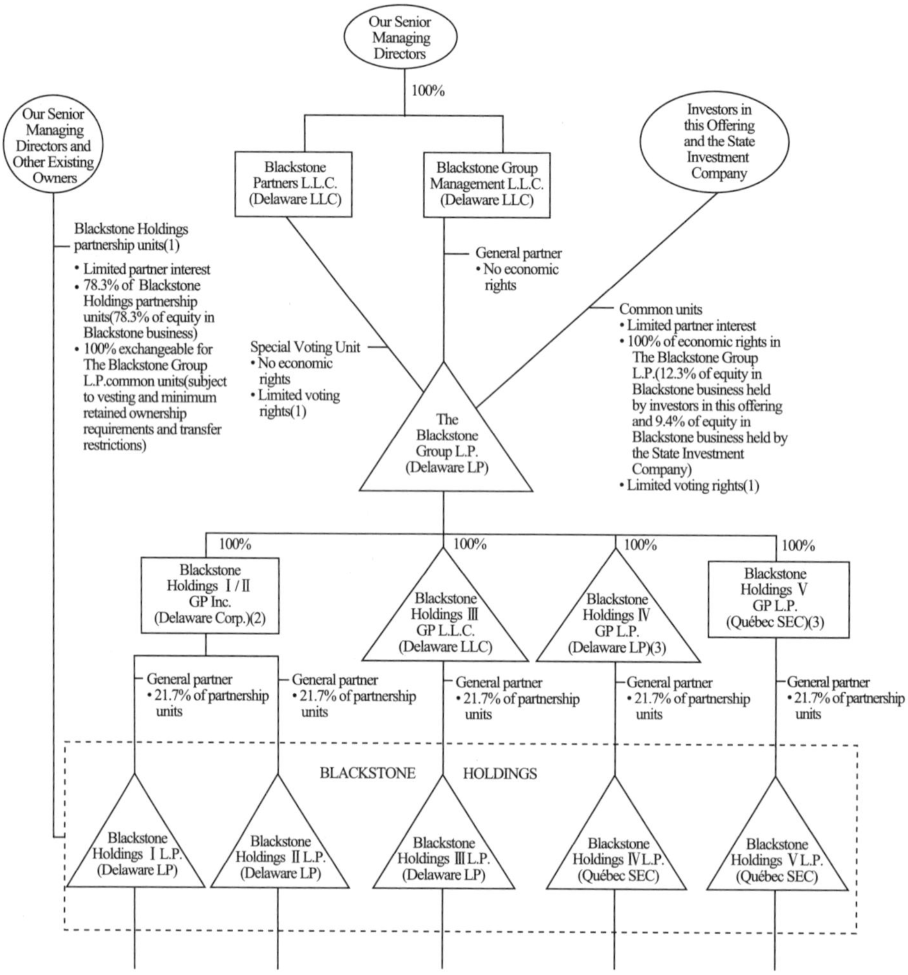

图3.5　黑石的“伞形合伙——公开交易合伙”结构

资料来源:Blackstone Group L. P. ,S－1/A表,2007年6月21日。

黑石上市采用了三层架构:

- 上市主体。黑石的上市主体是The Blackstone Group L. P.(“黑石集团”),其普通合伙人是Blackstone Group Management L. L. C。Blackstone Group Management L. L. C由黑石管理层持股并控制,黑石管理层同时通过Blackstone Partners L. L. C持有特别投票份额以控制上市主体。公众投资者持有上市主体的普通份额,虽然可以分享经济利

[1] 参见郭强、张萱:《PE基金如何入法》,载财新网,http://www.caixin.com/2012-10-22/100450184_all.html,2021年1月4日最后访问。

益,但投票权受到限制。

● 中间持股层。中间持股层包含了两家公司和两家合伙企业,并分别作为普通合伙人持有 Blackstone Holdings Ⅰ – Ⅴ五家合伙企业 21.7% 的份额。中间持股层通过将不同类型的收入归入相应的机构中以实现税务筹划和优化。

● 运营层。运营层包括 Blackstone Holdings Ⅰ – Ⅴ五家合伙企业,分别持有美国境内管理业务、根据美国联邦所得税法按照合伙制纳税的 PE 基金和房地产基金的投资项目、根据美国联邦所得税法按照公司制纳税的资产、非美国投资以及美国之外的管理业务等。黑石管理层亦同时作为有限合伙人持有运营层 5 家合伙企业的 78.3% 的份额,且该等份额可以转换为上市主体的普通份额。运营层为实际的运营实体,黑石管理层通过持有运营层的份额,实现了对运营收入的高比例分配,同时,上市主体对运营层的份额比例控制在 30% 以内(不在上市主体的合并范围之内),解决了信息披露问题,运营层及以下的信息不需要在上市主体中披露。

一家公开上市的合伙企业(PTP)通常是需要作为公司而课税的。但是,根据美国《国内税收法典》,[1] 只要确保:(1)其不会触发美国《1940 年投资公司法》下的注册义务;(2)其任何一年总收入的 90% 以上均属"合格收入"(通常包括股息、利益、资本利得等消极性收入),PTP 也可以构成税收透明体,因此从联邦税法的角度采取合伙制上市有利于投资人的税务筹划。

理论上,GP 对作为上市主体有限合伙人的公众投资者负有信义义务。但根据《特拉华州修订统一有限合伙法案》,特拉华(上市主体设立地)有限合伙企业的合伙协议可以约定扩大、限制乃至消灭 GP 对有限合伙人的义务(包括信义义务)。比如,上市主体的合伙协议中约定,如合伙协议中有"sole discretion""necessary or appropriate""necessary or advisable"等表述时,GP 有权仅考虑其希望考虑的利益(包括 GP 自身利益)和因素,且无义务(包括信义义务或其他义务)考虑上市主体或公众投资者的利益和因素。黑石在其招股书中进一步披露了合伙协议对于信义义务的修改,并认为如果不进行该等修改,GP 在处理利益冲突事项时的决策能力将受到限制。

黑石 IPO 募集资金共计 41 亿美元,从募集资金的使用方面看,基本达到了当初上市的目的。2008 年 3 月,为把握金融危机期间市场动荡和错配产生的信贷业务机会,黑石收购了拥有 100 亿美元的在管资产规模(AUM)、擅长杠杆信贷业务的 GSO 资本公司(GSO Capital Partners,GSO),收购资金即部分来自 IPO。以此为基础,黑石将不良证券对冲基金整合到该平台,创建了黑石 GSO,一举成为全球最大的另类信贷平台之一。[2]

但是随着时间的推移,PTP 结构的弊端也开始显现。由于投资范围的限制,公募基金(如多头基金、指数基金/ETF 等)无法投资于公开上市的合伙企业(PTPs),导致后者在市盈率等方面长期落后于贝莱德等。股票交易缺乏足够的活跃度和流动性,被认为是造成 PE 机

---

〔1〕 美国《国内税收法典》第 7704 节。

〔2〕 Blackstone Group L. P. Form 8 – K, filed on March 4, 2008.

构股价被严重低估的罪魁祸首(黑石认为其价值被因此而低估了30%左右)。[1]

PTP结构涉及的财务和税务问题也极其复杂。合伙人根据其在合伙企业收入、利得、损失和抵扣中的可分配比例计算其在联邦所得税下的税责(无论是否实际分配),需要持续关注其各自在合伙企业中的税基、风险基础和替代最低税基。因其程序极其烦琐而长期遭人诟病。[2]

适逢美国通过自1986年以来最大规模的税改法案,[3]黑石集团于上市12年后的2019年4月18日宣布从一家公开上市的合伙企业(Blackstone Group L. P.)改制为一家公司(The Blackstone Group Inc.),7月1日起生效,改制后结构见图3.6。

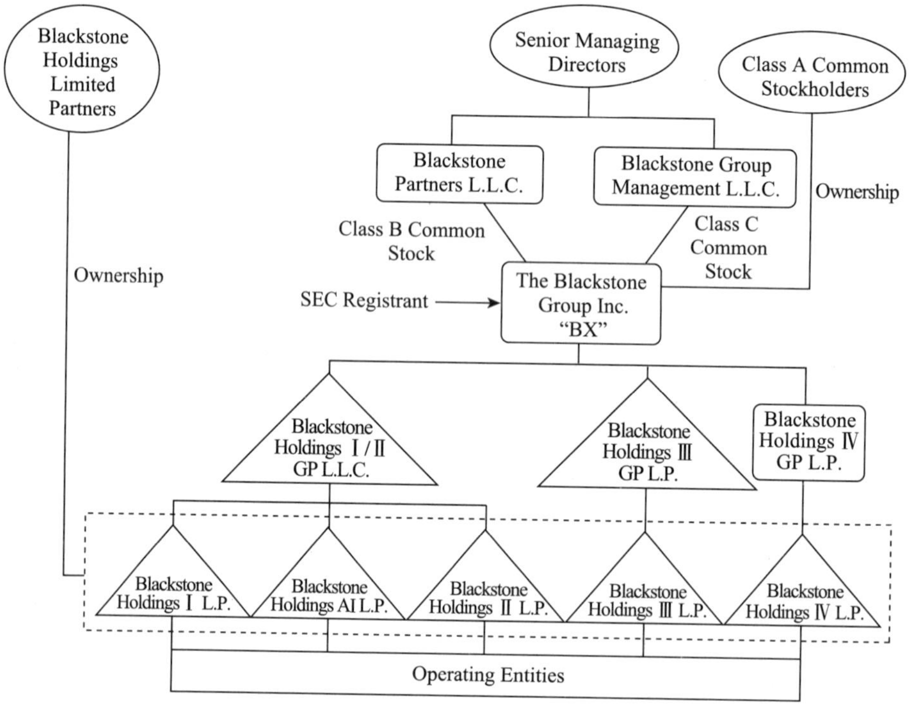

图3.6 公司化改制后的黑石结构

资料来源:The Blackstone Group Inc.,10-K表,2020年2月28日。

改制后,黑石上市主体不再是税收透明体,而需要缴纳公司税,因而总体税负会增加。但是改制前后的投资人基础大相径庭,过去能够投资于黑石合伙份额的资金规模仅有4.5万亿美元,改制后这一数字将翻倍达到9万亿美元,以多头基金、指数基金为代表机构投资人的权重上升。被CRSP、MSCI及Total Market等指数纳入,可以显著提高股票交易的活跃度和

[1] Blackstone's C-Corp Conversion, PitchBook, April 23, 2019.

[2] Dawn Drnevich and Thomas Sternburg, Publicly Traded Partnerships: Tax Treatment of Investors, The Tax Advisor, April 1, 2019.

[3] 根据2017年11月22日生效的美国《减税与就业法案》(Tax Cuts and Jobs Act),美国对累进税率、最高档税率为35%的联邦企业所得税统一采用21%的固定税率(而此前联邦企业所得税采用累进税率、最高档税率为35%);合伙企业则穿透征收个人所得税,适用最高边际税率为37%。

流动性,能够极大地释放股票价值。黑石认为与由此带来的价值提升相比,额外增加的税负水平是可以承受的。[1]

基金的投资人和上市实体的投资人之间的利益诉求有着显著差异。基金投资人的核心诉求是追求投资回报,为此愿意与管理人分享超额收益。二级市场公众投资人则更关注管理费收入的持续稳定增长。上市后的各资产管理人为了获得资本市场的青睐,不断提高收费管理资产规模(fee-earning assets),其重要性甚至逐渐超过了基金产品本身的回报率。

对于私募投资管理机构从单纯追求超额收益转向追求管理费与超额收益并重,甚至前者的重要性有日渐增加的趋势,基金投资人不是没有担心,希望 GP 们在不断做大公司规模的同时,能够避免此前其他行业曾经出现过的疆域扩张(empire building)所带来的的各种问题。但过去 20 年尤其是金融危机后全球性的流动性泛滥,使得各类投资机构不得不再次追求日渐单薄的投资收益,同时尽量减少承担的投资风险。最终基于资产配置的稳定性、配置规模的合理性以及必要的收益率等诸多因素的综合考虑,投资人不得不接受了 GP 业务模式的转变。[2] 无论如何,新的业务模式改变了管理人原本单一的勤勉尽责关系,使平台型私募投资管理机构的业务模式更复杂、更具挑战性。

(二)中国的实践

由于所处行业特殊的商业模式所致,人民币基金 PE 机构在持续经营能力上难以满足主板上市要求,走正常 IPO 通道难度较大,至今未有相关 A 股 IPO 案例。留给人民币基金 GP 们的选择只有新三板挂牌、借壳上市以及境外上市。

根据《上市公司重大资产重组管理办法》(以下简称《重组办法》)的规定,一方面,借壳上市要按照《首次公开发行股票并上市管理办法》来处理;另一方面,涉及金融、创业投资等特定行业的借壳由证监会另行规定。[3] 但是,"另行规定"却又一直没有出台。因此,如何避免触发《重组办法》、规避借壳成为人民币基金 PE 借壳上市方案设计的重点和难点。

对于借壳的认定基本基于两个条件:一是上市公司控制权发生变更;二是交易规模认定条件(2014 年《重组办法》中的资产总额单项指标,以及 2016 年《重组办法》中的资产总额、资产净额、营业收入、净利润和股份五项指标)。必须同时满足这两个条件才算借壳,反之,只要其中一个条件不满足,比如(1)购买资产和控制权变更为分两步走,先发行股份购买资产,但标的资产股东认购的股份不影响原实际控制人的地位,或签署一系列的承诺保持原控

---

[1] "Blackstone's Conversion to a Corporation", https://s23.q4cdn.com/714267708/files/doc_downloads/SupplementalMaterialsCorporateConversionv20.pdf, April 18, 2018.

[2] 参见王欧:《人民币 PE 市场是否会出现平台型的 GP?》,载财新网,http://wangou.blog.caixin.com/archives/211239,2021 年 1 月 4 日最后访问。

[3] 2014 年版《重组办法》第 13 条第 1 款规定:"自控制权发生变更之日起,上市公司向收购人及其关联人购买的资产总额,占上市公司控制权发生变更的前一个会计年度经审计的合并财务会计报告期末资产总额的比例达到 100% 以上的,除符合本办法第十一条、第四十三条规定的要求外,主板(含中小企业板)上市公司购买的资产对应的经营实体应当是股份有限公司或者有限责任公司,且符合《首次公开发行股票并上市管理办法》(证监会令第 32 号)规定的其他发行条件;上市公司购买的资产属于金融、创业投资等特定行业的,由中国证监会另行规定。"

股股东的实际控制权;或者(2)虽然取得控制权,但标的资产财务数据小于上市公司财务数据,就可能避免被认定为借壳。

1. 九鼎模式〔1〕

2014年4月29日,北京同创九鼎投资管理股份有限公司(现已更名为同创九鼎投资管理集团股份有限公司,以下简称九鼎集团)完成了在新三板的挂牌,成为首家挂牌新三板的私募机构,并用不到3个月的时间,通过定增募资约58亿元。〔2〕 由于缺乏畅通的直接转板机制,九鼎集团上市意味着需要停止挂牌,走上漫长而极不确定的IPO审批之路。

2015年5月,九鼎集团通过在江西产权交易所共计82轮的竞价,以41.5亿元〔3〕收购中江地产(600053.SH)母公司中江集团100%的股权,从而间接持有上市公司72%的股份,成为中江地产控股股东。

2015年12月,中江地产以9亿多元现金买下了九鼎集团的PE资产昆吾九鼎,上市公司也更名为九鼎投资。由此九鼎成功将PE业务注入上市公司,成为登陆A股的第一家PE机构(交易结构见图3.7)。交易价款的支付通过借款和分期付款完成,而未采取更普遍的换股方式(发行股份购买资产并募集配套资金),因此未经证监会重组委审核。〔4〕

从单纯的技术角度而言,九鼎投资实施的重大资产重组,在当时的法律规定中不构成借壳上市:

- 重大资产重组前,上市公司和昆吾九鼎同被九鼎集团实际控制,因此重组前后实际控制人没有发生变化;
- 资产重组过程中对昆吾九鼎以资产基础法估值,〔5〕交易金额为9.1亿元,并未

---

〔1〕 详见张桐源:《九鼎上市始末》,载《法律与新金融》2016年第6期。

〔2〕 2014年4月23日,九鼎集团以610元每股的价格向138名投资者(包括7名原股东)增发580万新股,募集资金35.37亿元。在6月23日发布又定增预案,"主要为增加公司资本金,壮大公司资本实力",拟定向增发募资22.5亿元。2014年的两次定增金额达58.87亿元。参见张桐源:《九鼎上市始末》,载《法律与新金融》2016年第6期。

〔3〕 比资产评估价值高出23.2亿元,外加10亿元债务,九鼎集团为该项交易总计付出50多亿元。参见张桐源:《九鼎上市始末》,载《法律与新金融》2016年第6期。

〔4〕 2014年版《重组办法》出台时,取消了对不构成借壳上市的上市公司重大购买、出售、置换资产行为的审批,取消要约收购事前审批。之后,上交所发布了《关于落实非许可类并购重组事项信息披露相关工作的通知》,并开始对前述事项进行审查。因此,重大资产购买只需要交易所审核,但发行股份购买资产需要证监会重组委审核;发行股份购买资产并募集配套资金时,募集配套资金不超过交易金额的100%也由重组委审核。

〔5〕 资产基础法是地产行业、金融行业普遍采用的方法,但是评估中昆吾九鼎的长期股权投资并未形成较大增值,最终只作价4.6亿元,而其他资产价值更多的采用的是账面价值而非重置价格,导致2014年净利润将近2亿元的昆吾九鼎只值9.1亿元。如果按照市场法采用金融行业普遍15~20倍的P/E计算,就会超过25亿元。如果按照收益法进行估值,昆吾九鼎的净利润近3年成倍增长,所以即使给一个较高的贴现率,也很有可能超过25亿元,因此九鼎只能以市场缺少相关并购案例因而无法估计市场平均水平和投资行业收益不稳定因而收益法不太适用为理由,最终采用资产基础法,同时又大量采用了账面价值,很难说做到了充分合理的估计。对于上市公司收购,监管机构关注的往往是收购价格是否过高、是否侵害股东利益,而优质资产以较低价格买入反而不构成关注的焦点。

高于中江地产上一年合并报表的总金额25亿元。

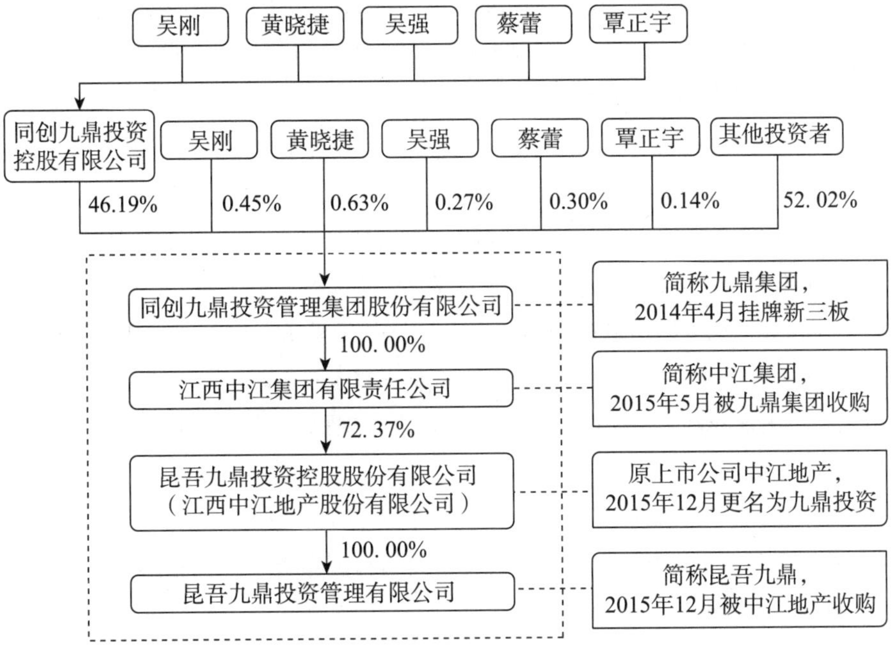

图 3.7　九鼎交易

资料来源:张桐源:《九鼎上市始末》,2017 年 6 月 22 日。

九鼎集团新三板挂牌不仅完成了境内私募机构上市的里程碑,同时还开创了私募机构融资与私募投资基金投资人退出的新模式(见图 3.7)。在九鼎集团 2014 年 4 月 23 日公告的《股票定向发行情况报告书》中,载明了九鼎集团当时新增的注册资本不超过 579.799 万元,每股价格 610 元,新增股东以其持有的九鼎集团所管理的基金份额作为出资。而在该次发行完成后,九鼎集团在其所管理的私募基金中的实缴出资也由 2 亿元增加至 39 亿元。这一所谓“基转股”新模式为当时受困于资本市场退出不畅的投资人提供了新的退出途径,也为当时国内其他私募机构提供了上市与投资人退出“双赢”的美好愿景。对于前景不明朗或周期很长的基金项目,基金投资人可以选择将其所持基金份额转为私募机构股权,通过放弃该基金项目可能产生的高收益,转而作为股东获得较为稳定的分红权和资本溢价,并且可以将获得的股份挂牌出售,从而实现退出。但是,这样的操作会造成私募机构管理的资金比例下降而自有资金比例提高,显然不符合投资管理为主业的精神。

2015 年先后有中科招商、硅谷天堂、同创伟业、天图资本等 20 多家私募机构纷纷登陆新三板。新三板市场上私募基金管理机构频繁融资,融资金额和投向引起了社会的广泛关注。证监会于 2015 年 12 月下旬口头通知暂停了私募机构挂牌新三板。

全国中小企业股份转让系统有限责任公司(以下简称全国股转公司)于 2016 年 5 月 27 日发布了《关于金融类企业挂牌融资有关事项的通知》(股转系统公告〔2016〕36 号),在现行挂牌条件的基础上,对私募基金管理机构新增 8 个方面的挂牌条件(以下简称《私募新八

条》),包括:

(1)管理费收入与业绩报酬之和须占收入来源的80%以上,意在促使私募机构回归投资管理的主业。按照监管层的意图,私募机构的主要收入应当来源于管理费和业绩报酬,而不是进行直接或间接投资获利。[1]

(2)私募机构持续运营5年以上,且至少存在一只管理基金已实现退出。

(3)私募机构作为基金管理人在其管理基金中的出资额不得高于20%。

(4)私募机构及其股东、董事、监事、高级管理人员最近3年不存在重大违法违规行为,不属于中国证券基金业协会"黑名单"成员,不存在"诚信类公示"列示情形。

(5)创业投资类私募机构最近3年年均实缴资产管理规模在20亿元以上,私募股权类私募机构最近3年年均实缴资产管理规模在50亿元以上。

(6)已在中国证券基金业协会登记为私募基金管理机构,并合规运作、信息填报和更新及时准确。

(7)挂牌之前不存在以基金份额认购私募机构发行的股份或股票的情形;募集资金不存在投资沪深交易所二级市场上市公司股票及相关私募证券类基金的情形,但因投资对象上市被动持有的股票除外。

(8)全国股转公司要求的其他条件。

2017年10月27日,全国股转公司进一步发布了《全国中小企业股份转让系统有限责任公司关于挂牌私募机构自查整改相关问题的通知》(股转系统发〔2017〕1394号),规定对未满足整改要求的私募机构强制摘牌。对于全国股转公司这一强制要求,九鼎集团等选择通过注销私募管理人登记、剥离私募业务的方式避免因为整改不过关而被强制摘牌。而未主动选择注销亦未整改成功的管理人,则存在被适用了强制摘牌措施的例子。

《私募新八条》出台后,挂牌难度增大,挂牌后融资受限,PE机构挂牌新三板的意愿不强。在新规出台以后,私募机构股票增发募资活动骤冷,2016年成功实施增发的仅有四家私募机构,而在新规规定的整改期限后,仅雷石集团一家私募机构成功实施增发计划,而2015年则有多达15家私募机构成功实施增发,融资总额高达183.46亿元。

九鼎借壳上市后,证监会紧锣密鼓对《重组办法》做了修订。2016年9月证监会公布的修订后的《重组办法》堪称严谨。在借壳交易上,主要针对交易规模认定标准和事后问责机制两个问题进行了修正。在交易规模认定指标方面,《重组办法》从原有的资产总额单项指标调整为资产总额、资产净额、营业收入、净利润和股份五项指标,只要其中任一指标达到100%,就会被认定符合交易规模要件;除量化指标外,还增设了主营业务根本变化

[1] 九鼎集团2015年私募股权投资管理业务收入为5.63亿元,仅占其集团营业总收入的22.29%。监管层可能并不希望其他私募机构复制这种经营模式。

的特殊指标。[1] 另外,细化了追责条款,如果发现某公司在实施规避借壳上市审核的行为,交易尚未完成的,证监会可以责令上市公司补充披露相关信息、暂停交易并按照规定报送申请文件;交易已经完成的,可以处以警告、罚款,并对有关责任人员采取市场禁入的措施。构成犯罪的,依法移送司法机关。

在去杠杆、股票质押危机以及宏观经济的叠加影响下,上市公司控股权的价格逐步进入底部区间。2018 年年底,监管机构鼓励私募股权基金通过参与非公开发行、协议转让、大宗交易等方式,购买已上市公司股票,参与上市公司并购重组。2018 ~ 2019 年迎来了一波 PE 借壳上市的行情,如远致富海借壳麦捷科技、基石资本借壳聚隆科技、东方富海借壳光洋股份等。

2. 香港上市

2018 年 11 月 13 日,上海瑞威资产管理股份有限公司(以下简称瑞威资管)于港交所主板正式挂牌交易(股票代码 1835),成为首家取得证监会关于核准发行境外上市外资股的私募基金管理公司。

招股说明书披露,瑞威资管成立于 2010 年 1 月 12 日,2014 年 5 月 4 日在基金业协会完成基金管理人登记,[2] 注册资本人民币 1.1 亿元。公司专注于不动产投资基金管理,是国内第十大不动产投资基金管理人。在管理的基金类型上,其主要管理两大类基金,即项目基金及母基金。项目基金为专门项目设置,存续期限通常为 15 ~ 48 个月;母基金灵活性较高,可于不同阶段投资于各母基金指定投资范围内的不同项目,存续期限通常为 36 ~ 60 个月。截至最后实际可行日期,瑞威资管一共管理 10 只项目基金和 6 只母基金,管理资产总额约为人

---

[1] 2016 年版《重组办法》第 13 条第 1 款规定:上市公司自控制权发生变更之日起 60 个月内,向收购人及其关联人购买资产,导致上市公司发生以下根本变化情形之一的,构成重大资产重组,应当按照本办法的规定报经中国证监会核准:

(一)购买的资产总额占上市公司控制权发生变更的前一个会计年度经审计的合并财务会计报告期末资产总额的比例达到 100% 以上;

(二)购买的资产在最近一个会计年度所产生的营业收入占上市公司控制权发生变更的前一个会计年度经审计的合并财务会计报告营业收入的比例达到 100% 以上;

(三)购买的资产在最近一个会计年度所产生的净利润占上市公司控制权发生变更的前一个会计年度经审计的合并财务会计报告净利润的比例达到 100% 以上;

(四)购买的资产净额占上市公司控制权发生变更的前一个会计年度经审计的合并财务会计报告期末净资产额的比例达到 100% 以上;

(五)为购买资产发行的股份占上市公司首次向收购人及其关联人购买资产的董事会决议前一个交易日的股份的比例达到 100% 以上;

(六)上市公司向收购人及其关联人购买资产虽未达到本款第(一)至第(五)项标准,但可能导致上市公司主营业务发生根本变化;

(七)中国证监会认定的可能导致上市公司发生根本变化的其他情形。

[2] 不同于国内主流的私募股权基金管理人或私募证券基金管理人,瑞威资管在基金业协会登记的机构类型为其他私募投资基金管理人,截至 2020 年年底备案了 27 只基金产品。

民币 44.53 亿元。

作为私募基金管理人,瑞威资管的收益主要来自向项目基金和母基金收取的费用,由固定管理费和浮动绩效(后端收益)组成。基于招股说明书披露,瑞威资管的主要收入来源是固定管理费,并且在收入占比中持续增高,绩效收入在同期总收入中占比不断下降。

募资款项用途方面,瑞威资管拟将 60% 用于设立新母基金,30% 用于设立新附属公司及扩大分支机构,10% 拟用于营运资本及一般企业用途。

瑞威资管选择了 H 股的上市路径,上市主体为注册成立于中华人民共和国境内的股份公司。H 股一个明显的劣势在于其缺乏流动性的退出渠道。通过 H 股发行可以实现境外上市的仅限于增量发行的新股,而对于存量老股而言,除了外资身份的股东可以在发行时通过个案审批取得证监会批准的流通权以外,其他大部分老股股东无法通过 H 股发行实现流通上市。目前,"全流通"仍处于试点初期,绝大部分 H 股公司尚未取得"全流通"通道。另外,H 股上市后,境内公司将变为中外合资企业。尤其对于该等中外合资的 PE 机构下辖的私募基金,由于其股权穿透后的外资成分,在后续项目投资时可能涉及外商投资的负面清单准入限制。

3. 美国上市

2018 年 6 月 5 日,私募股权基金管理人基岩资本向美国证券交易委员会(U. S. Securities and Exchange Commission,以下简称美国证监会)递交了招股说明书(F1),谋求在纳斯达克主板上市并成为第一家在美国上市的中国 PE 机构。[1] 基岩资本此次 IPO 拟募集资金不超过 7000 万美元,约合人民币 5 亿元,所募集资金将用于支持现有业务的扩张和公司治理层面,包括加大对人才招聘、销售以及市场等活动的投入。招股书显示,截至 2017 年 9 月 30 日,基岩资本资产管理规模约为 2.62 亿美元。同时,2017 年 9 月 30 日前 6 个月的营业收入为 576.73 万美元,主要收入来源于未实现绩效费,占到 50.93%。

三、代际传承

代际传承正在成为诸如黑石、凯雷、KKR 等全球私募巨头最关心的问题之一。这些成立于 20 世纪 70～80 年代私募巨头的创始人纷纷步入了"花甲""古稀"之年,为了继续保持品牌影响力、维护投资者关系、保证投资项目的质量等原因,这些私募巨头都开始考虑寻找合适的接班人,考虑如何完成代际传承。GP 的代际传承主要面临以下的问题:

- 对于创始人而言,代际传承应该是一项自上而下由其发起并认可的程序,创始人如何体面地退出,其经济利益、对于 GP 的持续影响力等如何得到保护,都应该被考虑到;
- 对于第二代管理层而言,如何有效地通过经济利益、内部权力划分等对其实施激励至关重要;

---

〔1〕 基岩资本招股书参见 NASDAQ 网,https://secfilings.nasdaq.com/filingFrameset.asp?FilingID=12798148&View=html(2019 年 10 月后未更新)。

- 对于GP机构本身而言，如何设计架构，保证内部运行的可持续稳健运行，维护好投资者关系，甚至未来的资本运作（如IPO）等，都是不可忽视的问题。

基于前述考量因素，代际传承逐渐形成了如下几种模式：

1. 创始人直接退休

直接退休是最简单的一种方式，创始人将不再对退休后所投项目或所募基金的绩效分成（carried interest）享有权利，并且其在公司治理层面的权力也将同步终止。直接退休的优势与劣势如下：

➢ 优势：该方式简单明晰，能够在创始人与第二代管理层之间切分明确的经济利益与治理权限，有效避免创始人与第二代管理层之间的利益冲突和竞争。

➢ 劣势：直接退休可能并非一项现实的操作方式，特别是对于那些创始人投入大量精力并拥有极大话语权的私募机构。并且，直接退休将对投资者关系维护产生破坏性影响，特别是对正在募集中的私募基金。此外，对于第二代管理层而言，直接“继承”一家私募机构可能并不能对其产生足够的激励，反而可能使其产生惰性。

2. 创始人逐步退休

逐步退休，是指创始人有明确的计划，以在该计划的期间内逐步过渡，并按计划向第二代转移经济利益和治理权限。比如，创始人在过渡期内，逐步减少其能够分享的绩效分成和管理费比例，相应私募基金的投资决策委员会在过渡期内引入第二代管理层进行决策并逐步加大第二代的话语权和决定权等。逐步退休的优势与劣势如下：

➢ 优势：经济利益与治理权限的逐步让渡能够更好地反映创始人与第二代管理层之间的角色转换，并对第二代管理层产生足够的激励，同时亦能避免创始人与第二代管理层之间的潜在利益冲突。逐步退休能够更好地维护投资者关系，以确保第二代管理层与投资者之间能够建立足够的信任。

➢ 劣势：对于创始人而言，很难有一个逐步退休的计划，特别是针对那些虽然年龄偏大，但仍然精力充沛、活跃于一线的创始人。对于第二代管理层而言，如何在过渡期内从竞争者中胜出将是一大问题，部分潜在接班人可能因为胜出机会渺茫而选择离开。

3. 资本运作退出

创始人持有的权益可能通过第二代管理层并购、二级市场退出、第三方投资者购买等方式退出。资本运作退出的优势与劣势如下：

➢ 优势：资本运作退出的方式与直接退休和逐步退休相比，能够更加清晰明了地实现各方权利义务的划分。

➢ 劣势：资本运作退出方式比较费时费力，需要占用私募机构整体团队较多的时间。如第二代管理层没有足够的资金，需要寻求第三方资金的协助或者引入少数权益的财务投资者。投资者在尽职调查的过程中会更加关注私募基金内部的利益安排，也可能通过投资协议等约定对第二代之间的权利和利益分配产生较大影响，因其害怕其所看重的相关人士没有足够的动机为相应私募基金的成功而尽力。

2007年6月,黑石(NYSE:BX)率先完成了上市,上市后,当时已过80岁的创始人之一Peter Peterson退休并套现了部分黑石股票,税后现金收入超过10亿美元。这相当于将管理公司的未来收益证券化,对于公司的创始人来讲,的确不失为一种理想的退出方式,但对于年轻合伙人的激励效果可能未必理想。长远来看是否有利于管理人和投资人的利益一致化也还存疑。因此,比起管理公司上市,基金上市可能是对利益相关方都更有利的解决方案。[1]

2017年10月25日,另一上市私募巨头凯雷集团(NASDAQ:CG)宣布联合创始人David Rubenstein和William Conway(David Rubenstein和William Conway当时都为68岁)计划从2018年1月1日起,将日常运营交给当时50岁的凯雷老将Glenn Youngkin和2013年从华平加盟的副首席投资官、当时52岁的Kewsong Lee。虽然退出了日常运营,但创始人们仍然持有凯雷的大量股票,David Rubenstein截至2020年1月1日持有4700万股(持股占比约为13.5%),William Conway截至2020年5月6日持有3650万股,而接班人Glenn Youngkin截至2020年5月1日持有818.7万股、Kewsong Lee截至2020年2月10日持有265.2万股。

与凯雷的一步到位有所不同,KKR(NYSE:KKR)在代际传承上显得更加谨慎。2017年7月,KKR提拔了两名新一代高管,两位新人Joseph Bae和Scott Nuttall担任全球联席总裁兼全球联席COO,更多地负责日常运营。而两位年过70岁的创始人Henry Kravis和George Roberts则继续担任联席主席和联席CEO,更多关注投资者关系。

可见,即使是在成熟市场上,私募投资管理机构的业务模式升级换代也经常伴随着转型的痛苦,往往需付出很大的代价。从结果来看,一个有趣的事实是,美国市场上成功完成转型的管理机构都有一个共同点:标志性的强势创始人仍在位,经过几十年的发展,这些创始人在公司内一言九鼎,其卓越的眼界、敏锐的战略布局和令人叹服的业绩记录都使他们在公司内居于无可挑战的领袖地位。无论转型可能带来的阵痛和人员震荡有多大,这些创始人都能够凭借坚定的意志和雷厉风行的执行力使公司完成转型和升级。这似乎是完成公司转型的必备条件;反之,几家同样业绩表现卓越但选择保持传统业务模式的私募管理机构,其当家人往往已经经历了一次甚至几次迭代,目前的掌门人更多地以职业经理人的心态看待公司的发展。[2]

在美元基金中,合伙人制度是大型私募投资机构得以蓬勃发展的另一个基石。拿行业巨头凯雷集团来说,它的三个创始合伙人中,David M. Rubenstein主要负责融资和维护投资关系,William E. Conway负责投资,Daniel A. D'Aniello主要负责公司的地产业务,对其他业务介入不多,在行业内知名度相对较低。但在凯雷30年的发展历程中,三人始终是平等的合伙人,利益始终保持一致。这种关系,既是制度,更是文化。相对而言,在国内私募投资机构

---

[1] Private Equity International, *Permanent Capital Revisited*, April 20, 2006.

[2] 参见王欧:《人民币PE市场是否会出现平台型的GP?》,载搜狐网,https://www.sohu.com/a/340204275_618347,2021年1月4日最后访问。

的创始团队里,较少有这种长期的合伙团队,长久保持信任和利益一致。很多私募投资机构都逐渐演变成由单一甚至绝对的“领导者”带领。这种合伙文化的相对薄弱,也阻碍了国内投资机构平台化的努力。

人民币基金中越来越多的管理机构开始关注合伙人文化的缔造。红杉资本管理合伙人沈南鹏最近谈到,合伙人文化是一家机构基业长青最重要的因素。这一文化激励整个创始团队萌发出一种使命感,在中国推动一批顶级的高成长的新经济企业取得成功。代际传承可能还不是大多数人民币基金管理机构的急迫问题,打造合伙人文化可能是确保人民币基金管理机构永葆青春的关键。

/第五节/

GP 少数权益交易及 GP 权益基金

随着私募基金行业的不断发展,GP、管理人或者其上的直接或间接持股公司也逐渐成为投资者[1]的投资目标之一,此类交易统称“GP 少数权益交易”。而随着 GP 少数权益交易从少到多、从偶发到常规、从战略投资到财务投资的趋势,私募基金市场上逐渐出现了以 GP 少数权益交易为其投资策略和目标的专门基金,该等基金即“GP 权益基金”(GP stake funds),也称为管理人之基金(funds of managers)。

一、GP 少数股权交易概况

GP 和管理人的核心业务即私募基金投资管理、资产管理,此类业务专业性极强,并往往受制于相关法域的金融监管,金融监管对于 GP、管理人等此类专业机构的控制人和主要出资人通常也设定较高条件和要求。因此,GP、管理人或其控股股东出售会导致控制权变更的大量权益的行为比较少见。但是金融监管对于持有少数权益的出资人的监管则通常较为宽松,对于 GP、管理人等出让少数股权设置条件较少,这就为 GP 少数股权交易成为一种常规业务模式提供了有利条件。

GP 少数权益交易在国际市场上早非新鲜事物。早在 2001 年,CalPERS(California Public Employees' Retirement System,加州公务员退休基金)收购了凯雷 5.5% 的股份,该交易被视为收购 GP 少数权益的一项里程碑交易。此项投资为凯雷补充了当时急需的资金,也为 CalPERS 带来了其作为一般私募基金的 LP 所不能获得的直接和间接收益,包括更多的项目跟投机会、对底层资产信息的清晰把握以及凯雷的管理资产规模的增长所带来的超额收益。又如,2007 年,在黑石上市前,中投通过其全资子公司北京万德福投资有限责任公司,以 30 亿美元收购黑石上市主体 Blackstone Group L. P. 的 9.9% 的无表决权的普通股[2],在黑石

---

[1] 为避免混淆,本节中以“投资者”指代投资于 GP 少数权益的投资人,以“投资人”指代私募基金的投资人。

[2] 更多黑石上市内容请见本书第三章第四节第一部分。

上市后，中投于2018年实现从黑石退出。中投的该笔交易被视为中国主权财富基金投资多元化的一项代表性交易。

早期GP少数权益交易主要由单一投资者主导，该等单一投资者通常是与被投资的GP和管理人有长期合作关系的机构投资者（如主权财富基金、养老基金）。这些机构投资者在日常业务中经常需要接触大量的GP和管理人，熟稔投资基金的管理运作模式，其与GP及管理人的长期合作奠定了收购GP权益的可能性和便利性。

通过收购GP权益，单一投资者可以达到获取投资回报、丰富自身投资策略、扩大客户群和拥有专业投资人员等目的。但是单一投资者以自有资金进行投资，逐个收购GP及管理人的交易成本高，其可用投资金额也限制了分散投资目标的可行性。因此，市场上逐渐出现了以投资GP权益为主要投资策略的私募投资基金——GP权益基金。

经过多年发展，GP权益基金市场已经初步形成3个细分市场：以过去10年间募资额为标准，头部市场聚焦募资额80亿美元以上的大型GP，中部市场面向募资额15亿~80亿美元的GP，新兴市场面向募资额5亿~15亿美元的GP以及新近从既存GP中分立出来的团队。[1] 截至2020年，大型GP的少数权益交易已形成3家专业买家为主的格局，这3家买家均为专业的GP权益基金发起人，即路博迈旗下的Dyal Capital Partners、黑石旗下的替代资产管理业务分支——Blackstone Strategic Capital以及高盛旗下的AIMS Group（Alternative Investments & Manager Selection Group）。[2] 而中部市场GP的少数股权交易市场尚未形成少数买家主导的格局，一些专门买家（如Investorcorp）正在聚焦开拓这一领域，同时大型买家（例如Dyal Capital Partners）也在往这一领域下沉。[3]

二、GP少数权益交易的主体

（一）主要卖方

GP少数权益交易的卖方多是私募基金的发起人、GP、管理人及其创始人、控制人等。卖方出售GP和管理人少数股权主要可能出于以下原因：

1. GP、管理人业务发展的资金需求。随着投资策略和资产类别的增加，以及发起人募集管理的私募基金的种类和数量都不断增加，GP及管理人对其在管私募基金的跟投认缴出资也在增加。为了满足GP对在管基金实际出资的需求，GP及管理人可能通过向第三方出售

---

〔1〕 The GP Staking Competitive Landscape, PitchBook, November 3, 2020.

〔2〕 参见Staff Writer, "GP stakes update: Who owns what?", https://www.privateequityinternational.com/fund-of-firms-who-owns-who/?utm_source=sailthru&utm_medium=email&utm_campaign=7，2021年1月24日最后访问；Christ Witkowsky, "Investcorp closes second GP stakes deal out of fledgling group", Private Equity International, https://www.privateequityinternational.com/investcorp-closes-second-gp-stakes-deal-out-of-fledgling-group/?utm_source=sailthru&utm_medium，2021年1月24日最后访问。

〔3〕 参见Christ Witkowsky, "Investcorp closes second GP stakes deal out of fledgling group", Private Equity International, https://www.privateequityinternational.com/investcorp-closes-second-gp-stakes-deal-out-of-fledgling-group/?utm_source=sailthru&utm_medium，2021年1月24日最后访问。

或增发其自身权益而获得融资。另外,GP 和管理人如果进入新的领域、地域或市场发展,往往也需要大量资金进行基金募集完成之前的前期开拓,例如雇用专业领域人才、扩大业务规模、启动新地域团队,此时 GP 和管理人也有较大动力引入新投资者以获得资金。

2. 创始人退休及代际传承的资金需求。早期成立的 GP 及管理人随着时间的推移开始面临创始人退休和代际传承的问题,对于 GP 及管理人这一小众市场来说,除通过内部渠道解决创始人退出资金问题外,通过引入外部投资者获得大量资金以促使创始人退出也是可行途径之一。

3. 从其他途径获得资金不确定性较大、成本较高。如本章第四节提到的,私募机构上市面临多种困境,让渡少数权益的方式可以在保持控制权以及避免上市困境的前提下获得资金。又如,某些市场中 GP、管理人获得借贷资金可能成本较高,创始人个人资产不足以提供担保,或受到金融监管的限制,在此类情况下,引入第三方投资者获得资金是借贷的更好替代方式和补充方式。

4. 获取与专业买家交流经验和交换资源的机会。GP 少数权益交易的专业买家,例如 GP 权益基金、主权基金或其他专业机构投资者,其本身或其受托人、管理人多为资源丰富的专业机构。引入这些专业机构作为权益持有人,可以促进专业机构作为被投管理人的股东与被投管理人在后台运营、项目投后服务及退出等方面的交流,也可能给双方带来募集资源、经营网络、投资战略等方面的合作和整合机会。例如,发起人在进入一个新的地理区域或严格监管法域募集基金时,往往倾向于为管理人和 GP 引入当地第三方投资者。

(二)主要买方

与其他投资交易类似,收购 GP 及管理人少数权益的投资者包括战略投资者和财务投资者。在接受外部投资者的投资时,GP 和管理人将根据自己的商业诉求和具体情况而选择不同的投资者。

1. 战略投资者

一般而言,战略投资者可能会出于扩充自己的产业规划而投资其他 GP 和管理人。而被投资的 GP 和管理人接受战略投资者的资金,往往可给自身带来更多的资源支持,如战略投资者融合其他产业之后的协同效应,从而为 GP 及管理人提供潜在的投资人或性价比更高的第三方服务机构。但是,与财务投资者相比,战略投资者可能相对长期持有 GP 及管理人权益,并要求更多的参与决策的机会,GP 及管理人可能需要放弃一部分管理权或控制权以吸引战略投资者。鉴于战略投资者的以上特点,更希望引入战略投资者的 GP 和管理人大多是,处于上升期的中小型 GP 和管理人,需要长期资金和其他资源支持的 GP 和管理人,或者是与特定战略投资者协同性较高的 GP 和管理人。

2. 财务投资者

财务投资者往往不会长期持有 GP 及管理人的权益,相比于战略投资者,对 GP 及管理人的话语权和决策权要求相对较低。但是,鉴于财务投资者短期持有 GP 及管理人权益往往要求较高的投资回报,GP 及管理人可能受制于短期的业绩压力。因此,财务投资者可能适合不希望让渡控制权的、比较成熟的GP及管理人。例如，为了代际传承目的融资的GP及管理人往往更青睐财务投资者。多数GP权益基金可能属于GP少数权益交易的财务投资者，GP权益基金的更多内容请见本节第四部分。

三、GP少数权益交易的重点问题

受限于GP及管理人的业务模式、收益特点等因素，在投资GP及管理人少数权益的交易中，交易双方可能对某些投资条款予以特别关注，兹举例如下。

1. GP少数权益的估值和定价

GP及管理人的少数权益交易中，基于GP及管理人的估值而确定投资对价是十分重要的问题。相较于对实业企业的估值，对GP及管理人的估值需要考虑其行业特性。GP及管理人的主营业务在于发起、设立和管理私募投资基金，其收益较大程度受制于基金的募集、投资和运营情况。因此，不仅需要对GP及管理人的在管基金的投资和收益情况予以考虑，还应考量GP及管理人发起后续基金的能力并对今后可能发起并运营管理的其他类型私募基金情况进行预测。

GP及管理人少数权益的估值和定价需要投资者和GP及管理人在相关尽职调查的基础上确定，并可能采用市场法、收益法、成本法等多种不同估值方法。例如，采用市场法时，参考市场上可比GP及管理人出售少数权益交易中的交易价格、GP及管理人所处的发展阶段和市场乘数等因素。又如，采用收益法，在计算GP及管理人的未来现金流及终值折现至相应估值日的企业价值时，需特别考虑GP及管理人在管基金的预期未来收入以及预期未来发起设立的其他基金。为计算GP及管理人的相应未来现金流，可能需要考虑多种因素，包括GP及管理人的历史业绩、相关基金投资领域的产业发展和监管环境、GP及管理人的预期未来收入（包括管理费、绩效分成和项目投资收入等）、成本、税费等。

2. 投资方的尽职调查能力和评价机制

鉴于GP和管理人业务的特殊性，GP少数权益交易的买方需要有综合、全面的尽职调查能力，建立对GP和管理人的评价标准、模型和机制，或者需要借助具备该等能力的中介机构辅助交易。买家中的GP权益基金的管理人，在这方面有特殊优势，其不仅审查被投资GP和管理人设立的各只基金和具体投资项目，并且能够建立综合评价体系评估GP及管理人的投资团队、机构化管理、企业文化、投资者关系、人才保留与激励、品牌影响等因素。

3. GP和管理人对其少数权益持有人的收益分配

此类交易中，投资者回报将主要来源于GP及管理人的管理费、绩效分成和项目投资收入。管理费是管理人最稳定的收入，投资者在投资文件中，可能需要针对管理费收取时间的不同（比如季付、半年付或者其他付款周期）相应明确管理费收入的分配时间。尽管投资者获得管理费分配的时间一般要在交割时间之后，但其也可能要求管理费收入的计算要从更早日期开始，比如从其决定投资GP及管理人时所依赖的GP及管理人的财务报表日期起算。

针对绩效分成和项目投资收入，投资者可能会基于GP及管理人在管基金的收益分配方式，约定其从GP或管理人获得分配的时间和限制条件。例如，GP的在管基金是采用单个项目分配模式(deal-by-deal waterfall)的,GP可能会在基金期限的较早时间即收到绩效分成收入,但在确定投资者从GP获得相应分配时,GP仍需考虑到后期存在普通合伙人回拨(GP clawback)的可能性,从而要求推迟投资者获得分配的时点、要求留存一定比例的分配以做拨备或者以合同义务强化投资者相应的分配返还义务。

4. 少数权益持有人的权利

GP及管理人出售少数权益,一般不会导致GP和管理人控制权的变更,尤其是在买家是财务投资者的情况下,财务投资者可能不要求参与GP及管理人的日常运营,GP及管理人甚至可以要求投资者持有的权益仅限经济权利而不附有表决权。

但投资者出于保护自身权益的目的,仍可能要求某些非经济利益的权利,包括对财务信息和投资决策的知情权,GP及管理人的董事会(或类似决策机构)席位或董事会观察员席位,或在GP及管理人的某些事项上的一票否决权(如对投资者权益有负面影响的资本重组、增发新股、合并或公开发行)。

5. 关键人士

GP和管理人管理运营私募基金的成功与否极大程度上取决于关键人士的能力、忠诚和勤勉程度。如果发生关键人士事件,则可能对GP及管理人的在管基金产生重大不利影响。GP少数投资权益的投资者可能会要求关键人士在锁定期不得离职,离职后受制于竞业禁止的约定,以及一旦发生关键人士离职,触发投资者可以选择退出的权利。因此GP及管理人在决定关键人士时,需要特别考虑相关关键人士的稳定性。

6. 少数权益持有人与GP旗下基金投资人的利益协调机制

GP少数权益的投资者在投资后是GP、管理人或其控制人的少数股东,按照相关法域中公司法等的基本法理,GP和管理人须为其股东的利益而行事。而同时,按照多数法域中私募基金、信托相关法律的基本法理,GP和管理人是私募基金的受托人,对私募基金的投资人负有信义义务或类似的受托义务。但少数股东和私募基金投资人的利益未必能够时刻保持一致,GP和管理人及其控制人在引入第三方投资者时,需要考虑今后可能的利益冲突及其解决机制,在投资文件、组织文件等中对少数股东的权利(尤其是公司治理、决策等方面的权利)做出必要限制。而GP少数权益的买家也需要对自身定位有清楚认识,主要集中在经济利益,尽量不过多干预GP和管理人受托的私募基金的重要事项。

四、GP权益基金

如前文所述,GP权益基金目前是GP少数股权交易最主要的买家。GP权益基金一般指,由专业基金管理人募集管理的、专门用于收购其他GP及管理人少数权益的私募基金。其收购少数权益通常不导致被投资的GP及管理人控制权的变更,因此也称为少数权益基金(Minority Stake Fund)。

2007年,高盛旗下AIMS Group设立了Petershill Fund,专注于对冲基金管理企业的少数权益交易机会。2011年,路博迈设立Dyal Capital Partners,进入GP权益基金市场。2013年,黑石发起设立Strategic Capital Holdings Fund,寻求投资领先另类资产基金管理企业的机会,构成 Blackstone 替代资产管理业务的重要组成部分。高盛、路博迈和黑石现在仍是 GP 权益基金市场的三大巨头。

(一)GP 权益基金投资的演进之路

GP 权益基金在境外发轫之初,主要投资于对冲基金的 GP 及管理人,但由于对冲基金监管环境变化,以及对冲基金投资人赎回造成对冲基金 AUM 波动等原因,在经济下行的大环境下,GP 权益基金转而寻求流动性风险更低、采取封闭运作策略的 GP 及管理人作为其投资目标,这些 GP 和管理人包括私募股权、并购、创业投资、私募信贷等基金的 GP 及管理人,其中又以私募股权基金 GP 及管理人最为常见。

GP 权益基金投资 GP 及管理人少数权益的主要目的在于分享其绩效分成收入及其管理费收入。因此,大部分 GP 权益基金倾向于投资市场上比较成熟稳健的 GP 及管理人,尤其是内控健全、历史业绩优秀且募集能力较强的大型 GP 及管理人。管理规模超过 30 亿美元的并购、成长权益(growth equity)、基建和自然资源基金的 GP 及管理人中有很多已出售了其部分股权,[1]这也从侧面说明了成熟稳健的 GP 及管理人对市场的吸引力。

随着越来越多的专业管理人募集自己的 GP 权益基金,GP 权益基金的投资重心逐渐向中型乃至小型 GP 及管理人下沉,并逐渐形成细分市场。一些 GP 权益基金关注处于上升期的 GP 及管理人,也有 GP 权益基金深耕相比于私募股权投资基金风险更高的创业投资基金的发起人。例如,由 Alaska Permanent Fund Corporation(美国阿拉斯加政府永久基金)、RPMI Railpen(一家英国传统养老金计划)以及 Kuwait's Public Institution for Social Security(科威特社保基金)三大型机构投资者联合设立的投资平台(Capital Constellation),其投资策略就兼顾了上升期 GP 及管理人。

GP 权益基金的具体投资对象和方式,基于不同的交易情况存在一定差别。GP 权益基金的投资方式按具体投资标的大致可以分为四种:(1)直接投资于 GP;(2)直接投资于管理人;(3)投资于 GP 和管理人的共同上层控制人;及(4)投资于 GP 和管理人各自的上层控制人。投资标的的选择往往各有利弊,例如,投资于管理人或其上层实控人可获取管理费收入,但在 GP 和管理人分立的情况下,可能较难参与绩效分成收入的分配。又如,直接投资于 GP 实体可能减少绩效分成作为分红往上层流动带来的税收折损,但如果被投资对象习惯于为每一单只基金设立专门的 SPV 作为 GP,则 GP 权益基金投资于多个 GP 实体可能导致底层资产分散、交易成本升高。GP 权益基金在投资时可按照商业目的、交易成本和税收筹划等因素加以考量和选择,并且对同一投资对象并不局限于单一投资标的。

(二)GP 权益基金与一些相似基金的区别

1. GP 权益基金与 S 基金

狭义 S 基金,是指专门收购其他基金的投资人份额及其他基金的投资项目组合的私募基金。广义 S 基金的投资则可能包括在二级市场收购其他实体的权益或份额。GP 权益基

[1] Bain & Company, Global Private Equity Report 2019.

金可能通过购买 GP 及管理人新增发的权益或新发行的库存股而进行一级市场收购,也可能通过二级市场购买 GP 及管理人的既存权益持有人转让的权益。GP 权益基金在二级市场中收购 GP 及管理人少数权益时与 S 基金业务有一定程度的重合,因此可以算作一种特殊的 S 基金。

2. GP 权益基金与 FOF

FOF,是指专门投资于其他投资基金的私募基金,其通过持有其他基金的份额而间接持有投资项目、股票、债券等资产。FOF 与 GP 权益基金的主要区别在于 FOF 的投资对象是其他基金,而 GP 权益基金一般直接投资于 GP 及管理人的少数权益。GP 权益基金可能成为 FOF 的投资对象。

3. GP 权益基金与 MOM 基金

MOM 基金,是指基金管理人(母管理人)不直接管理该基金的投资,而是将基金资产委托给其挑选的受托管理人(子管理人)进行投资管理的基金。母管理人主要负责挑选、监督子管理人的业绩表现,及时调整资产配置方案,并在需要时更换子管理人。在 MOM 基金中,母管理人将基金的部分或全部资产委托给多个子管理人进行管理,母管理人与子管理人之间属于委托关系。而 GP 权益基金与其下游 GP 及管理人则是投资与被投资的关系,GP 权益基金的管理人并不会将 GP 权益基金交给被投资的 GP 及管理人进行管理。

五、GP 少数权益交易和 GP 权益基金在中国的发展

人民币基金 GP 和管理人的发展阶段与发达国家的私募基金管理人相比尚属早期,其对于长期资金的需求、团队关键人迭代的需求及引入战略投资者的需求尚不明显,因此 GP 少数权益交易未形成规模,也远未成为专业投资者的一种专门投资策略。截至 2020 年,GP 少数权益交易,在境内仍以少数人民币基金发起人基于具体商业目的而引入少数股东的情况为主。例如,境外 PE 基金管理人在中国募集其首支人民币基金,但因为中国的外汇管制政策,境外管理人可能无法换取足够的人民币用于 GP 对基金的跟投,此时可能以引入中资合作伙伴作为 GP 少数股东的方式获得人民币资金。又如,在近年募资难的大环境下,一些 GP 和管理人为了吸引机构投资人认购其私募基金份额,以开放 GP 和管理人的少数权益投资作为募资手段,给予机构投资人一些分享管理费和绩效分成的机会。GP 少数权益交易未形成有规模的需求也未成为专门的商业模式,因此 GP 权益基金在人民币基金中也是凤毛麟角。

(一)GP 少数权益交易和 GP 权益基金在中国有较大发展空间

虽然尚处于初级阶段,GP 少数权益交易和 GP 权益基金在人民币基金市场将有广阔的发展空间。

首先,人民币基金 GP 和管理人发展迅速,目前已出现管理人从 1.0 到 2.0 的迭代趋势,头部人民币基金管理人的在管资产规模迅速增长,其管理产品类型不断增多,其业务范围也不断扩大,也许在不久的将来,人民币基金管理人就会出现对长期资金的较大需求。有需求则自然将出现供给并培育市场,届时 GP 权益基金也可迅速发展。

其次,人民币基金管理人在业务拓展和进入新市场(如募集美元基金)的过程中,也会更多考虑引进战略投资者，以便学习经验并打开新领域、新市场的局面。例如，人民币基金管理人如进入欧盟等监管要求较多、本地化要求较高的市场，则与熟悉当地商业和监管情况的商业伙伴合作是较为可行的方案，而 GP 少数权益交易则是此类合作的常见方式。

再次，我国在外汇、放贷、资本市场等方面的强监管局面如果持续下去，则 GP 权益基金可能获得更多生存和发展空间。例如，因为外汇管制政策，境外 PE/VC 基金管理人对其境内的人民币基金及其他境内产品的跟投需求，很难通过资本项目下的换汇加以满足，为其人民币基金的管理人和 GP 引入境内机构作为少数权益持有人是补充人民币基金跟投资金的现实渠道。又如，中国对于放贷业务的从严监管导致放贷业务限于持牌金融机构经营，而持牌金融机构对于贷款发放对象多有限制，私募基金及其管理人很难取得银行贷款等金融机构融资；另外，人民币基金管理人的 IPO 在我国资本市场也面临较多障碍。多面夹击之下，人民币基金管理人获得融资的一条可行方案或为接受 GP 权益基金等的投资。

最后，人民币基金到目前阶段已几乎囊括了国际市场上的所有品类，在管理人人数众多、市场充分竞争的情况下，人民币基金管理人不得不迅速进入细分领域加以深耕。GP 权益基金是私募基金少数的空白，可能成为抢占先机的人民币基金管理人的下一个蓝海。

即使在目前需求尚不明显的情况下，境外知名的 GP 权益基金已开始探索中国市场的投资机会，例如 2018 年上半年，黑石旗下的 Strategic Capital Holdings Fund 收购了太盟投资集团（PAG）的少数权益〔1〕。人民币基金市场已经出现零星的 GP 少数权益交易；也许不久的将来，也会出现专业的 GP 权益基金。

（二）中国境内监管现状对 GP 少数权益交易的可能影响

尽管未来可能有着广阔的空间，现阶段私募基金行业监管对于 GP 少数权益交易和 GP 权益基金可能都构成一些限制。部分问题需要交易方加以注意，或采用适当方式以达到合规要求，而部分问题则需要监管者和市场参与者今后因地因时因事制宜，做出必要的变更和改进。下文列举部分问题以期抛砖引玉之用。

1. GP 少数权益交易可能影响 GP 和管理人间的关联关系

按照基金业协会的现行要求，GP 及管理人之间应具有关联关系。基金业协会一般将在下述两种情况下认定 GP 和管理人之间存在关联关系：（1）符合《企业会计准则第 36 号——关联方披露》中对关联方的要求；或（2）GP 是由基金管理人的高管团队及其他关键岗位人员出资的。

如果 GP 少数权益交易的投资标的是按照上述第（2）项来满足关联关系要求的 GP，则交易方需注意高管团队及其他关键岗位人员不能因此全部退出 GP。虽然基金业协会现暂未明确要求管理人的高管团队及其他关键岗位人员对 GP 出资的比例，但交易中应考虑避免相关高管人员或其他关键岗位人员对 GP 的出资比例显著减少。

---

〔1〕 方达基金和资管团队作为交易律师全程参与了本交易。

2. GP 少数权益交易可能需要特定监管审批

实践中,GP 及管理人出售少数权益可能需要相关地方监管部门的批准或同意。例如,对于参与特定地方 QFLP 或 QDLP 试点项目的管理人,相应试点规则中可能要求管理人出资人发生变更,需得到地方金融监管部门的批准。

如果 GP 及管理人的在管基金接纳了地方政府引导基金或国资背景的 FoF 等作为其投资人,或者 GP 及管理人本身的股东中即有政府出资企业,则前述政府背景的实体可能会在其相应的合资协议、投资文件或附属协议中要求,GP 及管理人出售权益需要得到其同意,甚至受制于其优先购买权。

此外,基于 GP 及管理人常见的经营范围(如投资管理、资产管理、股权投资等),GP 及管理人一般不视为受外商投资负面清单限制的行业。但是,如果出售少数权益可能导致 GP 及管理人的内外资属性发生变化,例如,内资 GP 及管理人因接受外国投资者而变成外商投资企业,或外商独资 GP 及管理人因接受内资投资者而变成中外合资企业,或者本属外商独资的 GP 及管理人因出售少数权益而增加新的外资出资人,则按照现行企业登记监管体系,GP 及管理人仍需完成少数权益出售导致的出资人变化的相应外商投资信息变更。

3. GP 少数权益投资可能导致利益冲突

鉴于 GP 及管理人的主营业务在于发起设立私募基金,GP 少数权益的投资者与被投资的 GP 及管理人可能需要就相关利益冲突问题加以探讨,并明确相关的利益冲突解决机制。如果投资者同时作为有限合伙人投资 GP 及管理人发起设立的私募基金,或者要求 GP 及管理人提供跟投机会,则更需要在投资 GP 及管理人的投资文件和 GP 及管理人发起设立基金的基金文件中披露相关利益冲突并提供解决机制。

另外,如果投资者要求 GP 及管理人不得投资某些领域或者要求跟投机会,则 GP 及管理人也需要考虑,同意禁投领域和提供跟投机会是否与在管基金的基金文件相冲突,是否违反其他先前的合同义务,并尽量为后续基金中的利益冲突解决机制留有余地。例如,应注意 GP、管理人与投资者的交易是否构成在管基金合同中的关联交易以及如构成关联交易,应有相关决策机制、回避安排和信息披露的安排。

4. 私募基金管理人的投资者不得为资产管理产品

根据《管理人登记须知》,私募基金管理人的出资人和实际控制人不得为资产管理产品。一般认为,私募基金亦属于资产管理产品。虽然自律规范对于"私募基金管理人的出资人"没有具体划定范围,但至少 GP 权益基金作为直接股东投资于人民币基金的管理人可能导致被投资的管理人违反《管理人登记须知》的该项规定。GP 权益基金在对人民币基金管理人进行投资时,现阶段应注意架构设计,避免违反该规定。

5. GP 少数权益交易的投资者在境内可能面临退出困境

即使在美元基金市场,GP 权益基金的退出也是 GP 权益基金投资中被频繁讨论的问题。如果 GP 权益基金等投资者投资于人民币基金 GP 或管理人,则对于退出困境可能需要有充分的准备,对于该项投资应作为长期投资对待。境内人民币基金的退出因境内 IPO 渠道不畅、监管严格、注册制改革步履缓慢等原因一直存在困难，寻求通过被投资 GP 或管理人境内 IPO 而退出的 GP 权益基金同样面临这样的困难。并且，境内并购退出仍处于初级阶段，GP 少数权益交易可能很难通过受让、管理人被并购等方式获得退出。因此，投资者如果参与 GP 少数权益交易或者认购 GP 权益基金份额，需要充分接受该投资是长期投资，缺乏流动性，甚至可能是类似于永续资本基金的投资。

简言之，目前，GP 少数权益交易在人民币基金市场尚未形成独立的商业模式，现行法律和监管要求可能对该等交易和 GP 权益基金形成一定掣肘，但 GP 少数权益交易和 GP 权益基金在人民币基金市场有着光明的前景，有望在满足 GP 及管理人对于外部资本及流动性资金的需求方面发挥积极作用。

第四章

基金设立篇
——人民币基金投资人

人民币基金的投资人呈现比较多元的特点，大致分为机构投资人、各种资管计划以及个人投资人。按照基金业协会的口径，机构投资人包括企业（境内法人机构、境内非法人机构、本基金人跟投）、政府资金（财政直接出资、政府类引导基金）、境外资金（境外机构、QFII、RQFII等）、养老金（社保基金、基本养老金、企业年金等）、社会基金（慈善基金、大学基金、捐赠基金等）。资管计划包括私募基金产品、证券期货经营机构资管计划、信托计划、商业银行理财产品、保险资产管理计划等。[1]

根据基金业协会的统计，截至2019年年底，人民币基金中个人投资人数量最多（占78.89%），企业投资人其次（占16.83%）。从出资金额来看，各类投资人的占比为：企业投资人（53.08%）、私募基金产品（15.70%）、各类资管计划（15.32%）、个人投资人（11.74%）、政府资金（2.73%）、养老及社会公益基金（0.97%）、境外资金（占0.46%）。[2] 相较于成熟市场以养老金（45.69%）、主权财富基金（29.70%）和家庭办公室（15.56%）为主，[3] 人民币基金出资人格局存在较大差异。

下面分节讨论涉及以下几类投资人的特殊监管和法律问题：国资投资人、保险资金、券商系资金、三类股东的特殊问题、银行系资金、上市公司和家族办公室。

---

〔1〕 参见基金业协会：《中国私募股权投资基金行业发展报告2020》。

〔2〕 参见基金业协会：《中国私募股权投资基金行业发展报告2020》。

〔3〕 参见基金业协会：《中国私募股权投资基金行业发展报告2020》。

/第一节/

国资投资人

一、人民币基金的国有成分

作为一个以公有制经济为主体的社会主义国家,国有经济在我国占据了主导地位,国有企业一直是支撑国民经济发展的一股主要力量。随着私募基金的发展,国有企业也通过各种形式与私募基金进行了全方位、多维度的结合。

一方面,国资私募股权基金管理人本身已成为人民币基金市场的重要组成部分。以数量计,截至2019年年底国有控股管理人共1907家,在管基金规模3.52万亿元;国有背景的私募股权基金管理人。平均管理规模18.44亿元,在各类控股主体中平均管理规模最大。受限于直投专业化能力以及复杂投资决策流程等原因,目前国资平台参与人民币基金仍以母基金为主要运作模式。[1]

另一方面,各类国有或国有控股企业、国有实际控制企业构成了人民币基金市场极为重要的投资人,凭借其自身的资金实力以及间接引导民营资本的能力受到各类管理人的青睐。

尽管如此,人民币基金在接纳国资投资人时,通常仍需谨慎考虑国资投资人转让基金份额或退出时基金可能会面临的国务院国资委及地方各级国资委的监管以及相应国资监管法律法规的适用。具体而言,根据《企业国有资产交易监督管理办法》(国务院国资委、财政部令第32号,以下简称《32号令》),人民币基金接纳《32号令》项下的"国有及国有控股企业、国有实际控制企业"的,该等国资投资人之后转让人民币基金权益的行为可能构成《32号令》项下的"企业产权转让",[2]从而需要履行《32号令》要求的程序;如人民币基金接纳的国资投资人比例过高导致其本身被认定为"国有及国有控股企业、国有实际控制企业",那么:(1)人民币基金通过转让被投资公司退出则也可能构成"企业产权转让",进而同样需履行《32号令》要求的程序;且(2)该等国有人民币基金因进行后续交割而增加认缴出资总额的,亦可能构成《32号令》项下的"企业增资",进而需要履行《32号令》要求的程序。

尽管《32号令》规定的"国有及国有控股企业、国有实际控制企业"包括"政府部门、机构、事业单位、单一国有及国有控股企业直接或间接持股比例未超过50%,但为第一大股东,并且通过股东协议、公司章程、董事会决议或者其他协议安排能够对其实际支配的企业",但

---

〔1〕 基金业协会:《中国私募股权投资基金行业发展报告2020》。

〔2〕 《32号令》第3条明确了企业国有资产交易行为包括三种:(1)履行出资人职责的机构、国有及国有控股企业、国有实际控制企业转让其对企业各种形式出资所形成权益的行为;(2)国有及国有控股企业、国有实际控制企业增资行为,政府以增资方式对国家出资企业的投入除外;(3)国有及国有控股企业、国有实际控制企业的重大资产转让行为。

目前国资监管尚未明确国资出资的有限合伙企业是否属于前述国有企业,[1]因此市场上对国资出资的有限合伙企业转让有限合伙份额等行为是否适用《32 号令》观点不一。但 2019 年上半年,国务院国资委在其官方网站的对外答复口径一定程度上反映了监管部门就国资对有限合伙企业转让有限合伙份额等行为不必然适用《32 号令》的倾向性态度。[2] 鉴于国有企业转让有限合伙企业份额等行为的主要监督管理细则尚未颁布,[3]就投资未上市公司股权而言,目前实践中该等有限合伙制人民币基金是否严格受限于《32 号令》项下国有资产交易的监管要求仍取决于各地国资委的监管态度及对个案的分析判断;但是,如果有限合伙制人民币基金投资上市公司股份的,《上市公司国有股权监督管理办法》(国务院国资委、财政部、证监会令第 36 号)已明确规定国有出资的有限合伙企业不作国有股东认定,其所持上市公司股份的监督管理另行规定。[4]

二、国资成分的人民币基金产权登记要求

国务院国资委早在 2012 年就颁布了《国家出资企业产权登记管理暂行办法》(国务院国资委令第 29 号,以下简称《国有产权登记办法》),规定国家出资的企业的产权及其分布状况,应当纳入国有产权登记管理范围。[5] 但《国有产权登记办法》中采用的“股权”“注册资本”“股权比例”“企业法人”等措辞均指向的是公司类企业,因此,直到 2019 年年底为止,关于国资投资取得有限合伙企业财产份额后是否需要进行国有产权登记并不明确,实践中往往取决于地方国资委的监管态度及对个案的分析判断。

2020 年 1 月,国务院国资委发布了《有限合伙企业国有权益登记暂行规定》(国资发产权

---

[1] 国务院国资委曾于 2018 年 12 月对于相关问题公开答复,《32 号令》第 4 条是针对公司制企业中的国有及国有控股、国有实际控制等情形进行分类,合伙企业中合伙人的权益和义务应以合伙协议中的约定为依据。详见《对〈企业国有资产交易监督管理办法〉理解》,载国务院国资委网,http://www.sasac.gov.cn/n2588040/n2590387/n9854167/c10126551/content.html,2021 年 1 月 15 日最后访问。

[2] 实践中存在的另外几个问题为:(1)《32 号令》所述的“国有及国有控股企业”“国有实际控制企业”出资的企业是否包括有限合伙企业?(2)国有及国有控股企业、国有实际控制企业转让其对有限合伙企业的出资所形成的财产份额是否适用于《32 号令》;如果不适用,则该转让行为适用何种法律规定,或者是否仅适用有限合伙企业合伙协议的约定?(3)国有及国有控股企业、国有实际控制企业通过出资或协议实际控制的有限合伙企业的增资、减资行为是否适用《32 号令》的规定;如果不适用,则该转让行为适用何种法律规定,或者是否仅适用有限合伙企业合伙协议的约定?对此,根据国务院国资委于 2019 年 5 月 27 日对相关问题进行了答复,《32 号令》适用范围是依据《公司法》而设立的公司制企业,而国有企业转让有限合伙企业份额的监督管理另行规定。详见《国有企业转让有限合伙企业财产份额是否适用 32 号文?》,载国务院国资委网,http://www.sasac.gov.cn/n2588040/n2590387/n9854167/c11349294/content.html,2021 年 1 月 15 日最后访问。

[3] 截至 2021 年 1 月 15 日,除《有限合伙国有权益登记规定》明确有限合伙企业合伙人认缴出资额发生变化的需要按规定进行事后登记外,监管部门尚未出台国有企业转让有限合伙企业份额等行为的其他监督管理细则(包括该等交易行为是否需要在产权交易机构处公开进行),因此仍待监管部门后续出台的文件对此进一步明确。

[4] 截至 2021 年 1 月 15 日,监管部门尚未出台国有出资的有限合伙企业持有上市公司股份的监督管理细则,因此仍待监管部门后续出台的文件对此进一步明确。

[5] 参见《国有产权登记办法》第 3 条。

规〔2020〕2号,以下简称《有限合伙国有权益登记规定》),明确将有限合伙企业的国有权益登记正式纳入国资监管体系中。根据《有限合伙国有权益登记规定》,国有资产监督管理机构对本级人民政府授权履行出资人职责的国家出资企业(以下简称国家出资控股企业)〔1〕及其拥有实际控制权的各级子企业(以下合称国有出资企业)对有限合伙企业出资所形成的权益及其分布状况应进行登记。作为部门规范性文件,《有限合伙国有权益登记规定》延续了《国有产权登记办法》的监管思路,进一步明确了有限合伙企业国有产权登记包括国有产权占有登记、变动登记和注销登记三个类别。由于《有限合伙国有权益登记规定》并未对适用该规定的国有出资企业持有有限合伙企业权益的比例作出区分,因此,只要是国有出资企业持有的任何有限合伙企业权益(即便只有1%),均应当进行国有权益登记。

根据《有限合伙国有权益登记规定》,由国有出资企业负责将其对有限合伙企业出资所形成权益的相关情况,按照出资关系逐级报送国家出资控股企业,国家出资控股企业审核确认后完成登记,并最终向国有资产监督管理机构报送相关信息。〔2〕该规定并未要求接受国有出资企业投资的人民币基金同样作为报送或登记义务主体,但可以预见国有出资企业今后会要求所投资的人民币基金及时、完整地提供登记所需信息,配合国有出资企业持续了解人民币基金及其他合伙人的变更情况和基金对外投资情况,并可能进一步要求在相关附属协议中落实该等信息披露及文件提供配合的义务的约定。值得一提的是,相较《信息披露办法》及其配套规则的披露时限要求,人民币基金发生国有出资企业应当履行相应登记义务的事项后,其管理人很可能将面临更严格的时限,要求其向国有出资企业专门披露相关登记事项并配合提供文件。〔3〕

需要说明的是,《有限合伙国有权益登记规定》本身就以下两个问题并没有明确的答案:

- 《32号令》项下的"国有及国有控股企业、国有实际控制企业"包括了"政府部门、机构、事业单位"出资设立的国有独资企业及其控股或实际支配的企业等,但《有限

〔1〕由于《有限合伙国有权益登记规定》就"国家出资企业"的定义明确排除了国有资本参股公司,与《企业国有资产法》的定义不同,因此为了便于区分,我们将《有限合伙国有权益登记规定》中规定的国家出资企业在此处定义为"国家出资控股企业",将《企业国有资产法》中定义的包括国有资本参股公司的国家出资企业定义保留为"国家出资企业"。

〔2〕此外,根据《有限合伙国有权益登记规定》第8条的规定,多个国有出资企业共同出资的有限合伙企业,由各个国有出资企业分别进行登记。

〔3〕《有限合伙国有权益登记规定》第9条规定,有限合伙企业国有权益登记应当在相关情形发生后30个工作日内办理,国有出资企业应当于每年1月31日前更新上一年度所出资有限合伙企业的实缴出资情况及对外投资情况等信息;而第5条规定的占有登记事项包括有限合伙企业对外投资情况。相比之下,《信息披露办法》及其配套规则对信息披露的时限要求宽松一些:根据《信息披露办法》第18条的规定,基金发生重大事项变更时,应按照基金合同的约定及时向投资者披露,但并没有具体的时限要求;根据《信息披露指引2号》及其使用说明,上一年度的投资情况需在年度报告中向投资人披露,而该等年度报告仅需在次年6月底之前完成。《2019版基金备案须知》也仅规定了私募基金在发生几类重大事项时,管理人应在5个工作日内向基金业协会报送并向投资者披露。

合伙国有权益登记规定》提及的"国有出资企业"仅明确包括了各级国资委监管的国家出资控股企业及其拥有实际控制权的各级子企业。因此,有限合伙制的国有金融企业、财政引导基金等主体可能并不适用《有限合伙国有权益登记规定》,该等主体的国有权益登记还有待日后监管部门进一步明确。

• 《有限合伙国有权益登记规定》的出台主要解决了各级国有出资企业在有限合伙企业中出资的产权登记问题,而国资出资的有限合伙企业是否属于《32 号令》项下的"国有及国有控股企业、国有实际控制企业",其份额转让、增加认缴出资以及对外投资行为是否受限于《32 号令》项下产权交易的要求,仍待监管部门后续出台的文件进一步明确。

三、国资投资人进行人民币基金投资可能涉及的国资审批监管要求

除了上述国有产权登记之外,国资投资人投资人民币基金时,不仅取决于各地国资委的监管态度外,还涉及如下审批程序及国资监管要求:

• 国家出资的国有独资企业、国有独资公司、国有资本控股公司以及国有资本参股公司(以下合称国家出资企业)在向人民币基金出资时,须履行内部决策程序,且根据不同地方国资监管法律法规,可能还需要由履行出资人义务的相关国资委事先审核。对于重要的国有独资企业、国有独资公司、国有资本控股公司进行重大人民币基金投资事项,甚至可能需报请本级人民政府批准。相似地,国家出资企业的子企业进行人民币基金投资时,亦须履行内部决策程序,但根据不同地方国资监管法律法规,可能需要由履行出资人义务的国家出资企业在征求本级国资委意见的前提下,作为母公司相应审核该等投资事宜。

• 国家出资企业[1]在转让人民币基金的权益时,须履行内部决策程序,且如果被相关国资委认定需要适用《32 号令》的要求,则可能由履行出资人义务的相关国资委审核;国家出资企业的子企业在转让人民币基金的权益时,亦须履行内部决策程序,且如果被相关国资委认定需要适用《32 号令》的要求,则可能需要根据国家出资企业制定的其子企业产权转让管理制度,确定审批管理权限。此外,该等权益转让可能还需要适用《32 号令》项下的"企业产权转让"的相关规定,具体包括:转让该等权益的国资投资人:(1)委托会计师事务所对转让标的企业进行审计;(2)就按照有关法律法规要求必须进行资产评估的产权转让事项,对转让标的企业进行评估;(3)原则上在产权交易机构(一般是产权交易中心)公开进行产权转让,进行公开的信息披露和公开竞价。

四、不再适用的"国有股转持义务"

2017 年以前,人民币基金接受国资投资人的一个顾虑还包括 IPO 退出环节,人民币基

---

[1] 《企业国有资产法》第 5 条明确了"国家出资企业"的定义,但《32 号令》项下的"国家出资企业"是否与《企业国有资产法》定义的"国家出资企业"含义一致,存在一定不确定性。实践中,仍待履行出资人义务的相关国资委作出的进一步解释。

金可能会需要按照2009年颁布的《境内证券市场转持部分国有股充实全国社会保障基金实施办法》(财企〔2009〕94号)履行转持义务。例如,通源石油科技集团股份有限公司(300164)(以下简称通源石油)在其首次公开发行股票并上市时,上海联新投资管理有限公司管理的VC基金上海联新投资中心(有限合伙)[已更名为上海衢蓬企业管理中心(有限公司)]按其国有出资人持股比例将所持通源石油的114.937万股股份转由社保基金理事会持有。[1]

但在2017年11月国务院发布《划转部分国有资本充实社保基金实施方案》(国发〔2017〕49号,以下简称《国务院49号文》)后,《境内证券市场转持部分国有股充实全国社会保障基金实施办法》等相关国有股转(减)持政策已停止执行,前述规定明确将"中央和地方国有及国有控股大中型企业、金融机构"纳入划转范围,即《国务院49号文》规定划转范围内的国有企业需自行履行划转义务,而接受国资投资人的人民币基金将不再会因国有股东的性质而被要求单独划转其持有的拟IPO企业的相关股权。尽管有一些国资投资人仍对人民币基金是否需要履行"国有股转持"义务存有疑问,但业界普遍认为,《国务院49号文》的下发基本解决了人民币基金"国有股转持"这一难题。

五、特殊国资投资人

除一般国资出资人外,社保基金、政府引导基金等也活跃于人民币基金的投资中,是人民币基金重要的募资来源。相比于一般国资投资人,该等特殊国资投资人在投资人民币基金的方式、流程及投资所涉及的主管部门方面也存在一定差异。

(一)社保基金

全国社会保障基金(以下简称全国社保基金)于2000年8月设立,是国家社会保障储备基金,由中央财政预算拨款、国有资本划转、基金投资收益和国务院批准的其他方式筹集的资金构成,专门用于人口老龄化高峰时期的养老保险等社会保障支出的补充、调剂,由全国社保基金理事会(以下简称社保基金理事会)负责管理运营。全国社保基金与地方政府管理的基本养老、基本医疗等社会保险基金在资金来源、运营管理和用途方面都存在区别。社会保险基金包括基本养老保险基金、基本医疗保险基金、工伤保险基金、失业保险基金和生育保险基金。

从管理的资金类别看,社保基金理事会由成立之初管理全国社保基金开始,2006年开始受托管理9个省(自治区、直辖市)企业员工基本养老保险个人账户中央财政补助资金,2011年、2015年开始受托管理广东、山东省基本养老保险结余基金,2016年开始统一受托管理地方基本养老保险基金结余资金,2017年开始承接划转国有资本充实社保基金,由单一地管理全国社保基金发展到目前管理三大类基金。从管理的资金规模看,由最初的200亿元,到截

---

〔1〕通源石油(300164)公告的2019年年度审计报告显示,上海联新投资中心(有限合伙)的国有股转持相关事宜经上海市国资委"沪国资委〔2010〕63号"文《关于西安通源石油科技股份有限公司部分国有股转持有关问题的批复》后核准。

至2019年上半年社保基金理事会管理全国社保基金2.23万亿元，受托管理地方基本养老保险基金0.67万亿元，承接划转国有资本0.11万亿元，仅2019年上半年资金总规模已超过了3万亿元。[1] 作为国家社会保障战略储备基金，社保基金已经跻身国际大型养老储备基金行列。

2010年出台的《中华人民共和国社会保险法》(已于2018年12月29日修改，首次从国家法律层面就全国社保基金的性质、来源和用途作了明确规定。2016年颁布实施的《全国社会保障基金条例》(国务院令第667号)，全面规范了社保基金的性质、来源、用途、管理运营、监督等重要内容，使社保基金正式步入有法可依、依法管理的轨道。根据《全国社会保障基金条例》，社保基金进行资产配置及对外投资时应遵循安全性、收益性、长期性三大原则，并在国务院批准的固定收益类、股票类和未上市股权类等资产种类及其比例幅度内合理配置资产。

2018年通过的《深化党和国家机构改革方案》，明确将社保基金理事会由国务院管理调整为由财政部管理，承担社保基金安全和保值增值的主体责任，作为社保基金投资运营机构，不再明确行政级别。

从2008年4月正式获得国务院批准[2]到2020年年底为止，社保基金共投资了以下私募基金(见表4.1)。[3]

表4.1 全国社保基金对外投资

序号	基金名称	投资时间	管理机构	投资数额(万元人民币)
1	中国—比利时直接股权投资基金★	2004年	海富产业投资基金管理有限公司	1500万欧元
2	渤海产业投资基金	2006年	渤海产业投资基金管理有限公司	1000,000.00
3	弘毅投资产业一期基金(天津)(有限合伙)★	2008年	弘毅投资管理(天津)(有限合伙)	200,000.00
4	天津鼎晖股权投资一期基金(有限合伙)	2008年	鼎晖股权投资管理(天津)有限公司	200,000.00
5	绵阳科技城产业投资基金(有限合伙)	2009年	中信产业投资基金管理有限公司	200,000.00

[1] 参见王尔乘:《努力推动社保基金事业高质量发展》，载《人民论坛》2019年第13期。

[2] 2008年4月，经国务院批准，财政部、人社部同意全国社保基金投资经国家发改委批准的产业基金和在国家发改委备案的市场化股权投资基金，总体投资比例不超过全国社保基金总资产(按成本计)的10%。2014年后，国家发改委备案的硬性指标已经变更为基金业协会备案。

[3] 其中，中国—比利时直接股权投资基金系社保基金于2004年进行的投资，该项投资系以欧元计价。

续表

序号	基金名称	投资时间	管理机构	投资数额（万元人民币）
6	北京君联睿智创业投资中心（有限合伙）	2010年	君联资本管理股份有限公司	30,000.00
7	北京弘毅贰零壹零股权投资中心（有限合伙）★	2010年	弘毅投资管理（天津）（有限合伙）	300,000.00
8	北京和谐成长投资中心（有限合伙）★	2010年	和谐爱奇投资管理（北京）有限公司	120,000.00
9	天津诚柏股权投资合伙企业（有限合伙）	2011年	诚柏（天津）投资管理有限公司	50,000.00
10	天津鼎晖嘉尚股权投资合伙企业（有限合伙）	2011年	鼎晖股权投资管理（天津）有限公司	300,000.00
11	天津君睿祺股权投资合伙企业（有限合伙）	2011年	君联资本管理股份有限公司	100,000.00
12	上海金融发展投资基金（有限合伙）★	2011年	金浦产业投资基金管理有限公司	100,000.00
13	思齐（天津）股权投资合伙企业（有限合伙）★	2011年	中信资本（天津）投资管理合伙企业（有限合伙）	128,500.00
14	北京赛富创元投资中心（有限合伙）	2012年	天津赛富盛元投资管理中心（有限合伙）	24,319.07
15	北京赛富弘元投资中心（有限合伙）	2012年	天津赛富盛元投资管理中心（有限合伙）	25,680.93
16	天津新远景优盛股权投资合伙企业（有限合伙）	2012年	远景万方（天津）股权投资管理企业（有限合伙）	100,000.00
17	北京信聿投资中心（有限合伙）	2012年	中信产业投资基金管理有限公司	150,000.00
18	中金佳泰（天津）股权投资基金合伙企业（有限合伙）★	2013年	中金佳合（天津）股权投资基金管理有限公司	100,000.00
19	上海复星惟实一期股权投资基金合伙企业（有限合伙）	2013年	上海复星创富投资管理股份有限公司	60,000.00
20	上海国投协力发展股权投资基金合伙企业（有限合伙）	2013年	国投创新投资管理有限公司	400,000.00
21	中电创新基金（有限合伙）	2015年	中电鑫安投资管理有限责任公司	400,000.00
22	北京中交建壹期股权投资基金合伙企业（有限合伙）	2016年	中交投资基金管理（北京）有限公司	600,000.00

续表

序号	基金名称	投资时间	管理机构	投资数额（万元人民币）
23	南京江北基础设施股权投资基金(有限合伙)	2016 年	南京扬子江投资基金管理有限公司	400,000.00
24	中国政企合作投资基金股份有限公司	2016 年	中国政企合作投资基金管理有限责任公司	500,000.00
25	上海临港园开股权投资基金合伙企业(有限合伙)	2017 年	上海临港华宝股权投资基金管理有限公司	240,000.00
26	镇江金浦城市发展投资基金(有限合伙)	2017 年	上海金浦城市发展股权投资基金管理有限公司	250,000.00
27	中金佳泰贰期(天津)股权投资基金合伙企业(有限合伙)★	2017 年	中金佳合(天津)股权投资基金管理有限公司	200,000.00
28	弘毅贰零壹伍(深圳)股权投资基金中心(有限合伙)★	2018 年	弘毅投资管理(天津)(有限合伙)	50,000.00
29	北京君联慧诚股权投资合伙企业(有限合伙)	2018 年	君联资本管理股份有限公司	150,000.00
30	海富长江成长股权投资(湖北)合伙企业(有限合伙)	2018 年	海富产业投资基金管理有限公司	100,000.00
31	宽带诚柏长江(湖北)投资基金合伙企业(有限合伙)	2018 年	诚柏(天津)投资管理有限公司	100,000.00
32	和谐成长二期(义乌)投资中心(有限合伙)	2018 年	和谐天明投资管理(北京)有限公司	240,000.00
33	深圳市招银朗曜成长股权投资基金合伙企业(有限合伙)	2018 年	招银国际资本管理(深圳)有限公司	240,000.00
34	弘毅道远(天津)股权投资基金合伙企业(有限合伙)★	2018 年	弘毅投资管理(天津)(有限合伙)	100,000.00
35	北京信润恒股权投资合伙企业(有限合伙)★	2019 年	中信资本(天津)投资管理合伙企业(有限合伙)	100,000.00
36	苏州工业园区元禾秉胜股权投资基金合伙企业(有限合伙)	2019 年	苏州工业园区元禾辰坤股权投资基金管理中心(有限合伙)	250,000.00
37	杭州创乾投资合伙企业(有限合伙)	2019 年	上海旌卓投资管理有限公司	150,000.00
38	博裕景泰(上海)股权投资合伙企业(有限合伙)★	2019 年	博裕陶然(上海)股权投资管理有限责任公司	300,000.00

续表

序号	基金名称	投资时间	管理机构	投资数额（万元人民币）
39	宁波梅山保税港区华兴领运股权投资合伙企业（有限合伙）	2019 年	上海华晟优格股权投资管理有限公司	100,000.00
40	宁波梅山保税港区红杉铭盛股权投资合伙企业（有限合伙）	2019 年	北京红杉坤德投资管理中心（有限合伙）	300,000.00
41	北京首璟丰泰管理咨询中心（有限合伙）	2019 年	京冀天成（北京）基金管理有限公司	240,000.00
42	珠海高瓴天成二期股权投资基金（有限合伙）	2019 年	珠海高瓴股权投资管理有限公司	400,000.00
43	北京君联晟源股权投资合伙企业（有限合伙）	2020 年	君联资本管理股份有限公司	250,000.00
44	北京中关村龙门基金投资中心（有限合伙）	2020 年	北京中关村龙门投资有限公司	120,000.00
45	厦门鼎晖景淳股权投资合伙企业（有限合伙）	2020 年	鼎晖股权投资管理（天津）有限公司	200,000.00

资料来源：根据公开渠道信息整理，方达作为基金律师参与了标注★之各基金的设立。部分私募基金和管理机构在社保基金投资后发生过更名，上表显示的为截至 2021 年 1 月 15 日各私募基金和管理机构的最新名称。

可见，到目前为止社保基金在私募股权基金上的整体配置率仅为 2% ~3%，远未达到 10% 的上限。

作为人民币基金的优质投资人，引入社保基金既是一种幸运，又是一种挑战。社保基金在给人民币基金带来充裕、稳定的资金的同时，往往会对人民币基金的募资规模、管理机制、团队组成、过往业绩、分配、退出方式等有着较为严格的要求。同时，通过多年的基金投资实践，社保基金理事会也逐步形成了一套供内部使用的社保基金对外投资要求，如对单只基金的投资比例有一定上限、作为后续合伙人加入时要求更优惠的条件、管理团队对基金跟投确保利益一致、更为关注利益冲突、关联交易机制和强调投资人权利等。

（二）政府引导基金

由政府发起、对社会资本投资起到引导作用的基金统称为政府引导基金。这类基金不一定完全由政府出资，也会吸收银行、非银金融机构及民间资本等社会资本共同设立，不完全以营利为目的，主要利用政府资金撬动社会资本，发挥政府资金的杠杆放大效应，引导资本投资方向，以达到招商引资、促进当地产业发展等目的。政府产业引导基金、创业投资引导基金以及科技型中小企业创新基金等都属于政府引导基金。狭义上的引导基金主要是指政府创业投资引导基金。

我国创业投资引导基金最早可追溯至20世纪90年代。1999年8月，上海市政府出资6亿元设立上海创业投资有限公司，是国内率先建立的创业投资的投融资平台，该公司先后受托管理市软件产业发展专项资金和市信息技术创新基金，其设立与运作是政府出资引导创业投资的初步尝试。但一般认为，我国的政府引导基金以2002年中关村创业投资引导资金的成立为开端，并在之后迅猛发展。

2005年，在国务院十部委联合发布的《创投企业管理办法》中第一次出现“引导基金”的概念。

2008年，国家发改委联合财政部、商务部共同出台的《创投引导基金指导意见》（国办发〔2008〕116号）中指出：“引导基金是由政府设立并按市场化方式运作的政策性基金，主要通过扶持创业投资企业发展，引导社会资金进入创业投资领域。引导基金本身不直接从事创业投资业务。”这是第一次对“引导基金”的概念进行了详细定义。

2010年财政部印发的《政府性基金管理暂行办法》（财综〔2010〕80号）及2015年财政部颁布的《政府投资基金暂行管理办法》（财预〔2015〕210号）等都对我国政府引导基金的发展进行了规范。其中，《政府投资基金暂行管理办法》首次明确了“政府投资基金”的定义：“政府投资基金，是指由各级政府通过预算安排，以单独出资或与社会资本共同出资设立，采用股权投资等市场化方式，引导社会各类资本投资经济社会发展的重点领域和薄弱环节，支持相关产业和领域发展的资金。”

2016年7月中国共产党中央委员会（以下简称中共中央）、国务院发布的《关于深化投融资体制改革的意见》提出，根据发展需要，依法发起设立基础设施建设基金、公共服务发展基金、住房保障发展基金、政府出资产业投资基金等各类基金，充分发挥政府资金的引导作用和放大效应。《关于深化投融资体制改革的意见》中提到的几类基金都属于政府投资基金。

2016年12月国家发改委发布《政府出资产业投资基金管理暂行办法》（发改财金规〔2016〕2800号，以下简称《政府出资基金暂行办法》），又明确了“政府出资产业投资基金”的定义，即指有政府出资、主要投资于非公开交易企业股权的股权投资基金和创业投资基金。

2019年10月，国家发改委、人民银行、财政部、银保监会、证监会、国家外汇局联合印发了《关于进一步明确规范金融机构资产管理产品投资创业投资基金和政府出资产业投资基金有关事项的通知》（发改财金规〔2019〕1638号，以下简称《1638号文》），以进一步落实《资管新规》中关于创业投资基金和政府出资产业投资基金有关规定另行制定的要求。其中，对适用该文的政府出资产业投资基金又明确了应同时满足以下条件。

（1）中央、省级或计划单列市人民政府（含所属部门、直属机构）批复设立，且批复文件或其他文件中明确了政府出资的；政府认缴出资比例不低于基金总规模的10%，其中，中共中央、国务院批准设立的，政府认缴出资比例不低于基金总规模的5%；

（2）符合《政府出资基金暂行办法》和《政府投资基金暂行管理办法》的有关规定；

(3)基金投向符合产业政策、投资政策等国家宏观管理政策;

(4)基金运作不涉及新增地方政府隐性债务。

根据主导设立政府引导基金的政府层级不同,政府引导基金可以分为国家级政府引导基金、地方性政府引导基金;根据主要引导投资阶段的不同,政府引导基金则可以分为创业投资引导基金、股权投资引导基金、并购投资引导基金;而根据主要政策战略重点的不同,政府引导基金又可以分为不同的专项基金,如集成电路产业基金、一带一路专项基金等。

一般而言,引导基金常见的管理运作方式包括但不限于:(1)委托地方国有资产经营公司、政府投融资平台公司或地方国有创投企业管理;〔1〕(2)委托外部市场化管理机构管理;〔2〕;(3)成立独立的事业单位法人主体作为引导基金的管理机构;〔3〕或者(4)设立公司制引导基金自行管理。〔4〕

尽管各地政府就其当地的引导基金运作、管理、投资的公开或非公开的书面政策会有不同,且不同类型引导基金的对外投资要求亦会有所区别,但总体而言,引导基金对拟投资的人民币基金会提出不少类似的非市场化要求或优惠条件,如项目返投、普通合伙人和/或管理人注册地限定、对外担保/贷款严格限制、相关事项前置审核权(或一票否决权)、出资安排受限于其内部审核进度或财政预算、逾期出资违约责任豁免等。例如,《广东省战略性新兴产业创业投资引导基金管理暂行办法》规定,如果广东省战略性新兴产业创业投资引导基金所扶持的基金违法、违规和偏离政策导向,受托管理机构可按照合同约定行使一票否决权。实务中,引导基金甚至要求将部分该等要求或优惠条件(如项目返投)直接写入基金合同。根据国家发改委发布的《政府出资基金暂行办法》及《政府出资产业投资基金信用信息登记指引(试行)》(发改办财金规〔2017〕571 号),接纳政府引导基金的人民币基金(以下简称引导基金子基金)将受到基金业协会和各级发改委的双重监管。各级发改委对该等引导基金子基金具体监管体现为:(1)引导基金子基金在政府引导基金授权的情况下,需在全国政府出资产业投资基金信用信息登记系统或区域子系统中履行登记或变更手续;且(2)政府引导基金需以穿透至底层投资项目进行申报为原则上报其进行投资的相关信息,为配合政府引导基金的穿透申报要求,引导基金子基金管理人向政府引导基金额外披露被投资公司的相关信息。

如前文所述,2019 年 10 月国家发改委等六部门联合颁布了《1638 号文》,该文为《资管新规》第 2 条中"创业投资基金、政府出资产业投资基金的相关规定另行制定"的补充。

---

〔1〕 例如,国有企业杭州市高科技投资有限公司为杭州市天使投资引导基金的管理机构,其全资子公司杭州高科技创业投资管理有限公司作为该引导基金的出资主体,负责引导基金的运作和投资。

〔2〕 例如,熠美投资旗下的管理人上海熠美股权投资管理合伙企业(有限合伙)作为外部市场化管理机构管理上海市闵行区创业投资引导基金(一期和二期)。

〔3〕 例如,南京市政府创业投资引导基金的管理机构为事业单位法人南京市创业投资发展中心。

〔4〕 例如,吉林省创业投资引导基金有限责任公司为自行管理的公司制引导基金。

根据《1638 号文》,符合要求的创业投资基金或政府出资产业投资基金接受资产管理产品及其他私募投资基金投资时,该创业投资基金或政府出资产业投资基金不视为一层资产管理产品。[1] 因此,这从法规层面为部分自身已接纳资管产品投资人的引导基金的投资进行了正名,同时,符合《1638 号文》要求的引导基金子基金可再投资一层资管产品。除此之外,《1638 号文》将政府出资产业基金的范围限定为"中央、省级或计划单列市人民政府(含所属部门、直属机构)批复设立,且批复文件或其他文件中明确了政府出资"的基金,即低于省、自治区、直辖市、计划单列市层级发起设立的引导基金子基金均不属于《1638 号文》项下"政府出资产业投资基金"的范畴。因此,不少活跃的地级市级别的引导基金子基金如果希望享有《1638 号文》下的相关待遇,恐怕只能采取达到创业投资基金的相关要求后进一步获得。

六、国有资本基金投资的新趋势

2020 年 2 月财政部颁布《关于加强政府投资基金管理提高财政出资效益的通知》(财预〔2020〕7 号),对中央和地方政府直接出资的政府投资基金(包括作为管理平台的母基金)提出加强对财政出资的预算约束、提升政府投资基金使用效能、严禁变相举债等六项要求。母基金出资设立的子基金及以下层级基金,参照该通知适用。明确表示加强对设立基金或注资的预算约束,提高财政出资效益,从募投管退四个环节提高政府投资基金的专业化运作流程,如要求实施政府投资基金全过程绩效管理,对于子基金绩效达不到预期效果、投资进度缓慢或资金长期闲置的,财政出资应按照章程(协议)择机退出。

2019 年 9 月,深圳市创新投资集团有限公司(以下简称深创投)在官网上发布《关于公示深圳市政府投资引导基金清理子基金及缩减规模子基金名单的通知》,公布了 25 只清理子基金以及 12 只缩减规模子基金的名单。其中,清理的 25 只子基金,基金总规模达 645.526 亿元,收回子基金的承诺出资金额超过 140 亿元。[2] 清理的子基金包括两种情况:(1)由于子基金社会出资人未募集到位,导致子基金逾期未能设立;[3](2)由于子基金管理团队、投资策略或政策法规等发生重大变化,子基金自行放弃设立或放弃申请深圳市政府投资引导基金出资。此外,规模缩减的子基金仅指子基金的签约规模小于深圳市政府投资引导基金投资决策规模,深圳市政府投资引导基金在该子基金的认缴出资额相应缩减且目前该子基

[1] 尽管《1638 号文》将适用其相关待遇的创业投资基金和政府出资产业投资基金限于直接投资于未上市企业股权的 PE/VC 基金,但国家发改委、人民银行有关部门负责人在《1638 号文》答记者问中提到,"部分两类基金具有'母基金'性质,直接服务于实体经济,不属于《资管新规》禁止的资产管理产品在金融系统'脱实向虚'、'体内循环'的情形",而主要投资于其他私募基金权益/份额的母基金其实也不属于在金融系统"脱实向虚""体内循环"的情形,因此该等母基金在满足相关要求后是否也可以享受《1638 号文》下的相关待遇,有待监管部门后续的进一步明确和解释。

[2] 2020 年 7 月,深创投在官网上又一次公开宣布其与 21 支子基金终止合作或对其缩减规模,深圳市政府投资引导基金共收回认缴出资额 51.09 亿元。

[3] 对于清理未按期设立的子基金,财政部其实早有明确的规定。参见财政部《政府投资基金暂行管理办法》(财预〔2015〕210 号)第 20 条。

金尚未有实质性募资进展。这是全国首例政府引导基金公开对子基金进行清理与缩减规模,在人民币基金行业内引起强烈反响。

2020 年 9 月,北京科技创新投资管理有限公司也宣布,按照《北京市科技创新基金管理办法》,终止北京科技创新基金与君联资本五期人民币综合成长基金、百度风投原始创新基金、北京海资联动创新股权投资管理中心(有限合伙)四只基金的合作;2021 年 1 月,其又宣布终止与北京高特佳汇科基业的合作。

可以预见,专业化、规范化、精细化将是未来政府引导基金投资和管理的重要趋势。人民币基金管理人应当未雨绸缪,从募资阶段就做好必要的准备。

/第二节/

保险资金及保险私募基金

保险公司由于其资金实力雄厚,一直是境内外 PE 基金管理人募资的主要目标之一。根据银保监会[1]《2018 年保险统计数据报告》的数据,截至 2018 年年末,中国保险业的总资产约为 18.3 万亿元,较年初增长 9.45%,保险资金运用余额约为 16.4 万亿元,较年初增长 9.97%。对于 PE/VC 机构而言,拥有庞大资产规模以及稳定现金流的保险公司是优质的机构投资人。对于保险公司而言,私募基金也是保险资产配置的重要组成部分,在优化保险资产配置结构、管理资产负债期限配置、促进投资收益持续稳定和有效分散投资风险等方面均具有积极的作用。并且,保险资金除了作为第三方人民币基金的投资人外,现在保险系的资产管理公司也在积极探索成立自己的私募基金管理人,以期发行并管理自己的私募基金,该等私募基金在业界一般称为"保险私募基金"。

一、保险资金作为私募基金投资人

2010 年 7 月原中国保险监督管理委员会(以下简称原保监会)发布了《保险资金运用管理暂行办法》(中国保险监督管理委员会令 2010 年第 9 号)(已失效),允许保险公司投资于境内 PE 基金。自此,保险公司越来越成为人民币基金重要的机构投资人。但也需要指出,人民币基金一旦引入保险公司作为其投资人,就意味着人民币基金和 GP(包括基金管理人和投资管理团队)均因此受到银保监会的监管,须符合银保监会的相关监管规定和要求。

保险资金参与私募投资基金典型模式,如图 4.1 所示。[2]

---

〔1〕 2018 年 3 月,银保监会成立,将原银监会和原保监会的职责予以整合,作为国务院直属事业单位。本节中该会名称根据时间点划分,没有明显时间点的则称为银保监会。

〔2〕 吴晓灵、邓寰乐等:《资管大时代》,中信出版集团 2020 年版,第 279 页,方达律师事务所更新。

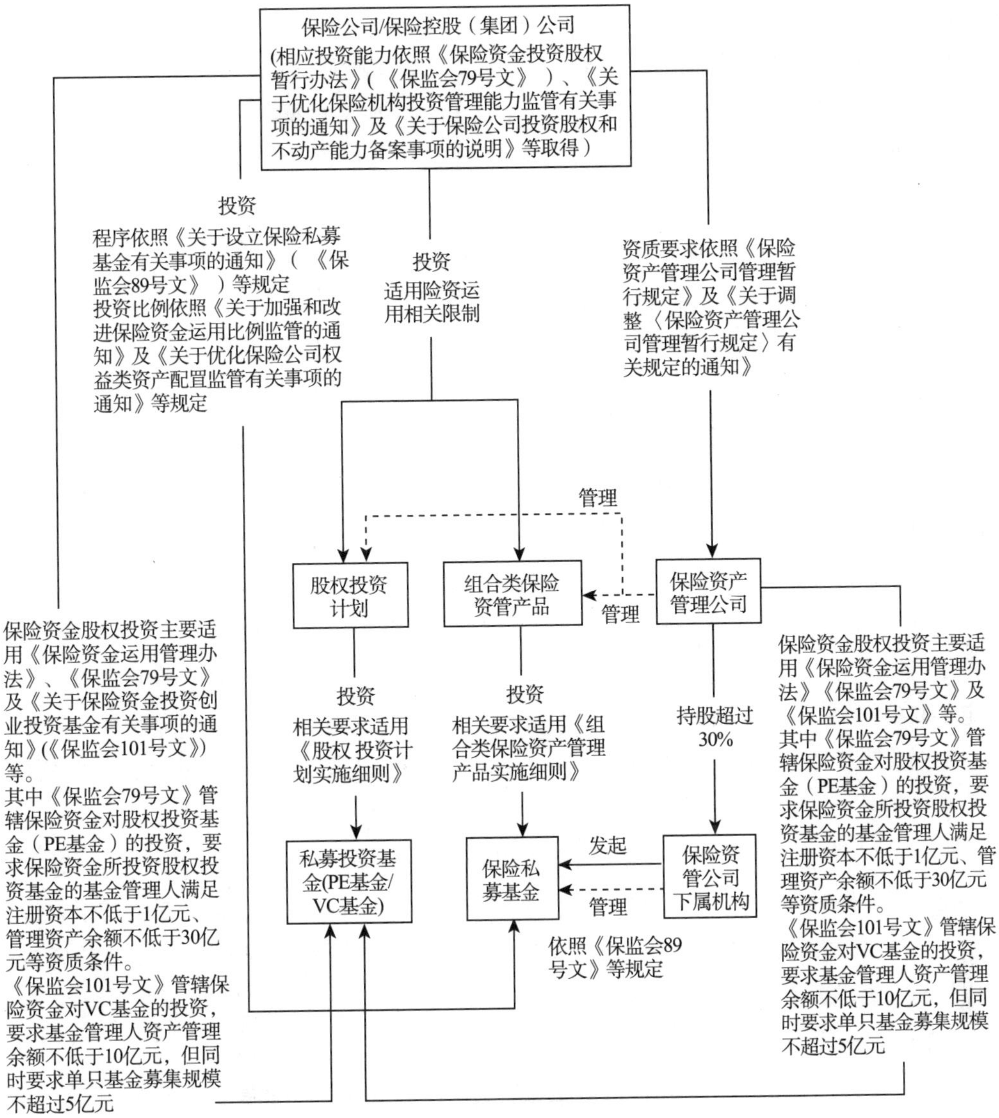

图 4.1 保险资金参与私募投资基金典型模式示意

(一)投资境内 PE 基金

随着保险和私募基金市场的快速发展,银保监会先后出台了多项政策法规支持保险资金开展股权融资和私募基金投资业务,其中 2010 年 7 月,原保监会发布《保险资金投资股权暂行办法》(保监发〔2010〕79 号,以下简称《保监会 79 号文》),允许保险公司开展直接和间接股权投资,间接股权投资的主要方式即为保险公司投资于境内股权投资基金(PE 基金)。《保监会 79 号文》拉开了保险公司投资 PE 基金的序幕。《保监会 79 号文》对保险资金所投资的股权投资基金、[1] 发起设立并管理该基金的股权投资机构(投资管理机构)、股权投资

〔1〕 此处所述股权投资基金约略等同于本书第一章第一节第二部分定义的"PE 基金"。

基金所投资的被投资公司的资质要求以及保险资金投资股权的投资比例限制等均进行了规定。之后，2012年7月原保监会发布了《关于保险资金投资股权和不动产有关问题的通知》（保监发〔2012〕59号，以下简称《保监会59号文》），[1]该文根据之前的实践情况对投资管理机构和股权投资基金等的具体要求做了解释、修正和调整。之后，银保监会的一些其他规范性文件，也对保险资金投资于股权投资基金带来一些限制和影响，例如，2014年1月保监会发布的《中国保监会关于加强和改进保险资金运用比例监管的通知》，[2]对保险资金投资设置了大类资产比例限制，保险资金投资于股权投资基金也包括在权益类投资中受到大类比例的监管。2018年10月，银保监会发布了《保险资金投资股权管理办法（征求意见稿）》（以下简称《股权办法征求意见稿》），就《保监会79号文》的修订向社会公开征求意见。

也许因为保险公司资金运用的习惯和特质，银保监会对保险资金投资的股权投资基金及其投资管理机构的监管更着眼于机构的资质。例如，根据《保监会79号文》和《保监会59号文》等的要求，投资管理机构注册资本不低于人民币1亿元、管理资产余额不低于人民币30亿元，且不能以受同一投资管理团队控制的持股公司、关联企业等来满足此类要求；又如，要求投资管理机构具备完善的各类公司治理、内控、管理制度。《股权办法征求意见稿》基本保留了前述规定。此类偏重执着于GP本身资质的要求，与PE基金市场中投资者做出投资决定多取决于GP核心人员的投资管理能力的惯例存在一定偏差，也间接导致保险公司在投资时更多着眼于GP和基金能否满足监管文件中规定的机械要求，而较少进行真正的市场化评价和考量。

《股权办法征求意见稿》中对投资管理机构的条件未提出颠覆性的变化，但对于标的股权提出了更多贴近目前严监管环境的要求，例如，该稿中明确规定保险资金投资的股权投资基金，其未上市权益类资产占比不低于80%，不应存在为保险资金规避监管比例、投资规范等监管要求提供通道服务等情形。

（二）投资境内VC基金[3]

与2014年8月国务院发布的《国务院关于加快发展现代保险服务业的若干意见》（国发〔2014〕29号，以下简称《保险业新国十条》）提出的保险资金发挥长期投资优势支持科技企业、小微企业发展相配套，原保监会于2014年12月出台了《中国保监会关于保险资金投资创业投资基金有关事项的通知》（保监发〔2014〕101号，以下简称《保监会101号文》），明确保险资金可以投资于VC基金。《保监会101号文》所涉的"VC基金"是指，主要投资创业企业[4]普通

---

[1] 本篇法规中"'明确事项'第1条第2款"已被中国银保监会《关于优化保险机构投资管理能力监管有关事项的通知》废止。

[2] 本篇法规中"第三部分第（一）条第二款的规定"已被中国保监会《关于进一步加强保险资金股票投资监管有关事项的通知》废止。

[3] 更多VC基金的其他特殊规定相关内容请见本书第七章第二节。

[4] 根据《保监会101号文》，创业企业，是指处于初创期至成长初期，或者所处产业已进入成长初期但尚不具备成熟发展模式的未上市企业。

股或者依法可转换为普通股的优先股、可转换债券等权益的股权投资基金。2018 年最新修订的《保险资金运用管理办法》(保监会令〔2018〕1 号)也再次确认保险资金可以投资于 VC 基金。

相较于对险资投资于 PE 基金的规范,《保监会 101 号文》对保险资金投资于 VC 基金作出了一系列符合 VC 基金特点的特殊规定。

一方面,保监会对 VC 基金及其投资管理机构的一些要求大大低于对 PE 基金及其投资管理机构的要求。例如,对于 VC 基金投资管理机构的管理资产余额,要求不低于人民币 10 亿元,大大低于银保监会对一般 PE 基金投资管理机构要求的人民币 30 亿元管理资产余额;又如,对 VC 基金的投资管理机构的专业人员数量、退出项目、投资经验等要求也低于对一般 PE 基金投资管理机构的要求。另外,《保监会 101 号文》并未对 VC 基金的投资管理机构注册资本或认缴资本设定门槛。

另一方面,保监会对于险资投资于 VC 基金也提出了一些在其投资 PE 基金时没有设置的条件。例如,《保监会 101 号文》要求险资拟投资的 VC 基金的募集规模不得超过人民币 5 亿元、不得是对应投资管理机构管理的首只 VC 基金,且基金投资于单一创业企业股权的余额不得超过基金规模的 10%,并且对 GP(包括基金主要管理人员)的利益绑定作出了规定,要求前述人士对该只 VC 基金的认缴不得低于基金认缴规模的 3%。

(三)投资境内房地产基金/基础设施基金

保险资金投资于境内房地产基金、基础设施基金或类似产品,根据投资架构和产品设计的不同,可能依托于前述保险资金投资境内 PE 基金的相关规定,也可能依托于《保险资金投资不动产暂行办法》(保监发〔2010〕80 号,以下简称《保监会 80 号文》)、《保险资金间接投资基础设施项目管理办法》(保监会令 2016 年 2 号,以下简称《险资间接投资基础设施办法》)等其他银保监会规范。

1.《保监会 79 号文》与《保监会 80 号文》

《保监会 80 号文》对于保险资金投资基础设施类不动产、非基础设施类不动产及不动产相关金融产品作出规范,其投资方式包括股权、债权、物权等。实践中,保险资金投资于私募房地产基金或者类似的以房地产或基础设施作为底层资产的私募产品并不少见,在监管口径上不免存在《保监会 79 号文》和《保监会 80 号文》的重叠地带。房地产基金 GP 和保险公司等对于险资投资此类产品究竟按照《保监会 79 号文》作为险资投资 PE 基金向银保监会报告,还是按照《保监会 80 号文》作为险资投资于房地产金融产品报告,一直存在争论,实践中往往由保险公司加以判断,或在与银保监会沟通后作出选择。综合看来,在能够符合《保监会 79 号文》和《保监会 59 号文》关于险资投资 PE 基金的规范要求的前提下,较多 GP 和保险公司选择适用关于险资投资 PE 基金的规范,盖因《保监会 80 号文》向险资投资不动产投资管理服务的投资机构提出的资质要求综合而言高于《保监会 79 号文》向险资投资的 PE 基金的投资管理机构的资质要求。例如,对于前者的管理资产余额要求不低于人民币 50 亿元,远超对于后者要求的人民币 30 亿元管理资产余额;又如,对于前者要求具备从业人员至少 15

名,高于对于后者的10名从业人员要求。多数GP和保险公司作出的这一选择,也得到了相关监管机构的侧面肯定,例如,中国保险资产管理业协会(以下简称中资协)在其股权投资信息报告系统的填报培训中就曾指出,通过股权方式投资不动产业务应被视为股权投资业务进行报告。

2. 基础设施投资计划

在银保监会规范体系下,按照《险资间接投资基础设施办法》,保险公司可以作为委托人和受益人,委托信托公司、保险资产管理公司、产业投资基金管理公司和其他专业管理机构等受托人设立投资计划,间接投资于基础设施项目。此类投资计划依托信托法,形成信托法律关系,与契约型私募基金的信托法律关系较为类似。在投资基础设施或非基础设施的大型地产项目方面,如果项目情况、受托人资质等可以达到《险资间接投资基础设施办法》的相关要求,则相较于基础设施基金/地产基金,险资可能更倾向于采用投资计划模式。主要原因大致可归纳为以下几个方面:

- 计划完全依托银保监会规范体系,注册于中资协,并在中保保险资产登记交易系统有限公司(以下简称中保登)进行产品信息登记和产品份额登记。可以说完全在银保监会的监管体系内操作,不涉及证监会体系对于私募基金的规范和监管,对于险资而言对监管要求更为熟悉且易操作,对于受托人而言仅需要符合一套监管规范,均更为便利。

- 此类投资计划的投资范围和投资方式较目前的基础设施投资基金/地产基金更为广泛,《险资间接投资基础设施办法》规定,投资计划可以采用债权、股权、物权及其他可行方式投资基础设施类不动产,同时可以参与政府直接投资、地方融资平台投资、央企或地方国企投资以及政府和社会资本合作(PPP项目)。比较而言,目前基金业协会的私募基金谱系中,基础设施基金/房地产基金只能选择备案为PE基金,如其希望以债权、物权作为主要投资模式,很可能被基金业协会以投资方式不符合PE基金要求而拒绝备案。

- 此类投资计划允许信用增级安排和担保措施。与证监会体系下严格规范PE基金不得向投资人提供保本保收益安排不同,此类投资计划容纳了信用增级安排和融资主体的担保措施,一定程度上更符合保险资金运用强调安全性的目标,也更符合险资一直以来偏重固定收益类的投资习惯。

- 此类投资计划设有监督人,由独立于受托人和托管人的第三方担任或者由作为受益人的保险公司兼任。险资参与此类投资计划可能有更多的参与权和监督权,认为其利益有更多保障。

(四)投资境外PE基金

保险资金投资境外PE基金需要符合银保监会关于保险资金境外投资的相关规定,主要包括《保险资金境外投资管理暂行办法》(保监会、人民银行、国家外汇管理局令2007年第2号)和《保险资金境外投资管理暂行办法实施细则》(保监发〔2012〕93号,以下简称《保监会

93 号文》),此外,《保险资金运用管理办法》、银保监会对于险资投资的大类监管比例相关规定等对于险资投资于境外 PE 基金也有一定程度的规范。《保监会 93 号文》等对于险资投资境外 PE 基金的相关要求基本类比险资投资境内 PE 基金但按照境外 PE 基金及其 GP 特点而制定,对于境外 PE 基金的投资管理机构提出实缴资本/净资产、美元管理资产余额、内控管理制度等要求,对于境外 PE 基金的规模、投资阶段、团队成员人数、从业经验和专属性等方面作出规范。并且,对于后续管理、风险防范、险资和投资管理机构的报告义务等,则明确要求参照险资投资境内 PE 基金监管。

(五)GP 接纳险资作为投资人而增加的日常合规义务

1. 投资管理机构对银保监会承担的义务,主要包括:

- 接纳险资时点。银保监会要求保险公司在签署投资协议后 5 个工作日内向银保监会报告并提交相关材料,GP 需要配合保险公司履行该项报备义务,其中包括提供 GP 对银保监会的承诺、在相关法律文件中为银保监会可能提出的意见留下修订时间和空间等。

- 年度报告。在接纳保险资金投资的 PE/VC 基金(包括人民币基金和境外 PE 基金)运营过程中,投资管理机构应按照银保监会要求的时间和形式向银保监会提交险资投资该基金情况的年度报告。

2. 中资协对接纳险资的 PE/VC 基金之投资管理机构的自律监管,主要包括:

- 相关 PE/VC 基金接纳险资时点。同样要求在险资签署投资协议后较短时间内,投资管理机构在中资协股权投资信息报告系统中发起“新增险资投资”填报流程,相应填写投资管理机构本身和险资投资的 PE/VC 基金的相关信息并提交相关法律文件。

- 定期报告和不定期报告。定期报告要求投资管理机构在股权投资信息系统中按时间要求进行季度报告和年度报告;而不定期报告包括要素变更和重大事项报告,要求在相关变更或事项发生后 3 个工作日内即完成。此外,在险资退出基金或者基金解散后,投资管理机构亦被要求在系统中填报相关信息。

二、保险私募基金

自 2014 年《保险业新国十条》首次明确“允许专业保险资产管理机构设立夹层基金、并购基金、不动产基金等私募基金”后,保监会立即开始了保险私募基金的试点安排,于 2015 年 1 月,批准了光大永明、联合安华农业保险、长安责任保险等 7 家出资机构联合设立合源资本管理有限公司,并由合源资本作为基金发起人和管理人,发起设立北京合源融微股权投资中心(有限合伙),据悉,这是市场上第一只保险私募基金;同月,保监会批准阳光融汇资本投资管理有限公司自行作为管理人发起设立北京阳光融汇医疗健康产业成长投资管理中心(有限合伙)。结合试点经验,保监会随后于 2015 年 9 月出台《关于设立保险私募基金有关事项的通知》(保监发〔2015〕89 号,以下简称《保监会 89 号文》)规范保险资金设立私募基金。保险系按照《保监会 89 号文》等规范设立的私募基金在业界一般专称为“保险私募基金”。2016 年,国寿投资公司旗下全资子公司——国寿股权投资有限公司发起设立了国寿大健康基金，该基金是中国人寿大健康发展战略的重要布局和大健康产业投资的核心平台，首期规模120亿元人民币，是目前国内规模最大的旗舰型大健康产业股权投资基金，也是中国保监会相关政策颁布后，首只获批成立的保险资金私募股权投资基金。[1]

（一）保险私募基金

保险私募基金的类型较广，包括成长基金、并购基金、新兴战略产业基金、夹层基金、不动产基金、VC基金和以上述基金为主要投资对象的母基金。其投资方向强调为国家重点支持的行业和领域，包括但不限于重大基础设施、棚户区改造、新型城镇化建设等民生工程和国家重大工程；科技型企业、小微企业、战略性新兴产业等国家重点支持企业或产业；养老服务、健康医疗服务、保安服务、互联网金融服务等符合保险产业链延伸方向的产业或业态。保险私募基金可以向保险资金和其他合格投资者募集，实践中还是以保险资金投资为主。

（二）保险私募基金的GP——发起人和管理人

《保监会89号文》对于保险私募基金特别强调了其发起人和管理人必须为保险资产管理机构所控制。具体体现在以下方面。

1. 保险私募基金的发起人。要求发起人应当由保险资产管理机构的下属机构担任，主要负责发起设立私募基金、确定基金管理人、维护投资者利益并承担法律责任，是通过私募基金开展投资业务的载体。并且，发起人应当独立于保险资产管理机构（一般即指，相关保险公司旗下的保险资产管理公司）运作。

2. 保险私募基金的管理人。《保监会89号文》规定，保险私募基金管理人，可以由发起人担任，也可以由发起人指定保险资产管理机构或保险资产管理机构的其他下属机构担任。管理人主要负责资金募集、投资管理、信息披露、基金退出等事宜。另外，对于由下属机构担任保险私募基金管理人的，要求保险资产管理机构及其关联的保险机构的股权占比合计高于30%。

另外，《保监会89号文》对于保险私募基金管理人还提出了投资管理能力、投资项目、团队稳定性经验和退出项目、独立运作机制等条件。对于发起人和管理人的名称、高管、主要股东、实际控制人的稳定性也作出了规范。

值得一提的是，保险私募基金及其管理人并不因其受到银保监会的行业监管而免于证监会—基金业协会体系对于私募基金及其管理人的规范，此类私募基金及其管理人也应接受私募基金行业的自律监管。这一点在银保监会对保险私募基金的监管规范中是非常明确的。

（三）私募保险资管产品

银保监会体系下的术语与私募基金市场惯例有所区别，从前述《保监会89号文》对保险私募基金的规定可以看出，银保监会体系下的保险私募基金实际对应的是私募投资基金（PE

[1] 参见《国寿投资实力上榜清科2017年中国私募股权投资机构》，载国寿投资官网，http://www.chinalifeinvest.com/contents/12/2062.html，2020年12月31日最后访问。

基金加 VC 基金)的范畴。而保险资产管理机构早在 2011 年即开始发行并管理的保险资产管理产品对应于更广泛的私募资管产品的概念,虽然保险资管产品经历了一个内涵外延比较模糊的时期,但根据银保监会保险资金运用监管部副主任罗艳君对 2020 年 3 月颁布的《保险资产管理产品管理暂行办法》(中国银行保险监督管理委员会令 2020 年第 5 号,以下简称《保险资管产品办法》)的解读,保险资管产品是指投资基础设施的债权投资计划、股权投资计划,以及投资股票、债券等公开市场品种的组合类产品(以下简称保险资管三类产品),不包括保险私募基金,[1] 也即明确了银保监会保险私募基金和保险资管产品分类监管的监管态度。

对于保险资管产品亦有银保监会的规范加以专门规定,除《保险资管产品办法》外,2020 年 9 月,银保监会针对组合类保险资管产品、债权投资计划和股权投资计划分别出台了相关的产品实施细则。[2] 截至 2020 年年底,《保险资管产品办法》中包含的保险资管产品的投资范围已从早期的以标准化产品为主拓展到涵盖国债、地方政府债券、中央银行票据、政府机构债券、金融债券、银行存款、大额存单、同业存单、公司信用类债券,在银行间债券市场或者证券交易所市场等经国务院同意设立的交易市场发行的证券化产品,公募证券投资基金、其他债权类资产、权益类资产和银保监会认可的其他资产。

尽管保险资管产品(尤其是其中的股权投资计划)的投资范围与私募基金多有重合,但在保险公司的商业偏好上,保险资管产品体量大、期限长,主要用于对接一些政策性项目,包括京沪高铁、南水北调、北京地铁、国产大飞机等。

(四)对保险系私募产品的监管

银保监会体系对于保险私募基金和保险资管产品的采取了一些差异化管理,大体而言:

- 保险私募基金的发起人和管理人需要符合特定条件,且其需是在经银保监会批准的基金设立方案中列明的具体保险资产管理机构;而保险资产管理机构根据《保险资管产品办法》、银保监会办公厅《关于印发组合类保险资产管理产品实施细则等三个文件的通知》(银保监办发〔2020〕85 号)等的规定就保险资管三类产品分别设置不同的要求,如管理组合类产品需要建立组合类产品的业务制度等。

- 保险私募基金的报告、重大信息报送等义务以中资协股权投资信息报告系统进行;而保险资管产品则根据产品类别的不同进行区分,其中股权投资计划及债权投资计划在中资协进行登记及后续信息披露;组合类产品则在中保登进行登记和后续信息披露。

---

〔1〕 参见罗艳君:《关于〈保险资产管理产品管理暂行办法〉的说明》,载搜狐网,https://www.sohu.com/a/361492876_756396,2020 年 12 月 31 日最后访问。

〔2〕 中国银保监会办公厅《关于印发组合类保险资产管理产品实施细则等三个文件的通知》(银保监办发〔2020〕85 号),包括《组合类保险资产管理产品实施细则》、《债权投资计划实施细则》和《股权投资计划实施细则》。

/第三节/
证券公司

证券公司直投业务的监管始于2007年,从最初的"证监会试点审批阶段"到"下放至证券业协会自律监管阶段"再到"基金业协会自律监管+证券业协会自律监管双重监管"阶段,正逐渐走向市场化运营。与市场上普通的PE/VC发起人相比,证券公司从事私募业务在项目储备、管理经验、内部资源等方面有着天然优势的同时,也面临着趋于严格的监管环境与日益激烈的竞争局面。

一、历史:直投子公司

2007年9月,中信证券股份有限公司根据证监会的《关于中信证券股份有限公司开展直接投资业务试点的无异议函》(机构部部函〔2007〕403号),成为境内第一家获得直接投资业务试点资质的证券公司,公司出资设立全资专业子公司——金石投资有限公司,开展直接投资业务试点。

2009年4月,证监会机构监管部颁布《关于证券公司直接投资业务试点有关工作的函》(机构部部函〔2009〕192号),制定了《证券公司直接投资业务试点指引》。根据该指引,证券公司申请开展直接投资业务试点须符合最近12个月净资本不低于15亿元、最近3个会计年度担任股票、可转债主承销项目5个以上或股票、可转债主承销金额达到100亿元等资质。开展直投业务试点可以以不超过净资本15%的自有资金设立子公司开展直接投资业务。

2011年7月,证监会颁布《证券公司直接投资业务监管指引》(已失效),证券公司直投业务由试点转为常规监管,该指引允许证券公司设立直接投资基金(以下简称直投基金)募集并管理客户资金进行股权投资,但证券公司直接投资业务子公司(以下简称直投子公司)应当持有其下设基金管理机构51%以上股权或者出资并拥有管理控制权。

2012年11月,中国证券业协会(以下简称证券业协会)颁布《证券公司直接投资业务规范》(已失效),明确了直投基金实行备案制、可以实行跟投机制,扩大直接投资业务范围至股权投资基金、债权投资基金、VC基金、并购基金、夹层基金等,并放宽了直投子公司及其下属机构不得负债经营的限制。

2014年1月,证券业协会对《证券公司直接投资业务规范》(已失效)进行了修订,扩大直投业务范围至债权投资以及与股权投资、债权投资有关的财务顾问服务等内容,拓宽闲置资金投资范围至境内银行间市场交易的短期融资券品种并允许闲置资金从事债券逆回购,放宽对于举债经营的限制,扩大了直投基金合格投资者范围并增加了直投基金的交易场所等。截至2015年年底,125家证券公司中有56家成立直投子公司,占比45%。[1]

---

〔1〕 参见马跃:《2015年中国券商直接投资业务分析报告》,载投中网,https://www.chinaventure.com.cn/cmsmodel/report/detail/1119.shtml,2020年7月20日最后访问。

根据修订后的《证券公司直接投资业务规范》(已失效),证券公司可以设立直投子公司开展以下业务:(1)使用自有资金或设立直投基金,对企业进行股权投资或债权投资,或投资于与股权投资、债权投资相关的其他投资基金;(2)为客户提供与股权投资、债权投资相关的财务顾问服务;(3)经证监会认可开展的其他业务。直投子公司不得开展依法应当由证券公司经营的证券业务。

直投子公司及其下属机构可以设立和管理股权投资基金、债权投资基金、VC基金、并购基金、夹层基金等直投基金,以及以前述基金为主要投资对象的直投基金。直投基金应当以非公开的方式向合格投资者[1]募集,且投资者不得超过200人。同时,直投子公司可以使用其自有资金,投资于与股权投资、债权投资相关的其他投资基金。

2016年12月30日,证券业协会发布《证券公司私募投资基金子公司管理规范》及《证券公司另类投资子公司管理规范》(中证协发〔2016〕253号,合称《券商子公司管理规范》),自2012年11月2日开始实施的《证券公司直接投资业务规范》被废止。证券业协会明确:各证券公司应当明确各类子公司的经营边界,一类业务原则上只能设立1个子公司经营,相关子公司应当专业运营,不得兼营;证券公司各类子公司均不得开展非金融业务,原则上不得下设二级子公司。

自此,直投子公司通过直投基金同时管理自有资金与募集资金进行另类投资的业务模式成为历史,直投子公司也被正式分为证券公司私募投资基金子公司(以下简称私募基金子公司)与证券公司另类投资子公司(以下简称另类子公司)分别经营,分别监管。

二、私募基金子公司

根据《券商子公司管理规范》,证券公司应当以自有资金全资设立私募基金子公司,每家证券公司设立的私募基金子公司原则上不超过1家。证券公司设立私募基金子公司,应当符合以下要求:

- 具有健全的公司治理结构,完善有效的内部控制机制、风险管理制度和合规管理制度,防范与私募基金子公司之间出现风险传递和利益冲突;
- 最近6个月各项风险控制指标符合证监会及证券业协会的相关要求,且设立私募基金子公司后,各项风险控制指标仍持续符合规定;
- 最近1年未因重大违法违规行为受到刑事或行政处罚,且不存在因涉嫌重大违法违规正受到监管部门和有关机关调查的情形;
- 公司章程有关对外投资条款中明确规定公司可以设立私募基金子公司,并经注册地证监会派出机构审批;
- 证监会及证券业协会规定的其他条件。

私募基金子公司只能从事与私募投资基金有关的业务,其可以直接管理私募基金,也可

---

〔1〕 根据《证券公司直接投资业务规范》第12条规定:合格投资者是指具备充分的风险识别、判断和承受能力且认购金额不低于人民币1000万元的个人、法人机构或专业从事股权投资或基金投资业务的有限合伙企业;合格投资者为前述有限合伙企业的,该有限合伙企业的有限合伙人应当为认购金额不低于人民币1000万元的法人机构。直投子公司及其下属机构的投资管理团队进行跟投的,不受此限制。

以通过设立基金管理机构等特殊目的机构管理私募基金。私募基金子公司及其下设特殊目的机构不得对外提供担保和贷款,不得成为对所投资企业的债务承担连带责任的出资人。私募基金子公司及其下设基金管理机构将自有资金投资于本机构设立的私募基金的,对单只基金的投资金额不得超过该只基金总额的20%。私募基金子公司应当加入证券业协会,成为协会会员,接受协会的自律管理,并履行相应的报告义务。

与《证券公司直接投资业务规范》相比,《证券公司私募投资基金子公司管理规范》做出了如下改变(见表4.2)。

表4.2 《证券公司直接投资业务规范》与《证券公司私募投资基金子公司管理规范》的比较

	《证券公司直接投资业务规范》	《证券公司私募投资基金子公司管理规范》
自有资金投资	允许证券公司自有资金通过直投基金开展投资,对自有资金在直投基金中所占比例没有要求	增加了单只基金的投资比例,以有效分散投资风险:私募基金子公司及其下设基金管理机构将自有资金投资于本机构设立的私募基金的,对单只基金的投资金额不得超过该只基金总额的20%
投资者资质	具备充分的风险识别、判断和承受能力,且认购金额不低于人民币1000万元的个人、法人机构或专业从事股权投资或基金投资业务的有限合伙企业(该等有限合伙企业的有限合伙人应为认购金额不低于人民币1000万元的法人机构)	细化合格投资者的资质:具备相应风险识别能力和风险承担能力,投资于单只私募基金的金额不低于100万元且符合下列相关标准的单位和个人:(一)净资产不低于1000万元的单位;(二)金融资产不低于300万元或者最近3年个人年均收入不低于50万元的个人;(三)当然的合格投资者,如社会保障基金、企业年金等养老基金、依法设立并在基金业协会备案的投资计划、投资于所管理私募基金的管理人及其从业人员等
投资决策机构	直投子公司及其下属机构应当设立专门的投资决策委员会	内部管理更加灵活:无强制要求
高管人员	无特别要求	细化高管人员的要求:私募基金子公司必须具备一定数量的高级管理人员和投资管理人员,具有5年以上投资管理或资产管理经验的高级管理人员不得少于2人,具有2年以上投资管理或资产管理经验的投资管理人员不得少于3人,该等高级管理人员和投资管理人员最近1年应当无不良诚信记录,未受到行政、刑事处罚、被采取监管措施或自律处分,且不存在因涉嫌违法违规正在被有权机关调查的情形
闲置资金管理	可投资于依法公开发行的国债、央行票据、短期融资券、投资级公司债、货币市场基金及保本型银行理财产品等风险较低、流动性较强的证券以及证券投资基金、集合资产管理计划、专项资产管理计划,或进行债券逆回购	删除了"包括证券投资基金、集合资产管理计划、专项资产管理计划、债券逆回购"等原本可以用于流动性管理的投资标的,使闲置资金的使用更为安全:只能投资于依法公开发行的国债、央行票据、短期融资券、投资级公司债、货币市场基金及保本型银行理财产品等风险较低、流动性较强的证券

2018年4月27日,人民银行、银保监会、证监会、国家外汇局联合发布《资管新规》,从多方面对金融机构的资产管理业务[1]进行了统一规范。为进一步落实《资管新规》中的相关

〔1〕 根据《资管新规》,金融机构的资产管理业务系指,银行、信托、证券、基金、期货、保险资产管理机构、金融资产投资公司等金融机构接受投资者委托,对受托的投资者财产进行投资和管理的金融服务。

规定，证监会于2018年10月22日发布了《私募资管细则》。根据《私募资管细则》，证券期货经营机构（证券公司、基金管理公司、期货公司及前述机构依法设立的从事私募资产管理业务的子公司）设立特定目的的公司或者合伙企业从事私募资产管理业务的应参照适用。因此，私募基金子公司的业务及其设立的私募基金应遵循《私募资管细则》中的各项相关规定，包括但不限于合格投资者、投资标的、投资集中度、分级、负债、嵌套、关联交易及利益冲突、费用、业绩报酬、托管及信息披露等。此外，根据证监会于2017年7月18日向证券业协会、基金业协会下发的《关于证券基金经营机构子公司规范整改有关工作意见的函》（机构部函〔2017〕1791号），私募基金子公司应在规范整改后在基金业协会办理管理人登记和产品备案，因此私募基金子公司事实上同时面临证监会《私募资管细则》、证券业协会《证券公司私募投资基金子公司管理规范》等对证券公司及其子公司的监管，以及《证监会105号文》、基金业协会自律规则等对私募基金管理人的双重监管。实践中，基金业协会相关部门已逐步根据《私募资管细则》对私募基金子公司发起设立的私募基金的备案和报告等持续合规监管调整其监管口径。

多重监管导致证券公司私募子公司的私募基金比市场化私募基金受到更多束缚，在市场竞争中，恐处于不利地位。例如，根据《私募资管细则》，私募子公司的股权投资基金、VC基金等在首次交割后难以进行扩募，投资者分期缴付投资额期限较短，该等基金受限于一层嵌套等限制在投资中使用特殊目的载体这种常用中间架构比较困难。《私募资管细则》实施以来，业界对于此类问题反应较大，证监会已在考虑修改《私募资管细则》，以与VC基金、政府产业基金等特殊规定做好衔接，并与PE/VC基金的市场惯例加强兼容。〔1〕

三、另类子公司

根据《券商子公司管理规范》，另类子公司主要从事《证券公司证券自营投资品种清单》

---

〔1〕 证监会于2020年10月23日发布了《关于就〈关于修改《证券期货经营机构私募资产管理业务管理办法》的决定〉（征求意见稿）〈关于修改《证券期货经营机构私募资产管理计划运作管理规定》的决定〉（征求意见稿）公开征求意见的通知》，拟对《私募资管细则》作出修改。其中，对于证券期货经营机构管理的专门投资于未上市企业股权的私募资产管理计划（指投资于未上市企业股权的比例不低于其总资产80%的资产管理计划。例如，证券公司私募子公司发起管理的股权投资基金），结合私募股权投资基金投资运作特征，优化相关制度安排。这些调整包括：

——豁免适用"同一证券期货经营机构管理的全部集合资产管理计划投资于同一资产的资金不得超过该资产的25%"的限制。

——完善分期缴付安排：在资产管理合同载明分期缴付的金额、期限、单个投资者首期实缴不低于合格投资者最低投资额、首期实缴总规模不低于1000万元等前提下，允许封闭式资产管理计划的投资者分期缴付委托资金。

——完善开放后续募集的安排：符合条件（如资管计划成立满一年且运作规范、采用资产组合方式投资、按合同约定取得全体投资者和托管人同意、合理估值不存在通过扩募向新投资者转移风险亏损或输送利益、前次扩募满一年）的封闭式集合资产管理计划可以扩募。如果征求意见稿获得通过，这将解决证券公司私募子公司管理的股权投资基金无法进行后续交割扩募的问题，改变此类股权投资基金与市场化股权投资基金运营规范的不平等问题。

——允许通过特殊目的载体投资于未上市企业股权，但该等特殊目的载体应为直接投资于未上市企业股权的公司或合伙企业，不得承担资金募集功能，不得收取管理费及业绩报酬。

——明确资管计划当遵守"一层嵌套"要求，但证监会另有规定的除外，主要是与创业投资基金、政府产业投资基金的特殊规定做好衔接。

所列品种[1]以外的金融产品、股权等另类投资业务，证券公司应当以自有资金全资设立另类子公司，每家证券公司设立的另类子公司原则上不超过1家。证券公司设立另类子公司，应当符合以下要求：

- 具有健全的公司治理结构，完善有效的内部控制机制、风险管理制度和合规管理制度，防范与另类子公司之间出现风险传递和利益冲突；
- 具备证监会核准的证券自营业务资格；
- 最近6个月内各项风险控制指标符合证监会及证券业协会的相关要求，且设立另类子公司后，各项风险控制指标仍持续符合规定；
- 最近1年未因重大违法违规行为受到刑事或行政处罚，且不存在因涉嫌重大违法违规正受到监管部门和有关机关调查的情形；
- 公司章程有关条款中明确规定公司可以设立另类子公司，并经注册地中国证监会派出机构审批；
- 证监会及证券业协会规定的其他条件。

另类子公司不得向投资者募集资金开展基金业务，不得融资，不得对外提供担保和贷款，不得成为对所投资企业的债务承担连带责任的出资人。另类子公司应当加入证券业协会，成为协会会员，接受协会的自律管理，并履行相应的报告义务。

私募基金子公司与另类子公司主要存在以下区别(见表4.3)。

表4.3　私募基金子公司与另类子公司的主要区别

	私募基金子公司	另类子公司
业务范围	私募投资基金业务	《证券公司证券自营投资品种清单》所列品种以外的金融产品、股权等另类投资业务
业务禁止	不得从事与私募基金无关的业务	不得从事投资业务之外的业务，不得从事融资类收益互换业务，不得投资于高杠杆的结构化资产管理产品
投资方式	• 以募集资金投资为主； • 私募基金子公司及其下设基金管理机构将自有资金投资于本机构设立的私募基金的，对单只基金的投资金额不得超过该只基金总额的20%； • 以闲置资金投资依法公开发行的国债、央行票据、短期融资券、投资级公司债、货币市场基金及保本型银行理财产品等风险较低、流动性较强的证券	只能以自有资金投资，不得向投资者募集资金开展基金业务

[1] 包括：(1)已经和依法可以在境内证券交易所上市交易和转让的证券；(2)已经在全国中小企业股份转让系统挂牌转让的证券；(3)已经和依法可以在符合规定的区域性股权交易市场挂牌转让的私募债券，已经在符合规定的区域性股权交易市场挂牌转让的股票；(4)已经和依法可以在境内银行间市场交易的证券；(5)经国家金融监管部门或者其授权机构依法批准或备案发行并在境内金融机构柜台交易的证券。

续表

	私募基金子公司	另类子公司
下设机构	仅可下设基金管理机构等特殊目的机构，并应持有该机构35%以上股权/出资，并拥有管理控制权；下设机构原则上不得再下设任何机构	不得下设任何机构
管理人员	具有5年以上投资管理或资产管理经验的高级管理人员不得少于2人；具有2年以上投资管理或资产管理经验的投资管理人员不得少于3人	无
设立限制	每家证券公司设立的私募基金子公司原则上不超过1家	每家证券公司设立的另类子公司原则上不超过1家
融资限制	无明确规定	不得融资

四、子公司的规范整改

证监会于2017年7月18日向证券业协会、基金业协会下发《关于证券基金经营机构子公司规范整改有关工作意见的函》(机构部函〔2017〕1791号)，对包括私募基金子公司及另类子公司在内的证券公司子公司以及基金管理公司子公司的整改工作提出若干意见。其中，对应当进行整改的证券公司及其各级下设机构，按照"规范一批、恢复一批"的原则，对于已完成整改的证券公司，及时恢复其子公司有关管理人登记和产品备案工作；对于虽未全面完成规范整改但已明确规范后展业平台的，先行恢复规范平台有关管理人登记和产品备案工作。工作程序上，由证监会证券基金机构监管部同证券业协会、基金业协会形成联合会商机制，定期或不定期对证券公司提交的子公司规范整改方案及落实情况进行审查，经审查予以认可的，由证券业协会将完成规范整改的证券公司名单以及规范平台名单在其官网公示，基金业协会据此办理有关私募基金管理人登记和产品备案。

截至2020年5月，证券业协会官网已先后公布13批证券公司及其私募基金子公司等规范平台名单，该等证券公司及其相关私募基金子公司等规范平台的整改方案已获得通过，并可以据此在基金业协会办理有关私募基金管理人登记和产品备案，并向注册地证监会派出机构报送已通过的整改报告。根据基金业协会的统计数据，截至2020年11月，已有780只证券公司私募投资基金通过基金业协会私募基金备案，证券公司私募子公司平均管理私募基金73亿元，管理规模中位数为15亿元。[1]

五、证券公司私募资管产品

证券公司私募资管业务发端于20世纪90年代初，由于当时国家开始允许证券公司进入

〔1〕参见《证券期货经营机构私募资管产品备案月报(2020年11月)》，载基金业协会官网，https://www.amac.org.cn/researchstatistics/report/zghybg/202009/P020200923593855785804.pdf，2021年1月18日最后访问。

一级市场，证券公司在发展证券承销业务过程中与客户建立起相互信任的关系，客户将大量资金委托证券公司代理证券投资，证券公司大都以“代客理财”等名义在二级市场对客户的资金进行投资。2002～2004年，证券市场长期低迷，资产管理业务风险随之爆发，为了对证券公司资产管理业务进行规范，证监会于2003年12月18日发布《证券公司客户资产管理业务试行办法》（已失效），明确证券公司资产管理业务的三种类型，即定向资产管理、专项资产管理和集合资产管理业务。

2005年7月29日，国务院转发《证券公司综合治理工作方案》（国办发〔2005〕4号），对证券行业进行清理整顿。2008年，随着证券公司综合治理的完成，许多符合条件的证券公司开始开展理财业务。为适应监管需要，证监会于2008年5月31日发布《证券公司定向资产管理业务实施细则（试行）》（已失效）和《证券公司集合资产管理业务实施细则（试行）》（已失效），对《证券公司客户资产管理业务试行办法》（已失效）中规定的定向资产管理业务和集合资产管理业务进行细化规定，并形成了证券公司资产管理业务的“一法两则”的规则体系。

随着证券公司资产管理业务的发展以及客户需求和证券公司自身管理能力的变化，“一法两则”在实施过程中面临一些新问题，需要对部分条款进行修订。2012年10月18日，证监会发布《证券公司客户资产管理业务管理办法》（已失效）、《证券公司集合资产管理业务实施细则》（已失效）及《证券公司定向资产管理业务实施细则》（已失效），在原有规则体系上对证券公司资产管理业务的相关规定进行了进一步完善。

2013年6月1日《基金法》正式实施，首次将非公开募集证券投资基金纳入调整范围。证券公司作为证监会监管下的重要资产管理业务经营主体，其相关的资产管理业务规定也以该法为依据。为与该法保持一致，2013年6月26日，证监会对《证券公司客户资产管理业务管理办法》（已失效）和《证券公司集合资产管理业务实施细则》（已失效）进行修订。本次修订前，证券公司办理集合资管计划，可以设立限定性集合资管计划和非限定性集合资管计划，〔1〕而修改后的规定则取消了对集合资管计划的限定性、非限定性划分以及各自不同的投资者准入门槛，将投资者准入门槛统一为不低于100万元，且客户数量不得超过200人，亦即取消了原来的公募产品——大集合，并将大集合统一归为公募基金，集合资产管理计划则须符合私募基金的相关规定。

近几年来，证券期货经营机构私募资管业务发展迅速，截至2018年6月，证券期货经营机构私募资产管理业务规模合计25.91万亿元，其中证券公司及其子公司约14.92万亿元，

〔1〕 限定性集合资管计划和非限定性资管计划一般称为“大集合”。根据修改前的《证券公司集合资产管理业务实施细则》和《证券公司客户资产管理业务管理办法》，大集合是指投资人数不受限制、募集金额不低于1亿元的集合资产管理计划，其中限定性集合资管计划单个客户的参与资金数额不低于5万元，非限定性集合资产管理计划单个客户的资金数额不得低于10万元。

基金公司及其子公司约10.83万亿元,期货公司及其子公司约1600亿元。[1] 自《资管新规》后,证监会于2018年10月22日发布《私募资管细则》,并废止了包括前述“一法两则”在内的关于证券期货经营机构资产管理业务的一系列规定。[2] 值得注意的是,被废止文件中并不包括证监会于2016年7月14日颁布的《证券期货经营机构私募资产管理业务运作管理暂行规定》(证监会公告〔2016〕13号,以下简称《私募资管暂行条例》),因此目前证券公司及其子公司从事私募资管业务主要受前述《私募资管细则》、《私募资管暂行规定》以及《证券期货经营机构私募资产管理计划备案管理办法(试行)》(中基协发〔2019〕4号,以下简称《资管计划备案办法》)的规制。

根据《私募资管细则》,证券期货经营机构包括证券公司、基金管理公司、期货公司及前述机构依法设立的从事私募资产管理业务的子公司。证券期货经营机构从事私募资产管理业务,应当符合以下条件:

- 净资产、净资本等财务和风险控制指标符合法律、行政法规和中国证监会的规定;
- 法人治理结构良好,内部控制、合规管理、风险管理制度完备;
- 具备符合条件的高级管理人员和3名以上投资经理;
- 具有投资研究部门,且专职从事投资研究的人员不少于3人(证券公司、基金管理公司、期货公司设立子公司从事私募资产管理业务,并由其投资研究部门为子公司提供投资研究服务的,视为符合本项规定的条件);
- 具有符合要求的营业场所、安全防范设施、信息技术系统;
- 最近2年未因重大违法违规行为被行政处罚或者刑事处罚,最近1年未因重大违法违规行为被监管机构采取行政监管措施,无因涉嫌重大违法违规正受到监管机构或有权机关立案调查的情形;
- 证监会根据审慎监管原则规定的其他条件。

证券期货经营机构资产管理的业务形式包括为单一投资者设立单一资产管理计划以及为多个投资者设立集合资产管理计划。按照投向资产类别可划分为固定收益类、权益类、商品及金融衍生品类及混合类资产管理计划;按照存续期间是否办理参与、退出可划分为开放

---

〔1〕 参见《关于〈证券期货经营机构私募资产管理业务管理办法(征求意见稿)〉、〈证券期货经营机构私募资产管理计划运作管理规定(征求意见稿)〉的起草说明》,载证监会网,http://www.csrc.gov.cn/pub/zjhpublic/zjh/201807/t20180720_341673.htm,2020年7月20日最后访问。

〔2〕 被废止的包括《证券公司客户资产管理业务管理办法》(证监会令第93号)、《基金管理公司特定客户资产管理业务试点办法》(证监会令第83号)、《期货公司资产管理业务试点办法》(证监会令第81号)、《证券公司集合资产管理业务实施细则》(证监会公告〔2013〕28号)、《证券公司定向资产管理业务实施细则》(证监会公告〔2012〕30号)、《关于实施〈基金管理公司特定客户资产管理业务试点办法〉有关问题的规定》(证监会公告〔2012〕23号)、《基金管理公司单一客户资产管理合同内容与格式准则》(证监会公告〔2012〕24号)、《基金管理公司特定多个客户资产管理合同内容与格式准则》(证监会公告〔2012〕25号)。

式资产管理计划和封闭式资产管理计划。资产管理计划应当以非公开方式向合格投资者[1]募集,初始募集规模不得低于1000万元,集合资产管理计划的投资者人数不少于2人,不得超过200人。此外,《私募资管细则》还对证券期货经营机构设立的私募资产管理计划从产品名称、投资标的、投资集中度、关联交易及利益冲突、分级、负债、嵌套、穿透、费用列支、业绩报酬、托管、信息披露、禁止行为等各方面进行了规定,同时对投资顾问等应符合的资质条件进行了明确。[2]

2019年6月,基金业协会发布了《资管计划备案办法》,对证券期货经营机构开展私募资产管理业务过程中私募资产管理计划的备案及报告要求、备案核查及自律管理进行了规定。

2020年10月,证监会发布了《关于修改〈证券期货经营机构私募资产管理计划运作管理规定〉的决定(征求意见稿)》和《关于修改〈证券期货经营机构私募资产管理业务管理办法〉的决定(征求意见稿)》[以下合称《私募资管细则(征求意见稿)》],拟根据2018年10月《私募资管细则》颁布以来其对证券期货经营机构私募资管业务的监管实践,对《私募资管细则》进行修改,以适应《资管新规》过渡期的延长安排,对部分规定优化调整。与券商私募子公司的私募基金关系密切的修改主要包括,豁免私募股权投资基金适用"同一证券期货经营机构管理的全部集合资产管理计划投资于同一资产的资金不得超过该资产的25%"的限制;完善

---

[1] 根据《资管计划运作规定》,合格投资者是指具备相应风险识别能力和风险承受能力,投资于单只资产管理计划不低于一定金额且符合下列条件的自然人、法人或者其他组织:(1)具有2年以上投资经历,且满足下列三项条件之一的自然人:家庭金融净资产不低于300万元,家庭金融资产不低于500万元,或者近3年本人年均收入不低于40万元;(2)最近1年末净资产不低于1000万元的法人单位;(3)依法设立并接受国务院金融监督管理机构监管的机构,包括证券公司及其子公司、基金管理公司及其子公司、期货公司及其子公司、在中国证券投资基金业协会登记的私募基金管理人、商业银行、金融资产投资公司、信托公司、保险公司、保险资产管理机构、财务公司及中国证监会认定的其他机构;(4)接受国务院金融监督管理机构监管的机构发行的资产管理产品;(5)基本养老金、社会保障基金、企业年金等养老基金,慈善基金等社会公益基金,合格境外机构投资者(QFII)、人民币合格境外机构投资者(RQFII);(6)中国证监会视为合格投资者的其他情形。合格投资者投资于单只固定收益类资产管理计划的金额不低于30万元,投资于单只混合类资产管理计划的金额不低于40万元,投资于单只权益类、商品及金融衍生品类资产管理计划的金额不低于100万元。资产管理计划投资于非标准化资产的,接受单个合格投资者委托资金的金额不低于100万元。资产管理计划接受其他资产管理产品参与的,不合并计算其他资产管理产品的投资者人数,但应当有效识别资产管理计划的实际投资者与最终资金来源。

[2] 证监会于2020年10月23日发布了《关于就〈关于修改《证券期货经营机构私募资产管理业务管理办法》的决定〉(征求意见稿)〈关于修改《证券期货经营机构私募资产管理计划运作管理规定》的决定〉(征求意见稿)公开征求意见的通知》,拟对《私募资管细则》作出修改,这次修改的重点变化表现在以下几个方面:

——对于证券期货经营机构的私募股权投资基金优化相关制度安排。

——明确资管计划投资单一资产比例超过其净资产50%的,该资管计划负债杠杆比例不得超过120%。

——取消管理人自有资金参与单个集合资管计划不得超过该计划总份额20%的要求。

——允许最近两期分类评价均为A类AA级的期货公司及其子公司设立投资非标资产的资管产品,选取头部期货公司进行试点。

——对照《资管新规》,将《私募资管细则》过渡期同步延长至2021年年底。

分期缴付、开放参与等制度安排,满足私募股权投资基金等分期、分步投资的需要;加入与现行关于创业投资基金、政府产业投资基金的特殊规定的衔接安排;对通过特殊目的载体间接投资未上市企业股权留出空间;以及放宽管理人自有资金参与私募基金的比例限制等。[1]《私募资管细则(征求意见稿)》中的较多修改内容,吸纳了2019年以来证监会证券基金机构监管部陆续向证券期货经营机构下发的几个有关《私募资管细则》适用相关问题解答的内容,征求意见稿通过后,该等政策执行口径将成为部门规章的明文规定。预计届时基金业协会亦会就此更新私募资产管理计划的备案规则。

与前述私募基金子公司发起设立私募基金相比,证券公司及其子公司设立私募资产管理计划虽然同属广义的证券公司私募资产管理产品,但两者在市场实践中本有较为明显的差异,例如,在股权投资方面,因"三类股东"问题,谋求上市的被投资公司对私募资产管理计划的接受度不高(更多三类股东相关内容请见本书第四章第四节)。而《资管新规》和《私募资管细则》出台后,对二者则采用了同质化同标准的监管,今后证券公司的私募资管产品和其私募子公司的私募基金业务恐难以避免趋于重复,同一证券公司如何协调不同部门/子公司的同类业务,避免内部恶性竞争和利益冲突可能是今后需要研究的课题。

/第四节/
三类股东

三类股东,是私募基金管理人发行的契约型私募基金,证券公司、基金管理公司、期货公司及其子公司发行的资产管理计划以及信托公司发行的信托计划的统称。长期以来,三类股东由于缺乏商事主体资格无法在市场主体登记时被直接登记为股东(通常只能由其资产管理人作为市场主体登记层面的名义股东),被认为存在股权结构不清晰、不稳定,出资来源不确定,背后投资者人数较多,易产生代持或其他利益输送等问题,因此实践中,在很长一段时间内,若非在新三板挂牌期间形成,拟上市企业存在三类股东通常会对企业申请A股上市构成障碍。

一、三类股东介绍

- 契约型私募基金

契约型基金,是指未成立法律实体而通过契约的形式设立私募基金,基金管理人、投资者和其他基金参与主体(主要指托管人)按照契约约定行使相应权利,承担相应义务和责任。不同于公司型和合伙型基金,契约型基金本身不具备法律实体地位,需由基金管理人代其行使相关民事权利。通常而言,私募证券投资基金以契约型为主,私募股权基金和VC基金以

---

[1] 参见证监会《关于〈关于修改〈证券期货经营机构私募资产管理业务管理办法〉的决定〉(征求意见稿)、《关于修改〈证券期货经营机构私募资产管理计划运作管理规定〉的决定》(征求意见稿)的起草说明。

合伙型为主。契约型私募基金及其管理人应当根据基金业协会的规定完成基金备案及管理人登记。更多契约型私募基金合格投资者的标准相关内容请见本书第五章第一节第四部分。

- 资产管理计划

三类股东中的资产管理计划主要是指由证券公司、基金管理公司、期货公司及其子公司设立并发行的资产管理计划。资产管理计划的宣传销售、募集对象、合格投资者标准、投资者人数、结构化安排、投资领域等应当符合证监会的相关法律法规和监管要求,且应当接受基金业协会的备案管理和风险监测。针对不同主体发行的不同类型的资管计划,证监会和基金业协会亦根据其不同特点,相继出台了一系列适用的法律法规和自律规则,例如,《私募资管暂行规定》、《证券期货经营机构私募资产管理计划备案管理规范第 1 号》~《证券期货经营机构私募资产管理计划第 4 号》(以下简称《私募资管计划备理规范第 1 号》~《私募资管计划备案规范第 4 号》)、《投资者适当性管理办法》、《私募资管细则》等。

- 信托计划

信托计划,是指由信托公司担任受托人,按照委托人意愿,为受益人的利益,在中国境内设立的进行资金管理、运用或处分的集合资金信托计划或单一资金信托。信托计划应当符合《信托公司集合资金信托计划管理办法》(2009 年修订)(原银监会令 2009 年第 1 号)《信托登记管理办法》(银监发〔2017〕47 号)及其他相关法律法规项下的各项要求,特别地,其委托人应当符合相应的合格投资者条件。不同于契约型私募基金和资产管理计划主要由证监会和基金业协会进行监管,信托计划主要受银保监会监管。

二、三类股东对直接 IPO 的影响

- 一般规定

除新三板挂牌期间形成三类股东的情形外,拟上市企业申请直接 IPO 原则上不得存在三类股东的主要原因:根据《首次公开发行股票并上市管理办法》(2020 年修正)等的相关规定,“发行人的股权清晰,控股股东和受控股股东、实际控制人支配的股东持有的发行人股份不存在重大权属纠纷”是拟上市企业申请 IPO 需要满足的发行条件之一。《科创板首次公开发行股票注册管理办法(试行)》(2020 年修正)(证监会令第 174 号)、《创业板首次公开发行股票注册管理办法(试行)》(证监会令第 167 号)对控股股东和受控股股东、实际控制人支配的股东持有的发行人股份亦有类似要求。这也是拟上市企业申请直接 IPO 原则上不得存在三类股东的主要原因。

拟上市企业申请直接 IPO 对于三类股东的常见操作:受限于市场主体登记等原因,三类股东投资于拟上市企业的常见方式包括:(1)资产管理人(作为在市场主体登记的股东)代三类股东对拟上市企业出资;(2)嵌套有限合伙制基金,由资产管理人代三类股东认购基金份额,再由有限合伙制基金对拟上市企业进行投资。其中,第(2)种方式是目前市场实践中更为常见的。以上两种方式中,三类股东与资产管理人之间存在委托或信托持股关系,此种关系的存在会影响判断和确认发行人是否满足“股权清晰”的要求;同时,三类股东本身并无法律实体,系由其资产管理人在市场监管部门登记为拟上市主体的股东。这种委托持股、信托持股及间接持股增加了判断最终出资人及其变动情况、关联方及关联交易情况、是否涉及利益输送等问题的核查和信息披露难度。基于以上原因,为保证顺利通过审核,通常做法是对拟上市企业背后的三类股东在上市申报前进行清理。

- 特殊案例

特殊案例:存在三类股东的拟上市企业成功申报 IPO

然而实践中,证监会或相关证券交易所对于三类股东作为拟上市企业的直接或间接股东的情况也并非绝对禁止,我们注意到,存在少数背后有三类股东的企业仍成功通过证监会或相关证券交易所的审核并直接 IPO 的案例,如海辰药业(300584)、碳元科技(603133)、长川科技(300604)等。但该等已过会的少数成功案例背后的三类股东通常存在如下特殊性:(1)三类股东均是以嵌套有限合伙制基金等方式间接对拟上市企业进行投资,暂未看到三类股东直接投资的拟上市企业成功过会的案例(除早期北京银行、中原证券携三类股东作为其直接股东成功上市外);(2)过会的三类股东案例主要为证监会监管体系下的资管计划和契约型私募基金,虽然长川科技穿透后在其某上市公司间接股东的背后存在信托计划且在更早些年郑煤机曾携信托计划作为间接股东成功上市,但近年来极少看到银保监会监管体系下的信托计划本身作为拟上市企业的间接股东成功申报 IPO 的案例;且(3)上述案例中,穿透后的实际出资人数量都较少,股权结构相对较为清晰,相较于背后投资者人数通常较多且代持现象频繁的三类股东而言,存在一定特殊性。

因此,提请注意的是,尽管实践中存在部分成功案例,但上述成功案例均有其特殊的背景因素,因此并不能仅凭这几个成功案例即得出存在三类股东的公司可以直接 IPO 成功的结论。目前我们仍谨慎建议,对于未在新三板挂牌的拟上市公司,若股权结构的直接层面中带有三类股东,在拟直接 IPO 前将三类股东清退;若股权结构中间接层面带有三类股东的企业,在满足监管及披露的要求前提下,存在间接层面保留三类股东的可能。适用于某一成功案例的情况并不自动适用其他案例。[1]

三、新三板挂牌与 IPO

与三类股东对拟上市企业直接 IPO 的影响尚未明朗,仍需通过个别案例逐个分析、摸索

---

〔1〕 另外,针对已成功 IPO 的 A 股上市公司,存在三类股东成为第一大股东甚至寻求成为上市公司实际控制人的案例。上海万琰辰投资管理中心(有限合伙)(私募证券投资基金管理人,登记编号 P1020091)管理的万乘私募基金(私募证券投资基金,备案编号 SM3466)自 2018 年 8 月 14 日至 2018 年 9 月 19 日通过证券交易所的集中竞价交易合计增持 A 股上市公司镇海股份(603637)股票 868.0194 万股,占镇海股份总股本的 4.988%,成为镇海股份的单一第一大股东。随后公司高管 4 人于 2018 年 9 月 19 日签署《一致行动协议》,实际支配表决权的公司股份占公司股本总额的 14.92%。根据镇海股份于 2019 年 3 月 15 日发布的《关于大股东股份增持计划的公告》,万乘私募基金拟在未来 12 个月内增持 100 万 ~880 万元的公司股份,增持比例为 0.575% ~5.057%,详见《镇海石化工程股份有限公司关于大股东股份增持计划的公告》,载巨潮资讯网,http://www.cninfo.com.cn/new/disclosure/detail?plate=sse&stockCode=603637&announcementId=1205899923&announcementTime=2019-03-15,2021 年 1 月 13 日最后访问。

证监会或相关证券交易所的监管态度不同,作为中国资本市场改革的“试验田”,新三板领域对于三类股东投资新三板拟挂牌企业、存在三类股东的新三板挂牌企业转板IPO已出台了较为明确的审核政策。

● 一般规定

1. 三类股东投资新三板拟挂牌企业、新三板挂牌企业不存在政策障碍

——私募投资基金投资拟挂牌企业。根据《关于加强参与全国股转系统业务的私募投资基金备案管理的监管问答函》(2015),若申请挂牌公司或申请挂牌公司股东属于私募投资基金管理人或私募投资基金的,主办券商及律师需要进一步核查其是否按照《基金法》《证监会105号文》《登记备案办法》等相关规定履行了登记备案程序,且需要分别在《推荐报告》《法律意见书》中说明核查对象、核查方式、核查结果并发表意见。据此,可以侧面确认申请挂牌公司背后的股东可以是已备案的私募投资基金。此后,《全国中小企业股份转让系统机构业务问答(二)——关于私募投资基金登记备案有关问题的解答》(已失效)进一步明确了已完成登记的私募投资基金管理人管理的私募投资基金参与上述业务的,其完成备案不作为相关环节审查的前置条件。

——资产管理计划、契约型私募基金投资拟挂牌企业。2015年10月16日,全国股转公司发布了《全国中小企业股份转让系统机构业务问答(一)——关于资产管理计划、契约型私募基金投资拟挂牌公司股权有关问题》(已失效),明确依法设立、规范运作,且已经在基金业协会登记备案并接受证券监督管理机构监管的基金子公司资产管理计划、证券公司资产管理计划、契约型私募基金,其所投资的拟挂牌公司股权在挂牌审查时可不进行股份还原,但须做好相关信息披露工作;其股份可以直接登记为产品名称。但该规定未明确涉及三类股东中的信托计划。

——三类股东投资新三板挂牌企业。根据《全国中小企业股份转让系统投资者适当性管理办法》(2019年修订)(股转系统公告〔2019〕1845号),证券公司资产管理产品、基金管理公司及其子公司产品、期货公司资产管理产品、银行理财产品、保险产品、信托产品、经行业协会备案的私募基金等理财产品,可以申请参与挂牌公司股票公开转让。

——目前,市场上已有不少新三板挂牌公司存在契约型私募基金、资产管理计划和信托计划等三类股东的案例,且该等三类股东在新三板挂牌公司中的持股比例较高,甚至可能跻身前十大股东之列。

2. 新三板挂牌企业申请IPO时存在三类股东的监管政策

——根据《非上市公众公司监管指引第4号——股东人数超过200人的未上市股份有限公司申请行政许可有关问题的审核指引》(2020年修正)(证监会公告〔2020〕66号),新三板公司的股权结构中存在工会代持、职工持股会代持、委托持股或信托持股等股份代持关系,或者存在通过“持股平台”间接持股的安排以致实际股东超过200人的,其在申请转板IPO时一般应将代持股份还原至实际股东、将间接持股转为直接持股,并

依法履行相应的法律程序。而该等股份还原和转为直接持股的例外则仅限于,若持股方为依法设立的员工持股计划以及已经接受证券监督管理机构监管的私募股权基金、资产管理计划和其他金融计划进行持股,并规范运作的,可不进行股份还原或转为直接持股。

——2018 年 1 月 12 日,证监会在例行新闻发布会上明确了新三板挂牌企业申请 IPO 时存在三类股东的监管政策。根据该等政策及其背后的监管逻辑,存在三类股东的新三板挂牌企业申请 IPO 时应注意以下问题:(1)为保证上市发行主体的股权清晰和稳定性与实际控制人的明确性,确保控股股东履行诚信义务,公司控股股东、实际控制人、第一大股东不得为三类股东;(2)为确保三类股东依法设立并规范运作,三类股东应已经纳入金融监管部门的有效监管;(3)为从源头上防范利益输送行为,防控潜在风险,存在高杠杆结构化产品和层层嵌套情形的发行人提出符合监管要求的整改计划,并对三类股东做穿透式披露;中介机构对发行人及其利益相关人是否直接或间接在三类股东中持有权益进行核查;(4)为确保能够符合现行锁定期和减持规则,三类股东应对其存续期作出合理安排。

——2019 年 3 月 25 日,证监会发布《首发业务若干问题解答(一)》,结合证监会《关于发行审核业务问答部分条款调整事项的通知》,其中对于发行人在新三板挂牌期间形成契约型基金、信托计划、资产管理计划等"三类股东"情形下的相关信息核查和披露要求如下[该等要求与上海证券交易所(以下简称上交所)于 2019 年 3 月 24 日发布的《上海证券交易所科创板股票发行上市审核问答(二)》(上证发〔2019〕36 号)及深交所于 2020 年 6 月 12 日发布的《深圳证券交易所创业板股票首次公开发行上市审核问答》(深证上〔2020〕510 号)中的要求基本一致]:(1)中介机构应核查确认公司控股股东、实际控制人、第一大股东不属于"三类股东";(2)中介机构应核查确认发行人的"三类股东"依法设立并有效存续,已纳入国家金融监管部门有效监管,并已按照规定履行审批、备案或报告程序,其管理人也已依法注册登记;〔1〕(3)发行人应当按照首发信息披露准则的要求对"三类股东"进行信息披露;〔2〕通过协议转让、特定事项协议转让和大宗交易方式形成的"三类股东",中介机构应对控股股东、实际控制人、董事、监事、高级管理人员及其近亲属,本次发行的中介机构及其负责人、高级管理人员、经办人员是否直接或间接在该等"三类股东"中持有权益进行核查并发表明确意见;〔3〕(4)中介机

〔1〕 根据以往过会案例实践,本项一般需核查确认资管计划、契约型基金是否属于经基金业协会备案或主管部门(比如证监会)批准的合法合规的资管产品。

〔2〕 相较于证监会于 2018 年 1 月 12 日的例行新闻发布会上的政策要求和其于 2018 年 6 月发布的《51 条 IPO 审核问答指引》中要求对"三类股东"进行穿透式披露的要求,《首发业务若干问题解答(一)》不再明确要求"三类股东"做层层穿透披露。但证监会在此后实践中的具体审查口径,仍有待进一步观察。

〔3〕 根据以往过会案例实践,本项一般需核查确认三类股东背后的权益人与上市主体的控股股东、实际控制人、董监高、中介机构不存在利益输送的可能,且一般也不应存在关联关系或其他不适宜持有上市主体权益的情形。

构应核查确认“三类股东”已作出合理安排，可确保符合现行锁定期和减持规则要求。[1]

- 过会案例

案例：存在三类股东的新三板挂牌企业成功申报 IPO

2018 年以来，多家存在三类股东作为直接股东的新三板挂牌企业成功实现 IPO 案例的连续出现，在一定程度上证实了新三板挂牌企业转板过程中三类股东问题可能有解决的途径，相关审核政策和监管态度正逐步明朗化。但从现有成功转板的案例来看，三类股东在拟转板的新三板挂牌企业中的合计持股比例一般都较低，且应当满足证监会或相关证券交易所有关“公司控股股东、实际控制人、第一大股东不得为三类股东”的相关监管要求。相关情况（见表 4.4）。

表 4.4　携“三类股东”成功过会转板申报 IPO 的新三板挂牌企业示例

转板成功的新三板挂牌企业示例	过会/转板上市时间	三类股东情况
文灿股份（603348）	2018 年 3 月成功过会 2018 年 4 月成功转板上市	发行人股东中存在 6 名股东属于资产管理计划、4 名股东属于契约型私募基金，另一名股东的出资来源为资产管理计划
芯能科技（603105）	2018 年 4 月成功过会 2018 年 7 月成功转板上市	发行人股东中存在 2 只契约型基金
海容冷链（603187）	2018 年 5 月成功过会 2018 年 11 月成功转板上市	第十大股东为资管计划，且存在其他多家三类股东
捷昌驱动（603583）	2018 年 6 月成功过会 2018 年 9 月成功转板上市	发行人股东中存在 15 名三类股东（合计持股 3.53%，单一最高持股 0.44%）
宁波水表（603700）	2018 年 9 月成功过会 2019 年 1 月成功转板上市	公司法人股东中有 8 名三类股东，均为契约型基金
有友食品（603697）	2018 年 10 月成功过会 2019 年 4 月成功转板上市	公司现有 401 名股东中存在多家三类股东
亚世光电（002952）	2019 年 2 月成功过会 2019 年 3 月成功转板上市	公司有 7 名股东属于契约型私募基金（单一最高持股 0.3893%）

- 新三板转板 IPO 对三类股东的要求总结

新三板挂牌企业申请 IPO 项目中，即便是目前根据证监会《首发业务若干问题解答（一）》等监管要求可以解决的三类股东问题，证监会和交易所仍然会关注其股权结构的清晰稳定性。新三板公司转板 IPO 时对其背后的三类股东的处理主要分为清理和核查披露两种方式，在这两种方式下需要注意的事项我们简要总结如下。

---

[1] 根据以往过会案例实践，本项一般需核查确认资管计划、契约型私募投资基金股东的存续期、续期安排是否符合持股锁定、减持规则的要求。

1. 清理

实践中，清理三类股东的方式主要包括摘牌清理、挂牌期间进行回购、通过新三板股份转让交易完成代持还原、特定事项协议转让等。对于通过将三类股东所持有的股份全部转让予相同或类似结构的有限合伙企业或由三类股东背后的自然人投资者直接持股来完成代持还原的，在还原至实际权益人的同时还需注意实际权益人出资的资金来源是否合法合规等问题，且相关清理方案应避免引发潜在纠纷、诉讼或仲裁等争议情况，或造成其他可能对拟上市企业的股权结构或股东权属状态产生不利影响的情形。

2019 年 3 月 8 日和 12 月 27 日，全国股转公司分别对其在 2018 年 6 月 1 日发布的《全国中小企业股份转让系统挂牌公司股份特定事项协议转让业务办理指南（试行）》进行了修改，进一步明确了允许特定事项协议转让的情形中"全国股转公司和中国结算认定的其他情形"包括挂牌公司 IPO 申请获证监会受理停牌期间，"其契约型私募基金、资产管理计划、信托计划等'三类股东'出让其所持股份"（相关规定可参见《全国中小企业股份转让系统挂牌公司股份特定事项协议转让业务办理指南》）。即为"三类股东"在 IPO 审核停牌期间的退出提供实现通道，允许其通过特定事项协议转让业务完成股份的转让过户，而无须再凑够 5% 的股份。

2. 核查披露

如拟转板的新三板挂牌企业在权衡各方利弊并听取相关券商、律所等中介机构的个案分析后选择保留部分三类股东，则通常需要在其招股说明书中对该等三类股东的情况进行核查披露，且该等三类股东应满足如下要求：

——持股比例。公司控股股东、实际控制人、第一大股东不得为三类股东。

——信息披露。拟上市公司应当按照首发信息披露准则的要求对"三类股东"进行信息披露，同时注意：(1) 实际权益人不存在拟上市企业控股股东、实际控制人或董事、监事、高级管理人员或其他关联方，与拟上市公司及其董事、监事、高级管理人员、主要供应商和客户之间不存在影响拟上市公司独立性的关联关系；(2) 不存在股东合计超过 200 人的情形[但对于已完成基金产品备案且非专门投资于发行人（不存在故意规避 200 人情形）的有限合伙企业而言，通常可以不打开计算，而仅记为 1 人]；(3) 不存在高杠杆结构化产品和层层嵌套情形；(4) 中介机构对发行人控股股东、实际控制人、董监高及其近亲属、本次发行的中介机构及其签字人员是否直接或间接在三类股东中持有权益进行核查并发表明确意见。

——存续期。三类股东应对其存续期作出合理安排以符合现行锁定期和减持规则要求。

——受监管实体。三类股东应依法设立并有效存续，已纳入国家金融监管部门有效监管，并已按照规定履行审批、备案或报告程序，其管理人也已依法注册登记。具体而言，资产管理计划、契约型基金应在基金业协会完成备案登记，其日常运作和信息披露等事项应当符合相关监管规定，其投资范围和投资活动等应当符合合同约定；而信托计划属于银行监管线条,其投资范围、投资活动、日常运作、信息披露等事项亦应符合相关监管要求或合同约定。在《资管新规》及其配套规定陆续出台的大背景下,该等资产管理产品亦应符合该等相关适用法律法规和监管要求的规定(包括但不限于涉及资管产品的杠杆、分级和嵌套等方面的规定)。对于不符合相关要求的,应当提出切实可行、符合要求的整改规范计划,并予以披露。

——关于《资管新规》过渡期安排。拟上市公司应根据《资管新规》披露"三类股东"相关过渡期安排,[1]以及相关事项对发行人持续经营的影响。中介机构应当对前述事项核查并发表明确意见。

四、科创板中的三类股东

2019年3月1日,上交所正式发布实施了设立科创板并试点注册制相关业务规则和配套指引,标志着备受瞩目的科创板正式落地。鉴于科创板的相关业务规则和配套指引还在不断出台和更新,对于相关业务规则和配套指引的具体解释和执行也有待进一步明确,有关科创板股票上市过程中的三类股东问题的具体实践操作方式仍有待观察和确认。

- 一般规定

根据《上海证券交易所科创板股票上市规则》(2020年修订)(上证发〔2020〕101号)第4.1.8条的规定,持有上市公司5%以上股份的契约型基金、信托计划或资产管理计划,应当在权益变动文件中披露支配股份表决权的主体,以及该主体与上市公司控股股东、实际控制人是否存在关联关系。契约型基金、信托计划或资产管理计划成为上市公司控股股东、第一大股东或者实际控制人的,除应当履行前款规定义务外,还应当在权益变动文件中穿透披露至最终投资者。

尽管有上述规则,从审慎理解的角度出发,由于该等规则出现在《上海证券交易所科创板股票上市规则》的第四章"内部治理",而非第二章第一节"首次公开发行股票的上市",一般普遍认为其并非直接与IPO相关,而是针对科创板上市公司中出现三类股东的情形下的信息披露要求。从信息披露的角度而言,相较于其他板块,科创板的该等规定更为明确具体,信息披露要求更为严格。

- 新三板转板科创板

2019年3月24日,上交所发布了《上海证券交易所科创板股票发行上市审核问答(二)》(上证发〔2019〕36号),对于发行人在全国股份转让系统挂牌期间形成"三类股

---

〔1〕 根据人民银行于2020年7月31日发布的《优化资管新规过渡期安排引导资管业务平稳转型》公告规定:"按照既有工作安排,资管新规过渡期将于2020年底结束。到今年以来新冠肺炎疫情对经济金融带来的冲击,金融机构资产管理业务规范转型面临较大压力。为平稳推动资管新规实施和资管业务规范转型,经国务院同意,人民银行会同发展改革委、财政部、银保监会、证监会、外汇局等部门审慎研究决定,资管新规过渡期延长至2021年底。"

东”持有发行人股份情形下的核查和披露要求进行了明确，其规定中介机构和发行人应从以下方面核查披露相关信息：(1)核查确认公司控股股东、实际控制人、第一大股东不属于“三类股东”；(2)中介机构应核查确认发行人的“三类股东”依法设立并有效存续，已纳入国家金融监管部门有效监管，并已按照规定履行审批、备案或报告程序，其管理人也已依法注册登记；(3)发行人应根据《资管新规》披露“三类股东”相关过渡期安排，以及相关事项对发行人持续经营的影响。中介机构应当对前述事项核查并发表明确意见；(4)发行人应当按照要求对“三类股东”进行信息披露。保荐机构及律师应对控股股东、实际控制人，董事、监事、高级管理人员及其近亲属，本次发行的中介机构及其签字人员是否直接或间接在“三类股东”中持有权益进行核查并发表明确意见；(5)中介机构应核查确认“三类股东”已作出合理安排，可确保符合现行锁定期和减持规则要求。

上述要求与证监会于2019年3月25日发布的《首发业务若干问题解答(一)》中的要求基本一致。但证监会于2020年6月10日发布《关于发行审核业务问答部分条款调整事项的通知》，对《首发业务若干问题解答(一)》中的要求进行了调整，主要包括删去第(3)项关于根据《资管新规》披露“三类股东”相关过渡期安排，以及调整中介机构应当进行核查并发表明确意见的相关事项等。

对于2019年3月至2020年上半年携“三类股东”成功过会转板科创板的新三板挂牌企业，我们简要摘录和整理示例如下(见表4.5)，其他已公布的携带“三类股东”申请新三板转板科创板上市的企业能否顺利过会以及具体核查披露口径仍有待进一步观察。

表4.5 携“三类股东”成功过会转板科创板的新三板挂牌企业示例

转板成功的新三板挂牌企业示例	过会/转板上市时间	三类股东情况
西部超导	2019年6月20日成功过会 2019年7月成功转板上市	三类股东共计18名，其中3家为2015年7月定向发行股票形成，15家为做市交易形成，合计持有比例1.0705%。 就该18家三类股东，发行人暂未获得其中1家的过渡期安排，16家已经根据《资管新规》做出了过渡期整改计划安排，另有1家无须进行整改。 招股书未对三类股东的架构进行层层穿透的披露，而是按照《上海证券交易所科创板股票发行上市审核问答(二)》(上证发〔2019〕36号)中的“五项要求”进行了核查和披露
凌志软件	2019年11月6日成功过会 2020年4月成功转板上市	除员工持股计划外，发行人股东中共有22家“三类股东”，包括19家契约型基金和3家资产管理计划，合计持股数量为10,406,616股，合计持股比例为2.89%。发行人上述“三类股东”中存在14个需根据《资管新规》进行整改的产品

续表

转板成功的新三板挂牌企业示例	过会/转板上市时间	三类股东情况
联赢激光	2020 年 1 月 17 日成功过会 2020 年 4 月成功转板上市	三类股东共计 33 名,合计持有发行人 6.6169% 的股份,该 33 名“三类股东”均依法设立,已纳入国家金融监管部门有效监管。其中,有 3 家存在“份额分级”“开放式资产管理产品”的情况,制定了明确可行的过渡期整改计划。 **发行人出具承诺**:将在发行上市时及时根据规定办理相关股份锁定事宜,并督促现有“三类股东”履行相关锁定期及减持承诺。 **发行人实际控制人出具承诺**:将配合发行人在上市时及时办理相关股份锁定事宜;积极督促发行人现有“三类股东”根据相关锁定及减持承诺执行,并在上市后持续督促;若发行人现有“三类股东”因违反锁定期及减持规定或承诺而导致发行人任何损失的,实际控制人将无条件足额补偿发行人所受损失,且不因此向发行人主张任何权利,以保证发行人的利益不受影响。 对于已进入清算期及未来可能会在锁定期内进入清算期的 22 家“三类股东”,发行人实际控制人出具承诺,如因该等“三类股东”存续期届满或提前终止,且未能延期,或该等“三类股东”份额持有人申请清算等原因,导致管理人无法依据其已出具的承诺履行股份锁定或/和减持承诺而不符合上市相关要求,承诺人将积极与相关股东的管理人协商以合理价格购买其持有的发行人的股份,先行支付收购对价以协助“三类股东”完成清算,并在锁定期届满后完成股份交割

从转板成功的上述新三板挂牌企业案例来看,三类股东的持股比例已由原本的 1% ~ 2% 提升至 5% 以上,显示在科创板以“信息披露”为核心的注册制模式下,新三板挂牌企业携高持股比例的三类股东转板成功率增加的可能性。

/第五节/
银行资金

一、理财资金

(一)《资管新规》前的规定

在原有的商业理财资金法律法规体系下,一般理财资金不得投资于未上市企业股权和上市公司非公开发行或交易的股份,也不得投资于境内二级市场公开交易的股票或与其相关的证券投资基金,只有面向高资产净值、私人银行和机构客户发行的银行理财产品,可投资于境内二级市场股票、未上市企业股权等权益类资产。

因此,在《资管新规》出台之前,银行理财资金往往借助于各类通道来实现对私募投资基金的投资,通道包括信托计划、券商资管计划、基金子公司专户等。具体模式为银行将理财计划项下的资金委托给信托公司(银信合作)、证券资产管理公司(银证合作)、基金管理公司(银基合作)等,并由前述主体作为受托人或管理人通过其设立的信托计划、券商资管计划、基金子公司专户等对受委托的银行理财资金进行管理、运用和处分。

银行理财资金参与私募投资基金模式示意图,如图 4.2 所示。[1]

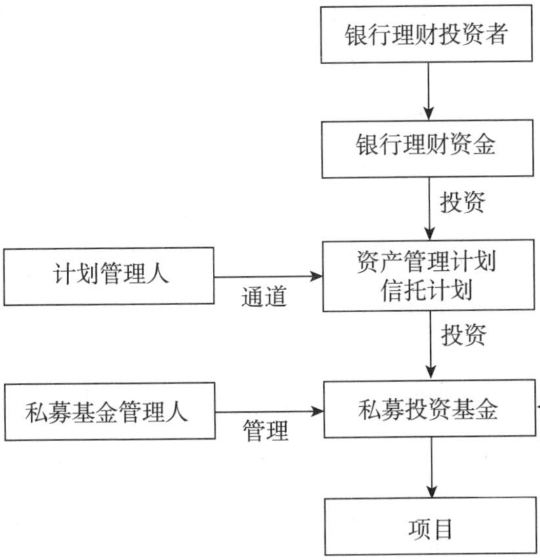

图 4.2 银行理财资金参与私募投资基金模式示意

(二)《资管新规》后的变化

为了应对因理财资金使用通道投资而导致的多层嵌套、监管套利、理财产品与实际投资标的风险度不一等乱象,人民银行、银保监会、证监会、国家外汇局于 2018 年 4 月发布了《资管新规》,规定金融机构不得为其他金融机构的资产管理产品提供规避投资范围、杠杆约束等监管要求的通道服务,资产管理产品可以再投资一层资产管理产品,但所投资的资产管理产品不得再投资公募证券投资基金以外的资产管理产品,并提出资管产品本身期限不应晚于其所投资的产品到期日、资管产品不得开展资金池业务等规定。《资管新规》的出台使此前实践中银行理财借道资管产品投资私募投资基金的作法不再可行。

继《资管新规》后,银保监会于 2018 年 9 月发布了《商业银行理财业务监督管理办法》(银保监会令 2018 年第 6 号,以下简称《理财新规》)。正式生效的《理财新规》基本沿袭了此前征求意见稿的内容,作为《资管新规》的配套实施细则在监管要求上与《资管新规》基本保持一致,以实现新旧规则有序衔接和银行理财产品监管的平稳过渡。具体而言,《理财新规》及答记者问中的下述内容与私募投资基金息息相关:第一,《理财新规》进一步印证了监管部

---

[1] 参见吴晓灵、邓寰乐等:《资管大时代》,中信出版集团 2020 年版,第 278 页。

门消除多层嵌套和强化穿透管理的监管思路;第二,《理财新规》扩大了银行理财的投资范围,在原有基础上增加了"公募证券投资基金、权益类资产[包括境内上市交易的股票、未上市企业股权及其受(收)益权]和金融资产投资公司的附属机构依法依规设立的私募股权投资基金"。虽然《理财新规》中并未明确说明理财资金是否可以投资一般私募基金管理人所发行的私募投资基金,但银保监会后续颁布的《商业银行理财子公司管理办法》(银保监会令2018年第7号,以下简称《理财子公司办法》)中已将依法合规、符合条件的私募投资基金纳入理财投资合作机构范围,成为银行理财产品所投资资管产品的发行机构、受托投资机构和投资顾问。

此外,银行业理财登记托管中心有限公司于2017年5月向各银行下发通知,针对银行理财资金购买各类资产管理计划和通过与其他金融机构签订委托投资协议的方式进行投资(以下简称协议委外)的情况,要求银行必须通过理财登记系统对底层基础资产或负债信息进行登记。该等登记应遵循分层登记原则,先登记理财产品首次投资的各类资产管理计划和协议委外信息,再登记其持有的所有底层基础资产和负债信息,不得省略资产管理计划和协议委外而直接登记底层基础资产和负债信息。对于多层嵌套情况,也须按照逐层穿透原则登记至最底层基础资产和负债信息。由此可以看出目前监管部门对于银行理财资金多层嵌套日益趋严的监管态度。

二、《资管新规》后——金融资产投资公司

为落实《资管新规》和《国务院关于积极稳妥降低企业杠杆率的意见》(国发〔2016〕54号)中鼓励多类型实施机构参与开展市场化、法治化债转股,银保监会于2018年6月颁布了《金融资产投资公司管理办法(试行)》(银保监会令2018年第4号,以下简称《AIC管理办法》),明确金融资产投资公司系经国务院银行业监督管理机构批准,在中华人民共和国境内设立的,主要从事银行债权转股权及配套支持业务的非银行金融机构。

根据《AIC管理办法》及银保监会有关负责人就《AIC管理办法》的答记者问,金融资产投资公司既可以使用自有资金实施债转股,也可以充分利用各种市场化方式和渠道筹集资金,包括:(1)依法依规面向合格投资者募集资金,充分运用私募资产管理产品支持实施债转股;(2)设立附属机构申请成为私募股权投资基金管理人,通过设立私募股权投资基金募集资金实施债转股;(3)通过发行金融债券募集债转股资金;(4)通过债券回购、同业拆借和同业借款等业务融入资金;(5)在确保资产洁净转让和真实出售的前提下,允许银行理财资金依法依规用于交叉实施债转股。2019年7月,国家发改委联合人民银行、财政部、银保监会发布《2019年降低企业杠杆率工作要点》(发改财金〔2019〕1276号),将金融资产投资公司的地位提至新的高点,明确提出要"推动金融资产投资公司发挥市场化债转股主力军作用",对金融资产投资公司给予了更多的政策鼓励,包括出台金融资产投资公司发起设立资管产品备案制度、将市场化债转股资管产品列入保险资金等长期限资金允许投资的白名单、允许在满足一定条件下公募资管产品依法合规参与优质企业债转股、推动符合条件的股份行单独或联合设立金融资产投资公司,鼓励外资依法合规入股金融资产投资公司等债转股实施机构等。

继《2019 年降低企业杠杆率工作要点》,银保监会于 2020 年 4 月发布《关于金融资产投资公司开展资产管理业务有关事项的通知》(银保监发〔2020〕12 号,以下简称《AIC 资管业务规则》),明确了金融资产投资公司以接受投资者委托、设立债转股投资计划并担任管理人的方式开展资产管理业务,债转股投资计划以实现市场化债转股为目的的债权、可转换债券、债转股专项债券、普通股、优先股、债转优先股等资产为主要投资目标。除合格投资者的自有资金外,《AIC 资管业务规则》允许金融资产管理公司、保险资产管理机构、国有资本投资运营公司等各类市场化债转股实施机构使用自有资金、合法筹集或管理的专项用于市场化债转股的资金投资债转股投资计划,并允许保险资金、养老金等依法投资债转股投资计划。此外,根据《AIC 资管业务规则》,金融资产投资公司开展资产管理业务,除《AIC 资管业务规则》明确涉及的事项外,应遵守《资管新规》的相关规定。就已明确的事项而言,《AIC 资管业务规则》也体现出了与《资管新规》一脉相承的监管思路。例如,(1)就投资运作而言,债转股投资计划应当为封闭式产品;(2)就资金募集而言,金融资产投资公司应当通过非公开方式向合格投资者〔1〕发行债转股投资计划,并加强投资者适当性管理;(3)就资金托管而言,金融资产投资公司设立的债转股投资计划需强制托管;(4)就份额登记而言,金融资产投资公司应当在银行业理财登记托管中心对债转股投资计划进行集中登记;(5)就产品分级而言,债转股投资计划可以进行份额分级,但应符合相关的分级比例要求等。

根据银保监会统计信息与风险监测部负责人于 2019 年 6 月 5 日在国务院政策例行吹风会上的讲话,经过两年运营,金融资产投资公司已经成为开展市场化债转股的主力军。截至 2019 年 6 月,金融资产投资公司共落地实施债转股项目 254 个,落地金额 4000 亿元,其中五大国有银行的金融资产投资公司募集的社会资金达 2500 多亿元。〔2〕

随着《AIC 管理办法》的出台,金融资产投资公司及其附属机构已成为新一类的私募投资基金发起人。截至 2020 年 5 月,五大国有银行均已设立了金融资产投资公司,且均以该等金融资产投资公司或其全资子公司在基金业协会登记为私募基金管理人,并已成功发行了

---

〔1〕 债转股投资计划的合格投资者认定标准,以及对单只债转股投资计划的最低投资金额均高于《资管新规》的一般性要求。具体而言,债转股投资计划的最低投资门槛为 300 万元,而《资管新规》最高为 100 万元。就合格投资者标准,与《资管新规》相比,债转股投资计划的自然人投资人的投资经历最低年限自 2 年提升至 4 年,家庭金融净资产自不低于 300 万元提升至不低于 500 万元,家庭金融资产自不低于 500 万元提升至不低于 800 万元,近 3 年年均收入自不低于 40 万元提升至不低于 60 万元;债转股投资计划的法人投资人的最近一年年末净资产自不低于 1000 万元提升至不低于 2000 万元。

〔2〕 参见《金融资产投资公司债转股项目落地金额达 4000 亿元》,载国务院网,http://www.gov.cn/xinwen/2019-06/05/content_5397812.htm,2021 年 1 月 17 日最后访问。

数只私募基金。[1] 特别值得注意的是，银保监会于2020年2月28日至3月30日陆续发布了一系列行政许可，[2] 允许五大国有银行金融资产投资公司设立并已获得牌照的私募基金管理人在上海开展不以债转股为目的的股权投资业务，并重点参与开展与上海自贸试验区临港新片区建设以及长三角经济结构调整、产业优化升级和协调发展相关的企业重组、股权投资、直接投资等业务。我们理解该项举措系为对人民银行等部门于2020年2月14日发布的《关于进一步加快推进上海国际金融中心建设和金融支持长三角一体化发展的意见》（银发〔2020〕46号，以下简称《央行30条》）中放开金融资产投资公司专业投资子公司在上海地区业务领域和范围的落地，并且根据近期的新闻报道，我们不难发现银行系参与私募股权投资市场的区域性试点已经自上海逐步扩散到全国范围。[3]

三、《理财新规》后——银行理财子公司

继《理财新规》后，银保监会如此前在《理财新规》答记者问中所预告的一样，于2018年10月发布了《理财子公司办法（征求意见稿）》，并于2018年12月2日颁布了《理财子公司办法》。《资管新规》、《理财新规》和《理财子公司办法》的出台将原来商业银行中的理财业务部门剥离出来，变成具有独立法人地位的银行理财子公司。《理财子公司办法》明确规定银行理财子公司是商业银行经国务院银行业监督管理机构批准，在中华人民共和国境内设立的主要从事理财业务的非银行金融机构，并接受投资者委托，按照与投资者事先约定的投资策略、风险承担和收益分配方式，对受托的投资者财产进行投资和管理。银行理财子公司开展理财业务需同时遵守《资管新规》、《理财新规》和《理财子公司办法》。

2019年9月20日，银保监会颁布了《商业银行理财子公司净资本管理办法（试行）（征求意见稿）》，并于2019年11月29日正式颁布了《商业银行理财子公司净资本管理办法（试行）》（银保监会令2019年第5号，以下简称《理财子公司净资本规定》），作为《理财子公司办法》的配套监管制度。《理财子公司净资本规定》不仅对银行理财子公司的净资本提出了监

---

〔1〕 根据基金业协会的私募基金管理人公示信息，工银资本管理有限公司（系金融资产投资公司工银金融资产投资有限公司的全资子公司）、建信金投基金管理（天津）有限公司（系金融资产投资公司建信金融资产投资有限公司的全资子公司）、农银资本管理有限公司（系金融资产投资公司农银资本管理有限公司的全资子公司）、中银资产基金管理有限公司（系金融资产投资公司中银金融资产投资有限公司的全资子公司）、交银资本管理有限公司（系金融资产投资公司交银金融资产投资有限公司）均已在基金业协会登记为私募基金管理人，并均已发行若干只私募基金。

〔2〕 该等行政许可如《关于建信金融资产投资有限公司通过附属机构在上海开展不以债转股为目的的股权投资业务的批复》，于银保监会网站（http://www.cbirc.gov.cn）向公众披露。

〔3〕 例如，由工银金融资产投资有限公司下设的基金管理人工银资本管理有限公司作为普通合伙人和基金管理人发起的工融金投一号（宁波）债转股股权投资基金（有限合伙）于2021年1月4日完成首期5亿元债转股资金投放，投资于宁波绿盛石化科技有限公司。该只债转股股权投资基金的投资人为工银金融资产投资有限公司和宁波市中浦石化投资集团有限公司（代表宁波石化区管委会），旨在助力宁波石化区内优质企业。相关新闻请参见《我市首支债转股股权投资基金设立助力石化区产业升级》，载宁波市镇海区人民币政府网，http://www.zh.gov.cn/art/2021/1/12/art_1229034992_58934798.html，2021年1月18日最后访问。

管标准,还对银行理财子公司的自有资金投资、理财业务及其他业务所投资的各类资产设定了风险系数。其中,《理财子公司净资本规定》在《理财子公司办法》的基础上进一步要求理财子公司以自有资金投资的本公司理财产品,应当为全部投资于标准化资产的理财产品,不得投资于非标准化资产。同时为了鼓励银行理财子公司投资标准化资产,将理财资金所投资的"现金及银行存款、拆放同业、固定收益类证券、其他标准化债权类资产、股票、符合标准化金融工具特征的衍生产品、公募证券投资基金"等标准化资产设定的风险系数均为0。

在2019年理财子公司元年,无论是国有大行、还是各地城商行,各家银行纷纷加入到了理财子公司的备战赛道。截至2021年1月,工农中建交邮储6大国有银行、9家股份制银行、6家城商行、1家农商行的理财子公司均已获得批准,其中大部分业已开业。此外,2019年12月20日,银保监会批准东方汇理资产管理公司(出资55%)和中银理财有限责任公司(出资45%)在上海设立外资控股的合资理财子公司汇华理财有限公司。这是第一家在华设立的外资控股的理财子公司,也拉开了外资控股理财子公司在中国落地的序幕。

进入2020年后,《央行30条》也进一步推动理财子公司的加速发展和对外开放:上海将支持符合条件的商业银行理财子公司在上海设立专业子公司,投资临港新片区和长三角的重点建设项目股权和未上市企业股权;支持符合条件的商业银行在上海设立理财子公司,试点外资机构与大型银行在上海合资设立理财公司,支持商业银行和理财子公司选择注册地在上海的资产管理机构作为理财投资合作机构。

根据《理财子公司办法》,银行理财子公司发行的理财产品可以再投资一层"由受金融监督管理部门依法监管的其他机构发行的资产管理产品",但所投资的资产管理产品不得再投资公募证券投资基金以外的资产管理产品。同时,《理财子公司办法》明确规定,私募基金管理人可以作为"除银行理财子公司公募理财产品所投资资产管理产品的发行机构、受托投资机构"以外的"其他理财投资合作机构",并定义"其他理财投资合作机构"为"具有专业资质,符合法律、行政法规、《资管新规》和金融监督管理部门相关监管规定并受金融监督管理部门依法监管的机构"。从对条款的文义解释角度出发,《理财子公司办法》在立法意图上将私募基金管理人视为受金融监督管理部门依法监管的机构之一。因此,结合《理财子公司办法》第28条和第32条,以及银保监会就《理财子公司办法》(征求意见稿)时的答记者问,私募基金管理人与银行理财子公司的合作有三种方式,即私募基金管理人(1)作为银行理财子公司私募理财产品所投资资产管理产品的发行机构,(2)作为根据合同约定从事私募理财产品受托投资的机构以及(3)作为银行理财子公司公募和私募理财产品的投资顾问。在前述合作方式中,除金融监督管理部门规定的其他条件(如有)外,相关私募基金管理人应当为在基金业协会登记满1年、无重大违法违规记录的会员。特别地,如相关私募基金管理人拟担任银行理财子公司之投资顾问的,其还应当满足如下条件:其为私募证券投资基金管理人,其具备3年以上连续可追溯证券、期货投资管理业绩,且其无不良从业记录的投资管理人员应当不少于3人。2019年12月6日证监会发布的《证券期货经营机构管理人(MOM)产品指引(试行)》(证监会公告〔2019〕26号,以下简称《MOM产品指引》)中的MOM产品及母子管理人模式也进一步印证了第三种合作方式。[1]

综上所述,《理财子公司办法》的颁布,明确了符合条件的私募证券基金管理人、私募股权或创投类私募管理人和其发行的私募基金,可以通过直接的受托投资模式接受银行私募理财资金,实际上允许了银行私募理财资金作为私募基金的融资渠道。此外,符合条件的私募证券基金管理人,还可以通过投顾模式实现与银行公私募理财的合作。2020年12月25日,银保监会发布了《商业银行理财子公司理财产品销售管理暂行办法(征求意见稿)》。该规章如果通过,将作为《理财子公司办法》的配套监管制度,规范银行理财子公司产品的自营和代销渠道。

/第六节/

上市公司

上市公司参与私募股权投资基金,根据上市公司参与基金管理的程度不同,包括上市公司(及/或其关联方)作为有限合伙人对基金出资、上市公司(及/或其关联方)与私募机构合作成立基金管理公司并共同发起设立基金等多种形式。上市公司与私募机构的合作被惯称为"上市公司+PE"模式,该等模式狭义上指上市公司与私募管理人合作设立的为上市公司自身战略、上下游产业服务的产业基金、并购基金,广义上也同时包括上市公司以财务投资人的身份参与投资私募股权投资基金(含创业投资基金)。

自诞生之初,"上市公司+PE"模式就饱受争议。支持者认为这一交易模式自有其逻辑支撑,乃至于实现了"募投管退"的完美闭环。对于上市公司而言,与私募机构合作设立基金可以利用外部资金,提高上市公司自身资金的使用效率,并借助私募机构的投资经验获取更好的投资和并购标的,打通产业上下游并构建符合上市公司策略的生态圈。而对于私募机构而言,与上市公司合作能拓宽募资渠道,借助上市公司在自身行业的丰富经验获取更好的

---

〔1〕根据《MOM产品指引》及其起草说明,MOM产品系由母管理人将产品的部分或全部资产委托给多个子管理人进行管理。母管理人为产品管理人,履行法定的受托职责;子管理人为母管理人的投资顾问,属于基金服务机构,受母管理人委托提供投资建议等基金服务。《MOM产品指引》规定,母管理人应当依法持有资产管理业务牌照,而子管理人可以为符合条件的私募证券投资基金管理人,或证券期货经营机构、商业银行资产管理机构、保险资产管理机构和证监会认可的其他金融机构。且《MOM产品指引》中对该等作为子管理人的私募证券投资基金管理人的相关要求与上述《理财子公司办法》中对私募基金管理人担任银行理财子公司之投资顾问的要求是一致的。因此,在MOM产品中可以由银行理财子公司担任母管理人,银行理财子公司可以委托符合要求的私募证券投资基金管理人担任子管理人,这一模式即为《理财子公司办法》中提出的合作方式之一。更多MOM产品介绍,可参见本书第七章第十三节《私募对冲基金》。

项目资源,并在一定程度上锁定未来项目退出的渠道,上市公司与私募机构在该模式中可谓各取所需。质疑者认为这一模式充其量实现的是"弱弱组合",投资和并购能力强的上市公司并购前先行搭建基金结构解决资金来源的必要性不大,实力强的私募机构也没有必要以退出平台为条件来募资。善意的解读是双方专业认知能力差,高估了此种模式的效果;恶意的动机推测则是上市公司为了忽悠股价、私募机构为了管理费,形成了双方另一维度的利益共赢。

上市公司与私募机构合作设立基金的模式最早可追溯至 2011 年,当时湖南大康牧业股份有限公司与浙江天堂硅谷股权投资管理集团有限公司共同设立了专门为大康牧业并购服务的产业并购基金——长沙天堂硅谷大康股权投资合伙企业(有限合伙),这被业界认为是上市公司与私募机构合作设立基金的首个案例。

在 IPO 堰塞湖的背景下,上市公司与私募机构合作设立基金蔚然成风。2013 年与 2014 年分别有 35 只和 133 只产业基金设立。2017 年则出现了井喷,合计有 311 家上市公司参与投资产业基金,数量达 365 只,较 2016 年的 176 只增长了 107.39%。经历资本寒冬,上市公司与私募机构合作设立产业基金的数量于 2018 年触底(144 只)、2019 年反弹(181 只)、2020 年年初又有继续升温之势。

一、上市公司作为私募股权基金的有限合伙人

上市公司作为私募股权基金的有限合伙人,与一般的机构投资人相比,属于比较特殊的投资主体,受到一些针对上市公司的特殊监管及公司治理要求,需注意符合上市公司的公司内部规定以及监管部门及证券交易所针对上市公司的相关规定,现列举如下。

1. 上市公司内部审核要求,如根据上市公司的公司章程的规定由董事会或股东大会为上市公司对基金的投资进行审批,以及在上市公司持有私募股权基金的有限合伙权益期间,如发生关联交易、上市公司为基金提供担保等情形,需根据上市公司相关内部制度的规定处理;以及

2. 信息披露的相关要求,包括但不限于上交所和深圳证券交易所(以下简称深交所)以下规定项下的相关信息披露要求。

(1)上交所发布的《上海证券交易所股票上市规则》(上证发〔2020〕100 号)、《上海证券交易所科创板股票上市规则》(上证发〔2020〕101 号)、《上市公司与私募基金合作投资事项信息披露业务指引》(上证发〔2015〕76 号)以及临时公告格式指引《第四号 上市公司委托理财公告》(上证函〔2019〕2034 号);

(2)深交所发布的《深圳证券交易所股票上市规则》(深证上〔2020〕1294 号)、《深圳证券交易所创业板股票上市规则》(深证上〔2020〕1292 号)以及《深圳证券交易所上市公司信息披露指引第 5 号——交易与关联交易》(深证上〔2020〕451 号)。

根据前述上交所和深交所披露规则,上市公司认购私募基金份额的,需按照上市公司对外投资及委托理财的披露要求进行披露。涉及上市公司与专业投资机构发生相关合作投资

事项的,[1]则需要遵守相关信息披露的特殊要求。涉及关联交易的,还需符合上交所和深交所关于关联交易的披露要求。

二、上市公司作为并购基金的共同发起人

"上市公司 + PE"型并购基金是我国目前主要的并购基金形式,其主要模式通常为私募机构通过与上市公司合作发起并购基金,寻找产业链上下游企业进行投资,获得被投资企业控制权之后对其进行培养整合,并于达到一定的盈利能力后转让给上市公司,实现退出。上市公司作为并购基金共同发起人的,也需注意符合本节所述的上市公司特殊监管及公司治理要求。关于并购基金的介绍,请参见本书第七章第一节的内容。

/第七节/ 家族办公室

一、家族办公室的起源和发展情况

现代意义上的家族办公室最早出现于 19 世纪中期,包括 John Pierpont Morgan、Thomas Mellon、John D. Rockefeller 等在工业革命中积累了巨额财富的官僚、银行家、金融家名门望族都纷纷设立家族办公室来管理家族的大宗财富。

随着财富日益向非常富裕的家族集中,众多财富雄厚的家族迫切希望采用机构化、专业化及系统化的模式来全方位管理财富。相应地,家族办公室在欧洲、北美、亚太及其他新兴地区逐渐盛行。现在,许多知名的家族办公室已成为世界资本市场的交易巨头,在各类大宗交易背后都频频显现它们的身影。

随着中国 40 余年的改革开放,中国企业家和各行各业的财富增长速度令人瞩目,[2]财富管理和财富传承的顾虑和需求亦日益增加。在全球化和资本市场发展的推波助澜下,家族办公室行业在中国的重要性日益凸显。

二、家族办公室的含义及业务范围

家族办公室被比喻为超高净值家族的全能大管家,囊括并整合了为超高净值家族提供

[1] 所谓"专业投资机构",根据上交所相关信息披露规则,系指私募基金、证券公司、基金管理公司、期货公司及证券投资咨询机构等专业从事投资业务活动的机构;根据深交所信息披露规则,与上交所类似,系指私募基金、基金管理公司、证券公司、资产管理公司及证券投资咨询机构等专业从事投资业务活动的机构。而所谓"合作事项",在上交所和深交所规则下范围较广,其中包括上市公司参与认购私募机构发起设立的投资基金份额的情形,也包括上市公司与专业投资机构合作设立投资基金、上市公司与投资基金进行后续资产交易、上市公司与专业投资机构签署业务咨询、财务顾问或市值管理服务等合作协议等合作模式。

[2] 瑞士信贷研究院发布的《2019 年全球财富报告》显示,2019 年全球财富总值增长 2.6% 至 360 万亿美元,其中,美国、中国和欧洲对全球财富增长贡献最大,分别为 3.8 万亿美元、1.9 万亿美元和 1.1 万亿美元。自 2000 年起,中国家庭财富总值从 3.7 万亿美元增长至 63.8 万亿美元,规模增长逾 17 倍,在世界财富排名中位居全球第二,仅次于美国。此外,在全球最富裕的 10% 人口中,中国占 1 亿人,首次超过美国的 9900 万人。

多元化及全方位服务的各类商业机构。由于每个家族的资产量级及需求不同,各家族办公室的策略及职能亦存在许多差异,因此,很难给家族办公室一个放之四海而皆准的定义。按照美国家族办公室协会(Family Office Association)的解释,家族办公室系专门为超高净值家族提供全方位财富管理和家族服务,以使其资产的长期发展符合家族的预期和期望,并能够顺利进行跨代传承和保值增值的机构。[1]

按照财富属性划分,超高净值家族的财富管理需求包括对物质财富(实物资产、货币资产、金融资产)与非实物财富(知识产权、商誉)配置的规划和运作。相应地,成熟的家族办公室可针对客户需求提供多元的且定制的服务,包括但不限于财务规划和运作(投资管理及顾问服务、资产管理、慈善事业管理、生活管理和预算)、策略(培训和教育、遗产和财富传承、商业和财务咨询)、治理(报告和记录、继承规划、行政服务)及咨询服务(税务和法律咨询、合规和监管事务咨询、风险管理和保险服务)等。

三、家族办公室的分类及运营模式

为满足超高净值人士多元化的需求,家族办公室的组织形式及运营模式也在不断发展和变化。依据家族办公室的服务对象,通常被划分为单一家族办公室、联合家族办公室及虚拟家族办公室。

- 单一家族办公室(single family office)。专门为单个家族提供全方位定制化服务的商业机构,受许多国际知名家族青睐。例如,比尔·盖茨(Bill Gates)家族将财富分别注入比尔与梅琳达·盖茨基金会(Bill & Melinda Gates Foundation)、比尔与梅琳达·盖茨信托基金(Bill & Melinda Gates Foundation Trust)及单一家族办公室(Cascade Investment)中,以实现对其家族实业资本、金融资本和社会资本(慈善事业)的全面、系统的管理和覆盖。[2]

- 联合家族办公室(multi family office)。同时为多个超高净值人士提供服务的商业机构,国际上的三种主流模式包括:(1)单一家族办公室向其他家族开放服务后转变形成;(2)大型金融机构为超高净值人士提供的家族服务;及(3)由私人银行资深专业人士创办。根据《彭博市场杂志》(Bloomberg Markets)2013 年 8 月刊公布的前 50 大联合家族办公室排行榜的报道,全球管理规模最大的联合家族办公室 HSBC Private Wealth Solutions 同时为 HSBC 最富裕的数百个客户管理着家族资产,在管资产总规模约 1373 亿美元。

- 虚拟家族办公室(virtual family office)。由外部供应商搭建的提供组合式家族共性服务的工作平台,超高净值人士可以自行选择所需服务模块,挑选合适的服务商,从而搭建出自己专属的虚拟家族办公室。与单一家族办公室及联合家族办公室相比,虚

[1] 参见瑞士信贷集团:《家族办公室白皮书》,2014 年 6 月。

[2] 参见《比尔盖茨家族办公室:破解世界首富的财富之谜》,载新财富 Plus 网,https://www.sohu.com/a/114462942_481642,2020 年 6 月 17 日最后访问。

拟家族办公室的优势在于服务形式灵活、运营成本低、市场适应性强。由于年轻一代的超高净值人士思想更加开放,对新兴金融科技的接纳度更高,虚拟家族办公室更容易被年轻一代的超高净值人士接受。但目前虚拟家族办公室尚处于初级发展阶段。

四、中国特色的家族办公室运营模式

家族办公室在中国的发展时间较短,其主要业务仍局限于为超高净值人士提供投资管理、财务规划和运作服务。

国内家族办公室的运营模式及组织结构的发展尚不成熟、市场主要参与者与前述介绍的欧美主流家族办公室模式有所不同。国内单一家族办公室模式主要包括内置式家族办公室及独立投资实体办公室;国内联合家族办公室模式主要包括传统金融机构、第三方财富管理机构及专业人士创建的服务机构。

- 内置式家族办公室。在集团或企业内部设置战略投资部或下设投资子公司,将家族的财富和企业的财富共同用以进行企业非主营业务领域的投资(股权投资、房地产投资,或者以私人银行、信托公司等金融机构为交易对手的金融资产投资),并由首席财务官或财务团队、董事长信赖的助理或者家族二代来领衔,例如,美的集团的美的控股及鲁冠球家族的万象控股。

- 独立投资实体办公室。企业一代或二代成员在企业外成立以投资管理为核心业务的私募投资基金或资产管理机构。例如,马云及阿里巴巴的核心创始人蔡崇信联合成立的 Blue Pool Capital,通过股权投资来管理阿里巴巴 IPO 所带来的数十亿美元的财富。[1]

- 传统金融机构。例如,商业银行的私人银行、信托公司、保险公司、基金管理公司、证券公司等,纷纷设立专门的业务部门为超高净值人士开展的定制化家族业务,部分金融机构还通过与香港特别行政区、新加坡乃至瑞士的金融机构合作为客户提供离岸服务,例如,工行、招行、中信信托、上海信托等。

- 第三方财富管理机构。诺亚财富、宜信等第三方财富管理机构在原有的财富管理业务基础上,为顶层客户提供家族全委投资和大类资产配置服务,部分财富管理机构还在香港特别行政区、新加坡、纽约等地设立分支机构为客户提供跨境财富管理的业务。

- 专业人士创建的服务机构。由金融机构财富管理部门的员工、律师、会计师、税务师等专业人士共同创建的以提供投资管理顾问服务为主的咨询公司或投资管理公司。

五、家族办公室的法律监管体系

在家族办公室比较活跃的国家,包括美国、德国、新加坡、澳大利亚、中国等,“家族办公室”通常不是一个受特定监管的独立行业,家族办公室应适用的法律法规及监管要求主要取

---

〔1〕 参见《马云蔡崇信的财富自留地:家族办公室如何穿越经济周期》,载腾讯网,https://new.qq.com/omn/20200315/20200315A0I0W800.html,2020 年 6 月 17 日最后访问。

决于家族办公室的参与主体及其具体开展的业务内容。相应地,家族办公室所在地的法律监管环境对当地家族办公室的组织形式及业务模式会产生比较重大的影响。

(一)美国对家族办公室的法律监管

美国成熟的家族办公室可将服务渗透到家族事务的方方面面,部分服务内容同时受限于联邦及州政府的双轨制监管,例如,开展投资咨询、基金管理业务的家族办公室将受到以美国证监会监管为主,州证券监管部门监管位为辅的交叉监管。

美国证监会将家族办公室界定为富有家族为管理家族财富和为家族成员提供其他服务(如税务和遗产规划服务)而设立的机构。[1] 2011年,美国证监会颁布的《1940年投资顾问法》第202(a)(11)(G)-1条规定(以下简称家族办公室规则),对从事投资咨询业务的家族办公室采取差异化监管。具体而言,从事投资咨询业务的家族办公室(如绝大多数的联合家族办公室)原则上需要在美国证监会注册登记为投资顾问(Investment Advisor),并履行美国《1940年投资顾问法》中有关投资顾问的相关信息披露义务,除非该等家族办公室能满足家族办公室规则规定的豁免条件("投资顾问豁免条件"),即

- 该家族办公室以公司(company)形式设立;
- 该家族办公室的客户仅限于特定的家族客户(family client);
- 该家族办公室由特定的家族客户独资持有且由一个或多个家族成员或家族实体完全控制;且
- 该家族办公室未向公众宣称其为"投资顾问"。

满足前述投资顾问豁免条件的家族办公室无须在美国证监会注册登记为投资顾问并履行相应的监管和信息披露义务。

(二)中国对家族办公室的法律监管

在中国,"家族办公室"尚不是一个受特定监管的行业,监管部门还未出台专门规范家族办公室的资格准入及经营业务的法律法规及行业准则。因此,规范家族办公室的规定主要散见于与家族事务相关的法律法规、部门规章及行业自律部门(包括基金业协会、中资协等)出台的自律性规则中,例如,与家事相关的《民法典》《保险法》《税法》《城市房地产管理法》等;与投资咨询、资产管理、财富管理相关的《信托法》《合伙企业法》《公司法》《证券法》《基金法》等。

1. 家族办公室在中国开展财富管理业务的监管体系

财富管理业务作为中国主流家族办公室开展的一项核心业务,会受到金融监管部门的严格监管。与美国证监会对家族办公室的部分豁免监管政策不同,中国金融监管部门尚未针对家族办公室出台任何豁免监管或差别监管的政策。因此,当家族办公室从事特定金融或类金融业务时,仍需办理相应的审批、登记或备案手续及履行相应的信息披露及信息报送

---

[1] See "Family Office-a Small Entity Compliance Guide", https://www.sec.gov/rules/final/2011/ia-3220-secg.htm, October 30, 2020.

义务。具体内容如下。

(1)开展私募投资基金管理的家族办公室需事先在基金业协会登记为私募基金管理人,办理私募基金产品备案,并需定期向基金业协会披露及报送基金投资人、投资标的及基金运营情况等信息。因此,家族办公室发起的家族基金仍需像其他私募基金一样履行基金备案、信息披露及报送义务。

(2)开展私募投资基金及其他资产管理产品销售或推介业务的家族办公室需具有相关资产管理产品的销售业务资格。例如,家族办公室向超高净值人士推介基金管理人发起的私募投资基金或公募基金产品前,需事先取得基金销售业务资格。

此外,根据2017年国家税务总局发布的《非居民金融账户涉税信息尽职调查管理办法》(国家税务总局、财政部、人民银行、银监会、证监会、保监会公告2017年第14号,以下简称《涉税信息尽调管理办法》)及《反洗钱法》的相关规定,家族办公室在提供财富管理服务的过程中需对超高净值客户进行非居民金融账户涉税信息尽职调查,履行客户身份识别以及大额交易和可疑交易报告的反洗钱程序。

2. 家族办公室在中国开展家族信托业务的监管体系

家族信托作为一种财富保障、传承、隔离工具,在税务筹划、资产/债务隔离及隐私保护等方面具有突出的优势,在国外已成为家族办公室为超高净值人士提供财富管理和传承服务的重要工具。按照信托目的划分,家族信托主要包括与家庭内部的财产传承和分配相关的民事信托业务,与资产管理及投融资相关的商事信托业务,及以公益为目的的慈善信托业务。

近年来,国内家族办公室也在积极探索和开展家族信托业务。虽然《信托法》为国内家族信托的设立提供了基本的法律依据,但仍缺乏专门针对家族信托的法律制度、税务制度、具体操作规则的支持,因此,国内的家族办公室难以像海外家族信托一样充分发挥和呈现家族信托突出的优势和完善的功能。具体而言,由于我国大多数人缺乏对民事信托的认识和运用民事信托工具的意识,再加上我国未明确出台信托公司及慈善机构以外的法人和自然人如何成为受托人及如何履行受托职责的具体信托制度及系统的解释,民事信托在国内的应用还非常有限,国内市场上开展的大多数家族信托业务仍局限于现金类及金融资产管理及分配的商事信托业务。

目前我国的家族信托主要面临下列亟待解决的问题。

(1)由于《信托法》对财产登记规定的缺失,导致非现金形式的信托财产无法办理信托登记。根据《信托法》第10条信托财产登记制度的规定,"设立信托,对于信托财产,有关法律、行政法规规定应当办理登记手续的,应当依法办理信托登记。未依照前款规定办理信托登记的,应当补办登记手续;不补办的,该信托不产生效力",但现行法律框架下的权属登记中尚未包含信托登记制度,从而导致家族信托财产的非现金种类受到较大的限制。如委托人拟以房产、车辆、古董、珠宝、股权、股票、特定资产管理产品的份额、债券、金融衍生品、特定资产的收益等财产或财产性权益作为家族信托财产出资,均可能因不能办理信托登记,而无法顺利成为信托财产。

(2)信托财产税务待遇存在不确定性。我国现行的税收制度尚未明确信托设立、信托财产转让、信托财产增值、受益人获得增值财产收益等环节是否享有特别税收待遇。因此,在税务征管的实践中,可能会导致家族信托财产承担高额税费。另外,遗产税征收制度尚未出台,一旦开征遗产税,超高净值人士能否依靠家族信托规避遗产税存在不确定性。

3. 对中国家族办公室未来发展的展望

受限于中国外汇资本项目管制,继承、税务、信托等法律监管制度的不完善等因素,国内设立的家族办公室在实务中很难实现超高净值客户海外财富管理及传承的要求,从而迫使许多超高净值人士选择将家族办公室设立在税收政策更优惠、海外资本投资更便捷、行业发展更成熟的亚洲金融中心(如香港特别行政区、新加坡等地)的家族办公室。

鉴于中国绝大多数超高净值客户的主要资产及家庭成员都集中在国内,且中国已成为全球资本配置的重要目的地,因此,国内家族办公室的地位不但不会被海外家族办公室所取代,而且未来将拥有更广阔的蓝海。为更好地吸引超高净值客户选择国内的家族办公室及发展中国家族办公室行业,监管机构需根据中国特色的政治、文化、社会、法律环境对家族办公室及家族信托相关的法律监管制度进行完善,主要包括下述方面。

(1)成立家族办公室行业自律组织,出台家族办公室行业自律性规则,并进一步完善中国财富管理的法律法规。目前国内市场上的家族办公室参与主体参差不齐,很多财富管理机构及传统金融机构并未以家族及客户的利益为核心,而是以产品销售业绩、投资收益作为其提供服务的核心,使该等机构设立的家族办公室与客户之间存在天然的利益冲突。为提高行业利益协同及专业性,补上制度“短板”,建议组建规范家族办公室的行业自律性组织,通过完善财富管理行业的法律法规,出台相关的行业自律规则以明确家族办公室从事财富规划和资产管理时应遵守的公司治理、风险管理与人员资格的法律义务及责任,引导该等机构的服务模式从以产品为中心转变为以客户为中心,并扩展家族办公室的服务功能。

(2)明确信托财产权属及完善信托登记制度。建议在立法层面上明确信托财产登记的法律效力,为信托财产的独立性提供法律依据,包括进一步完善信托登记制度,对各类非现金形式的信托财产登记的登记机关、登记手续、登记方式、登记程序等作出明确、细化的规定,为开展家族信托的传统信托业务创造优越的制度环境。

(3)确立信托税收及遗产税收制度。建议进一步明确信托设立、信托财产转让、信托财产增值、受益人获得增值财产收益等环节的具体税收待遇制度,以解决信托重复征税的问题。建议尽快完善遗产税制安排并尽可能保持税率的相对稳定,为家族信托发展提供稳定的外部税收环境。

第五章

基金募集篇

/第一节/
私募投资基金的募集与销售

一、私募的概念

所谓“私募”,系与“公募”相对,指“非公开募集”。2005 年的《证券法》中即对“公开发行”界定了标准,[1]根据这一标准,当时业界普遍认为向不超过 200 名特定对象进行的证券发行行为可以被视为非公开发行。2012 年《基金法》则首次引入了“非公开募集基金”[2]的概念,并维持了 200 人的上限。《证监会 105 号文》则正式对“私募投资基金”给出了具体定义。[3] 简言之,私募的募集对象应为特定对象,并且特定对象累计不得超过 200 人。

原本根据《募集行为管理办法》的规定,私募基金的募集可以由以下主体(以下统称私募

[1] 2005 年修订通过的《证券法》第 10 条第 1 款规定:“公开发行证券,必须符合法律、行政法规规定的条件,并依法报经国务院证券监督管理机构或者国务院授权的部门核准;未经依法核准,任何单位和个人不得公开发行证券。有下列情形之一的,为公开发行:(一)向不特定对象发行证券;(二)向特定对象发行证券累计超过 200 人的;(三)法律、行政法规规定的其他发行行为。”虽然此后《证券法》(2019 年修订)对本条略有调整(规定依法实施员工持股计划的员工人数不计算在 200 人之内),但对于“公开发行”的基本原则没有实质变化。

[2] 根据《基金法》第 50 条的规定公开募集基金,应当经国务院证券监督管理机构注册。未经注册,不得公开或者变相公开募集基金。前款所称公开募集基金,包括向不特定对象募集资金、向特定对象募集资金累计超过 200 人,以及法律、行政法规规定的其他情形。

根据《基金法》第 87 条的规定,非公开募集基金应当向合格投资者募集,合格投资者累计不得超过 200 人。前款所称合格投资者,是指达到规定资产规模或者收入水平,并且具备相应的风险识别能力和风险承担能力、其基金份额认购金额不低于规定限额的单位和个人。合格投资者的具体标准由国务院证券监督管理机构规定。

以上条款编号为《基金法》经 2015 年修正后的编号,此前的 2012 年《基金法》中以上分别为第 51 条和第 88 条。2015 年修正未涉及上述条款的内容修改。

[3] 根据《证监会 105 号文》第 2 条,本办法所称私募投资基金,是指在中华人民共和国境内,以非公开方式向投资者募集资金设立的投资基金。

基金销售机构)进行:(1)在基金业协会办理私募基金管理人登记的机构可以自行募集其设立的私募基金,或(2)在证监会注册取得基金销售业务资格并已成为基金业协会会员的机构可以受基金管理人的委托募集私募基金。但是随着《公开募集证券投资基金销售机构监督管理办法》(证监会令第175号,以下简称《公募基金销售机构管理办法》)于2020年10月1日的施行,私募基金销售机构的范围发生了重大变化。根据《公募基金销售机构管理办法》,除证监会另有规定外,独立销售机构不得从事公募基金及私募证券投资基金销售以外产品的销售业务。因此,前述《募集行为管理办法》下第(2)类的私募基金销售机构已不被允许销售私募股权基金、私募创业基金或其他类私募基金,而仅可销售私募证券投资基金。[1] 更多基金销售相关内容请见本节第五部分。

二、私募的禁止行为

(一)禁止公开推介或变相公开推介

《基金法》[2]和《证监会105号文》[3]均规定了私募基金不得对"合格投资者之外的单位和个人募集资金",且"不得通过报刊、电台、电视台、互联网等公众传播媒体或者讲座、报告会、分析会等方式向不特定对象宣传推介"。《募集行为管理办法》及起草说明延续了该等要求,并进一步细化规定为:基金管理人或其委托的私募基金销售机构(以下合称募集机构)不得通过报刊、电台、电视、互联网等公众传播媒体或者讲座、报告会、分析会和布告、传单、手机短信、微信、博客和电子邮件等方式公开宣传推介私募基金。此外,根据《募集行为管理办法》,公开出版资料、海报、未设置特定对象确定程序的募集机构官方网站、微信朋友圈等互联网媒介等也属于被明确禁止的私募基金推介渠道。《私募基金监管规定》同样沿袭了该等要求,规定私募基金管理人、私募基金销售机构及其从业人员在私募基金募集过程中不得直接或者间接通过报刊、电台、电视、互联网等公众传播媒体,讲座、报告会、分析会等方式,布告、传单、短信、即时通讯工具、博客和电子邮件等载体,向不特定对象宣传推介,但是通过

---

〔1〕《公募基金销售机构管理办法》主要针对公开募集证券投资基金的销售活动进行规制,但其中部分条款也与私募基金的销售相关,特别是第9条对于"独立基金销售机构"的约定对私募基金销售机构的范围有了实质的影响。此外,证监会也对不符合要求的基金销售给予了一定的过渡期:独立基金销售机构从事公募基金、私募证券投资基金以外产品销售业务的,应当自《公募基金销售机构管理办法》实施之日起2年内完成整改,整改期内,相关产品销售保有规模应当有序压降;整改期届满后,仅可为存量相关产品投资人已持有份额提供服务。根据腾讯网报道:《重磅!不能代销PE/VC产品后,第三方财富机构生存调查》,载https://new.qq.com/omn/20201105/20201105A0I6JW00.html,2021年1月5日最后访问,《公募基金销售机构管理办法》实施后,代销私募股权、创业投资基金的第三方财富管理机构在整改的同时也在纷纷找寻新的业务模式,包括先由第三方财务管理机构的持牌关联方对客户发行FOF完成募资,再由FOF投向私募股权、创投基金,或者以转介绍方式将客户资源直接对接给私募基金管理人的募资团队等。

〔2〕根据《基金法》第91条的规定,非公开募集基金,不得向合格投资者之外的单位和个人募集资金,不得通过报刊、电台、电视台、互联网等公众传播媒体或者讲座、报告会、分析会等方式向不特定对象宣传推介。

〔3〕根据《证监会105号文》第14条的规定,私募基金管理人、私募基金销售机构不得向合格投资者之外的单位和个人募集资金,不得通过报刊、电台、电视、互联网等公众传播媒体或者讲座、报告会、分析会和布告、传单、手机短信、微信、博客和电子邮件等方式,向不特定对象宣传推介。

设置特定对象确定程序的官网、客户端等互联网媒介向合格投资者进行宣传推介的情形除外。

（二）禁止虚假或夸大陈述

根据《募集行为管理办法》的规定，募集机构不得出现推介材料虚假记载、误导性陈述或者重大遗漏、以任何方式承诺投资者资金不受损失和承诺最低收益、夸大或者片面推介基金、推介或片面节选少于6个月的过往整体业绩或过往基金产品业绩等募集行为。[1]《私募基金监管规定》沿袭了该等要求，规定私募基金管理人、私募基金销售机构及其从业人员在私募基金募集过程中不得直接或者间接夸大、片面宣传私募基金，包括使用安全、保本、零风险、收益有保障、高收益、本金无忧等可能导致投资者不能准确认识私募基金风险的表述，或者向投资者宣传预期收益率、目标收益率、基准收益率等类似表述；也不得在宣传推介材料有虚假记载、误导性陈述或者重大遗漏，包括未真实、准确、完整披露私募基金交易结构、各方主要权利义务、收益分配、费用安排、关联交易、委托第三方机构以及私募基金管理人的出资人、实际控制人等情况，或者存在以登记备案、金融机构托管、政府出资等名义为增信手段进行误导性宣传推介的行为。

三、募集程序步骤

根据《募集行为管理办法》的规定，私募基金募集应当履行以下各项程序：(1)特定对象确定；(2)投资者适当性匹配；(3)基金风险揭示；(4)合格投资者确认；(5)投资冷静期；(6)回访确认。私募基金募集完毕后，应当履行；(7)私募基金备案程序。

（一）特定对象确认

根据《募集行为管理办法》的规定，募集机构未经特定对象确定程序，不得向任何人宣传推介私募基金；募集机构应采取问卷调查等方式履行特定对象确定程序，对投资者风险识别能力和风险承担能力进行评估，投资者应以书面形式承诺其符合合格投资者标准。

（二）投资者适当性匹配

根据《投资者适当性管理办法》和《投资者适当性管理指引》的规定，投资者分为专业投资者和普通投资者，其中普通投资者的风险承受能力至少分为C1（含最低风险承受能力类别）、C2、C3、C4、C5五种类型，募集机构应要求投资者填写投资者信息表，对专业投资者资格进行认定，并要求普通投资者填写风险测评问卷，得出相应的风险等级。相应地，基金产品或者服务的风险等级要按照风险由低到高顺序，至少划分为：R1、R2、R3、R4、R5五个等级，募集机构应当根据投资者适当性匹配结果，向投资者推介与其风险识别能力和风险承担

---

[1] 除适用法律和自律规则规定的禁止行为外，基金业协会在2019年7月31日发布了《郑重提醒广大投资者警惕关于私募基金业绩的公开报道和宣传》，其中特别提醒投资者警惕以下公开报道、宣传私募基金业绩的特定行为。除了重申适用法律和自律规则中规定的禁止公开推介或变相公开推介，以及禁止虚假或夸大陈述外，还特别提示投资者警惕在公众传播媒体上公开披露单只私募基金业绩，公开发布私募基金排名、评级结果的行为，例如，某公众传播媒体上曾出现：百亿私募代表产品2019年上半年业绩榜单，×××等×家私募旗下产品平均业绩超过××%。

能力相匹配的私募基金。更多投资者适当性匹配相关内容请见第六章第三节。

(三)基金风险揭示

在完成投资者适当性匹配后，募集机构可向投资者推介私募基金。在推介的过程中，募集机构应当采取合理方式向投资者披露私募基金信息，揭示投资风险，确保推介材料中的相关内容清晰、醒目。在投资者签署基金合同之前，募集机构应当向投资者说明有关法律法规，说明投资冷静期、回访确认等程序性安排以及投资者的相关权利，重点揭示私募基金风险，并与投资者签署风险揭示书。

(四)合格投资者确认

根据《募集行为管理办法》的规定，完成私募基金风险揭示后，募集机构应当要求投资者提供必要的资产证明文件或收入证明，并合理审慎地审查投资者是否符合私募基金合格投资者标准。经募集机构的合理审慎审查，如投资者符合私募基金合格投资者标准，则该等投资者可被作为基金的募集对象并签署相关的私募基金合同等文件。

(五)投资冷静期

募集机构应给予投资者不少于24 小时的投资冷静期，在此期间，募集机构不得主动联系投资者，且基金合同中也应对投资冷静期进行约定。关于冷静期的起算时点，私募证券投资基金合同应当约定，投资冷静期自基金合同签署完毕且投资者交纳认购基金的款项后起算，私募股权投资基金、VC 基金等可以参照前述要求，也可以自行约定。就专业机构投资者而言，募集机构可以不执行投资冷静期程序。

(六)回访确认

募集机构应当在投资冷静期满后，指令本机构从事基金销售推介业务以外的人员以录音电话、电邮、信函等适当方式对投资者进行投资回访；且基金合同应当约定，投资者在募集机构回访确认成功前有权解除基金合同，出现前述情形时，募集机构应当按合同约定及时退还投资者的全部认购款项；未经回访确认成功，投资者缴纳的认购基金款项不得由募集账户划转到基金财产账户或托管资金账户，基金管理人不得投资运作投资者交纳的认购基金款项。就专业机构投资者而言，募集机构可以不执行回访确认程序。此外，回访确认制度目前仍是一项鼓励性而非强制性的要求。

(七)私募基金备案

私募基金募集完毕后，管理人应当在20 个工作日内，通过 AMBERS 系统向基金业协会备案私募基金。具体详见本章第二节。

四、合格投资者

如前文提及，根据《投资基金法》《证监会 105 号文》等的规定，私募基金仅能面向“合格投资者”募集。私募基金的“合格投资者”的定义、标准等，主要在证监会和基金业协会相关规范中规定，但是《资管新规》对“合格投资者”制定了不同的标准，导致市场对于私募基金的合格投资者标准一度产生不少疑问。

（一）证监会规定

1. 一般规定

在《资管新规》出台前，《证监会105号文》第12条规定，私募基金的合格投资者是指具备相应风险识别能力和风险承担能力，投资于单只私募基金的金额不低于100万元且符合下列相关标准的单位和个人：

（1）净资产不低于1000万元的单位；

（2）金融资产不低于300万元或者最近3年个人年均收入不低于50万元的个人。

前款所称金融资产包括银行存款、股票、债券、基金份额、资产管理计划、银行理财产品、信托计划、保险产品、期货权益等。

2. 当然合格投资者

在上述适用于私募基金的合格投资者标准的一般规定外，对于证监会或其他监管机构已纳入监管的某些特定主体（如社会保障基金、企业年金等养老基金，慈善基金等社会公益基金，依法设立并在基金业协会备案的投资计划，投资于所管理私募基金的基金管理人及其从业人员等[1]），目前私募投资适用规则将其视为"当然合格投资者"，即该等主体无须满足上述一般规定即被视为合格投资者。

对于被认定为"当然合格投资者"的私募基金投资者而言，基金管理人可以不对其适用包括特定对象确定、投资者适当性匹配、基金风险揭示、合格投资者确认、投资冷静期和回访确认在内的全部基金募集程序步骤。

3. 专业投资机构

考虑到实践中存在以投资为主营业务的专业投资机构，《募集行为管理办法》进一步规定，如私募基金投资者为专业投资机构的，募集机构在募集活动中可以对其不执行一般基金募集程序步骤中的投资冷静期和回访确认流程。

因"专业投资机构"的定义和范围尚不明确，实践中，基金管理人往往认定"当然合格投资者"为专业投资机构，并借鉴有关投资者适当性规定中的与"普通投资者"相对应的"专业投资者"认定标准，从而框定"专业投资机构"的范围。

更多投资者适当性规定中的"专业投资者"和"普通投资者"相关内容请见第六章第三节。

（二）穿透适用及投资者人数上限

根据监管要求，募集机构应确保单只私募基金的投资者人数累计不得超过《公司法》《合伙企业法》等法律规定的特定数量。具体而言，《合伙企业法》规定有限合伙企业的合伙人数量不得多于50名，《公司法》规定有限责任公司由50个以下股东出资设立，而股份有限公司

---

〔1〕《私募基金监管规定》进一步明确，国务院金融监督管理部门监管的机构依法发行的资产管理产品、合格境外机构投资者、人民币合格境外机构投资者，视为《证监会105号文》第13条规定的合格投资者。

的发起人不得多于 200 名,《基金法》规定契约型私募基金的合格投资者累计不得超过 200 人。

特别地,以合伙企业、契约等非法人形式,通过汇集多数投资者的资金直接或者间接投资于私募基金的,募集机构应当穿透核查最终投资者(直至自然人或法人投资者)是否为合格投资者,并合并计算投资者人数。但是,(1)社会保障基金、企业年金等养老基金,慈善基金等社会公益基金;(2)依法设立并在基金业协会备案的投资计划;(3)国务院金融监督管理部门监管的机构依法发行的资产管理产品、合格境外机构投资者、人民币合格境外机构投资者;和(4)证监会规定的其他投资者投资私募基金的,不再穿透核查最终投资者是否为合格投资者和合并计算投资者人数。

此外,根据《2019 版基金备案须知》和《私募基金监管规定》,管理人或任何其他单位和个人不得违规通过为单一融资项目设立多只私募投资基金等方式,变相突破合格投资者标准或投资者人数限制或者其他监管要求。

(三)《资管新规》及《私募资管细则》的影响

1.《资管新规》的影响

需要注意的是,2018 年 4 月出台的《资管新规》中规定的合格投资者,系指具备相应风险识别能力和风险承担能力,投资于单只资产管理产品不低于一定金额且符合下列条件的自然人和法人或者其他组织:

(1)具有 2 年以上投资经历,且满足以下条件之一:家庭金融净资产不低于 300 万元,家庭金融资产不低于 500 万元,或者近 3 年本人年均收入不低于 40 万元;

(2)最近 1 年末净资产不低于 1000 万元的法人单位;

(3)金融管理部门视为合格投资者的其他情形。

合格投资者投资于单只固定收益类产品的金额不低于 30 万元,投资于单只混合类产品的金额不低于 40 万元,投资于单只权益类产品、单只商品及金融衍生品类产品的金额不低于 100 万元。

因《资管新规》的合格投资者标准在投资于单只私募基金的最低金额、相关资产标准等方面并非均高于由证监会规定的合格投资者标准,在证监会尚未出台适用于私募基金的法律、行政法规层级的相关规定的情形下,有关私募基金的合格投资者标准的适用问题亟待相关金融监督管理部门进一步明确。但是,自律监管中,基金业协会仍适用《证监会 105 号文》下的私募基金合格投资者标准,例如,基金业协会于 2019 年 12 月出台的《2019 版基金备案须知》中对于"合格投资者"的标准仍援引了《证监会 105 号文》的标准。因此,在私募基金实践中,市场化私募基金管理人募资时仍采用证监会—基金业协会规范中的标准确定私募基金的合格投资者。

2.《私募资管细则》的影响

继《资管新规》后,2018 年 10 月出台的《私募资管细则》也对合格投资者范围进行了规定。

《私募资管细则》虽然在整体方向和监管态度方面与《资管新规》一脉相承,但在具体细节上仍略有不同。《私募资管细则》适用于证券期货经营机构[1]资产管理计划的相关运作活动,证券期货经营机构设立特定目的公司或者合伙企业从事私募资产管理业务的也参照适用。就一般的私募基金而言,尚待观望证监会或基金业协会未来是否会进一步出台相关实施细则,以统一私募系适用规范和《资管新规》《私募资管细则》下"合格投资者"标准对一般私募基金的适用。

《私募资管细则》项下就自然人和法人的合格投资者标准与前述《资管新规》的规定别无二致,但对其他几类的合格投资者进行了进一步的明确。根据《私募资管计划运作规定》,合格投资者是指具备相应风险识别能力和风险承受能力,投资于单只资产管理计划不低于一定金额且符合下列条件的自然人、法人或者其他组织:[2]

(1)具有2年以上投资经历,且满足下列三项条件之一的自然人:家庭金融净资产不低于300万元,家庭金融资产不低于500万元,或者近3年本人年均收入不低于40万元;

(2)最近1年末净资产不低于1000万元的法人单位;

(3)依法设立并接受国务院金融监督管理机构监管的机构,包括证券公司及其子公司、基金管理公司及其子公司、期货公司及其子公司、在基金业协会登记的私募基金管理人、商业银行、金融资产投资公司、信托公司、保险公司、保险资产管理机构、财务公司及证监会认定的其他机构;

(4)接受国务院金融监督管理机构监管的机构发行的资产管理产品;

(5)基本养老金、社会保障基金、企业年金等养老基金,慈善基金等社会公益基金,合格境外机构投资者(QFII)、人民币合格境外机构投资者(RQFII);

(6)证监会视为合格投资者的其他情形。

合格投资者投资于单只固定收益类资产管理计划的金额不低于30万元,投资于单只混合类资产管理计划的金额不低于40万元,投资于单只权益类、商品及金融衍生品类资产管理计划的金额不低于100万元。资产管理计划投资于《资管业务管理办法》第37条第5项规定的非标准化资产的,接受单个合格投资者委托资金的金额不低于100万元。

(四)中国法下的"合格投资者"比较

证券监管法律法规下关于合格投资者标准的相关规定可见于《证监会105号文》、《资管新规》和《私募资管细则》,为便于比较,我们以表格的形式对该等法规中关于合格投资者标准的规定进行了简要的整理(见表5.1)。

---

[1] 根据《资管计划运作规定》第2条的规定,该规定中所称证券期货经营机构,是指证券公司、基金管理公司、期货公司及前述机构依法设立的从事私募资产管理业务的子公司。

[2] 参见《资管计划运作规定》第3条。

表 5.1 《证监会 105 号文》、《资管新规》和《私募资管细则》对合格投资者标准规定的梳理

<table>
<tr><th colspan="2"></th><th>《证监会 105 号文》及《私募基金监管规定》</th><th>《资管新规》</th><th>《私募资管细则》</th></tr>
<tr><td colspan="2">风险能力</td><td colspan="3">具备相应风险识别能力和风险承担能力</td></tr>
<tr><td colspan="2" rowspan="4">投资金额</td><td rowspan="4">投资于单只私募基金的金额不低于 100 万元</td><td colspan="2">投资于单只固定收益类产品的金额不低于 30 万元,或</td></tr>
<tr><td colspan="2">投资于单只混合类产品的金额不低于 40 万元,或</td></tr>
<tr><td colspan="2">投资于单只权益类产品、单只商品及金融衍生品类产品的金额不低于 100 万元</td></tr>
<tr><td>—</td><td>资产管理计划投资于《资管业务管理办法》第 37 条第 5 项规定的非标准化资产[1]的,接受单个合格投资者委托资金的金额不低于 100 万元</td></tr>
<tr><td rowspan="2">资产状况与投资经历</td><td>个人</td><td>(1)金融资产不低于 300 万元,或者
(2)最近 3 年个人年均收入不低于 50 万元的个人</td><td colspan="2">(1)具有 2 年以上投资经历,且
(2)满足以下条件之一:
①家庭金融净资产不低于 300 万元,
②家庭金融资产不低于 500 万元,或者
③近 3 年本人年均收入不低于 40 万元</td></tr>
<tr><td>单位</td><td>净资产不低于 1000 万元的单位</td><td colspan="2">最近 1 年末净资产不低于 1000 万元的法人单位</td></tr>
<tr><td colspan="2">其他</td><td>下列投资者视为合格投资者:
(1)社会保障基金、企业年金等养老基金,慈善基金等社会公益基金;
(2)依法设立并在基金业协会备案的投资计划;
(3)投资于所管理私募基金的私募基金管理人及其从业人员;
(4)国务院金融监督管理部门监管的机构依法发行的资产管理产品;
(5)合格境外机构投资者;
(6)人民币合格境外机构投资者;
(7)证监会规定的其他投资者</td><td>金融管理部门视为合格投资者的其他情形</td><td>(1)依法设立并接受国务院金融监督管理机构监管的机构,包括证券公司及其子公司、基金管理公司及其子公司、期货公司及其子公司、在基金业协会登记的私募基金管理人、商业银行、金融资产投资公司、信托公司、保险公司、保险资产管理机构、财务公司及中国证监会认定的其他机构;
(2)接受国务院金融监督管理机构监管的机构发行的资产管理产品;
(3)基本养老金、社会保障基金、企业年金等养老基金,慈善基金等社会公益基金,合格境外机构投资者(QFII)、人民币合格境外机构投资者(RQFII);
(4)证监会视为合格投资者的其他情形</td></tr>
</table>

[1] 《资管业务管理办法》第 37 条规定:资产管理计划可以投资于以下资产:

(1)银行存款、同业存单,以及符合《资管新规》规定的标准化债权类资产,包括但不限于在证券交易所、银行间市场等国务院同意设立的交易场所交易的可以划分为均等份额、具有合理公允价值和完善流动性机制的债券、中央银行票据、资产支持证券、非金融企业债务融资工具等;

(2)上市公司股票、存托凭证,以及中国证监会认可的其他标准化股权类资产;

(3)在证券期货交易所等国务院同意设立的交易场所集中交易清算的期货及期权合约等标准化商品及金融衍生品类资产;

(5)第(1)至(3)项规定以外的非标准化债权类资产、股权类资产、商品及金融衍生品类资产。

续表

	《证监会105号文》及《私募基金监管规定》	《资管新规》	《私募资管细则》
穿透核查合格投资者以及计算合格投资者人数	以合伙企业、契约等非法人形式,通过汇集多数投资者的资金直接或者间接投资于私募基金的,私募基金管理人或者私募基金销售机构应当穿透核查最终投资者是否为合格投资者,并合并计算投资者人数。但是,符合上一栏第(1)、(2)、(7)项规定的投资者投资私募基金的,不再穿透核查最终投资者是否为合格投资者和合并计算投资者人数。符合上一栏第(4)—(6)项的投资者,视为《证监会105号文》第13条规定的合格投资者,不再穿透核查最终投资者。	—	资产管理计划接受其他资产管理产品参与的,不合并计算其他资产管理产品的投资者人数,但应当有效识别资产管理计划的实际投资者与最终资金来源

五、基金销售

"基金销售"是"基金募集"的惯常表达。按照销售行为的主体不同,私募基金募集有"自主销售(自销)"和"代理销售(代销)"两种模式。这两种模式并行不悖,各有其优势,在资产管理行业广泛地同时存在。相比于公募基金、券商资管、信托公司等金融机构,私募基金管理人在销售渠道和销售能力方面都有一定的差距,因而对于代销的依赖程度更高。从销售的形式上来看,"自销"可能涉及一定范围的线下销售,而"代销"则普遍地是通过互联网渠道进行。

(一)"自销"和"代销"的概念、代销机构的范围

1."自销"和"代销"的概念

"自销",即私募基金管理人自行进行的、以非公开方式向合格投资者进行的直接销售。私募基金管理人天然地具有私募基金的销售资格,只要是已经完成了私募基金管理人登记的机构,都可以自行向合格投资者非公开募集其设立的私募基金,而不需要再单独为资金募集向监管机构进行额外的申请或备案。但私募基金管理人中从事私募基金募集业务的人员应当具备基金从业资格。

"代销",指的是基于私募基金管理人的委托,在证监会注册取得基金销售业务资格并已成为基金业协会会员的机构及其从业人员,以非公开方式向合格投资者募集资金。基金代销机构是诸多私募基金服务机构中的一种。

私募基金管理人和私募基金代销机构合称"募集机构"。除此之外,其他任何机构和个人都不得从事私募基金的募集活动。

2.“代销机构”的具体范围

从在证监会的注册情况看,取得基金销售资格的机构有以下 8 类:商业银行、证券公司、基金公司、期货公司、保险公司、独立证券投资咨询机构、保险代理公司和保险经纪公司以及独立基金销售机构。

一般而言,根据《募集行为管理办法》的规定,取得基金销售业务资格的机构,在向基金业协会递交申请并成为会员(普通会员或联席会员)之后,便可以接受私募基金管理人的委托,代销私募基金产品,但商业银行是一个例外。根据银保监会的规定,商业银行不得代销私募基金产品。

银监会《关于规范商业银行代理销售业务的通知》(银监发〔2016〕24 号)对商业银行代理销售金融产品的业务进行了严格的限定,明确规定商业银行代销金融产品的发行人必须是“接受由国务院银行业监督管理机构、国务院证券监督管理机构、国务院保险监督管理机构(国务院金融监督管理机构)依法实施监督管理、持有金融牌照的金融机构”。也就是说,商业银行可以代销的金融产品,其发行人必须是银保监会和证监会监管的银行业、保险业和证券业金融机构。虽然资管行业习惯性地将私募基金管理人称为“持牌机构”,但在中国的金融监管框架中,“私募基金管理人”的主体性质并没有取得“持有金融牌照的金融机构”的法律地位。因而,私募基金管理人无法成为商业银行金融产品代销业务的“合作机构”,进而也就无法委托商业银行代销私募基金产品。

实践中,一些管理能力较强的私募基金管理人采取了灵活间接的方式,以提供“投资建议”的方式与“持有金融牌照的金融机构”进行合作,以降低商业银行不能代销私募基金产品的影响。比如,私募基金管理人与信托公司合作,由信托公司发行信托产品,然后商业银行代销信托产品,再由私募基金管理人提供投资建议并收取投资建议服务费用。

另外,如本章第一节所述,按照《公募基金销售机构管理办法》,独立基金销售机构只能销售公募基金和私募证券投资基金。因此,持有基金销售牌照的第三方财富管理机构将无法使用该牌照开展私募 PE/VC 产品的代销业务。该禁止性规定出台的原因,据悉一是近年一些民间投资机构没有基金销售牌照等资质,却以财富管理、资产管理名义违规销售各类金融产品,二是一些私募发行的 PE/VC 产品,并没有将资金投向股权投资,而是挪用到自身资金池业务,严重侵害了投资者利益。但是该“一刀切”禁令是否能够达到禁止“伪私募”“假私募”的目的,是否会导致第三方财富管理机构一窝蜂转向 FOF 牌照,以募集母基金定向投资于第三方直投基金的方式代替“代销”模式,从而引发重复收取管理费和绩效分成、FOF 管理人既作为 FOF 投资人代表又从直投基金管理人处取得相当于代销费用的服务费等利益冲突问题,有待进一步观察。

(二)“代销”的法律关系和责任分配

“基金代销”是委托代理合同关系,其中私募基金管理人是委托人,代销机构是代理人。私募基金管理人委托代销机构募集资金的,不得因委托募集而免除私募基金管理人依法承担的责任。

具体而言，在代销机构接受私募基金管理人委托之后，在私募基金募集过程的每一个步骤（包括特定对象确定、投资者适当性匹配、基金风险揭示、合格投资者确认、投资冷静期、回访确认），原先应当由私募基金管理人自己亲自从事的角色，将由代销机构取而代之；但是私募基金管理人的责任并没有随之转移至代销机构，仍然由私募基金管理人承担。

私募基金管理人委托代销机构募集私募基金的，应当以书面形式签订基金销售协议。双方在协议中对私募基金管理人与代销机构权利义务进行明确的划分，并将其他涉及投资者利益的部分作为基金合同的附件。代销机构负责根据双方协议的约定，向投资者说明基金销售的内容，代为履行投资者适当性义务。基金销售协议与作为基金合同附件的关于基金销售的内容不一致的，以基金合同附件为准。

（三）《九民纪要》以来的新发展

1. 以“投资者适当性”为核心的金融消费者保护

《九民纪要》将金融产品发行人、销售者以及金融服务提供者合称为“卖方机构”。《九民纪要》并没有采用“投资者”的概念，而是将金融产品和金融服务的购买者概括地称为“金融消费者”。《九民纪要》对金融消费者权益的保护，完全围绕金融产品销售过程中的“投资者适当性”展开。

《九民纪要》第五部分“关于金融消费者权益保护纠纷案件的审理”，建立了“卖方机构”和“投资者适当性”之间对应的“卖者尽责、买者自负”逻辑关系，具体内容如下。

（1）“卖方机构”是“投资者适当性”的履行者，同时金融消费者对“投资者适当性”也具有“理性人”的注意义务；

（2）“投资者损失”与“投资者适当性”履行失职之间须存在因果关系；

（3）金融消费者应当对购买产品（或者接受服务）、遭受的损失等事实承担举证责任，卖方机构对其是否履行了适当性义务承担举证责任。卖方机构不能提供其已经建立了金融产品（或者服务）的风险评估及相应管理制度、对金融消费者的风险认知、风险偏好和风险承受能力进行了测试、向金融消费者告知产品（或者服务）的收益和主要风险因素等相关证据的，应当承担举证不能的法律后果。

2.《九民纪要》对基金代销双方责任的影响

在代销模式中，私募基金的管理人和代销机构都无疑是“投资者适当性”的义务主体。如私募基金管理人或代销机构未尽适当性义务，导致金融消费者遭受损失的，金融消费者可以请求发行人或销售者中的任何一方承担赔偿责任。

同时，《九民纪要》第 74 条的指导原则认为，金融消费者还可以根据《民法典》第 167 条主张发行人、销售者承担连带赔偿责任。从字面意思看起来，似乎是只要代销机构未合理履行适当性义务，金融消费者就可以向私募基金管理人和代销机构主张连带赔偿责任。但实际上，适用《民法典》第 167 条的条件是十分严格的，一般情况下难以成就。

《民法典》第 167 条规定是对“不当代理”的制约，即“代理人知道或应知道代理事项违法仍然实施代理行为，或者被代理人知道或应知道代理人的代理行为违法未作反对表示的，被代理人和代理人应当承担连带责任”。不当代理责任的前提条件,是代理事项或代理行为违法。在“投资者适当性”义务的履行过程中,制度可能有不合理、投资者信息收集或有不完整、风险承受能力测试/风险告知等也或有瑕疵,私募基金管理人和代销机构也确实有可能操作疏忽大意、不够严谨的情况,但是要达到《民法典》第167条中规定的“代理事项违法”或“代理行为违法”,适用条件是极其严苛的。

/第二节/ 私募投资基金的备案

根据《基金法》《证监会105号文》《私募基金监管规定》等法律和监管规定,私募基金管理人应向基金业协会备案其募集管理的私募基金产品,不得管理未备案的私募基金。在目前的自律规范体系下,私募基金管理人应当在私募基金募集完毕后20个工作日内,向基金业协会进行私募基金的备案。

一、私募基金类型

根据基金业协会公布的《有关私募投资基金“基金类型”和“产品类型”的说明》(以下简称《基金类型说明》),[1]私募基金产品依据投向等因素,被分为如下几个基金类型:

(1)私募证券投资基金。可进一步细分为不同的产品类型,例如,权益类基金、固收类基金、混合类基金、期货及其他衍生品类基金等。

(2)私募股权投资基金。即通常称的“PE基金”,主要投资于未上市企业股权、上市企业非公开发行和交易的普通股(含上市公司定向增发、大宗交易、协议转让等)、可转换为普通股的优先股、可转换债、市场化和法治化债转股、股权类基金份额等。还可进一步细分为不同的产品类型,例如,并购基金、房地产基金、基础设施基金、上市公司定增基金等。

(3)创业投资基金。即俗称的“VC基金”,在基金业协会的划分体系内,系指主要向处于创业各阶段的未上市成长性企业(含新三板挂牌企业)进行股权投资的基金。该类基金亦可投资于市场化和法治化债转股、股权类基金份额,以及证监会认可的其他资产。

(4)其他私募投资基金。

(5)上述各类基金对应的FOF基金。

(6)私募资产配置基金。

由于私募基金管理人需遵循专业化经营原则,故仅与上述各基金类型(也称业务类型)相对应的私募基金管理人方可管理该类型基金,更多私募基金管理人机构类型与业务类型的对应关系的相关内容请见第三章第二节。

---

[1] 详见《有关私募投资基金“基金类型”和“产品类型”的说明》,载基金业协会网,https://ambers.amac.org.cn/web/app/static/publicTemplate/productInfo.html,2021年1月16日最后访问。

二、私募基金备案须提交的材料

私募基金备案的文件及信息填报要求体现了监管对于私募基金管理人合规募集的重视。申请私募基金备案,需在AMBERS系统中填报相关信息,并上传必要的基金文件。基金业协会于2020年3月发布《关于公布私募投资基金备案申请材料清单的通知》,对私募基金管理人申请私募基金备案、进行基金重大变更所需提交的材料进行了明确,私募基金备案材料主要包括基金相关主要法律文件、募集文件、基金架构图、投资者相关证明文件等。具体材料清单见本书附录三、四、五。

三、私募基金备案的实质要求

虽然私募基金备案在自律规范体系中属于事后备案范畴,但《2019版基金备案须知》等自律规范的规定对于备案设置了若干实质性的标准和条件,列举如下。

1. 穿透核查投资者资格和人数

《2019版基金备案须知》规定,私募基金管理人不得通过为单一融资项目设立多只私募投资基金的方式,变相突破投资者人数限制或者其他监管要求。并且,对于投资者资金来源的合法性及是否为自有资金是否代持等,亦要求管理人进行核实。

2. 募集完毕方可备案

自私募基金募集办法发布伊始,基金业协会即要求在基金募集完毕后进行备案,但对于募集完毕的标准业界一直有所争议,尤其是区分契约型基金和有限合伙/公司型基金,可能应采用不同的标准。《2019版基金备案须知》经2019年年底的修改,对于募集完毕标准进行了细化(见表5.2)。

表5.2 《2019版基金备案须知》中对于"募集完毕"标准的细化

	契约型	公司型/合伙型
投资者均已签署基金合同	√	√
工商确权登记	×	√
实缴出资已进入基金账户	√	√
实缴出资数额	全部认购款均已实缴(基金业协会窗口指导口径)	投资者已完成不低于100万元的首轮实缴出资,但对于管理人及其员工、社会保障基金、政府引导基金、企业年金等养老基金、慈善基金等社会公益基金而言,如基金合同另有约定除外

3. 符合条件方可扩募

私募股权投资基金(含创业投资基金,下同)和私募资产配置基金原则上应当封闭运作,备案完成后不得开放认/申购(认缴)和赎回(退出)(基金封闭运作期间)。但基金业协会就同时满足下列条件的私募股权投资基金或私募资产配置基金设置了例外规则,但后续募集中增加的认缴出资额仍然不得超过备案时认缴出资额的3倍:

- 基金的组织形式为公司型或合伙型；
- 基金由依法设立并取得基金托管资格的托管人托管；
- 基金处在合同约定的投资期内；
- 基金进行组合投资，投资于单一标的的资金不超过基金最终认缴出资总额的 50%；
- 经全体投资者一致同意或经全体投资者认可的决策机制决策通过。

结合上述规定，契约型基金、无托管的私募基金和单项目基金在备案后均无法扩大规模。而符合条件的私募股权投资基金的后续交割亦存在相应规模限制，股权投资基金管理人需要妥善规划首次交割的时间和规模。

4. 扩大关联方和关联交易范围

《2019 版基金备案须知》规定，私募投资基金与管理人、投资者、管理人管理的私募投资基金、同一实际控制人下的其他管理人管理的私募投资基金，或者与上述主体有其他重大利害关系的关联方发生的交易行均为“关联交易”，并要求在基金合同中明确约定事前、事中信息披露安排以及针对关联交易的特殊决策机制及回避安排。其中，将私募投资基金与投资者及其有重大利害关系的关联方之间的交易行为也纳入关联交易范畴，广于常见基金文件中关联交易的范围。

5. 对私募证券投资基金备案的特殊要求

基金业协会自律规范尤其是《2019 版基金备案须知》对私募证券投资基金备案提出了特殊要求，例如，

- 基金业协会对私募证券投资基金强化了短期申赎的管理，例如，基金合同中设置临时开放日的，要求明确临时开放日的触发条件，原则上不得利用临时开放日的安排继续认/申购（认缴）；又如，要求开放期安排应当与其投资标的的流动性、投资策略、投资限制、销售渠道、潜在投资者类型与风险偏好、投资者结构等因素相匹配。
- 对私募证券投资基金的业绩报酬提取进行了具体规范，要求单只私募证券投资基金只能采取一种业绩报酬提取方法，保证公平对待投资者；业绩报酬提取比例不得超过业绩报酬计提基准以上投资收益的 60%；连续两次计提业绩报酬的间隔期不应短于 3 个月，鼓励不短于 6 个月间隔期。

6. 严格的禁止性规定

《2019 版基金备案须知》等自律规则对于向基金业协会备案的私募基金提出了一些与《资管新规》一脉相承的禁止性规定，并对一些原则进行了细化，例如，禁止刚性兑付、禁止资金池、杠杆倍数和分级不得违反监管部门的规定等。自律规则亦针对私募基金行业的乱象，提出了一些额外的禁止性规定，例如，禁止在基金内设立“由不同投资者参与并投向不同资产的投资单元/子份额，规避备案义务，不公平对待投资者”。

7. 明确“不予备案”和“暂停备案”情形

除了严格的禁止性规定外，基金业协会还明确了一些不符合“基金”本质的募集、投资活

动，不属于私募投资基金备案范围。这些将导致不予备案的活动包括以下几个。[1]

(1)变相从事金融机构信(存)贷业务的，或直接投向金融机构信贷资产；

(2)从事经常性、经营性民间借贷活动，包括但不限于通过委托贷款、信托贷款等方式从事上述活动；

(3)私募投资基金通过设置无条件刚性回购安排变相从事借(存)贷活动，基金收益不与投资标的的经营业绩或收益挂钩；

(4)投向保理资产、融资租赁资产、典当资产等《登记备案问答(七)》(已废止)所提及的与私募投资基金相冲突业务的资产、股权或其收(受)益权；

(5)通过投资合伙企业、公司、资产管理产品(含私募投资基金，下同)等方式间接或变相从事上述活动；

(6)以后述方式投资于房地产价格上涨过快热点城市普通住宅地产项目的：委托贷款、嵌套投资信托计划及其他金融产品、受让信托受益权及其他资产收(受)益权、以明股实债的方式受让房地产开发企业股权、基金业协会根据审慎监管原则认定的其他债权投资方式。

除不予备案的情形外，一定情况下基金业协会可暂停私募基金管理人的私募基金备案，直至相关情形消除。该等情形例如，管理人被公安、检察、监察机关立案调查、被行政机关列为严重失信人以及被人民法院列为失信被执行人、被证监会及其派出机构给予行政处罚或被交易所等自律组织给予自律处罚、拒绝/阻碍监管人员或自律管理人员依法行使调查权或自律检查权、涉嫌严重违法违规、多次受到投资者实名投诉、经营过程中出现不予登记情形等。并且，私募基金到期后管理人未及时提交基金存续期限展期或清算申请的，管理人新的私募基金备案亦会被暂停。

四、备案后的持续合规

私募基金备案后并非一劳永逸，私募管理人对于其管理的私募基金产品负有持续的合规、信息披露和报告等义务。当私募基金产品出现重大变更时，如管理人变更、托管人变更、基金名称变更、投资经理变更、基金合同的投资范围费用计提申赎条款变更、投资者变更、非管理人的 GP 变更、私募基金清算等，管理人均须及时向基金业协会办理重大事项变更手续。

而已备案的私募基金存在一些特殊情形的，基金业协会信息公示平台将进行特殊公示直至该等情形消除，如基金规模低于人民币 500 万元、实缴比例低于认缴规模的 20%、部分投资者未缴付首轮实缴等。

因此，在私募基金备案后，私募基金管理人仍需注重基金的持续合规，并及时按要求履行相关的报告、信息披露、重大事项变更等义务。

---

[1] 以下(1)~(5)项为《2019 版基金备案须知》列举的不予备案情形，第(6)项为基金业协会 2017 年 2 月发布的《私募资管计划备案管理规范第 4 号》规定的不予备案情形。

/第三节/

基金募集设立的主要法律文件

一、基金合同

基金合同系私募基金最为核心的法律文件，主要列明了投资者参与对私募基金之投资所涉及的全部商业条款，以及其作为私募基金的权益持有人所享有的权利和义务。

除契约型基金的基金合同即称为基金合同外，合伙型基金的基金合同是合伙协议，公司型基金的基金合同是公司章程。目前，基金业协会已就前述三种形式的基金合同分别出台了相关的合同指引[《私募投资基金合同指引 1 号(契约型私募基金合同内容与格式指引)》、《私募投资基金合同指引 2 号(公司章程必备条款指引)》和《私募投资基金合同指引 3 号(合伙协议必备条款指引)》]；此外，基金业协会于 2020 年最新发布的《私募投资基金备案申请材料清单》(以下简称《基金备案清单》)中也对基金合同的内容提出了要求。[1] 更多基金合同中的主要条款相关内容请见本章第四节。

基金合同由基金的全体投资者共同签署。[2] 根据基金业协会的现行要求，私募基金在基金业协会备案时应上传基金合同，并填写基金合同中的核心商业条款、勾选确认基金合同中是否包含《私募投资基金合同指引》中要求的必备条款；如果基金合同存在多个版本且内容相冲突的，应以在基金业协会备案的版本为准。

为促进和加快各方对基金合同中商业条款的谈判和商定 GP 管理人会在基金合同基础上形成主要条款摘要(term sheet)。主要条款摘要系对基金合同中核心条款的摘要和总结。主要条款摘要并不是每个基金募集过程中必备的文件，但考虑到目前私募基金架构越发复杂、规模越发庞大、机构投资者参与程度越深的发展趋势，越来越多的投资者要求在详细谈判基金合同前先审阅主要条款摘要。

二、附属协议[3]

附属协议(side letter)系由某一投资者与普通合伙人(及/或基金管理人)在基金合同以外单独签署的书面协议，以实现在基金合同项下为该特定投资者创设权利或就基金合同的相关条款对该特定投资者的适用加以更改或补充。

一般而言，出于募资目的，普通合伙人仅与部分具有特殊战略意义或出资规模较大的投

---

[1] 《基金备案清单》中对基金合同内容上的新增要求包括：明确在管理人客观上丧失继续管理私募投资基金的能力时，基金财产安全保障、维持基金运营或清算的应急处置预案和纠纷解决机制；如基金投向房地产领域，应在基金合同/合伙协议/公司章程中约定遵守《私募资管计划备案管理规范第 4 号》的相关规定。

[2] 就契约型基金而言，如果其进行托管的，那么托管人也应签署基金合同。

[3] 鉴于目前市场主流基金形式为有限合伙企业，因此本章在介绍和分析基金设立主要文件时，按照合伙企业型基金说明该等文件的相关签约方。

资者签署附属协议,以给予其一些特别的优惠待遇;但普通合伙人/基金管理人仅应在基金合同授予其自由裁量权的范围内向该等投资者提供优惠待遇,且在附属协议中授予的优惠待遇不得实质影响或损害其他投资者在基金合同项下的权利。

三、管理协议

为实现委托已在基金业协会登记的私募基金管理人担任基金管理人并向基金提供投资管理服务,基金管理人与基金以及基金的普通合伙人[1]应签署管理协议。一般而言,管理协议中应列明基金管理人向基金所提供的服务范围,管理费的计费原则和支付方式,管理协议的终止、延长和修改等内容。根据《基金备案清单》,对于普通合伙人和管理人分离的合伙型基金,以及受托管理的公司型基金而言,管理人在基金业协会备案私募基金时应上传管理协议。

四、特定对象确定程序文件

(一)投资者风险调查问卷

投资者风险调查问卷系为募集机构用于评估的投资者风险识别能力和风险承担能力的文件。根据《募集行为管理办法》的相关规定,投资者风险调查问卷的内容应主要涵盖投资者基本《募集行为管理办法》信息、财务状况、投资知识、投资经验和风险偏好5个方面的内容;基金业协会进一步出台了《私募投资基金投资者风险问卷调查内容与格式指引(个人版)》,为个人投资者的风险调查问卷提供了参考模板,参考模板包括前述5个方面的内容。2017年6月,基金业协会发布《投资者适当性管理指引》,其附件《基金投资者风险测评问卷参考模板(个人版)》以及《基金投资者风险测评问卷参考模板(机构版)》进一步为个人投资者和机构投资者的风险调查问卷提供了参考模板;其中个人版模板与前述《私募投资基金投资者风险问卷调查内容与格式指引(个人版)》相比,未包含"个人信息"相关内容,其他4个方面范围类似但具体内容略有不同。实践中,募集机构可结合实际情况参考上述各模板设计投资者风险调查问卷。根据《基金备案清单》,私募基金在基金业协会备案时应上传私募投资基金投资者风险调查问卷。

(二)投资者和基金风险匹配文件

募集机构应根据投资者的信息、投资者风险调查问卷以及其他相关材料,对投资者的风险等级进行综合评估,并告知投资者其风险等级评估结果。在形式上,该等评估结果可通过投资者风险评估结果确认书的形式由投资者和募集机构签署来确定。投资者风险评估结果确认书上应列明投资者的风险识别能力和风险承受能力等级,以及适合投资者的私募基金风险等级。募集机构应根据该等投资者风险评估结果确认书向投资者推介与其匹配的私募

---

[1] 基金业协会在实务操作中对管理协议的签约主体的要求一直在变化。此前,AMBERS系统提示,管理协议应由基金管理人、基金、普通合伙人以及全体有限合伙人共同签署。后来,这一提示内容变更为"委托管理协议是由本基金、GP与本基金管理人签署的,经全体投资人同意,委托管理人管理本基金的协议",直至现在在《基金备案清单》中明确约定,管理协议是由本基金、GP与管理人签署。

基金。

五、募集文件

(一)私募备忘录(招募说明书)

私募备忘录(private placement memorandum,PPM),或称招募说明书,系私募基金在募集过程中的主要募资文件。《募集行为管理办法》以及《信息披露办法》对包括招募说明书在内的私募基金宣传推介材料的内容和使用进行了相关规定。

招募说明书在内容上应涵盖基金管理人的基本信息、私募基金的基本信息、私募基金的投资信息、基金合同的主要条款、私募基金的风险揭示、基金托管人及募集结算资金监督机构信息等。招募说明书的内容应与基金合同的主要内容一致;如有不一致的,应当向投资者特别说明。此外,《2019 版基金备案须知》以及《基金备案清单》新增要求,募集推介材料中还应向投资者详细揭示私募基金主要意向投资项目(如有)的主营业务、估值测算、基金投资款用途以及拟退出方式等信息。

(二)其他募集材料

除上述招募说明书外,基金团队在募资过程中还会向潜在投资者提供其他各式各样的募集材料,包括但不限于路演 PPT、宣传册等。该等募集材料同样应遵循《募集行为管理办法》以及《信息披露办法》中的相关规定。

六、认购文件

(一)风险揭示书

风险揭示书系募集机构向投资者揭示投资私募基金所涉风险,以及投资者确认知悉该等风险的文件。《募集行为管理办法》规定,风险揭示书的内容应包括私募基金的特殊风险、私募基金的一般风险,以及投资者对重要条款的逐项确认。此外,《2019 版基金备案须知》和《基金备案清单》强调,如果私募基金涉及募集机构与管理人存在关联关系、关联交易、单一投资标的、通过特殊目的载体投向标的、契约型私募投资基金管理人股权代持、私募基金未能通过协会备案等特殊风险或业务安排的,管理人应在风险揭示书的"特殊风险揭示"部分向投资者进行详细、明确、充分的披露。基金业协会出台了《私募投资基金风险揭示书内容与格式指引》为风险揭示书提供参考模板。根据《基金备案清单》,私募基金在基金业协会备案时应上传风险揭示书。

(二)合格投资者确认文件

为满足《募集行为管理办法》要求下的合格投资者确认程序,募集机构还应要求投资者提供必要的资产证明文件或其他证明文件,并要求投资者填写相关文件及作出必要的陈述和保证。

根据基金业协会的现行要求,如果投资者资金来源存疑的或者投资者对基金出资金额与其出资能力匹配存疑的,私募基金在基金业协会备案时还应上传投资者资金来源承诺及出资能力证明,包括但不限于(对于机构投资者而言)验资报告、审计报告,以及(对于自然人投资者而言)银行存款、股票、债券、基金份额、资产管理计划、银行理财产品、信托计划、保险产品、期货权益等金融资产、投资类不动产/特殊动产、公司股权等非金融资产和一定时期内的薪资收入流水、分红流水、投资收益流水及其完税证明。

(三)AML/KYC 问卷

募集机构在募集过程中还应履行反洗钱(anti-money laundering,AML)义务和 KYC(know your customer,KYC)义务,为此,募集机构往往要求投资者填写 AML 和 KYC 问卷。这一点在境外私募基金和境外发起人所发起的人民币基金方面尤其重要。境外基金和境外发起人可能明确受制于其他法域的反洗钱方面的法律法规,因而其基金募集中 AML 和 KYC 是必经的程序。而境内除金融机构外的私募基金管理人尚未明确被纳入履行反洗钱义务的主体范围,因此其在基金募集过程中是否及如何履行 AML 和 KYC 程序尚存在较大不确定性。更多反洗钱相关内容请见第六章第八节。

(四)认购协议/投资者承诺函

认购协议/投资者承诺函系由每一投资者签署的,以表示其有意认购之具体数量的基金份额、且由普通合伙人签署以确认接受该等认购的法律文件。在该等文件中,除了确认基金认购份额外,投资者往往还需向私募基金、普通合伙人及基金管理人做出一系列陈述与保证。境外私募基金较多采用认购协议方式,而境内私募基金则往往简化为投资者承诺函,或者以基金合同完全代替认购协议。

七、托管文件

根据《2019 版基金备案须知》,以下私募基金主体应当进行托管:(1)契约型私募投资基金(基金合同约定设置能够切实履行安全保管基金财产职责的基金份额持有人大会日常机构或基金受托人委员会等制度安排的除外);(2)私募资产配置基金;以及(3)通过公司、合伙企业等特殊目的载体间接投资底层资产的私募投资基金。

对于实行托管的私募基金而言,该等私募基金、其执行事务合伙人和/或其基金管理人应当与已取得私募投资基金托管业务资格的托管机构签署托管协议,就基金财产的托管、投资运作和监督、日常划拨、托管费用等事宜进行约定。托管协议中应明确约定托管人的权利义务、职责,且应根据《2019 版基金备案须知》的要求及与托管机构的沟通情况,特别注意纳入以下内容:(1)在管理人发生异常且无法履行管理职责时,托管人应当按照法律法规及合同约定履行托管职责,维护投资者权益;(2)托管人在监督管理人的投资运作过程中,发现管理人的投资或清算指令违反法律法规和自律规则以及合同约定的,应当拒绝执行,并向证监会和基金业协会报告。

根据《基金备案清单》,私募基金在基金业协会备案时应上传托管协议并填写托管费的费率、是否有保底托管费等内容;且如果基金选择不托管的,应当进一步说明基金合同中有关保障财产安全的制度措施和纠纷解决机制内容等。[1]

八、募集监督文件

根据《募集行为管理办法》和《基金服务业务管理办法》的相关规定，募集机构应当与监督机构（如中国证券登记结算有限责任公司、取得基金销售业务资格的商业银行、证券公司、公募基金管理公司等）签署账户监督协议，明确对私募基金募集结算资金专用账户的控制权、责任划分及保障资金划转安全的条款，且该等账户监督协议中应当明确监督机构保障投资者资金安全的连带责任条款。根据《基金备案清单》的要求，募集行为发生在《募集行为管理办法》生效（2016 年 7 月 15 日）后的私募基金在基金业协会备案时，应上传募集结算资金专用账户监督协议或相关证明文件并提供监督机构的名称、机构类型等信息。

九、私募基金服务协议

（一）销售协议

基金管理人可以委托适格的销售机构作为基金的募集销售机构，向潜在投资者募集资金。双方以书面形式签署的基金销售协议中应当明确基金管理人与私募基金销售机构的权利义务划分等内容，且该等内容以及其他涉及投资者利益的部分应当作为基金合同的附件。募集销售机构的募集推介行为应当符合法律法规和自律规则的要求。但是管理人委托私募基金销售机构募集私募基金的，其作为基金管理人依法应承担的责任不因委托募集而免除。根据《基金备案清单》的要求，私募基金在基金业协会备案时应上传基金销售协议并提供销售服务费的费率等信息。

（二）其他基金服务协议

在私募基金的日常运作过程中，基金管理人需要对投资者基金账户的建立与管理、基金份额登记及资金结算、基金交易确认、红利发放、会计核算、报表编制、审计等基金行政管理性事务进行处理。为提高运作效率，基金管理人可能会选择并委托具有相应资质的第三方服务机构处理该等行政管理性事务。根据《基金服务业务管理办法》的规定，基金管理人应当委托在基金业协会完成登记并已成为协会会员的服务机构提供包括基金募集、投资顾问、份额登记、估值核算、信息技术系统等在内的私募基金服务业务。双方应当依据基金合同签订书面服务协议，对服务范围、服务内容、双方的权利和义务、收费方式和业务费率、保密义务等进行约定，并视情

---

[1] 由于"阜兴系风险事件"的发生，包括基金业协会和中国银行业协会等在内的各监管部门和自律机构围绕托管机构在私募投资基金管理过程中所应承担的责任等问题出现了不少争论，基金业协会在产品备案时甚至要求托管机构对基金的投资范围、产品结构、收益分配、底层投资协议等的合规性和真实性、基金后续募集安排、基金拟投资进度安排、工商确权安排等进行核实并发表意见。详见《"意隆事件"对私募股权托管业务影响：好项目或被错杀》，载新浪财经网，https://finance.sina.com.cn/money/smjj/smyj/2018-08-14/doc/ihhtfwqq8230093.shtml，2020 年 5 月 31 日最后访问。

2019 年 12 月，基金业协会亦将针对托管人应当严格履行《基金法》第三章规定的法定职责，不得通过合同约定免除其法定职责以及依法监督管理人的投资运作过程，履行托管职责等具体要求明确写入了《2019 版基金备案须知》。

况签署操作备忘录或各方认可的其他法律文本对私募基金服务事项进行单独约定。

（三）私募基金服务协议的披露

如上文提及，根据《募集行为管理办法》的相关规定，私募基金的推介材料应包括私募基金的外包情况。并且，私募基金委托募集所涉风险和外包事项所涉风险（如存在该等事项）也应在风险揭示书中进行特殊风险揭示。私募基金管理人委托私募基金销售机构募集私募基金的，应将书面签署的销售协议中关于私募基金管理人与私募基金销售机构的权利义务划分以及其他涉及投资者利益的部分作为基金合同的附件，且私募基金销售机构应负责向投资者说明相关内容。

更多私募基金服务业务相关内容请见第六章第六节。

/第四节/

人民币基金核心商业与法律条款——国际惯例与本土实践

基金合同是PE/VC基金最重要的法律文件，其不仅就PE/VC基金的规模、期限、出资、分配、费用等重要机制进行了明确，也直接确定了GP与投资人的各项重要权利与义务。

国际基金惯例始终是人民币基金商业和法律条款的一个重要来源。人民币基金的早期实践在较大程度上学习和借鉴了境外成熟基金市场的经验。比如，KKR首创的2/20模式，即LP拿出99%的资金，拿走80%的收益，GP出资1%，每年获得2%的管理费以及20%的超额收益，构成现代PE基金的基石，被后人尊为“智本与资本结合的最佳典范”，[1]没有太多争议即被纳入人民币基金LPA的核心条款。许多国际基金管理人的基金协议在多年和主流LP谈判的基础上已经形成了比较成熟的标准，就某一只具体基金与一些关键投资人的条款谈判基本上是在附属协议（而非LPA本身）的框架中进行的。当这些外资GP发起首期人民币基金时，其美元基金外LPA很大程度上成为和本土LP谈判的基础。本土化后的人民币基金LPA依然受到以机构有限合伙人协会（Institutional Limited Partners Association，ILPA）合同范本等为代表的国际基金最佳实践的影响。

另外，我国作为成文法国家，基金合同中的很多条款内容在适用法律中均有原则性规定。例如，基金合同中关于利益冲突和关联交易的约定，在《合伙企业法》中相应有限制合伙人自营或者同他人合作经营与合伙企业相竞争业务、限制合伙人同合伙企业进行交易等原则性规定；基金合同中关于普通合伙人终止、违约，有限合伙人的相关约定，在《合伙企业法》中相应有除名退伙等原则性规定；基金合同中关于保密义务的约定，在《民法典》中相应有合同当事人保密义务的原则性规定。

[1] 王欧：《PE大趋势与人民币私募2.0》，载《财新周刊》2019年第33期。

在适用法律原则性规定的基础上，因 PE/VC 基金行业的特殊性，基金合同中同时包含了大量极具行业特色的条款。其中既有应监管规定（包括自律监管规定）要求对适用法律原则性规定的进一步深化，也有 GP、投资人在不断变化的市场环境中为实现各自商业目的与诉求而进行的往复谈判与妥协。但仍应注意到，虽然在基金募集阶段 GP 与投资人常作为谈判基金合同条款的双方，但从 PE/VC 基金整体的长远利益来看，GP 与投资人并非对立的输赢格局，而是在实现利益平衡的同时追求共赢。在 PE/VC 基金设立之初为基金形成一份利益格局平衡、权利义务合法合理又不失未来应变灵活性的基金合同，是实现合伙事业、成功达成合伙人共赢的基础保障。

一、规模、期限、交割、认缴、实缴

（一）基金规模

PE/VC 基金的基金规模通常指 PE/VC 基金的认缴出资总额，在特定语境下也可能指基金的实缴出资总额（下文如无特别说明，基金规模即指其认缴出资总额）。更多认缴和实缴相关内容请见本部分第（四）、（五）点。

- 不同类型人民币基金的常见规模

不同类型的人民币基金因为投资目标、投资策略以及投资管理团队的行业资源等不同，其规模也不尽相同。

例如，VC 基金主要投资于初创期企业，该类企业估值通常不会太高，而且 VC 基金投资期长且风险高，导致 VC 基金的规模一般不会太大。相比 VC 基金，PE 基金以发展成熟期的非上市企业为主要投资对象，该类企业估值相比初创期企业较高，而且成熟期企业尤其是 Pre-IPO 企业的退出前景比较清晰，对投资人而言吸引力也较大，因此相比 VC 基金，PE 基金的规模一般较大，实践中人民币数十亿元乃至上百亿元的 PE 基金比较常见。[1] 此外，PE 基金内部，不同细分型 PE 基金的规模略有不同。例如，相较于旨在获得目标企业控制权的并购基金，专注于成长期且主要采取非控股投资策略的成长基金的规模一般较小。又如，相较于 PE 基金，发展相对滞后的夹层基金的规模目前相对较小，[2] 投资于单一投资标的的专项

[1] 2018 年年初《资管新规》之征求意见稿造成人民币基金募资市场比较明显的波动局面，因此以 2018 年初之前的情况为例说明 PE 和 VC 基金的规模差异。根据清科研究发布的数据，2017 年 12 月，102 只成长基金募集资金 151.77 亿美元，平均单只规模人民币 10 亿元左右，而 35 只 VC 基金的募资金额只有 3.07 亿美元，平均单只规模人民币 5000 万元左右。详见《清科数据：12 月 VC/PE 募资规模达 312.13 亿美元，基金募集两级分化严重》，载投资界网，http://research.pedaily.cn/201801/426647.shtml，2020 年 12 月 31 日最后访问。

[2] 根据投中研究院发布的《2016 年中国夹层基金专题研究报告》，2010 年国外机构在境内试水夹层基金后，国内资本开始掀起夹层基金设立的浪潮，不过，如未来夹层的投资工具可得到进一步完善，考虑到夹层基金的收益特征和险资的投资逻辑匹配度较高等因素，不排除未来境内夹层基金的规模会有显著提升的可能（例如，于 2020 年 4 月募集完毕的鼎晖第五期夹层基金，规模超过人民币 80 亿元，为其第四期夹层基金的 2.3 倍；第五期夹层基金的投资人中，险资占比高达 60%，详见王庆武、马慕杰：《逆势完成第五期夹层基金，鼎晖披露细节：总额超 80 亿，险资持续加码》，载投中网，https://www.chinaventure.com.cn/news/80-20200408-353990.html，2020 年 7 月 26 日最后访问）；付晓旭、贾广才：《2016 年中国夹层基金专题研究报告》，载投中网，https://www.chinaventure.com.cn/cmsmodel/report/detail/1190.shtml，2020 年 12 月 31 日最后访问。

基金通常规模较小，而主要投资于其他私募基金的PE/VC母基金[1]以及背靠资金实力雄厚的政府出资人的政府引导基金[2]的规模则一般较大。

另外，人民币基金规模的大小也受GP背景的影响。较为成熟或在市场和行业中较有声望的GP，因其雄厚的投资人基础，其募集的单只人民币基金规模通常较大，可达人民币数十亿元甚至上百亿元，而对于刚起步的内资GP或者初次进入人民币基金市场的外资GP，其募集的首期人民币基金的规模一般较小，人民币10亿～20亿元的规模比较常见。

- 目标规模

在募集前，GP一般会根据PE/VC基金的拟定投资策略、投资管理团队规模、项目储备情况等因素设定目标认缴出资总额，并且通常会在募集推介材料和PE/VC基金的有限合伙合同（基金合同）中向潜在投资人披露。但一般情况下，目标规模仅是一个目标，而不是对于PE/VC基金最终募集规模的限制，因此基金合同通常会约定基金的最终规模由GP决定。

- 基金规模的上限和下限

除目标规模外，一些人民币基金的基金合同应投资人的要求会对人民币基金规模设定下限或上限。

如果基金规模过小，投资人可能会担心基金缺乏足够的资金来执行预期的投资策略、基金投资管理团队没有动力投入较多精力管理基金、基金可能会过于依赖其认缴出资比例最高的投资人的意见等。因此，投资人或要求坚持约定基金规模的下限，或要求在基金在达到特定规模前不会对其提款或收取管理费。此外，对于规模较小的人民币基金，自律监管机构也设置了额外的信息公示制度以起到提示监督作用。[3]

如果基金规模过大，投资人可能担心GP没有足够的投资管理团队成员来管理与基金规模相匹配的大量投资项目或者投资管理团队难以在基金投资期内寻找到足够的有吸引力的投资项目。例如，ILPA在其发布的“Model Limited Partnership Agreement”（包含2019年10

---

[1] 根据母基金研究中心发布的《2019中国母基金全景报告》，截至2019年12月31日，中国母基金全名单共包括309只母基金，总管理规模达人民币2.4524万亿元，平均单只母基金管理规模为人民币79.37亿元，详见母基金研究中心：《2019中国母基金全景报告》，载母基金研究中心网，http://www.china-fof.com/index.php/Home/Index/articleDetail/article_id/2745/article_type/2，2020年12月31日最后访问。

[2] 根据投中网发布的《2019中国政府引导基金专题报告》，截至2019年6月底，全国共设立1311只政府引导基金，政府引导基金自身总规模达人民币1.9694万亿元，母子基金群（含引导基金规模＋子基金规模）总规模约为人民币8.2271万亿元，平均单个母子基金群规模约为人民币62.75亿元，详见国立波等：《2019中国政府引导基金专题报告》，载投中网，https://www.chinaventure.com.cn/report/1005-20191021-1573.html，2020年11月2日最后访问；此外，根据投中研究院2018年12月对《2018年政府引导基金调查问卷》的统计，36.67%参与调研的政府引导基金实际管理规模超过百亿，其中规模超过200亿元的比例占20%，详见国立波、韦婉、丁崇泰：《2019想拿政府引导基金的钱？首份政府引导基金调研报告给您指点迷津！》，载投中网，https://www.chinaventure.com.cn/cmsmodel/report/detail/1475.shtml，2020年12月31日最后访问。

[3] 基金业协会在其2019年12月23日发布的《2019版基金备案须知》中规定，对于基金规模极小（低于500万元）的私募基金，基金业协会将在其公示信息中持续提示。

月首次发布并不时修订的采用欧洲分配模式的有限合伙协议范本，即《ILPA 欧洲模式范本》，和 2020 年 7 月发布的采用美国分配模式的有限合伙协议范本，即《ILPA 美国模式范本》，合称《ILPA 范本》)[1]中，即采用了限制基金规模上限的做法。[2]

(二)期限

● 存续期限

存续期限为私募基金运营的全部时间，PE/VC 基金的存续期限一般可进一步分为投资期和退出期，有些基金进一步细分为投资期、运营期和退出期。存续期限届满后，PE/VC 基金则进入清算期。存续期限的长短和 PE/VC 基金拟投资的底层资产和投资策略相关。例如，实践中主要投资于债权的夹层基金一般存续期限较短，比如 5 年，而投资于未上市企业股权的 VC 基金、投资于其他私募基金的 PE/VC 母基金的存续期限一般较长，比如 8 年甚至更长，而涉及租赁收益的地产基金和基础设施基金的存续期限则可能更为长久。自律监管规则也会对 PE/VC 基金的最低存续期限进行规范，PE/VC 基金约定的存续期限不得少于 5 年。[3]

此外，为配合投资项目的顺利退出，GP 需要在基金合同中保留根据实际情况延长存续期限的权利，这也是境外美元基金很常见的条款。延长存续期限意味着投资人需要支付更多的管理费，投资成本的回收也需要更长期间，所以存续期限的延长是境内外 PE/VC 基金投资人都会比较关注的问题。人民币基金实践中因为投资人尤其是机构投资人比较强势，通常要求将 GP 延长存续期限的权利交由投资人咨询委员会或投资人决定。《ILPA 范本》也采纳了同样的做法，即约定基金期限可以先后分别经投资人咨询委员会、多数投资人同意，被延长一年。[4] 但是，对投资项目退出机会的评估和把握，实际往往超出投资人咨询委员会成员和投资人的能力范围，将存续期限延长完全交由其审议是否真正能做到维护 PE/VC 基金的利益值得商榷，此类做法还可能因此导致 GP 迫于压力，匆忙退出投资项目，未必能为投资人实现利益最大化。为平衡各方的诉求并考虑到 PE/VC 基金的整体利益，较常见的存续期限延长机制是可以延长两次，第一次延长多由 GP 单方决定，第二次延长除由 GP 单方决定外，也常见交由投资人咨询委员会或投资人决定。

● 投资期(investment period/commitment period)

投资期，指投资人的认缴出资可被提款用于进行新的投资的期间。如前所述，投资期的

---

[1] ILPA 于 2019 年 10 月发布了采用欧洲分配模式的有限合伙协议范本"Whole of Fund Model Limited Partnership Agreement"("《ILPA 欧洲模式范本》")，并于 2020 年 7 月发布了采用美国分配模式的有限合伙协议范本"Deal by Deal Model Limited Partnership Agreement"("《ILPA 美国模式范本》")，ILPA 不时对《ILPA 欧洲模式范本》和《ILPA 美国模式范本》进行修订与更新并载于 ILPA 官网，https://ilpa.org/model-lpa，2020 年 11 月 2 日最后访问。本书若无特别说明，对《ILPA 范本》的引用指 ILPA 发布的《ILPA 欧洲模式范本》和《ILPA 美国模式范本》，更多《ILPA 范本》相关内容请参见本节第八部分。

[2] 参见《ILPA 范本》第 4.1 条。

[3] 参见《2019 版基金备案须知》第 1 条"私募投资基金备案总体性要求"第(17)项。

[4] 参见《ILPA 范本》第 18.1 条。

长短主要同 PE/VC 基金拟投资的底层资产和投资策略相关，例如，夹层基金、债权基金等的投资期一般较短，而 PE 基金的投资期相对较长。此外，基金的规模也影响着投资期的长短，比如 3 年的投资期对于一只人民币 100 亿元规模的成长型 PE 基金而言投资期恐怕就太短，除非投资的行业是重资产类型，否则投资团队的压力会较大。

此外，GP 也需在基金合同中保留根据实际投资情况适当延长投资期的灵活性，同时也需保留提前终止投资期的灵活性，因为如果 PE/VC 基金实际投资节奏较快，可能未到预设的投资期，PE/VC 基金已基本无可投资资金，则可提前终止投资期，而提前终止投资期对于投资人而言也意味着管理费的基数下调，对 GP 和投资人来说也是“双赢”的安排。

另外，人民币基金市场上还有投资人会要求经一定比例投资人同意可无过错终止投资期。《ILPA 范本》也提供了该类机制供投资人参考，即经一定比例的投资人同意，即可提前终止投资期。[1] 值得注意的是，这一做法可能带来简单多数权益即可无过错解散 PE 基金的风险，比较容易被滥用，从而影响合伙的稳定性。即使人民币基金的 GP 迫于募资压力而同意此种做法，GP 也可考虑限制行使该权利的期间，比如在投资期的后几年才可行使等。

- 退出期

退出期，简言之，指 PE/VC 基金的存续期限减去投资期的期间。相比投资期内 GP 需要为 PE/VC 基金积极寻找投资机会，GP 在退出期内的主要工作是管理已投资产并为已投项目寻求合适的退出机会。不过，通常退出期并不完全禁止投资，例如，因行使反稀释权利而对既存项目进行追加投资、对投资期结束前 PE/VC 基金已经签署书面协议的投资项目进行投资等是退出期常见的投资，GP 在投资期内即会为此类投资预留必要的可投资资金。

相比投资期内进行的项目，退出期投资的项目无法在基金合同约定的退出期内顺利退出并因此导致基金需延期的可能性更大，一些人民币基金投资人会从规模、时间等方面对退出期内可进行的投资进行限制。例如，要求退出期投资的项目需在投资期终止后的较短时间内交割[若该等投资属于追加投资，通常也会设置相应的限制，可参考本节第四部分第（三）点]。不过，这种限制对 GP 反而可能有反向激励，使 GP 不顾项目质量尽快地将资金在短时间内投出去，或者没有充足的时间向被投资公司争取更优的投资条款。

- 解散清算期限

人民币基金存续期限届满或者发生法律或基金合同规定的解散事件后，即进入解散清算期间。解散清算期间内，GP 的主要工作在于清偿基金债务后按照基金合同的约定向投资人分配基金剩余财产。人民币基金实践中，解散清算期间通常为 1 年，但考虑到可能涉及非

---

〔1〕 参见《ILPA 范本》“Commitment Period”之定义。但是，资产管理咨询机构 MJ Hudson 2019 年调研（“MJ Hudson 2019”）显示，仅 26% 的受访境外基金约定了投资人可无过错终止投资期的机制。参见 MJ Hudson：Private Equity Fund Terms Research, 5th Edition Part 3, https://www.mjhudson.com/wp-content/uploads/2019/08/MJ-Hudson-PE-Fund-Terms-5th-Edition-2019-Part-2-Alignment.pdf，2020 年 12 月 31 日最后访问。

现金资产变现等情况,GP需在基金合同中保留适当延长清算期的权利。值得注意的是,《ILPA范本》在这一点上赋予了投资人更多的话语权,要求清算期延长须经多数投资人同意。[1] 但是,考虑到清算期的延长通常是由于资产当期变现存在障碍,将该事项贸然交于投资人表决,可能会导致因届时各投资人利益诉求差异过大从而难以达成有效的延期决议,基金因此将不得不进行非现金分配。如本节第二部分第(四)点所述,非现金分配可能给投资人带来一系列的负面影响,这种决策机制可能难以实现对基金整体利益的维护。

(三)交割/关账

• 首次交割

首次交割,指当GP认为PE/VC基金已达到一定募集规模,可进行投资运营时,宣布PE/VC基金进行首次交割,且一般会伴随着PE/VC基金的首次提款,此时,首次提款通知书载明的到账日期一般记为首次交割日。某些时候,募集达到特定规模也可能被设置为宣布首次交割的必要条件之一。[2] 首次交割和首次交割日确定后,PE/VC基金的募集期、投资期、管理费等一般即开始起算。

• 后续交割

后续交割,指首次交割后为接纳更多的投资人或增加既存投资人的认缴出资(以下合称后续投资人)而额外进行的交割。境内外PE/VC基金的后续募集期限多在12~18个月,部分投资于估值变动较快的独角兽类项目的人民币基金可能限制在6个月。自2018年以来,在宏观经济下行背景下出现的募资难,导致PE/VC基金后续募集期限略有增长趋势。但后续募集期如果过长,可能发生既存项目价值变动较大而后续出资溢价远不能弥补既存合伙人在项目上被稀释的利益损失,因此后续交割期通常不会太长。

无论境外美元基金抑或境内人民币基金,后续交割均是基金合同中的关键条款,需要用较多的篇幅就后续投资人如何补缴实缴资本及出资溢价等进行约定。虽然条款可能比较复杂,但后续交割机制的基本原理为:通过补缴实缴资本和相关利息和调整投资项目分摊比例等以达到如同后续投资人在PE/VC基金首次交割日即已入伙并与首次交割投资人同步缴付各笔实缴资本的效果。既存合伙人因为后续投资人参与既存投资项目的原因,部分实缴资本会被退回并且在既存投资项目上的占比下降,类似于既存合伙人为后续投资人垫付了部分投资成本和除管理费外的基金费用,因此既存合伙人就其垫付的资金应取得相应的资金占用成本。为前述目的,在经典的按需提款机制下[更多按需提款的具体机制相关内容请见本部分第(五)点],通常以后续投资人的认缴出资额占该后续交割日后的认缴出资总额的比例为基础,同时考虑既存项目退出、豁免/排除、已作出的分配等特殊情况以确定后续投资人需缴付的用于投资项目和除管理费外的基金费用的实缴资本,并且以前述实缴资本为基数按照一定利率(如8%/年或者基准利率加2%/年)计算并收取出资溢价,该等出资溢价应

[1] 参见《ILPA范本》第18.3条。

[2] 参见《ILPA范本》"Initial Closing Date"之定义。

作为资金占用成本补偿给既存合伙人;而后续投资人还应缴付用于从首次交割日起至该次后续交割止期间的管理费的实缴资本,且为此缴付按照前述一样的利率计算而得的相应利息,此类实缴资本和利息将作为补缴管理费和利息支付给基金管理人。

人民币基金市场上,经常有后续投资人要求GP豁免其前述出资溢价和利息。利息的豁免可以由GP根据商业需要自行判断做出。为推动后续募资,GP豁免该等利息的情形并不罕见。《ILPA范本》甚至对后续投资人管理费安排作了更有利于投资人的建议,即投资人无须就管理费支付相应利息,[1]该做法在境内外均非市场通行做法,只能说是ILPA站在投资人立场上的一种建议和引导。但是,出资溢价则是弥补既存合伙人的资金占用成本,GP并没有自由裁量权决定豁免,而需要获得每一既存合伙人的同意方可能对后续投资人豁免。

- 监管规则对首次交割/后续交割安排的影响

基于人民币基金现行的自律监管规则,PE/VC基金在完成首次交割并进行备案之后,仅在同时满足特定条件时方能进行后续交割,且后续交割中增加的认缴出资额不得超过备案时认缴出资额的3倍。[2] 考虑到该等要求并非美元基金市场的惯例,对惯常参与美元基金募集的GP而言,更需要适当关注其人民币基金的募资计划,统筹安排首次交割和后续交割进度以符合人民币基金市场的监管规则。

(四)认缴

- 认缴或实缴

认缴出资(capital commitment),指投资人在认购PE/VC基金权益时向PE/VC基金承诺缴付的出资,是投资人有义务对PE/VC基金投入的最大出资额。与认缴出资相关联但往往容易混淆的是实缴资本(capital contribution)的概念,实缴资本,指投资人按照GP发出的提款通知的要求向PE/VC基金实际缴付的出资。更多实缴资本相关内容请见本部分第(五)点。

- 投资人的认缴

GP通常会根据目标募资群体的情况,在基金合同中约定投资人的最低认缴出资,以对潜在投资人进行一定程度的筛选。不过,基金合同中约定的最低认缴出资通常并不是一个强制的底线,GP需要在基金合同中保留其可接受更低认缴出资的权利,以便根据募资和市场的实际情况及时调整目标募资群体等。

此外,人民币基金实践中,出于分散风险、合规等的考虑,一些投资人提出其在基金中认缴的出资不能超过基金规模一定比例的要求。就此,如该投资人在较早的交割入伙,则GP需要把握好募资的进度和规模,以避免最后交割超过预先设定的比例而需进行烦琐的溯及既往调整。

---

[1] 参见《ILPA范本》第5.1.4.2条。

[2] 具体请参见本章第二节。

● GP的认缴

GP在PE/VC基金中的收益主要源于管理费收入以及绩效分成,GP在市场上兜售的是其投资管理能力而非资金实力,其本没有动力在PE/VC基金中认缴过多的出资,但对于投资人而言,GP在PE/VC基金中的认缴是实现GP与基金及投资人利益捆绑的重要手段,所以与境外美元基金类似,人民币基金实践中,GP一般也在PE/VC基金中认缴一定比例的出资,常见的是PE/VC基金规模的1% ~5%。[1]

除GP本身以外,GP的关联人士,包括员工跟投平台等,向PE/VC基金认缴出资并按比例参与PE/VC基金的投资,在利益捆绑的效果方面和GP的认缴是相同的,所以,通常员工跟投平台等关联人士的认缴也包括在前述1% ~5%的GP认缴范围内。

(五)实缴

● 按需提款、按比例提款及一次性提款

实缴资本(capital contribution),如前所述,是指投资人按照GP发出的提款通知的要求向PE/VC基金实际缴付的出资。境外PE/VC基金通常采用按需提款方式。按需提款,指在PE/VC基金有实际用资需求(包括支付投资成本、基金费用等)时,GP提前一定时间向投资人发出提款通知,提款通知载明按照基金合同约定的比例计算而得的该投资人本次分摊的实缴资本,要求投资人向提款通知指定的账户在最后到账日期或之前缴付。向投资人发出的提款通知中一般也会向投资人披露提款的实际用途、各项用途所需金额等。在按需提款机制下,通常GP的实缴资本也以GP在PE/VC基金实际需用资金中所应分摊的金额为准,与投资人同步缴付。《ILPA范本》即采纳了本类按需提款的模式。[2]

人民币基金的提款,早年间也以按需提款为主,但是实践中按需提款往往需要投资人的配合度较高,而人民币基金的个人投资人容易发生失信违约的情况,机构投资人的后续出资能力往往受到不断变化的监管影响且其内部也有较为冗长复杂的付款审批流程,人民币基金为了适应境内投资人的特点和需求逐渐发展出了按固定期限根据特定比例提款的模式甚至一次性提款模式。这两种模式虽然便利了机构投资人并降低了个人投资人的违约风险,但对于GP而言往往需要付出资金闲置的代价,即使能够进行一些无风险或低风险的临时投资,正常的临时投资收益一般较低,无法弥补闲置资金持续计算内部收益率(internal rate of return,IRR)给GP带来的压力和损失。

● 循环投资

循环投资又称为“再投资”,即特定情形下,GP可将部分退出返还的投资成本再次用于

[1] MJ Hudson 2019显示,29%的受访境外美元基金约定的GP认缴额在2% ~2.99%的区间,27%的受访境外美元基金约定的GP认缴金额在1% ~1.49%的范围内,整体而言,GP认缴额超过2%的基金占到了65%。参见MJ Hudson: Private Equity Fund Terms Research, 5th Edition Part 2, https://www.mjhudson.com/wp-content/uploads/2019/08/MJ-Hudson-PE-Fund-Terms-5th-Edition-2019-Part-2-Alignment.pdf, 2020年12月31日最后访问。

[2] 参见《ILPA范本》第6.2条。

投资。通常情况下,循环投资条款允许投资期内将用于过桥投资的投资成本或者投资后较短期限即退出的投资成本加回认缴出资余额,该部分可被再次提款用于新项目。境外 PE/VC 基金投资人通常较为欢迎循环投资条款,[1]因为就投资人而言,其资金获得更有效率的应用而其管理费并不因此增加。而人民币基金的投资人尤其是政府引导基金、险资和国有资本,往往拘泥于一些由上而下的指导性政策或者审计部门的要求,不允许任何循环投资。另外,人民币基金中,不同类型基金对循环投资的惯例情形也不同,PE 基金一般会限定在 12 ~ 18 个月内退出的项目,而夹层基金可能放宽至整个投资期甚至整个存续期限。[2]

- 豁免/排除投资

豁免投资,指投资人因其自身受到法律、监管、内部政策限制等而向 GP 申请不参与某项特定投资。其中内部政策原因一般仅限于在投资前已向 GP 披露的内部政策。排除投资,则指 GP 为了 PE/VC 基金能够符合某投资项目的法律、监管、税务或其他要求,或者为了保护 PE/VC 基金的合法合规性及税务优化,而将某一投资人排除出特定项目。例如,被投资公司不接受其竞争对手的投资,即使该竞争对手仅是 PE/VC 基金的投资人也往往被要求排除出投资。豁免和排除条款适用的结果都是某一或某些投资人不参与某投资项目,同时无须分摊该投资项目的投资成本和费用,亦无权参与该投资项目的分配。相应地,为弥补豁免/排除造成的投资资金缺口,豁免/排除条款通常约定可为此按比例提取其他投资人的实缴资本或寻求联合投资人。

人民币基金市场中,投资人往往有倾向滥用豁免条款,希望能够以此达到自行选择投资项目的目的,而对于排除条款则又往往无意义地担心 GP 将其排除出项目,要求被排除必须取得其同意。以上乱象多因投资人对 PE/VC 基金的投资理念理解不足,将被动投资当作主动投资进行引起,对此初次进入人民币基金市场的境外 GP 机构可能难以理解和接受。

此外,由于"豁免/排除投资"机制在实质上可能造成投资人各自参与不同投资项目并分别进行核算分配,GP 还需适当关注禁止设置投资单元的自律监管规则,避免相关机制被自律监管机构认定为,名义上采纳豁免/排除投资机制,其实质目的为设置不同投资单元。当然,常规意义上的投资豁免/排除机制不具备"规避备案义务"和"不公平对待投资者"的特征,且应当提前约定好条件,因此,通常情况下不应落入《2019 版基金备案须知》中的禁止情形,具体请参见第五章第二节。在未来的基金备案实践中,基金业协会将采取何等标准判断

[1] MJ Hudson 2019 显示,89% 的受访基金均包含了允许循环投资的机制,且其中有 1/4 的基金并未就循环投资金额设置上限。常用的循环投资金额上限设置在投资的总金额不超过认缴出资的 120%。参见 MJ Hudson: Private Equity Fund Terms Research, 5th Edition Part 1, https://www.mjhudson.com/wp-content/uploads/2019/06/MJ-Hudson-PE-Fund-Terms-2019-Report-Part-1.pdf,2020 年 12 月 31 日最后访问。

[2] 例如,设立于 2012 年的鼎晖夹层首期基金,完成募集规模约 25 亿元人民币,但因采用基金期限内循环投资的模式,截至 2015 年 7 月 31 日,其累计投资规模超过 75 亿元,详见姚博海、李梅:《鼎晖首次披露夹层基金细节:4 年募投过百亿增长"凶猛"险资成主力 LP》,载投资界网,https://pe.pedaily.cn/201508/20150806386728.shtml,2020 年 12 月 31 日最后访问。

本条规则的适用,仍待进一步观察。

二、分配及绩效分成

PE/VC 基金的可分配收入通常包括基金出售、处置投资项目收到的现金或实物或是从投资项目分得的股息、利息,以及其他收入扣除费用、债务之后的可供分配的部分。PE/VC 基金通常会将可分配收入划分为项目退出产生的可分配收入,项目持有阶段取得的股息分红、利息收入(当期收益),无风险或低风险的现金管理和短期投资取得的收益(临时投资收入)以及其他收入[如费用收入,更多费用收入相关内容请见本节第三部分第(三)点]。不同类型的 PE/VC 基金其各类收入在可分配收入中的占比有较大差异,如夹层基金和房地产基金的当期收入可能显著高于 PE 基金。以上收入中涉及经典 Waterfall 分配模式的主要是源于投资项目的可分配收入,而临时投资收入通常则按照出资比例分配,盖因其并不与 PE/VC 基金 GP 的投资技能和策略紧密相关。至于其他收入,则按照基金合同的约定进行分配,通常是以各相关投资人的出资比例但也可能为 GP 保留一定的灵活性以保障此类收入分配的公平合理。

(一)源于项目的可分配收入的分配经典模式——Waterfall

PE/VC 基金的基金合同分配条款通常专门对源于投资项目的可分配收入约定基金向其合伙人划分和分配的方法和顺序。其中最为经典的是 Waterfall 四步分配法。四步分配法又可大致分为欧洲模式和美国模式。

- 欧洲模式或美国模式

目前经典的分配模式有欧洲模式(European model,又称 all-capital-first model,按基金模式,"欧洲模式")和美国模式(US model,又称 modified-deal-by-deal model,按项目模式,"美国模式")。美国 PE 机构发起的 PE 基金中,美国模式仍然占主流。而欧洲 PE 基金以及人民币基金中,欧洲分配模式获得了广泛接受。[1]

两种分配模式的主要区别在于,第一步中,欧洲模式向投资人返还的是截至分配时点投资人已缴付的累计实缴资本,而无论该实缴资本形成的投资是否已经退出;而美国模式则在本步骤仅返还投资人在形成该笔可分配收入的退出投资项目中分摊的投资成本和费用、此前已退出的投资项目和已核销的投资项目中尚未获得返还的投资成本和费用,以及划分到已退出和核销项目上的其他基金费用中该投资人分摊的部分。在返还实缴资本这一步中,采用美国模式的基金也可能应投资人要求采取一些其他的变通安排,例如,《ILPA 美国模式范本》采纳的方案是向投资人返还其支付的包括管理费在内的所有基金费用。[2]

---

〔1〕 MJ Hudson 2019 显示,68.2%受访的美国 PE 发起人管理的基金采用了美国模式,87.9%受访的欧洲 PE 发起人管理的基金采用了欧洲模式。此外,小部分基金发起人也尝试在同一基金实体中提供并行的两种分配模式供投资人选择。参见 MJ Hudson: Private Equity Fund Terms Research, 5th Edition Part 1。

〔2〕 参见《ILPA 美国模式范本》第 14.3.1 条。MJ Hudson 2019 显示,65%采用美国模式的受访基金约定在第一步分配阶段额外分配截至分配时点的所有费用(而非仅返还按比例分摊的基金费用)。参见 MJ Hudson: Private Equity Fund Terms Research, 5th Edition Part 1。

从前述区分中可以看出，美国模式下第一步分配给投资人的金额少于欧洲模式，因此GP能够较早取得绩效分成(carried interest，请见本节后述部分)，并且有较大可能性该基金最终会发生绩效分成返还[更多绩效分成返还相关内容请见本部分第(六)点]。因此，投资人的直觉选择自然倾向于欧洲模式。[1] 但是，这并不意味着美国模式没有可取之处，PE/VC基金行业中GP和投资人并非对立的输赢格局，而是在一个8～10年的合伙事业中谋求共赢(win-win)的模式，美国模式较早让GP取得绩效分成，有助于GP尤其是运营首只基金的GP对团队给予必要的激励，以留住顶尖的人才，毕竟GP并不是靠机构而是靠顶尖的投资人才为投资人创造价值的，而美国模式导致的GP拿到超过基金整体核算其可得的绩效分成的情况，则一般靠绩效分成返还条款和GP留存一定比例绩效分成来实现，两者间的利益也能达到让双方满意的平衡。

- 优先回报或门槛收益

Waterfall分配法中，通常在第一步分配结束后，如果可分配收入仍有剩余，则应当继续向投资人分配，直至投资人按照第二步取得的收益能够使其在第一步下获得返还的实缴资本达到约定的IRR。

投资人通过本步骤取得的收益，虽然在基金合同中可能笼统地称为“优先回报”，但实际上可以分为门槛收益和优先回报两种不同情形，并且前者是更为普遍的方式：[2]

——门槛收益(hurdle rate)：指在计算GP应收取的绩效分成时，该收益计入投资人收益的基数，最终实现GP就投资人的总体盈利收取20%的绩效分成，投资人只是在可分配金额不足的情形下有权优先收取一部分收益以使其收益达到门槛收益率。

——优先回报(preferred return)：指GP仅就超过该收益以外的收益部分提取绩效分成，因此也不需要进行第三步GP追补。

值得注意的是，无论是门槛收益还是优先回报，投资人在本步骤能否取得约定收益均最终取决于投资组合能否产生足够高的收益，这些约定并不构成GP向投资人承诺的固定回报。

---

[1] ILPA较为推崇欧洲模式，2019年其发布的首个《ILPA范本》也是基于欧洲模式拟定。参见《ILPA欧洲模式范本》，以及MJ Hudson：Private Equity Fund Terms Research，5th Edition Part 1。

[2] 尽管“门槛收益+GP追补”安排在境内外均是普遍的PE/VC基金分配方案，但是境外成熟市场近年来不少GP成功尝试了更为激进的做法，即不再设置门槛收益条款，这意味着在实缴资本返还完毕后GP即可开始提取绩效分成。具体来看，2018年资产管理咨询机构MJ Hudson调研显示，约1/4受访基金的分配条款已不再包含“门槛收益”安排，比2017年翻了一番。虽然这可能是由于2018年受访基金中VC基金比例有所上升，但调研机构认为这不能改变未来门槛收益率将逐步调低甚至完全消失的整体趋势。有关调研数据参见“Proportion of GPs charging more than 2% management fee doubled”，Private Equity International，https://www.privateequityinternational.com/proportion-gps-charging-2-management-fee-doubles，2020年12月31日最后访问。

与境外市场的新趋势不同，人民币基金市场的某些机构投资人寻求删除GP追补条款，将门槛收益变更为真正的优先回报，这可能反映了近年由于宏观经济增速放缓、降杠杆严监管导致人民币基金的募资难度增加。

不同类型的PE/VC基金基于不同的投资策略和市场状况可约定不同的门槛收益/优先回报IRR,境外PE/VC基金的IRR或可在5% ~12%的区间内浮动,抑或基于某基准利率(如LIBOR等)适当上浮。就境外美元基金而言,某些情况下甚至可引入行业指数[如Private Equity Performance Index (PEPI) 或Preqin Private Equity Performance Benchmarks]作为业绩比较基准。对于人民币基金而言,由于缺乏同等的或较为权威的业绩比较基准,人民币基金的投资人与GP仍旧更倾向于接受以绝对值设定约定收益门槛。目前主流基金约定的IRR仍为8%。[1]

如本节第一部分第(五)点,人民币基金计算IRR时,大部分基金按照各笔实缴的到账日期起算至该笔实缴资本被分配返还为止,这会给按期缴付和一次性缴付的PE/VC基金GP带来较大的投资压力和负担,但在境外美元基金和某些国际化背景的发起人管理的人民币基金中,仅就投资人资本被使用的时段(如自项目收购之日至基金取得收益分配之日)计算IRR并不罕见,原因在于,资本只有在被使用之际才会产生收益,基金的分配机制应当鼓励GP挑选回报优异的投资项目并为GP争取优秀投资项目提供更多的灵活性,而非一味逼迫GP迅速投资或者强调GP的现金管理能力。

- GP追补

在Waterfall第二步分配为门槛收益的情况下,GP通常在第三步取得与门槛收益相匹配的绩效分成,即GP取得的绩效分成与投资人的门槛收益应当达到约定的绩效分成比例,该步骤通常称为对GP的追补。[2] 就PE/VC基金而言,最常见的绩效分成比例为20%,即GP应当自投资人的盈利中提取20%的绩效分成。根据PE/VC基金的投资策略和项目特征,绩效分成比例可能高于或低于20%,高于市场水平的绩效分成比例可能是因为PE/VC基金投资项目有优异的回报预期,因此给予GP更高的业绩奖励。

通常而言,在第三步追补阶段的可分配收入100%向GP分配。[3] 然而在某些情况下,基金可约定在追补阶段仍将一部分收益继续向有限合伙人分配(如GP按照50%追补,其余50%仍旧支付至有限合伙人)。这意味着GP追补速度将放缓,基金需要取得更高的收益回

---

〔1〕 尽管8%仍为主流基金约定的IRR,但据统计,约定更低的IRR甚至不再设置门槛收益条款的基金数量正呈增长趋势。参见MJ Hudson: Private Equity Fund Terms Research, 5th Edition Part 1,以及"Top funds feel the pressure on management fees", Private Equity International, https://www.privateequityinternational.com/top-funds-feel-the-pressure-on-management-fees/?utm_source = sailthru&utm_medium = email&utm_ca%e2%80%a6,2020年12月31日最后访问。

〔2〕 通常而言,在第三步追补阶段的可分配收入应当100%向GP分配。MJ Hudson 2019显示,79%的受访基金均采纳了这种做法,参见MJ Hudson: Private Equity Fund Terms Research, 5th Edition Part 1。然而在某些情况下,基金可约定在追补阶段仍将一部分收益继续向有限合伙人分配(如GP按照50%追补,其余50%仍旧支付至有限合伙人)。这意味着GP追补速度将放缓,基金需要取得更高的收益回报GP才能完全实现20%的绩效分成比例。该等分配条款在人民币基金市场并不常见。

〔3〕 MJ Hudson 2019显示,79%的受访基金均采纳了这种做法,参见MJ Hudson: Private Equity Fund Terms Research, 5th Edition Part 1。

报 GP 才能完全实现20%的绩效分成比例。《ILPA 欧洲模式范本》采用了这种有利于投资人的安排,约定 GP 追补阶段按 80:20 的比例向 GP 和 LP 分配。值得注意的是,这种分配条款并非人民币基金市场的主流安排,而且,在美元基金市场,即使保守如 ILPA,在《ILPA 美国模式范本》中仍旧额外提供了 GP 追补阶段 100%向 GP 分配的可选方案。[1] 这或许是因为,美国分配模式原本就是通过更早的绩效分成分配实现对 GP 更为充分的激励。如果投资者选择了美国模式,则说明各方充分认可这种激励机制,因此在 GP 追补阶段的制度设计上就应当继续将这一主旨贯彻到底。

- 第四步:20/80 分配

在前述步骤已经分配完毕后,若可分配收入仍有剩余,则剩余金额将在 GP 和投资人之间按照约定的绩效分成比例(通常为 20:80)进行分配。

Waterfall 分配中,GP 除了作为投资管理人取得绩效分成外,还可以就其投资的部分与投资人一样取得投资收益。

(二)分配模式的一些变化

PE/VC 基金从广义而言包括多种基金类型,其底层资产、投资回报模式、投资策略等的不同导致其分配方式也有相应差异,并且 2008 年美国次贷危机、2010 年全面爆发的欧债危机以及近年来亚洲包括中国的宏观经济增长放缓,都给这一行业的利益分配带来一定的影响和冲击,在投资人和 GP 的博弈中,PE/VC 基金的经济利益分配方式也有一些变化和发展。

- 不设置门槛收益/优先回报

鉴于 VC 基金投资策略的特殊性,境外大多数 VC 基金的分配条款并不包括门槛收益或优先回报,[2] 在投资人取得欧洲模式或美国模式下的实缴资本足额返还后,GP 即开始提取绩效分成。尽管并未设置门槛收益率条款,VC 基金或可在其分配条款中增加额外的辅助机制以平衡 GP 和有限合伙人的利益。例如,约定仅在基金的净资产超过投资人累计未偿还实缴资本的一定百分比的前提下,GP 方提取绩效分成。该机制可在一定程度上保证 GP 开始收取绩效分成时,基金的剩余资产仍旧足以保障投资人一定程度的收益。这种安排的主要原因是,相对传统的并购基金,VC 基金专注于投资早期初创型企业,风险偏好更高。但门槛收益率条款可能引导 GP 采用更为保守的投资策略以确保门槛收益,却不会采取更为激进的投资策略以追求更高的收益回报,最终效果恐与创业投资的特征不相符。另外,如前所述,门槛收益率其实不改变 GP 和投资人的分成比例,因此,只要基金收益足够高,投资人的利益也不会受影响。境内 VC 基金仍有较高比例引入了门槛收益甚至优先回报,这可能与 2018

---

[1] 参见《ILPA 范本》第 14.3.3 条。

[2] 如前所述,境外成熟市场 VC 基金的这一特征正逐渐向 PE 基金蔓延,未来可能会有更多 GP 不再为 LP 设置门槛收益条款。参见"Proportion of GPs charging more than 2% management fee doubled",Private Equity International, https://www.privateequityinternational.com/proportion-gps-charging-2-management-fee-doubles,2020 年 12 月 31 日最后访问。

年以来的募资难和投资人没有理解 PE 和 VC 投资的差异等原因引起。

- 阶梯式绩效分成比例

有些 PE/VC 基金为了给 GP 特别是团队更好的激励,可能在基金合同中约定,随着 PE/VC 基金的整体 IRR 的上升,GP 将按照更高的分成比例取得绩效分成。通常这种模式下,仍以 20% 为基准的分享比例,但随着 IRR 的增长或者翻倍,GP 可按照 25%、30% 甚至更高比例取得绩效分成。但采用此类模式的 GP,可能为了募资的需求在管理费等方面做出让步,以平衡投资人的利益。另外,采用此类模式的 GP,也可能是发起人由于某些商业原因(如某些募集其第一只基金的 GP)自身缺乏谈判能力从而无法自投资人处争取到 20% 的绩效分成比例,阶梯式绩效分成安排可以使基金收益足够高后 GP 的绩效分成比例上调至市场平均水平。在阶梯式绩效分成比例的模式下,GP 为提取更高比例的绩效分成,往往能够有更强的动力提高投资效率和业绩。

(三)分配时间

境外美元基金和境内人民币基金大多都约定基金在项目退出取得收益后尽快分配,有些约定了最晚分配时间,如取得相关可分配收入后的 90 日或 120 日。然而,某些人民币基金的投资人则要求人民币基金在取得收益后的极短时间内(如 10 日)必须向投资人分配。值得指出的是,GP 通常没有意图推迟分配,因为延迟分配可能拉低基金总体的 IRR,并且在人民币基金的门槛收益/优先回报计算时也多是计算到分配时点为止。因此,除非投资人有迫切的现金需求,“尽快分配”的条款已经能够很好地平衡 GP 和投资人的利益。

此外,股息红利等项目持有期间取得的经常性收益,受制于该等收益适用的分配顺序,通常可按年或季度进行定期分配。

(四)非现金分配

投资人向 PE/VC 基金投入资本,目的是获取投资收益,而非直接持有投资组合。因此,无论境外美元基金或是境内人民币基金均以现金分配作为通常的分配形式,并严格限制非现金分配适用的条件和程序。通常,PE/VC 基金的基金合同约定在存续期限内以现金和流动性高的资产(如可公开交易证券)分配为原则,但另外也允许一定条件下的非现金分配。

在 PE/VC 基金进入解散清算程序后或投资人退伙等情况下,基金合同通常允许以其他非现金形式(如未上市公司股权、上市公司限售股等)向投资人做出分配。在境外美元基金的基金合同中,非现金分配条款为市场惯例,但在人民币基金市场常受到质疑。一方面,这固然是因为投资人通常希望强调 GP 的现金分配义务而希望尽可能限制 GP 进行实物分配的权利;另一方面,这也是因为当前的企业登记制度和证券登记结算制度难以完全与私募投资基金的实物分配机制衔接,导致实物分配在执行层面存在困难。值得指出,非现金分配条款有助于避免在必须进行非现金分配时可能发生的争议,一味强调 GP 的现金分配义务恐会导致 GP 为避免违约责任而急于变现资产,将基金资产折价出售从而损害所有投资人的利益。增加实物分配条款可以增加基金分配机制的灵活性,有助于维护投资人的整体利益。与其对非现金分配条款的适用过多苛责,甚至彻底否定该条款存在的价值,不如重点关注其机制设计的公平性。例如,非现金分配的机制设计是否能够阻止发生部分投资人取得现金分配而另一部分投资人只取得非现金分配的情形,是否给投资人对于非现金分配相关资产的估值有一定的监控。

(五)因税预分配

因税预分配条款在境外美元基金中十分常见,主要原因在于美国税法下的"虚拟收入"规则可能使 GP 在未取得现金分配的情况下提前确认绩效分成收入。中国税法下,由于合伙企业的合伙人需要就合伙企业分配给所有合伙人的所得和企业当年留存的所得(利润)缴纳所得税,GP 也可能因任何留存所得缴纳所得税。如果某一项目一方面盈利较多足以使 GP 取得绩效分成且 GP 需要在税务上确认绩效分成收入,但另一方面向 GP 支付绩效分成的前提条件尚未达成或者该等收益有必要留存于基金,则这时 GP 并未实际取得分配但该收入已经产生纳税义务。这种现金支付和税务收入确认的差异可能导致 GP 没有足够的现金流履行其届时已经产生的纳税义务。为解决税务收入确认时点与现金流入时点的不匹配导致 GP 可能无法履行其纳税义务,境外美元基金和境内人民币基金通常都允许 GP 有权自基金取得一笔税务预分配款项以满足 GP(包括普通合伙人、团队实体和团队个人等)届时的所得税纳税义务。GP 因此取得预分配款项均应当在其未来收取的绩效分成金额中进行扣除。

(六)绩效分成返还(GP clawback)

前述第(一)点提及因为采用美国模式进行 Waterfall 分配,有较大可能发生绩效分成返还。实际上,无论是美国模式还是欧洲模式,当退出在先的项目盈利较多而退出在后的项目盈利较少甚至亏损的情形下,都有可能发生在 PE/VC 基金解散清算时按照 PE/VC 基金的整体投资和退出情况核算后 GP 取得了超过投资人收益 20% 的绩效分成,或者投资人未能取得门槛收益或者优先回报的情况,当然在欧洲模式的分配下,GP 绩效分成返还发生的可能性会小很多。鉴于以上情形的存在,有必要在 PE/VC 基金解散清算之际进行收益分配的整体核算,以确定 GP 是否取得了超额的绩效分成或任何投资人的实缴资本返还和门槛收益/优先回报尚有缺额,在存在绩效分成超额或门槛收益/优先回报差额的情况下,GP 应向 PE/VC 基金返还其中的较高者,由 PE/VC 基金向相应的投资人支付以返还超额或者弥补差额。

尽管有前述一般性约定,在履行绩效分成返还义务之前,GP 的相关实体和个人可能已经就绩效分成收益缴纳了所得税并且已缴纳的税款通常难以从税务部门返还,因此境外美元基金和人民币基金的惯例会将 GP 的绩效分成返还义务总额限制在 GP 相关实体和个人就绩效分成承担相应税负〔1〕后的金额。

通常,绩效分成返还的核算时点在 PE/VC 基金清算之际,因为届时投资项目已经完全

---

〔1〕 据 MJ Hudson 2019,不少境外美元基金约定以假设的最高适用税率(而非实际缴纳的所得税)为基础确定绩效分成返还中的税负金额,在采用仅返还税后金额机制的受访基金中,这一比例占到了 52%。对此,ILPA 则在《ILPA 范本》中采纳了仅扣除实际纳税额的做法。参见 MJ Hudson: Private Equity Fund Terms Research, 5th Edition Part 1 以及《ILPA 范本》。

退出因而核算结果可一次到位。但是,境外美元基金市场上,GP 和投资人已经开始同意在 PE/VC 基金存续期间的一些特定时点进行临时核算以确定绩效分成的临时返还,从投资人角度而言,临时核算可使其较早获得返还,降低资金成本,并可在一定程度上降低 GP 在基金清算时无法履行返还义务的风险;而从 GP 角度而言,临时核算使其对绩效分成返还能够更从容地安排,避免在清算之际集中返还。但是,绩效分成返还的临时核算后,在 PE/VC 基金的后续运营期间仍可能面临各种不确定因素因而需要通过后续分配或后续核算加以调整,这可能会增加核算难度和返还过程中的成本。PE/VC 基金存续期间的临时核算机制在人民币基金中还比较少见。不仅如此,就境外美元基金而言,尽管《ILPA 美国模式范本》对其进行了约定,[1] 从市场实践来看,临时返还机制也并非大多数基金的选择。[2]

就绩效分成返还义务而言,从 PE/VC 基金层面直接取得绩效分成分配的普通合伙人或者特殊有限合伙人(SLP)通常在取得绩效分成后会尽快向其成员(尤其是团队成员个人)支付,团队成员的稳定性及其履行返还义务的能力将实际影响 GP 履行返还义务的能力。因此,除前述临时核算外,投资人通常希望在 PE/VC 基金层面设立一定机制以增加 GP 履行绩效分成返还义务的能力,如设立监管账户将一定比例的绩效分成留存于基金。《ILPA 范本》就建议将绩效分成分配额的 30% 划入监管账户,但或许是考虑到在欧洲模式 Waterfall 下,投资人的利益已经能够得到充分保护,GP 绩效分成返还发生的可能性相对会小很多,《ILPA 欧洲模式范本》中,该机制只是作为一种可选机制供投资人参考。[3] 而 GP 则通常希望该等机制能由其在普通合伙人或 SLP 上自行设立以保证灵活性。更多 GP 相关内容请见本书第三章。

三、管理费、费用收入、基金费用

(一)管理费

管理费是基金管理人向 PE/VC 基金提供投资管理和其他服务而收取的对价,由 PE/VC 基金支付给基金管理人,通常计入基金营运费用的一部分。境外美元基金和境内人民币基金常见的管理费费率均为 1.5% ~2%/年,[4] 在投资期内,通常以投资人的认缴规模作为基数计算其各自承担的管理费,而在投资期结束后,通常基数会降低,如降低到未退出项目的

---

[1] 参见《ILPA 美国模式范本》第 14.7.2 条。

[2] MJ Hudson 2019 显示,仅有 1/3 的受访基金设置了临时返还机制,即使是采纳了美国分配模式的受访基金中也仅 53% 设置了该机制,参见 MJ Hudson: Private Equity Fund Terms Research,5th Edition Part 1。

[3] 参见《ILPA 美国模式范本》第 14.7.3 条和《ILPA 欧洲模式范本》第 14.7.2 条。

[4] 据资产管理咨询机构 MJ Hudson 的调研,2% 仍是最常见的年度管理费费率,费率超过 2% 的通常为 VC 基金。投资期的年度管理费费率区间为 1.0% ~2.5%,算数平均值为 1.95%。MJ Hudson 也指出,在境外成熟市场,PE/VC 基金管理费费率呈上升趋势。2019 年约 21% 的基金管理费费率超过 2%,最高费率甚至达到 3.5%。参见 MJ Hudson: Private Equity Fund Terms Research,5th Edition Part 1 以及"Proportion of GPs charging more than 2% management fee doubled", Private Equity International, https://www.privateequityinternational.com/proportion-gps-charging-2-management-fee-doubles,2020 年 12 月 31 日最后访问。

投资成本，有时除基数降低外，管理费年费率也会有相应降低。[1] 对于存续期的延长期是否继续收取管理费或者管理费是否进一步降低，业界尚未形成惯例，人民币基金的投资人往往比较强势因而迫使GP接受存续期限的延长期免收管理费，但此种做法恐怕给予GP仓促退出投资项目的反向激励，未必真正能保护投资人的利益。管理费以按季度或半年度预付为主流，也有按年度预付的安排，通常从首次交割日开始收取。如本节第一部分第（三）点所述，后续投资人通常应补缴从首次交割日开始计算的管理费并支付相应利息。

因PE/VC基金规模、底层资产及投资策略等的不同，不同PE/VC基金的管理费费率、收费模式等可能存在较大差异，如母基金的管理费费率通常为0.5%～1%/年，规模巨大的产业基金可能收取的管理费费率也较低，而规模较小的VC基金则可能在投资期后并不降低计费基数，或者虽降低基数但同时约定最低管理费金额以保障基金管理人能够有足够的资金维持VC基金的运营。此外，由于认缴规模、认缴时间、投资人是否具有战略合作意义等原因，同一基金也可能对其中部分投资人（通常是基石投资人或者认缴规模较大的投资人）给予管理费方面的优惠待遇。[2]

由于投资人用于承担PE/VC基金管理费的出资通常被计入其实缴资本并降低其认缴出资余额，即通常所说的管理费是“价内”而非额外的费用，在分配中该部分实缴资本和其他实缴资本一样通常会体现在Waterfall分配的第一步分配中。但在某些特定情况下，如针对单一项目的联合投资基金，投资人按照确定的项目成本缴纳其实缴资本，则管理费和其他基金费用则可在该等金额之外另计，以便计算投资人间接持有的投资项目比例。

管理费通常会用于支付基金管理人（包括团队）自身的费用和开支，尤其是首只基金的情况，这与绩效分成主要是用于对发起人和团队进行激励的情况有着显著区别。但对于管理资产规模较大、历史较长的GP，管理费收入可能有较大规模的沉淀，对于一些投资管理能力低下的GP而言，其管理的PE/VC基金可能较难产生绩效分成则GP的主要收入源于管理费收入，此类基金在境外市场上被称为Zombie Funds（僵尸基金），对于管理费费率的高低、管理费用途等的探讨一直是境外和境内PE/VC基金市场的共同热点，也是GP和投资人博弈的关键之一。

（二）抵减管理费

在境外美元基金和境内人民币基金的市场惯例中，一些约定俗成的费用、开支和收入是

---

〔1〕 MJ Hudson 2019显示，仅降低管理费的计算基数而不降低费率仍是目前市场的主流做法，占受访基金的61%。参见MJ Hudson：Private Equity Fund Terms Research，5th Edition Part 1和Part 2。

〔2〕 MJ Hudson 2019显示，管理费优惠待遇通常基于投资人的认缴规模（占63.6%），其次是认缴时间（占27.3%）。参见MJ Hudson：Private Equity Fund Terms Research，5th Edition Part 1。此外，统计显示，基于认缴时间的管理费优惠待遇通常仅适用于投资期内的管理费支付。参见“Top funds feel the pressure on management fees”，Private Equity International，https://www.privateequityinternational.com/top-funds-feel-the-pressure-on-management-fees/?utm_source=sailthru&utm_medium=email&utm_ca%e2%80%a6，2020年12月31日最后访问。

可以分摊给投资人从而抵减投资人应缴付的管理费的。主要包括以下项目。

- 费用收入(fee income)

费用收入,是指GP从被投资公司或因投资项目取得的特定收入,常见的如董事费、交易费、监控费、咨询费、解约费等。费用收入与PE/VC基金的投资相关或因投资而产生,但是并未作为基金收入,因此投资人主张该类收入应当由所有投资人共享,但是允许从费用收入中扣除GP为取得该等收入发生的成本。费用收入由投资人享有的模式包括以费用收入抵减管理费和费用收入作为基金收入而分配给投资人两大类型。《ILPA范本》采取的做法为,费用收入先抵减管理费并在基金终止后将未能抵减的费用收入向投资人进行分配。[1]

早年间境外美元基金曾按照各类费用收入的性质和产生的原因,约定不同类型的费用收入以不同的比例抵减管理费或者归为基金的其他收入,但目前的趋势则是越来越多的投资人要求费用收入在扣除GP相关成本后100%用于抵减管理费或归为基金收入。人民币基金市场上因为投资人的谈判能力较强,费用收入全额用于抵减管理费的做法已非常常见。

此外,对于特殊类型的GP,其费用收入条款的安排可能还有特别事项需要提前考量并与投资人达成一致。例如,如果GP是大型投行或者综合性金融集团的下属机构,则通常需要高度关注费用收入的除外条款,例如,虽然投行或者金融集团下属的金融机构或服务机构在股权关系上与GP构成关联方,但通常费用收入不应当包含该等关联方作为独立机构向PE/VC基金(及其被投资公司)提供的属于该等关联方日常业务的服务而产生的收入(如证券公司的承销费)。

- 超额筹建费用

更多筹建费用及其上限相关内容请见本部分第(三)点的相关内容。通常,基金合同中如果对于筹建费用约定了限额,则往往同时约定超过限额的筹建费用仍可由PE/VC基金先行承担,但应在随后的管理费中相应抵减,以实际达到超限的筹建费用由基金管理人承担的结果。

- 募集代理费

募集代理费是因GP雇佣募集代理机构(placement agent)提供协助募集基金、推介投资人、协助投资人认购程序等而应支付给募集代理机构的服务费用。募集代理费因GP聘请募集代理招募投资人而产生,与PE/VC基金的投资运营并不直接相关,因此通常被认为是应由GP自行承担的费用,[2]尤其是在PE/VC基金并非所有投资人均由募集代理机构协助募集来的情况下,如果募集代理费构成基金费用由全体投资人承担,则对于非通过该等募集代理渠道而认购基金权益的投资人显失公平。尽管募集代理费应是GP承担的费用,但实践中GP(尤其是募集其首只基金的GP)可能在募集完成前并无收入可支付该等费用,因此基金合

---

〔1〕 参见《ILPA范本》第8.4.1条。

〔2〕 MJ Hudson 2019显示,83.9%的受访基金约定募集代理费由基金承担。参见MJ Hudson: Private Equity Fund Terms Research, 5th Edition Part 1。

同往往约定募集代理费可由基金支付，但应抵减后续的管理费。《ILPA 范本》的作法是，将募集代理费划分为 GP 费用，但也指出该费用可由基金支付并抵减管理费。[1] 另外需要注意，募集代理代垫的某些在募集过程中发生的费用和开支，其性质可能属于基金筹建费用，则该部分不应当用于抵减管理费。

(三)基金费用

基金费用，是指应当由 PE/VC 基金承担的各类费用的统称，如果基金费用由 GP 相关实体代为垫付，则通常 PE/VC 基金会给 GP 相关实体报销。基金费用通常进一步分为以下两类。

- 筹建费用

筹建费用通常是指与基金的设立和筹建以及权益发行相关的所有成本和费用，如发行费以及法律、会计、打印、通讯、差旅和备案登记费用和支出。在人民币基金市场中，筹建费用通常设有一定上限(认缴规模的一定比例或者一个绝对金额[2])。超过上限的部分不再视为基金费用，而通常由 GP 直接承担或者通过抵减投资人的管理费的方式由 GP 最终承担。

- 基金营运费用

典型的基金营运费用是因 PE/VC 基金的经营活动而产生或与之相关的成本、费用和开支，通常主要包含以下类型。

(1)管理费；

(2)与投资项目相关的费用、成本、开支和债务，通常包括认购、交割、持有和处置被投资公司或为向被投资公司投资而设立的相关特殊目的公司的股权及其他因投资项目而产生的费用、债务、成本和开支；

(3)与投资人咨询委员会、投资决策委员会、合伙人报告和合伙人会议相关的费用和开支；

(4)服务机构的费用，如律师、审计、银行、保管、托管、咨询、估值、税务和会计费用，包括与准备 PE/VC 基金的季度及年度财务报表、税务申报等相关的费用和支出；

(5)PE/VC 基金因诉讼、仲裁或政府调查等程序而产生的费用，与基金经营活动无直接关系的营业外支出，如政府罚款等；

(6)税和其他费用等。

境外美元基金在 2008 年之后因美国证监会监管标准的提高和审查的严格，倾向于详细披露其基金费用明细和使用情况，对于一些利益冲突高发事项形成了严格的判断标准和披

[1] 参见《ILPA 范本》第 2.6.1 条。

[2] MJ Hudson 2019 显示，87% 的受访基金设置了筹建费用上限，62.9% 的受访基金上限设置在不超过认缴规模的 0.5% 的水平。《ILPA 范本》设置的上限则是既考虑认缴规模百分比又考虑绝对金额。参见 MJ Hudson：Private Equity Fund Terms Research，5th Edition Part 1 和《ILPA 范本》。考虑到 MJ Hudson 的受访基金多为境外基金且 ILPA 的参与方也多为境外基金投资人，以上筹建费用上限比例对人民币基金仅具参考价值。

露标准。例如，对于失败项目的投资相关费用，是由PE基金自行承担还是必须在PE基金和联合投资人之间分摊；又如，若团队成员的差旅同时涉及为募集后续基金[定义请见本节第五部分第(一)点]而与潜在投资人接洽和为既存基金[定义请见本节第五部分第(一)点]调研潜在投资项目，则费用应如何判断由哪只基金承担或者如何在两只基金间分摊。与境外美元基金GP、投资人和监管者强调细节把控不同，人民币基金的投资人虽然意识到GP滥用基金费用的风险，但其用以防范风险的方式往往仅限于给费用设置上限且上限比例往往不考虑各个基金的不同情况，这种简单应对方式往往让GP无所适从，甚至产生一些反向激励效果。试举几例如下。

- 基金费用或管理人的自身费用

与基金费用由PE/VC基金承担相对，GP(包括普通合伙人、基金管理人和团队实体等)应当负担与其自身日常营运相关的所有费用，其中基金管理人作为雇佣团队开展投资管理业务的常设机构，其自身的费用通常包括其人员薪酬及福利、办公场所租金及物业管理费、通讯及办公设施、水电以及其他日常营运服务的费用和开支。按照惯例，基金管理人的自身费用一般仅限于维持其适当存续而必要的费用，而若非管理相关PE/VC基金则基金管理人并不会发生的费用一般归于基金费用而由PE/VC基金承担。某些投资人可能主张由基金管理人自行承担其就潜在投资项目进行调研的成本开支，未能通过投资决策委员会决策的项目的尽调费用，但该等机制可能反向鼓励基金管理人下调其调研标准或放松项目审核标准从而避免承担额外的费用，这未必有利于投资人达到其获取投资增值收益的初衷。

- 基金营运费用上限

某些投资人担心基金营运费用占比过高进而占用PE/VC基金可用于投资的资金，因此，往往提出对基金营运费用设定上限的要求，或者对投资稍有了解的投资人会要求对基金费用中的投资项目的相关费用设定上限。然而，设置费用上限，尤其是项目费用上限，可能极大地影响GP严格把关投资质量的积极性，在项目费用可能超标的情况下，GP可能缺乏足够的驱动因素继续为PE/VC基金开发项目或者聘请优秀的中介服务机构为投资提供服务。如前文所说，PE/VC基金通过GP认缴、基金费用计入实缴资本、绩效分成及其返还等制度实现投资人和GP的利益一致性以解决潜在的利益冲突。为实现更高的IRR，GP与投资人一样，希望将更多的资金用于项目投资，并且投资人为基金费用所缴付的每一笔出资都计入其实缴资本占用其认缴出资余额并在Waterfall分配的第一步进行返还，Waterfall第一步和第二步的满足通常是GP取得绩效分成的前提，因此GP并没有动机拉高基金营运费用。另外，GP具有足够的专业能力判断费用的必要性，事先约定的费用上限无法顺应快速变化的市场环境，更有可能成为GP积极进行项目开发的掣肘。

四、基金投资

(一)投资决策委员会

投资决策委员会(investment committee)是PE/VC基金的投资决策机构，负责审议并批准投资团队提交的拟投资项目、已投资项目的退出方式等与投资相关的事项。

投资决策委员会的成员通常由GP的核心成员（通常包括关键人士）担任。PE/VC基金有多个发起人的，各发起人一般均会委派相关人士作为投资决策委员会成员，一同参与投资决策。此外，GP可能会视情况给予基石投资人或者具备战略地位的投资人以无表决权的投资决策委员会观察员席位。

投资决策委员会的表决机制因基金而异。举例而言，单一发起人的PE/VC基金的投资决策委员会表决机制一般比较简单，常见的是采取多数决机制，部分情形下可能根据地位、影响力等给予某位投资决策委员会成员（一般是创始合伙人）一票否决权。如果是多方发起人，那么投资决策委员会席位的分配、表决机制、投资决策委员会僵局等则需根据各方的控制权、募资和投资能力等具体确定，且一般会在发起人共同组建的普通合伙人或基金管理人的组织文件中进行详细约定。人民币基金实践中，部分投资人（尤其是政府引导基金、央企等非市场化投资人）往往要求在基金合同中明确约定投资决策委员会的人员组成、表决机制等。但如此一来，GP内部的一些调整（如投资决策委员会成员的变动）可能会导致需要修改基金合同。投资决策一般应属于GP自由裁量的范畴，因此，从GP角度，投资决策委员会相关的细节性规定应尽量放在GP自身的组织文件或其内部制度文件中，应投资人的要求可向投资人披露。如无特殊考虑，基金合同中对于投资决策委员会和其他投资决策相关问题应尽量避免细节规定，尽量只作原则性约定。

（二）投资目标

根据GP的背景、经验、对PE/VC基金的市场定位等的不同，不同PE/VC基金有不同的行业、策略、资产甚至地域偏好，境外美元基金一般会在募资文件中列明其重点关注的行业，而境内人民币基金因为基金业协会的《私募投资基金合同指引》要求将投资目标写入基金合同，所以可能会在基金合同中列明重点关注的行业，比如“吸金”能力较强的TMT行业、医疗健康行业、能源行业等。而专注于单一行业的PE/VC基金则会在基金合同中对其行业做比较明确的约定和限制，例如，专注于医疗行业的医疗基金、专注于零售行业的零售基金和专注于特定区域物业开发的地产基金。

（三）投资限制

投资限制指基金不能进行或受限进行的投资。以PE/VC基金为例，常见的投资限制包括以下几个。

- 单项目投资上限

出于分散风险的考虑，基金合同一般会约定单项目投资上限。人民币基金实践中，PE基金的单项目上限以基金规模的20%比较常见，但如考虑过桥投资，则可能适当放宽。相比PE基金，VC基金的单项目上限会稍低。

- 投资于二级市场股票

不过，特定情形下，PE/VC基金也可能以私募性质进行二级市场投资，比如PIPE交易，再如，PE/VC基金参与境外并购的，为便利日后的谈判，可能会先收购目标公司的部分股票。

其中,需要注意的是,PIPE 的全称是 private investment in public equity,是境外私募机构采取的一项投资策略,虽经常出现在人民币基金(尤其是外资机构发起设立的人民币基金)的基金合同中,但其在中国法律法规的语境下具体指代什么存在不同的理解,因此在人民币基金的基金合同中随意地使用 PIPE 术语可能并不严谨。实践中,对于 GP 而言,为避免与投资人对该术语的理解不一致而影响后续投资,也许可考虑结合中国资本市场情况和单个基金的具体投资范围,在基金合同中就该术语进行定义或以更为准确的其他术语代替。

• 对外提供贷款或担保

此项限制的主要原因在于,PE/VC 基金的主要投资方式是股权投资而非放贷,而境内经营放贷业务则是一项牌照业务,因此人民币基金特别强调基金不得放贷,而担保则意味着基金有负债,但向被投资公司或其关联方提供的过桥投资或担保,多系锁定或保有优质项目,通常应被允许,提供贷款或担保的行为不应当具有反复性、经常性、营业性。

• 投资于收取管理费和绩效分成的其他基金

不过,此项限制对于旨在投资其他基金的 PE/VC 母基金则显然不适用。

• 其他投资限制

例如,投资于房地产开发、进行承担无限连带责任的投资等。

此外,如 PE/VC 基金接纳政府引导基金类投资人,可能会为满足政府引导基金的要求约定更多的投资限制。更多政府引导基金相关内容请见本书第四章第一节。

(四)过桥投资

过桥投资,指 PE/VC 基金向被投资公司提供的一项临时性融资或投资,且短期内会获得返还、转化为正式投资或有其他处置。过桥投资有利于 PE/VC 基金锁定、培养或保有优质投资项目,是境外美元基金合同中的常见条款,而且境外投资人对过桥投资期限的容忍度也比较高,比如可长至 18 个月甚或 2 年。

人民币基金实践中,过桥投资多体现为过桥贷款。例如,基金已和被投资公司签署投资意向书(term sheet)但尚未达成最终投资协议,而此时被投资公司现金流紧张或急需资金拓展经营,则可能需基金提供一笔过桥贷款以缓解被投资公司的燃眉之急。不过,人民币基金投资人对过桥投资往往有较大的顾虑,而且对过桥投资返还的成本可被循环投资的机制也比较排斥,相较于境外美元基金,允许的过桥期限较短,如 6 个月,而且还会在金额等多方面进行限制,甚至强势的人民币基金投资人直接禁止基金进行过桥投资。但是,过桥投资对于 PE/VC 基金是非常必要的辅助投资手段,投资人不允许基金进行过桥投资,恐怕会在相当大的程度上影响 PE/VC 基金参与优质项目的能力,最终影响 PE/VC 基金的收益。从监管规则的角度来看,《2019 版基金备案须知》对基金从事对外借款和担保进行了限制,但由于过桥投资的目的是为向被投资企业进行股权投资而提前向被投资企业提供临时借款,不具备"经常性、经营性"的特点,应与"经常性借贷活动"予以区分而不受到限制。《私募基金监管规定》则要求,借款、担保均须以股权投资为目的,须向基金的被投企业作出,且期限在 1 年以内,到期日不得晚于股权投资退出日,借款或者担保余额不得超过基金实缴金额的 20%。因此,人民币基金在拟定其过桥投资条款时,还需要充分地考虑这些监管规则要素。

(五)追加投资

追加投资指 PE/VC 基金对既存投资项目的进一步投资,目的主要在于保护或进一步提升被投资公司的价值,或者防止权益因被投资公司的后续融资而被稀释。追加投资的对象一般是被投资公司本身,也可能是与被投资公司的业务相关联或互为补充的企业。

追加投资一般发生在投资期后期或者退出期,对于投资人而言,考虑到追加投资发生的时间点,出于项目及时退出的考虑,以及为防止 GP 借追加投资的名义而变相进行一项新的投资,可能会在时间、金额等方面限制追加投资。例如,《ILPA 范本》即要求,除非取得投资人咨询委员会的同意,追加投资需得在投资期终止后的一定时间(如投资期终止后的 18 个月内)内作出,且总金额不得超过认缴出资总额的一定比例。[1] 但从 GP 的角度,人民币基金实践中,基金之所以选择追加投资可能是因为行使其在被投资公司中的反稀释权,也可能是因为确实对项目前景比较看好,否则 GP 出于分散风险的考虑也不会有太大的动力进行追加投资。

(六)举债

境外美元基金举债是惯常条款,从早期为了弥补违约、豁免或排除导致的资金缺口或者提款赶不上某些交割时限较短的投资项目的时间表而需要的过桥融资,到现在较多 PE/VC 基金将借贷而来的成本较低的资金代替对投资人的提款并以此扩大投资本金且提高 IRR。境外市场中,投资人广泛接受前者,但对后者仍有不少投资人持保留态度,要求对借贷的金额、期限等加以限制。2017 年 6 月,ILPA 就 PE/VC 基金利用短期融资缩短 PE/VC 基金提款与项目交割之间的时间对有限合伙人的风险和潜在影响发布指导意见,并在指导意见中建议基金合同针对短期融资的使用约定更广泛、明确的信息披露。[2] 《ILPA 范本》也要求基金除因无法及时提款而进行的 6 个月以内的短期融资外,不得举债,且任何举债不应超过认缴出资总额的 15% 或认缴出资余额总额中的较低者。[3]

人民币基金则对基金举债采取了更保守的态度,一方面投资人因为不够成熟而难以深刻理解基金举债的利弊,另一方面境内商业银行并无现成的给予 PE/VC 基金的信贷融通(credit facility)和并购贷款,两方面因素综合,境内人民币基金往往并不举债,或者只能从其他机构取得一些小额短期融资。此种情况下,投资人尤其是国有资本或者政府引导基金如果强势要求基金不得举债,则 GP 可能顺水推舟予以同意以换取其他条款上投资人的让步。

尽管负债过多可能带来较高风险,但 PE/VC 基金通过短期过桥贷款弥补资金缺口的需要,以及通过低利率的贷款扩大投资本金,并非仅仅会带来高风险,前者在有投资人尤其是出资占比较大的投资人突然违约的情况下可能是避免 PE/VC 基金对下游投资违约的必要措施,而适

---

[1] 参见《ILPA 范本》第 7.1.4.5 条。

[2] 详见 https://ilpa.org/subscription-line-of-credit,2020 年 12 月 31 日最后访问。

[3] 参见《ILPA 范本》第 7.2 条。

当使用后者类型的贷款增加投资本金也可以降低对投资人的资金占用并降低投资成本。人民币基金某些投资人完全排斥 PE/VC 基金举债的行为可能也是因噎废食,而理性投资人往往是以设置债务上限和债务期限等形式加以约束,以便在享有借贷便利的同时降低举债给 PE/VC 基金带来的风险。

(七)临时投资

临时投资指 GP 将未用于支付投资成本和费用或者尚未及分配的闲置资金用于无风险或低风险的现金管理或类似投资,包括存放银行、购买国债等固定收益类投资产品或其他无风险或低风险的投资。在按比例提款或者一次性提款机制下,基金账户中可能存在较多闲置未使用资金,GP 进行现金管理的能力比在按需提款机制下可能更显重要。此外,鉴于目前人民币基金的自律监管规则,在完成备案之前,PE/VC 基金也仅得以进行临时投资。[1]

(八)投资载体:替代投资工具、平行投资载体、联接实体和联合投资载体

PE/VC 基金可能会为便利募资、投资等目的设立相关投资载体,相关投资载体的具体约定也需体现在基金合同之中。更多相关投资载体的内容请见本书第二章第一节。

五、利益冲突及关联交易

不仅投资人历来重点关注利益冲突及关联交易事项,监管机构(包括自律监管机构)也逐渐将之作为监管要点。就利益冲突和关联交易事项,GP 起草基金合同相关条款时除需考虑 PE/VC 基金的商业安排及投资人的诉求外,亦应根据监管规则在基金合同中明确约定事前、事中的信息披露安排以及针对关联交易的特殊决策机制及回避安排。

(一)后续基金

后续基金指 GP 在后设立的与在先设立的基金("既存基金")投资目标和投资策略实质相同的集合投资载体("后续基金")。对于既存基金的投资人而言,后续基金的设立意味着投资机会上的直接竞争以及投资管理团队时间和精力的分散,因此无论境外美元基金还是境内人民币基金,投资人均十分关注基金合同中有关后续基金设立的相关限制。通常的原则是在既存基金的投资期内,GP 不应设立在投资目标和策略上与既存基金有较多重合的其他基金,但是基金合同通常对此也设置例外情况。例如,通常约定既存基金的认缴总额的一定比例(比如 75% 或 80%[2])[3]已被提款(假设该基金是按需提款机制)的情况下,允许开始设立后续基金;另外,如果 GP 设立的是投资目标和策略与既存基金能够区分清楚且不存在实质竞争关系的新基金,或者 GP 仅仅是作为竞争基金的财务投资人的情况,一般投资人也倾向于允许。

另外,PE/VC 基金实践中,除直接限制后续基金的设立外,投资人还可能要求将后续基

---

[1] 届时允许的"临时投资"范围请参见本章第二节。

[2] MJ Hudson 2019 显示,大部分受访基金采用的比例为认缴总额的 70% ~75%,最低为 50%,最高可达 80%。参见 MJ Hudson: Private Equity Fund Terms Research, 5th Edition Part 2。

[3] 《2019 版基金备案须知》在设置后续基金的条件方面,即参考了市场惯例。具体请参见本章第二节。

金的设立与管理费相挂钩,要求后续基金设立后即使既存基金投资期尚未结束但也开始按照退出期的基数和费率计算管理费。

(二)关联基金投资机会分配

资产管理规模较大、业绩较好的GP可能同时管理运营多只关联基金,包括既存基金、后续基金、境外基金、专项基金等,即使有后续基金设立相关条款约束与既存基金存在较强重合性的竞争性基金的设立,但在满足相关设立条件后,关联基金仍可能在投资目标方面在一定时期内存在一定的竞争性。GP原则上会在基金合同中承诺其投资管理团队应为基金提供一切适合该基金的投资机会,但在如实披露了关联基金情形且投资人是知情后仍同意认购该基金份额的前提下,GP就同时符合该基金和关联基金的投资策略和标准的投资机会如何进行分配也是投资人关注的重点之一。

一般情况下,投资人希望GP在基金合同中预先明确关联基金的投资机会分配机制,比如按照各自认缴比例或者认缴出资的余额比例分配,或者既存基金比后续基金优先等。但对于GP而言,各关联基金的规模、可投资额度、投资分散性要求等均不同,且实践中目标公司对于股东的要求也存在较大差异,有时并非法律或监管原因而导致关联基金中的某一只被目标公司接受但另一只被拒绝,因此GP在基金合同中对于投资机会分配往往需要留下一定的灵活性,至少由于第三方原因导致的关联基金无法按基金合同约定的方式分配投资机会的情形应被允许作为例外情况。

(三)联合投资额度分配

境外美元基金中,联合投资通常由GP主导如何进行分配,但由于美国证监会等境外监管机构对利益冲突事项日渐严格的监管,联合投资机会的分配和费用的承担往往联系在一起,对GP的信息披露和费用在PE/VC基金和联合投资人间的分摊及其基础做出了较严格的监管。[1][2] 人民币基金实践中,早期GP主导联合投资机会的分配,拥有较大的灵活度,

---

〔1〕 美国证监会近年对联合投资事项持续保持关注,尤其是其中涉及的利益冲突和GP信义义务。例如,GP以较低费率向部分投资人提供联合投资机会,导致其无法公平对待所有投资人以致违反信义义务;GP未能在投资人向基金投资之前即向所有投资人披露基金分配共同投资机会的方法,未能如实披露其提供至特定投资人的优先联合投资机会;在联合投资中,特定的基金不分摊联合投资费用而是由主基金承担,详见Andrew J. Bowden,"Spreading Sunshine in Private Equity",https://www.sec.gov/news/speech/2014--spch05062014ab.html;Andrew Ceresney,"Securities Enforcement Forum West 2016 Keynote Address: Private Equity Enforcement",https://www.sec.gov/news/speech/private-equity-enforcement.html;Marc Wyatt,"Private Equity: A Look Back and a Glimpse Ahead",https://www.sec.gov/news/speech/private-equity-look-back-and-glimpse-ahead.html,2020年12月31日最后访问。

〔2〕 MJ Hudson 2019显示,在某些联合投资条款的核心要点上,尚未形成较为统一的处理利益冲突的做法,仅42.9%的受访基金在基金合同中明确联合投资需与基金投资保持实质一致的条款;仅26.8%的受访基金在基金合同中要求联合投资需与基金投资同进同退;仅10.7%的受访基金在基金合同中赋予投资人对联合投资机会享有优先购买权(ROFR);仅5.4%的受访基金在基金合同中约定GP不得就联合投资金额收取管理费和绩效分成。参见MJ Hudson: Private Equity Fund Terms Research, 5th Edition Part 2。但是,在与关联方进行共同投资时,前述机制通常能够得以实现,详见本部分第(六)点。

但随着投资人逐渐了解联合投资这一优惠待遇，不断提出对联合投资机会的各种要求和限制，联合投资条款也日益复杂。人民币基金中，联合投资机会的分配主要涉及两个方面：(1)如何向关联方分配联合投资机会；及(2)如何向投资人或投资人以外的第三方人士(统称联合投资人)分配联合投资机会。第(1)点的本质是关联基金的投资机会分配问题[更多关联基金投资机会分配相关内容请见本节第五部分第(二)点]和关联方(如投资管理团队)的跟投问题(更多跟投相关内容请见本书第三章第三节)，本节不作详述，仅就第(2)点进行探讨。

人民币基金机构投资人例如保险资金，一般都会在认购时要求 GP 向其提供与人民币基金一起对投资组合进行联合投资的机会，还可能设定基金应向其提供的联合投资最低额度(比如不低于其在基金中的认缴出资)，并可能要求其联合投资份额不收取管理费和绩效分成，亦即 GP 免费向其提供投资额度。但对于 GP 而言，实践中，投资项目的具体需求和被投资公司的要求因项目而异，享有联合投资待遇的投资人的背景、在基金中的地位等也各不相同，需要给予 GP 根据实际情况合理分配联合投资额度的灵活性，这也是为何 GP 一般希望在基金合同中明确 GP 在联合投资额度分配方面的权力，而仅在附属协议中与相关投资人约定向该投资人提供联合投资机会的其他条款和条件。

在这一点上，人民币基金比境外美元基金往往具有更多的灵活性去与个别投资人达成附属协议，给予优惠待遇，境外美元基金 GP 往往受到其法域较高标准的信义义务(fiduciary duty)和公平对待投资人要求的约束，可能并不能在附属协议中单独约定给予联合投资机会的最低额、免收管理费和绩效分成等待遇，而只能在基金合同中明确约定其如何根据投资人的客观条件(如认缴出资额)分配联合投资机会以及就联合投资机会其如何收取管理费和绩效分成。

(四)GP 自行投资(principal investment)

GP 自行投资(或称个人投资)指包括普通合伙人、基金管理人、关键人士等及其各自的关联人士在相关 PE/VC 基金之外，以自己的名义投资、持有和退出被投资公司的股权、证券或其他类似权益。对于投资人而言，GP 如果一方面实际控制 PE/VC 基金的投资运营，另一方面又进行自行投资，则可能发生较为典型的利益冲突行为，投资人可能担心 GP 会损害 PE/VC 基金的利益而利己，比如侵占本该由 PE/VC 基金享有的投资机会，或者利用 PE/VC 基金进入拉高估值而自己退出等。因此，基金合同一般都会禁止 GP(通常包括普通合伙人、基金管理人及关键人士，特定情况下还会包括投资管理团队的其他主要成员)及其关联方在 PE/VC 基金之外进行个人投资。

GP 自行投资的禁止性规定通常允许一些例外情况，例如，团队成员个人在成为基金管理人的雇员之前已经持有被投资公司股权的情形，通常不会因为团队成员的入职而要求其必须处置(但其之后的退出是否会与 PE/VC 基金的退出构成利益冲突或者关联交易则要根据届时的情况判断，并适用相关的利益冲突或关联交易条款)；又如，GP 通过本基金、后续基金及其各自的替代投资载体、联合投资载体等进行的投资，这些属于 GP 的跟投，其投资和退出均与相关投资载体的投资和退出同步，一般不会发生利益冲突问题。

(五)关联方之间的直接交易

PE/VC 基金的关联方交易主要包括两大类型:就投资项目与关联方发生的交易和就基金服务与关联方发生的交易。这两类交易中,关联方构成了基金的交易对手方,将可能产生较为直接和强烈的利益冲突。

目前人民币基金市场的监管规则下,监管机构主要关注的关联交易包括,基金与基金管理人、投资人、关联基金[1]或其他重大利害关系的主体之间的交易。当前的监管规则主要落脚在要求基金合同从投资人知情权,特殊决策机制以及回避机制这几个方面对关联交易加以规范。此外,监管规则甚至采取了事前审核的主动监管模式,要求基金管理人在 PE/VC 基金备案之际提交关联交易底层资产估值公允的材料、关联交易风险控制机制和不损害投资者合法权益的承诺函,以实现对交易公允性和基金投资人利益优先的要求。基金业协会在就《2019 版基金备案须知》进行的有关问答解释中也提到,对于后续运营过程中出现的关联交易,监管机构会要求基金管理人履行报告义务,这意味着,除了前期备案阶段的审查以外,基金业协会也可能会尝试在未来的监管实践中要求管理人履行额外的关联交易报告义务。就“关联交易”更为详细的监管规则介绍,请参见本书第五章第二节。

在 PE/VC 基金与关联方进行共同投资的情形下,关联方虽未作为基金的交易对手方,但仍有可能产生利益冲突,对这类交易我们将在本部分第(六)点“与关联方共同投资”的内容中详细论述。

- 就投资项目的关联方交易

PE/VC 基金如果从关联方(包括但不限于基金管理人、投资人、关联基金和其他有重大利害关系的关联方)直接购买投资项目或者向关联方出售投资项目,均构成直接的关联交易,且有较大可能该等买卖并非如同与独立第三方之间交易那样做到公平合理。因此,虽然原本 PE/VC 基金通过买卖投资项目(trade sale)实现投资或退出是 GP 有权决定的投资相关事项,无须经过投资人审议,但在关联方直接交易投资项目的情形下,通常此类交易需要征询投资人咨询委员会的意见,在人民币基金中甚至需要由投资人投票决定或者应某些强势的基石投资人的要求需要取得该投资人的同意,但需要排除利害关系相关方的表决权。在某些基金合同中,PE/VC 基金与其关联方之间的某些关联交易可能因其利益冲突并不显著,从而被豁免征询投资人咨询委员会的意见或者投资人投票,比如,交易中有独立第三方(如领投方)定价的情形,或在首次交割前,关联方为基金之利益先行认购优质投资项目。

- 就基金服务的关联方交易

如果 GP 是金融集团或投行的下属机构,PE/VC 基金投资运营过程中,以 GP 关联方提供投资、融资、募集、估值核算、托管、合规等中后台服务的情况并不少见。境内人民币基金此类情形也较为普遍,例如,券商背景的 GP,GP 的关联方可能向基金或被投资公司提供股票

---

[1] 在《2019 版基金备案须知》中,关联基金的范围除基金管理人管理的其他 PE/VC 基金外,还包括与基金管理人在同一实际控制人下的其他管理人管理的 PE/VC 基金。

销售交易或行业研究等服务。通常此类关联方提供的服务可能在价格或者其他条款条件上有一定优惠,因此理性的投资人一般不会要求完全禁止此类关联方提供服务的情形。但是投资人往往要求对其发生的价格、条件等做出一些限制性约定,以保障 PE/VC 基金能获得公允的价格和符合标准的服务,并且要求对于提供服务的关联方及服务相关信息对投资人详细披露,对超出范围的服务则要求投资人咨询委员会审议。

在人民币基金目前的监管规则下,GP 可能需要考虑,就这类豁免特殊表决机制的关联交易做到明确、清晰和完整的披露,包括但不限于披露其交易范围、交易背景以及定价机制,并且明确投资人签署基金合同即被视为对该等关联交易条款和条件的认可和同意。

(六)与关联方共同投资

如任一项投资机会同时符合 GP 管理的多只关联基金的投资策略的,则 GP 可按照一定的原则在关联基金之间进行投资机会的分配,由关联基金共同投资于被投资公司,另外,有些 GP,尤其是在设立实体较为便利的境外法域的美元基金 GP,惯常的跟投模式是在 PE/VC 基金之外设立跟投实体,此时就投资项目,基金与跟投实体共同投资。以上情形都是较为常见的关联方共同投资情形,这与本部分前述第(二)点“关联基金投资机会分配”和第(三)点“联合投资”内容有所重合。除投资额度的分配问题外,出于限制利益冲突的考虑,人民币基金实践中,可能从以下方面规制关联方的共同投资:(1)要求基金和关联方之间按照实质相同的条款和条件进行投资,但通常允许单纯因投资额度大小而造成的差异;(2)基金和关联方之间需要按投资比例分担投资相关费用;以及(3)要求基金和关联方在实质相同的时间以同等比例并按照实质相同的条款和条件退出。

(七)投资人咨询委员会

投资人咨询委员会又称顾问委员会,是由 GP 按照一定标准选取部分投资人,由该等投资人各自委派人员作为投资人咨询委员会成员予以组成。在较为复杂的 PE/VC 基金架构下,如采用主基金—联接基金架构或者平行基金架构时,投资人咨询委员会一般是将几只基金视为一体而由相关投资人联合组建。

PE/VC 基金实践中,GP 在投资人之间分配投资人咨询委员会席位,除了将认缴出资高低作为重要参考因素外,还会考虑一些类型投资人的战略地位、背景和经验等,比如人民币基金中,政府引导基金即使出资额较小一般也能取得投资人咨询委员会席位、投资人入伙的时间(一般入伙越早的投资人获得投资人咨询委员会席位的可能性越大)等。

境外美元基金的投资人咨询委员会多明确是咨询性质,所做决议多限于利益冲突事项,而且明确约定投资人咨询委员会成员不对 PE/VC 基金及其投资人负有信义义务(fiduciary duty)。而境内人民币基金中,投资人咨询委员会的作用多被取得委派成员资格的投资人加以强化,例如,除了利益冲突事项外,投资人咨询委员会还对投资限制豁免、估值、存续期限和投资期的延长等多种事项做出决议,并且因为中国法对于信义义务标准与公平、诚信等义务标准没有严格差异。并且与境外基金投资人为避免投资人咨询委员会成员对基金承担信义义务而强调投资人咨询委员会决议仅具咨询性不同,人民币基金中获得投资人咨询委员会席位的投资人特别强调投资人咨询委员会的决议对PE/VC基金和GP的强制性。人民币基金实践中,不乏投资人尤其是政府背景的投资人将投资相关的职权赋予投资人咨询委员会,极大地限制了GP投资管理PE/VC基金的自主性,这可能属于对投资人咨询委员会制度的误解和滥用。

投资人咨询委员会成员的人数因基金而异,主要取决于PE/VC基金规模及投资人的人数。投资人咨询委员会原本的意义是通过汇集少量出资较多、地位较高的投资人而向PE/VC基金提供咨询意见,因为该类投资人对基金事务也比较关注或者经验比较丰富。不过,实践中,人民币基金投资人一般地位强势且可能盲目攀比要求投资人咨询委员会席位,如果GP为募资需要均予同意,则可能导致绝大多数投资人都拥有投资人咨询委员会席位的情况,此时投资人咨询委员会的职能和投资人会议可能没有实质区别。

(八)免责及补偿条款

免责补偿条款是境外PE/VC基金的典型必备条款,其目的在于保护GP、GP的高管、雇员及其代理人等(受偿人士)免于遭受其在职责范围内为PE/VC基金的利益而采取的行为所导致的不利后果,后来随着PE/VC基金在境外市场的发展以及投资人通过投资人咨询委员会参与PE/VC基金事务的情况日益增多,投资人咨询委员会成员也被纳入免责补偿条款的保护范围。境外的免责补偿条款一般对受偿人士提供以下保护。

- 免责

受偿人士对于其因善意行为、疏忽、判断失误或其合理认为符合PE/VC基金利益并在其职权范围内的行为,对PE/VC基金或任何合伙人均不承担责任。

- 补偿

PE/VC基金应在“法律允许的最大范围内”,补偿受偿人士因参与PE/VC基金事务、投资或其他活动或因为PE/VC基金协议而遭受或可能遭受的任何索赔、责任或开支,其中通常包括了受偿人士为相关诉讼等辩护或和解而支付的律师费、和解费用及其他相关费用。

- 相关费用的预支

在受偿人士遭受法律调查、被起诉或被威胁诉讼时,受偿人士可以要求PE/VC基金支付其为聘请律师、应对诉讼或调查将产生的相关费用。如果经诉讼或法律调查最终确定受偿人士的行为不符合获得“补偿”的条件,则受偿人士应向PE/VC基金返还上述预付的费用。

此外,因为境外PE/VC基金的提款模式是在PE/VC基金有需要时方提款,而分配模式通常是在PE/VC基金取得可分配收入后尽早分配给投资人,PE/VC基金在面临补偿和费用预支义务时通常并无足够的资金履行这两项义务,所以在免责补偿条款中衍生出的免责补偿义务属于基金费用,因此PE/VC基金可以向投资人提款以履行此类义务,并且在PE/VC基金后期已没有足额的认缴出资余额可供提款时,PE/VC基金还可以向投资人要求返还其已取得的分配金额。由于PE/VC基金可能在解散清算后仍发生补偿义务,免责补偿一般及于基金解散以后,届时仍保留向投资人要求返还分配金额的权利。以上免责补偿条款在PE/

VC 基金早期实践中是倾向于 GP 的，但对于投资人则可能导致较长时间内其投资所得都处于不确定的状态，并且境外法域往往对实业公司的高管、董事等实行某些侵权法下的严格责任且涉诉金额巨大费用也往往较高，从而导致 PE/VC 基金的补偿义务金额巨大需要投资人返还很大比例的分配，引起投资人的不满。经过多年的博弈，境外美元基金的投资人往往能争取到将分配返还金额设定上限（如累计分配的 30%）和返还期限设定限制（如基金解散后 3 年）等条件，并且为此义务确立了穷尽其他补偿来源、不补偿受偿人士故意和重大疏忽导致的责任等原则。《ILPA 范本》即采取了金额和时间限制的作法，约定分配总额的 30% 和认缴出资额的 25% 中二者孰低，时间条件为分配作出后的两年之内和基金期限终止后的两年之内二者孰早，[1] 然而，这种作法并非境外 PE/VC 基金的市场主流。

与境外投资人普遍接受免责补偿条款只是寻求对其分配返还义务的限制不同，境内人民币基金投资人对免责补偿条款（尤其是投资人分配返还义务条款）的接受度较低，究其原因，可能是人民币基金的发展历史不长，基金实践中尚未出现过大规模的免责及补偿先例，而且对于实业企业董事、高管的严格责任在实践中追究得也不多。

尽管如此，随着人民币基金投资的增多、退出压力的增加、致力于收购控股股权的并购基金的不断发展以及经济下行压力下商业纠纷的增多，人民币基金的 GP 应对免责补偿条款予以足够的重视，在中国境内监管体系趋严的大环境下，GP 及其团队成员的风险可能贯穿基金募资、投资、退出的各个阶段，风险可能来自投资人，可能来自被投资公司，也可能来自基金的交易对手方。即便因为投资人的排斥无法通过该条款为 GP 提供如同境外美元基金的周全保护，也可考虑至少在基金合同中保留该条款的主要原则，以便在需要该条款保护时不至于“裸奔”。

（九）估值

PE/VC 基金因其主要投资于未上市股权，其估值一直是个缺乏简单统一标准的难题。[2] PE/VC 基金通常每年会有一次 GP 主导的估值，该估值主要用于年度审计的目的。另外，在估值时记为永久减值（或核销）的项目，将影响 PE/VC 基金的分配（如果采用美国模式的分配）和退出期管理费。而估值更为实质的影响则体现在非现金分配（包括以非现金分

---

〔1〕 参见《ILPA 范本》第 16.3.2 条。然而，MJ Hudson 2019 显示，认缴出资额的 25% 是为大多数基金所采纳的金额限制条件，且 ILPA 推荐的以分配/期限终止后两年作为时间限制的做法并非市场主流。参见《ILPA 范本》和 MJ Hudson：Private Equity Fund Terms Research，5th Edition Part 1。

〔2〕 虽然基金业协会参考《国际私募股权和风险投资基金估值指引》（International Private Equity and Venture Capital Valuation Guidelines）制定了《私募股权投资估值指引》，对包括非上市股权投资的估值制定了统一的参考标准，但《私募股权投资估值指引》自 2018 年 7 月实施以来似乎并未受到市场的足够重视，多数 PE/VC 基金管理人的估值实践和《私募股权投资估值指引》的要求存在明显差距，不乏 PE/VC 基金管理人简单粗暴地采用历史成本进行估值（当然此举也可能是基于税务负担的考虑），实践中，PE/VC 基金托管人也常以缺乏统一估值标准和技术为由不实际履行自律监管要求的托管人复核义务，PE/VC 基金估值体系的完善在可能相当长的一段时间内仍依赖于行业监管的引导、估值技术人才和相关私募基金服务机构的发展。详见普华永道中国：《欲知方圆，必以规矩——〈私募投资基金非上市股权投资估值指引〉导引解读》，载搜狐网，http://www.sohu.com/a/238933915_170401，2020 年 12 月 31 日最后访问。

配方式让相关投资人退伙)中。

非现金分配时的估值直接关系到投资人能取得多少分配和 GP 能否收取以及收取多少绩效分成,因此投资人可能会要求非现金分配涉及资产的估值应聘请经投资人咨询委员会同意的第三方估值机构进行,或者要求 GP 自行进行的估值需要取得投资人咨询委员会的同意,否则应聘请符合一定资质和标准的估值机构进行估值。

六、投资人的救济措施

(一)普通合伙人终止事件

无论是在境外美元基金还是在境内人民币基金中,普通合伙人终止事件条款均是基金合同中最具影响力的投资人救济措施。普通合伙人终止事件条款给予投资人终止 GP 继续主导和管理 PE/VC 基金事务的机会,PE/VC 基金的实际控制将转移至根据基金合同约定产生的替任普通合伙人,或者 PE/VC 基金将因此直接进入解散清算程序。

根据触发原因,普通合伙人终止事件可以大致分为"过错终止"和"无过错终止"两种类型。由于普通合伙人终止事件可能从根本上改变相关 PE/VC 基金的投资管理主体甚至终结 PE/VC 基金的运营,因此无论基于哪种模式,其适用都应当受到严格的限制,以平衡 GP 与投资人之间的利益并调和不同投资人的利益和需求。需要指出的是,大部分大型基金(mega-fund,多指规模超过 50 亿美元的基金)均不会设置无过错终止机制。[1]

- 过错终止

普通合伙人的过错终止,指因为 GP 存在基金合同或适用法律规定的不当行为而按照基金合同约定的条件和方式被终止继续担任普通合伙人。通常,基金合同除了约定 GP 不当行为的性质、类型和严重程度外,还会约定不当行为应经争议解决机构的最终裁决确认且应已实际给 PE/VC 基金造成重大损失,有些基金合同还约定即使已有相关最终裁决确定了不当行为仍需要持有较高比例(如 2/3 或 75%)基金权益的投资人投票同意方能终止普通合伙人。

- 无过错终止

在"无过错终止"的模式下,经持有特定比例基金权益的投资人同意即可终止普通合伙人继续担任普通合伙人。但是,与过错终止不同,无过错终止通常会附带在时间、表决比例方面的限制,并附加对 GP 的补偿机制。首先,无过错终止通常仅限于在投资期内,某些小型或新兴 GP 或可能允许在基金运营的第一或第二年后主张。这主要是考虑到,GP 为 PE/VC 基金投资了所有项目而坐等退出分成时,如果无过错终止的权利过大,可能增加投资人背信启用该条款的道德风险。其次,无过错终止通常需要的投资人比例较高,往往高达 85% ~ 90%,甚至需要全体投资人同意。此外,往往在后述继续享有此前已产生的绩效分成外,投

〔1〕 MJ Hudson 2019 显示,62.9%的受访基金设置了"无过错终止"条款。85%欧洲发起人管理的受访基金设置了"无过错终止"模式,而在美国发起人管理的受访基金中,这一比例仅为 22%。参见 MJ Hudson: Private Equity Fund Terms Research,5th Edition Part 3。

资人还应该对被终止的 GP(包括普通合伙人、基金管理人、团队实体等)提供一定的额外补偿(如额外支付 2 年管理费等)。这种补偿安排对小型或新兴 GP 更为常见,[1] 如《ILPA 范本》约定"无过错终止"下,小型或新兴 GP 的补偿可达 6 ~ 18 个月的管理费。[2]

普通合伙人终止事件发生后,通常基金管理人也一并被解任,多数基金合同会约定投资人推举替任普通合伙人的程序,但一定期限(该期限往往涉及相关法域的法定期限)内未产生替任的,PE/VC 基金即应解散,也有基金合同直接约定一旦发生该事件,则 PE/VC 基金进入解散清算程序。在境外美元基金中,被终止的普通合伙人往往以其已经实缴的出资为限自动变更为有限合伙人,而境内人民币基金,则应投资人的要求而使被终止的普通合伙人退伙,或者被终止的普通合伙人可选择成为有限合伙人或者退伙。通常基金合同会约定普通合伙人终止事件不影响原 GP 继续就其被终止前 PE/VC 基金已作出的项目取得分配和绩效分成,[3] 但人民币基金投资人可能对此提出异议,并将 GP 过错行为造成 PE/VC 基金损失的赔偿责任与其继续获得既存项目的投资分配和绩效分成这两个事项联系起来。在这一点上,《ILPA 范本》区分了过错终止和无过错终止的处理方式。在过错终止情形下,GP 将不再有权继续收取绩效分成;在无过错终止情形下,GP 仍有权收取被终止前基金已作出的投资项目一定比例的绩效分成,但不再有权收取被终止后基金作出的投资项目的绩效分成。[4]

(二)无过错终止存续期限

无过错终止存续期限条款,指经持有特定比例合伙权益的投资人同意,可以终止 PE/VC 基金的存续期限使 PE/VC 基金进入解散清算。一旦触发该条款,则 PE/VC 基金应当终止投资并有序清算其既存投资项目以尽快完成解散清算。与 GP 的"无过错终止"类似,该条款通常需要适用较高的表决比例(如 2/3 或以上),以维持 PE/VC 基金投资和运营的稳定性。并且境外美元基金市场中,无过错终止存续期限条款通常与普通合伙人的无过错终止条款互相替代,很少同时存在。[5]

应当注意,投资人可能缺乏足够的专业能力就存续期限终止带来的利弊进行全面客观的分析,如通常其难以客观评价届时投资项目的财务状况以及基金资产的处置方式。如果触发该条款,基金将无法根据约定的存续期限和投资策略作出新投资以实现多样化投资,也无法有效管理现有投资项目,可能最终导致基金整体利益受损。

---

[1] MJ Hudson 2019 显示,设置了"无过错终止"的受访基金中,46% 约定给予管理人 12 个月管理费作为补偿。参见 MJ Hudson: Private Equity Fund Terms Research, 5th Edition Part 3。

[2] 参见《ILPA 范本》第 10.2.3.2 条。

[3] MJ Hudson 2019 显示,在过错终止的情况下,67% 的受访基金约定被终止的 GP 可收取 GP 终止前已投资项目的 50% ~100% 的绩效分成,而 31.6% 的受访基金则完全剥夺了 GP 收取绩效分成的权利。参见 MJ Hudson: Private Equity Fund Terms Research, 5th Edition Part 3。

[4] 参见《ILPA 范本》第 10.2.3 条。

[5] MJ Hudson 2019 显示,与无过错终止 GP 相比,采纳无过错终止存续期限条款的基金更少。参见 MJ Hudson: Private Equity Fund Terms Research, 5th Edition Part 3。

(三)关键人士事件

鉴于PE/VC基金成熟投资人的投资逻辑和决定应建立在对于投资管理团队尤其是其中核心成员的投资能力基础上,通常PE/VC基金的基金合同中规定关键人士条款,以利于将核心成员与该PE/VC基金形成绑定,且在PE/VC基金的核心管理团队发生变化或者无法为PE/VC基金提供足够的服务之际,赋予投资人一系列权利,以保护其利益。

关键人士的范围通常包括在项目获取、投资决策、增值服务、投资退出等重要环节发挥关键性作用的团队核心成员。境外美元基金通常要求关键人士对PE/VC基金付出其实质全部的商业时间和精力,但实践中这一标准较难为投资人掌握和判断,往往建立在GP和关键人士的诚信基础上。境内人民币基金则往往约定较为简单,要求关键人士在GP相关机构任职,其优点是投资人易于判断是否发生了关键人士事件,但弊端则是关键人士未必需要对特定基金付出必要的时间和精力。关键人士事件的触发条件通常包括:(1)关键人士的离任,无论该等离任是主动还是被动;(2)关键人士无法继续为基金投入足够的时间和精力。根据关键人士对基金管理的重要性,一些基金合同可能将关键人士划分为两类甚至更多类,各类关键人士要求的时间、精力标准不同,且各类关键人士触发关键人士事件的条件也不同。例如,根据关键人士对基金管理的重要性,将关键人士分为A类关键人士和B类关键人士,A类关键人士中任意一位关键人士不再为基金服务即触发关键人士事件,而B类关键人士中一定比例的关键人士不再为基金服务方触发关键人士事件。

境外美元基金和境内人民币基金普遍认可,在发生关键人士事件之际,PE/VC基金应当暂时中止投资业务,在一定时间段内产生经投资人同意的替任关键人士后方可恢复投资期。[1] 在PE/VC基金无法如期产生替任关键人士的情况下,基金合同通常赋予投资人一定的投票决定权,以采取相关措施保护投资人利益,最常见的处理方式为终止投资期,PE/VC基金将只从事存续性活动。某些人民币基金或包含关键人士事件后基金提前解散的条款,然而与终止投资期不同,基金提前解散可能导致基金资产不得不在原持有计划到期前匆忙变现,反而可能进一步影响基金的投资业绩。

七、其他

(一)基金合同关于GP信义义务标准的约定

尽管对于私募股权投资基金的法律关系,无论在英美法体系还是大陆法体系,主流都认为管理人(包括GP)对于投资者承担了信义义务,并且在人民币基金中,监管者和自律监管者亦通过行业规范和自律规则弥补了上位法律法规的模糊和不足,力求将信义义务具化为具体的行为标准。但是,无论境外PE/VC基金抑或人民币基金,均常见在基金合同中赋予GP/管理人较高的权限使其得以自主决定基金事务,并对法定的信义义务进行合同细化或修

---

〔1〕 但是,管理费的收取通常并不受投资期中止的影响。MJ Hudson 2019 显示,在投资期中止期间,大部分受访基金(80.3%)约定管理费仍应当正常收取。参见 MJ Hudson: Private Equity Fund Terms Research, 5th Edition Part 3。

改的情况。

基金合同可对GP在执行该等事务中应当采取何等程度的注意标准,履行何种程度的信义义务作进一步约定。境外美元基金的基金合同通常会约定GP在基于其"自由裁量""自行判断""自主决定"决策之际,有权在不违反"善意"(good faith)和公平交易(fair dealing)的原则下,考虑其认为合适的权益和因素,而无义务考虑特定的因素。在《ILPA范本》中,GP被要求以"合理"(reasonable)、"善意"(good faith)的方式,且采取"处于类似地位的普通谨慎人在相似情况下之注意义务"(the care that an ordinarily prudent person in a like position would exercise under similar circumstances)来执行基金事务。GP在行使基金合同赋予其的自由裁量权时,应当遵照前述注意义务的标准。ILPA在2020年修订的《ILPA范本》中,更进一步明确GP在行使其自由裁量权之际不得将其利益或附属机构的利益置于基金或投资人的利益之上。[1]

境外美元基金之所以在基金合同中对GP义务做上述清晰的界定,主要意图是通过合同约定降低法定信义义务作为默示性条款对GP的适用。美元基金的主要司法管辖领域英美法系国家建立了完备的信义关系(fiduciary relationship)和信义义务(fiduciary duty)的法律和判例体系,基于GP与投资人之间构成的信义关系,GP作为受托人需要向投资人承担典型的信义义务。如本书第一章第二节介绍,信义义务是一种法律赋予的默示义务,采纳较为严格的标准,有着丰富的内涵,大量的判例和衡平法予以支持。随着信义关系理论的不断发展,大量的学者和判例也逐渐认可,在私募投资基金领域,信义关系应当作为合同的默示条款而存在,但并非所有情况下的信义义务都是法律的强制性规范,相反,多数情形下当事人可以通过明确具体的合同约定来修改或降低信义义务的标准。[2] 经过多年GP与投资人的博弈,境外美元基金逐渐形成惯例,在其基金合同中明确约定降低GP可能被法律要求承担的较高的信义义务。

当然,这种对默示义务的改变也并非可以随意作出。无论是从判例角度还是从当前市场惯常接受的标准来看,降低信义义务标准后通常GP仍旧受制于"反欺诈"规则,GP应在"善意"(good faith)的范围内履行其义务。"善意"的标准至少保证了基金合同下GP信义义务的降低不会显失公平。这些要求反映了私募投资基金市场GP和LP之间长期博弈的结果,并且蕴含了更深层次的合理性。信义义务之所得能得到宽免的原因之一是,私募投资基金市场可以提供其他机制(如强化GP与LP的利益绑定、要求GP承担无限连带责任、实施合格投资者/投资者适当性制度、要求募资前进行充分风险揭示以及保障投资人充分的知情权和谈判权利等)以有效降低GP采取机会主义行为的可能性,强制性法律规则介入私法领

〔1〕 参见ILPA 2020年发布的"Model LPA Overview WOF Version 1"对2020年《ILPA范本》修订的介绍,载ILPA网,https://ilpa.org/model-lpa/,2020年12月31日最后访问。

〔2〕 参见于娟:《美国风险投资中的契约研究——兼论对我国风险投资相关法律制度的借鉴》,吉林大学2010年博士学位论文。

域没有必要[1]且容易侵蚀正常的商业逻辑和市场的自主发展能力。但是,如果这些机制受到威胁,则当事人应当有机会依靠司法力量的介入,要求对个案的信义义务标准进行调整。

如本书第一章第二节所述,尽管当前我国的监管体系也为私募基金构建了符合信义义务内涵的一些具体规范,但我国建立完善的私募基金(尤其是合伙制、公司制私募股权投资基金)信义义务体系的基础却十分薄弱。一方面,这是因为我国缺乏系统性的信义关系理论框架,规范层级较高的法律法规并未对信义义务的标准和性质作出明确的界定,甚至需要依靠建立狭义的"信托关系"来作为信义义务的基础;另一方面,信义义务作为弹性较高的默示性条款,其适用需要法官掌握较高的司法审判技术和裁量水平,但我国不存在通过判例强化信义义务的司法土壤。

或许正是因为意识到这一点,基金业协会在其发布的《私募投资基金合同指引》中明确要求私募基金管理人承诺,"按照恪尽职守、诚实信用、谨慎勤勉的原则管理运用基金财产"。这一要求几乎可以被视为涵盖了信义义务下"忠实义务"和"注意义务"的内涵。可以说,我国的基金合同在这一点上采取了与境外美元基金截然相反的作法,即在缺乏默示性法律规则的背景下,通过自律监管组织的规范,将信义义务以合同约定的形式加以明确,从而根据合同法来保障管理人/GP履行一定标准之上的信义义务。

(二)《私募投资基金合同指引》规定的必备条款

与境外美元基金GP和投资人(该等投资人一般是境外法域符合较高标准的合规投资人)被认为处于同等地位因而拥有较多的意思自治不同,境内人民币基金因为合格投资者标准较低、个人投资人较多受到越来越严格的监管,并且监管的倾向是将投资人(即使是合格投资者)作为弱势一方对其加以倾斜保护。因此,人民币基金的基金合同除了要符合市场惯例外,还需要遵守相关监管指引(如基金业协会于2016年4月发布的《私募投资基金合同指引》[2])中的要求。

基金业协会从自律监管的角度出发在《私募投资基金合同指引》中列明了基金合同需要包含的必备条款,其中以下必备条款值得特别关注。

- 声明与承诺

基金合同首页应以加粗字体列明基金管理人和投资人的标准声明与承诺,确认和重申基金管理人的风险揭示义务和勤勉管理的责任,并要求投资人就其认购资金来源和风险承受能力进行确认。

- 一致性

基金合同应明确规定当基金合同的内容与合伙人之间的其他协议或文件内容相冲突

[1] 参见于娟:《美国风险投资中的契约研究——兼论对我国风险投资相关法律制度的借鉴》,吉林大学2010年博士学位论文。

[2] 包括《私募投资基金合同指引1号(契约型私募基金合同内容与格式指引)》、《私募投资基金合同指引2号(公司章程必备条款指引)》及《私募投资基金合同指引3号(合伙协议必备条款指引)》。

的，以基金合同为准。若基金合同有多个版本且内容相冲突的，以在基金业协会备案的版本为准。

• 基金托管

基金财产进行托管的，应在基金合同中明确托管机构的名称或明确全体合伙人在托管事宜上对执行事务合伙人的授权范围，包括但不限于挑选托管人、签署托管协议等。如果基金不进行托管，则应在基金合同中明确约定基金不进行托管，并明确保障投资基金财产安全的制度措施和纠纷解决机制。

• 基金管理人的特定义务

除基金管理人受普通合伙人委托履行基金的投资管理职责以外，基金合同还应约定基金管理人等相关义务人按照基金业协会的规定办理基金份额登记（全体合伙人）数据的备份，按照基金业协会的规定对基金信息披露信息通过基金业协会平台进行备份。

• 信息披露

基金合同应对基金的信息披露的内容、方式、频度等内容作出约定，且该等约定应当符合基金业协会制定的最低行业标准。

根据《私募投资基金合同指引》，基金合同还应当列明基金的基本信息，约定合伙人的权利义务，基金投资相关事，[1]合伙人入伙、退伙、合伙权益转让的条件、程序及相关责任，及有限合伙人和普通合伙人相互转变程序，利润分配和亏损分担，基金的税务承担，终止、解散与清算等必备条款。

（三）争议解决条款

仲裁是PE/VC基金合同中常用的争议解决方式。与商事法律关系普遍采用仲裁作为其争议解决手段的理由类似，相比诉讼，仲裁具有便捷经济、管辖确定、保密、灵活、专业、易于执行等特点，通常在基金合同中被更多选择。如果基金合同约定采用仲裁作为争议解决方式，则应当注意明确选定仲裁机构、仲裁地，并约定仲裁裁决是终局的，以避免仲裁条款无效。

（四）CRS/AML条款

境外美元基金的基金合同通常要求投资人有义务根据GP要求向GP提供关于该合伙人及/或其账户持有人的信息以协助GP履行FATCA[2]、CRS[3]等涉税信息申报义务。此外，基金合同通常约定为履行反洗钱义务，GP应有权采取其认为必要或适当的行动以遵守

---

[1] 根据《私募投资基金合同指引》，投资相关事宜的条款应当包括基金的投资范围、投资运作方式、投资限制、投资决策程序、关联方认定标准及关联方投资的回避制度，以及投资后对被投资企业的持续监控、投资风险防范、投资退出、所投资标的担保措施、举债及担保限制等。

[2] FATCA指美国的《海外账户税收合规法案》（Foreign Account Tax Compliance Act）。详见本书第六章第四节。

[3] CRS本指OECD的金融账户涉税信息自动交换标准中的统一报告标准，现已成为国家间进行涉税信息尽调和互换的体系的代名词。详见本书第六章第四节。

任何关于反洗钱或反恐怖主义的监管要求。

人民币基金涉税信息申报条款和反洗钱义务条款随着国内监管环境的日益趋严而凸显出其必要性。自《涉税信息尽调管理办法》于2017年出台以来,在基金合同中明确有关涉税信息的披露义务逐渐成为人民币基金GP采用的主流方案。基金合同通常约定,GP有权为满足《涉税信息尽调管理办法》的报告义务,要求有限合伙人提供必要的涉税信息(更多《涉税信息尽调管理办法》相关内容请见本书第六章第四节)并有权将该等涉税信息提交至有关税务机关。另外,虽然中国的《反洗钱法》目前严格来说仅适用于(持牌)金融机构,但自律监管规则中对GP的反洗钱义务作出了原则性规定,因此GP通常在基金合同和认购文件中保留了其在必要情况下采取反洗钱措施的权利。

八、ILPA基金合同范本的影响

为了便利投资人投资PE基金,降低基金条款谈判的成本、时间和复杂性,ILPA实践中不时更新并发布《标准有限合伙协议范本》供投资人和GP参考。截至2020年,ILPA发布了两份《标准有限合伙协议范本》,基于美国特拉华州法律设立的基金实体,可适用于传统的PE并购基金,一份为2019年10月首次发布的采纳欧洲分配模式的《ILPA欧洲模式范本》,一份为2020年7月首次发布的采纳美国分配模式的《ILPA美国模式范本》。具体来看,《ILPA范本》采纳了以下主要机制:

- 分配模式包含门槛收益条款和GP追补安排
- 绩效分成监管账户,绩效分成返还机制;美国分配模式下包含绩效分成返还的临时核算机制
- 投资人的分配返还义务
- 免责补偿条款
- 普通合伙人过错终止条款和无过错终止条款
- 联合投资人分摊联合投资费用
- 投资人咨询委员会及其对利益冲突事件的表决机制
- 投资人表决终止投资期
- 关键人士事件

但是,值得注意的是,受限于ILPA在《ILPA范本》制定过程中的立场,并非所有《ILPA范本》条款均与境外私募基金市场常见机制一致,而《ILPA范本》条款在人民币基金中的适用性也仍待市场检验。

本章介绍的基金合同条款包含了私募投资基金主体就私募基金募集、设立、运营和解散清算等重大环节所达成的一系列权利义务安排。随着私募基金行业发展的不断演进,它们在不同的历史发展阶段显示出了不同的特征。支撑这些条款的,是市场主体基于其商业立场和利益诉求不断进行博弈所逐渐形成的行业惯例。但是,2016年以来,监管规则和法律环境的变化也在不断影响着基金合同条款的演进,主要原因在于私募股权基金行业在不断成熟和扩大规模的同时也因监管的缺乏而出现不少负面效应,金融监管机构不得不积极探讨

如何采取有效的监管手段缓解这些负面效应。这其中十分显著的趋势就是向投资者给予倾斜性保护的措施,这些措施以各种“指引”和“示范合同”的形式被加入基金合同条款中,体现了私募基金行业早期扩张时期监管者对缔约双方不平等地位的调整和修正。但是,在逐渐成熟的募集监管制度已经能够将私募投资基金的募集对象限定在合格投资者范围内,并且能够确保投资者充分获取基金信息、了解投资风险后,再进行这种倾斜性保护的必要性似乎已经被大大减弱。不仅如此,这种倾斜性保护还可能压缩当事人契约自由的空间,甚至以难以察觉的方式改变各方之间的利益平衡。若监管制度一味地向任何一方倾斜,则可能适得其反,反而无法让市场主体充分发挥其主动性、积极性和创造性,并进而从根本上侵蚀私募基金行业健康持续发展的基础。

第六章

基金运营篇

——基金管理人不可不知的运营相关监管和合规问题

/第一节/

管理人的持续合规义务

一、管理人的重大事项变更

(一)管理人重大事项变更的范围

根据基金业协会的相关规定,私募基金管理人的重大事项变更包括:私募基金管理人名称、高管人员变更;控股股东、实际控制人、法定代表人/执行事务合伙人变更;私募基金管理人分离或者合并等。在实践中,基金业协会通过对 AMBERS 系统的设置,进一步界定"重大事项变更"所涵盖的范畴(如基金业协会于 2018 年 8 月将 AMBERS 系统内原"管理人信息更新"模块下的"关联方更新"迁移至"管理人重大变更"模块)。

(二)部分重大事项变更需提交专项法律意见书

1. 重大变更事项

已登记的私募基金管理人申请变更控股股东、变更实际控制人、变更法定代表人/执行事务合伙人(委派代表)等重大事项或基金业协会审慎认定的其他重大事项的,应提交重大事项变更专项法律意见书。

2. 重大事项变更流程

如私募基金管理人发生需提交专项法律意见书的重大事项变更,应首先完成工商变更及其他相关主管部门的备案,其后在从业人员管理平台(仅适用于法定代表人/执行事务合伙人委派代表变更)及 AMBERS 系统进行操作并提交协会核查。与管理人登记类似,基金业协会也可能就管理人的重大事项变更申请下发反馈意见,管理人需进行相应补正或甚至需取得律师事务所出具的补充法律意见书并再次提交。

3. 管理人重大事项变更的主要问题和难点

- 时间限制。含法律意见书的管理人重大事项变更,首次提交后6个月内仍未办理通过或退回补正次数超过5次,基金业协会将暂停该私募基金管理人的新增产品备案直至办理通过。

- 可能需提交全面法律意见书。为遏制"买卖壳"行为,基金业协会要求,已登记私募基金管理人如果1年内法定代表人/执行事务合伙人(委派代表)、主要出资人、实际控制人均发生变化的,应提交全面法律意见书,同时提交变更的内部程序证明材料、向投资人就该事项信息披露材料,并详细说明变更原因,基金业协会将视其为新申请登记的私募基金管理人进行核查,并重点关注其变更缘由。

- 变更控股股东、实际控制人的,需按照变更后的控股股东和实际控制人重新确定关联方的范围,并按照管理人登记的相关标准进行披露或出具承诺等(更多管理人登记的关联方相关内容请见本书第三章第二节)。同时,由于关联方范围的改变,如高管存在对外兼职的,申请机构也需重新判断该等兼职是否仍然满足"不得在非关联的私募机构兼职""不得在与私募业务相冲突业务的机构兼职"等相关自律要求,如有,则需进行清理或进行人员调整。

- 2021年1月8日后变更实际控制人的,应同时确保其名称和经营范围符合《私募基金监管规定》第3条的要求,即名称中应标明"私募基金""私募基金管理""创业投资"字样,经营范围中应标明"私募投资基金管理""私募证券投资基金管理""私募股权投资基金管理""创业投资基金管理"等体现受托管理私募基金特点的字样。

- 进行"控股股东/第一大股东变更"或"实际控制人变更"的私募基金管理人,自重大事项变更办结之日起,若无正在运作的私募基金产品,需在6个月内完成新产品备案;逾期未达到要求的,系统将注销该私募基金管理人登记。

二、从业人员管理

《基金法》规定,基金从业人员应当具备基金从业资格,并授权基金行业协会组织基金从业人员的从业考试、资质管理和业务培训。

私募基金管理人的从业人员可通过参加考试的方式取得基金从业资格。基金业协会自2015年8月开始组织基金从业资格考试,目前设置如下3门考试科目:

- 科目一《基金法律法规、职业道德与业务规范》
- 科目二《证券投资基金基础知识》
- 科目三《私募股权投资基金基础知识》

根据基金业协会于2017年6月26日发布的《关于基金从业人员资格管理实施有关事项的通知》,通过科目一+科目二,或者科目一+科目三或者通过科目一+中国证券业协会组织的《证券投资基金》或者通过中国证券业协会组织的《证券市场基础知识》+《证券投资基金》,[1]即可具备取得基金从业资格的条件,在考试通过后的4年内可由所在任职机构向基金业协会申请基金从业资格注册。

私募基金管理人的高级管理人员还可通过:(1)满足一定的从业经历和过往业绩条件向基金业协会资格认定委员会申请认定,[2]或者(2)通过科目一+满足一定从业经历/具备法律、银行等相关从业资格通过基金业协会系统申请认定[3]的方式取得基金从业资格,但前述(1)的资格取得方式,目前实践中已很少见,[4]且仅适用于PE/VC基金管理人。

同时,基金业协会已就台湾同胞在大陆申请基金从业资格作出了相关规定,并且推出了英文语种考试以满足行业发展和人才引进的需求。

目前,基金业协会通过其主办的从业人员管理平台实行对从业人员的自律管理。申请私募基金管理人的机构的高管人员应在提交申请之前在从业人员管理平台填报信息并取得基金从业资格认定(无基金从业资格的高管人员也需要如实填报),私募基金管理人在完成登记之后,还应指定1名资格管理员,为机构从业人员开立账号,进行从业资格注册(通过认证之后取得基金从业资格证书,有效期为2年),并填报相关个人信息。

已取得私募基金从业资格的人员,每年度需完成15学时的后续培训(可通过基金业协会主办的远程培训系统学习课程、参加基金业协会的面授培训班等方式),方可维持其基金从业资格。

三、管理人内控的持续合规

2016年2月,基金业协会发布《内控指引》,从私募基金管理人内部控制的目标与原则、内部环境、风险评估、控制活动、信息与沟通及内部监督等方面的制度建设进行自律管理,并列示了对私募基金管理人加强内部控制的具体要求,构成了私募基金管理人内部控制的自律监管框架。

《内控指引》要求,私募基金管理人应当依据指引并结合自身具体情况,建立并有效执行贯穿各业务活动环节的各项具体内部控制制度和措施,并对内控制度执行情况进行定期或不定期的自查,排查内部控制制度是否存在缺陷及实施中是否存在问题,并及时予以改进,确保内部控制制度的有效执行。基金业协会对执行情况进行监督;私募基金管理人应当保存内控活动等相关信息资料,保存期限自基金清算终止之日起不少于10年。

根据AMBERS系统设置要求,如私募基金管理人内控制度发生变更的,其应通过

---

[1] 根据基金业协会于2019年7月3日发布的《关于基金从业人员资格注册有关事项调整的通知》,对于中国证券业协会组织的但现已停止考试的3门考试成绩的认可期限截至2019年12月31日止,2020年1月1日后,通过该3门科目考试未进行基金从业资格注册的,向基金业协会申请基金从业资格注册需补齐近两年的后续培训30个学时,或重新参加基金从业资格考试。

[2] 参见《登记备案问答(九)》。

[3] 参见《登记备案问答(九)》。

[4] 在实际操作中,由于申请人数太多,基金业协会目前很少接受"资格认定",除非申请人由于年龄原因不适合参加考试。

AMBERS 系统“管理人信息更新”页面上传新的内控制度。

四、管理人向基金业协会的报告义务

根据《证监会 105 号文》、《登记备案办法》及《规范管理人登记公告》等相关规定，私募基金管理人应当通过 AMBERS 系统及时就管理人自身信息及其管理的已备案基金产品，向基金业协会履行信息更新及重大事项变更等报送义务（更多已备案基金产品的持续披露和报告义务相关内容请见本章第二节）。就私募基金管理人的自身信息而言，主要包括以下几点：

- 管理人每年需在 AMBERS 系统中进行至少 1 次、至多 4 次的信息更新，范围包括机构基本信息、相关制度更新及机构持牌信息等基本信息；
- 管理人发生重大事项的，应在发生之日起 10 个工作日内向基金业协会报告；
- 成立满 1 年的私募基金管理人，应在次年 4 月底之前向基金业协会提交年度审计报告。

另外，同样就私募基金管理人自身信息变化而言，根据《信息披露办法》，管理人在发生法定代表人、执行事务合伙人（委派代表）、实际控制人变更，管理人、实际控制人及高管人员涉嫌重大违法违规行为或正在接受监管部门或自律管理部门调查，以及涉及私募基金管理业务的重大诉讼、仲裁等情况时，按照基金合同的约定及时向投资者披露。

五、管理人加入基金业协会会员及相关义务

根据《基金法》《中国证券投资基金业协会会员管理办法》（以下简称《会员管理办法》）及基金业协会的相关规定，截至目前，实践中私募证券基金管理人应当加入基金业协会成为会员，对非证券类私募基金管理人则暂无此硬性要求。但从私募股权类管理人频频收到基金业协会要求加入协会的通知邮件、《私募基金条例（征求意见稿）》中加入了“私募基金管理人应当加入基金业协会”的规定等方面观察，未来各类私募基金管理人加入基金业协会可能将成为主流趋势甚至强制性要求。

- 私募基金管理人的会员类型、权利及申请

基金业协会的会员类型包括普通会员、联席会员、观察会员及特别会员。根据《会员管理办法》，私募基金管理人加入协会，应当先申请成为观察会员，自成为观察会员并满足基金业协会规定的条件后，可以申请为普通会员。入会申请由基金业协会审核并公示结果，对于未批准入会的申请机构可在 6 个月后再次提交入会申请。

根据《中国证券投资基金业协会章程》，基金业协会会员均享有参与基金业协会活动、获得相关服务、提出批评建议及监督、向有关部门反映意见，就基金业协会给予的纪律处分提出听证、陈述和申辩等权利，但私募基金管理人作为普通会员相较于初始的观察会员将享有更多权利，如按照《中国证券投资基金业协会章程》的规定享有理事和监事的被选举权。

根据《会员管理办法》及 AMBERS 系统申请入会页面的要求，满足一定条件的私募基金管理人可在线提交必要申请材料申请成为观察会员。作为观察会员满 1 年，最近 1 年在基金业协会备案的基金规模在 20 亿元人民币以上的私募基金管理人（如为 VC 基金管理人，则要求备案基金规模在人民币 3 亿元以上），且不存在违反法律法规及基金业协会自律规则的行

为,可申请成为普通会员。

- 基金业协会会员的主要义务

1. 遵守从业准则与执业规范

基金业协会会员及其从业人员需遵循相关法律法规以及《会员管理办法》所规定的自律规则和业务规范,其中,就私募基金管理人所从事的投资基金管理业务而言,《会员管理办法》明确列举了会员及其从业人员不得存在的行为,包括将自身利益置于投资者利益之上、以基金为名从事其他业务等。

2. 按时足额缴纳会费

基金业协会会员应按规定及时足额缴纳会费。根据《中国证券投资基金业协会会费收缴办法》(2018 年修订),会费分为入会费和年会费,入会费在提交入会申请时缴纳,成为协会会员后每年在收到基金业协会通知后的 30 个工作日内缴纳年会费,缴纳入会费的当年不用缴纳年会费。各类会员的入会费为 2 万元;观察会员的年会费为 2 万元;普通会员的年会费按照一定标准计算所得结果对应的档次(分为 2 万元、10 万元、20 万元、60 万元四个档次)缴纳。如同一年度内出现会员类型调整的,会员会费按孰低原则缴纳。对于符合一定条件(如经营亏损或对有突出行业贡献等)的个别会员,可申请会费减免。会费标准还可能因为基金业协会的收支情况而提高或者在当年度实行减免。

3. 会员向基金业协会报告的义务

根据《会员管理办法》,私募基金管理人在成为基金业协会会员后如发生下列情形,应当按照规定及时向基金业协会报告:变更注册地、主要经营场所及与基金业协会的联系方式;变更法定代表人、主要负责人、会员代表人;变更营业范围、注册资本及公司组织形式;公司合并、分立、破产、解散及撤销;所从事的基金相关业务发生重大变更,或是存在对投资人利益产生重大影响的情形;基金业协会要求或会员认为需要报告的其他情形。

六、向地方证监局报到及私募机构专项检查

按照目前基金业协会的要求,私募基金管理人自登记完成后的 10 个工作日内便应主动与注册地所属地方证监局取得联系,以便地方证监局开展监管工作。

针对私募行业,地方证监局目前主要开展的工作为组织私募机构自查、对私募机构开展现场检查等。2019 年,地方证监局依照证监会《关于开展 2019 年私募基金专项检查工作的通知》(证监办发〔2019〕5 号),重点针对备案登记、合格投资者、资金募集、内部风控、合规管理、利益冲突等方面进行监督核查,对辖区内的私募基金管理人以抽查的方式开展专项检查工作。[1]

---

〔1〕 例如,2019 年,四川、青岛、山西、大连、宁夏、深圳、陕西等地证监局纷纷发布公告,启动实施辖区内的私募基金风险自查及现场检查,详见《2019 年私募基金专项检查来了,7 地证监局 6 大要点》,载搜狐网,https://www.sohu.com/a/296360027_120083017,2020 年 6 月 30 日最后访问;《关于 2019 年河南辖区私募基金专项检查对象名单的公示》,载证监会网,http://www.csrc.gov.cn/pub/zjhpublicofhen/gongg_7231/201903/t20190305_351748.htm,2020 年 6 月 30 日最后访问。

该等专项检查一般根据不同私募机构和产品类型确定差异化检查重点，要求被抽中的私募机构进行自查并提交自查报告、由相关监管部门及外聘的会计师事务所等中介机构人员至私募机构办公场所进行现场检查等，并在事后公开专项检查结果。对存在违规问题的私募机构，证监会依法对其采取行政监管措施，对存在严重违规行为的私募机构进行立案稽查，除此以外，如有涉嫌违法犯罪线索的，还将另行通报地方政府或移送公安部门处理，同时将相关违法违规问题及采取的监管措施记入资本市场诚信档案。[1] 私募基金管理人需提高合规意识、持续合规经营并注意妥善保存各类相关文件资料，方可自如应对该等逐步常态化的检查。

/第二节/
私募基金的持续披露和报告义务[2]

私募基金管理人对其所管理的私募投资基金产品的信息披露义务，主要指的是私募基金管理人主动或依照法律的强制要求或者根据与特定投资者的约定，将与私募投资基金产品有关的信息向监管机构、投资者进行披露或报告，并对因虚假陈述给上述主体造成的损失承担法律责任的一种义务。由于资本市场天然存在信息不对称的问题，且中国私募投资基金在快速发展的同时也在信息披露方面存在如夸大其词、虚假陈述等不当行为，为了整顿市场乱象、保护投资者的合法权益、进一步规范私募投资基金产品的信息披露和报告义务，基金业协会通过陆续发布自律规则的方式逐步构建了适用于私募投资基金的信息披露制度。

早在 2014 年 1 月 17 日，基金业协会即已发布了《登记备案办法》，对私募投资基金管理人根据不同类别私募基金的特点、定期和不定期报送私募基金运作情况作出要求。2016 年 2 月 4 日，基金业协会进一步就有关的信息披露事宜针对性地发布了《信息披露办法》，并于 2016 年 11 月 14 日发布《信息披露指引 2 号》。2019 年 5 月 13 日，基金业协会发出首部《私募基金管理人投资者保护倡议书》(以下简称《投资者保护倡议书》)。《投资者保护倡议书》中提及，私募基金管理人应当严格按照“真实、准确、完整、及时、公平”标准履行信息披露的责任与义务。该份《投资者保护倡议书》发布后 48 小时内，近千家私募基金管理人自愿完成了签署。2019 年 11 月 11 日，基金业协会发布《私募股权、创业投资基金管理人会员信用信息报告工作规则(试行)》，将信息披露情况作为私募股权、创业投资基金管理人会员信用信息报告考察的主要维度之一，首期私募股权、创业投资基金管理人会员信用信息报告已于

---

〔1〕 参见《证监会通报 2019 年私募基金专项检查执法情况》，载中华人民共和国中央人民政府网，http://www.gov.cn/xinwen/2019-11/02/content_5447811.htm，2020 年 6 月 30 日最后访问。

〔2〕 本节相关规定主要见于基金业协会 2014 年 1 月发布的《登记备案办法》和 2019 年 12 月更新的《2019 版基金备案须知》。

2020 年 2 月 7 日正式上线。

2019 年 12 月 2 日,基金业协会发布了《关于私募基金信息披露备份系统定向披露功能上线相关事项的通知》(以下简称《定向披露功能上线通知》),且信披平台已于 2020 年 2 月 14 日正式上线对投资者的定向披露功能模块(见图 6.1),这意味着基金业协会对于基金及时向投资者定向履行信息披露义务施加更严格的监管要求。为配合定向披露功能的上线,基金业协会也于 2020 年 2 月 14 日发布了《私募基金信息披露备份系统定向披露功能常见问题解答》(以下简称《定向披露功能问题解答》),对私募基金管理人登录端、投资人登录端的相关问题进行解答。

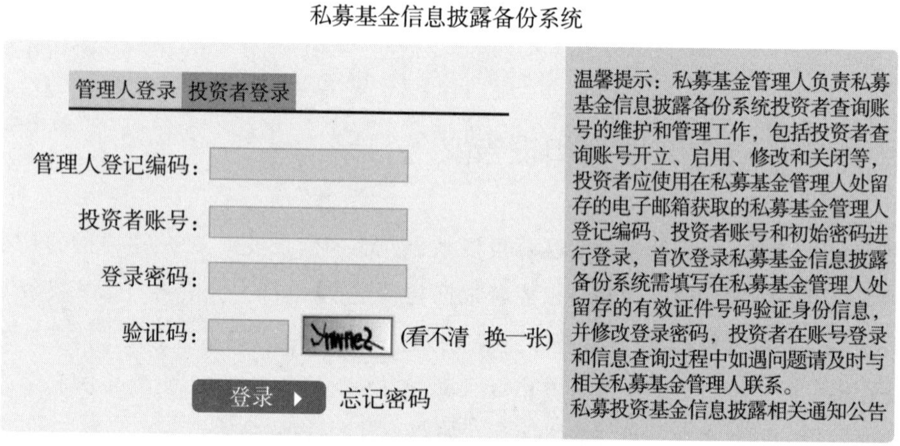

图 6.1 私募基金信息披露功能模块

除依据上述规定以及相关监管部门(包括基金业协会)不时更新或者出台的监管要求向基金业协会以及投资者履行披露和报告义务以外,私募投资基金产品募集完成后的运营过程中,还需根据基金合同以及与个别投资者签署的附属协议的特殊约定等,就特定事项向投资者履行持续的披露和报告义务。对于某些特殊的投资者如保险资金,还需要履行特殊的披露和报告义务(更多对保险资金的披露和报告义务的相关内容请见本书第四章第二节)。

一、对基金业协会的披露和报告义务

对基金业协会的披露和报告义务主要有定期报告义务和特定事项报告义务两类,并通过 AMBERS 系统以及信披平台两个平台完成,具体如下。

(一)定期报告义务

基金应当向基金业协会履行如下定期报告义务。

1. 季度更新

基金应于每季度结束之日起的 10 个工作日内,在 AMBERS 系统中更新如下信息:(1)基金认缴、实缴规模、相关费用、已投出规模等;(2)基金资产净值、资产总值、基金收益分配等;(3)信息披露频度、负债规模等;(4)投资情况、投资项目情况、投资者情况等。

2. 年度更新

基金应于每年度结束之日起的20个工作日内，在AMBERS系统中完成年度更新，内容与季度更新中需要更新的内容一致，其中私募股权投资基金、私募资产配置基金的年度报告中需要提交经审计的财务会计报告，但因2020年新冠疫情的影响，基金业协会对2019年的财务会计报告不作强制审计要求。

3. 信息披露半年度、年度备份

基金应在信披平台中完成信息披露的半年度、年度备份。其中半年度信息披露备份应当在当年9月底前完成，年度信息披露备份应在次年6月底完成。该要求实质为基金根据基金业协会的要求通过信披平台向投资者履行相关的披露义务，更多对投资者的披露和报告义务之定期披露义务相关内容请见本节第二部分。

(二)特定事项报告义务

基金应当向基金业协会履行如下特定事项报告义务。

1. 基金重大事项报告

基金应于如下重大事项发生后的5个工作日内通过AMBERS系统进行报告：(1)基金合同发生重大变化；(2)投资者数量超过法律法规规定；(3)基金发生清算；(4)管理人变更、托管人及账户信息变更；(5)涉及基金管理业务、基金财产、基金托管业务的重大诉讼、仲裁、财产纠纷；(6)投资金额占基金净资产50%及以上的项目不能正常退出；(7)对基金持续运行、投资者利益、资产净值产生重大影响的其他事件。

2. 重大事项信息披露备份

基金应当按照基金合同的约定及时在信披平台中完成重大事项信息披露的备份。更多对投资者的披露和报告义务之重大事项信息披露义务的相关内容请见本节第二部分。

二、对投资者的披露和报告义务

基金主要依据相关的法律法规、与投资者签署的基金合同以及附属协议等履行对投资者的披露和报告义务。披露的方式可以是信件、传真、电子邮件或者其他方式，在披露同时应当在信披平台备份相关披露文件。根据《2019版基金备案须知》，基金管理人应当在基金的募集和投资运作中明确信息披露义务人向投资者进行信息披露的内容、披露频度、披露方式、披露责任以及信息披露渠道等事项，向投资者依法依规持续披露基金募集信息、投资架构、特殊目的载体(如有)的具体信息、杠杆水平、收益分配、托管安排(如有)、资金账户信息、主要投资风险以及影响投资者合法权益的其他重大信息等。披露频率及内容具体如下。

(一)定期披露义务

1. 季度信息披露

基金可选择于每个季度结束之日起的10个工作日内向投资者披露如下信息：(1)基金基本情况；(2)基金管理人和基金托管人；(3)基金投资者情况(选填)；(4)基金投资运作情况，包括所投项目情况、所投基金情况；(5)基金持有项目/基金特别情况说明(选填)；(6)基金费用明细；(7)管理人报告(选填)。该等季度信息披露的义务对于私募股权(含创业)投资基金而言非强制性要求，可由基金自行选择是否进行披露。

2. 半年度信息披露

基金应当于当年9月底之前向投资者披露与季度信息披露中所要求的信息相同的信息。

3. 年度信息披露

基金应当于次年6月底之前向投资者披露如下信息：(1)基金产品概况，包括基金基本情况、基金产品说明、基金管理人和托管人、外包机构情况、基金投资者情况(选填)；(2)基金运营情况，包括累计运营情况、持有项目情况、所投基金情况；(3)主要财务指标、基金费用及利润分配情况；(4)基金投资者变动情况；(5)管理人报告；(6)托管人报告；(7)管理人经审计的财务报告。

(二)重大事项信息披露义务

基金应当按照基金合同的约定及时向投资者披露如下信息：(1)基金名称、注册地址、组织形式发生变更；(2)投资范围和投资策略发生重大变化；(3)变更基金管理人或托管人；(4)管理人的法定代表人、执行事务合伙人(委派代表)、实际控制人发生变更；(5)管理费率、托管费率发生变化；(6)基金收益分配事项发生变更；(7)基金存续期变更或延长；(8)基金进入清算；(9)发生重大关联交易事项；(10)基金管理人、实际控制人、高管人员涉嫌重大违法违规行为或正在接受监管部门或自律管理部门调查；(11)涉及私募基金管理业务、基金财产、基金托管业务的重大诉讼、仲裁；(12)基金合同约定的影响投资者利益的其他重大事项。

对于如下五类重大事项，基金业协会明确了基金管理人需在相关事项发生后的5个工作日内向投资人进行披露：(1)管理人、托管人发生变更；(2)基金合同发生重大变化；(3)涉及基金管理业务、基金财产、基金托管业务的重大诉讼、仲裁、财产纠纷；(4)投资金额占基金净资产50%及以上的项目不能正常退出；(5)对基金持续运行、投资者利益、资产净值产生重大影响的其他事件。

(三)其他

对于个别投资者而言，普通合伙人还可能通过附属协议的方式与投资者就信息披露的内容、频率、时间以及方式等进行约定，因此还需要关注附属协议中是否存在特别约定。

根据《定向披露功能上线通知》及《定向披露功能问题解答》，私募基金管理人在信披平台履行相关的信息披露义务时还需要注意如下问题。

(四)投资者信息的维护和更新

私募基金管理人需在信披平台为投资者开立及维护查询账号，且信披平台中的投资者应当与AMBERS系统中显示的同一基金的一级投资者保持一致。这意味着基金业协会将原本独立的两个系统，即AMBERS系统与信披平台中的信息关联对应起来。

基金业协会对于不同时间备案的基金也作出不同的要求，具体如下。

1. 对于新备案私募基金的投资者，私募基金管理人应当在备案通过之日在信披平台维护投资者查询账号；

2. 对于存量私募基金的新增投资者，私募基金管理人应当在该基金完成季度更新之日起在信披平台维护投资者查询账号；对于已退出投资者，信披平台将在季度更新后的第二日自动取消该投资者查询账号对应基金勾稽信息，或者由私募基金管理人根据投资者退出时点手动维护投资者查询账号信息；

3. 对相关投资者已全部赎回私募基金管理人管理的私募基金的，私募基金管理人应关闭该投资者查询账号。

另外，私募基金管理人应在信披平台向投资者提供其维护定向披露功能的联系人信息。

（五）投资者登录查询

信披平台增加了投资者登录查询端口，投资者对其已投资的不同私募基金管理人管理的私募基金，均有针对该私募基金管理人独立的查询账号。

投资者根据其投资的时点不同，可以查阅到的基金信息也不一样，具体如下。

1. 如其在基金备案的时候已经被纳入 AMBERS 系统该基金的投资人名录中，则可以查阅该基金自备案以来的全部信息披露报告；

2. 如其在基金备案后投资基金的，则可以查阅其投资时点所处季度末该基金对应的信息披露及之后的全部报告；

3. 如其退出基金，则在退出之后无法查阅该基金的信息披露报告。

投资者还可在信息披露报告的评价页面对信息披露的一致性进行评价并列明具体原因；如其发现私募基金管理人存在违法违规情况的，还可通过私募基金管理人公示平台进行在线投诉，或者将投诉文件邮寄或现场提交基金业协会。

（六）上线安排

信披平台不溯及既往，仅向投资者提供 2019 年年末［含 2019 年第四季度报告（如有）］以及以后各期私募基金信息披露报告。

三、未及时完成对基金业协会/投资人的报告及披露义务的后果

根据《2019 版基金备案须知》的规定，基金管理人应当按时履行基金季度、年度更新和信息披露报送义务。如果基金管理人未按时履行季度、年度、重大事项信息更新和信息披露报送义务的，在基金管理人完成相应整改要求之前，基金业协会将暂停受理该基金管理人新的私募投资基金备案申请；如果基金管理人未按时履行季度、年度、重大事项信息更新和信息披露报送义务累计达两次的，基金业协会将其列入异常机构名单，并通过私募基金管理人公示平台（http://gs.amac.org.cn）对外公示；一旦私募基金管理人作为异常机构公示，即使整改完毕，也至少在 6 个月后才能恢复正常机构公示状态。实践中，基金业协会也会在特殊情况（如发生疫情等重大公众事件而导致信息更新/信息披露报送义务无法如期完成）下对基金管理人完成信息更新/信息披露的截止期限进行适度延长。值得注意的是，2019 年 8 月 1 日，基金业协会在私募基金管理人公示平台增设已注销私募基金管理人信息公示页面，将已注销的私募基金管理人分为“主动注销”、“依公告注销”以及“协会注销”三类，“协会注销”机构包括因纪律处分、异常经营以及失联等情况被基金业协会注销的机构，此类机构一经注销后不得重新登记。2019 年 11 月 1 日起,基金业协会进一步在私募基金管理人公示信息页面对纳入异常经营程序的私募基金管理人予以公示。因此私募基金管理人应当重视按期履行信息更新以及信息披露义务,以避免被予以纪律处分或被认定为是异常经营。

/第三节/ 投资者适当性管理

合格投资者制度和投资者适当性管理制度是实现私募投资基金业务中投资者保护的两个重要制度,但在我国的理论和实践中,曾一度将两者相混同。因此厘清两者的关系,是理解投资者适当性管理制度的前提。

本书第五章第一节中已有对合格投资者制度的详细介绍,本处仅对两者的差异进行简单梳理。虽然两个制度的核心都是为投资者的投资行为保驾护航,但两个制度的监管目的和逻辑其实是有着显著区别的。合格投资者制度更像是私募基金市场的准入门槛,是相对于公募基金市场而言的,即只有满足一定财务条件和风险识别能力、承受能力的投资者,才有资格购买相较于向普通大众(零售投资人)发行的公募产品风险更高的私募基金产品,其目的是把此类投资者和普通大众区别开来,就好比只有举重运动员才能进入举重赛场竞技;而投资者适当性管理制度的目的是让已经进场的投资者能买到和其资产、投资能力和风险承受能力相匹配的产品,就好比把已经进场的举重运动员按照其体重划分到不同的体重组里进行竞技一般。

在区别两种制度的基础上,下文将进一步对中国的投资者适当性制度进行介绍。

一、投资者适当性监管体系概述

早在 2012 年,《基金法》已经就合格投资者、投资者适当性制度作出了原则性的规定,如前文提及的,这样的规定也造成了理论和实践中对于两种制度的混淆适用。在此之后很长一段时间,投资者适当性制度散见于资本市场的不同细分领域中而无统一规定。直到 2016 年 12 月 12 日,证监会发布了《投资者适当性管理办法》和《关于实施〈证券期货投资者适当性管理办法〉的规定》(证监会公告〔2016〕34 号),正式将原来散见于创业板、股转系统、金融期货、融资融券、私募基金各市场中的适当性制度规定统一起来,作为资本市场统一的适当性管理规定。2017 年 6 月 28 日,基金业协会进一步发布《基金募集机构投资者适当性管理实施指引(试行)》(中基协发〔2017〕4 号,《投资者适当性管理指引》),明确了基金募集机构向投资者公开或者非公开募集证券投资基金和股权投资基金(包括 VC 基金)产品,或者为投资者提供相关业务服务,适用《投资者适当性管理指引》。2019 年 5 月 13 日基金业协会发布的《投资者保护倡议书》中也强调了私募基金管理人应当严格遵守投资者适当性原则。2019 年 10 月 18 日,证监会在召开的私募股权和创投基金座谈会中提及,私募股权基金行业要做到“四个聚焦”，其中一个聚焦即为聚焦风险，即建立“募投管退”全过程的风险控制体系，强化投资者适当性管理。因此私募股权投资机构是否履行投资者适当性管理义务将越来越成为监管机构重点关注的内容。值得注意的是，2018 年 4 月 27 日出台的《资管新规》及此后陆续发布的其相关配套规则可能会对《投资者适当性管理指引》中某些程序的适用带来影响（请见本部分后述部分“《资管新规》及相关配套规则”）。更多《资管新规》及其配套规则对于私募投资基金业务的具体影响相关内容请见本书第一章第三节。

（一）《基金法》

《基金法》中对于投资者适当性管理的规定主要是明确规定了基金销售机构对投资者与所销售产品之间进行适当性匹配的义务，同时也提及了基金销售机构未能履行前述义务相对应的罚则，即监管机构将对相关责任主体适用罚款、责令其停止基金服务业务，以及对直接负责的主管人员和其他直接责任人员采取警告、撤销基金从业资格并处罚款等处罚措施。但由于该规定过于笼统，也没有说明具体如何将投资人的风险承担能力和基金产品的风险等级匹配起来，所以实践中往往难以对基金销售机构的不当销售行为进行认定及追责。

（二）《投资者适当性管理办法》

《投资者适当性管理办法》适用于向投资者销售证券期货产品或者提供证券期货服务的机构及向投资者销售公开或者非公开发行的证券、公开或者非公开募集的证券投资基金和股权投资基金（包括 VC 基金）、公开或者非公开转让的期货及其他衍生产品。亦即《投资者适当性管理办法》广泛地适用于各类金融以及资管产品，而不仅仅局限于基金。《投资者适当性管理办法》中并未明确列举经营机构的具体类型，但一般理解包括证券、期货、基金机构。《投资者适当性管理办法》主要从“了解投资者”、“了解产品或服务”、“投资者与产品或服务进行匹配”、“强化适当性匹配内部管理”以及“对投资者进行告知、警示”五个方面进行规定。

从投资者的角度来看，《投资者适当性管理办法》把投资者作了如下分类。

（1）专业投资者，包括：①金融机构；②金融机构发行的理财产品；③特殊实体（包括养老基金、社会公益基金、合格境外机构投资者、人民币合格境外机构投资者）；④高净值且具备相关投资经验的专业机构；以及⑤高净值且具备相关投资经验或工作经验的专业人士。

（2）普通投资者，指的是专业投资者以外的投资者。其中，普通投资者在信息告知、风险警示、适当性匹配等方面享有特别保护。

《投资者适当性管理办法》还规定了专业投资者和普通投资者的转化条件和程序，更多专业投资者和普通投资者之间的转化相关内容请见本节第二部分。

从产品或服务的角度来看，《投资者适当性管理办法》仅列举了划分产品或者服务的风险等级时需要综合考虑的因素，以及需要审慎评估其风险等级的情况，具体的划分则由经营机构自行进行。《投资者适当性管理办法》还进一步规定了经营机构应当制定适当性内部管理制度、对每名投资者提出匹配意见，以及强调了经营机构定期开展自查、长期保存相关文件的后续义务等。

（三）《投资者适当性管理指引》

《投资者适当性管理指引》适用于基金募集机构向投资者公开或者非公开募集的证券投资基金和股权投资基金（包括 VC 基金）产品，因此，《投资者适当性管理指引》是对《投资者适当性管理办法》在基金行业的细化。

《投资者适当性管理指引》在《投资者适当性管理办法》的基础上，要求基金募集机构按照投资者的风险承受能力，将普通投资者由低到高至少划分为 C1（含风险承受能力最低类别）、C2、C3、C4、C5 五种类型，而按照基金产品或者服务的风险程度，将基金产品或服务由低到高至少划分为 R1、R2、R3、R4、R5 五个等级，且对基金募集机构进行前述划分行为时需要了解的信息、综合考虑的因素、需审慎评估其风险等级时考虑的因素进行了进一步的细化和列明。除此之外，《投资者适当性管理指引》中还包含了一个附表三"基金产品或服务风险等级划分参考标准"供基金募集机构参考。

在适当性匹配方面，《投资者适当性管理指引》明确了适当性匹配原则，具体如表 6.1 所示。

表 6.1　适当性匹配示意

投资者评级* \ 产品评级	R1	R2	R3	R4	R5**
C1（最低风险承受能力类别）	√	×	×	×	×
C1（非最低风险承受能力类别）	√	○	○	○	○
C2	√	√	○	○	○
C3	√	√	√	○	○
C4	√	√	√	√	○
C5	√	√	√	√	√

注：* 上表中"√"表示匹配，"×"表示不匹配，"○"表示投资者经申请并履行必要顺序后可认购该风险等级的产品。

注：* * 表示在销售 R5 风险等级的基金产品或服务的时候，还应向其完整揭示如下信息：(1) 基金产品或服务的详细信息、重点特性和风险；(2) 基金产品或服务的主要费用、费率及重要权利、信息披露内容、方式及频率；(3) 普通投资者可能承担的损失；以及 (4) 普通投资者投诉方式及纠纷解决安排。

在此基础上，《投资者适当性管理指引》把基金产品或者服务风险超越普通投资者风险承受能力的情况定义为风险不匹配，并就普通投资者主动要求购买与之风险承受能力不匹配的产品或者服务时，基金募集机构应当履行的程序在《投资者适当性管理办法》的规定基础上进一步列明,更多普通投资者购买与其风险承受能力不匹配的产品的程序的相关内容请见本节第二部分。

《投资者适当性管理指引》还规定了普通投资者回访制度、投资者投诉处理体系等要求基金募集机构强化适当性匹配内部管理的制度安排。值得说明的是,普通投资者回访制度与《募集行为管理办法》第 15 条下的回访确认制度是两个不同的制度,前者仅针对普通投资者,且为售后行为,指的是对购买基金产品或服务的普通投资者定期抽取一定比例进行回访(持有 R5 等级产品或服务的投资者回访比例和频次增加);后者则适用于全部投资者(专业投资机构可以不适用),且为销售过程中的行为。更多募集回访确认制度的相关内容请见本书第五章第一节。

(四)《资管新规》及相关配套规则

《资管新规》与投资者适当性管理相关的规定主要是第 6 条,原则性的规定部分与《投资者适当性管理办法》《投资者适当性管理指引》的规定一致。但其又额外从反面规定了违反投资者适当性管理的两种行为,即(1)欺诈或误导投资者购买与其风险承受能力不相符合的产品及(2)通过拆分资产管理产品的方式,向风险识别能力和风险承担能力低于产品风险等级的投资者销售资产管理产品。根据《投资者适当性管理指引》的规定,经投资者申请的情况下是可以向其出售高于其风险识别和承受能力的产品以及普通投资者在满足一定条件下也能转化为专业投资者而认购高于其原本的风险识别和承受能力的产品的(更多相关内容请见本节第二部分),该两项规定虽然都是突破了投资者适当性原则中向投资者销售与其风险识别及承受能力相匹配的产品的一般性规定,但是在相关程序适当履行的前提下,都没有落入"欺诈或误导"或者"通过拆分资产管理产品的方式"两种禁止行为的范畴之内,因此和《资管新规》的规定不存在明显的冲突。值得注意的是,证监会随后发布的《私募资管细则》在此基础上作了更加严格的规定,即把前述(2)中的"通过拆分资产管理产品的方式"的表述删除,该等文字上的改动意味着适用《私募资管细则》的由证券期货经营机构设立的资产管理计划将必须严格按照适当性匹配的原则向投资者发行。尽管《私募资管细则》并不适用于私募投资基金,但该等文字上的改动似乎意味着证监会对于投资者适当性匹配程序之监管态度的趋严。由于《投资者适当性管理指引》仅是基金业协会发布的行业自律规则,且处于试行阶段,后续是否会对此进行调整而保持不同产品的统一标准,也是有待进一步观察的。

二、基金募集过程中的投资者适当性管理

基金募集过程中的投资者适当性管理主要体现在基金募集机构需根据《投资者适当性管理指引》的规定要求投资者填写投资者信息表以及风险调查问卷,并提交识别投资者基本信息、投资资格、投资能力的相关证明文件。如果基金募集机构及其工作人员在募集过程中,以协助客户通过提供虚假个人信息、伪造资料、代持等方式,向不满足适当性要求或合格投资者要求的客户销售产品,并借此输送或者谋取不正当利益,则还会涉及违反《基金经营机构及其工作人员廉洁从业实施细则》中的廉洁从业要求,而可能受到基金业协会的处罚。

值得注意的是，在进行前述适当性匹配程序之前，基金募集机构先要对潜在投资者履行特定对象确定程序。另外，基金募集机构在对潜在投资者进行合格投资者确认时，有对其进行尽调，以便核实其的确为合格投资者的义务，在对投资者是否具备匹配募集机构发行的产品的风险识别及风险承受能力进行认定时，则可以依赖于投资者的陈述和保证。更多基金募集的具体流程以及投资者信息表、风险调查问卷相关内容请见本书第五章第一节及第三节。

另外，基金募集过程中的投资者适当性管理有如下 3 个特殊的问题值得注意。

- 普通投资者购买与其风险承受能力不匹配的产品的程序（见图 6.2）

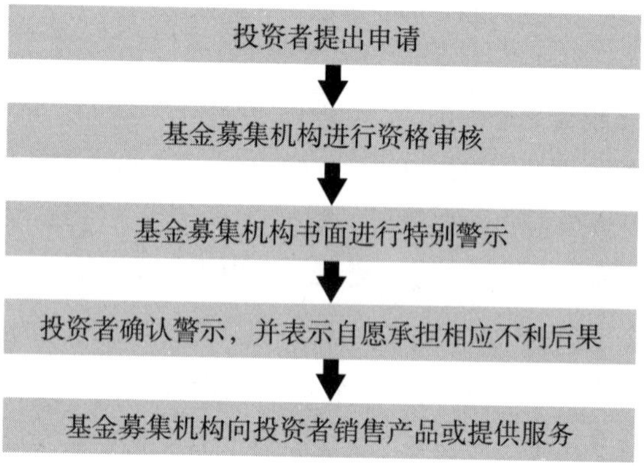

图 6.2　普通投资者购买与其风险承受能力不匹配的产品的程序示意

- 普通投资者与专业投资者之间的转化程序

1. 专业投资者要求转化为普通投资者

相较于下述普通投资者的转化过程而言，由于是从高风险识别及承受能力转化为低层级的，所以程序较为简单，仅需符合转化条件的专业投资者通过书面形式告知基金募集机构，由基金募集机构在收到该决定的 5 个工作日内进行核查，并在核查工作结束后的 5 个工作日内以书面形式告知投资者核查结果。

2. 普通投资者申请转化为专业投资者

需要其向基金募集机构提出转化申请，同时还要向基金募集机构做出了解相应风险并自愿承担相应不利后果的意思表示，基金募集机构应当在收到申请之日起的 5 个工作日对投资者的转化资格进行核查，符合转化条件的，要在 5 个工作日内通知投资者以纸质或者电子文档形式补充提交相关信息、参加投资知识或者模拟交易等测试，并根据以上情况，结合投资者的风险承受能力、投资知识、投资经验、投资偏好等要素进行谨慎评估，以书面形式告知其是否同意该等转化以及理由。

- 销售 R5 风险等级的基金产品或服务时的披露义务

在销售 R5 风险等级的基金产品或服务的时候，还应向其完整揭示如下信息：（1）基金产品或服务的详细信息、重点特性和风险；（2）基金产品或服务的主要费用、费率及重要权利、信息披露内容、方式及频率；（3）普通投资者可能承担的损失；以及（4）普通投资者投诉方式及纠纷解决安排。

但如前所述,《资管新规》及其配套规定的颁布可能会对经普通投资者申请可向其出售高风险的产品及普通投资者转化为专业投资者这两个程序的可行性带来一定的不确定性,有待进一步的观察。

三、基金运营过程中的投资者适当性管理

除了对基金在募集过程中有投资者适当性管理的要求之外,《投资者适当性管理指引》和《投资者适当性管理办法》也要求基金在运营过程中制定、落实如下制度:(1)适当性管理制度:即需要明确适当性匹配的具体依据、方法、流程等内容;(2)风控制度:如限制不匹配销售行为、客户回访检查、评估与销售隔离等;(3)培训考核制度;(4)执业规范制度;以及(5)监督问责制度。

另外,《投资者适当性管理指引》还具体规定了基金募集机构对于认购基金产品的投资者的后续动态管理义务,包括:(1)设置普通投资者回访制度,即由基金募集机构对购买基金产品或者服务的普通投资者定期抽取一定比例进行回访,对持有 R5 等级基金产品或者服务的普通投资者增加回访比例和频次,且需就回访时发现的异常情况进行持续跟踪、核查并及时排查存在的风险隐患,并定期整理总结;(2)建立投资者投诉处理体系,即需准确记录投资者的投诉内容;(3)建立投资者评估数据库并及时更新;(4)投资者适当性管理自查,即由基金募集机构每半年开展 1 次投资者适当性管理自查,如发现违规问题,应当及时处理并主动报告;(5)建立完善的档案管理制度,即相关的投资者适当性管理资料需至少保存 20 年。

值得一提的是,在司法审判实践中,最高人民法院于 2019 年 11 月 14 日发布《九民纪要》,[1]确定了卖方机构[2]和投资者适当性之间对应的"卖者尽责,买者自负"的逻辑关系,就卖方机构违反"投资者适当性义务"的相关责任认定以及后果予以界定。具体包括:(1)要求卖方机构(包括发行人或者销售者)对投资者承担"对外连带,对内按责任比例实际分担"的不真正连带责任;(2)要求卖方机构就其是否履行了投资者适当性义务承担举证责任;(3)明确应当根据客观标准和主观标准来确定卖方机构是否已经履行了告知说明义务,卖方机构不得仅依据投资者手写诸如"本人明确知悉可能存在本金损失风险"等内容主张其已经履行了告知义务;(4)明确卖方机构的赔偿责任范围为投资者所受的实际损失,即损失的本金加计以预期收益率或人民银行发布的同期同类存款基准利率(视情况而定)为基准计算的利息;(5)规定了卖方机构的免责事由(投资者故意提供虚假信息或拒绝听取卖方机构等自

---

〔1〕 根据最高人民法院民二庭负责人就《九民纪要》答记者问中的说明,《九民纪要》本身不是司法解释,不能作为裁判依据进行援引,仅能在具体分析法律适用的理由时,可以根据相关的规定进行说理。参见《最高人民法院民二庭负责人就〈全国法院民商事审判工作会议纪要〉答记者问》,载最高人民法院网,http://www.court.gov.cn/zixun-xiangqing-199681.html,2020 年 11 月 2 日最后访问。

〔2〕 《九民纪要》以宽泛的方式规定了"卖方机构"的定义,即"金融产品发行人、销售者以及金融服务提供者",并在第 72 条以列举的形式规定卖方机构在若干情境下必须履行适当性义务。从第 72 条的规定来看,私募基金管理人并不在"卖方机构"之列。然而相关的规定也从一个侧面反映了司法审判实践的态度,可以供基金募集机构予以参考。

身原因导致其购买的产品或者服务不适当）以及抗辩理由（根据投资者的既往投资经验、受教育程度等事实，适当性义务的违反并未影响投资者的自主决定）。

/第四节/

CRS 尽职调查和报告义务

CRS，本义为统一报告标准（Common Reporting Standard），本是 OECD 发布的金融账户涉税信息自动交换标准（AEOI 标准）的一部分。后多个国家承诺实施 AEOI 标准，在本国以本国法律法规的形式推进 CRS 标准的执行，以便与同样实施 AEOI 标准的国家进行涉税信息互换。CRS 因此逐渐成为国家对于非居民金融账户进行涉税信息尽调和国家间对于涉税信息进行交换共享这一体系的代名词。

一、监管体系及其形成历史概述

（一）金融账户涉税信息交换的背景

因居民国税负相对较高且针对全球收入征税，某些国家的居民纳税义务人通过在海外设立离岸金融账户将金融资产隐匿在海外，以逃避其在居民国的国内税收。

为应对这种情况，美国政府率先于 2010 年颁布《海外账户税收合规法案》（Foreign Account Tax Compliance Act）（包括其实施细则，以下简称 FATCA 法案），要求美国以外的金融机构向美国政府提供美国居民在其开立账户的信息，否则外国金融机构接收源于美国的付款时将被扣缴 30% 的惩罚性预提税。[1]

经济合作与发展组织（Organisation for Economic Corperation and Development，以下简称“经合组织”）受 20 国集团（G20）委托，借鉴 FATCA 法案下的政府间协议信息交换方式发布了金融账户涉税信息自动交换标准（Standard for Automatic Exchange of Financial Account Information in Tax Matters，以下简称 AEOI 标准）。AEOI 标准旨在推动多边信息交换机制，拟通过全球各国的税务部门的合作，联合对抗海外逃税的行为。

（二）CRS 识别与报送模式

经合组织的 AEOI 标准主要包括主管当局间协议范本（Model Competent Authority Agreement，以下简称《MCAA 范本》）和统一报告标准（Common Reporting Standard，以下简称《CRS 标准》）：

- 《MCAA 范本》是各国（地区）税务管理当局签署的协议范本，是规范各国（地

---

〔1〕 由于法案涉及他国金融机构，为获得其他国家的支持，美国陆续与其他国家分别签署双边政府间协议（Inter Government Agreement，IGA）以推动 FATCA 法案的实施。虽然美国于 2014 年宣布将中国列入“存在有效政府间协定（IGA）的法域”清单，但是截至 2020 年 12 月 31 日中国尚未与美国正式签署 FATCA 法案下的双边政府间协议。

区)税务主管当局之间如何开展金融账户涉税信息自动交换的操作性文件,以互惠型模式为基础,分为双边和多边两个版本。

- 《CRS 标准》则对需要履行识别和申报信息义务的金融机构,需要申报的金融账户类别,金融机构需要履行的尽职调查程序提出了具体标准。

根据《CRS 标准》开展金融账户涉税信息自动交换,首先由一国(地区)金融机构通过尽职调查程序识别另一国(地区)税收居民个人和企业在该机构开立的账户,按年向金融机构所在国(地区)主管部门报送账户信息,[1]再由该国(地区)税务主管当局与账户持有人的居民国税务主管当局开展信息交换,最终为各国(地区)进行跨境税源监管提供信息支持。

金融账户涉税信息自动交换是各国(地区)之间加强跨境税源管理的一种手段,不会增加纳税人本应履行的纳税义务。交换的信息是源于境外的第三方信息,主要用于各国开展风险评估,并非直接用于征税。对评估列为高风险的纳税人,税务机关将有针对性地开展税务检查并采取相应的后续管理措施。

二、CRS 规则中国版

(一)CRS 规定落地时间表

中国于 2014 年 9 月承诺实施 AEOI 标准。2015 年 12 月,中国正式签署了《金融账户涉税信息自动交换多边主管当局间协议》,并逐步有序地推进了《CRS 标准》在中国的执行,[2]以便顺利实现信息交换。

2017 年 5 月 9 日发布的《涉税信息尽调管理办法》,标志着中国版 CRS 的正式落地,金融机构需要按照《涉税信息尽调管理办法》规定的时间表(请见本节后述部分"尽职调查要求的程序和时间表")对新开立账户和存量账户开展尽职调查,并于 2018 年 5 月 31 日前进行第一次信息报送。2018 年 9 月国家税务总局与其他国家(地区)税务主管当局进行了第一次信息交换。此外,为实施《涉税信息尽调管理办法》,国家税务总局于 2017 年 12 月联合其他监管机构制定并发布了一系列与金融机构履行尽职调查义务相关的工作细则和规范,请见本节后述部分"尽职调查要求的程序和时间表"。

(二)尽职调查义务主体——"金融机构"

《涉税信息尽调管理办法》项下的尽职调查义务主体为"金融机构",包括存款机构、托管机构、投资机构、特定的保险机构及其分支机构,其中,"私募投资基金等以投资、再投资或者买卖金融资产为目的而设立的投资实体"属于"金融机构"下的"投资机构",并且《涉税信息尽调管理办法》还以列举方式特别指出私募基金管理公司、从事私募基金管理业务的合伙企业属于"金融机构"。

---

〔1〕 参见《金融账户涉税信息自动交换(参考资料)》,载国家税务总局网,http://www.chinatax.gov.cn/n810219/n810744/n2594306/n2594321/index.html,2020 年 12 月 31 日最后访问。

〔2〕 参见《金融账户涉税信息自动交换(参考资料)》,载国家税务总局网,http://www.chinatax.gov.cn/n810219/n810744/n2594306/n2594321/index.html,2020 年 12 月 31 日最后访问。

据此规定，私募基金管理人须承担《涉税信息尽调管理办法》规定的非居民金融账户涉税信息尽职调查义务，按照规定的程序，了解账户持有人或者有关控制人的税收居民身份，识别非居民金融账户，收集并向国家税务总局报送相关账户信息。

（三）尽职调查对象——“金融账户”

根据《涉税信息尽调管理办法》，“金融账户”包括：存款账户；托管账户（如证券经纪账户、理财产品、基金、信托计划、集合类资产管理计划等）；其他账户（如具有现金价值的保险合同，私募投资基金的合伙权益等）。

私募基金产品根据组织形式的不同，可能落入《涉税信息尽调管理办法》的托管账户或其他账户：

- 托管账户，“指开展为他人持有金融资产业务而形成的账户，包括代理客户买卖金融资产的业务以及接受客户委托、为客户管理受托资产的业务”，其中“接受客户委托、为客户管理受托资产的业务包括金融机构发起、设立或者管理不具有独立法人资格的理财产品、基金、信托计划、专户集合类资产管理计划或者其他金融投资产品”。
- 其他账户，包括“投资机构的股权或者债权权益，包括私募投资基金的合伙权益和信托的受益权”。

（四）尽职调查要求的程序和时间表

《涉税信息尽调管理办法》列明了尽职调查程序的具体要求和时间表（见表6.2）。[1] 截至2018年12月31日，除机构的小额存量账户以外，金融机构应当对其他所有存量账户完成尽职调查程序。

表6.2　尽职调查程序的具体要求和时间

账户类别			描述	尽职调查程序	时间要求
个人	新开		2017.7.1以后开立	声明文件+合理性审核	2017.7.1开始
	存量	低净值	截至2017.6.30账户加总余额≤100万美元	检索留存资料（电子）	2018.12.31完成
		高净值	截至2017.6.30账户加总余额>100万美元	检索留存资料（电子+纸质）+询问客户经理	2017.12.31完成
机构	新开		2017.7.1以后开立	声明文件+合理性审核	2017.7.1开始
	存量	小额	截至2017.6.30账户加总余额≤25万美元	无须处理	无
		其他	截至2017.6.30账户加总余额>25万美元	检索留存资料+部分账户声明文件	2018.12.31完成

[1] 参见《关于〈国家税务总局　财政部　中国人民银行　中国银行业监督管理委员会　中国证券监督管理委员会　中国保险监督管理委员会关于发布“非居民金融账户涉税信息尽职调查管理办法”的公告〉的解读》，载国家税务总局网，http://www.chinatax.gov.cn/n810341/n810760/c2620533/content.html，2020年12月31日最后访问。

人民银行、国家税务总局、国家外汇局于2017年12月8日发布的《银行业存款类金融机构非居民金融账户涉税信息尽职调查细则》(银发〔2017〕278号,以下简称《银行业CRS细则》)针对银行业的业务特点,对CRS尽职调查涉及的相关概念做出了更为明确的定义,同时也对部分个人账户和机构账户的尽职调查流程进行了细化,其对重要概念的理解和运用为私募基金实施尽职调查工作提供了很好的借鉴。

在尽职调查时,私募基金管理人恐不能依赖原先判断投资人是否有外资成分的标准,而需要参考经合组织和国家税务总局在金融账户涉税信息自动交换专门网页提供的各国家(地区)税收居民身份认定规则。[1] 例如,一名中国国籍的个人投资者,完全可能因为持有其他国家(地区)的绿卡而被认定为同时构成中国纳税居民和其他国家(地区)纳税居民。尽管尽职调查程序主要通过获取账户持有人(及其控制人,如适用)企业类型和居民身份的声明进行,《涉税信息尽调管理办法》也指出,金融机构应当确认投资人填写的信息是否与其他信息存在明显矛盾,如果认为声明文件存在不合理信息,应当要求账户持有人提供有效声明文件或者进行进一步解释。因此,私募基金管理人在履行尽职调查义务之际,还需要注意对投资人声明文件的合理性进行审核而非仅依赖于账户持有人的声明以完成尽调。《银行业CRS细则》列举了几类账户持有人提供材料存在"明显矛盾"的情形,虽然《银行业CRS细则》并不直接适用于私募基金管理人,但这些列明的情形值得私募基金管理人在进行尽职调查过程中适当参考:

- 投资人声明的信息与反洗钱程序收集的身份信息不相符;
- 投资人声明的居民身份与提供的国籍信息和证件类型、现居住地址、联系电话所在地不相符,或与机构的注册地址或实际经营地址、联系电话所在地不相符;
- 投资机构声明其不属于消极非金融机构,[2] 但其税收居民国(地区)不参与实施金融账户涉税信息自动交换标准(因而按照相关标准该投资机构应属于消极非金融机构)。

(五)尽职调查的目的和信息报送

尽职调查的目的为识别账户是否为非居民金融账户,[3] 识别账户持有人是否为非居民

---

〔1〕 参见《金融账户涉税信息自动交换(参考资料)》,载国家税务总局网,http://www.chinatax.gov.cn/n810219/n810744/n2594306/n2594321/index.html,2020年12月31日最后访问。

〔2〕 "消极非金融机构",根据《涉税信息尽调管理办法》的定义,指符合下列条件之一的机构:(1)上一公历年度内,股息、利息、租金、特许权使用费收入等不属于积极经营活动的收入,以及据以产生前述收入的金融资产的转让收入占总收入比重50%以上的非金融机构;(2)上一公历年度末,拥有可以产生本款第一项所述收入的金融资产占总资产比重50%以上的非金融机构;或(3)税收居民国(地区)不实施金融账户涉税信息自动交换标准的投资机构,但是不包含:上市公司及其关联机构;政府机构或者履行公共服务职能的机构;仅为了持有非金融机构股权或者向其提供融资和服务而设立的控股公司;成立时间不足24个月且尚未开展业务的企业;正处于资产清算或者重组过程中的企业;仅与本集团(该集团内机构均为非金融机构)内关联机构开展融资或者对冲交易的企业;非营利组织。

〔3〕 "非居民",是指中国税法规定的税收居民以外的个人和企业(包括其他组织)。尽管《个人所得税法》于2018年8月31日进行了修正(修正案生效日期为2019年1月1日),其中,中国税收居民个人的范围有所调整,然而鉴于私募基金的账户持有人可能同时构成中国和其他国家(地区)的税收居民,此种情况,《涉税信息尽调管理办法》要求金融机构仍需按照办法的规定收集并报送信息。

或者有非居民控制人的消极非金融机构,并将该等信息报送至税务机关指定的报送平台。就托管账户而言,金融机构需要报送公历年度内收到或者计入该账户的利息总额、股息总额以及其他由于被托管资产而收到或者计入该账户的收入总额。报送信息的金融机构为代理人、中间人或者名义持有人的,报送因销售或者赎回金融资产而收到或者计入该托管账户的收入总额。对其他账户,金融机构应当报送公历年度内收到或者计入该账户的收入总额,包括赎回款项的总额。

2017 年 12 月 9 日,国家税务总局联合原银监会、证监会和原保监会进一步颁布了适用于信托业、证券业、保险业金融机构的《非居民金融账户涉税信息报送规范》(税总办发〔2017〕164 号,以下简称《CRS 报送规范》),对上传数据文件的内容、语言和格式进行了规定。2018 年 1 月,为配合私募基金管理人非居民金融账户涉税信息报送工作,基金业协会将《CRS 报送规范》转发给了各私募基金管理人,提示其履行有关报送义务。

(六)违规处理措施

金融机构在国家税务总局网站办理注册登记之后,应当于每年 5 月 31 日前按要求报送其非居民账户有关信息。同时各金融机构应实施监控机制,按年度评估《涉税信息尽调管理办法》执行情况,及时发现问题、进行整改,并于次年6 月 30 日前向相关行业监督管理部门和国家税务总局书面报告。国家税务总局将责令未能按照要求进行尽职调查、未能实施监控机制或未能完成合规报送的金融机构限期改正。对严重的违规行为,金融机构可能被责令停业整顿或者吊销经营许可证,其董事、高级管理人员和其他直接责任人员也将面临市场禁入处罚或纪律处分。

三、对私募基金管理人及私募基金的影响

尽管在法律法规层面对于私募基金管理人是否构成金融机构尚存争议,但中国 CRS 规则径直将私募基金管理人作为金融机构纳入了其管辖范围。

中国 CRS 规则进一步深化了反洗钱/KYC 要求。金融账户信息的交换是外汇管理和反洗钱等综合监管体系中的必然一环,《涉税信息尽调管理办法》也明确以《反洗钱法》作为其上位法之一。此前基金业协会的募集办法中明确提及募集机构在募集过程中应当履行反洗钱等程序,但未规定相关原则、程序及具体标准和要求。《涉税信息尽调管理办法》要求金融机构(包括私募基金管理人)通过 AML/KYC 等程序收集的资料进行合理性审查,会在一定程度上促使私募基金管理人主动完善相关 KYC 程序。更多私募基金的反洗钱相关内容请见本章第七节。

中国 CRS 规则进一步加大了私募基金管理人的行政成本。《涉税信息尽调管理办法》将私募基金及私募基金管理人明确归为承担尽调和报送义务的主体,并且收集资料和报送资料的义务贯穿了私募基金的募集和运营过程。私募基金管理人在募集新基金的过程中需开始对新增客户(投资人)实施《涉税信息尽调管理办法》中的尽调要求。私募基金管理人对于既存基金中的既存投资人账户,也需要按照《涉税信息尽调管理办法》中的时间表和尽调要求,组织对既存基金投资人的相关核查。这一合规义务对私募基金管理人的人员、制度、系统和设备等方面都提出了新的要求。

《涉税信息尽调管理办法》出台之前，基本只有国际化且主要业务地位于美国或欧洲的私募基金管理人在设立人民币基金时关注与FATCA和CRS有关的问题，在其有限合伙合同和认购文件（包括KYC/AML调查表）中反映有关FATCA和CRS的要求。《涉税信息尽调管理办法》实施后，大部分发起人已经认识到境内私募基金管理人需按照《涉税信息尽调管理办法》的要求履行其作为“金融机构”在《涉税信息尽调管理办法》下承担的尽调和报告义务，因此，投资人在涉税信息披露规则下的配合义务，也逐渐成了私募基金基金合同/有限合伙合同以及认购文件（包括投资者调查问卷）中的常见条款。

/第五节/
私募投资基金的估值问题

私募投资基金管理人往往需要对其投资组合定期进行评估，作为其向基金投资人报告的一部分。了解国际国内估值原则和方法以及最佳实践对于确定私募股权投资的公允价值[1]十分重要。

一、非上市股权投资和风险投资估值方法

（一）国际通行的估值方法

在国际上，私募基金非上市股权投资和风险投资的估值标准已经处于一个非常成熟且被广泛认可的阶段。国际股权投资和创业投资估值理事会（International Private Equity and Venture Capital Valuation Guideline Board，以下简称IPEV理事会）发布的《国际私募股权投资基金及风险投资估值指引》（International Private Equity and Venture Capital Valuation Guideline，IPEVG）是跨国私募基金估值理论的重要组成部分，目前已经被包括中国在内的39个国家和地区的股权投资私募基金的相关协会认可。IPEVG每隔三年全面更新一次，最近一次于2018年更新，并于2019年1月生效。IPEV理事会也认可公允价值[2]是对私募股权基金组合的最佳估值方法。2020年，新冠肺炎疫情的全球蔓延为私募基金估值也带来了前所未有的挑战。为此，IPEV理事会于3月31日发布《特别估值指引》（Special Valuation Guidance），针对当前期间的不确定性和波动性为基金估值工作提供了指导。除了IPEVG以外，国际估值标准委员会（International Valuation Standard Council）也颁布了国际估值标准（International Valuation Standards，以下简称IVSs）。IPEV理事会也正在推进国

---

〔1〕 公允价值指市场参与者之间在报告日（计量日）开展的常规交易的价格。

〔2〕 IPVG制定过程考虑了全球的财务报告准则，尤其是国际财务报告准则（International Financial Reporting Standards，IFRS）和美国公认会计准则（United States Generally Accepted Accounting Principles，US GAAP）的要求和含义，以使股权投资基金投资公允价值的估值框架与会计准则保持一致。

际估值标准委员会相关规定的解读，以加强 IPEVG 与 IVSs 的一致性，提供符合 IVSs 原则的应用指引。[1]

以 IPEVG 为例，IPEVG 中提到估值方应该判断最适合某项投资的估值办法，而选择投资方法的关键标准是该估值方法必须符合该投资的性质、事实和情况以及市场参与者的预期。如果可行，估值方应考虑是用其他方法来验证所获得的公允价值。IPEVG 中主要包括以下估值方法。

1. 市场法

(1)倍数[2]

该估值方法涉及将适当的倍数(盈利或收入)应用于被估价的企业的评估，以获得企业价值。该估值方法适用于对成熟企业的投资，该企业能够清晰地、连续地以及可持续地盈利或获得收入。

(2)行业估值基准[3]

行业基准估值只有在个别情况下才可以信赖，进而将其作为估算公允价值的主要基础。该方法更多用于验证其他估值方法得出的估值结果是否合理。

(3)可获得的市场价格[4]

存在活跃市场且有报价的工具的价值应该以其在估值日的买卖价格内最具代表性的价格进行评估。估值方对买卖价格内最具代表性的价格的评估应保持一致性。当证券本身，而非持有人，受到相关合同、政府或其他法规的限制，使投资工具流动性降低从而影响了市场参与者在估值日应付的价格时，则活跃市场上的报价可以使用折价的方法。

2. 收入法——现金流折现[5]

现金流折现法分为两个组成部分，即标的企业的现金流或盈利折现[6]以及投资现金流

---

[1] 有关国际估值标准委员会(IVSC)、国际估值标准(IVSs)和国际估值标准委员会(IVSC)专业估值人员道德准则的更多信息，请参见 IVSC 网，http://www.ivsc.org/，2020 年 11 月 9 日最后访问。

[2] *International Private Equity and Venture Capital Valuation Guideline* 2018，s. 3. 4.

[3] *International Private Equity and Venture Capital Valuation Guideline* 2018，s. 3. 5.

[4] *International Private Equity and Venture Capital Valuation Guideline* 2018，s. 3. 6.

[5] *International Private Equity and Venture Capital Valuation Guideline* 2018，ss. 3. 7 –3. 8.

[6] 在使用标的企业现金流或盈利折现法估算投资的公允价值时，估值方应当：

(1)使用合理的假设和预期现金流(或预期盈利)以及预计终值，以根据企业内在风险进行适当调整后的折现率折现获得企业价值；

(2)通过调整剩余或非经营资产、超额负债、或有事项及相关因素对企业价值的影响得到被投资公司的调整后企业价值；

(3)从调整后企业价值中减去在清算时任何优先于基金所持有的金融工具所受偿的金额(如将被支付的金额)，并考虑任何可能稀释基金投资的工具的影响，以得到可归属的企业价值(attributable enterprise value)；

(4)使用潜在市场参与者预期将可归属的企业价值适当分配至相关金融工具，评估市场参与者预期时需要作出判断。

折现。[1]

3. 重置成本法——净资产[2]

估值方应当使用市场参与者预期估算的企业资产和负债，以获取该公司的企业价值；从调整后企业价值中减去在清算时任何优先于基金持有的金融工具受偿的金额，并考虑任何可能稀释基金投资的工具的影响，以得到可归属的企业价值（attributable enterprise value）。

值得注意的是，IPEVG（2018 年版）的更新包含多项内容，其中最为重大的一项修改是"近期投资价格法"（price of a recent investment）不再是一种单独可选择的估值方法。IPEVG 明确指出，估值指引的许多使用者错误地理解和使用了 2015 年（及更早）版本的估值指引中的近期投资价格法，"盲目"地使用此种方法以替代在计量日应当开展的估值工作。同时，IPEVG（2018 年版）指出，公允价值可能等于近期的投资价格，但这不代表近期的投资价格一成不变地成为公允价值的参考值。因此，在 IPEVG（2018 年版）的本次更新中，"近期投资价格法"已经不再被描述为一种可选择的估值方法，而是成为了用于"校对"估值模型的输入值是否合理的一种工具。[3]

（二）中国私募基金估值实践

为引导私募投资基金非上市股权投资的专业化估值，同时为了解决私募基金管理人在估值实践中因为使用不同的操作方法而导致的最终估值结果的差异，基金业协会结合私募基金现有的运作管理及信息披露规范，参考 IPEVG 以及 IVSs，于 2018 年 3 月 30 日发布了《私募投资基金非上市股权投资估值指引（试行）》（以下简称《私募股权投资估值指引》），并自同年 7 月 1 日起施行，以达到进一步规范行业整体的发展的目的。

《私募股权投资估值指引》基本上覆盖了国际市场上的主流的估值原则和估值方法。《私募股权投资估值指引》包括总则、估值原则以及估值办法三部分内容。从内容上来看，《私募股权投资估值指引》主要包括以下几点。

1. 明确《私募股权投资估值指引》的适用范围

《私募股权投资估值指引》明确规定私募基金（私募基金包括基金管理公司及其子公司管理的特定客户资产管理计划、证券公司及其子公司管理的资产管理计划、期货公司及其子公司管理的资产管理计划以及经中国证券投资基金业协会登记的私募基金管理人管理的私募投资基金）对未上市企业进行的股权投资适用于本《私募股权投资估值指引》，对于已在全国中小企业股份转让系统挂牌但交易不活跃的企业，也可参考执行。[4]

---

[1] 在使用投资现金流折现法估值时，估值方应使用合理的假设和估计以预计未来现金流、终值、变现日期和根据投资内在风险进行适当调整后的折现率。此估值方法一般用于与债务投资有类似性质的投资。

[2] *International Private Equity and Venture Capital Valuation Guideline* 2018，s. 3. 9.

[3] 参见普华永道中国：《国际私募基金和风险投资估值指引最新动向》，载普华永道中国网，https://www.pwccn.com/zh/industries/private-equity/publications/fund-portfolio-valuation-service.html，2020 年 11 月 9 日最后访问。

[4] 《私募股权投资估值指引》第 1 条第 2 款.

2. 明确估值的责任主体

《私募股权投资估值指引》规定，基金管理人作为估值的第一责任人，应当对估值方法和估值参数等承担最终责任，并定期对估值结论进行检验。[1]

3. 强化估值原则

(1)一致性原则。即具有相同资产特征的投资每个估值日基金管理人应当采用一致的保持估值技术。[2]

(2)公允价值估值原则。基金管理人应当遵循实质重于形式的原则，对于可能影响公允价值的具体投资条款做出相应的判断。[3]

(3)设定非上市股权估值的假设前提。即在估计非上市股权公允价值时，无论该股权是否准备于近期出售，基金管理人都应假定估值日发生了出售该股权的交易，并以此假定交易的价格为基础计量该股权的公允价值。[4]

(4)综合考虑各方面因素原则。基金管理人在估计非上市股权的公允价值时，应从该股权的自身情况和市场环境出发，对各种估值方法形成的估值结果之间的差异进行分析，结合各种相关因素，综合判断后确定最合理的估值结果。[5]

(5)反向检验原则。私募基金管理人需要关注并分析非上市股权投资的退出价格与持有期间估计的公允价值之间存在的重大差异。[6]

除上述外，《私募股权投资估值指引》其中一大亮点在于其对于不同阶发展阶段的企业，也明确提出了不同的估值方法(见表6.3)，统一了中国市场上私募基金对于非上市股权的估值方法。

值得一提的是，《私募股权投资估值指引》针对某些特殊情况如老股出售价格与新发股权价格不同的问题，也提出了其建议。《私募股权投资估值指引》提出，在这种情况下基金管理人需要分析差异形成的原因，综合考虑其他可用信息，合理确定公允价值的取值依据。

无论是国际IPEVG，IVSs还是《私募股权投资估值指引》都只是行业内部的指导性文件，不具有任何可强制执行力，合同双方仍然可以按照合同中约定的其他方式对标的非上市股权进行估值。但不可否认的是，上述应用指引对我国私募基金对非上市股权投资估值有着明确的指导意义，使基金经营的数据更为透明，从而进一步保障了私募基金持有人的利益。

---

[1] 《私募股权投资估值指引》第1条第6款。

[2] 《私募股权投资估值指引》第2条第1款。

[3] 《私募股权投资估值指引》第2条第3款。

[4] 《私募股权投资估值指引》第2条第4款。

[5] 《私募股权投资估值指引》第2条第6款。

[6] 《私募股权投资估值指引》第2条第8款。

表 6.3 《股权投资估值指引》中的估值方法

估值方法	具体估值方法	主要应用情形	估值方式	备注
市场法	参考最近融资价格法	初创企业——尚未产生稳定收入或利润的早期创业企业	基金管理人应当对最近融资价格的公允性做出判断	仅适用于投资交易发生之后的“有限”的一段期间，且期间长短需由估值机构根据现实情况进行专业判断〔1〕
	市场乘数法	可产生持续利润或收入的相对成熟企业	根据被投资企业所处的发展阶段和所属行业的不同，基金管理人可运用各种市场乘数(如市盈率、市净率、企业价值/销售收入、企业价值/息税折摊前利润等)对非上市股权进行估值	
市场法	行业指标法	行业发展比较乘数及行业内各企业差别较小的情况	某些行业中存在特定的与公允价值直接相关的行业指标，此指标可作为被投资企业公允价值估值的参考依据	
成本法	净资产法	企业的价值主要源于其占有的资产情况	基金管理人可使用适当的方法分别估计被投资企业的各项资产和负债的公允价值(在适用的情况下需要对溢余资产和负债、或有事项、流动性、控制权及其他相关因素进行调整)，综合考虑后得到股东全部权益价值，进而得到私募基金持有部分的股权价值	如果被投资企业股权结构复杂，基金管理人还应参照市场乘数法中提及的分配方法得到持有部分的股权价值
收益法	现金流折现法	用法较为灵活广泛，在其他方法不能使用时仍可以适用	基金管理人可采用合理的假设预测被投资企业未来现金流及预测期后的现金流终值，并采用合理的折现率将上述现金流及终值折现至估值日得到被投资企业相应的企业价值，折现率的确定应当能够反映现金流预测的内在风险	基金管理人还应参照市场乘数法中提及的调整或分配方法将企业价值调整至私募基金持有部分的股权价值

〔1〕 在《国际私募股权投资基金及风险投资估值指引》(2015 年版)版本中，已经强调了“近期投资价格法”仅适用于投资交易发生之后的“有限”的一段期间，且期间长短需由估值机构根据现实情况进行专业判断。《国际私募股权投资基金及风险投资估值指引》(2018 年版)已经将近期投资价格法修改为不再是一种单独可选择的估值方法，而是成了用于“校对”估值模型的输入值是否合理的一种工具。

二、私募基金二级市场估值

随着金融市场的发展，LP 对资金的流动性需求上升，LP 通过二级市场交易退出的案例也在不断增多。在二级市场中 LP 若想出售自己所持私募基金的份额（S 份额），同样也面临着估值问题。由于私募股权的不透明、不公开等特性，二级市场上 LP 份额在转让时估值与定价也具有一定的困难程度。目前在我国的私募股权行业，政府部门尚未出台权威的 S 份额公允价值的估值方法，买卖双方可能因为采取不同的估值方法导致最终估值结果相差甚远，甚至导致交易陷入僵局。

（一）国外 S 份额估值定价方法

在私募基金二级市场较为成熟的海外市场，多采取以下两种思路。

1. 自上而下法（top-down approach）[1]

自上而下法是从基金层面出发，运用同类可比交易法或参考已上市私募股权基金，估算 S 基金份额价值的方法。实际操作法，主要是根据 GP 最新给出的资产净值（Net Asset Value，NAV），参考可比基金在 PE 二级市场交易中的价格进行定价。两种主要的参考指标如下。

（1）同类可比交易（comparable transactions）

在国外的一些私募股权基金二级交易市场，原 GP 会在每个季度向 LP 报告基金的资产净值、损益表和现金流量表。因此可以从最近一个季度参与私募股权二级交易的可比基金中选取可比交易，同时计算出交易价格和可比基金资产净值的比值。在得到可比基金交易价格和其资产净值的比值之后，用 S 份额所在基金的最新 NAV 乘以该比值，可以获得整只基金的交易价格。最后，根据 S 份额在基金中的比重 R%，可得出 S 基金份额的交易价格。公式为：

$$\text{S 份额的交易价格} = \frac{\text{可比基金交易价格}}{\text{可比基金的资产净值}} \times \text{S 份额所在基金的资产净值} \times R\%$$

（2）上市私募股权基金的历史交易（listed private equity funds）

在总结出标的基金的详细特征之后，根据这些特征在市场上搜寻是否存在类似的有公允估值的私募股权基金。如果有，可以计算出该只基金的总价值（市场价值 + 债务），并计算出总价值和可比基金的资产净值之间的比值。得到比值之后，用该比值乘以标的基金的资产净值以及 S 基金份额在整个标的基金中的比重 R%，即可得到标的基金的交易价格。公式为：

$$\text{S 份额的交易价格} = \frac{\text{可比基金总价值}}{\text{可比基金的资产净值}} \times \text{S 份额所在基金的资产净值} \times R\%$$

---

[1] Tichelen，A. van，*Private Equity Secondary Market Valuation Analysis*. pp. 85 – 86；Jameson Haslam，"How Do GPs Calculate Net Asset Value?"，https://www. linkedin. com/pulse/pe-101-how-do-gps-calculate-net-asset-value-jameson-haslam，November 10，2020.

2. 自下而上法(bottom-up approach)[1]

自下而上法是从基金层面出发,通过一定的假设,计算项目和基金的未来现金流,并采用现金流折现法,观察在代入某个收购价格之后,S 基金买家的现金流的 IRR 回报倍数[2]是否符合预期的要求[3](见图 6.3)。

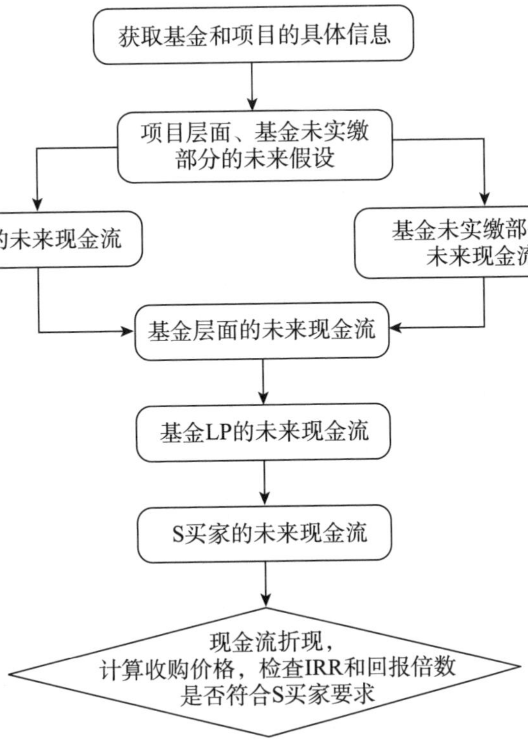

图 6.3 自下而上法示意

(二)人民币 S 基金估值实践

总体而言,中国 S 基金市场刚刚起步,还没有走过一个完整的兴衰沉浮周期,二手份额转让交易量仍然处于低位,国内二手基金份额的交易机制尚不健全,不同转让方对于交易的价格可能看法迥异。在我国私募基金二级市场的估值定价体系尚未成熟,在尚未形成一个有公允性的股权市场估值体系的条件下,提供准确估值具有一定的难度。

其中,信息不对称可能是当前人民币基金市场 S 基金份额估值定价的最大问题之一。

---

〔1〕 Tichelen, A. van, *Private Equity Secondary Market Valuation Analysis*. pp. 85 – 86; Jameson Haslam, "How Do GPs Calculate Net Asset Value?", https://www.linkedin.com/pulse/pe-101-how-do-gps-calculate-net-asset-value-jameson-haslam, November 10, 2020.

〔2〕 IRR(Internal Rate of Return)是指在一定时期内,使投资和回报产生的全部现金流净现值为零的折现率,其考虑了资本的时间价值。IRR 在国内经常是评判一个股权基金业绩好坏的重要指标。

〔3〕 参见钱宇娟:《海外 S 份额的估价案例分析》,载搜狐网,https://www.sohu.com/a/333977827_196778,2020 年 11 月 9 日最后访问。

投资人所能获得的信息很大程度上取决于目标基金 GP 的配合,往往局限于目标基金 GP 提供的基金报告、当初投资时对目标公司的尽职调查报告(以及原 GP 所获得的项目的财务报表、董事会纪要)等材料。投资人对投资标的的信息掌握往往流于浅显、片面有时甚至过时,在此基础上要对资产进行合理的估值定价,对于 S 基金投资人的能力要求很高。

在实践中,由于国内目前上市的私募股权基金并不多,导致作为估值参考基准的同类基金群尚不存在,人民币基金管理人项目评估的标准也未达成一致,使自上而下法很难在我国得到应用。另外,目前国内 S 交易基本上是买家市场,买家比较强势,容易获得原 GP 的配合,从而提供比较全面的基金和项目信息。同时,S 交易买家虽然数量少,但本身一般是专业程度较高的机构投资人,更加看重底层资产,具备主动调查的意愿和项目估值的能力。这些因素都导致自下而上法成为更多采用的方法。参照《私募股权投资估值指引》、IPEVG 或其他国际估值指引中的相关标准,选用适当的估值方法、按照资产的实际情况确定目标基金的单个项目资产的估值基础,通过单独的溢价或折价安排,得到单个项目资产的估值。随后将单个项目资产的估值相加,从而确定 S 份额的估值基础并在此基础上给予一定比例的流动性折扣。

/第六节/

私募基金服务业务监管

私募基金管理人将非核心业务外包给服务机构,有利于降低中后台的运营成本,并使其可以专注于投研和资产配置等核心业务,因此实践中私募基金管理人有聘请服务机构的切实需求。从监管者的角度出发,则需要颁布相应的法律法规,以便规制私募基金服务机构的资质、私募基金服务机构提供服务的流程以及相关主体的合规问题。

一、监管体系简介

在法律法规的层面上,《基金法》中有专章对基金服务机构的类型、资质要求进行了总括性的规定。《证监会 105 号文》也把私募服务机构纳入私募基金业务主体的监管范畴,即明确其在开展私募基金业务时的勤勉尽责义务、禁止从事的行为、监督管理及违反法规时适用的惩罚措施等。

在自律规则的层面上,基金业协会曾于 2014 年就外包业务发布了《基金业务外包服务指引(试行)》(中基协发〔2014〕25 号,现已失效,以下简称《基金外包指引》),规定了公、私募基金管理人开展业务外包的主要环节。在 2017 年 3 月 1 日,为适应私募基金服务业的发展,基金业协会正式发布《基金服务业务管理办法》和《私募投资基金服务机构登记法律意见书指引》(以下简称《服务机构登记法律意见书指引》),《基金外包指引》同时废止。

《基金服务业务管理办法》明确规定了私募基金服务业务的范畴,即把私募基金服务业务分成基金募集、投资顾问、份额登记、估值核算、信息技术系统五类，其中重点规范份额登记、估值核算和信息技术系统服务业务，并通过“总述+分述”的方式规定了前述三项业务分别需要满足的业务规范，基金募集业务和投资顾问业务的相关规定由基金业协会另行制定。值得注意的是，截至2020年12月31日，基金业协会尚未就投资顾问业务出台相关的规定。

《服务机构登记法律意见书指引》是针对为私募基金提供前述服务的私募基金服务机构（以下简称服务机构）在基金业协会完成登记而需要提交法律意见书的内容、出具要求、形式等提供指引。

另外，基金业协会于2019年7月3日发布了《关于公布第四批私募基金服务机构名单的公告》（以下简称《第四批服务机构名单公告》），要求基金管理人委托在基金业协会完成登记并入会的服务机构提供私募基金服务业务。《第四批服务机构名单公告》进一步规定了私募基金服务机构筛选入会的条件，即从“合规风控、人力资本、运营能力、金融科技和生态培育”五大维度评估筛选入会。基金业协会后续拟将私募基金服务机构评估体系有关内容明确到《基金服务业务管理办法》中，并公开发布。

目前，私募基金服务业务在基金业协会的官网上是一个独立的业务模块，基金业协会为私募基金服务机构进行网上填报以及办理登记申请提供了相关的文件模板、系统操作手册等文件，并开通了专门的咨询热线和邮箱。官网上同时就基金服务业务问答开辟了专栏，以回答私募基金服务机构在登记过程中遇到的一些常见问题。私募基金服务机构在基金业协会官网上的登记流程，如图6.4所示。

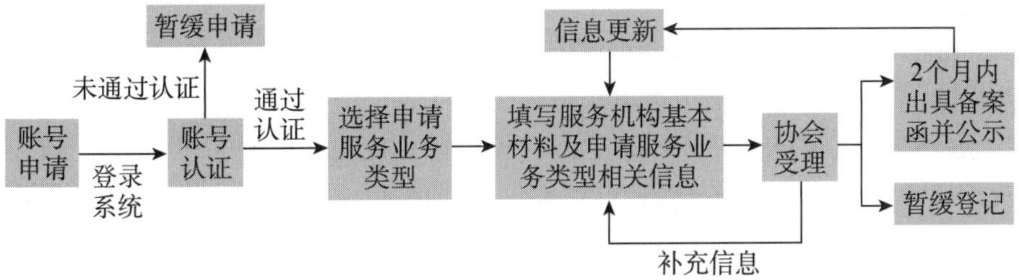

图6.4 私募基金服务机构的登记流程示意

值得注意的是，基金业协会在其官网上发布了一份与私募基金管理人/私募基金公示信息页面类似的免责声明，即其官网上公布的服务机构的公示信息不构成对服务机构服务能力、持续合规情况的认可，不作为对基金财产和投资者财产安全的保证，私募基金管理人委托服务机构开展服务业务前，应对服务机构开展尽职调查并与服务机构签订书面服务协议。[1]

〔1〕 参见基金业协会官网的免责声明，载基金业协会网，http://www.amac.org.cn/businessservices_2025/privatefundservicebusiness/，2020年12月31日最后访问。

二、人民币基金使用私募基金服务业务的现状

(一)基金销售(placement agent)

基金销售虽然因落入基金募集业务范畴而属于私募基金服务业务的一类,但从适用法律法规的角度而言主要依据的是《募集行为管理办法》而非《基金服务业务管理办法》。在中国,基金销售包括两种方式。

1. 直销

基金管理人可以直销其募集的基金产品。

2. 代销

在中国证监会注册取得基金销售业务资格并已成为基金业协会会员的机构可以从事销售业务,代销第三方发行的基金产品。

根据《公募基金销售机构管理办法》的规定,商业银行、证券公司、期货公司、保险机构、证券投资咨询机构、独立基金销售机构以及证监会认定的其他机构申请注册基金销售业务资格需要满足一定的条件,包括取得基金从业资格的人员不少于20人,其中独立基金销售机构还需具备不低于5000万元人民币的净资产、高管均取得基金从业资格且熟悉基金销售业务等。

根据《募集行为管理办法》的规定,私募基金管理人委托私募基金销售机构募集私募基金的,应当以书面形式签订基金销售协议,并将协议中关于私募基金管理人与私募基金销售机构权利义务划分以及其他涉及投资者利益的部分作为基金合同的附件。

(二)估值及其他基金行政服务

在中国,为私募基金管理人提供后台运营服务的专业私募基金行政服务商较少。且从目前基金业协会公示的、已经完成登记的私募基金服务机构的名单来看,大多数还是证券公司、商业银行、基金管理公司,即私募基金行政服务仅是其业务的一部分,独立基金行政外包机构还是少数。从国外成熟市场的经验来看,独立的运作模式更有利于私募基金行政服务商的市场化;另外,与托管机构的隔离越彻底,越能体现独立行政管理人的客观和专业水准。随着私募基金行业的规模扩大以及私募基金所受的监管要求日益趋严,私募基金对于聘请独立的私募基金行政管理人以完成私募基金日常运营中的提款、分配、与托管银行沟通,以及履行对于基金业协会及投资人的信息报送和披露义务等事项的需求将日益增加,私募基金行政管理人,尤其是独立行政管理人在中国的发展可以拭目以待。

(三)投资顾问

对于私募基金管理人而言,其除了可以自发基金产品以外,还可以采取担任私募投资顾问的业务模式。私募基金管理人以产品投资顾问方式开展业务在中国私募基金行业发展初期是一种常见的"阳光私募"的模式,但在实践中,该种模式也因为在发展后期逐渐被作为规避监管的一种通道业务而备受诟病,且急需有关部门出台相关的监管规则予以监管。早在2016年《规范管理人登记公告》出台之时,基金业协会负责人就表示正在抓紧研究制定投资顾问的相关业务管理办法,可惜的是,截至2020年12月31日,该办法仍然未出台。

《私募基金条例(征求意见稿)》中倒是明确了持牌金融机构或者是已经在协会登记的私募基金管理人,都可以成为私募基金的投资顾问。但该项规定较为原则,且尚作为征求意见稿,因此无法为投资顾问业务的开展提供具体的指引。

由于前述提及的通道业务造成的监管困难,《资管新规》明确,金融机构不得为其他金融机构的资产管理产品提供规避投资范围、杠杆约束等监管要求的通道服务。但金融机构可以聘请具有专业资质的受金融监督管理部门监管的机构作为投资顾问。实践中,就该条规定中"受金融监督管理部门监管的机构"是否包括仅在基金业协会完成私募基金管理人登记的、不属于金融机构的一般私募基金管理人仍然存在争议,这就使私募基金管理人为金融机构发行的资管产品提供投资顾问服务具有一定的不确定性。在《私募资管细则》中,则明确规定了证券期货经营机构私募资产管理计划仅可以聘请从事资产管理业务的证券期货经营机构、商业银行资产管理机构、保险资产管理机构以及中国证监会认可的其他金融机构,或者满足一定条件的私募证券投资基金管理人担任投资顾问,这就使私募股权(创业)投资基金管理人无法作为证券期货经营机构资产管理计划的投资顾问。类似的《理财子公司管理办法》亦仅允许满足一定条件的私募证券投资基金管理人成为理财子公司的投资合作机构(如投资顾问)。更多理财子公司相关内容请见本书第四章第五节。

综上所述,在目前的监管体系下,私募股权(创业)投资基金管理人从事投资顾问业务还存在较多的不确定性。

/第七节/

基金设立及运营中的反垄断合规问题

投资基金行业对于《反垄断法》下的"经营者集中申报"(通常也称"反垄断申报")制度并不陌生,但大多局限于基金下游投资环节,即某一具体投资交易是否会触发经营者集中申报的问题。然而,很少人能意识到基金设立本身也可能构成一项"经营者集中",从而可能触发《反垄断法》下的申报义务。在本章中,我们对基金设立经营者集中申报的判断标准及审查流程进行了梳理,并结合笔者的实务经验,分析了实践中几种常见的可能触发申报的基金结构,以帮助基金客户预判基金设立中可能存在的经营者集中申报问题,避免因未依法申报而造成合规风险。

一、需要进行经营者集中申报的交易

根据《反垄断法》的要求,如果一项交易同时满足以下条件,交易方就应当依法向国家市场监督管理总局(以下简称反垄断局)进行经营者集中申报,未经批准不得实施交易:

1. 交易构成一项"经营者集中";且

2. 参与集中的经营者营业额达到以下法定申报门槛:

(1)参与集中的所有经营者上一会计年度在全球范围内的营业额合计超过100亿元人民币,或在中国境内的营业额合计超过20亿元人民币;且

(2)其中至少两个参与集中的经营者上一会计年度各自在中国境内的营业额均超过4亿元人民币。

二、"经营者集中"的定义

《反垄断法》第20条规定:"经营者集中是指下列情形:

1. 经营者合并;

2. 经营者通过取得股权或者资产的方式取得对其他经营者的控制权;

3. 经营者通过合同等方式取得对其他经营者的控制权或者能够对其他经营者施加决定性影响。"

对于新设合营企业,如果至少有两个经营者共同控制该合营企业,则构成经营者集中。[1] 因此,对于基金而言,如果基金设立时有两个以上投资人(或称合伙人)对基金拥有共同控制权,则基金设立的交易会构成一项"经营者集中"。

三、"参与集中的经营者"的定义

就基金设立而言,"参与集中的经营者"一般是对新设基金拥有控制权的投资人,通常情况下是基金的普通合伙人(尤其是执行实务合伙人),但有限合伙人也可能通过一些特定投资人权利拥有基金控制权。此外,在多只基金设立联合投资载体的情形下,取得对联合投资载体共同控制权的多只基金也可能被认定为"参与集中的经营者"。关于控制权的认定标准,详见第四点。

四、"控制权"的认定

目前《反垄断法》对控制权并没有明确的定义。实践中,反垄断局会综合考察股权和表决权结构、管理层结构以及企业重大经营管理事项的决策机制判断企业的"控制权"情况,具有很大自由裁量权,且倾向于宽泛的解释。

需要注意的是,《反垄断法》下的控制权与通常公司治理中理解的"控股权"和会计制度下并表要求的"控制权"的内涵并不完全相同。显著的差异体现在,《反垄断法》下的控制权既包括单独控制,也包括多个控制人共同控制的情况。并且,即使一方没有单方决定的权利,如果对某些重大事项拥有否决权,也可能构成反垄断法意义上的控制。

根据我们的实践经验,下述股东权利通常会被反垄断局认为构成"控制权":

1. 拥有超过50%以上有表决权的股权;或

2. 虽未持有50%以上有表决权的股权,但对公司重大战略性经营管理事项拥有决定权或否决权。这些重大战略性经营管理事项通常包括:

(1)提名或任命公司高级管理人员[如总经理或财务总监];

---

[1] 《关于经营者集中申报的指导意见》第4条。如果仅有一个经营者单独控制该合营企业,其他的经营者没有控制权,则不构成经营者集中。

(2)决定或否决公司的经营方针和投资计划;

(3)决定或否决年度财务预算方案、定价政策和商业计划;

(4)决定或否决公司日常经营活动的重大交易。

上述判断标准尽管是基于公司制企业的控制权判断的经验总结,但在基金设立实践中,投资人也可参考上述标准判断拟设立基金的控制权情况。

具体而言,在私募投资基金结构中,一般由一家基金管理公司或其关联实体作为GP,负责基金的发起、设立,决定基金募集规模及投资领域,制定基金的投资策略,并决定基金的具体投资项目。尽管通常情况下GP持有的基金份额极小(比如为基金规模的1%),但由于其对基金的运营、管理和投资活动具有广泛的决策权,因此通常认为GP对基金拥有控制权。

LP的情况则可能存在差异。在传统的基金结构下,有限合伙人通常作为财务投资人参与基金份额的认购,尽管出资比例较大,但不参与基金的具体运营管理和投资决策。在此情况下,尽管LP作为基金投资人,拥有对基金收益分配的决策权、投资项目的知情权等投资人权利,但该等权利一般可被认为是保护投资人投资利益的必要"保护性权利",不影响基金的运营和管理,因此一般不构成《反垄断法》意义上的"控制权"。但是,如果LP对基金的管理和投资决策拥有决定权或否决权,如对基金具体项目投资拥有一票否决权,或者能实际控制投资决策委员会的决策,则很可能被认定为拥有基金控制权。需要注意的是,如果LP仅有就某一具体投资项目决定自己是否参与投资的权利(而无权决定基金是否投资该项目),或者在投资决策委员会中只有观察员席位,或只有表决权但无法实际控制委员会投资决策,则这些权利通常仍可视为"保护性权利",不构成《反垄断法》意义上的控制。

因此,基金合伙人如果享有以下权利之一,即有可能被认为构成控制:决定或否决基金投资计划;决定或否决基金年度投资预算方案;决定或否决基金参与具体投资项目以及决定基金的日常运营和管理事项。反之,如下权利则不太可能被认为构成控制:批准对合伙协议的修改;批准投资领域的变更及批准基金的收益分配方案。

基于以上,如果新设合伙制基金有两名或以上合伙人拥有对基金具体运营管理和投资决策的控制权,则构成共同控制,基金设立从而构成《反垄断法》下的经营者集中。

五、实践中常见的构成经营者集中的基金结构

(一)GP与LP共同控制

该基金结构常见于一些大型LP或政府引导基金参与的基金。这类型基金或者只有唯一的LP,或者LP数量有限,投资较为集中,某些认购份额大的LP或政府引导基金可能会要求在通常财务投资人"保护性权利"外,获得对基金额外的控制权(如对基金投资项目拥有一票否决权),从而导致与GP构成共同控制的问题。在这种情况下,如果GP与LP的营业额达到申报门槛,则需要进行经营者集中申报(见图6.5)。

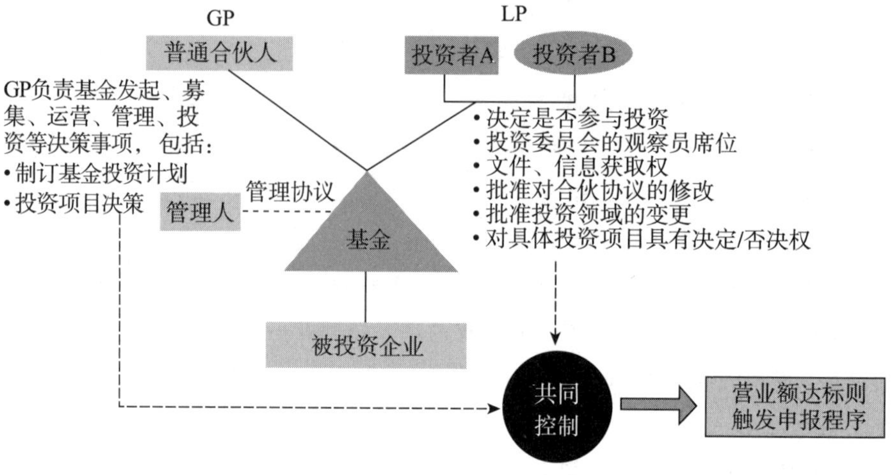

图 6.5　GP 与 LP 共同控制的基金结构

相关案例：

瑞科悦购私人有限公司（以下简称瑞科悦购）和恒信基金有限合伙（以下简称恒信）新设合营企业业案。瑞科悦购与恒信拟在开曼群岛新设一家基金，投资中国境内的"大悦城"品牌房地产项目。根据反垄断局网站公示，瑞科悦购是基金的 LP，恒信是基金的 GP，基金将由瑞科悦购与恒信共同控制。（2017 年 9 月在反垄断局网站公示）由于基金由 LP 和 GP 共同控制，在 LP 和 GP 的营业额达到法定门槛的情况下，基金的设立触发了反垄断申报。

（二）双 GP 或多 GP 控制

该基金结构常见于由两家或多家基金管理企业或投资平台共同发起的基金。双 GP 或多 GP 又可能包括两种架构：一种是由两个或多个基金管理公司/发起人共同设立一家合资企业作为 GP，发起设立新基金从事投资活动；另一种则是由两个或多个基金管理公司/发起人直接发起设立新基金，并同时担任基金的 GP。在第一种架构下，如果 GP 的重大管理事项均由这两个或多个基金管理公司或发起人一致同意，该 GP 即可能被认为由该等多个基金管理公司共同控制，新基金 GP 的设立将被认为是一项"经营者集中"。在第二种架构下，如果基金的重大事项均由该两个或多个基金管理公司或发起人决定，则该两个或多个基金管理公司或发起人即可能被认为共同控制基金，相应地，基金的设立将被认为是一项"经营者集中"，基金共同控制方的营业额如果达到申报门槛，则需要进行经营者集中申报（见图 6.6）。

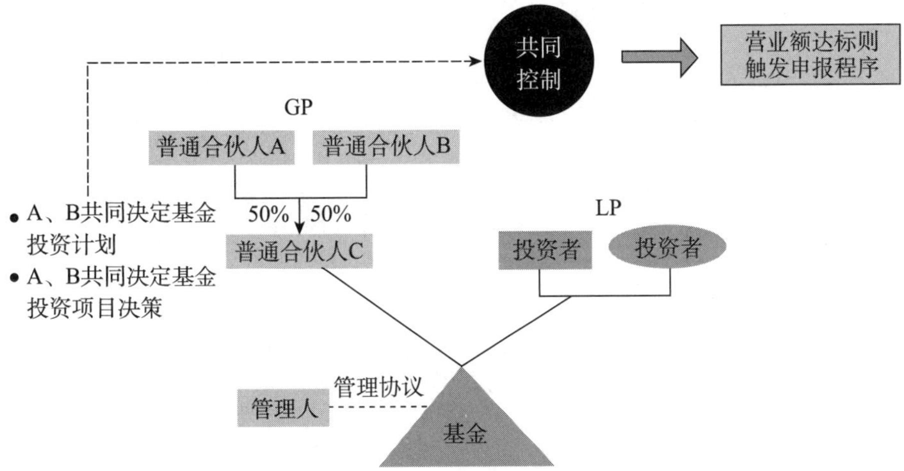

图 6.6 双 GP 共同控制的基金结构

相关案例：

1. 上海双创投资管理有限公司（以下简称双创）与上海建银国际投资咨询有限公司（以下简称建银国际）新设合营企业案。双创与建银国际拟新设一家合营企业，双方在合营企业中分别持股 65% 和 35%，并共同控制合营企业。合营企业将作为普通合伙人设立一家私募基金，专注于科技创新领域的投资。（2020 年 5 月在反垄断局网站公示）由于基金的 GP 为由双创和建银国际共同控制的合营企业，在双创和建银国际的营业额达到法定门槛的情况下，GP 的设立触发了反垄断申报。

2. 阿斯利康投资（中国）有限公司（以下简称阿斯利康）和中金资本运营有限公司（以下简称中金资本）新设合营企业案。阿斯利康投资、中金资本新设合伙制医疗产业基金，由阿斯利康和中金资本担任基金的共同执行事务合伙人，投资医疗健康领域。（2020 年 9 月在反垄断局网站公示）根据反垄断局网站公示，阿斯利康和中金资本将取得对基金的共同控制权。因此，在阿斯利康和中金资本的营业额达到法定门槛的情况下，基金的设立触发了反垄断申报。

（三）多基金设立联合投资载体

除上述两种情形外，实践中有些不同的基金希望共同设立联合投资载体，对某一项目进行联合投资。在这种情况下，判断该等联合投资载体的设立是否构成“经营者集中”，需要结合上文列举的可能触发控制权的事项，评估是否会有两个或以上基金对该联合投资载体取得共同控制。例如，如果联合投资载体的日常运营、高管提名/任免以及投资项目的选择和决策需要全部基金同意，则这些基金将可能被认为对联合投资载体拥有共同控制权（见图 6.7）。

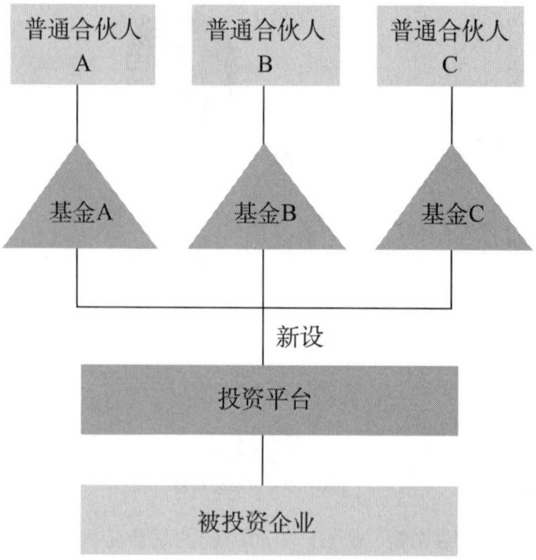

图 6.7　多基金设立联合投资载体

相关案例：

荷兰汇盈不动产投资共同基金与易商红木开曼有限公司等经营者新设合营企业案。荷兰汇盈不动产投资共同基金(以下简称荷兰汇盈)、易商红木开曼有限公司(以下简称易商红木)和瑞科欧蓝德私人有限公司(以下简称瑞科欧蓝德)建立共同投资平台,计划在日本投资物流地产项目。根据反垄断局网站公示,共同投资平台将由荷兰汇盈、易商红木和瑞科欧蓝德共同控制。在荷兰汇盈、易商红木和瑞科欧蓝德的营业额达到法定门槛的情况下,投资平台的设立触发了反垄断申报(2019 年 7 月在反垄断局网站公示)。

六、参与集中经营者的营业额的计算

在判断参与集中的经营者营业额是否达到第一点中所列法定申报门槛时,需要按照下述标准计算各参与集中经营者的营业额。

(1)“营业额”为相关经营者上一会计年度内销售产品和提供服务所获得的收入,扣除相关税金及其附加。

(2)营业额计算适用“集团”营业额概念。即在计算相关经营者的营业额时,不仅包括经营者自身的营业额,也包括该经营者最终实际控制人的营业额,以及该实际控制人实际控制的所有其他经营者营业额之和。

(3)对于基金而言,基金集团营业额既包括参与交易的单只基金的营业额,也包括该基金最终控制人旗下控制的其他所有关联基金的营业额,而无论其他关联基金与拟设基金的投资领域是否相关。

(4)由于基金的主要业务活动为股权投资,计算基金营业额时无须计算基金的投资收益,但应当将基金投资并取得控制权的所有被投企业产生的营业额记作基金的营业额,无论该被投企业所在行业是否与拟设基金的投资领域相关。关于基金对被投企业控制权的认定标准,请参考本节第四点。

(5)基金每完成一项取得控制权的收购,均需要将被投企业营业额加入基金的“集团”营业额中,并重新评估是否会导致该基金上一年度营业额超过法定申报门槛。

七、境外基金的申报

按照《反垄断法》的要求,满足本节第一点所列“经营者集中”和“营业额”两个标准的基金设立交易,无论基金(及/或其上层实体)是否设立在中国境内,或其募集资金是否投资于中国境内,在基金注册成立前均需要在中国进行经营者集中申报并取得批准。

八、经营者集中申报审查时限和流程

对于达到申报标准的基金设立项目,需要在基金成立前向反垄断局进行经营者集中申报并取得批准。申报分为简易程序和普通程序两种,对于大部分基金设立交易,一般均可适用简易申报程序,在申报提交后1.5~2个月内可以审批通过。简易案件基本审查流程如下。

(1)申报材料提交后,反垄断局会对申报材料进行审查并提出补充材料、信息要求,在申报方将补充材料、信息提交齐备后反垄断局才会正式立案。对于立案前的审查程序目前并无法定时限要求,实践中取决于反垄断局的问题要求及申报方的答复速度,一般在4周左右。

(2)简易案件立案后,反垄断局会在其网站(http://www.samr.gov.cn/fldj/ajgs)[1]上对申报案件进行为期10个自然日的公示,公示期内第三方对案件适用简易程序有异议的,可向反垄断局提出意见。

(3)公示期内如无第三方异议,可在立案后30个自然日内获得批准。2020年,简易案件平均在立案后14天就可获得反垄断局的批准。

九、未依法申报的法律后果

根据《反垄断法》第48条的规定,达到经营者集中申报标准,但未依法在交易交割前申报并取得批准的交易,申报义务人将被处以最高不超过人民币50万元的罚款。此外,如果交易可能产生限制竞争效果,反垄断局还有权要求交易各方停止实施交易,或通过限期处分股份或资产等方式恢复到集中前的状态。

近年来,反垄断局对未依法申报案件的执法力度不断加强,查处案件数量呈上升趋势,并且已有对基金进行处罚的实际案例。例如,2019年12月,安博凯因收购上海思妍丽实业股份有限公司股权并取得控制权,但未依法进行申报,被反垄断局立案调查并处以人民币35万元的罚款。2020年6月,中国台湾地区某水泥股份有限公司(以下简称台湾水泥)与土耳其军队退休基金实体Ordu Yardimlasma Kurumu(以下简称OYAK)也因为设立共同控制的合营企业未有依法进行申报,被反垄断局连调查并各处以人民币30万元的罚款。值得注意的是,据报道,该合营企业于荷兰设立,将于土耳其开展水泥业务。由此可见,即使境外基金开展对中国市场不具有竞争影响的交易,但只要交易满足中国的申报标准,也需要进行经营者集中申报,未依法申报将会面临处罚。需要说明的是,目前正在进行的《反垄断法》的修订,

---

[1] 2021年1月17日最后访问。

立法机关也已考虑进一步提高未依法申报的罚款金额,并在2020年1月公布的《反垄断法》修订草案(征求意见稿)中将罚款标准改为"涉案经营者上一年度营业额的1%~10%"。尽管罚款标准尚未最终确定,但立法机关此举表明了其加大对未依法申报行为处罚力度的态度,未来经营者不依法申报的违法成本也将会大幅提高。

除上述法律风险外,未依法申报的新设基金在实践中还有其他不容忽视的风险:

首先,如果反垄断局启动一项未依法申报的调查,调查过程可能持续数月至一年多不等,经营者应对调查付出的时间和成本远超过正常申报所需要的时间及成本。例如,上文提到的安博凯收购思妍丽案,从反垄断局正式立案到作出处罚决定就接近半年时间(175天),而台湾水泥与OYAK新设合营企业案从正式立案到作出处罚决定更历时10个多月(317天),整个调查过程则耗时更长。

其次,尽管目前对未依法申报案件的处罚金额不算太高,但由于反垄断局处罚决定将在网上公布,对于基金(特别是一些较大的美元基金)的声誉和合规记录将有不良影响。

此外,如果基金设立后其后续投资项目的交易需要申报,在申报材料中基金作为申报方需要对其设立及运营合规作出书面声明。如果基金的设立未依法申报,将无法确认其企业设立合规,这将给其后续投资项目的申报以及实施造成障碍。如果基金在后续投资项目申报的过程中被反垄断局发现其先前设立存在未依法申报的问题,反垄断局将会启动对于基金的调查,一旦反垄断局就此前交易启动未依法申报调查,在调查结束前,反垄断局有可能暂停或延迟审批正在进行申报的交易,从而可能影响交易进度。

与基金下游投资不同,基金设立阶段的反垄断问题尚未引起业界应有的关注。基金管理人/发起人应当重视基金设立中的潜在"共同控制"问题。如果在架构设计阶段基金拟采取共同发起人模式或联合投资载体模式,或者任何LP提出了超出一般消极投资人的特殊权利诉求,发起人应当及时寻求专业帮助,尽早对交易是否可能触发经营者集中申报进行评估。近年来,反垄断局对未依法申报案件的执法力度不断加强,并已考虑在立法层面加大对未依法申报行为的处罚力度。对达到申报标准的交易,发起人应当合理计划项目时间表,确保基金在完成设立前取得申报批准,避免未依法申报给企业带来的合规风险。

/第八节/

基金运营中的反洗钱合规问题

洗钱,是指将通过犯罪或其他非法手段所获得的金钱、伪钞,经过合法金融作业流程之类的方法,掩盖其真正的资金来源以及所有权,以"洗净"为看似合法的资金。由于洗钱通常通过金融业务流程得以实现,因此各国对于提供金融服务或是参与金融业务的主体往往会施加反洗钱义务。综合多数私募投资基金常用注册地的监管实践可见,私募基金管理人及私募基金作为为他人提供资产管理、投资服务的主体，通常也受制于反洗钱监管。在我国目前的私募投资基金监管体系下，监管者对于未被纳入金融机构范围的私募基金管理人和私募投资基金的反洗钱义务也仅有原则性规定而未给予具体指导，私募基金管理人的反洗钱义务的履行在实践中也处于较为自发且初级的阶段。有鉴于此，我们在本节简略介绍国际反洗钱的监管概况和主流境外私募投资基金注册地的监管实践，并简单梳理中国反洗钱相关规定，以供未被纳入金融机构范围的私募基金管理人在监管尚未明确的阶段主动履行相关反洗钱义务时参考。

一、《反洗钱和反恐怖融资40条建议》

在国际层面上，打击洗钱、资助恐怖主义等对国际金融体系完整性造成不利影响的工作主要是由反洗钱金融行动特别工作组(Financial Action Task Force on Anti-Money Laundering，FATF)开展的，FATF为一个由各成员方(包括下文将详细介绍的中国、美国、欧盟、卢森堡)于1989年成立的政府间机构，截至2020年12月31日，其成员方包括39个国家和区域型组织。[1] FATF于2012年发布的《反洗钱和反恐怖融资40条建议》，[2]是世界上反洗钱和反恐融资的最权威文件。具体到各国，尽管不同国家的反洗钱监管力度不一样(如在对义务主体的范围界定、义务主体需要履行的反洗钱程序、罚则等方面存在差异)，但可以看到其监管的思路在大体上均与《反洗钱和反恐怖融资40条建议》保持一致。

二、主流境外私募投资基金注册地的反洗钱监管概述

(一)美国特拉华州

美国特拉华州(State of Delaware)由于其历史悠久、拥有健全的成文立法和司法判例及成熟的法律和金融专业服务等优势，一直是国际私募基金最主流的设立地之一。特拉华州的反洗钱监管主要来自美国联邦层面以及特拉华州层面的立法。联邦层面的立法按照历史沿革主要包括如下法律：《1970年银行保密法案》(以下简称《银行保密法案》)、《1986年洗钱控制法案》、《1992年阿农齐奥—怀利反洗钱法案》、《1994年反洗钱法案》、《1998年洗钱和金融犯罪策略法案》、《2001年美国爱国者法案》(以下简称《爱国者法案》)、《2004年情报改革和防恐法案》以及《2017年打击洗钱、恐怖主义融资和造假法案》。[3] 其中最核心的立法为《银行保密法案》以及《爱国者法案》。另外，美国众议院于2019年10月22日通过一项

---

〔1〕 参见“FATF Members and Observers”，http://www.fatf-gafi.org/about/membersandobservers/，2021年1月16日最后访问。

〔2〕 《反洗钱和反恐怖融资40条建议》的完整英文版本可在FATF的网站上获取，并由FATF不时更新并发布[最近一次更新为2020年10月，增加了一个解释性说明以澄清《反洗钱和反恐怖融资40条建议》同样适用于虚拟资产活动(virtual assets activities)和服务供应商]。《反洗钱和反恐怖融资40条建议》文本详见FATF网，http://www.fatf-gafi.org/publications/fatfrecommendations/documents/fatf-recommendations.html，2021年1月16日最后访问。

〔3〕 关于美国反洗钱立法的历史沿革，具体可以参考FinCEN网站上的介绍，详见History of Anti-Money Laundering Laws，https://www.fincen.gov/history-anti-money-laundering-laws，2021年1月16日最后访问。

法案《2019年公司透明法案》，要求壳公司向美国政府报告在公司内拥有重大财务利益或实际运营控制者的姓名，以打击洗钱和其他犯罪行为。[1] 美国政府中主要负责反洗钱、打击恐怖主义融资和客户尽调相关监管的部门是财政部下属的美国金融犯罪执法网（Financial Crimes Enforcement Network，FinCEN），FinCEN还就其管辖下的不同类型的金融机构颁布了适用于该机构的反洗钱具体适用细则。美国反洗钱立法体系主要由如下内容组成。

1. 义务主体

根据《爱国者法案》第352条，金融机构均需制定反洗钱方案，也就是说，金融机构为反洗钱的义务主体。《爱国者法案》中所指的金融机构，包括存储机构（如零售银行、商业银行、私人银行、信用合作社、储蓄所和储蓄机构），金融服务商（如汇票或旅行支票的发行人或卖家、支票兑换商、预付费服务提供商或卖家、货币兑换商），大宗商品、共同基金、保险公司等领域的经纪商、期货商以及介绍经纪商等。值得注意的是，FinCEN将反洗钱的义务主体扩展适用至在美国证监会进行注册的投资公司以及投资顾问，[2] 而根据美国《1940年投资公司法》及美国《1940年投资顾问法案》，除非满足某些豁免条件，在美国设立的私募基金以及私募基金管理人通常都需要向SEC注册，因此其也被纳入反洗钱合规的义务主体范围内。

2. 反洗钱合规相关程序

《爱国者法案》要求金融机构制定至少涵盖如下四个方面的反洗钱合规方案：[3]

——制定书面的内部政策、程序和控制措施；

——任命1名或多名个人负责协调以及监控反洗钱合规程序；

——实施对承担反洗钱职责的员工的持续培训计划；和

——对反洗钱合规方案进行独立测试。

除此之外，《爱国者法案》还要求金融机构及时地在涉嫌违法交易发生之后提交可疑活动报告（suspicious activity report，SAR）并提供有关交易嫌疑人的信息、可疑活动的类型、涉及的美元金额、任何对金融机构造成的损失，以及提交报告的金融机构的信息。[4] 尽管要求提交SAR的效果是促使金融机构对客户进行尽职调查，但《爱国者法案》并未直接规定客户尽职调查的相关要求。

FATF在2006年和2016年对美国反洗钱法律体系的两次评估中均认为美国在与客户尽职调查要求有关的几个领域有待进一步加强监管。为了更好地符合国际标准，FinCEN于

---

[1] Corporate Transparency Act of 2019，10/23/2019 Received in the Senate and Read twice and referred to the Committee on Banking，Housing，and Urban Affairs，https://www.congress.gov/bill/116th-congress/house-bill/2513，2021年1月16日最后访问。

[2] 参见由国际知名离岸律所Walkers组织的专家论坛及记录文章《私募股权及对冲基金的反腐败、反洗钱以及海外资产控制风险》，载Walkers网，https://www.walkersglobal.com/images/Publications/Articles/2016/10.17.2016_Risk_and_Compliance_RoundTable.PDF，2021年1月16日最后访问。

[3] 《爱国者法案》第352条。

[4] USA PATRIOT Act of 2001，Section 356.

2016年5月根据《银行保密法案》颁布了《金融机构客户尽职调查要求最终规则》,[1]明确规定了受其管辖的金融机构需要对其客户的实际权益所有人进行尽职调查,并持续更新客户资料,该规则已于2018年5月11日生效。基于美国强化反洗钱监管的努力,FATF在2020年对美国的重新评估中将与客户尽职调查相关的内容从部分合规调整为大部分合规。目前40项建议中,美国实现9项合规,22项大部分合规,5项部分合规,4项不合规。目前,美国仍在强化监管的后续进程中,并将就加强反洗钱/打击资助恐怖主义措施的执行情况持续向FATF进行报告。[2]

3. 罚则

如果金融机构未能履行反洗钱合规义务(如未能制定符合法律要求的反洗钱合规方案或未能提交SAR),则其根据《银行保密法案》可能会受到刑事或者行政罚款。

4. 特拉华州州立法(草案)

由于特拉华州州立法是允许不披露在特拉华州设立的实体的实际权益所有人的,这就与联邦立法中要求对客户的实际权益所有人进行尽职调查的要求存在矛盾。为了加强州层面的反洗钱监管要求,美国众议院于2017年提出《反恐怖主义和非法融资法案》草案,该草案提议对特拉华州的公司实体(corporation)以及有限责任公司(LLC)施加实际权益所有人报告要求,且负责公司设立事宜的特拉华州州务卿办公室(Delaware Secretary of State)已发函表明其支持该草案以与全国的反洗钱合规标准保持一致。[3] 截至2020年12月31日,该草案尚未正式通过,[4]且就实际权益所有人的报告要求还存在争议,尚待后续跟进立法动态。

(二)开曼群岛

开曼群岛作为境外基金的主要设立地,于2017年修改了多项反洗钱监管的相关法例,并于随后在2017年相关法例版本基础上进行了修补,以改善其监管框架,加强其作为国际离岸金融中心之一的地位。开曼群岛新反洗钱法规体系是在顺应FATF的《反洗钱和反恐怖融资40条建议》基础上进行修订的,按照法律层级从高到低具体由如下法律法规组成:2020年1月16日发布的《犯罪收益法(2020年修订版)》(及其不时之修订,"《犯

[1] 31 CFR Parts 1010,1020,1023,et al.

[2] "United States' progress in strengthening measures to tackle money laundering and terrorist financing", https://www.fatf-gafi.org/publications/mutualevaluations/documents/fur-united-states-2020.html, 2021年1月16日最后访问。

[3] Global Financial Integrity, "New Anti-Money Laundering Bill Neglects Beneficial Ownership", https://www.gfintegrity.org/press-release/new-anti-money-laundering-bill-neglects-beneficial-ownership/, 2021年1月16日最后访问。

[4] 美国国会网站上显示该法案的最新进展为于2018年12月6日提交至众议院财经事务委员会,载美国国会网,https://www.congress.gov/bill/115th-congress/house-bill/6068/text,2021年1月16日最后访问。

罪收益法》”);[1] 2020年1月9日发布的《开曼群岛反洗钱条例(2020年修订版)》(及其不时之修订,以下简称“《反洗钱条例》”),[2] 以及2017年12月13日由开曼群岛金融管理局(The Cayman Islands Monetary Authority,CIMA)根据《反洗钱条例》更新的《开曼群岛关于防止和侦查洗黑钱和恐怖分子融资的指引》及后续陆续发布的《开曼群岛关于防止和侦查洗黑钱和恐怖分子融资的指引(修正案)》(及其不时之修订)。[3] 除了反洗钱法律法规之外,开曼群岛反洗钱督导小组(The Cayman Islands Anti-Money Laundering Steering Group)也于2019年11月中旬编写了涉及房地产、非营利组织、公司服务、逃税和贸易的真实犯罪案件汇编,记录开曼群岛执法和监管经验亦进一步加强开曼群岛的反洗钱反恐怖融资机制的建设。[4] 2020年5月22日,开曼群岛进一步通过了四项与其反洗钱反恐怖融资活动相关的法案(包括《公司法》、《有限责任法》、《信托法》及《银行和信托公司法》),以应对此前欧盟将其纳入避税黑名单的举动。其中包括《公司法》《有限责任法》的修正案修改了公司在注册时必须提供的细节,包括业务性质、财政年度结束日、初始认购人的详细信息和法定股本等,该些信息将可由公众通过付费查询;将发布限制通知的责任从公司转移到公司的服务提供商,在实益所有人不提供法律及监管部门要求的信息之时,发布该等通知以限制实益所有人就其持有的公司权益所有权采取的行动,直至实益所有人合规为止。《信托法》《银行和信托公司法》的修正案新增了个人必须持有许可才可从事信托业务等规定。[5] 2020年6月29日,开曼政府就实益所有人制度引入了行政性处罚措施,开曼公司注册署有权无须经过法庭程序,

---

[1] 《犯罪收益法》最早的版本于2008年9月30日实施,开曼政府之后进行了多次修订,最新版本为2020年1月16日发布的版本。

[2] 《反洗钱条例》最早的版本于2017年10月2日实施,开曼政府于2018年、2019年以及2020年对其进行了数次修订,最新版本为2020年1月9日发布的版本。与前一版(2019年修正版)相比,本次修订涉及如下内容的更新:(1)删除了“可类比司法管辖区清单”(equivalent jurisdiction list),即不再以申请人的国籍是否落入“可类比司法管辖区清单”作为其反洗钱程序是否适用简化尽职调查程序的考虑因素之一;(2)将10%及以上的权益比例作为识别实际权益所有人(beneficial owners)适用的硬性门槛;(3)要求合资格介绍人(eligible introducer)提供的KYC确认文件列明申请人的业务及实际权益所有人;(4)增加特定程序的规定以确保遵循开曼群岛所适用的经济制裁清单。关于本次修订内容的详细介绍可以参考知名离岸律所Maple发布的法律更新,载Maple网,https://maples.com/en/Knowledge-Centre/Industry-Updates/2020/02/Key-Amendments-to-Cayman-AML-Regulations-and-Guidance-Notes,2021年1月16日最后访问。

[3] 《反洗钱和恐怖分子融资指引》最早的版本于2007年5月发布,开曼政府之后进行了多次修订,最新版本为2017年12月13日发布的版本。开曼政府于2018年、2019年以及2020年均就《反洗钱和恐怖分子融资指引》发布了修正案,最新于2020年2月发布的修正案是为顺应《反洗钱条例》的更新而做出,涉及的主题包括评估风险及适用风险基础方法、目标经济制裁、持续监管及虚拟资产服务提供商。关于开曼群岛反洗钱法律体系的更多内容,可参考CIMA网站上的介绍,载CIMA网,https://www.cima.ky/amlcft,2021年1月16日最后访问。

[4] “Cayman provides money laundering case studies”,https://www.internationalinvestment.net/news/4006738/cayman-provides-money-laundering-case-studies,2021年1月16日最后访问。

[5] Michael Klein, Lawmakers pass raft of anti-money laundering bills, https://www.caymancompass.com/2020/05/22/lawmakers-pass-raft-of-anti-money-laundering-bills/,2021年1月16日最后访问。

对违反实益所有人监管要求的人士施以罚款，如相关人士不缴纳罚款，涉及的公司实体可能会被解散清算。[1]

前述反洗钱法律法规主要从如下三个方面来规制反洗钱行为。

1. 义务主体

在开曼群岛，私募投资基金通常采用封闭式/不受监管的基金的形式设立，在2017年的立法修订之前，该类基金是不被纳入反洗钱合规的义务主体范围内的。2017年的修订正是弥补了这一立法的漏洞。根据《反洗钱条例》第3条及第23条，凡是在开曼群岛进行"相关金融业务"(relevant financial business)的实体(义务主体)均需履行反洗钱合规义务，并需在管理层级别上委任1名反洗钱合规官(AML compliance officer，AMLCO)、1名反洗钱报告官(money laundering reporting officer，MLRO)以及1名反洗钱助理报告官(deputy money laundering reporting officer，DMLRO)。[2] "相关金融业务"则由《犯罪收益法》的定义以及附件六进行界定，范围十分宽泛，其中有一条兜底的条款为"任何为他人提供投资、行政管理或者资金管理的行为"(investing，administering or managing funds or money on behalf of other persons)。有鉴于此，私募投资基金属于该条的规范范围内从而需要满足开曼群岛反洗钱体系下的合规要求。另外，由于在开曼群岛申请证券业务牌照的手续相当繁杂且后续合规要求较高，为了免予申请证券业务牌照，私募投资基金管理人如满足相关豁免条件，一般都会在设立时向CIMA申请登记为豁免人士(excluded person)。根据《开曼群岛反洗钱条例(2019年修正案)》和《证券投资业务法(2019年修正案)》，开曼政府进一步发布了要求其时已登记的豁免人士在2019年8月15日前提交反洗钱反恐融资(AML/CFT)表格的通知，要求豁免人士根据其履行反洗钱合规义务的具体情况而填写。[3]

2. 反洗钱合规相关程序

根据《反洗钱条例》的要求和《反洗钱和恐怖分子融资指引》中的规定，义务主体需要建立并维护一系列的程序以履行其反洗钱合规义务，主要包括对客户的资质审查(customer due diligence，CDD)，风险识别及评估、内部反洗钱合规程序(需任命AMLCO)、内部反洗钱报告程序(需任命MLRO以及DMLRO)、记录保存、聘用员工时的审查程序、对雇员的反洗钱培训程序、定期对反洗钱体系进行审查以及行业范围内的反洗钱合规程序等。[4] 其中前四项程序是反洗钱合规程序中较为重要的程序，具体介绍如下。

---

[1] 有关背景也可参考知名离岸律所Maple发布的法律更新，载Maple网，https://maples.com/Knowledge-Centre/Industry-Updates/2020/06/Cayman-Islands-Introduces-Fines-Under-Beneficial-Ownership-Regime，2021年1月16日最后访问。

[2] Cayman Island Anti-Money Laundering Regulations (2020 Revision)，Articles 3 & 33.

[3] 通知全文请见CIMA网，https://www.cima.ky/upimages/noticedoc/SIBL-19-06-2019NoticetoIndustry-ExcludedPersonAML-CFTFormsandRe-re.._final_1560977276.pdf，2021年1月16日最后访问。

[4] Guidance Notes on the Prevention and Detection of Money Laundering and Terrorist Financing in the Cayman Island，Part II，Section 2，Article B.

风险识别及评估程序和CDD程序是紧密联系在一起的。对于在风险识别及评估程序中被评估为低风险的客户，义务主体可以适用简化尽职调查程序(simplified due diligence measures)，即包括采取在建立商业关系之后再核查客户以及其实益所有人的身份信息、减少客户识别信息更新的频率、减轻对交易持续监管和监测的程度、依赖于第三方完成对客户的身份识别程序等措施；而对于在风险识别及评估程序中被评估为高风险的客户，义务主体则需要适用强化尽职调查程序(enhanced due diligence measures)，即包括采取获得交易资金来源的额外信息，进一步了解拟进行交易的性质、原因及目的，要求客户提供更多信息(如职业、资产规模等个人信息等)，增加客户识别信息更新的频率等措施。[1] 另外，《反洗钱和恐怖分子融资指引》还有专门一章规定了针对政治敏感人物的相关尽职调查程序。

内部反洗钱合规程序以及内部反洗钱报告程序的核心在于MLRO、AMLCO以及DMLRO的委任。AMLCO以及MLRO可由同一名自然人担任，该人士可以是基金的内部人员，也可以是基金聘请的外部人员(如由基金的行政管理人推荐的专业人士)，但该人士必须具备足够的时间、具有相关的知识和经验且深入了解并定期跟进反洗钱主要法律法规、监管指引的更新并接受相关的培训。在任职期间，AMLCO应当能够获得其履行反洗钱合规/报告义务所需的所有业务线、后台部门的支持以及必要的信息，直接向董事会报告并需和董事会保持密切联系；MLRO则应当能够获得判断某一行为是否为可疑行为的所有必要的信息、制定可疑活动的内部报告程序并向开曼群岛金融报告局(Cayman Islands Financial Reporting Authority)报告可疑活动。DMLRO作为助理报告官，也需具备和MLRO类似的资质和身份，并要在MLRO未能履职的情况下，代其履行相关的义务。[2]

3. 罚则

《反洗钱条例》第56条[3]规定了违反该条例的义务主体，根据其行为的轻重，在开曼法院判决后将可能受到简易判决(罚款)或者刑事处罚(罚金加监禁)。

CIMA自2018年3月16日起还可根据具体情形判断相关行为情节的严重性，对义务主体单处或者在上述刑事处罚之外并处行政罚金。

(三)欧盟

在反洗钱立法方面，欧盟一直扮演着非常积极的角色，是FATF的创始人和重要成员。由于不直接从事金融机构的管理和反洗钱规定的具体执行，欧盟的反洗钱举措主要集中在欧盟制定或通过的一系列关于反洗钱的公约、指令和法律文件。公约是欧盟反洗钱立法的基础，反洗钱指令是欧盟反洗钱立法的重要支柱和主要载体。

---

[1] Guidance Notes on the Prevention and Detection of Money Laundering and Terrorist Financing in the Cayman Island, Part II, Sections 4, 5 and 6.

[2] 关于开曼群岛反洗钱法律体系的更多内容，请参考CIMA网站上的介绍，详见CIMA网，https://www.cima.ky/amlcft，2021年1月16日最后访问。

[3] Cayman Island Anti-Money Laundering Regulations (2020 Revision), Article 56.

1991～2018年，欧盟先后通过了5个反洗钱指令(《1991年指令》《2001年指令》《2005年指令》《2015年指令》《2018年指令》，合称《反洗钱指令》)。[1] 后发布的指令均是根据监管环境的变化而对先前发布的指令进行的修订和更新。欧盟的这一系列反洗钱指令设立了各成员国应遵循的最低标准，欧盟各成员国有义务根据指令发布更为详尽的国家法律或其他行政法规，并且可以采取或保留更严格的规定。反洗钱指令对于反洗钱的监管主要分为如下几个方面。

1. 洗钱的上游犯罪

根据1991年指令，洗钱的上游犯罪为毒品犯罪以及由各成员国认为必要的其他犯罪。《2001年指令》则拓宽了洗钱上游犯罪的范围，即从毒品犯罪扩大到所有的严重犯罪，其中严重犯罪应至少包括毒品犯罪、有组织犯罪活动、严重欺诈、腐败以及其他以重罪论处的罪行。《2005年指令》进一步扩大了严重犯罪的范畴，即将恐怖主义融资罪纳入严重犯罪的范畴，且严重犯罪包括所有可判处最高刑1年以上有期徒刑的罪行，或可判处最低刑6个月以上有期徒刑的罪行。

2. 义务主体

金融机构、指定的非金融机构以及专业人士作为反洗钱指令下的义务主体。《1991年指令》所规定的反洗钱义务主要适用于信贷和金融机构，各成员国也可将其适用于可能被洗钱分子利用的其他行业。《2001年指令》则扩大了履行反洗钱义务的机构的适用范围，即从信贷和金融机构扩大至包括审计师、会计师、律师、房地产商、珠宝交易商、拍卖师和赌场等。值得注意的是，《2001年指令》还将反洗钱义务实体之一的“金融机构”解释为包括“销售其份额或股份的集合投资基金”，[2] 而欧盟相关规定下的“集合投资基金”包括可转让证券集合投资基金和另类投资基金(alternative investment funds，AIFs)，[3] 因此，AIFs中的PE基金和VC基金也应当履行欧盟反洗钱指令下的反洗钱义务。《2005年指令》进一步将信托机构及公司服务提供机构(代理设立、管理公司的机构)纳入义务主体范围内。由于以比特币为代表的虚拟货币市场的兴起，《2018年指令》将从事虚拟货币与法定货币之间兑换服务的主体以及钱包保管服务提供商也纳入了反洗钱监管的范围。

---

[1] Directive of 10 June 1991 on prevention of the use of the financial system for the purpose of money laundering (91/308/EEC); Directive 2001/97/EC of 4 December 2001 amending Council Directive 91/308/EEC on prevention of the use of the financial system for the purpose of money laundering; Directive 2005/60/EC of 26 October 2005 on the prevention of the use of the financial system for the purpose of money laundering and terrorist financing; Directive (EU) 2015/849 of 20 May 2015 on the prevention of the use of the financial system for the purposes of money laundering or terrorist financing; Directive (EU) 2018/843 of 30 May 2018 amending Directive (EU) 2015/849 on the prevention of the use of the financial system for the purposes of money laundering or terrorist financing.

[2] Directive 2001/97/EC of 4 December 2001 amending Council Directive 91/308/EEC on prevention of the use of the financial system for the purpose of money laundering, Article 1.

[3] Directive 2011/61/EU of 8 June 2011 on Alternative Investment Fund Managers, Article 4.

3. 反洗钱合规程序

根据反洗钱指令,欧盟反洗钱制度的具体操作以及流程如下。

(1)对客户的尽职调查及资料保存。根据《1991年指令》和《2005年指令》,义务主体在下列情况下必须确定和验证客户身份:新建立的业务关系、超过1.5万欧元的交易、有洗钱和恐怖融资嫌疑的交易以及对此前获取的身份数据感到怀疑。《2015年指令》则将现金交易的阈值降至1万欧元(无论是单笔付款还是一系列关联交易)。义务主体必须根据客户、业务联系、产品和交易的不同风险规模采取简化或强化的尽职调查措施。在对客户进行尽职调查时,义务主体需要识别实际受益所有人身份;对于由第三方介绍的业务,各机构可以委托第三方进行客户尽职调查,但相关的责任仍然由委托第三方的机构本身承担。另外,根据《1991年指令》,各金融机构对交易记录资料的保存期限不得低于5年。

(2)可疑交易报告。如果义务主体发现了任何可疑交易,应当向其所在国的金融情报机构(Financial Intelligence Unit,FIU)进行报告。

(3)报告分析及信息共享。FIU在收到报告之后将对该等报告进行分析,并与其他成员国的FIUs进行信息共享。值得一提的是,根据《2018年指令》,FIU享有广泛的调查权,即其有权要求获取和使用义务实体的任何信息,以预防、发现和更有效地打击洗钱和恐怖融资犯罪活动。并且根据《2018年指令》,即使义务主体没有提交任何先前的可疑交易报告,FIU也能行使上述权力,例如根据FIU自身的分析、主管当局提供的情报或其他FIUs提供的信息。[1]

(4)执法。如果FIU确认该等交易涉及洗钱,则其需将相关的资料及分析发给执法机构以对反洗钱犯罪行为进行打击和处罚。

(四)泽西岛

基于泽西岛临近欧洲大陆、其法律制度等更为欧洲投资者熟悉的原因,通过在泽西岛设立另类投资基金管理人(alternative investment fund managers,AIFMs)以及AIFs而向位于欧盟的投资人进行募资,以及投向欧盟的投资标的做法,已成为市场上常见的安排。泽西岛的反洗钱立法主要为《1999年犯罪收益法》、《2008年反洗钱命令》(《反洗钱命令》)以及泽西岛金融服务委员会(Jersey Financial Services Commission,JFSC)发布的《预防和侦查洗钱和恐怖主义融资手册》,[2]现对泽西岛反洗钱法律监管介绍如下。

1. 义务主体

根据《反洗钱命令》,相关人士(该命令下的反洗钱义务实体)是指在泽西岛从事金融服务业务的人士,或在全球任何地方从事金融服务业务的泽西岛法人团体或在泽西岛注册的

---

〔1〕参见《欧盟反洗钱5号令的七大亮点》,载捷软世纪网,http://www.agilecentury.com/show_1_48_260.html,2021年1月16日最后访问。

〔2〕关于泽西岛反洗钱法律体系的更多内容,请参考JFSC网站上的具体介绍,载JFSC网,https://www.jerseyfsc.org/industry/financial-crime/aml-cft-legislation/,2021年1月16日最后访问。

其他法人。[1] 根据泽西岛《1998 年金融服务法》,“金融服务业务”包括另类投资基金服务业务,且从事另类投资基金服务业务是指经常性业务为管理一个或多个 AIFs。[2] 因此,相关 AIFMs 应当履行《反洗钱命令》下的反洗钱义务。

2. 反洗钱合规程序

(1)在负责人员的任命方面,相关人士(包括 AIFMs 以及 AIFs)必须就其从事的金融服务业务任命 1 名合规专员和 1 名报告专员,合规专员的职责为监督相关人士在从事金融服务业务时是否遵守了泽西岛关于洗钱的法令以及任何根据《犯罪收益(监督机构)法》第 22 条颁布的相关业务守则,报告专员的职责为按照《反洗钱命令》第 21 条的规定接受和审议报告。相关人士必须确保被任命为合规专员/报告专员的个人具有适当的资历,且能够及时查阅为履行其职责所必需或便利的所有记录,特别是相关人士根据《反洗钱命令》第 19 条必须保存的记录。被任命为合规专员和报告专员的个人可为同一人。此外,相关人士还可指定一个或多个人以接受和审议报告,并进一步转交给报告专员。[3]

(2)在预防和侦查洗钱方面,相关人士必须就以下方面采取适当和一致的政策及程序:①客户尽职调查措施;②报告;③记录保存;④雇员审查;⑤内部控制;⑥风险评估及管理;⑦监控和管理这些政策和程序的遵守情况,并进行内部交流。另外,相关人士还应当为其雇员提供识别和处理涉及洗钱交易的培训,培训还应当包括目前洗钱的技术、方法和趋势等内容。[4]

(3)在客户尽职调查方面,相关人士必须在业务关系建立前就对客户采取识别措施,并在保持业务关系期间持续进行监控;另外,当相关人士怀疑存在洗钱,或对先前通过客户尽职调查措施获得的文件、数据或信息的准确性或充分性产生怀疑时,必须采取识别措施。[5]

(4)在报告程序方面,接受报告的指定人士或报告专员必须根据报告中包含的信息及所有其他相关信息决定是否认为/怀疑或有合理理由认为/怀疑他人从事洗钱活动,并在切实可行的情况下尽快将报告披露给指定的警务人员或海关人员。如果接受报告的指定人士或报告专员认为/怀疑或有合理理由认为/怀疑他人从事洗钱活动,则其必须在切实可行的情况下尽快向金融情报机构进行披露。[6]

3. 罚则

由于《反洗钱命令》是为实现《1999 年犯罪收益法》的目的而制定的,因此其相关罚则也由该法规定。根据《1999 年犯罪收益法》,未能履行反洗钱义务的主体经法院判决将会受到罚金及/或监禁的刑事处罚。和开曼群岛类似的,除了上述刑事处罚之外,JFSC 也可能对违

---

[1] Money Laundering (Jersey) Order 2008, Article 1.
[2] Financial Services (Jersey) Law 1998, Article 2.
[3] Money Laundering (Jersey) Order 2008, Articles 7, 8 and 9.
[4] Money Laundering (Jersey) Order 2008, Article 11.
[5] Money Laundering (Jersey) Order 2008, Article 13.
[6] Money Laundering (Jersey) Order 2008, Article 21.

反反洗钱义务的主体作出包括警告、罚款、注销牌照等的行政处罚。

(五)卢森堡

卢森堡是欧洲最大的投资基金中心。卢森堡反洗钱立法主要为2004年11月12日发布的《关于打击洗钱和恐怖主义融资法》,该法是以完成对欧盟的《2001年指令》的国内转化方式所进行的立法,因此主要内容和欧盟的反洗钱指令中的规定相同。鉴于前面已有对欧盟反洗钱法律的详细介绍,本节在此仅对卢森堡的反洗钱法律进行一个简单的说明,而不详细展开。

根据《关于打击洗钱和恐怖主义融资法》第2条的规定,反洗钱义务的适用主体包括AIFMs。[1] 另外,该法律还规定了反洗钱义务的适用范围,监督机关和自律组织,进行风险评估的义务,进行客户尽职调查的义务(包括简化/强化的客户尽职调查以及第三方进行客户尽职调查等规定),充分的内部管理要求,集团范围内的数据保护政策以及信息共享政策和程序,与负责打击洗钱和恐怖主义融资的卢森堡当局合作的要求,监督和制裁等内容。

除此之外,2018年8月23日,卢森堡金融监管委员会(Commission de Surveillance du Secteur Finance,CSSF)发布了《18/698号通知》(以下简称CSSF《18/698号通知》),内容涉及卢森堡投资基金管理人的授权和组织,以及适用于投资基金管理人和履行登记代理职能的实体的打击洗钱和恐怖主义融资的具体规定。除反洗钱的一般规定外,CSSF《18/698号通知》还对投资基金管理人在高级管理层任命合规专员履行反洗钱义务以及编制反洗钱总结报告等义务方面进行了具体规定。CSSF《18/698号通知》对合规专员的要求包括必须对卢森堡和欧洲有关反洗钱的法律和监管框架有充分的经验和了解,在履行职责方面贡献足够的时间,以及永久居住在卢森堡等。另外,相关合规负责人必须每年至少编制一份关于履行反洗钱义务的总结报告。[2]

为进一步完成对欧盟反洗钱法律的转换,卢森堡在2019年年初通过了《关于设立法人最终受益所有人[3]中央登记册》(registre de bénéficiaires effectifs,RBE)的法律,该法于2019

---

[1] Law of 12 November 2004 on the fight against money laundering and terrorist financing,Article 2.

[2] CSSF Circular 18/698 of 23 August 2018 regarding authorization and organization of Luxembourg investment fund managers and specific provisions on the fight against money laundering and terrorist financing applicable to investment fund managers and to entities carrying out the registrar agent functions.

[3] 该法并未直接定义最终受益所有人(bénéficiaires effectifs/beneficial owner),而是援引了2004年11月12日颁布的《关于打击洗钱和恐怖主义融资法》中对"受益所有人"的定义。根据《关于打击洗钱和恐怖主义融资法》第1条中对此的定义,就法人实体而言,最终受益所有人是指通过直接或间接持有该法人实体的一定比例的股权、投票权或者所有权的方式、最终持有或者控制该法人实体的任何自然人。直接或间接持有25%的股权的基础上再加1股股份,或者直接或间接持有超过25%的所有权的自然人,通常将被认定为该实体的最终受益所有人。如果该25%的所有权是由同一自然人通过持有多个法人实体而最终持有该法人实体的,该人士也将被视为该法人实体的最终受益所有人。如果任何自然人持有的股份比例都未达到25%,则必须披露该法人实体主管人员(senior executive)的信息。更多披露的指引可以参考卢森堡政府窗口网,https://guichet.public. lu/en/entreprises/gestion-juridique-comptabilite/registre-commerce/registre-beneficiaires-effectifs/declaration-beneficiaires-rbe. html#bloub-1,2021年1月16日最后访问。

年3月1日正式生效,即要求卢森堡公司在卢森堡商业登记处备存有关最终受益所有人(UBO)的相关信息,如姓名、国籍、居住地、出生地、住址、身份证号、所持有效权益的性质和范围。该法律规定卢森堡国家当局的访问权不受限制。此外,除地址和身份证号外,公众可访问该等相关信息。2019年11月7日,CSSF在其网站上更新了投资基金反洗钱和恐怖主义融资市场准入表格(Funds AML/CFT market entry form),并发布了一份全新的投资基金管理人反洗钱和恐怖主义融资市场准入表格(investment fund managers AML/CFT market entry form)。对于受CSSF监管的所有基金或基金管理人的设立,在提交设立申请时均需由发起人填写完成前述对应表格,以作为申请材料的一部分。[1] 2019年12月20日,CSSF就最终受益人的识别和核验程序发布了《19/732号通知》,为CSSF监管下负有反洗钱/反恐怖融资义务的专业机构识别和核验客户的最终受益人提供了实操指南。[2]

三、中国的反洗钱监管

(一)反洗钱监管法律概述

2006年10月31日由全国人大常委会颁布,并于2007年1月1日正式实施的《反洗钱法》是目前中国反洗钱法律体系效力等级最高的法律。《反洗钱法》包括反洗钱监督管理、金融机构反洗钱义务、反洗钱调查、反洗钱的国际合作事宜以及法律责任五个部分。在中国反洗钱监管法律体系下,义务主体分为在中国境内设立的金融机构(包括银行业、证券业及保险业下的传统金融机构及新兴互联网金融机构)以及按照规定应当履行反洗钱义务的特定非金融机构及若干社会组织两大类别。义务主体需要完成的反洗钱合规程序包括建立与健全客户身份识别制度、客户身份资料和交易保存制度以及大额交易和可疑交易报告制度三项制度,义务主体及其直接负责的高管违反反洗钱义务除了需要受到行政纪律处分、高达人民币500万元的罚款、停业整顿、吊销经营许可证、市场禁入等行政处罚之外,构成犯罪的,还可能被追究最高为洗钱数额20%的罚金以及最高达10年的有期徒刑。值得注意的是,由于《反洗钱法》颁布的时间较早,其所适用的外部监管环境也发生了较大的变化,因此中国人民银行于2020年4月15日反洗钱工作会议中提出,其将正式启动《反洗钱法》的修改工作,并将反洗钱工作纳入国务院金融稳定发展委员会的议事日程。[3]

---

〔1〕 详见CSSF网,https://www.cssf.lu/fileadmin/files/Publications/Communiques/Communiques_2019/C_AML_CFT_questionnaire_investment_funds_071119.pdf;有关背景亦可参考知名离岸律所Maple发布的法律更新,载Maple网,https://maples.com/Knowledge-Centre/Industry-Updates/2019/11/Luxembourg-Update-CSSF-AML-CFT-Investment-Market-Entry-Forms,2021年1月16日最后访问。

〔2〕 CSSF Circular 19/732 of 20 December 2019, http://www.cssf.lu/fileadmin/files/Lois_reglements/Circulaires/Blanchiment_terrorisme/cssf19_732eng.pdf;有关通知的介绍可以参考知名离岸律所Maple发布的法律更新,载Maple网,https://maples.com/en/Knowledge-Centre/Industry-Updates/2020/01/Luxembourg-Update-CSSF-provides-Clarification-on-UBO-Identification-and-Verification,2021年1月16日最后访问。

〔3〕《人民银行召开2020年反洗钱工作电视电话会议》,载人民银行网,http://www.pbc.gov.cn/goutongjiaoliu/113456/113469/4008030/index.html,2021年1月16日最后访问。

《反洗钱法》颁布之后,中国人民银行作为国务院反洗钱行政主管部门,单独或者会同原银监会、证监会、原保监会等金融监管机构陆续颁布了一系列的配套行政法规,其中以适用于金融机构的行政法规为主,其中比较重要的列举如下:

2006年11月14日颁布,并于2007年1月1日实施的《金融机构反洗钱规定》(中国人民银行令〔2006〕第1号),是对《反洗钱法》适用于金融机构的有关实施细则的规定。

2007年6月21日颁布,并于2007年8月1日实施的《金融机构客户身份识别和客户身份资料及交易记录保存管理办法》(中国人民银行令〔2007〕第2号),对金融机构的客户身份识别制度、客户身份资料及交易记录保存制度予以细化规定,如要求客户身份资料及交易记录需要保存至少5年。

2014年11月15日颁布,并于同日实施的《金融机构反洗钱监督管理办法(试行)》(银发〔2014〕344号),建立了反洗钱定期报告制度,即要求金融机构向央行提交年度报告以及就特定事项(如反洗钱工作机构和岗位人员调整、反洗钱内控制度修订、涉及机构反洗钱工作的重大风险事项、洗钱风险自评估报告或其他风险分析材料等)进行及时报告。

2016年12月28日颁布,并于2017年7月1日实施的《金融机构大额交易和可疑交易报告管理办法》[中国人民银行令〔2016〕第3号,已被人民银行于2018年7月26日发布的《关于修改〈金融机构大额交易和可疑交易报告管理办法〉的决定》(中国人民银行令〔2018〕第2号)修改],对金融机构的大额交易和可疑交易报告制度进行细化规定。值得一提的是,与《金融机构反洗钱规定》相比,《金融机构大额交易和可疑交易报告管理办法》借鉴了国际反洗钱与反恐怖融资理念,并与FATF的《反洗钱和反恐怖融资40条建议》保持一致,在金融机构的定义中新增"保险专业代理公司"、"保险经纪公司"、"消费金融公司"和"贷款公司"等义务主体,还明确适用于非银行支付机构的规定;并赋予了金融机构一定自由裁量权,明确将"合理怀疑"作为开展可疑交易报告工作的基础。

2017年8月29日,国务院办公厅发布了《关于完善反洗钱、反恐怖融资、反逃税监管体制机制的意见》(国办函〔2017〕84号,以下简称《反洗钱、反恐怖融资、反逃税意见》),要求加强建设反洗钱、反恐怖融资、反逃税监管体制机制,并积极做好FATF反洗钱和反恐怖融资互评估,在结合我国实际情况的基础上向反洗钱国际标准看齐。为了落实《反洗钱、反恐怖融资、反逃税意见》,中国人民银行于2017年年末至2018年8月密集发布了一系列关于加强反洗钱和反恐怖融资监管工作的通知,除对原有的对于金融机构的监管加强外,还明确了房地产开发企业/中介、贵金属交易商/交易场、专业服务机构如会计师事务所、律师事务所及公证机构、公司服务提供商等特定非金融机构的反洗钱义务。

2019年1月29日,银保监会颁布了《银行业金融机构反洗钱和反恐怖融资管理办法》(银保监会令2019年第1号),该法主要适用于中国境内的商业银行、农村合作银行、农村信用合作社等吸收公众存款的金融机构以及政策性银行和国家开发银行,且中国境内的金融资产管理公司、信托公司、企业集团财务公司、金融租赁公司、汽车金融公司、货币经纪公司、消费金融公司以及经国务院银行业监督管理机构批准设立的其他金融机构参照执行。该办法主要从合规内控的角度对银行业反洗钱监管工作作出规定。银保监会于 2019 年 12 月 30 日进一步向各银保监局及银行保险机构下发《关于进一步做好银行业保险业反洗钱和反恐怖融资工作的通知》(银保监办发〔2019〕238 号),提出了将反洗钱、反恐融资审查置入银行保险机构市场准入环节、纳入银行保险机构日常行为监管、银保监会和地方监管局对于反洗钱、反融资具有现场监管权、银保监会和地方监管局与人民银行沟通协作以及要求银行保险机构提交年度、临时及专项协查报告等要求。

(二)中国法下私募投资基金管理人的反洗钱义务

1. 立法现状

(1)由金融机构履行私募投资基金管理人的反洗钱义务

《金融机构反洗钱规定》第 2 条"金融机构"的定义中明确列举了"证券公司、保险公司、保险资产管理公司"以及"中国人民银行确定并公布的其他金融机构",因此对于证券业下的证券公司子公司、保险业下的保险资产管理公司子公司、银行业下的金融资产投资公司子公司等立法明确的金融机构之子公司作为私募投资基金管理人的情况,需要遵守金融机构的反洗钱合规标准和流程,大致包含如下内容:〔1〕

➢ 客户身份识别

客户身份识别(可以理解为是对于私募投资基金之投资人的身份识别)包括五方面的内容:①启动客户身份识别:对要求建立业务关系或者办理规定金额以上的一次性金融业务的客户身份进行识别;②了解客户信息的范围:通常而言,需要了解实际控制客户的自然人和交易的实际受益人(受益所有人,按照中国人民银行《关于加强反洗钱客户身份识别有关工作的通知》《关于进一步做好受益所有人身份识别工作有关问题的通知》中的规定,一般理解为是直接或间接持有实体 25% 以上权益的自然人或者对实体的日常运营管理形成有效控制或者实际影响的其他自然人)、客户的交易目的和交易性质、核对客户的有效身份证件或者其他身份证明文件,登记客户身份基本信息,并留存有效身份证件或其他身份证明文件的复印件或影印件;③采取核实客户信息的措施:可通过要求客户补充其他身份资料或者身份证明文件,回访客户,实地查访,向公安、工商行政管理等部门核实等方式来识别和核实客户身份信息;④划分客户风险等级:按客户的特点或者账户的属性,并考虑地域、业务、行业、客户特性等因素,划分客户风险等级;⑤持续识别客户身份,在与客户业务关系存续期间,应采取持续的客户身份识别措施。

➢ 客户身份资料和交易记录保存

客户身份资料和交易记录保存包含三方面的内容:①应保存的身份资料和交易记录范围。记载客户身份信息、资料以及反映金融机构开展客户身份识别工作情况的各种记录和资料("客户身份资料")以及关于每笔交易的数据信息、业务凭证、账簿以及有关规定要求的反映交易真实情况的合同、业务凭证、单据、业务函件和其他资料("交易

〔1〕 以下内容主要依据《金融机构客户身份识别和客户身份资料及交易记录保存管理办法》的相关规定。

记录”)。②保存期限。对于客户身份资料,应自金融机构与客户业务关系结束当年或者一次性交易记账当年计起至少保存5年;对于交易记录,应自交易记账当年计起至少保存5年,前提是法律、行政法规和其他规章对客户身份资料和交易记录有更长保存期限要求的,应遵守其规定。值得注意的是,由于根据《投资者适当性管理指引》的规定,投资者适当性管理资料应至少需要保存20年,因此对于私募投资基金投资者的身份资料,应当按照较长的20年的保存期限来进行保存。③资料的移交。破产和解散时,应当将客户身份资料和客户交易信息移交银保监会或者证监会指定的机构。

➢ 大额交易和可疑交易

①大额交易报告:对达到相关反洗钱法律法规中规定金额的大额交易,[1]反洗钱义务人应在大额交易发生之日起5个工作日内以电子方式向中国反洗钱监测分析中心报告。[2] 考虑到法律法规中对于大额交易的金额认定标准较低,可能并不能完全适用于私募投资基金管理人的情况。②可疑交易报告:反洗钱义务人发现或有合理理由怀疑客户、客户的资金或者其他资产、客户的交易或试图进行的交易与洗钱、恐怖融资等犯罪活动相关的,无论所涉资金金额或者资产价值大小,均应向中国反洗钱监测分析中心提交可疑交易报告,提交期限应当为在反洗钱义务人根据内部操作规程确认交易为可疑交易后及时提交。[3]

➢ 其他反洗钱义务

包括建立健全反洗钱内控制度、反洗钱培训宣传、反洗钱内部审计[4]以及重大洗钱案件应急处置等。

(2)未被纳入金融机构范围的私募投资基金管理人的反洗钱义务

除了立法中明确列举的证券公司、保险公司、保险资产管理公司、金融资产投资公司等金融机构或其子公司作为私募投资基金管理人的情况之外,“金融机构”的定义中还包含一个单独的类别为“基金管理公司”。实践中,由于对于“金融机构”定义中的“基金管理公司”

---

[1] 《金融机构大额交易和可疑交易报告管理办法》第5条。

大额交易的标准如下:

(1)当日单笔或者累计交易人民币5万元以上(含5万元)、外币等值1万美元以上(含1万美元)的现金缴存、现金支取、现金结售汇、现钞兑换、现金汇款、现金票据解付及其他形式的现金收支。

(2)非自然人客户银行账户与其他的银行账户发生当日单笔或者累计交易人民币200万元以上(含200万元)、外币等值20万美元以上(含20万美元)的款项划转。

(3)自然人客户银行账户与其他的银行账户发生当日单笔或者累计交易人民币50万元以上(含50万元)、外币等值10万美元以上(含10万美元)的境内款项划转。

(4)自然人客户银行账户与其他的银行账户发生当日单笔或者累计交易人民币20万元以上(含20万元)、外币等值1万美元以上(含1万美元)的跨境款项划转。

[2] 《金融机构大额交易和可疑交易报告管理办法》第8条。

[3] 《金融机构大额交易和可疑交易报告管理办法》第11条、第15条。

[4] 《金融机构反洗钱规定》第8条、第17条。

是否包含由市场上其他私募投资机构作为私募投资基金管理人尚存在争议,因此前述反洗钱监管法律法规是否适用于这些私募投资基金管理人也是存在较大不确定性。

有鉴于此,尽管基金业协会于2012年发布了《基金管理公司反洗钱工作指引》(中基协发〔2012〕10号)和《基金管理公司反洗钱客户风险等级划分标准指引》(中基协发〔2012〕11号)以对基金管理公司在具体执行反洗钱工作时的流程予以规定,但从自律规则中关于"为客户开立账户"、"应当按照中国证券登记结算有限责任公司《开放式证券投资基金登记结算业务指南》等规定加强对客户账户的管理"等表述来看,该等自律规则主要针对的是公募证券投资基金管理人,并不必然适用于未被纳入金融机构范围的私募投资基金管理人。

目前关于未被纳入金融机构范围的私募投资基金管理人的反洗钱义务的明确规定仅有基金业协会颁布的《募集行为管理办法》中的原则性规定,[1]即私募投资基金管理人在募集基金的过程中除了对投资者进行合格性审查以及适格性审查之外,还需要依法履行反洗钱义务。除了前述原则性规定之外,基金业协会并没有对于私募投资基金管理人履行反洗钱义务的具体程序和要求进行详细的规定。这些私募投资基金管理人在具体构建内部反洗钱合规制度时可以参考适用于证券公司、保险资产管理公司、金融资产投资公司等金融机构或其子公司作为私募投资基金管理人时适用的反洗钱合规流程和标准。值得注意的是,如果未被纳入金融机构范围的私募投资基金管理人的发起人或其实益控制人是境外主体,则该类私募投资基金管理人及其管理的私募投资基金可能还需要受其所在地的反洗钱法律监管。

2. 行业实践

在当前的立法背景下,由于未被纳入金融机构范围的私募投资基金管理人的反洗钱义务仅在《募集行为管理办法》中有原则性规定,因此私募投资基金管理人内部反洗钱制度的构建缺乏统一的行业标准,而呈现严格程度迥然有别的多种形态。

(1)完全采纳公募证券投资基金管理人的反洗钱标准。如外商独资私募投资基金管理人,其不仅要严格按照人民银行对公募证券投资基金管理人反洗钱的监管规定制定内部反洗钱制度,还应严格恪守其母国反洗钱监管要求。

(2)参照公募证券投资基金管理人的反洗钱标准,但是简化了其中的一些程序。如头部私募投资基金管理人,其参考公募证券投资基金管理人的反洗钱实践制定自身的反洗钱制度,但在如客户识别等若干反洗钱程序上可以根据自身的情况进行调整。比如在基金代销的情况中,私募投资基金管理人往往依赖代销机构制定的反洗钱制度和执行程序,通过代销机构完成客户识别程序,而其自身并不对投资人身份进行识别。

(3)并未制定自身的反洗钱规则制度和操作流程。市场上数量众多的中小型私募投资基金管理人因缺乏足够的反洗钱意识和能力,并未专门制定内部的反洗钱制度。

---

〔1〕《募集行为管理办法》第6条和第27条。

3. 未来发展

从立法发展来看，未被纳入金融机构范围的私募投资基金管理人以及其发起管理的私募投资基金未来被纳入中国人民银行对于金融机构的反洗钱监管体系内的可能性较大。首先，从国际反洗钱监管标准来看，即便是目前根据中国法未被纳入金融机构范围的私募投资基金管理人及其发起管理的私募投资基金在国际反洗钱法律体系的语境下均属于应履行反洗钱义务的“金融机构”，在FATF的《反洗钱和反恐怖融资40条建议》中被当然纳入反洗钱合规的义务主体，国务院在《反洗钱、反恐怖融资、反逃税意见》中提及要向国际标准看齐，因此就这一问题很有可能会保持与FATF同样的立场；其次，主流境外私募投资基金注册地均将私募投资基金管理人以及私募投资基金纳入其反洗钱监管的义务主体范围内；最后，在2017年5月19日由国家税务总局、财政部及一行三会共同发布的《涉税信息尽调管理办法》中，金融机构明确包括了“私募投资基金”“私募基金管理公司”，反逃税监管与反洗钱、反恐怖融资监管密切相关，因此虽然目前反洗钱立法不是很清晰，但从监管的态度来看应是希望把所有私募投资基金管理人及其发起管理的私募投资基金纳入金融机构的范围内予以监管的。鉴于私募投资基金管理人和现行法律法规下定义的金融机构在公司治理、反洗钱面向的对象、其所受制的监管机构等方面存在较大差异，而整个私募投资基金行业与公募证券投资基金行业相比，在投资人组成、募资方式、基金的管理和运营方面差别也较大，现行适用于金融机构或者公募证券投资基金管理人的反洗钱法律法规均并不能直接适用于私募投资基金管理人，我们理解相关监管机构及自律组织后续可能针对未被纳入金融机构范围的私募投资基金管理人及其发起的私募投资基金出台具有行业特征的反洗钱监管规则，我们将对此密切关注并及时予以更新。

(三)私募投资基金管理人及私募投资基金运营过程所面临的反洗钱要求

尽管未被纳入金融机构范围的私募投资基金管理人在中国法下的反洗钱义务暂未为立法所明确，但在所有的私募投资基金管理人及私募投资基金的运营过程中均可能会面临来自第三方的金融机构的反洗钱要求。如私募投资基金管理人及私募投资基金在开立一般银行账户的时候需配合银行的要求安排企业法定代表人或执行事务合伙人委派代表完成身份核实、提供控股股东或追溯到持股比例或持有基金权益比例超过25%的自然人的主体资格证明等；私募投资基金在开立募集监督、托管账户的时候需要披露其投资人的一些基本信息，在进行下游投资的时候，如涉及基金层面的信贷安排，还可能应银行的要求向投资人索取进一步的资料等。如私募投资基金对属于金融机构或类金融机构(如金融租赁公司、消费金融公司等)的被投资企业进行投资，在反向尽调的过程中也有可能需要配合被投资企业履行反洗钱义务。

综上所述，在中国法语境下，对于本身为金融机构或其子公司的私募投资基金管理人而言，其需要按照适用于金融机构的中国法律监管体系履行反洗钱义务；除此之外，未被纳入金融机构范围的私募投资基金管理人的反洗钱义务仅在《募集行为管理办法》下有原则性的规定。这一立法现状导致私募投资基金管理人在实践中采用了严格程度迥异的反洗钱标准。但从立法趋势来看,立法机构很可能参照国际监管标准在未来明确将此类私募投资基金管理人及其发起的私募投资基金也纳入“金融机构”所适用的反洗钱体系,而对全体私募投资基金管理人提出更为详细和严格的反洗钱要求。除此之外,私募投资基金管理人和私募投资基金在运营过程中也可能面临来自第三方的反洗钱要求。总而言之,反洗钱合规义务构成了私募投资基金管理人在日常运营中容易忽视但实则越来越重要的合规义务的一部分。

/第九节/
基金运营中的数据合规问题

一、数据合规概述

随着人工智能(artificial intelligence)、大数据(big data)以及云计算(cloud computing)等技术的不断发展,人类社会正逐步迈入“ABC”时代,所谓“ABC”,是指以A(AI,人工智能)、B(big data,大数据)、C(cloud computing,云计算)为代表的产业趋势和技术革命。对于私募投资基金而言,“ABC”时代的到来也许意味着投资领域的新变革与新机遇,私募投资基金管理人可能会忙于寻找新技术行业具备巨大增长潜力的潜在被投企业,然而需要注意的是,技术革新对私募基金行业的影响不止于此。无论我们如何定义这个时代,在网络和数据技术的发展使得人类社会更加便利的同时,人类对技术的滥用也在威胁着数据安全。

从内涵与外延的角度,一般认为数据安全主要包括个人信息安全和网络安全两方面内容。相应地,近年来加强个人信息保护与网络安全监管成为各主要法域新的立法热点。例如,欧盟制定的《通用数据保护条例》于2018年5月生效,美国加利福尼亚州于2018年6月颁布《2018年加州消费者隐私法案》,《开曼数据保护法》于2019年9月30日生效,日本《个人信息保护法(修正案)》于2017年5月全面实施,新加坡国会于2018年2月通过《网络安全法案》等。相关监管部门亦加大了对个人信息保护或网络安全违法违规行为的处罚力度,例如,违反欧盟《通用数据保护条例》的企业可能被要求支付最高为2000万欧元或其年全球营业额的4%的巨额罚金。在实践中,英国信息监管局(The Information Commissioner's Office,ICO)于2019年7月就英国航空公司因其网络安全防护措施薄弱而导致顾客数据泄露的事件对其处以1.83亿英镑(约合2.3亿美元)的罚款。

由此可见,各主要法域逐步形成了复杂、严格的数据安全保护体系,即个人信息保护体系和网络安全保护体系。对于私募基金而言,在其募集运营中可能涉及网络的运用和投资者个人信息的收集,这将可能导致数据安全相关法律及监管规则的适用。该等日趋严格的数据合规法律与监管体系为私募投资基金运营中的数据合规带来了更大的挑战。下文将结合相关法律法规和监管实践,分析私募投资基金运营中的数据合规问题,主要涵盖个人信息保护与网络安全两部分,以供参考。

二、境内外数据合规法律及监管体系的发展概况

作为数据合规的主要内容,个人信息保护和网络安全在不同法域的具体定义可能有细微差别,但大体而言,个人信息保护可以被理解为针对个人信息,规范个人信息控制者在收集、保存、使用、共享、转让、公开披露等信息处理环节中的相关行为,从而遏制个人信息被非法收集、滥用、泄露等乱象,最大限度地保障个人的合法权益。而何为"个人信息",不同法域划定的范围不同,但共同特点是强调个人信息对自然人身份或活动情况的可识别性。中国对个人信息的定义为"以电子或者其他方式记录的能够单独或者与其他信息结合识别特定自然人身份或者反映特定自然人活动情况的各种信息",包括但不限于"姓名、出生日期、身份证件号码、个人生物识别信息、住址、通信通讯联系方式、通信记录和内容、账号密码、财产信息、征信信息、行踪轨迹、住宿信息、健康生理信息、交易信息等"。[1]

要理解何为网络安全,首先要理解网络的定义。国际电信联盟对网络的定义是:"由包括计算机、计算机系统、网络及其软件支持、计算机数据、内容数据、流量数据以及用户在内的所有要素或部分要素组成的物理或非物理领域。"[2]根据该定义,有学者将网络划分为四个层面,即"基础层是互联网的关键基础设施;基础层之上是互联网中间平台,即网络运营者;中间平台之上是互联网用户;用户之上是互联网信息"。[3] 因此,网络安全保护也要贯穿网络的这四个层面,不仅要保护网络物理领域的通信设备安全(网络运行安全),也要保护网络非物理领域的信息安全(网络信息安全)。我国将网络安全保护定义为:通过采取必要措施,防范对网络的攻击、侵入、干扰、破坏和非法使用以及意外事故,使网络处于稳定可靠运行的状态,以及保障网络数据的完整性、保密性、可用性的能力。[4] 前半部分指的是网络运行安全,后半部分指的是网络信息安全。

综合上述分析,个人信息保护与网络安全两个概念有所交叉但并不完全相同,不能认为个人信息保护是网络安全的子集。两者的区别在于:其一,保护的对象不同。个人信息保护更关注个人的合法权益,而网络安全更关注网络秩序,强调对社会秩序与公共利益的维护。其二,内涵不同。网络安全包括网络物理领域的通信设备安全(网络运行安全)和网络非物理领域的信息安全(网络信息安全)。网络信息安全进一步可细化为内容合法和传输安全,其中网络个人信息保护即属于传输安全中对于保密性的要求。而个人信息保护所涉及的信息并不局限于互联网空间,而是针对一切个人信息控制者,无论其是否利用网络。二者的交叉部分为网络个人信息保护。但可以预见到的是,伴随着互联网的进一步发展,更多的个人

---

[1] 参见国家标准《信息安全技术 个人信息安全规范》(2020 年 3 月 6 日发布)第 3.1 项及附录 A。

[2] 参见国际电信联盟官网电信标准化部门网,https://www.itu.int/zh/ITU-T/publications/Pages/default.aspx,2021 年 1 月 16 日最后访问。

[3] 参见董天策:《以法治保障网络空间安全构筑网络强国——〈网络安全法〉和〈国家网络空间安全战略〉解读》,载《电子政务》2007 年第 2 期。

[4] 参见《网络安全法》第 76 条。

信息将通过互联网传播、收集、使用、处理,个人信息保护与网络安全之间将有越来越多重合交叉的部分。事实上,在美国、欧洲等法域,监管者对个人信息保护与网络安全采取统一监管的模式,并没有将两者截然分开,这可能是两者之间存在密切联系的又一表现。

(一)境外主要法域

在境外成熟的私募投资基金市场,基金募集运营中的数据安全(个人信息保护和网络安全)问题越来越受到关注。下文以美国、欧洲和开曼群岛为例进行说明。

1. 美国

目前美国的某些私募投资基金管理人已经开始应用大数据、区块链、智能投资顾问、机器人流程自动化等创新技术,进行数字化转型。KPMG 的研究报告显示,约 1/5 的私募基金管理人已经开始实施机器人流程自动化,少数私募股权基金管理人已经实施或正在探索数字工具及数据分析技术的应用。[1] 该等创新技术的运用意味着私募基金管理人对基金投资者信息的获取、储存、处理以及交易系统的运行更多依靠网络完成,这使私募投资基金的募集运营更广泛地与网络联系起来。另外,美国对私募基金行业的网络安全及个人信息保护之监管逐步加强。有研究报告显示,美国证监会持续将网络安全作为金融行业监管的关注重点之一,于 2017 年成立了专注于打击网络安全威胁的“网络小组”(CyberUnit),在 2015 ~ 2018 年,美国证监会下设的合规检查办公室(the Office of Compliance Inspection and Examination)共发布 5 项关于网络安全的风险警示。[2] 个人信息保护方面,合规检查办公室发现投资顾问(包括私募基金管理人)在实践中存在不提醒客户隐私条款、缺少关于客户信息保护的书面制度及程序,或不实际贯彻实施该等制度及程序等不合规行为,并于 2019 年 4 月 16 日就投资顾问在 S – P 条例[3]下的合规问题发布风险警示,提示投资顾问应当按照 S – P 条例的要求向客户说明其隐私条款,并且应当按照其书面制度和程序对客户信息提供有效的行政、技术和物理上的保护。[4]

---

[1] 参见 KPMG 发布的研究报告“The Digital Transformation Imperative-Why Privat Equity Firms Must Digitally Transform to Compete”,载 KPMG 网,https://assets. kpmg/content/dam/kpmg/us/pdf/2018/05/737580-nss-pe-digital-transformation-whitepaper-v18. pdf,2021 年 1 月 16 日最后访问。

[2] Barry R. Goldsmith,“Hedge Fund and Private Equity Enforcement & Regulatory Developments 2018”, Chapter 2 “Compliance Reminders for Private Fund Advisers”,https://www. pli. edu/programs/hedge-fund-and-private-equity-enforcement/chb?book =BK9773,2021 年 1 月 16 日最后访问。

[3] S – P 条例是美国证监会出台的一部隐私条例,于 2000 年 11 月 13 日正式生效。S – P 条例出台的背景是美国于 1999 年出台的 Gramm-Leach-Bliley Act 的第 504 节要求美国证监会和其他联邦机构制定规则确保金融机构进行隐私通知,并限制金融机构披露消费者的非公开个人信息。根据该法案,金融机构必须通知客户其隐私政策和惯例,并且不得向非附属第三方披露消费者的非公开个人信息,除非消费者同意披露。在此背景下,美国证监会针对在美国证监会注册的投资顾问、股票经纪人、证券交易商和投资公司等出台了 S – P 条例以加强对其隐私政策、信息保护等方面的监管。

[4] 参见美国证监会合规检查办公室于 2019 年 4 月 16 日发布的风险警示,载美国证监会网,https://www. sec. gov/files/OCIE%20Risk%20Alert%20-%20Regulation%20S-P. pdf,2021 年 1 月 16 日最后访问。

除美国证监会的监管外,美国各州的数据安全相关法律也趋向严格。例如,2018 年 6 月 28 日发布的《2018 加利福尼亚消费者隐私保护法案》被认为是“美国迄今通过的最为严格的数据隐私法案”,该法案赋予了消费者知晓受管辖企业收集、售卖或披露其个人信息的范围和目的的权利以及请求相关企业删除其个人信息的权利。[1] 2019 年 7 月,纽约州州长签署通过了 The Stop Hacks and Improve Electronic Data Security Act,该法案扩展了个人信息的范围,规定持有纽约居民数据信息的企业必须执行的关于数据安全保护的合理措施。[2] 上述两项法案都将于 2020 年生效,展望未来,美国私募基金行业将面对更加严格的个人信息保护和网络安全体系。

2. 欧洲

欧洲对数据安全的监管起步较早。早在 20 世纪 70 年代,西方各国就开始陆续建立个人数据保护制度,但各国对个人数据保护的重视程度不同,法律规定各异,甚至存在冲突。[3] 为改变该等状态,欧盟推出 1995 年 95/46/EC 号指令(以下简称《1995 年指令》),设立了所有成员国都必须遵守的个人数据保护的原则,但允许成员国依据其自身情况,制定和实施具体规则。虽然《1995 年指令》提高了欧盟区域内个人数据的保护水平,但随着信息技术的进一步发展,逐步暴露出两个弊端:其一,作为指令形式的欧盟法,《1995 年指令》仅适用于欧盟成员国,不能直接适用于欧盟的公民。虽然指令对欧盟成员国具有直接约束力,但各个成员国在将指令转化为国内法的过程中依然拥有较大的自由选择权利,由此造成各个欧盟成员国形成了参差不齐的个人信息保护制度。[4] 其二,在《1995 年指令》的立法过程中,立法者没有将互联网技术的广泛运用纳入考虑,导致实际操作过程中难以充分达到立法效果。

在上述背景下,《通用数据保护条例》(General Data Protection Regulation,GDPR)应运而生。GDPR 无须由欧盟成员国转化为国内法,而是可以直接适用于欧盟范围内的公民和企业,并增加了对通过互联网收集、传输、处理数据等行为的规制。GDPR 的到来意味着欧盟对个人信息保护及网络安全进行统一监管时代的开启,这对私募基金行业的影响深远,因为 GDPR 不仅适用于设立在欧盟的私募基金,也可能适用于在欧盟雇有员工或拥有来自欧盟投资者的全球性私募基金,违反 GDPR 的私募基金及其管理人可能遭受最高为 2000 万欧元或年全球营业额的 4% 的巨额罚金。虽然到目前为止尚没有私募基金因违反 GDPR 而被处罚的案例,但是私募基金行业仍非常关注 GDPR 对其可能产生的影响,不仅市场上有大量相关

---

[1] Lothar Determann, Analysis: The California Consumer Privacy Act of 2018, https://iapp.org/news/a/analysis-the-california-consumer-privacy-act-of-2018/,2021 年 1 月 16 日最后访问。

[2] Debevoise & Plimpton, “New York Updates Data Breach Notification Law and Imposes ‘Reasonable Security’ Requirement”, https://www.debevoise.com/insights/publications/2019/07/new-york-updates-data-breach-notification-law,2021 年 1 月 16 日最后访问。

[3] 参见刘泽刚:《欧盟个人数据保护的“后隐私权”变革》,载《华东政法大学学报》2018 年第 4 期。

[4] 在欧盟法中,指令(Directive)并不直接对成员国产生效力,而是首先要转化为国内法律。条例(Regulation)则直接对成员国生效。

的评论文章,英国创投协会也于2018年3月26日发布了基金行业的GDPR合规指引。[1]由GDPR所构建的严格的个人信息保护和网络安全体系将影响欧洲私募基金行业。

3. 开曼群岛

作为全球离岸基金的主要设立地,开曼群岛也已在数据安全保护方面建立了较为完备的法律框架。《开曼数据保护法》(The Cayman Islands Data Protection Law,DPL)于2019年9月30日正式生效,DPL适用于所有在开曼群岛设立的法律实体,包括所有在开曼设立的投资基金,该法将影响开曼群岛的所有个人数据处理过程。违反DPL相关规定的人士,可能会被处以10万开曼元(约12万美元)的罚款及最长5年的监禁。情节严重的,罚金可能会提高至25万开曼元(约30万美元)。如果法人团体(body corporate)违反《开曼数据保护法》是由其董事、秘书、管理人员或履行同等职责的人士导致的,则该等人士也将受到相应处罚。

总体而言,DPL是以GDPR为蓝本制定的,在个人数据的定义、对于隐私声明的要求、个人对于数据的访问权、擦除权和撤回权、转让、违约声明等诸多条款与原则方面,DPL与GDPR都具有相似性,但亦存在一定的差异。例如,当发生数据泄露时,GDPR要求数据控制者必须在没有不当延迟的情况下通知监管机构,并在可行的情况下,在发现违规行为后72小时内通知监管机构;而DPL的要求是,数据控制者必须"在没有不当延迟的情况下"通知监管者和任何受影响的个人,但不得超过数据控制者应了解该违规行为后的5天。又如,在客户同意方面,GDPR要求数据控制者必须告知个人在第一次沟通中和隐私声明中提出异议的权利。对于任何有效的同意,需要明确在数据收集时数据将被用于什么目的,并且数据控制者需要能够清楚地显示获得同意的方式及时间;而DPL仅要求数据控制者向个人提供选择不同意数据使用的权利,如个人继续无异议地接受数据控制者的服务,则可以视为默示的同意。

就DPL对私募投资基金的影响,对于设立在开曼境内的基金而言,无论数据处理行为是否发生在开曼境内,都受制于DPL的监管。例如,在募集运营过程中私募投资基金及其管理人通过认购文件、反洗钱核查材料等渠道可能获得投资者的个人数据,如其姓名、出生日期、地址、资产状况等。对该等个人数据的处理均需符合DPL的各项要求。

(二)中国

与境外成熟市场的现状形成对比的是,个人信息保护和网络安全等数据安全问题并未成为境内私募基金行业的热点问题,市场上关于私募基金行业中的个人信息保护、网络安全的评论文章寥寥,这可能部分反映了境内私募基金管理人还未像其美国同行那样开始实际运用创新技术,尚未使私募基金行业与个人信息保护、网络安全高度相关,也可能反映了境内立法机关及相关监管机构尚未对私募基金行业的个人信息保护及/或网络安全给予特别

〔1〕 参见英国创投协会于2018年3月26日发布的Guide to GDPR for the Funds Industry,载英国创投协会网,https://www.bvca.co.uk/media-and-publications/thought-leadership/article-library/details//Friday-Focus-Guide-to-GDPR-for-the-funds-industry,2021年1月16日最后访问。

的重视。在该等领域,我国目前没有如美国 S－P 条例那样专门针对私募基金行业的监管规定。

但近年来,我国也出台了多部具有里程碑意义的法律法规。例如,2017 年 6 月 1 日,《网络安全法》正式生效实施。《网络安全法》在法律层面构建了我国网络安全监管制度的框架,为网络安全执法提供了法律依据,标志着我国网络安全监管进入了新阶段。《网络安全法》出台后,各种相关的司法解释、部门规章、规范性文件、国家标准也纷至沓来,作为相关配套措施保障《网络安全法》的切实落地。个人信息保护也成为立法的关注重点,2020 年 10 月 21 日,全国人大常委会法制工作委员会(以下简称法工委)公开就《个人信息保护法(草案)》征求意见。《个人信息保护法(草案)》基于我国近年的数据合规实践,坚持立足国情,同时充分借鉴国际经验,坚持问题导向和立法前瞻性相结合,将为我国个人信息保护工作提供坚实的法律保障。

综上,从立法趋势的角度来看,我国也在推进个人信息保护和网络安全的立法进程,这与境外成熟主要法域的趋势是一致的,但是境内相关制度的发展程度目前远落后于境外。

三、我国数据合规法律及监管体系及其对私募基金行业的适用

不同于境外主要法域,个人信息保护与网络安全在中国是两个不同的制度,受不同的法律监管,未来立法者亦可能对两者采取分别立法的模式。正如上文所述,个人信息保护与网络安全的区别在于所保护的对象不同、具体内涵不同,虽然《网络安全法》第四章也规制了个人信息保护的相关内容,但这仅限于个人信息保护与网络安全之间重合的部分,即网络个人信息保护,而不能推断出个人信息保护是网络安全的子集。事实上,在《个人信息保护法(草案)》被全国人大法工委公开征求意见的背景下,可以预见我国将在个人信息保护领域出台一部独立的法律,个人信息保护将在法律层面取得独立地位,从而改变个人信息保护规范散见于各部门法的现状。

关于两种制度对私募基金行业的适用,在个人信息保护方面,由于《个人信息保护法》仍在立法阶段,尚未正式出台,目前个人信息保护规范散见于各部门法中,且法律层面的规范较为原则性,难以给私募基金行业提供具体的指导,而真正具有可操作性的规范往往以国家标准等形式存在,但该等规范通常不具有强制力。在网络安全方面,《网络安全法》确立了网络安全监管的基本框架,且在法律层面之下有相应的已经生效或正在征求意见的行政法规、部门规章,以及国家标准作为配套规则加以辅助,形成了独立的、成体系的网络安全制度,并广泛地适用于私募基金行业各方。

(一)个人信息保护法律和监管体系

我国的个人信息保护相关法律法规最早的原则性规定可以上溯到 2012 年。同年,全国人大常委发布了《关于加强网络信息保护的决定》,该决定首次明确提出对公民“个人电子信息”的保护,并规定企事业单位在收集、使用公民个人电子信息时应当遵循“合法、正当、必要”的原则。这一原则被《网络安全法》《电子商务法》《消费者权益保护法》引用,已成为我国个人信息保护的基本原则。

《关于加强网络信息保护的决定》出台之后，我国在法律层面出台了一系列个人信息保护相关的规定，形成了现有的个人信息保护法律制度。以部门法作为分类依据，可将我国个人信息保护相关的法律划分为三类，即刑法、行政法和民法。

1. 刑法方面

在刑法方面，2015 年 8 月 29 日发布的《刑法修正案（九）》修改了第 253 条之一所规定的侵犯公民信息罪，扩大了该条的适用范围，并将最高刑提高至 7 年，加大了处罚力度。2017 年 6 月 1 日实施的《关于办理侵犯公民个人信息刑事案件适用法律若干问题的解释》（法释〔2017〕10 号）进一步明确了公民个人信息的定义，即“以电子或者其他方式记录的能够单独或者与其他信息结合识别特定自然人身份或者反映特定自然人活动情况的各种信息，包括姓名、身份证件号码、通信通讯联系方式、住址、账号密码、财产状况、行踪轨迹等”。企业只要违反国家有关规定，向他人出售或提供公民个人信息、窃取或以其他方法非法获取个人信息，且情节严重的即可构成侵犯公民个人信息罪。

2. 行政法方面

《网络安全法》提出“网络运营者”的概念，并将其定义为“网络的所有者、管理者和网络服务提供者”。《网络安全法》第 41 条规定网络运营者收集、使用个人信息应当遵循“合法、正当、必要的原则”，与《关于加强网络信息保护的决定》一致。除上述原则之外，《网络安全法》还规定了网络运营者在保护个人信息安全方面的具体义务，例如第 42 条规定的“不得泄露、篡改、毁损其收集的个人信息”义务，发生“个人信息泄露、毁损、丢失”的情况时“采取补救措施”和“及时告知用户”的义务，以及第 49 条规定的“建立网络信息安全投诉、举报制度”的义务等。另外，个人信息主体在《网络安全法》下享有积极的权利，例如第 43 条规定的当“网络运营者违反法律、行政法规的规定或者双方的约定收集、使用其个人信息”时，个人“有权要求网络运营者删除其个人信息”，当发现网络运营者收集、存储的其个人信息有误时，还有权要求更正。

《网络安全法》对网络运营者的个人信息保护义务仅提出了原则性规定，网络运营者的具体行为还需要配套法规和规范性文件的具体指导。全国信息安全标准化技术委员会于 2017 年 12 月 29 日发布了国家标准《信息安全技术 个人信息安全规范》（以下简称《个人信息安全规范》），该规范是《网络安全法》重要的配套规则，在软法层面填补了诸多规则空白，对个人信息收集、保存、使用等各个阶段的保护提出了更具有可操作性的规定，各企业可以用于评估自身业务和信息处理的合规性。《个人信息安全规范》的主线在于，个人信息主体可以参与到其个人信息处理全周期的每个环节，包括收集、存储、使用授权访问、安全保护以及删除销毁。例如，收集使用个人信息需经被收集者同意；处理和保存个人信息必须遵循与用户的协定；如果违反用户的协定处理或者保存个人信息，用户有删除的权利；当发生安全事件之后，用户享有知情权。

2020 年 3 月 6 日，全国信息安全标准化技术委员会发布了《信息安全技术个人信息安全规范》（以下简称 2020 版《个人信息安全规范》），并于 2020 年 10 月 1 日起正式施行。2020 版

《个人信息安全规范》主要对现行版本在以下几方面进行了修订:(1)明确平台商对于接入的第三方产品或服务收集个人信息的管理义务;(2)细化了保障个人信息主体注销账户的权利的规则,企业不得在账号注销阶段增加个人信息主体的负担,在个人信息主体注销账户后,企业不得再次将个人信息用于日常业务;(3)回应了业界"个人信息的汇聚融合"之技术趋势,添加了规制"个人信息的汇聚融合"的规范,例如要求数据控制者在数据的汇聚融合的使用行为超出了已获得授权的范围时应当重新获得授权,并应根据汇聚融合后个人信息使用的目的,开展个人信息安全影响评估;(4)整合了记录个人信息处理活动的要求,将其作为独立条文进行规定,明确了记录的内容和范围,并推荐企业形成涵盖个人信息处理活动全生命周期的记录;以及(5)区分基本业务功能和扩展业务功能,明确了不同业务功能应用场景下不同的告知方法。

关于2020版《个人信息安全规范》的效力,需要说明的是,我国《立法法》所确立的法律渊源不包括国家标准,且实质上国家标准的制定程序、发布方式、规范结构等方面与《立法法》所规定的正式法源不同,因此2020版《个人信息安全规范》不属于我国正式的法律渊源。另外,2020版《个人信息安全规范》是推荐性国家标准,而非强制性国家标准,并不强制要求企业执行。然而,这并不代表2020版《个人信息安全规范》没有任何拘束力。2020版《个人信息安全规范》既适用于"规范各类组织个人信息处理活动",也适用于"主管监管部门、第三方评估机构等组织对个人信息处理活动进行监督、管理和评估"。由于《网络安全法》的相关规定较为原则性,实践中真正具有可操作性的规范往往来自2020版《个人信息安全规范》,由相关方共同遵守,形成事实上的拘束力。虽然企业有权选择是否遵守,但可能受限于竞争压力、声誉等因素不得不遵守。实践中,如果企业未遵守2020版《个人信息安全规范》,可能需要承担较高的成本向主管部门证明其行为的合规性。此外,2020版《个人信息安全规范》所具有的信号功能也应当引起企业的重视,即2020版《个人信息安全规范》在个人信息保护领域积累的实践经验及引发的社会讨论,也将为《个人信息保护法》的制定工作提供参考,因此2020版《个人信息安全规范》可能代表了立法和监管的发展趋势。

3. 民法方面

原《民法总则》第111条规定,自然人的个人信息受法律保护。任何组织和个人需要获取他人个人信息的,应当依法取得并确保信息安全,不得非法收集、使用、加工、传输他人个人信息,不得非法买卖、提供或者公开他人个人信息。该等规定赋予个人信息权作为一项基本民事权利的独立地位,改变了在原《民法总则》出台前,保护个人信息主要依靠侵犯公民个人信息入罪和行业主管机关对特定个人信息保护进行监管的方式实现之境况,公民的个人信息权获得了民法上的救济。于2020年5月28日通过并于2021年1月1日起施行的《民法典》在第1编第111条仍然保留了该等个人信息保护规定,且法条语言上与原《民法总则》相比没有变化,再一次在立法上重申了个人信息受法律保护,确认了公民个人信息权享有民事救济。

关于个人信息保护法律制度对私募基金行业是否适用以及如何适用问题,笔者认为,个人信息保护法律制度适用于私募基金行业。从主体上看,由于上文讨论的《关于加强网络信息保护的决定》、《刑法修正案(九)》、《关于办理侵犯公民个人信息刑事案件的解释》及《民法典》的相关条款均无特殊规定,仅采取"企事业单位""任何组织和个人"等泛泛的用词。2020版《个人信息安全规范》适用于"个人信息控制者","个人信息控制者"指有权决定个人信息处理目的、方式等的组织或个人。考虑到实务中私募基金行业的主要相关方管理人、普通合伙人、托管人、服务机构等一般采取公司或合伙企业的组织形式,符合前述主体要件。唯一值得讨论的是《网络安全法》的适用主体。《网络安全法》适用于在我国境内建设、运营、维护和使用网络的行为,主要规制对象为"网络运营者",[1] 因此只要管理人、普通合伙人、托管人及服务机构拥有自己的官网,或通过网络提供服务,就可能被认定为《网络安全法》下的"网络运营者"。

在募集私募基金的过程中,管理人在进行特定对象确认、投资者适当性匹配、合格投资者确认、履行 AML/KYC 义务等程序步骤时可能会收集、保存关于潜在投资者的信息,包括个人投资者的姓名、出生日期、资产、收入、教育背景、工作经历、风险偏好等信息,以及机构投资者的董事、高管、股东等的上述信息。该等信息属于上文所述的我国个人信息保护法律制度对个人信息的定义。在基金运营过程中,管理人可能会处理投资者的个人信息。对于托管人而言,在开设基金托管账户、托管基金财产、监督投资运作、日常划拨等过程中也可能收集、保存、处理上述个人信息。对于私募基金服务机构而言,笔者认为,为私募基金提供基金募集、份额登记、信息技术系统服务的服务机构都可能直接收集、保存、处理投资者的个人信息。综上,私募基金行业相关主体的上述收集、保存和/或处理投资者个人信息的行为都可能适用个人信息保护制度并受到相应的监管。

(二)网络安全法律和监管体系

《网络安全法》在法律层面构建了我国网络安全监管制度的框架,为网络安全执法提供了法律依据。根据《网络安全法》,我国网络安全法律制度主要包括网络安全等级保护、关键信息基础设施和数据出境安全评估等方面。

1. 网络安全等级保护

网络安全等级保护制度依据网络系统在国家安全、经济建设、社会生活中的重要程度以及一旦遭到破坏后对国家安全、社会秩序、公共利益以及公民、法人和其他组织的合法权益的危害程度,将网络系统从低到高划分为五个安全保护等级,不同的安全保护等级要求不同级别的安全保护能力。[2] 网络运营者应当按照网络安全等级保护制度的要求,履行网络安全保护义务,以保障网络免受干扰、破坏或者未经授权的访问,防止网络数据泄露或者被窃取、篡改。网络安全保护义务具体包括:(1)制定内部安全管理制度和操作规程,确定网络安全负责人;(2)采取防范计算机病毒和网络攻击、网络侵入等危害网络安全行为的技术措施;

---

[1] 根据《网络安全法》第76条,网络运营者,是指网络的所有者、管理者和网络服务提供者。

[2] 关于网络安全等级的具体划分方式和不同级别的安全保护能力,详见国家标准《信息安全技术—网络安全等级保护基本要求》(GB/T 22239-2019)。

(3)采取监测、记录网络运行状态、网络安全事件的技术措施,并按照规定留存相关的网络日志不少于6个月;(4)采取数据分类、重要数据备份和加密等措施;以及(5)法律、行政法规规定的其他义务。[1] 另外,网络安全事件管理制度是网络安全等级保护制度中的一部分,网络运营者应当制定网络安全事件应急预案,及时处置系统漏洞、计算机病毒、网络攻击、网络侵入等安全风险;在发生危害网络安全的事件时,立即启动应急预案,采取相应的补救措施,并按照规定向有关主管部门报告。[2]

2. 关键信息基础设施

《网络安全法》提出了"关键信息基础设施"的概念,[3]涵盖多个行业和领域,并要求关键信息基础设施运营者承担更多的网络安全义务,例如设置专门的安全管理机构和安全管理负责人,并对该负责人和关键岗位的人员进行安全背景审查;定期对从业人员进行网络安全教育、技术培训和技能考核;对重要系统和数据库进行容灾备份;制定网络安全事件应急预案,并定期进行演练等。[4] 由于缺少相关配套规定,近年来,企业对于是否会被认定为关键信息基础设施运营者、如何开展相关网络安全工作一直十分困惑。虽然2017年7月10日,中华人民共和国国家互联网信息办公室(以下简称国家网信办)会同相关部门起草了《关键信息基础设施安全保护条例(征求意见稿)》,划定了关键信息基础设施的范围,但由于该条例至今尚未正式发布,关键信息基础设施的具体范围仍具有不确定性。[5] 有报道显示,国家网信办正在抓紧研究制定《关键信息基础设施安全保护条例》,但并未透露正式发布该条例的时间。[6]

近期关于关键信息基础设施的立法动态包括网信办等12部门于2020年4月13日联合发布的《网络安全审查办法》(国家互联网信息办公室公告第6号)。《网络安全审查办法》已于2020年6月1日生效,主要内容是以安全审查的形式对关键信息基础设施的供应链进行防护。具体而言,《网络安全审查办法》要求"关键信息基础设施运营者"在采购"网络产品和服务"时,如果经预判认为该产品和服务投入使用后将影响或可能影响国家安全,则应当向网络安全审查办公室申报,并进行网络安全审查。如上文所述,何为"关键信息基础设施运营者"目前尚不明确,《网络安全审查办法》也未给出明确定义,仍需等待"关键信息基础设施保护工作部门认定";而所谓"网络产品和服务"已有明确范围,具体包括"核心网络设

〔1〕 参见《网络安全法》第21条。

〔2〕 参见《网络安全法》第25条。

〔3〕 根据《网络安全法》第31条,公共通信和信息服务、能源、交通、水利、金融、公共服务、电子政务等重要行业和领域,以及其他一旦遭到破坏、丧失功能或者数据泄露,可能严重危害国家安全、国计民生、公共利益的是"关键信息基础设施"。

〔4〕 参见《网络安全法》第34条。

〔5〕 参见中国公司法务研究院、中国国际贸易促进委员会企业权益中心、方达律师事务所联合发布:《2017-2018中国年度合规蓝皮书》,第15页。

〔6〕 参见《中央网信办:〈关键信息基础设施安全保护条例〉正抓紧制定》,载搜狐网,https://www.sohu.com/a/341273108_119038,2021年1月16日最后访问。

备、高性能计算机和服务器、大容量存储设备、大型数据库和应用软件、网络安全设备、云计算服务,以及其他对关键信息基础设施安全有重要影响的网络产品和服务”。安全审查的流程较为复杂,一般包括预判、申报、审查等步骤,预计需要 3 个月左右方能完成。如果关键信息基础设施运营者使用未经安全审查或者安全审查未通过的网络产品或者服务的,由有关主管部门责令停止使用,处采购金额 1 倍以上 10 倍以下的罚款;对直接负责的主管人员和其他直接责任人员处 1 万元以上 10 万元以下的罚款。

3. 数据出境安全评估

《网络安全法》首次规定了数据出境的安全评估制度。根据《网络安全法》第 37 条,关键信息基础设施的运营者在我国境内运营中收集和产生的个人信息和重要数据应当在境内存储,因业务需要,确需向境外提供的,应当按照有关规定进行安全评估。以此为基础,网信办于 2017 年 4 月 11 日制定并公布了《个人信息和重要数据出境安全评估办法(征求意见稿)》,其构建了个人信息和重要数据出境人信息和重要数据出境安全评估的基本框架,规定了自行评估和监管机构评估两种评估方式以及安全评估的内容,且从评估范围上不再限于关键信息基础设施的运营者在境内收集和产生的数据,只要是网络运营者在我国境内运营中收集和产生的个人信息和重要数据,出境时都应当进行出境安全评估。2019 年 6 月 13 日,网信办发布的《关于〈个人信息出境安全评估办法(征求意见稿)〉公开征求意见的通知》,较《个人信息和重要数据出境安全评估办法(征求意见稿)》最显著的变化之一就在于将个人信息与重要数据涉及出境的安全评估区分对待,明确了个人信息出境的安全评估要求。截至目前,上述两项关于信息/数据出境的监管办法在征求意见后均未正式发布。

关于我国网络安全法律制度对私募基金行业是否以及如何适用,笔者认为,由于我国网络安全法律制度主要由《网络安全法》确立,而《网络安全法》适用于在我国境内建设、运营、维护和使用网络,那么只要私募基金行业相关主体拥有自己的网站或利用网络提供服务,就将导致网络安全法律制度在私募基金行业的适用。具体而言,私募基金管理人可能搭建了企业内部的互联网,开设了微信公众号平台,或利用网络储存、处理投资者的个人信息、被投企业的数据等,某些私募基金还可能以网络为工具进行募集,或者运用网络交易系统进行交易,私募基金的托管人或服务机构也可能利用网络为工具辅助进行托管或提供相应的服务。该等运用网络、利用网络提供服务的行为都将导致我国网络安全法律制度对私募基金行业的适用。

四、我国数据合规法律及监管体系对私募基金行业的影响

(一)对私募基金募集运营及其管理人的影响

正如上文所述,数据合规法律及监管体系适用于私募基金行业,对于私募基金的募集运营可能产生影响。管理人作为私募基金募集及日常运营的核心,应当关注该等影响,下文选取了其中几个比较重要的问题进行分析讨论。

在个人信息保护方面,私募基金管理人负有个人信息保护法律制度所规定的义务。例如,在《网络安全法》下,私募基金管理人在收集、使用投资者的个人信息时,应当遵循合法、正当、必要的原则,公开收集、使用规则,明示收集、使用信息的目的、方式和范围,并经被收集信息的投资者的同意;基金管理人不得收集与其提供的基金管理服务无关的个人信息,且对其收集到的个人信息负有严格保密义务,同时,私募基金管理人应当建立健全的投资者信息保护制度。又如,在《刑法修正案(九)》下,私募基金管理人不得将在提供服务过程中获得的个人信息出售或者提供给他人。另外,如果私募基金管理人选择遵循2020版《个人信息安全规范》的规定,那么其在个人信息的收集、保存、使用等方面负有更为细致的义务,例如应当区分个人一般信息和个人敏感信息,对不同信息区别对待。

除私募基金管理人负有义务之外,被收集信息的基金投资者也享有个人信息保护法律制度所赋予的权利。例如,《网络安全法》第43条规定,个人信息主体拥有要求删除与更正其个人信息的权利。根据2020版《个人信息安全规范》,个人信息主体还拥有撤回同意的权利、获得个人信息副本的权利等。私募基金管理人应当尊重投资者的上述权利并积极配合权利的行使。

针对个人信息主体的撤回同意权,私募基金管理人可能会顾虑该等权利是否会给予投资人便利,使其在投资进入基金后拒绝更新信息。事实上,不同法域就个人信息主体是否有权撤回同意的不同规定已经造成了一定的合规困境。欧盟的私募基金管理人在向美国证监会申请注册时,需承诺根据美国监管的要求向监管机构提交基金相关文件,但这种承诺被欧盟《通用数据保护条例》所禁止。原因是向美国证监会的报告范围过于广泛,且涉及大量个人信息,构成对个人信息的处理,而根据《通用数据保护条例》,只有6种依据可以合法化对个人信息的处理行为,其中最为常见的是获得数据主体的同意。但美国证监会对获得同意并不认可,原因正是《通用数据保护条例》下数据主体可以撤回其同意,这使基金的投资者有可能拒绝更新信息,导致私募基金管理人违反美国证监会的监管规定。[1] 对于中国私募基金行业而言,根据目前的公开资料,尚未出现有投资者以该撤回同意权为依据拒绝更新信息的案例,这可能是因为投资者的撤回同意权是由《个人信息安全规范》所赋予的,考虑到《个人信息安全规范》仅是推荐性国家标准,不具备强制力,而法律层面的《网络安全法》并未给予个人信息主体该等权利,实践中投资者即使有意利用该条的便利拒绝更新信息,也缺乏法律与逻辑的基础。

在网络安全法律制度下,私募基金管理人负有网络安全保护义务,需采取必要措施保障其网站、信息技术系统、数据库、交易系统等处于稳定可靠运行的状态,并保护数据的完整性、保密性、可用性。另外,根据网络系统的安全等级划分结果,私募基金管理人还应确保其网络系统具备相应级别的安全保护能力。

由于《关键信息基础设施安全保护条例》尚未生效,"关键信息基础设施运营者"的范围

---

〔1〕 参见Battle of the Atlantic,载private funds management网,https://www.privatefundscfo.com/?utm_source=Sailthru&utm_medium=email&utm_campaign=Daily%20June%2010%2019&utm_term=PFCFO_THE-DAILY,2021年1月16日最后访问。

也并不明确,关键信息基础设施相关规则对私募投资基金的影响暂不明晰。值得参考的是,最近发布的《网络安全审查办法》虽然也并未定义何为"关键信息基础设施营运者",但根据该办法可以推断立法者认为"关键信息基础设施运营者"可能涉及"核心网络设备、高性能计算机和服务器、大容量存储设备"等网络产品和服务的采购。对于股权类私募投资基金而言,考虑到其投资者数量一般较少,数据量有限,投资策略也往往不涉及"高性能计算机和服务器"等"网络产品和服务的采购",股权类私募基金的网络系统可能并不属于"关键信息基础设施",[1]因此股权类私募基金及其管理人可能不必作为关键信息基础设施营运者而承担相应的网络安全保护义务。证券类私募投资基金中不涉及"核心网络设备、高性能计算机和服务器、大容量存储设备"等网络产品和服务采购的,不构成关键信息基础设施营运者,不承担关键信息基础设施相关网络安全保护义务;但对于部分采取对冲策略的私募证券投资基金(如量化对冲基金)而言,由于其投资运营涉及量化投资,可能会运用数据挖掘、机器学习、神经网络等最前沿的数学算法建模以便对行业、个股等进行预测。为实现该等以算法和模型为基础的量化投资策略,量化对冲基金可能需要运用"高性能计算机和服务器"。根据相关媒体的报道,目前已有部分国际知名的对冲基金(如 D. E. Shaw 和 Two Sigma)和我国本土的对冲基金(如幻方量化)引入并利用"超级计算机"以辅助其投资决策。以幻方量化引入的超级计算机"萤火一号"为例,该超级计算机"占地面积相当于一个篮球场,功耗 400KW,由一个存储集群和一个计算集群组成。存储集群提供每秒 1.3 亿次 IO 响应、4.1Tbps 读写带宽以及 1.2PB 容量"。[2] 该等超级计算机可能落入"高性能计算机和服务器"的范畴,进而可能导致该等量化对冲基金及其管理人被认定为关键信息基础设施营运者而需承担关键信息基础设施相关的网络安全保护义务。如上文所述,该等义务包括"设置专门安全管理机

[1] 《网络安全法》第 31 条第 1 款规定:"国家对公共通信和信息服务、能源、交通、水利、金融、公共服务、电子政务等重要行业和领域,以及其他一旦遭到破坏、丧失功能或者数据泄露,可能严重危害国家安全、国计民生、公共利益的关键信息基础设施,在网络安全等级保护制度的基础上,实行重点保护。关键信息基础设施的具体范围和安全保护办法由国务院制定。"该规定建立了判断关键信息基础设施的两项基本标准:行业标准和后果标准。根据《关键信息基础设施安全保护条例(征求意见稿)》,应当纳入关键信息基础设施保护范围的行业包括:(1)政府机关和能源、金融、交通、水利、卫生医疗、教育、社保、环境保护、公用事业等行业领域的单位;(2)电信网、广播电视网、互联网等信息网络,以及提供云计算、大数据和其他大型公共信息网络服务的单位;(3)国防科工、大型装备、化工、食品药品等行业领域科研生产单位;(4)广播电台、电视台、通讯社等新闻单位。在后果标准的判定方面,中央网络安全和信息化领导小组办公室于 2016 年 6 月编制的《国家网络安全检查操作指南》具有较强的参考意义:就网站而言,一般在发生网络安全事故之后可能造成"超过 100 万人个人信息泄露"、"造成大量机构、企业敏感信息泄露"或"影响单个地级市行政区 30% 以上人口的工作、生活"的网站才会被认定为关键信息基础设施;就平台而言,一般满足"注册用户数超过 1000 万"、"日成交订单额或交易额超过 1000 万元"或"发生网络安全事故后可能导致超过 100 万人个人信息泄露"等条件之一的平台才会被认定为关键信息基础设施。结合上述判断标准,我们理解私募基金的网络系统可能并不属于关键信息基础设施。

[2] 参见许超:《超级计算机!数百亿规模!中国量化私募崛起》,载华尔街见闻网,https://wallstreetcn.com/articles/3594552,2021 年 1 月 16 日最后访问。

构和安全管理负责人”“定期对从业人员进行网络安全教育、技术培训和技能考核”“对重要系统和数据库进行容灾备份”“制定网络安全事件应急预案”等。但鉴于《关键信息基础设施安全保护条例(征求意见稿)》尚未正式实施,仍停留在征求意见稿的阶段,“关键信息基础设施运营者”的范围以及其应承担的网络安全保护义务具有一定的不确定性,因此私募基金及其管理人仍需关注关键信息基础设施方面的立法动向。以上关于关键信息基础设施相关规则对私募基金及其管理人影响的讨论体现了我国个人信息保护、网络安全法律制度对股权类私募投资基金及其管理人和证券类私募投资基金及其管理人的影响程度可能不同,原因可能是相较于股权类基金,私募证券投资基金更依赖信息技术系统,且更经常使用第三方私募基金服务机构提供的信息技术系统、估值等服务,因此网络安全与个人信息保护在私募证券投资基金的募集运营中具有更重要的地位。该等在数据合规方面对证券类、股权类私募基金及其管理人进行差异化监管的原则和理念也已体现在基金业协会相关自律规则中。例如,就私募基金的信息技术系统而言,根据基金业协会发布的《登记备案问答(十)》和《外商独资和合资私募证券投资基金管理人登记备案填报说明》,外商独资和合资私募证券投资基金管理人“不得通过境外机构或者系统下达交易指令,境内应当安装系统终端,交易路径透明可追、交易数据完整可查、交易流程清晰可控、交易记录全程留痕,应当设立投资决策责任人和交易执行责任人”,该等规定实质上是强制要求外商独资和合资私募证券投资基金管理人将其信息技术系统设置于境内。与之相对,基金业协会并未就私募股权投资基金管理人的信息技术系统作类似要求。

无论信息技术系统是否被强制要求设置于境内,外资背景的私募基金管理人都可能存在把在境内募集运营中获取或产生的个人信息/数据传输至境外母公司/集团公司的需求,从而需适用个人信息和/或数据出境的安全评估制度。根据《个人信息和重要数据出境安全评估办法(征求意见稿)》和《个人信息出境安全评估办法(征求意见稿)》,个人信息和重要数据出境需向有关监管部门申报个人信息/重要数据出境安全评估,因此存在无法通过安全评估导致无法出境的风险。虽然上述规定尚未正式实施,但可以预见到个人信息保护的价值/网络安全保护的价值与行业监管目的/正当商业目的之间的潜在矛盾。该等矛盾在前述的欧洲《通用数据保护条例》与美国证监会的监管规定之间的冲突中已经体现。推而广之,对于全球性私募基金管理人而言,一国的个人信息保护/网络安全制度可能导致管理人在另一国无法根据监管要求提供必要信息。在我国的重要数据和个人信息出境安全审查的相关制度正式发布生效后,该等冲突可能将成为在我国境内募集运营基金的全球性私募基金发起人需要考虑的问题。

(二)对私募基金投资的影响

个人信息保护、网络安全法律和监管不仅对私募投资基金及其管理人有影响,也将对基金所投资的公司产生影响。就前述网络安全、个人信息保护法律和监管体制对基金被投资公司的影响,“数据堂被查涉侵犯公民个人信息案”是其中的经典案例。数据堂本是在新三板挂牌的一家“明星公司”,通过自营众包平台采集、公共领域共享以及网络爬虫等多种数据获取方式,积累了各行业大规模的数据集,一度拥有约 2000TB 的数据集。但是,数据堂却于 2017 年 7 月被查实"在 8 个月的时间内,日均传输公民个人信息 1.3 亿余条,累积传输数据压缩后为 4000G"。数据堂从 2017 年 8 月起停牌,历经 13 个月才恢复股票转让,股价于股票转让恢复首日暴跌 84%,多家早期投资于数据堂的私募基金蒙受巨大亏损。[1] 该案例给私募基金管理人的启示可能是,私募基金管理人应当关注被投企业的数据合规风险,在投资前应就潜在被投企业的数据合规情况进行充分的尽职调查,可考虑在投资协议中提出数据合规方面对被投企业的具体限制措施,并在投后管理阶段保持对被投企业数据合规情况的持续监控。

在上述案例中,私募基金虽然因被投企业的违规行为而蒙受投资损失,但并未因作为违规企业的股东而被追责。通过检索,尚未发现境内私募基金因被投企业违反数据合规相关法律制度而被追责的案例。但值得注意的是,境外已经出现类似案例。2019 年 7 月 9 日,英国信息监管局发布声明称,由于万豪国际集团(以下简称万豪)违反欧盟《通用数据保护条例》,拟对其开出约 9900 万英镑(约合 1.23 亿美元)的罚单。此次罚款主要针对万豪在 2018 年 11 月向英国信息监管局通报的一起始于 2014 年的数据泄露事件。2014 年喜达屋酒店数据遭到黑客攻击,导致全球约 3.39 亿名顾客的数据被窃取。虽然万豪是在 2016 年才收购的喜达屋酒店,但英国信息监管局认为,万豪未能在收购过程中进行充分的调查,也未能采取足够的措施保护用户的数据安全。英国信息监管局信息专员 Elizabeth Denham 表示,"GDPR 明确规定,任何组织必须对所持有的个人数据负责,这包括在合作或交易时需要进行适当的尽职调查,采取适当的措施评估已取得的个人数据,并评估如何保护这些数据"。[2]

综上分析,目前境内私募投资基金可能并不会因被投企业的数据违规行为而承担股东责任,但需注意的是,根据《网络安全法》第六章"法律责任"的规定,如果被投企业作为网络运营者违反了《网络安全法》的相关条款,除被投企业自身外,其"直接负责的主管人员和其他直接责任人员"也可能受到相应的行政处罚。在私募投资基金向被投企业委派董事、监事或高级管理人员的情况下,该等委派人员可能因参与案涉被投企业之数据违规行为相关的内部决议而被认定为"直接负责的主管人员和其他直接责任人员",进而需承担责任。

(三)对私募基金行业其他方的影响

除私募基金管理人外,网络安全和个人信息保护法律和监管体系也将对私募基金行业

〔1〕 参见《从估值 21 亿到年亏损 9776 万,"明星企业"数据堂被查:日均传输公民个人信息 1 亿 3 千万条》,载华股财经网,http://stock.huagu.com/gscw/201807253317338.html,2021 年 1 月 16 日最后访问。

〔2〕 参见《GDPR 大开杀戒,英国航空 16 亿,万豪酒店 8.53 亿》,载微信公众号"中国公司法务研究会",https://mp.weixin.qq.com/s/T-Vp7m54yjBCV80BTDDDeA,2021 年 1 月 16 日最后访问。参见 Statement: Intention to fine Marriott International, Inc more than £ 99 million under GDPR for data breach, https://ico.org.uk/about-the-ico/news-and-events/news-and-blogs/2019/07/statement-intention-to-fine-marriott-international-inc-more-than-99-million-under-gdpr-for-data-breach/,2021 年 1 月 16 日最后访问。

其他相关方(主要包括托管人及私募基金服务机构)产生影响。

尽管境外私募投资基金(尤其是境外PE基金和VC基金)较少采用财产托管或资金保管机制,但境内私募投资基金基于监管要求一般均采用托管机制。除开设基金托管账户、托管基金财产、监督投资运作、日常划拨等常规业务外,托管人还可能承担其他职能。例如,由于实践中出现私募基金管理人"失联"的现象,基金业协会提高了对托管机构切实履行共同受托职责的要求,并针对部分拟备案的私募投资基金的反馈意见,要求托管机构对该基金投资范围、产品结构、收益分配、底层投资协议等的合规性和真实性、基金后续募集安排、基金拟投资进度安排、工商确权安排等进行核实并发表意见。这意味着在托管人对私募基金募集运营的参与度较高,在其为私募基金提供托管服务时,会用到网络,也会收集、储存或处理投资者的个人信息,因此托管人也负有投资者个人信息保护义务、网络安全保护义务。

从私募基金服务机构的发展程度与成熟度看,境外私募基金(无论是PE基金还是对冲基金)使用基金行政管理服务已成为行业惯例,很多中后台工作均可交由专业的基金行政管理人完成,相较而言,境内私募基金服务机构的发展仍存在较大的差距。尽管如此,由于《基金法》允许设立私募证券投资基金的驱动以及股权类私募投资基金管理人专业化程度的不断提高,近年来越来越多的私募投资基金(其中多为私募证券投资基金)开始使用基金行政管理服务。随着该等趋势,基金业协会也于2017年3月发布了《基金服务业务管理办法》以对私募基金服务机构进行监管。根据《基金服务业务管理办法》,私募基金服务业务的范畴包括基金募集、投资顾问、份额登记、估值核算和信息技术系统五类。与数据合规直接相关的是信息技术系统服务。信息技术系统服务,是指为私募基金管理人、私募基金托管人和其他服务机构提供私募基金业务核心应用系统、信息系统运营维护及安全保障等服务。其中,私募基金业务核心应用系统包括销售系统、投资交易管理系统、份额登记系统、资金清算系统、估值核算系统等。根据《基金服务业务管理办法》,服务机构应当确保其主要业务信息系统持续稳定运行,其中涉及核心业务处理的信息系统应当部署在中华人民共和国境内,并配合监管部门、司法机关现场检查及调查取证。服务机构在业务开展过程中所获取的客户信息、业务资料等数据的存储与备份应当在中华人民共和国境内完成,相关数据的保密管理应当符合国家相关规定。服务机构及其从业人员应当恪尽职守,保护客户隐私,严守客户机密。该等自律规则体现了网络安全保护义务的要求。类似地,其他服务机构依其职能也承担相应的网络安全义务与个人信息保护义务。

五、数据合规建议

在我国数据安全相关法律法规不断完善、相关政府部门和被授权的行业自律机构对数据合规的监管逐步加强的背景下,私募投资基金运营中的数据合规成为越来越重要的话题,私募基金行业的各参与方应当考虑如何适应发展迅速的数据安全法律和监管体系,了解该等法律体系对己方业务运营与发展的影响,并积极制定合理有效的内部合规政策。私募基

金行业的各相关方可考虑从以下方面构建内部的数据合规体系：[1]

➢ 聘请专业合规顾问，充分了解我国现行的个人信息保护、网络安全法律制度体系和监管实践，以及未来的立法趋势，制定宏观的合规策略；

➢ 分配企业内部的数据保护工作职责，设立相关部门并明确工作分工，必要时指派个人信息保护合规官；进行数据核查，关注企业收集和处理的个人信息的种类、处理的目的、处理的范围、处理的方式以及是否向第三方进行传输或者披露等；

➢ 以“合法、正当、必要”为原则，更新个人信息保护政策或隐私通知，向数据主体对其使用数据的情况及其权利进行相应的告知；

➢ 对所有可能分享用户个人信息的第三方服务机构或供应商进行严格的管理，以防止由于第三方机构在个人信息保护上的短板，造成企业作为数据控制者承担相应的责任；

➢ 建立相应流程，确保在发生数据泄露事件时，能够于规定时限内通知监管机构和相关数据权利人；

➢ 在使用信息系统之前，要先核查信息系统是否会将服务器安在境外，对于境内使用的信息系统也要核查境外的母公司是否有远程访问权限，建立跨境传输数据评估和传输机制；

➢ 根据网络安全等级保护制度，建设相应等级的安全保护能力，充分履行网络安全保护义务，如被认定为关键信息基础设施运营者，还需就其所运营的关键信息基础设施承担安全保护义务。

随着我国数据合规法律和监管体系的不断完善以及数据保护执法力度的不断加强，数据合规越来越受到整个私募基金行业的关注，已经成为私募投资基金运营合规中的重要方面。

/第十节/

基金运营中的反腐败合规问题

一、反腐败合规概述

腐败是世界各国普遍存在的现象，根据图 6.8 中的国际透明组织（Transparency International）所作的统计，大部分国家的清廉指数（Corruption Perceptions Index）都在 50 以

〔1〕 参见英国创投协会于 2018 年 3 月 26 日发布的 Guide to GDPR for the Funds Industry，https://www.bvca.co.uk/media-and-publications/thought-leadership/article-library/details//Friday-Focus-Guide-to-GDPR-for-the-funds-industry，2021 年 1 月 16 日最后访问。

下，[1]显示了较为严重的腐败问题。其中，中国近三年(2017～2019年)的清廉指数分别为41、39、41，在183个可比国家中排名分别为第77、87、80。[2] 腐败对社会危害极大，政治方面可能导致公共财产流失、政府形象损害，经济方面将破坏营商环境和公平竞争的市场秩序，文化方面可能扭曲社会价值观、不利于精神文明建设。鉴于此，反腐败已成为国际社会普遍关注的问题，多个法域均制定了反腐败相关法律法规，建立了反腐败监管体系，对腐败行为设定了严重的法律后果。

对私募投资基金而言，由于基金运营往往涉及复杂的投融资交易，牵涉金额大，为完成交易可能涉及多个监管部门的审批，需要平衡多方利益，在该等运营过程中容易滋生腐败，如果被相关监管部门或司法机关调查，基金的正常运营将受到严重影响，最终甚至可能承担行政或刑事责任。因此，基金运营中的反腐败合规问题逐渐受到私募投资基金及其管理人、投资人的重视，成为私募基金运营合规的重要方面之一。

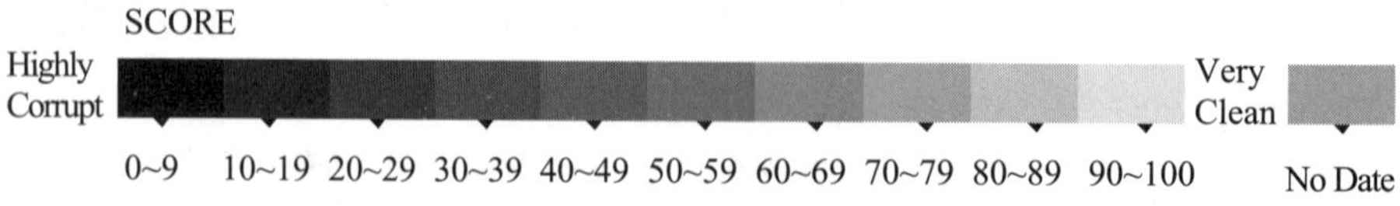

图6.8　国际透明组织发布的2019年全球清廉指数(Corruption Perceptions Index)

二、境外主要法域反腐败法律法规和监管体系

反腐败是国际社会普遍关注的议题。对于如何治理本国或地区的腐败问题，不同国家和地区都根据自身的政治制度、经济结构、文化背景、法律体系以及文化传统采取了相应的举措，构建了不同的反腐败体系，体现了不同法域的特色。美国、英国等境外主要法域在反腐败立法与执法方面的历史相对悠久，积累了更多经验，形成了相对完善、有效的反腐败法律和监管体系。了解境外主要法域的反腐败法律法规和监管体系，有利于私募投资基金及其管理人学习国际上行之有效的反腐败合规最佳实践。

随着近年来全球经济一体化进程的发展，在不同法域间跨境经济合作与人员往来日趋紧密的过程中，腐败也产生了流动性，不再局限于某一个法域，呈现海外腐败的问题。相应地，为规制该等海外腐败行为，很多法域的反腐败法律采取了“长臂管辖”的原则，使相关反腐败规范具有了域外适用的效力。因此，即便是在中国境内运营的人民币基金及其基金管理人也可能受制于该等境外反腐败法律规范的监管或限制。对于全球基金发起人以及已经或希望开展美元基金业务的中国基金发起人而言，对其他主要法域反腐败法律法规和监管体系尤其需要关注、了解并确保在该法域管辖范围内的活动符合相关规范。

下文将主要介绍美国、英国两个法域的反腐败法律法规及监管体系，以供读者参考。

---

〔1〕 根据透明国际组织的评级标准，清廉指数分布为0～100，0为严重腐败、100为清廉。

〔2〕 资料来自透明国际组织官网，https://www.transparency.org/en/cpi/2019/results/ind，2021年1月16日最后访问。

(一)美国《反海外腐败法》

美国《反海外腐败法》(Foreign Corrupt Practices Act,FCPA)制定于1977年,先后经过1988年、1994年、1998年三次修订,目前在法律框架和内容条款方面已经趋于稳定。FCPA的执法机构是美国监会。FCPA主要包括反贿赂条款和会计条款两部分。

FCPA的反贿赂条款禁止为了获得业务或保留业务的目的而向外国官员行贿。反贿赂条款最初仅适用于所有美国人和某些外国证券发行人,经1998年修订后其适用范围扩大至直接或通过代理人间接造成在美国境内发生腐败性支付行为的外国企业和个人。以上市公司为例,FCPA除可以适用于上市公司本身之外,还包括其高管、董事、雇员、股东和代理人,而代理可以包括第三方代理、顾问、分销商、合伙人及其他人。[1] 根据美国证监会的解释,FCPA可适用于发生在世界任何地方的违禁行为(prohibited conduct),具体而言,FCPA所禁止的行为是指"明知贿赂行为将影响外国官员行使职权,仍出于协助为任何人获得或保留业务的目的,故意'以腐败的方式'使用'邮寄或州际贸易的任何手段或工具促使提供、支付、承诺支付或授权支付任何金钱'或者'向任何人提供、礼赠、承诺给予或授权给予任何有价物'"。[2] 实践中,除金钱外,礼品、旅游、餐饮招待、娱乐、回扣、慈善性捐赠、为外国官员亲属提供工作机会等都可能被认定为行贿载体。值得注意的是,虽然有上述规定,FCPA反贿赂条款项下亦存在两项抗辩:一是该项支付于外国成文法下合法;二是该项支付是合理正当的,并直接关系到产品或服务的促销、展示、说明或履行与外国政府或其机构所签署的合同。该等抗辩的举证责任均由被起诉的企业/个人承担,如果其能够证明被诉行为成立上述任一抗辩,则被诉行为在FCPA下不会被视为违法。

就法律后果而言,违反该等反贿赂条款的企业和个人可能受到刑事处罚。企业可能被处以最高200万美元的罚款,个人可能被处以最高10万美元的罚款,并处最多5年有期徒刑。

除反贿赂条款外,FCPA还有适用于美国市场证券发行人及其代理人的会计条款,以配合反贿赂条款的实施。FCPA会计条款要求美国市场证券发行人及其代理人:(1)编制并保存会计账簿、记录和账目,合理详细、准确、公正地反映企业的交易和资产处置情况;(2)制定并维持一套适当的内部会计控制制度。违反FCPA的会计条款,企业可能被处以最高2500万美元的刑事罚款,个人可能被处以最高500万美元的刑事罚款,可能并处20年有期徒刑。

根据对美国证监会和美国司法部分别在其官网公布的FCPA执法情况的统计,[3] 近10

---

[1] "Spotlight on Foreign Corrupt Practices Act",https://www.sec.gov/spotlight/foreign-corrupt-practices-act.shtml,2021年1月16日最后访问。

[2] "Foreign Corrupt Practices Act",https://www.justice.gov/criminal-fraud/foreign-corrupt-practices-act,2021年1月16日最后访问。

[3] 美国证监会的FCPA执法情况请见美国证监会网,https://www.sec.gov/spotlight/fcpa/fcpa-cases.shtml,美国司法部的FCPA执法情况请见美国司法部网,https://www.justice.gov/criminal-fraud/related-enforcement-actions,2021年1月16日最后访问。

年来,FCPA 的执法趋势如图 6.9 和图 6.10 所示。

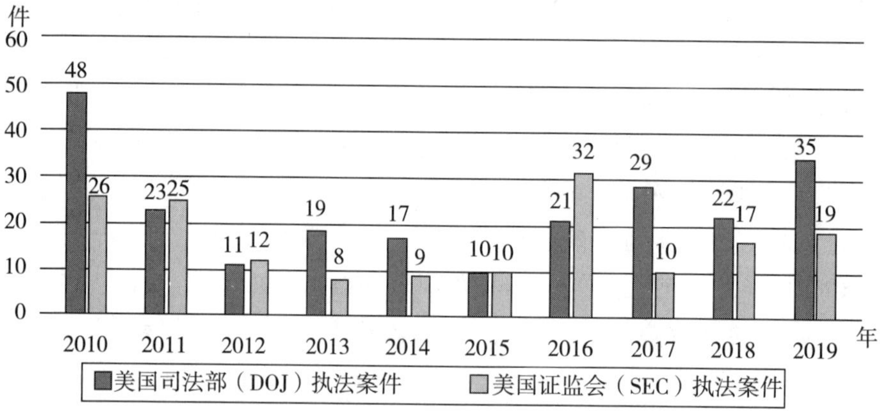

图 6.9　FCPA 执法情况(2010～2019 年)

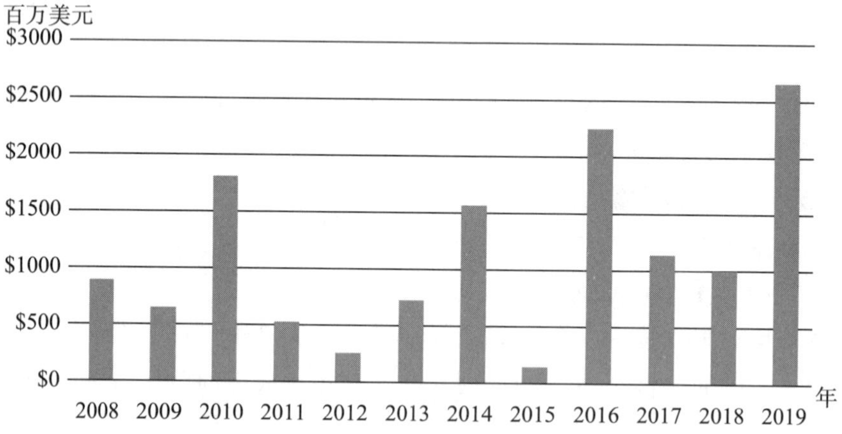

图 6.10　FCPA 执法和解总金额(2008～2019 年)

从上述图中可知,FCPA 执法在 2010 年最为活跃,案件数量达到高峰。2010 年后,执法案件数量回落,近 10 年(2010～2019 年)执法案件数量相对稳定,有缓慢上升趋势。和解金额则呈现明显增长,在 2019 年的各项执法活动后,FCPA 执法的和解金额在历史上首次超过 25 亿美元。

根据有关媒体的报道,在 2008～2019 年,FCPA 涉及中国的执法案例比例均值约为 30%,有明显上升趋势,在 2019 年的 14 个案件中,8 个案件和中国有关,达到 2008 年来的最高值。[1]

(二)英国《反贿赂法》

英国于 2010 年颁布了《反贿赂法》(The Bribery Act 2010,以下简称英国《反贿赂法》),该法已于 2011 年 4 月正式生效。英国《反贿赂法》一经出台就受到了国际社会各界的广泛关注,这

〔1〕 参见《2019 年〈反海外腐败法〉案件回顾　超半数与中国有关》,载《中国贸易报》2020 年 3 月 4 日。

不仅是因为“英国是世界上第一个制定反腐败专门法律的国家,经漫长的探索过程已在反腐败立法方面积累了丰富经验”,[1]而且因为其反腐败制度设立的新颖性以及对贿赂行为惩罚的严格程度而被认为是最具有前瞻性的反腐败法。[2]

英国《反贿赂法》规定的主要罪行有四类:一是行贿;二是受贿;三是贿赂或企图贿赂外国公职人员;四是企业预防贿赂失职罪(corporate failure to prevent bribery)。英国《反贿赂法》由英国反严重欺诈办公室(Serious Fraud Office)、刑事检控专员(Director of Public Prosecutions)和税收海关监察办公室(Revenue and Customs Prosecutions Office)三方联合执法,主要执法机构是反严重欺诈办公室。

作为英国《反贿赂法》的重要创新,上述“企业预防贿赂失职罪”是指企业的“相关人员”[3]为了获取或保留该企业的业务或者为了获取或保留该企业的商业优势而向他人行贿的,该企业即构成预防贿赂失职之罪,而无论企业对该等相关人员的贿赂行为是否知情。该等新增罪名充分体现了英国《反贿赂法》对于贿赂行为的打击力度。同时,英国《反贿赂法》对未能成功预防贿赂的企业设立了“充分程序”(adequate procedure)的免责事由。如果未能成功预防贿赂的企业能够证明自身已经制定了适当的合规程序,企业可以依此作为对预防贿赂失职罪的抗辩理由。该等免责事由的设定在于鼓励企业建立并维持有效的内控合规体系,用以防止贿赂行为的发生,从根源上规制腐败行为。作为对企业建立有效反贿赂合规体系的指导,英国后续颁布了《反贿赂法指南》(The Bribery Act 2010 Guidance)。英国《反贿赂法指南》提出了比例程序、高层参与、风险评估、尽职调查、交流沟通原则及监控与审定六大原则,[4]并以案例研究的形式,对制造业、采矿业、机械工程、农产品进出口等行业的企业需建立的反腐败合规体系进行了提示,具有很强的实务意义,但目前尚未就私募基金行业或其相关行业发布该等案例指导。

需要注意的是,英国《反贿赂法》同样具有域外适用的效力,几乎所有与英国有“密切联系”(close connection)的企业和个人都可能受到该法的规制。[5] 如违反英国《反贿赂法》,企业可能被处无上限罚金,个人可能被处10年以下监禁。

三、我国反腐败法律法规和监管体系

区别于前述美国、英国等境外法域以FCPA、英国《反贿赂法》等为代表的反腐败领域的

---

[1] 参见宋伟:《反海外腐败的法律与制度:国际比较与中国方案》,载《行政管理改革》2020年第1期。

[2] 参见陈瑞华:《英国〈反贿赂法〉与刑事合规问题》,载《中国律师》2019年第3期。

[3] 根据英国《反贿赂法》,“相关人员”的定义相当广泛,包括企业的中间人、代理人、分包商及其他代其履行职务的人。

[4] 参见Bribery Act 2010 Guidance,载英国政府网,https://www.gov.uk/government/publications/bribery-act-2010-guidance,2021年1月16日最后访问。

[5] 例如,若一家在中国注册的公司为一家英国公司提供服务,一旦英国公司同意或默许中国公司向中国的政府官员或相关负责人行贿,则《反贿赂法》对该中国公司和英国公司均有管辖权,中国公司相关负责人可能因贿赂被起诉,而英国公司若不能证明其不知行贿款项的用途,也应承担贿赂的责任。

专门性立法,我国的反腐败相关规范散见于《刑法》《刑事诉讼法》《监察法》《反不正当竞争法》等国家法律法规,以及《中国共产党党内监督条例》《中国共产党纪律处分条例》等党内规章。虽然有学者主张我国应当“探索制定一部专门的、综合性反腐败法律,使反腐败法律法典化”,[1]但截至目前我国并无该等法典化的反腐败领域专门性法律,因此有必要对我国现行法律法规体系中反腐败相关规范进行梳理。受限于篇幅及与本书主题的相关性,笔者将仅对国家法律法规中的反腐败相关规范进行梳理,不讨论党内法规中的相关内容。

(一)《刑法》

作为规范犯罪与刑罚的部门法,刑法的制裁手段最为严厉,违反刑法的法律后果往往涉及剥夺公民的生命、自由及财产,因此在反腐败法律体系中,刑法始终发挥着举足轻重的作用。一直以来,我国高度重视反腐败的刑事立法。作为新中华人民共和国成立以来的第一部刑法,1979 年《刑法》就对一系列典型的腐败犯罪行为作出具体规定。经过实践经验总结,我国又于 1982 年、1988 年分别通过了两部单行刑法,即《关于严惩严重破坏经济的罪犯的决定》和《关于惩治贪污罪贿赂罪的补充规定》(中华人民共和国主席令第 63 号),进一步加强了对贪污受贿等腐败行为的规制。1995 年颁布的《关于惩治违反公司法的犯罪的决定》(中华人民共和国主席令第 41 号)及最高人民法院《关于办理违反公司法受贿、侵占、挪用等刑事案件适用法律若干问题的解释》(法发〔1995〕23 号)首次在司法领域正式认定了商业贿赂。此后,《刑法修正案(一)》《刑法修正案(四)》《刑法修正案(六)》《刑法修正案(七)》《刑法修正案(九)》等多个刑法修正案都在罪名、量刑等不同方面对刑法中的反腐败相关规范进行了完善。目前,我国的反腐败制度在刑事方面已建立起一个相对合理、完整的法律体系。

在我国现行的以《刑法》(2017 年修正)为核心的刑法体系下,腐败行为涉及的犯罪大致可以分为两类:贪污类型的犯罪和贿赂类型的犯罪。

1. 贪污类型的犯罪

就贪污类型的犯罪而言,可以进一步细分为贪污罪(第 382、383 条)、挪用公款罪(第 384 条)、私分国有资产罪(第 396 条),以及巨额财产来源不明罪(第 395 条)。根据与本章主题的相关度,笔者仅就贪污罪进行具体阐述。

根据《刑法》第 382 条,“国家工作人员利用职务上的便利,侵吞、窃取、骗取或者以其他手段非法占有公共财物的,是贪污罪”,根据该规定,贪污罪是真正的身份犯,成立贪污罪要求行为主体具备特定的身份,即“国家工作人员”。所谓“国家工作人员”,是指“国家机关中从事公务的人员”,另外,“国有公司、企业、事业单位、人民团体中从事公务的人员和国家机关、国有公司、企业、事业单位委派到非国有公司、企业、事业单位、社会团体从事公务的人员,以及其他依照法律从事公务的人员,以国家工作人员论”。[2] 依据该规定,不难看出,

〔1〕 参见张文显:《以法治思维和法治方式反对腐败》,载《中国纪检监察报》2019 年 11 月 25 日。

〔2〕 参见《刑法》第 93 条关于“国家工作人员”范围的规定。

"从事公务"是"国家工作人员"的根本特征,亦是判断是否属于"国家工作人员"的首要标准。根据《全国法院审理经济犯罪案件工作座谈会纪要》(法发〔2003〕167号),"从事公务"是指"代表国家机关、国有公司、企业事业单位、人民团体等履行组织、领导、监督、管理等职责。公务主要表现为与职权相联系的公共事务以及监督、管理国有财产的职务活动"。[1] 根据上海市高级人民法院法官分享的实践经验,在司法实务中可以遵循"看职责即是否从事公务"、"看委派主体是否具有委派资格"和"看有无法律的明确规定"这三个步骤来判断行为人是否属于"国家工作人员"。[2]

且除上述"国家工作人员"外,"受国家机关、国有公司、企业、事业单位、人民团体委托管理、经营国有财产的人员,利用职务上的便利,侵吞、窃取、骗取或者以其他手段非法占有国有财物的,以贪污论",进一步扩大了可能构成贪污罪的主体身份范围。所谓"受委托管理、经营国有财产",是指"因承包、租赁、临时聘用等管理、经营国有财产"。需要注意的是,根据学界通说和司法解释所持的"法律拟制论"的立场,该规定拟制了一种特殊的贪污类型。法律拟制的特点是,将原本不符合某种规定的行为按照该规定处理。[3] "受委托管理、经营国有财产的人员"本身并不属于"国家工作人员",但法律将其犯罪行为拟制为贪污行为,并按照贪污罪处理。

另外,根据《刑法》第382条第3款的规定,与上述"国家工作人员"或"受委托管理、经营国有财产的人员"勾结,伙同贪污的,以共犯论处。所谓"以共犯论处"是以贪污罪的共犯论处,由于共犯仅是不法的一种形态,以共犯论处意味着应将公共财物损失的结果归属于一般公民的行为,而共犯对正犯的罪名不具有从属性,故一般公民往往同时构成贪污罪共犯与盗窃罪或诈骗罪正犯的想象竞合犯。

在实行行为方面,成立贪污罪要求行为人"利用职务上的便利"实行了"贪污行为"。"利用职务上的便利",是指"利用职务上主管、管理、经手公共财物的权力及方便条件,既包括利用本人职务上主管、管理公共财物的职务便利,也包括利用职务上有隶属关系的其他国家工作人员的职务便利"。[4] 而"贪污行为"包括"侵吞、窃取、骗取或者以其他手段非法占有公共财物"。在责任层面,成立贪污罪要求行为人主观上存在"故意"。就贪污罪的处罚规定,根据具体贪污数额及情节,在最严重情形下,贪污犯可能被判处无期徒刑或者死刑,并处没收财产。

2. 贿赂类型的犯罪

就贿赂类型的犯罪而言,可以以受贿主体/行贿对象是否为国家工作人员为标准区分为

---

〔1〕 例如,国家机关工作人员依法履行职责,国有公司的董事、经理、监事、会计、出纳人员等管理、监督国有财产等活动,属于从事公务。那些不具备职权内容的劳务活动、技术服务工作,如售货员、售票员等所从事的工作,一般不认为是公务。

〔2〕 参见罗开卷:《"三步骤"认定国家工作人员》,载《人民法院报》2019年5月23日,第6版。

〔3〕 参见张明楷:《刑法学》(第5版)(下册),法律出版社2016年版,第675页。

〔4〕 参见最高人民法院发布的《指导案例11号:杨延虎等贪污案》,载最高人民法院网,http://www.court.gov.cn/shenpan-xiangqing-13308.html,2021年1月16日最后访问。

两类。

(1)受贿主体/行贿对象为国家工作人员

该等类型的犯罪可以进一步细分为受贿罪(第385、386、388条)、单位受贿罪(第387条)、利用影响力受贿罪(第388条之一)、行贿罪(第389条、第390条、第393条)、对有影响力的人行贿罪(第390条之一)和介绍贿赂罪(第392条)。鉴于与本章主题的相关度,笔者仅就行贿罪进行具体阐述。

根据《刑法》第389条的规定,“为谋取不正当利益,给予国家工作人员以财物的,是行贿罪”。根据该等规定,行贿罪要求行贿对象具备特定的身份,即“国家工作人员”。关于“国家工作人员”的更多内容,请见上文贪污罪的相关分析。需要提示的是,与贪污罪不同,行贿罪中并未就受贿对象进行法律拟制,因此受贿对象严格限于“国家工作人员”,这意味着“受委托管理、经营国有财产的人员”仅在贪污罪中被拟制为“国家工作人员”,在其他犯罪中不属于国家工作人员,向“受委托管理、经营国有财产的人员”行贿仅构成“对非国家工作人员行贿罪”。

成立行贿罪要求行为人作出了“给予国家工作人员以财物或以各种名义的回扣、手续费”的客观行为,具体表现形式可能包括主动行贿、被索取贿赂、约定行贿、事后行贿等。同时,行贿金额一般需达到3万元以上方成立行贿罪,如果行贿金额在1万元以上但不满3万元,则可能在特定情形中成立行贿罪。[1] 在责任层面,成立行贿罪要求行为人主观上存在“故意”且需“为了谋取不正当利益”。其中,“不正当利益”属于规范的构成要件要素,包括任何性质、任何形式的不正当利益,但正当与否,应当进行客观判断。“为了谋取不正当利益”并不要求行贿人实际上已经因行贿行为取得了不正当利益,只要其有“谋取不正当利益”的目的即满足条件。行贿罪的法律后果,根据具体行贿数额及情节,在最严重情形下,行贿人可能被判处10年以上有期徒刑或者无期徒刑,并处罚金或者没收财产。

(2)受贿主体/行贿对象为非国家工作人员

该等类型的犯罪可以进一步细分为非国家工作人员受贿罪(第163条)、对非国家工作人员行贿罪(第164条第1款)和对外国公职人员、国际公共组织官员行贿罪(第164条第2款)。下文笔者将对非国家工作人员受贿罪和对非国家工作人员行贿罪作进一步阐述。

根据《刑法》第163条的规定,“非国家工作人员受贿”是指“公司、企业或者其他单位的工作人员利用职务上的便利,索取他人财物或者非法收受他人财物,为他人谋取利益”。因此,本罪的主体要件为“公司、企业或者其他单位”。根据最高人民检察院、最高人民法院《关

[1] 根据最高人民法院、最高人民检察院《关于办理贪污贿赂刑事案件适用法律若干问题的解释》(法释〔2016〕9号)第7条规定:“行贿数额在一万元以上不满三万元,具有下列情形之一的,应当依照刑法第三百九十条的规定以行贿罪追究刑事责任:(一)向三人以上行贿的;(二)将违法所得用于行贿的;(三)通过行贿谋取职务提拔、调整的;(四)向负有食品、药品、安全生产、环境保护等监督管理职责的国家工作人员行贿,实施非法活动的;(五)向司法工作人员行贿,影响司法公正的;(六)造成经济损失数额在五十万元以上不满一百万元的。”

于办理商业贿赂刑事案件适用法律若干问题的意见》(法发〔2008〕33 号),前述“其他单位”既包括“事业单位、社会团体、村民委员会、居民委员会、村民小组等常设性的组织”,也包括“为组织体育赛事、文艺演出或者其他正当活动而成立的组委会、筹委会、工程承包队等非常设性的组织”。在受贿行为方面,成立“非国家工作人员受贿罪”要求行为人“利用职务上的便利,索取他人财物或者非法收受他人财物,为他人谋取利益”或“利用职务上的便利,违反国家规定,收受各种名义的回扣、手续费,归个人所有”,责任层面亦要求受贿人存在故意。根据具体的受贿数额,在最严重的情形下,受贿人可能被处 5 年以上有期徒刑并处没收财产。

根据《刑法》第 164 条的规定,除行贿对象的差别外,对非国家工作人员行贿罪的构成要件与行贿罪基本相同,笔者在此不再赘述。另外,对非国家工作人员行贿罪的刑罚相较于行贿罪的刑罚而言相对较轻,在最严重情形下可能被判处 3 年以上 10 年以下有期徒刑,并处罚金。

(二)《刑事诉讼法》

《刑事诉讼法》作为程序法,是《刑法》所赋予的权利和职权得以实现或行使、《刑法》所施加的义务和责任得以履行的重要保障。为保障《刑法》反腐败相关实体性规范得以有效实施,《刑事诉讼法》就贪污贿赂犯罪案件的程序进行了若干特别安排。例如,在缺席审判程序方面,《刑事诉讼法》第 291 条规定,对于贪污贿赂犯罪案件,“犯罪嫌疑人、被告人在境外,监察机关、公安机关移送起诉,人民检察院认为犯罪事实已经查清,证据确实、充分,依法应当追究刑事责任的,可以向人民法院提起公诉。人民法院进行审查后,对于起诉书中有明确的指控犯罪事实,符合缺席审判程序适用条件的,应当决定开庭审判”。又如,就贪污贿赂犯罪案件的违法所得没收程序,《刑事诉讼法》第 298 条规定,“犯罪嫌疑人、被告人逃匿,在通缉一年后不能到案,或者犯罪嫌疑人、被告人死亡,依照刑法规定应当追缴其违法所得及其他涉案财产的,人民检察院可以向人民法院提出没收违法所得的申请”,且“人民法院在必要的时候,可以查封、扣押、冻结申请没收的财产”。

(三)《监察法》

2018 年 3 月,我国成立了新的全国性反腐败机构——中华人民共和国国家监察委员会(以下简称国家监察委员会),并通过了《监察法》,赋予国家监察委员会广泛的监督和调查权。《监察法》主要规范了监察机关及其职责、监察范围和管辖、监察权限、监察程序、反腐败国际合作、对监察机关和监察人员的监督以及法律责任等多方面的内容。根据《监察法》,国家监察委员会作为监察机关,其监察的对象主要为“公职人员”。“公职人员”在我国法律体系中是一个全新的概念,其范围远大于《刑法》中的“国家工作人员”。[1]《监察法》重点关

〔1〕 根据《监察法》第 15 条规定,“公职人员”除包括现行《刑法》规定的“国家机关工作人员”外,还包括监察委员会、工商业联合会机关的公务员,以及参照《公务员法》管理的人员、受国家机关依法委托管理公共事务的组织中从事公务的人员、公办的教育、科研、文化、医疗卫生、体育等单位中从事管理的人员,并且还将原“以国家工作人员论”的村民委员会等村基层组织人员,从原来立法解释限定的“协助人民政府从事行政管理工作”的人员,扩大到“基层群众性自治组织中从事管理的人员”。

注“公职人员”的“职务违法和职务犯罪”行为，该等行为主要包括“贪污贿赂、滥用职权、玩忽职守、权力寻租、利益输送，徇私舞弊以及浪费国家资财等”。在调查该等案件时，国家监察委员会被赋予了广泛的调查权，包括但不限于“要求相关单位或个人提供信息或证据”“询问证人及其他相关人员”“留置被调查人以及涉嫌行贿或共同职务犯罪的涉案人员”“查询、冻结涉案单位和个人的资产”“由警方发布通缉令或对被调查人及相关人员采取限制出境措施”等。根据调查结果，国家监察委员会有权：(1)对违法的公职人员依法作出政务处分决定；(2)对履行职责不力、失职失责的领导人员进行问责；(3)对涉嫌职务犯罪的，将调查结果移送人民检察院依法审查、提起公诉；及/或(4)向监察对象所在单位提出监察建议。

(四)《反不正当竞争法》

《反不正当竞争法》中的反腐败相关规范主要体现在反商业贿赂方面，该法将商业贿赂行为作为一种不正当竞争行为进行规制，以维护市场竞争秩序，保护经营者的合法权益。所谓商业贿赂，是指“经营者采用财务或者其他手段贿赂相关单位或者个人，以谋取交易机会或者竞争优势”。根据《反不正当竞争法》的相关规定，作为商业贿赂行为的主体，经营者，是指“从事商品生产、经营或者提供服务的自然人、法人和非法人组织”；商业贿赂行为的贿赂对象包括：(1)交易相对方的工作人员；(2)受交易相对方委托办理相关事务的单位或者个人；(3)利用职权或者影响力影响交易的单位或者个人。《反不正当竞争法》对商业贿赂行为的禁止并不意味着对包括“提供折扣”“支付佣金”等在内的合理商业行为之合法性的一概否认。相反，《反不正当竞争法》采取了“明示的如实入账合法”的态度，允许“经营者在交易活动中以明示方式向交易相对方支付折扣，或者向中间人支付佣金”，但要求“经营者向交易相对方支付折扣、向中间人支付佣金的，应当如实入账。接受折扣、佣金的经营者也应当如实入账”。如果未遵守该等明示入账要求，根据原国家工商行政管理局《关于禁止商业贿赂行为的暂行规定》(国家工商行政管理局令第60号)，“在账外暗中给予对方单位或者个人回扣的，以行贿论处；对方单位或者个人在账外暗中收受回扣的，以受贿论处”。

另外，值得关注的是，《反不正当竞争法》将员工贿赂直接推定为经营者行为，除非“经营者有证据证明该工作人员的行为与为经营者谋取交易机会或者竞争优势无关”，此处设计了举证责任倒置的安排。如果经营者进行了商业贿赂行为，违反了《反不正当竞争法》第7条的规定，可能被“监督检查部门没收违法所得，处十万元以上三百万元以下的罚款”，甚至可能被“吊销营业执照”。

通过以上对我国现行法律体系中反腐败相关规范的梳理，可以发现，虽然我国目前并未就反腐败领域进行专门性立法，但在上述提及的部门法中，均已有较为完善的反腐败规范，该等规范从主体、对象、行为、罪过心理及/或法律责任等方面限定并规制了腐败行为。如果违反相关反腐败规范，腐败行为主体可能承担严厉的行政责任甚至刑事责任。

四、反腐败法律和监管对私募投资基金的适用及影响

如上所述，加强反腐败监管已成为全球共识。以美国、英国为代表的境外法域已建立起非常完善的反腐败法律和监管体系，并且借由英美法的“长臂管辖”原则在世界范围内产生

较大影响。在充分借鉴其他国家和地区相关经验的同时,我国立足本土国情,结合多年来的司法经验,在反腐败立法方面初步建立了一整套反腐败监管的法律制度,且在不断修改完善。在反腐败执法方面,近年来我国明显加大了惩治腐败的执法力度,而金融行业正是反腐败监管的重点领域。例如,人民日报曾专门指出,"金融乱象往往与腐败问题交织,金融信贷、监管审批、证券买卖等同权钱交易深度勾连,抱团腐败、期权式腐败凸显",因此,"加大金融领域的反腐力度,需要聚焦金融乱象背后的利益勾结和关系纽带,揪出兴风作浪的资本'大鳄'和金融监管机构'内鬼',推动构建清新型政商关系"。[1]

具体到私募投资基金行业而言,一方面,从私募投资基金的性质而言,私募投资基金行业属于广义上的金融业,但私募基金和私募基金管理人却不属于金融机构的范畴,然而其从事的募资、融资、投资等行为又有明显的金融特征;与金融机构类似,私募投资基金的业务模式同样容易与腐败问题交织,但其所受的监管却远少于持牌金融机构。另一方面,私募投资基金募集、运营、投资中的重要权利往往由普通合伙人/基金管理人行使,基金投资者往往作为被动投资人或者有限合伙人无法直接参与,这导致私募投资基金架构中存在固有的、突出的代理问题及道德风险问题,进而导致私募投资基金运营中容易滋生腐败。

根据上文笔者对我国反腐败相关规范的梳理,不难发现,对于腐败相关的犯罪,无论行贿对象是否涉及国家工作人员,行贿罪的成立均未限定行贿人的身份,因此其适用范围当然包括私募投资基金及其管理人、普通合伙人以及投资管理团队成员。而就《反不正当竞争法》所规制的商业贿赂而言,其行为主体限定为"经营者",即"从事商品生产、经营或者提供服务的自然人、法人和非法人组织",该等宽泛的概念也包括私募投资基金管理人。这意味着,在主体要件方面不存在适用的障碍,一旦私募投资基金管理人在日常运营中的行为符合行为主体外的其他构成要件,其就将受制于该等反腐败规范的规制,进而需承担相应的法律后果。

下文将分别从"募投管退"各个阶段讨论私募投资基金运营中可能涉及的腐败问题。

(一)募资阶段

随着近年来宏观经济下行、监管政策趋严等趋势,私募投资基金"募资难"的问题已较为突出,基金业协会也在多个场合公开表示"募资困难"已成为私募基金行业所面临的一大问题。[2]由于2020年年初以来在全球范围内暴发的新型冠状病毒肺炎疫情的影响,私募投资基金行业甚至被某些媒体评论为"已进入冰冻期"。2020年第一季度中国股权投资市场募资为2071.58亿元,同比下降19.8%,全市场募资指数为118.03,同比下降19.8%,环比下降超四成。[3]

---

[1] 参见赵兵:《坚决惩腐 巩固发展压倒性胜利》,载《人民日报》2019年2月12日。

[2] 参见《直击私募募资难等问题 三方面打造公平稳定环境》,载新浪财经网,http://finance.sina.com.cn/money/fund/jjyj/2019-12-16/doc-iihnzhfz6285919.shtml,2021年1月16日最后访问。

[3] 参见《中国股权投资行业正式进入冰冻期》,载母基金研究中心网,http://www.china-fof.com/index.php/Home/Index/articleDetail/article_id/2777/article_type/1,2021年1月16日最后访问。

上述种种数据和趋势均表明,私募投资基金募资端的竞争已经非常激烈。在该等激烈的市场竞争中,为赢得优质投资者的青睐,不能排除某些私募基金管理人通过贿赂方式发行其基金权益的可能性,具体贿赂方式包括但不限于给予潜在投资者相关负责人财物或以各种名义给予回扣、手续费等。一般而言,该等行为可能构成对非国家工作人员行贿罪,在行贿对象为国企领导的情况下,还可能构成对国家工作人员行贿罪,对此私募投资基金管理人需承担相应的刑事责任。另外,由于该等"回扣、手续费"等贿赂往往是账外的特殊安排,因此亦可能构成《反不正当竞争法》下的商业贿赂行为,私募基金管理人可能受到包括"吊销营业执照"在内的行政处罚。

另外,由于《资管新规》及宏观经济形势的影响,政府引导基金、国有企业、国有投资平台已经逐渐成为人民币基金 LP 的中坚力量。在向政府引导基金募集资金时,私募投资基金管理人需特别注意腐败相关的法律风险,原因是:政府引导基金往往由政府部门或其下属投资平台下设的子公司发起,其投资人可能为政府部门或其下属平台单独投入的政府财政资金,因此政府引导基金的高级管理人员、投资管理相关人员等可能因其对国有财产的管理而被认为是在"国有公司、企业从事公务",进而构成"国家工作人员"。如果私募投资基金管理人为取得政府引导基金的投资而向相关人员行贿,则可能构成向国家工作人员行贿罪。相比于向非国家工作人员行贿的情形,向国家工作人员行贿的法律后果更为严重,行贿人可能承担更加严厉的刑事责任。

(二)投资阶段

对于渴望融资的被投资企业而言,"多金"的私募投资基金往往被视为企业生命中的"贵人",对于被投资企业的日常经营运作乃至进一步战略发展均具有重大意义。为了获得私募投资基金的股权投资,被投资企业的既存股东或高管可能会采取多种手段介绍、推荐自己的企业,向私募投资基金展示其独特的投资价值及美好的发展前景。与此同时,腐败亦可能随着滋生于该等过程中。被投资企业可能向私募投资基金及其管理人的相关人员(如高管或具体负责项目的投资管理人员)许诺各种形式的"好处",以在激烈的市场竞争中获得私募投资基金的特别"青睐"。私募投资基金的相关人员在收受该等"好处"时,需警惕是否会因此而构成非国家工作人员受贿罪或其他相关犯罪,或被监管部门认定为《反不正当竞争法》所规制的商业贿赂行为的受贿方。

例如,在被市场称为"PE 腐败第一案"的"陈某清非国家工作人员受贿案"中,上海复星创业投资管理有限公司总裁陈某清在其领导的投资湖南汉森制药股份有限公司、湖南时代阳光制药有限公司、湖南天运生物技术集团有限公司等投资项目中,以跟投名义,通过其亲属设立的"影子公司"以低价甚至免费获取大量被投资企业的股权。法院认为"陈某清利用职务便利,索取三家公司股权,价值 3323.60 万元,数额巨大,其行为已构成非国家工作人员受贿罪"。据此,法院依照《刑法》的相关规定,"以非国家工作人员受贿罪判处陈某清有期徒刑十四年,剥夺政治权利四年,没收财产人民币四百万元;责令陈某清退赔违法所得;尚未销赃的股权及孳息应予追缴”。[1]

除上述案例所揭示的私募投资基金接受被投资企业贿赂的法律风险外，近年来，由于市场上优质项目较为稀缺，私募投资基金看好的目标公司往往也是其他基金的潜在投资对象，该类优质标的公司对私募投资基金的态度也绝非“来者不拒”。因此，为了竞争有限的优质项目投资机会，除私募投资基金本身的背景、特质、资源、与被投资公司业务模式和未来发展方向的契合等优势或谈资外，私募投资基金及其管理人在实践中可能尚需从其他渠道来提高“胜算”。在该等过程中，私募投资基金及其管理人可能出现向目标公司有关人员行贿等腐败行为。在该等情况下，私募投资基金及其管理人的有关人员可能面临被判处非国家工作人员行贿罪等在内的法律风险。

另外，对于拥有政府引导基金等政府背景投资人的私募投资基金而言，还需额外注意贪污罪对其适用的可能性。一般来讲，成立贪污罪要求行为主体为“国家工作人员”，私募基金管理人的高级管理人员或一般员工不属于此范畴。但正如上文分析我国贪污罪构成要件时提到的，除“国家工作人员”外，“受国家机关、国有公司、企业、事业单位、人民团体委托管理、经营国有财产的人员，利用职务上的便利，侵吞、窃取、骗取或者以其他手段非法占有国有财物的，以贪污论”，此处《刑法》采取了法律拟制的方法，将贪污罪的行为主体由“国家工作人员”扩展到包括“受国家机关、国有公司、企业、事业单位、人民团体委托管理、经营国有财产的人员”。鉴于政府引导基金等政府背景投资人往往与基金管理人签订了《委托管理协议》或其他类似协议，从文义角度理解，该等协议下所构成的法律关系可能属于“受国家机关/国有企业委托管理国有财产”的范畴，因此贪污罪也具备了适用于基金管理人的相关人员的可能性。虽然目前尚无此类司法案例可供参考，但鉴于贪污罪的法律后果在腐败相关犯罪中往往最为严重，出于谨慎角度，私募基金管理人仍应考虑该等法律风险。

（三）投后管理阶段

在投后管理阶段，私募投资基金需要及时了解被投资企业的运营情况、监督法律和财务状况，进行风险监控。一旦被投资企业涉及腐败行为，被法院判处行贿/受贿等罪名，或被行政机关予以行政处罚，都将阻碍被投资企业的发展，影响私募投资基金投资组合的价值。

另外，作为被投资企业的股东，私募投资基金可能会受到被投资企业腐败行为的影响，该等影响可能因私募投资基金的类型、在被投资企业中所持股份比例，以及向被投资企业委派董事、监事和/或高管情况之区别而有所不同。一般而言，由于《公司法》下的公司法人独立地位和股东有限责任，股东除存在出资不足/抽逃出资或与公司法人混同等特定情形外，一般不会就被投企业的债务承担连带责任，目前我国反腐败相关法律也未明文规定涉及腐

[1] 关于陈某清非国家工作人员受贿案的更多细节，请参见《PE 受贿第一案：上海复星陈某清涉嫌商业贿赂》，载新浪财经网，http://finance.sina.com.cn/stock/newstock/pedt/20121203/121313876178.shtml，2021 年 1 月 16 日最后访问；上海市第二中级人民法院刑事裁定书陈某清非国家工作人员受贿案[（2013）沪二中刑终字第 859 号]。

败的违法企业之股东需承担连带的刑事或行政责任。因此,无论是成长基金(在被投资企业持有少数股权)还是并购基金(在被投资企业持有控股权),可能都不会因其股东身份而承担连带责任。但即便如此,被投资企业的腐败行为仍将影响私募投资基金及其管理人的声誉。

需要注意的是,如果私募投资基金向被投资企业委派了董事、监事及/或高管,私募投资基金需注意"合规风险的传染",即该等被委派人员可能因被投企业涉及腐败而负有个人责任。根据《刑法》的有关规定,如果被投资企业参与了行/受贿行为,最终被法院判处成立"单位行贿罪/单位受贿罪",对该等犯罪行为直接负责的主管人员和其他直接责任人员都可能被判处有期徒刑、拘役、罚金等刑罚。根据《全国法院审理金融犯罪案件工作座谈会纪要》(法〔2001〕8号),"直接负责的主管人员,是在单位实施的犯罪中起决定、批准、授意、纵容、指挥等作用的人员,一般是单位的主管负责人,包括法定代表人。其他直接责任人员,是在单位犯罪中具体实施犯罪并起较大作用的人员,既可以是单位的经营管理人员,也可以是单位的职工,包括聘任、雇佣的人员"。根据该等解释,如果私募投资基金所委派的董事、监事参与了腐败行为相关的董事会、监事会决议,无论是积极的支持腐败行为构成"批准、授意",还是消极的放任腐败行为构成"纵容",都可能落入"直接负责的主管人员"之范畴,进而可能承担刑事责任。如果所委派的高级管理人员具体执行或参与了腐败行为,视其在腐败行为中所起的作用大小,也可能被认定为"其他直接责任人员",进而需承担相应的刑事责任。就委派人员的个人责任风险而言,由于并购基金较成长基金在被投资企业中持有更多的股权,往往委派人员数量更多,委派人员所担任的岗位也更为核心,因此并购基金需特别注意该等风险。

私募投资基金也可能向被投资企业提供战略咨询、人力管理、市场营销等增值服务。就该等增值服务,私募投资基金需注意相关会计处理。《反不正当竞争法》允许"经营者在交易活动中以明示方式向交易相对方支付折扣,或者向中间人支付佣金",但要求"该等折扣、佣金的,应当如实入账,接受折扣、佣金的经营者也应当如实入账"。如果未入账,可能引起监管机构的关注及不正当竞争行为的调查。

(四)退出阶段

就投资项目的退出而言,私募投资基金管理人往往采取IPO、并购、新三板挂牌、借壳上市、股权转让、清算等方式。私募投资基金项目退出的流程一般都较为复杂,耗时长,往往涉及多个监管机构的审批,牵涉多方利益。由于投资项目退出对私募投资基金而言意义重大,决定着私募投资基金的业绩及投资人的财务回报,基金管理人往往综合采取多种措施以确保项目顺利退出,并争取最佳的财务回报。在该等过程中,私募投资基金需注意反腐败相关合规风险,避免向监管机构或其他相关方行贿,确保项目退出工作在法律允许的范围内有序进行。

无论在上述"募投管退"的哪一个环节,私募投资基金在其运营过程中都始终受制于所在地方的证监局、市场监督管理局、金融监督管理局等政府机关的监督管理及基金业协会的自律管理。前者作为行政机关,其工作人员当然属于"国家工作人员",向该等人员行贿构成行贿罪。至于后者，根据基金业协会官网的介绍，基金业协会"是依据《基金法》和《社会团体登记管理条例》，经国务院批准，在国家民政部登记的社会团体法人，是证券投资基金行业的自律性组织，接受中国证监会和国家民政部的业务指导和监督管理"。根据基金业协会对其法律性质的自述，基金业协会是社会团体法人，是自律性组织，并不属于"国有公司、企业、事业单位、人民团体"，因此一般而言，基金业协会的工作人员不是"国家工作人员"，对其行贿按照向非国家工作人员行贿罪追究刑事责任。但如果某些基金业协会的工作人员属于《刑法》第 93 条第 2 款所规定的"国家机关、国有公司、企业、事业单位委派到社会团体从事公务的人员"，则可能落入"国家工作人员"的范畴，但问题在于从事"证券投资基金行业的自律管理"是否属于"从事公务"目前并不明确，尚无司法案例或司法解释就此问题作出权威解答。

值得注意的是，根据最高人民检察院《关于佛教协会工作人员能否构成受贿罪或者公司、企业人员受贿罪主体问题的答复》(〔2003〕高检研发第 2 号)，"佛教协会属于社会团体，其工作人员除符合刑法第九十三条第二款的规定属于受委托从事公务的人员外，既不属于国家工作人员"，"对非受委托从事公务的佛教协会的工作人员利用职务之便收受他人财物，为他人谋取利益的行为，不能按受贿罪……追究刑事责任"。鉴于基金业协会与佛教协会均为社会团体法人，最高人民检察院的上述答复可能具有一定的参考价值。

需要提示的是，即使基金业协会的工作人员不属于《刑法》所规定的"国家工作人员"，其也很可能因其对基金行业的自律管理而被认为是《监察法》所规定的"公办的教育、科研、文化、医疗卫生、体育等单位中从事管理的人员"，进而落入《监察法》的管辖范围。需要提示的是，虽然《监察法》的监察对象是"公职人员和有关人员"，一般不包括私募投资基金的人员，但由于国家监察委员会被《监察法》赋予了广泛的调查权，如果私募投资基金及其人员与涉案的基金业协会人员有关，则其可能会作为"相关单位或个人"被要求"提供信息或证据"，或作为"证人或其他相关人员"被询问，甚至可能作为"涉嫌行贿或共同职务犯罪的涉案人员"而被留置或被采取限制出境措施。该等临时限制措施或配合调查义务也将对私募投资基金的正常运营产生影响。

五、反腐败合规建议

如上所述，各法域对反腐败领域的立法及执法力度不断加强，私募投资基金正面临着越来越严格的反腐败监管环境。私募投资基金及其管理人可以考虑从以下几个方面做好基金运营中的反腐败合规工作。

（一）了解中国及其他相关法域的反腐败法律及监管体系

了解可能适用的反腐败法律及监管规则是私募投资基金做好反腐败合规工作的第一步。通过该等研究，私募投资基金可以了解哪些行为是监管的红线，进而划定基金运营的"安全区"。中国的反腐败规范较为分散、细碎，散见于多部部门法，并无法典化、专门性的法律，容易遗漏重要的规则，且某些规则非常笼统，缺乏司法实践案例的指引，如果不进行深入的研究或聘请相关反腐败合规顾问咨询专业意见，很可能发生"不知法而违法"的情况，导致严重的行政法和/或刑法后果。

鉴于境外法域中以FCPA、英国《反贿赂法》为代表的反腐败法律具有“长臂管辖”的效力，对于在中国境内运营人民币基金的全球基金发起人而言，了解该等境外反腐败法律规则亦同样重要。以FCPA为例，虽然尚无处罚全球基金发起人的案例，但美国证监会已经以在华子公司违反FCPA为由调查并指控了多家跨国公司。例如，美国参数技术公司（以下简称PTC）的两家中国子公司为多名中国政府官员提供与商务无关的差旅费和其他不正当付款近150万美元，以获取业务并从相关销售合同中获得约1180万美元的利润。美国证监会于2016年2月16日宣布PTC同意支付超过2800万美元以解决其涉及违反FCPA的指控。〔1〕类似地，美国证监会于2018年4月23日宣布，邓白氏公司（Dun & Bradstreet Corporation）同意支付超过900万美元，以解决其两家中国子公司受FCPA的指控。其一家子公司通过向第三方代理非法获得中国公民的非公开个人数据，从而获取特定业务，该等不当付款被虚假记录为合法业务费用；另一家子公司通过贿赂中国政府官员获取非公开的财务报表信息。〔2〕上述案例所涉公司虽不属于私募基金行业，但在法律关系上，均是境外母公司就其在华子公司违反FCPA的腐败行为支付了天价罚款。鉴于全球基金发起人也往往采取在华投资设立全资子公司的方式开展人民币基金业务，因此该等案例对私募投资基金有一定参考价值。

（二）制定管理人的反腐败合规制度和内部政策

虽然在目前私募基金管理人登记的自律监管实践中，基金业协会并未要求申请机构制定专门的反腐败合规制度，但从有效控制反腐败合规风险的角度而言，在私募投资基金管理人内部制定一套严密的反腐败合规制度的重要性不言而喻。在研究相关法域反腐败规则的基础上，私募投资基金管理人可以考虑根据反腐败监管的要点，制定相应的内部合规制度，从源头上减少甚至杜绝腐败行为，控制反腐败合规风险。在该等内部制度中，基金管理人可以安排定期的以反腐败合规为主题的员工/高管培训、制定定期的反腐败合规内部检查计划、指定专门的反腐败合规官或设置内部的检举监督程序等，也可参考反腐败体系较为成熟的境外法域相关监管部门所发布的反腐败合规指引，学习国际上的反腐败合规最佳实践。

（三）防范外派高管的反腐败合规风险

如前所述，在投后管理运营阶段，私募投资基金管理人可能会外派高管至被投资企业担任董事等职位。在该等情况下，即使私募基金管理人制定了自身的内部反腐败合规制度，但因该等制度并不适用于被投资企业，因此仍需注意被投资企业可能带来的合规风险。尤其是在外派高管的情形下，高管可能作为一个纽带，将被投资企业的反腐败合规风险传导至作

---

〔1〕参见《SEC: Tech Company Bribed Chinese Officials》，载美国证监会网，https://www.sec.gov/news/pressrelease/2016-29.html，2021年1月16日最后访问。

〔2〕参见《SEC Charges Dun & Bradstreet With FCPA Violations》，载美国证监会网，https://www.sec.gov/enforce/34-83088-s，2021年1月16日最后访问。

为投资者的基金。为防范高管个人及基金的合规风险，首先，外派高管应当了解被投资企业所处行业的监管红线和主要“雷区”，以及被投企业的主要合规风险点，避免“跨线”和“踩雷”；其次，外派高管应督促被投企业建立健全良好的反腐败合规文化和制度，并通过培训和奖惩措施使得企业合规制度得到有效实施，避免发生腐败行为；再次，外派高管在对可能涉及被投企业反腐败合规事项作出决策之前，应当谨慎对待，并在必要时咨询专业人士的意见，避免产生潜在的个人责任；最后，基金可考虑购买高管责任险，减轻由刑事或行政处罚等原因导致的高管个人经济责任。

/第十一节/ 基金设立与运营相关知识产权保护问题

一、知识产权简介

根据《民法典》(2021 年 1 月 1 日起施行)的规定，我国知识产权包括作品；发明、实用新型、外观设计；商标；地理标志；商业秘密；集成电路布图设计；植物新品种等。我国高度重视知识产权保护，致力于完善知识产权司法保护体制，增强知识产权民事和刑事司法保护力度，优化知识产权行政保护体系结构。

私募投资基金具有专业性强、进入门槛较高的特点，其与知识产权的交叉之处主要在于商业秘密、域名、商标和商号等领域，而专利权和著作权等其他类型的知识产权相对而言较少涉及。以下我们将就上述交叉领域中常见的法律风险以及相应的应对措施作简要阐述和分析。

二、商业秘密

在基金的投资期、运营期、退出期、包括解散清算期的全部过程中，都可能涉及商业秘密信息，如客户信息、行业分析、管理方法、数据报告、投资模型、商业流程等技术信息和经营信息，是基金核心的重要资产。

(一)商业秘密的相关规则

1. 秘密性、保密性和实用性

根据《反不正当竞争法》，商业秘密是指不为公众所知悉、具有商业价值并经权利人采取相应保密措施的技术信息、经营信息等商业信息。商业秘密应当兼具“三性”，即秘密性、保密性和实用性。

2. 侵犯商业秘密需承担民事责任、行政责任或刑事责任

(1)民事责任。根据案件情况，权利人可以主张侵权人依法承担违约责任或者侵权责任等民事责任。权利人可以要求侵权人按照权利人损失或者侵权人违法所得的数额承担赔偿责任，如果侵权人恶意侵犯商业秘密，可以主张 1 ~ 5 倍的惩罚性赔偿，并要求侵权人承担为

制止侵权行为所支付的合理开支。

(2)行政责任。就侵犯商业秘密的行为,权利人可请求监督检查部门进行查处,监督检查部门视情况责令侵权人停止违法行为,没收违法所得,处10万元以上100万元以下的罚款;情节严重的,处50万元以上500万元以下的罚款。

(3)刑事责任。侵犯商业秘密给商业秘密的权利人造成重大损失的,对侵权人处3年以下有期徒刑或者拘役,并处或者单处罚金;造成特别严重后果的,处3年以上7年以下有期徒刑,并处罚金。[1]

(二)涉及商业秘密的相关风险

1. 基金设立和运营期间的部分保密信息是否符合商业秘密的"秘密性"要求存在不确定性

如上分析,秘密性为相关信息构成商业秘密的要件之一,而秘密性指的是不为其所属领域的相关人员普遍知悉和容易获得。实践中,基金设立和运营期间的相关信息可能属于所属领域的一般常识或者行业惯例或已通过半公开的报告等方式公开,对于前述信息是否能够被法院认定具有"秘密性"而构成商业秘密,仍然存在较大的不确定性。

2. 基金设立和运营期间的部分保密信息的保密措施不充分

如上分析,保密性为相关信息构成商业秘密的要件之一。就保密性而言,权利人对商业秘密应当采取保密措施,使得其不为公众所知悉。常见的保密措施包括订立保密协议、建立保密制度、对于涉密信息载体采取加锁等防范措施、对于涉密信息采用密码或者代码等。但是,并非采取了前述措施即会被认定为采取了保密措施。例如,若在签订保密协议时,对可以知悉商业秘密的人员范围约定不明,不足以防止涉密信息泄露的,则可能会被认定未采取充分的保密措施。

3. 投资者要求知悉被投公司向私募基金披露的保密信息

尽管基金应依据相关的法律法规、与投资者签署的基金合同以及附属协议等履行对投资者的披露和报告义务(更多信息请参考本章第二节),但应当明确的是,基金并不需要披露所有的信息。因此,如果投资者在被投公司明确不能向投资者披露被投公司相关保密信息的情况下,仍然要求获得相关信息,则可能构成对于被投公司商业秘密的侵犯,需要依法承担相应的法律责任。相应地,该基金或者GP也可能需要承担连带责任。

[1] 该条为现行的《刑法》第219条,但2020年12月26日发布的、将于2021年3月1日实施的《刑法修正案(十一)》中将《刑法》第219条修改为:"有下列侵犯商业秘密行为之一,情节严重的,处三年以下有期徒刑,并处或者单处罚金;情节特别严重的,处三年以上十年以下有期徒刑,并处罚金:(一)以盗窃、贿赂、欺诈、胁迫、电子侵入或者其他不正当手段获取权利人的商业秘密的;(二)披露、使用或者允许他人使用以前项手段获取的权利人的商业秘密的;(三)违反保密义务或者违反权利人有关保守商业秘密的要求,披露、使用或者允许他人使用其所掌握的商业秘密的。明知前款所列行为,获取、披露、使用或者允许他人使用该商业秘密的,以侵犯商业秘密论。本条所称权利人,是指商业秘密的所有人和经商业秘密所有人许可的商业秘密使用人。"

(三)可采取的应对措施

1.基金设立主要文件的各方主体之间签署保密协议或约定保密条款

在基金设立的主要文件,包括基金合同、附属协议、管理协议、特定对象确定程序文件、募集文件、认购文件、托管文件、募集监督文件和私募基金服务协议等协议中,要求签订协议的各方主体签署保密协议,或者是在相应的文件中约定保密条款。根据私募基金承担义务的实际情况,合理约定商业秘密的范围,披露人员的范围等。

2.谨慎披露禁止披露的被投公司的相关信息

对于被投公司明确要求禁止披露的商业秘密,应当采取严格的保密措施,例如与包括投资者委派的基金投资决策委员会成员等相关人员就特定的投资行为分别签订保密协议等。在可能侵犯被投公司的商业秘密的情况下,应审慎考虑强势投资者的披露要求,避免因披露相关信息造成商业秘密侵权等不正当竞争行为。与此同时,下游投资行为要谨慎进行商业决策,合理限定商业秘密的范围,对披露的内容、范围及方式加以适当约定。

3.签署保密协议的注意事项

在签署保密协议的过程中,保密信息提供和保密义务承担方,为最大限度保护自己的合法权利,对合同条款会有不同侧重。以GP作为投资人和被投公司签署保密协议为例,GP作为承担保密义务的一方,应当限制己方义务。相反,如果作为提供保密信息的一方,会想方设法扩大对方的保密义务,最大限度地保护己方的商业秘密。

(1)对于"保密信息"的定义应当进行缩窄,例如可以加上"专有""非公开"等限制词;规定保密信息是披露方加上了"保密"等标识或说明的资料;如果是口头披露的信息,需要在披露时说明其保密性,并且在披露后若干天内向信息接收方概括该信息的内容并说明其保密性;应当避免"还包括信息披露时的情形应当合理地相信或期待具有保密性的信息"等用语;

(2)对于信息披露或者使用的目的作更为广泛的约定;

(3)对于保密义务人的范围进行限缩,将承担保密信息义务的主体限缩为与基金管理人签署了劳动合同的雇员;

(4)对保密期限进行限定,限于项目期间;

(5)考虑保密信息定义与范围的排除事项:

——在信息披露以前披露方已经拥有的信息

——信息接收方合法从第三方获得的信息

——已经被公众所知或已经进入公有领域的信息,并且并非因信息接收方过错为公众所知

——披露方允许接收方披露的信息

——接收方在未使用保密信息的情况下自行取得的信息

——根据法律或者政府部门的要求而进行的披露

(6)对于泄密责任进行限制,例如承担的责任不超过合同标的金额等。

(四)典型案例简介与评析

• 案情简介:

原告A公司成立于2011年6月。A公司与被告B在2012年3月签订《劳动合同》,约定B在A公司担任副总经理、董事,合同期限自2012年3月至2013年3月,并约定保密义务。2012年6月,A公司与案外人X签订合作协议书,A公司作为普通合伙人发起总规模为4.8亿元的私募基金。A公司为此设立了名称为"AX投资企业"的有限合伙企业,并委派B代表A公司执行合伙事务,该基金募集产品于2012年9月完成。2012年11月,B从A公司处离职。2012年11月,被告C公司成立,同月,B成为C公司持股50%的股东。2012年12月,C公司与案外人X签订协议,由C公司负责设立总募集金额为6.9亿元的新基金。最终法院判决B和C公司停止侵犯原告A对其客户名单拥有的合法权利,并连带赔偿原告律师费。

• 案件评析:

作为基金募集过程中的重要信息,能够构成商业秘密的客户名单不能是简单的客户名称,通常必须具有交易的习惯、意向、内容等区别于公知信息的特殊客户信息,范围包括汇集众多客户的客户名册,以及保持长期稳定交易关系的特定客户。在实践中,为了使客户名单作为商业秘密保护,应当注意以下方面的问题:

——秘密性。客户资料中可以通过公开渠道查询到的客户名称、地址等信息不具有秘密性,但交易习惯、客户的特定联系人、客户需求、融资意向、贷款利率这类并不为相关人员普遍知悉、从公开渠道无法获得的信息具有商业秘密的秘密性。

——保密性。基金是否采取保密措施、该措施与其要求保密的信息的商业价值是否相适应将决定着相应的保密信息是否具有保密性。若保密措施合理,使相关信息一直处于保密状态,则相关信息具有保密性。

——实用性。对于私募基金而言,为了达成交易,必然需要投入大量精力并反复接触洽谈,相关交易内容系私募基金通过自己的经营努力形成的特定化的客户资料。例如,贷款利率等双方交易内容中的核心部分,其具有重要的商业价值,能给公司带来经济利益,并直接决定着公司是否具有竞争优势,可以认定具有商业秘密的实用性。

三、域名

(一)域名制度介绍

若公司拟通过域名来提供网站、邮箱等业务服务,需要注册专属域名。并且,需完成实名认证、备案、解析流程,最终域名可被访问并对外提供服务。

1.注册。公司可考虑注册通用域名,在域名注册平台挑选合适的域名注册服务,然后在域名注册页选择域名后缀,注册与公司商标和商号相关的域名。

2.实名认证。按照2017年11月1日起施行的《互联网域名管理办法》第30条的规定,域名注册申请者提供域名持有者真实、准确、完整的身份信息等域名注册信息。域名注册管理机构和域名注册服务机构应当对域名注册信息的真实性、完整性进行核验。即域名注册完成后需进行实名认证操作。

3. 备案。根据《互联网信息服务管理办法》(国务院令第588号)和《非经营性互联网信息服务备案管理办法》(工信部令第33号)的规定,国家对经营性互联网信息服务实行许可制度,对非经营性互联网信息服务实行备案制度。未获取许可或者未履行备案手续的,不得从事互联网信息服务,否则属于违法行为。

而且,根据《计算机信息网络国际联网安全保护管理办法》的相关规定,网站在工信部备案成功后,需在自网络正式联通之日起30日内在全国互联网安全管理服务平台上提交公安备案申请。

4. 域名解析。普通互联网使用者在使用互联网时习惯于记忆与使用"域名",而机器之间使用的语言则是"IP地址","域名"与"IP地址"之间通过域名解析形成一一对应的关系。域名解析需要由专门的域名解析服务器完成,解析过程是自动进行的。完成域名注册、实名认证、备案之后可进行域名解析。解析后即可使用域名访问相关网站。

(二)涉及域名的相关风险

1. 域名侵权

实践中,域名侵权主要包括恶意抢注和域名变造等情况。具体而言,有以下几种情况。

(1)恶意抢注,在域名侵权领域是指基于非法营利的目的,采取不正当手段抢先将相关基金的商标、商号、网站名称等注册为域名的行为,主要包括两种:

——抢注在先权利,即将基金商号等在先权利抢注为域名,并进行售卖或者与基金达成协议,从而谋取不正当利益;

——域名阻碍,即通过抢注域名阻碍持有商号的基金注册该域名,破坏其正常业务的开展。抢注域名的目的不一定是出售域名谋取利益,而可能是恶意侵害他人正常合理注册、使用域名的权利。

(2)域名变造,是指侵权人通过对知名基金的域名或者商标、商号进行一定的修改变化,并将变造域名进行注册、使用,以达到混淆视听、谋取不正当利益的目的,包括对于商标商号进行复制、模仿、翻译、音译等,如将"O"改成"0"等行为。

2. 网站未获得许可或未进行备案

由于我国对经营性互联网信息服务实行许可制度,对非经营性互联网信息服务实行备案制度。实践中,部分基金可能存在未获取许可或者未履行备案手续,而从事互联网信息服务的行为,涉嫌违规。

3. 域名被盗用

域名被盗用主要分为两种情况,其一,侵权人通过采取技术手段获得对于基金已经依法注册的域名的控制权限;其二,基金由于没有定期缴费等原因失去了对于该域名的控制权限。如实践中,部分私募基金的过期域名被第三人注册后以该私募基金的名义对外销售基金产品。

(三)可采取的应对措施

1. 及时注册域名并备案

为了避免域名被他人注册,私募基金应当及时将自己的商号注册为域名,并且加强对于不利于自己的域名注册的监测力度,及时监控和制止侵权行为。按照相关规定,对经营性互联网信息服务及时申请许可,对非经营性互联网信息服务及时进行备案。

2. 由域名争议解决机构进行裁决

对于由域名引起的相关争议,可以向域名争议解决机构进行投诉。根据具体使用的域名,相关投诉分为两条路径:对于“.com,”“.net”“.org”等国际通用顶级域名和部分国家代码顶级域名争议,可以向互联网名称与数字地址分配机构认证的域名争议解决机构提起投诉;对于“.cn”“.中国”等中国国家顶级域名,可以向中国国际经济贸易仲裁委员会或香港国际仲裁中心进行投诉。

3. 向域名注册商和/或域名解析商投诉

在基金注册的域名被盗后,基金可以向提供网站注册服务的域名注册商投诉,要求注册商将域名归还给原注册基金;基金也可以向提供域名解析服务的域名解析商进行投诉,要求其终止对于该网站提供的域名解析服务,以切断该域名与侵权网站的联系。

4. 向公安机关报案

针对域名被侵权和被盗用的情况,基金可以向公安机关进行报案。一方面,证明基金积极采取措施以减少对相关公众的影响,提高公众警惕,降低被投资用户追究连带责任的风险;另一方面,由于不法分子往往隐蔽性很强,因此通过公权力立案侦查可以更好地追查不法分子,打击非法行为。

5. 向人民法院提起诉讼

基金可以就他人对于域名的注册、使用等侵权行为向有管辖权的法院提起诉讼,请求法院判令侵权人承担停止侵权、注销域名、赔偿经济损失等侵权责任。

(四)典型案例简介与评析

● 案情简介:

基金公司 A 注册了域名并以自身的主体信息在中国工信部完成了网站备案。在该域名期限届满之时,基金公司 A 未及时续费,从而失去了对该域名的控制权。第三方 B 注册了该域名,并通过该域名以基金公司 A 的名义对外销售基金产品,并引导用户下载侵权 app,通过 app 购买基金产品。

● 案件评析:

域名作为基金公司对外展示和业务发展的门户,对于基金公司而言至关重要。域名注册的期限最长 10 年,公司可以根据公司发展需要进行调整,建议在域名注册之时设置相应的提醒机制,以免错过域名续期的期限,而被第三方抢注。

在第三方抢注后,基金公司应当积极采取措施打击第三方的不法行为。具体而言,基金公司可以采取以上第(三)部分列举的系列措施。

但是,值得注意的是,由于数据隐私保护等规则的实施,域名注册服务商、解析服务商等并不会在投诉阶段直接透露域名抢注者的信息,只会与域名抢注者联系要求其进行整改,否则断开对该域名的解析。然而,经验丰富的抢注者自解析服务商处了解到该信息后便会立即更换域名解析服务商,基金公司由此陷入"打地鼠"的困境。因此,前期的到期续展提醒机制可以省去后期大量不必要的麻烦。

四、商标及商号

(一)商标及商号的相关规则

1. 注册商标

商标是能够用来区别商品和服务的来源,具有显著特征的标志。根据《商标法》的规定,我国采用商标注册原则,包括申请在先原则和自愿注册原则。注册商标的专用权,以核准注册的商标和核定使用的商品或服务为限。注册商标的有效期为 10 年,自核准注册之日起计算。

(1)申请在先原则,是指商标权授予最先提出申请的人,即如果两个或者两个以上的申请人,在同一种商品或者类似商品上,以相同或者近似的商标申请注册的,商标局受理最先提出的商标注册申请,对在后的商标注册申请予以驳回。但是,我国《商标法》在坚持申请在先原则的同时,还强调使用在先的正当性,防止不正当的抢注行为。

(2)自愿注册原则,是指商标使用人是否申请商标注册取决于自己的意愿。在自愿注册原则下,商标注册人对其注册商标享有专用权,受法律保护。未经注册的商标,可以在生产服务中使用,但其使用人不享有专用权,无权禁止他人在同种或类似商品上使用与其商标相同或近似的商标,但驰名商标除外。在实行自愿注册原则的同时,我国规定了在诸如烟草制品等极少数商品上实行强制注册原则,作为对自愿注册原则的补充。

2. 未注册商标

因为商标注册采用自愿原则,因此在实践中存在商标使用人并未对其使用的商标进行注册的情况。对于未注册商标的保护,根据其影响力大小而有所不同。对于已经构成驰名商标的未注册商标,可以根据《商标法》的规定,对商标权利进行保护。

对于未构成驰名商标,但是已经在先使用并有一定影响力的未注册商标,可以根据《反不正当竞争法》和《商标法》进行保护。实践中,在先使用且有一定影响力的商标可根据《商标法》在原有范围内继续使用,或者根据《反不正当竞争法》作为有一定影响力的商业标识主张保护。相较于注册商标的法律保护,法律对于未注册商标的保护力度较弱,未注册商标在使用行为以及使用方式上都受到了极大的限制。

3. 商号

商号不等同于商标。商标主要是用来区分商品或服务的来源,代表着商品或服务的信誉,必须与其所依附的某些特定的商品或服务相关联。商号主要是用来区别企业主体,代表了厂商的信誉,与商品的生产经营者或服务提供者相关联。

商号在中国法项下指代"字号"。根据《企业名称登记管理规定》的规定,"企业名称应当由以下部分依次组成：字号（或者商号，下同）、行业或者经营特点、组织形式”。根据最高人民法院《关于审理不正当竞争民事案件应用法律若干问题的解释》的规定，企业登记主管机关依法登记注册的企业名称，以及在中国境内进行商业使用的外国（地区）企业名称，或者具有一定的市场知名度、为相关公众所知悉的企业名称中的字号，应当认定为《反不正当竞争法》规定的“企业名称”。企业名称权是指企业依法享有的决定、使用、改变自己的名称，并排除他人非法干涉、盗用或冒用的权利。

（二）涉及商标和商号的相关风险

1. 商标和商号概念未厘清

在中国法律项下，商号权和商标权具有不同的权利基础和保护范围。私募投资基金商号的来源主要分为三种，即由普通合伙人提供、由管理人提供或者是新基金设立时新设。如果提供商号的普通合伙人或者管理人并未就该商号进行商标注册，则突出使用该商号仍有可能构成对他人在先注册商标侵权的风险。

2. 商号被他人抢注为商标的风险

对于私募投资基金而言，夹层基金一般存续期限为5年左右，即便是存续期间较长的VC基金和投资于其他私募基金的PE/VC母基金，存续期限一般也仅为8年左右，少数基金有更长的存续期限。考虑到商标审查核准时间长达数月，一些私募基金选择主动放弃对相应的商号进行商标注册。考虑到我国采取的是先申请原则，如果在设立之初没有申请注册商标，则会面临被他人抢注的风险。

3. 商标/商号被侵权的风险

基金可能会面临他人假冒商号的情况。侵权人可能借助在市场上有一定影响力的私募基金的商号宣传自己的服务，使消费者对侵权人与基金之间的关联关系产生混淆和误认，从而损害基金的商誉。

（三）可采取的应对措施

1. 明确约定商标/商号的相关权利

（1）发起阶段及时注册商标

目前，在我国注册商标的时间成本和经济成本并不会给基金造成较重负担。具体而言，目前我国注册商标的审查期限已经大幅度缩短，而且商标申请成本较低。因此，建议基金在发起设立阶段尽快就未注册的商号申请商标。

（2）收购GP或基金管理人权益时对商标/商号进行明确约定

在收购GP或基金管理人权益时，可能涉及收购相关商号或者注册商标，对此，应当在收购协议中进行相应的约定。例如，在协议中应当明确是否就该商号申请注册商标、申请商标的权利归属、相关的商标/商号许可、提供商标/商号的一方应当保证权利没有瑕疵并进行陈述保证等。如果涉及改变部分或者全部商号，双方应当在协议中就相关事宜进行详细的约定。

2. 对被抢注商标提出商标行政程序

如果商号被第三人抢注为商标，基金可通过相应商标行政程序维护自己的合法利益。

(1)若被抢注的商标尚处于申请阶段，基金可在商标初审公告时提起异议程序。

(2)若被抢注的商标已被注册，基金可提起商标无效宣告程序或者 3 年不使用撤销程序。

3. 利用司法手段打击侵权行为

对于第三人假冒基金商号的行为，基金基于其商标或者商号权利应当及时保留相关证据，主动维权，积极降低和消除影响。

(1)对于他人对外突出使用基金商号的行为，基金可以主张他人构成商标侵权。

(2)对于他人完整使用基金商号的行为，可以考虑适用《反不正当竞争法》主张他人存在不正当竞争行为。

(四)典型案例简介与评析

- 案情简介：

原告 A 公司是一家央企，成立于 1995 年，注册资本约为 200 亿元，2007 年国务院发布的有关规范央企简称的通知中载明 A 公司简称为“A”。2005 年，A 作为母公司，成立了企业“A 集团”，并注册了“A”商标，有效期自 2008 年至 2018 年。被告 B 公司 2013 年在深圳成立，企业名称为“深圳 A 融投资基金管理有限公司”，被告在对外提供金融服务的过程中突出使用“A”字号，例如在其基金募集说明书、宣传册、办公室标牌等处使用了“A 基金”等标识。法院最终判决被告 B 公司停止商标侵权及不正当竞争行为，停止使用含“A”或者近似文字的企业名称，并支付经济损失及合理开支 8 万元。

- 案件评析：

对于地域涵盖全国的知名基金，其字号既是原告企业名称的简称或商号，又是原告知名服务的特有名称，在商标注册之后能依据相关法律获得更加完善的保护。商标侵权人一般具有主观攀附基金知名度的故意，在企业名称中使用行政区划，使相关公众在客观上误认为二者之间具有某种关联，引起混淆和误认，损害基金的商誉，构成不正当竞争。

侵权人在对外提供服务的过程中使用基金的商号，对该商号上所承载的基金的商誉造成了侵害。在相关商标已注册的情况下，侵权人在与基金公司提供相同的服务中使用该商标的行为构成商标侵权。

以“填平原则”为基础，商标案件的侵权赔偿数额依据权利人的实际损失、侵权人的侵权所得、商标使用费的合理倍数及法定赔偿的顺序进行计算。然而，在司法实践中，由于举证和执行不易，权利人即便投入大量精力和资源，判赔金额也常常难以弥补权利人遭受的损失，因此，在成本合理可控的情况下，事先采取适当的预防措施，维权效率会比较高。

/第十二节/

基金运营中的ESG问题

曾几何时,“社会责任投资”(Social Responsible Investment,SRI)、“影响力投资”(Impact Investments)和环境社会与治理(Environmental,Social and Governance,ESG)还只是投资界中微不足道的小众化名词,但近年来随着一些著名投资机构的集中发力,其正在全球投资领域掀起一股不可小觑的浪潮,在中国的影响力也开始与日俱增。

2017年7月,全球知名私募股权投资公司贝恩资本(Bain Capital)旗下的战略影响力投资子公司Bain Capital Double Impact宣布完成了其最初的两笔投资交易(Living Earth和Impact Fitness)。该子公司主要致力于寻求可以利用其特长以帮助任务驱动型企业扩展并促成有意义变革的投资项目。2020年5月,美国在线特殊教育公司Presence Learning宣布已获得由Bain Capital Double Impact领头的2700万美元D轮投资。

2017年,美国德太投资集团(TPG)发起设立了旗下首只影响力投资基金——睿思基金(The Rise Fund),规模达20亿美元。在2018年,TPG又宣布募集睿思基金二期(The Rise Fund Ⅱ),目标规模达35亿美元,充分显示了其未来继续进军和植根于影响力投资战略的决心。在中国,睿思基金于2018年协助中和农信完成了人民币6亿元的C轮融资,协助百度金融完成了19亿美元的A轮融资。

2018年,另一全球私募巨头KKR集团正式启动KKR全球影响力战略(KKR Global Impact Strategy),并在同年以3280万美元的对价完成了对一家新加坡能源解决方案提供商Barghest Building Performance的投资,作为其第一单影响力投资项目。2020年2月,KKR宣布完成总额达13亿美元的全球影响力基金的募集,并同时在中国组建影响力投资团队。

继2018年度公开信中提及投资的责任不仅仅是获取收益更是“为社会作出积极贡献”后,全球最大的资产管理公司贝莱德集团(BlackRock)的创始人兼首席执行官Larry Fink在写给被投资公司CEO们的2019年度公开信中进一步阐释了企业宗旨(Purpose)和盈利(Profit)之间不可分割的内在联系。他指出,当一家企业能够真正理解和准确表达其经营宗旨时,这将会使企业依据其战略重点和价值原则行事,从而实现长期盈利。在2020年度公开信中,Fink进一步宣布环境可持续性是贝莱德未来投资决策的核心目标,并且计划将撤出在可持续性发展风险较高项目上的投资,如动力煤生产商等。

全球领先投资管理机构黑石(Blackstone)在2019年5月发起成立影响力投资平台,该平台主要将采用战略性合作共同投资的方式进行影响力投资,主要关注于健康与福祉、金融准入、可持续社区和绿色技术等领域。该等影响力投资平台在中国市场上的后续布局亦值得关注。

本节将介绍在中国日益具有影响力的“社会责任投资”、“影响力投资”和ESG的相关内容。

一、概念的提出和由来（见表6.4）

表6.4 “社会责任投资”“影响力投资”及ESG相关概念的由来与发展

时　间	相关发展
18～20世纪：“社会责任投资”概念的兴起	早在“影响力投资”这一概念出现之前，在圣经时代，犹太法律就明确规定了道德投资（ethical investing）概念。自18世纪起，在约翰卫斯理（John Wesley）的倡导下，卫理公会教徒（Methodists）拒绝投资与奴隶贸易、走私、炫耀性消费、酒精、烟草和赌博等相关的行业和企业。随后贵格会（Quakers）追随卫理公会教徒的理念，拒绝投资奴隶制和战争，于1928年在波士顿发起设立了第一只公开募集基金（Pioneer Fund），并采用筛选机制以消除“罪恶”（sin）行业。在20世纪60～70年代，美国等西方国家开始流行“社会责任投资”的概念，其核心诉求是在投资（主要是公开交易证券投资）过程中，关注投资标的公司的环境和社会治理（后来逐渐形成的ESG）政策且同时避免投资酒精、烟草、赌博、武器等行业
2004～2006年：“责任投资原则”的确立和“ESG”概念的提出	“责任投资原则”最早系由联合国前秘书长安南在2004年提出的可持续投资倡议中发展而来，最终于2006年由安南牵头发起成立了联合国责任投资原则组织（the United Nations supported Principles for Responsible Investment，UNPRI），签约加入UNPRI的机构从最初的63家发展至目前超过3000家。[1] 2006年，高盛（Goldman Sachs）首次在报告中把纳入投资考量的公司治理因素与责任投资因素整合在一起，正式明确提出了完整的ESG概念[2]
2007年：“影响力投资”概念的提出	“影响力投资”这一概念最早由洛克菲勒基金会（Rockefeller Foundation）在2007年的一次会议上提出。其随后将“影响力投资”定义为被置于公开股票市场之外的、用于同时产生社会和环境价值以及财务回报的资本
2019年：“影响力管理运作原则组织”建立	世界银行附属机构之一的国际金融公司（International Finance Corporation，IFC）在2019年4月12日的世界银行集团—国际货币基金组织春季会议上正式发起建立影响力管理运作原则（Operating Principle for Impact Management）组织，旨在为投资者提供关于何为影响力投资的清晰和统一标准。截至2020年11月2日，该原则共有106个机构正式签约加入，[3]承诺其将遵循影响力管理运作原则的要求对所管理的影响力投资资产进行管理运作

二、什么是ESG？

“ESG”的全称是环境、社会和治理（Environmental，Social and Governance，一说为Environmental and Social Governance），旨在倡导在投资决策过程中，除了传统意义上的宏观

〔1〕截至2021年1月11日，UNPRI的签约机构数量为3671家，载UNPRI网，https://www.unpri.org/signatories/signatory-resources/signatory-directory，2021年1月16日最后访问。

〔2〕有关高盛自2006年起的历年ESG报告，载高盛网，https://www.goldmansachs.com/citizenship/sustainability-reporting/historical-reports/，2021年1月16日最后访问。

〔3〕更多信息载Operating Principles for Impact Management网，https://www.impactprinciples.org/，2021年1月16日最后访问。

市场经济趋势、国家财政货币政策、公司合规风险、财务数据指标和未来发展前景等投资基本面因素之外,还应充分考虑环境责任、社会责任和公司治理等因素。

运用 ESG 投资理念的具体投资决策方式因人而异,各投资机构基于 ESG 投资理念而创造出的投资决策分析模型也是五花八门,各有侧重。归结起来,可以分为如下两种。[1]

(1)负面清单法,即在考量传统投资基本面因素之外,一旦发现存在其所框定的 ESG 负面清单中的问题(如标的公司涉及酒精、烟草、赌博、武器等行业,或曾被当地环保部门处罚、发生过影响或破坏环境的负面报道、员工罢工事件、用工性别歧视事件等),则一概排除投资(无论该等投资项目的基本面因素好坏),将 ESG 因素作为一票否决项;

(2)权重分析法,即将 ESG 因素与传统投资基本面因素一同纳入总体评价体系,按照不同的权重比例对每一个小项的考察因素进行具体打分,以最终得出对潜在投资项目的评分并基于最终得分来决定是否对其进行投资。

常见的 ESG 因素包括以下三个维度:(1)环境因素(environmental):能源消耗、污染、气候变化、垃圾的产生和处理、自然资源保护、动物保护和福祉等;(2)社会因素(social):人权、童工和强迫劳动、社区参与度、健康和安全、投资者关系、员工关系等;(3)公司治理因素(governance):管理质量、董事会独立性、利益冲突、高管薪酬、透明度与披露、投资者权益等。

由于每家评级机构和投资机构对于 ESG 项目项下的具体小项的分类和具体关键指标的权重等各有不同,权重分析法下又可以进一步演化成千万种不同的 ESG 评价体系指标,目前海外市场上较为成熟的 ESG 评价体系的制定者包括:明晟(MSCI)、道琼斯(Dow Jones)、汤森路透(Thomson Reuters)、富时罗素(FTSE Russell)等。

经过这些年的投资实践,人们逐渐发现采用 ESG 投资理念所筛选出来的投资组合的投资业绩普遍不错,甚至在投资回报率的稳定增长和避免踩雷方面还要优于传统投资基金。这也是为什么 ESG 投资策略近年来被更广泛地提及并运用于一般性的市场投资领域的原因,更由于上市公司在信息披露和数据采集方面具有天然的优势,而这些信息数据资源的获取对于 ESG 评价体系的运作至关重要,因此 ESG 指标在二级证券市场投资领域正发挥着越来越重要的作用和影响力。

另外,在一级股权投资市场,随着越来越多的机构投资者,甚至是高净值个人投资者的意识觉醒,股权投资基金也逐渐开始重视其投资行为背后的投资价值和社会责任,以吸纳更多的优质投资人的加入。在这种新型价值观的驱动下,投资者和股权基金的管理者们也开始更加关注除了投资回报率以外的其他因素,如环境保护、权利平等、社会责任等。

三、社会责任投资、影响力投资与 ESG 的区别

根据美国可持续和负责任投资论坛(The Forum for Sustainable and Responsible

[1] 根据国际上的可持续投资联盟、联合国责任投资原则等,ESG 责任投资还可细分为 7 种投资策略,包括剔除法、依合约筛选法、同类最佳法、可持续主题法、积极股东法、ESG 融入法,以及影响力投资。参见邱慈观:《沿着影响力投资的学习曲线前行》,载上海高级金融学院网,http://www.saif.sjtu.edu.cn/show-58-1434.html,2021 年 1 月 16 日最后访问。

Investment,US SIF)的统计数据,2018年美国的可持续投资资产(包括但不限于社会责任投资、ESG投资和影响力投资等概念下的投资资本)达到12万亿美元,占在管的总资产的1/4。[1]

社会责任投资、ESG投资和影响力投资这三个概念通常被投资客户和专业管理人士作为可相互替代的行业术语加以使用,但实际上,这三个概念仍然存在差异,且该等差异将影响客户投资组合的构建以及适格投资项目的选择。

首先,"社会责任投资"与"影响力投资"的区分已在洛克菲勒基金会与摩根大通于2010年11月联合发布的《影响力投资:新兴的资产类别》(*Impact Investments: An Emerging Asset Class*)一书中阐明,即"社会责任投资"仅仅寻求消极影响的最小化(如选择主动避免投资酒精、烟草、赌博、武器等特定行业和领域),而"影响力投资"在关注ESG政策和寻求财务回报的同时,更强调主动去创造积极的社会或环境效益。同时,从传统上来看,"社会责任投资"更多地被适用于公开市场投资,而"影响力投资"则更多地在私募投资领域被提及。[2]

那么,"影响力投资"与"ESG投资"的主要区别又是什么呢?一般认为,两者的投资策略和侧重点存在以下差异:

> ➢"ESG投资":在关注传统财务投资分析指标的同时,充分关注被投资企业的环境责任、社会责任和公司治理等因素,但关注ESG因素的一个主要动因之一仍是由于ESG因素可以在传统财务分析的基础上提高技术性估值分析的准确度并发现其他潜在风险和机会。简单而言,ESG投资可以被看作进化升级版的数据评估模型和投资决策手段,只要通过了ESG的最终评价流程,通常就认为某一潜在项目值得被投资。
>
> ➢"影响力投资":旨在帮助企业或组织完成某一个项目、开发某一个计划或者做一些有益于社会的积极尝试。简单而言,影响力投资更接近于一种投资目的和理念,只要某一潜在投资有益于某一地区或领域的社会发展且具备成功的可能性(可能带来一定财务回报),即可对其进行投资。

四、灵魂拷问:ESG/影响力投资的财务回报?

无论是ESG投资还是影响力投资,在关注社会责任和价值导向的同时,仍然寻求财务回报,但是所寻求的财务回报的高低却因人而异。

---

[1] Anne Field,SRI Investing In The US Now $12 Trillion In AUM,https://www.forbes.com/sites/annefield/2018/11/26/sri-investing-in-the-us-now-12-trillion-in-aum/?ss = entrepreneurs&sh = 23272228a3bc,2021年1月13日最后访问。US SIF自2010年以来的历年年度报告,详见US SIF网,https://www.ussif.org/annualreports,2021年1月16日最后访问。

[2] "影响力投资"(impact investment,一说为impact investing)本质上仍是一种投资行为,追求财务回报,与纯粹的慈善公益行为、公益创投相区别;同时,它也注重和强调通过投资行为主动创造一定程度的社会影响力,与一般的市场投资行为相区别。"影响力投资"是介于市场投资行为和慈善公益行为之间的一种价值融合性投资,是在追求投资应有的财务回报的同时希望实现一定程度的社会影响力的投资行为。参与"影响力投资"的投资人也因此常被称为"双底线投资人",即要求财务回报和社会影响这两条底线。

根据全球影响力投资网络(Global Impact Investing Network, GIIN)的2018年年度调研,[1]16%的受访者表示其财务回报要求低于一般市场回报,而更倾向于一种保本心态;另外20%的受访者表示其追求低于但接近于一般市场回报的财务回报;而剩余64%的受访者所追求的则是一种基于市场回报率的、可根据风险加以调整式的收益回报,即他们认为无须在影响力投资时牺牲财务回报。

实践中,根据上述不同投资者的不同需求,可以将ESG/影响力投资进一步分为影响力优先和财务回报优先这两类细分产品。

➢ 对于影响力优先的投资产品,其财务回报要求往往要低于一般市场回报,以追求更大的社会影响力或解决更复杂的社会问题。因此,这些产品通常更适合于基金会、发展金融机构、个人慈善家等拥有更灵活资金池分配的机构和个人。

➢ 对于财务回报优先的投资产品,其除了投资策略和领域与一般投资产品有所区别外,在追求盈利和回报方面与一般投资产品并无二致。但需要再次提醒和明确的一点是,并非所有宣称采用ESG投资策略、社会责任投资或其他类似投资理念的投资基金都能被称为影响力投资基金。要想贴上"影响力投资"的标签并与传统投资基金相区别,相关基金管理人还需做足如下功课。

五、看穿"ESG/影响力投资"的面纱

鉴于影响力投资和ESG概念与生俱来的良好立意口碑和日益增长的社会关注度,很多私募投资机构也开始跃跃欲试,试图将自身的投资产品贴上"ESG/影响力投资"的标签,以吸引更多具有社会责任感的优质投资人参与投资。

潜在投资人在选择和甄别ESG/影响力投资基金时,应当重点关注相关基金管理人和基金所打出的"ESG/影响力投资"招牌到底是出于真心还是假意。在对某一ESG/影响力投资基金进行投资尽调的过程中,潜在投资人可以重点关注如下几个方面。

(1)私募备忘录(PPM)中基金主动披露的有关"可持续投资"、"社会责任投资"和"影响力投资"等理念的介绍;

(2)该基金有关"影响力"和"ESG"的具体运作情况,如基金具体的ESG政策和合规情况、基金对被投资企业ESG问题的合规尽调和投后监控、基金如何认定和管理ESG相关风险、基金的影响力投资团队构成和投资委员会成员组成、基金进行影响力投资的具体实操方法、决策模型(如作为重要参考指标或否决项)和现有已投资项目成果等;

(3)如果投资人掌握足够的话语权,甚至可以要求在相关基金文件(如基金合同和附属协议)中加入关于基金具体投资行为的个性化约定,如GP对于外部ESG政策的遵守、LP对于特定被投资企业和领域的投资限制要求或投资排除要求、具体投资决策流程和风险识别机制、ESG报告和沟通机制等;

(4)在基金存续期限内,投资人也可考虑通过核心披露(core disclosure)和额外披露

---

〔1〕 报告全文下载请见GIIN网,https://thegiin.org/assets/2018_GIIN_AnnualSurvey_ExecutiveSummary_webfile.pdf,2021年1月13日最后访问。

（additional disclosure）的方式持续监控 GP 对于影响力投资和 ESG 要求的履行。

除了潜在基金投资人的上述核心关注要点外，实际上，判断一个投资产品能否被称为"影响力投资"的最基本的指标是该等基金产品是否向潜在基金投资人和公众披露了其投资策略和投资成果达到"影响力投资"相关标准的具体信息和数据。即口说无凭，想要给自家产品贴上"影响力投资"的标签，就必须要拿出真凭实据——在评估和测算投资行为的财务回报的同时，追踪、记录和厘定该等投资行为所产生的社会影响力，并相应进行披露。

财务回报的计算机制在目前市场上已经相对成熟和体系化，但对于如何计算一个投资项目的社会影响力，目前在全球范围内虽有零星的行业领先机构提出了一些衡量标准和评估体系，但总体而言，在全世界范围内尚未形成一个统一公认的标准体系。在目前阶段，潜在投资人往往很难从那些纷繁复杂的各类影响力衡量体系和指标中获取有效信息和数据。我们在此只能抛砖引玉，列示部分现有机构的衡量标准指南和评估指标体系供诸君参考并形成初步认知，如表 6.5 所示。

表 6.5　部分现有机构关于影响力投资的衡量标准指南和评估指标体系

时间	机　构	具体标准和体系
2009 年	GIIN	IRIS（Impact Reporting and Investment Standards），自 2009 年起由 GIIN 主要负责管理和维护，并于 2019 年在 IRIS 体系的基础上提出了 IRIS + 体系
2011 年	共益实验室（B Lab）	GIIRS（Global Impact Investing Ratings System）影响力评级系统
2015 年	英国的全球社会影响力投资督导小组（Global Social Impact Investment Steering Group，GSG）	致力于提供针对投资的社会影响力的可衡量影响指标
2017 年	世界银行附属机构之一的国际金融公司（International Finance Corporation，IFC）	推出预期影响力测量和监测（Anticipated Impact Measurement and Monitoring，AIMM）体系，作为其衡量和分析项目成果的评价体系

除此之外，一些较为专业的影响力投资基金管理公司也制定了其各自影响力的内部衡量标准，如英国知名的影响力投资公司 Bridges Fund Management 以会计上的平衡计分卡发展出它自己的影响力计分卡、德太投资（TPG）旗下的影响力投资基金睿思基金（The Rise Fund）设计和发展了影响力货币乘数（impact multiple of money，IMM），对比 IRR 在计算财务回报率方面的功效，以计算每一元投资所产生影响力之金钱价值。[1][2]

---

〔1〕参见邱慈观：《沿着影响力投资的学习曲线前行》，载上海高级金融学院网，http://www.saif.sjtu.edu.cn/show-58-1434.html，2021 年 1 月 16 日最后访问。

〔2〕利用 IMM 方法来计算项目影响力并进行投资选择和决策通常包括以下 6 个步骤：(1) 评估关联性和影响规模；(2) 明确预期达到的社会或环境影响成果；(3) 预测该等成果对社会的经济效益；(4) 风险因素调整；(5) 估算最终价值；(6) 计算每一元投资所产生社会影响力之金钱价值。参见 Calculating the Value of Impact Investing，见《哈佛商业评论》，https://hbr.org/2019/01/calculating-the-value-of-impact-investing，2021 年 1 月 13 日最后访问。

六、影响力投资和 ESG 在中国

近年来,影响力投资和 ESG 概念也越来越多地在中国市场被提及。下面通过对目前中国市场上的一些具有代表性的影响力投资主体和现有出台政策的介绍,我们或许可以管中窥豹一番。

(一)投资主体

从投资主体上来看,慈善基金会和一些私募投资机构是推动影响力投资和 ESG 在中国发展的主要力量。但慈善基金会囿于其本身的公益非营利属性、其直接投资企业在实践操作层面特别是财务审计方面的障碍、其专业投资人才以及相关配套投资决策流程和经验的缺失等问题,开始转而寻求与私募投资机构联手进行影响力投资,或下设有限责任公司来专门从事影响力投资。

- 2014 年,以多家慈善公益基金会和部分投资基金为主体的 17 家机构共同发起了中国社会企业与社会投资论坛(China Social Enterprise and Social Investment Forum, CSESIF),并于 2017 年在京举办了中国社会企业与社会投资论坛 2017 年会。该论坛后更名为中国社会企业与影响力投资论坛(China Social Enterprise and Impact Investment Forum, CSEIIF),并于深圳市举办中国社会企业与影响力投资论坛 2018 年会,于成都市举办 2019 年会。

- 2016 年,由近 50 家机构联合创办的中国社会价值投资联盟成立,旨在推动"义利并举"的社会价值投资在中国的发展,并会定期发布中国 A 股上市公司可持续发展价值"义利 99"年度榜单。2019 年 6 月,中国社会价值投资联盟正式加入 UNPRI。

- 2019 年,由新浪财经牵头发起,联合中国 ESG 领域表现卓越的企业共同组建了中国 ESG 领导者组织(China ESG Leaders Association),其理事会成员单位为新浪网邀请的行业 ESG 领导者。[1]

除上述组织之外,中国市场上还涌现出了一批以绿色投资、社会责任投资理念为主导的私募投资基金:

- 如在 2016 年被纳入第八轮中美战略与经济对话的联合成果清单的中美绿色基金,其主要投资领域为绿色消费(好享家、东方低碳、新起点、汇通达)、绿色出行(e 换电、爱泊车)、绿色能源(首创热力)、绿色制造(四源合钢铁产业结构调整基金、绿色供应链、诺客环境)等与绿色低碳发展相关的技术驱动的政府服务升级、商业服务升级、消费服务升级;

- 又如作为最早专注于中国绿色产业股权投资领域的私募股权机构之一的青云创投,其发起设立的中国环境基金(China Environment Fund)和智能技术创新基金(Smartech Innovation Fund)主要关注能源与资源、生态环保、新材料和智能技术、物联

---

〔1〕 在新浪财经 ESG 网站上,可以快速查询上市公司的相关 ESG 评级数据信息以及其他与中国 ESG 投资发展有关的资讯。载新浪财经网,http://finance.sina.com.cn/esg/investment/,2021 年 1 月 16 日最后访问。

网、人工智能等技术领域，在影响力投资和ESG投资决策理念的推动中发挥着重要作用。

此外，一些国际知名投资机构的影响力投资基金在中国市场上的表现和后续布局亦值得关注。比如，德太投资(TPG)旗下的影响力投资基金睿思基金(The Rise Fund)，其在2018年领投中和农信的6亿元C轮融资，也使中和农信成了中国获得影响力投资最多的小微金融机构，成为“中国影响力投资标杆”。睿思基金的主要投资领域包括农业和食品、教育、能源、金融服务、医疗健康、基础建设、科学技术等。

(二)现有政策

从监管政策上来看，中国相关市场监管部门对于影响力投资、绿色投资和ESG投资策略的研究也越来越深入，并相应出台了不少有益的政策性尝试，如表6.6所示。

表6.6 部分市场监管部门出台的相关政策

时　间	相关政策
2006年9月	深交所发布《上市公司社会责任指引》(深证上〔2006〕115号)(已失效)，倡导上市公司积极承担社会责任
2008年5月	上交所发布关于加强上市公司社会责任承担工作暨发布《上海证券交易所上市公司环境信息披露指引》的通知，引导上市公司积极履行保护环境的社会责任，促进上市公司重视并改进环境保护工作，加强对上市公司环境保护工作的社会监督
2016年8月	人民银行、财政部、国家发改委、原环境保护部、原银监会、证监会、原保监会联合发布《关于构建绿色金融体系的指导意见》，明确提出“引导各类机构投资者投资绿色金融产品”“鼓励养老基金、保险资金等长期资金开展绿色投资”“鼓励投资人发布绿色投资责任报告”等
2017年12月	深圳市福田区政府发布《福田区关于打造社会影响力投资高地的若干意见》，提出要力争在5年内将福田区打造成初具规模的社会影响力投资高地，并在影响力投资的扶持政策上做出了尝试
2018年9月	证监会修订《上市公司治理准则》(证监会公告〔2018〕29号)，增加了环境保护与社会责任的内容，并与利益相关者合并单独作为一章进行规定，明确“上市公司应当积极践行绿色发展理念”“在保持公司持续发展、提升经营业绩、保障股东利益的同时，应当在社区福利、救灾助困、公益事业等方面，积极履行社会责任”等
2018年11月	基金业协会发布了《中国上市公司ESG评价体系研究报告》(2018年)和《绿色投资指引(试行)》，在充分考察国内外现有研究成果和指标框架的基础上，初步建立了符合中国国情和市场特质的衡量上市公司ESG绩效的核心指标体系和基金管理人的绿色投资范围和适用方法
2019年11月	人民银行发布《中国绿色金融发展报告(2018)》摘要，回顾了2018年中国绿色金融改革创新和国际合作的成绩，包括但不限于2018年，中国共发行绿色债券超过2800亿元，绿色债券存量规模接近6000亿元，位居全球前列；截至2018年年末，全国银行业金融机构绿色信贷余额为8.23万亿元；2018年绿色企业上市融资和再融资合计224.2亿元

根据GIIN的统计数据，截至2018年12月全球影响力投资在管资产规模已达到5020亿

美元。[1] 而根据 IFC 的预测,全球范围内的投资者对于影响力投资的需求将达到惊人的 26 万亿美元,即达到 2018 年年底市场规模的 50 倍。[2] 随着相关市场主体对影响力投资和 ESG 的认知度和认同感的逐步提高,中国相关市场监管部门和行业协会对于影响力投资、绿色投资和 ESG 投资研究的进一步深化和更多相关政策细则的出台,以上市公司的社会责任承担和 ESG 相关信息披露作为抓手和起点,相信社会责任投资、影响力投资和 ESG 在未来的中国私募投资市场上也将扮演越来越重要的作用,产生更加深远的影响力。

/第十三节/ 基金解散清算相关法律与监管问题

我国在立法和法理上都没有对"清算""解散"作出概括的定义。在外国法律制度中,《布莱克法律词典》将清算(liquidation)定义为结算(settling),或者将原来不确定者予以厘清、确定的行为或过程。付款、清偿,资产变现和履行债务都是清算的内容。在我国的法律制度中,清算是以了结债务或消灭主体为目的而清理财产和债权债务的法律行为和程序。[3] 至于"解散",法学理论界可能在不同语境下使用这一术语,既可能指导致法律实体最终消灭的过程,也可能指清算的过程。但从法律规定和多数理论看,均倾向于认为"解散"是清算过程的起点,[4] 本节也沿用这种普遍看法,即解散事件发生为清算过程的起点,清算完毕则相关法律关系和实体归于消灭。私募基金的清算旨在终结私募基金及其与相关方的法律关系,其重点在于清偿基金债务后按照基金合同的约定向投资人分配基金剩余财产。解散事件是触发基金进行清算的事由。基金的解散清算的最终效果都是基金归于消灭,但根据基金组织形式的不同解散清算结果的表现形式也不同,例如,契约型基金的解散清算的结果是基金合同关系的消灭,而合伙型和公司型基金的解散清算结果是基金实体的注销。从组织法、行业监管等不同层面,基金解散清算都涉及向多个相关监管部门履行备案、报告、变更、注销等程序,该等监管部门如基金业协会、企业登记管理部门和税务部门等。基金的解散清算需要清算人的有序主持,需要 GP、基金管理人和投资人的全面配合,也需要托管人、行政管理人和其他服务机构的协调支持,并且基金解散清算还可能需要聘请多方专业中介机构(如法律顾问、审计师、税务顾问)加以协助。因此,基金解算往往耗费较长时间,尤其是投资人众多、项目未完全退出的基金,其解散清算过程可能持续数年。

---

[1] 数据来源请见:ttps://thegiin.org/research/publication/impinv-market-size,2021 年 1 月 16 日最后访问。

[2] 数据来源请见:https://www.ifc.org/wps/wcm/connect/publications_ext_content/ifc_external_publication_site/publications_listing_page/promise-of-impact-investing,2021 年 1 月 16 日最后访问。

[3] 参见孙强:《企业清算法律制度研究》,中国政法大学 2003 年博士学位论文。

[4] 参见孙强:《企业清算法律制度研究》,中国政法大学 2003 年博士学位论文。

一、基金解散的事由

解散事由大体可分为两类:一类解散事由是根据基金组织形式而适用的该组织形式的法定解散事由,例如,《公司法》与《合伙企业法》分别就触发公司与合伙企业解散的事由进行了规定。以《合伙企业法》为例,触发合伙企业解散的事由包括:(1)合伙期限届满,合伙人决定不再经营;(2)合伙协议约定的解散事由出现;(3)全体合伙人决定解散;(4)合伙人已不具备法定人数满30天;(5)合伙协议约定的合伙目的已经实现或者无法实现;(6)依法被吊销营业执照、责令关闭或者被撤销;(7)法律、行政法规规定的其他原因。

另一类解散事由是从人民币基金的商业实践角度,基金运营过程中发生导致私募基金无法继续经营或者不必要继续存续的事件,此类事件因基金合同的约定而成为该私募基金的解散事由。这些解散事由通常包括:

- 退出期内全部投资项目已完成退出。如人民币基金已进入退出期,且全部投资项目已实现退出,则人民币基金继续存续已没有实质意义,应相应进入解散清算程序。
- 普通合伙人终止事件。如发生人民币基金合同中约定的普通合伙人终止事件,[1]且未能根据基金合同的约定产生替任普通合伙人,则人民币基金将可能进入解散清算程序。
- 基金事实上无法继续经营。如果人民币基金发生特定事由导致基金事实上无法继续经营,则人民币基金应进入解散清算程序。这些事由例如,一方或多方投资人严重违约,基金已经不再具有符合资格的投资人,基金丧失其业务经营所需的必备资质等。此类事由多是GP无法左右的客观情况,在某些情况下,解散事由甚至也可包含基金商业目的客观上已经无法实现。在某些情况下,特定事由是否成立可能需要借助GP的主观判断,强势的投资人可能会要求将该等权力交由投资人咨询委员会或投资人审议。但是,对基金是否无法继续经营的评估与判断往往超出投资人咨询委员会或投资人的能力范围,将判断权力交由其审议未必能真正维护人民币基金的整体利益。

此外,人民币基金,尤其是私募股权投资基金和创业投资基金,通常预设的经营期限较长且封闭运作,任何提前解散的安排都可能导致基金原本的投资和退出规划受到重大不利影响,甚至难以按计划完整运行其投资策略实现其投资目标。因此,人民币基金提前解散的事由范围应尽可能控制在较小范围内,规定明确具体的标准和流程,并且决定提前解散的权力应尽可能归于GP。

二、基金解散清算的主要流程

基金解散事由发生后,不同组织形式下,私募基金的解散清算流程略有差别。对于契约制基金而言,由于其不以具体的法律实体形式而存在,因此其解散清算不涉及基金向企业登记管理部门进行注销登记等程序,如清算人备案、企业注销登记等,流程相对简化。以下以有限合伙制基金为例,简要介绍基金解散清算的主要流程。

---

[1] 更多普通合伙人终止事件相关内容,请见“基金合同主要条款”章节的介绍。

(一)确定清算人

有限合伙制私募基金的解散清算,根据《合伙企业法》应由清算人主导。清算在《合伙企业法》上的第一步即须确定清算人。《合伙企业法》规定,清算人由全体合伙人担任;经全体合伙人过半数同意,可以指定一个或者数个合伙人,或者委托第三人,担任清算人。但私募基金的惯例下,清算人通常即由普通合伙人(或管理人)担任。实体的组织法规定和私募基金惯例可能略有冲突,但实践中在基金设立阶段即可由基金合同协调。具体可见本节第三部分内容。清算人应当自被确定之日起10日内,将清算人成员名单向企业登记管理部门备案。[1]

(二)债权人公告

根据《合伙企业法》,清算人需自被确定之日起10日内将合伙企业解散事项通知债权人,并于60日内在报纸上[2]公告。债权人公告的内容通常包括企业名称、企业注销原因、公告期、债权申报联系人及联系方式等。债权人应当自接到通知书之日起30日内,未接到通知书的自公告之日起45日内,向清算人申报债权。

(三)清算活动

私募基金进入清算程序后,其法律实体仍然存续,但其行为能力和经营活动受到限制,不得开展与清算无关的经营活动。清算人在清算期间,对外代表基金处理清算事务。根据《合伙企业法》,清算人的清算活动主要包括:(1)清理合伙企业财产,分别编制资产负债表和财产清单;(2)处理与清算有关的合伙企业未了结事务;(3)清缴所欠税款;(4)清理债权、债务;(5)处理合伙企业清偿债务后的剩余财产;(6)代表合伙企业参加诉讼或者仲裁活动。

具体而言,清算活动的主要包括以下几方面。

1. 处理与清算有关的合伙企业未了结事务

根据全国人大常委会法制工作委员会的释义,“与清算有关的合伙企业未了结事务”,主要是指合伙企业宣布解散之前已经订立但尚未履行的合同事宜,对基金而言也涵盖了对基金尚未退出的投资项目的处置。清算人可以根据实际情况决定继续履行或者终止履行,或对项目进行变现。终止履行构成违约的,应当承担相应的民事责任,有关违约金、赔偿金应从合伙企业的财产中支付。处理与清算有关的未了结事务,一要有利于尽快了结该事务,二要保护合伙企业债权人的合法利益。

---

〔1〕 根据市场监管总局、人社部、商务部、海关总署、税务总局《关于推进企业注销便利化工作的通知》(国市监注〔2019〕30号),为简化与改革企业登记注销制度,实现企业注销“一网”服务,拟取消企业向企业登记管理部门备案清算组的程序,改为企业通过国家企业信用信息公示系统向社会免费公示清算组信息。实践中,已有部分地区(如山东、黑龙江等)完成搭建企业注销网上服务专区,该地区企业可通过国家企业信用信息公示系统向社会公示清算组信息。

〔2〕 根据前述市场监管总局、人社部、商务部、海关总署、税务总局《关于推进企业注销便利化工作的通知》(国市监注〔2019〕30号),实践中,部分地区(如山东、黑龙江等)企业已可自行通过国家企业信用信息公示系统填报债权人公告信息,从而不再需要以登报方式进行注销公告。

2. 税务清算与注销

实践中,税务清算与注销可于清算人备案完毕后,与债权人公告程序同步进行。人民币基金分别缴清生产经营期间和清算期间的应纳税款、滞纳金和罚款(如有)后,即可向税务部门申请办理税务注销登记。但实践中,鉴于合伙企业相关税制本身存在一定不确定性(更多基金税务相关内容,请见"基金设立之税务考量"章节的介绍),且税务部门处理基金税务清算与注销的经验较为有限,人民币基金的税务清算与注销往往涉及与税务部门及税务顾问的多轮往复沟通,将耗费较长的时间。

3. 剩余资产的分配

根据合伙企业法,合伙企业财产在支付清算费用和职工工资、社会保险费用、法定补偿金以及缴纳所欠税款、清偿债务后,剩余财产向合伙人进行分配。私募基金通常不涉及员工的工资、社会保险费用和补偿金等情况,因此清算时基金财产在支付清算费用、清偿税款和债务后,用于在合伙人之间进行最后分配。

私募基金清偿债务可能涉及合伙人的分配返还(该部分内容请见"基金合同主要条款"章节),另外,私募基金计算最后分配时,需要进行收益分配的整体核算,以确定 GP 是否应当履行绩效分成返还义务(更多绩效分成返还相关内容,请见"基金合同主要条款"章节的介绍)。

就分配形式而言,人民币基金解散清算程序中,除以现金或可公开交易证券形式进行分配外,基金合同通常允许以其他非现金形式(例如未上市公司股权、上市公司限售股等)向投资人作出分配。但实践中,税务部门和企业登记管理部门尚缺乏处理税务注销和企业注销程序中非现金分配的操作经验,清算人实际进行非现金分配的过程中可能会遇到较大阻碍(更多非现金分配相关内容,请见"基金合同主要条款"章节的介绍),因此多数情况下仍需清算人协助将非现金资产进行出售、变现后,再向投资人进行现金分配。

(四)编制清算报告

清算结束后,清算人应当编制清算报告,列明基金的清算过程、基金资产处置情况、剩余资产分配安排等内容,并经基金管理人、托管人和全体投资人签署确认。

(五)注销登记

清算人应当自清算结束之日起 15 日内,向原企业登记管理部门报送清算报告,并办理企业注销登记。在企业登记机关注销登记后,基金法律实体终止。

(六)基金业协会清算备案

根据基金业协会的相关自律规则,基金发生清算的,管理人应当在 5 个工作日内通过 AMBERS 系统进行报告,填报清算备案相关信息并上传相关文件。[1]

---

[1] 根据目前 AMBERS 系统的设置,基金清算备案包括"清算开始"和"清算完成"两个部分。"清算开始"部分,管理人须填报清算原因、清算起止日等内容,并上传基金清算承诺函和基金清算公告等文件;"清算完成"部分,管理人须填报投资者信息表、清算情况表等内容,并上传基金清算报告等文件。

（七）相关账户注销

完成上述步骤后，应向相关部门（如开户银行、社保局等）办理基金相关账户的注销手续。

（八）妥善保存基金相关信息/资料

随着监管要求的不断趋严，监管机构对基金相关信息/材料的妥善保存提出了更高的要求。基金解散清算后，管理人仍有义务根据相关法律法规及基金合同妥善保存基金相关的文件与资料，具体而言，除基金合同约定对相关信息/资料的保存提出了更高要求外，管理人还应当根据相关法律法规和监管规范的要求，妥善保存以下信息和资料，并满足相关的保存期限规定。

- 投资者适当性管理的相关信息/资料，保存期限不得少于20年；[1]
- 内部控制活动等方面的相关信息/资料，保存期限自基金清算终止之日起不得少于10年；[2]
- 信息披露的相关信息/资料，保存期限自基金清算终止之日起不得少于10年；[3]
- 投资决策、交易等方面的相关信息/资料，保存期限自基金清算终止之日起不得少于10年；[4]
- 投资业务活动的全部会计资料及有关的合同、交易记录及其他相关资料，保存期限自基金清算终止之日起不得少于10年。[5]

三、私募基金解散清算的常见问题和考量因素

作为私募基金生命周期的最后阶段，解散清算的高效有序进行和妥善完成对于一只私募基金的成功与否起到重要作用，是私募基金“善始善终”的最后句点。私募基金的解散清算涉及的一些重要法律、商业问题，需要私募基金管理人和普通合伙人需要通盘考量并加以解决。

（一）谁担任清算人？

人民币基金大多具备有限合伙或公司制的实体，因此其清算人（或者在公司制下为清算组）具备相应组织法规定的法律地位。以有限合伙为例，清算人在法律地位上是法定的临时执行机构，具有一定的独立性。[6] 根据《合伙企业法》，清算人由全体合伙人担任；经全体合伙人过半数同意，可以自合伙企业解散事由出现后15日内指定一个或者数个合伙人，或者委托第三人担任清算人。如果基金解散事由出现之日起15日内未确定清算人，根据《合伙企

[1] 详见《投资者适当性管理办法》和《投资者适当性管理指引》。

[2] 详见《内控指引》。

[3] 详见《信息披露管理办法》。

[4] 详见《证监令105号文》。

[5] 详见《信息披露指引1号》。

[6] 参见孙强：《企业清算法律制度研究》，中国政法大学2003年博士学位论文。

业法》,合伙人或者其他利害关系人可以申请人民法院指定清算人。

尽管有前述法律规定,人民币基金从惯例上往往在基金设立阶段即通过基金合同对于解散清算条款予以事先约定,较多情况下基金合同直接指定 GP 在人民币基金发生清算事由后担任基金的清算人(除非届时 GP 由于特殊原因无法担任清算人)。基金合同的惯常约定与《合伙企业法》并不一致,例如,指定清算人的人选为普通合伙人、在缔结基金合同时即事先指定、且表决机制通常是从合伙人签署的基金合同中推定同意,而非《合伙企业法》下的在解散事由发生后由全体合伙人担任或全体合伙人的过半数同意加以指定。基金合同中指定清算人的条款约定可能会是司法、仲裁实践中被相关方加以质疑的问题。但从目前的司法实践看来,司法实践中基金合同的约定被质疑偏离《合伙企业法》的情形相对较少,反而是相关市场监督管理部门在对商事主体进行登记之际会提出严格遵循《合伙企业法》规则的要求。

在目前查到的两起有限合伙人申请法院指定清算人的案例[1]中,有限合伙人一方因普通合伙人怠于履行合伙协议中赋予的清算人义务,而要求强制清算。但有限合伙人并未对合伙协议中事先指定普通合伙人担任清算人这一条款本身提出质疑,反而在两案中均曾要求普通合伙人进行清算。法院最终也并未就该等条款效力本身做出评判,而是仅以解散事由出现 15 日内普通合伙人未能组织清算/合伙企业未启动清算程序为由,受理了有限合伙人的强制清算申请。

与司法实践的回避态度不同,作为企业登记主管机关的市场监督管理部门,在清算人备案程序中却往往要求全体合伙人以书面签字来确认指定清算人,普通合伙人仅凭合伙协议的约定事实上无法单独办理清算人成员名单备案和开展后续的清算工作。因此,实践中,有限合伙人事实上可以通过拒绝签署确定清算人成员的决定、清算报告及清算注销决议等文件的方式,阻挠人民币基金推进清算。这使基金合同对于指定清算人的约定可能在事实上无法实现预期的效果。

另外,普通合伙人和投资人对于法院指定清算人的做法均有动力配合加以避免,盖因法院指定清算人往往并不熟悉私募基金运营的规则和投资管理业务,若由指定清算人主导基金剩余资产的处置和结算,恐对全体合伙人的利益均带来不利影响;尤其在基金尚有剩余资产尚未处置的情况下,指定清算人可能会基于尽早解散基金的目的而非利益最大化的目的来主导基金的清算。实践中,如果基金存续期限届满但由于各种原因无法开展清算,为避免基金进入强制清算流程,合伙人通常在存续期限届满前适时根据基金合同的约定延长基金的存续期限。

在普通合伙人及基金管理人无法或者不愿担任清算人的情况下(如基金管理人失联),

---

[1] 详见邱某胜、深圳国鑫丰润股权投资合伙企业合伙协议纠纷、清算责任纠纷民事裁定书[广东省深圳市南山区人民法院(2018)粤 0305 清申 5 号]、陈某青申请苏州盛典文化投资合伙企业(有限合伙)清算案[江苏省昆山市人民法院(2019)苏 0583 强清 1 号]。

投资人往往希望指定托管人担任清算人或者至少托管人可以成为清算人成员,监管部门也往往希望在此类管理人缺位等极端情况下,托管人能够对基金财产安全及后续投资退出等事宜负责。目前,在契约型私募证券投资基金的管理人失联或者怠于履行职责的情况下,托管人被监管机构或者投资人要求承担保障基金财产安全、组织召开基金份额持有人会议等职责。但在具备企业组织形式的人民币基金的解散清算中,在GP或管理人无法担任清算人的情况下,托管人是否会被监管机构要求承担基金财产保障等类似清算人的职责,托管人的职责范围和边界在哪里,可能都是值得在今后的人民币基金解散清算实践中加以探讨的问题。

(二)投资项目处置是否适宜在清算期完成?

私募基金的"清算"从其本源来看,包含了两个层面的含义:就监管层面而言,基金清算是指基金对外投资项目的退出、回收资金归集和分配等过程;从组织法的角度而言,具有法律实体的公司制或合伙制基金的清算还对基金全部事务进行处置,并最终注销合伙企业的非法人组织资格。但是,实践中,不少私募基金管理人和GP会尽可能在完成了非现金资产的处置变现之后才进入基金清算期,以期降低清算期中基金资产处置的不确定性,并缩短清算周期。

某些情况下,尽管人民币基金的投资项目未全部退出完毕,基金也可以直接进入清算期并由GP在清算期内同步进行基金投资项目的处置与退出。值得注意的是,基金进入清算期后变现资产可能会对项目价值的实现有潜在的负面影响。进入清算期的状态会通过企业登记机关公示,迫于清算期限的压力,GP可能匆忙退出投资项目或难以争取到更好的退出价格,导致基金无法实现利益的最大化。此外,合伙企业的清算属于法定程序,《合伙企业法》也对清算人和合伙人的权利义务作了强制性法律规定,基金的经营活动受限,不得开展与清算无关的经营活动。因此,尽管进入清算期GP仍可以继续处置变现基金资产,但是其执行事务的灵活性会大大降低。实践中,相比在清算期内进行基金投资项目的处置与退出,GP更倾向于选择在此之前延长基金的存续期限,以确保投资项目的有序退出(更多存续期限延长相关内容,请见"基金合同主要条款"章节的介绍)。

此外,由于种种原因,人民币基金的清算人可能并非普通合伙人或私募基金管理人,那么解散清算期间内基金尚未退出的投资项目该由谁管,则可能成为一个重要的实务问题。从《合伙企业法》的角度,清算人的职能可以视为原本执行事务合伙人在合伙企业中所享有的对外代表合伙企业的职能的延续。合伙型私募基金在解散清算期间尚未退出的投资项目原则上应由清算人负责处理,且清算人应从有利于合伙企业财产最大化的角度,尽快了结有关项目以完成清算。尽管如此,在私募基金清算期间,基金管理人基于委托管理协议、基金业协会层面已登记备案的基金产品管理人职责或其他约定的法律关系而负有的协助管理和处置投资项目的义务以及相关日常报告和披露义务等,仍应继续依法依约履行。

(三)基金注销是否意味着LP对基金债务的终止?

人民币基金的法律实体将在解散清算完成之后被注销,但这并不意味着投资人对于基金的有关债务就一定截止于注销之际。例如,如果在解散清算后基金仍发生补偿义务,根据基金合同约定投资人可能仍有义务返还其分配金额以履行其免责及补偿义务(具体可以参考我们在“基金合同主要条款”章节下的“免责及补偿条款”的有关介绍)。但是,人民币基金清算中合伙人取得了最后分配,基金注销后,尽管有基金合同等文件约定了投资人继续承担分配返还义务,但是实践中,境内人民币基金及其管理人恐怕很难在基金注销后继续寻求投资人履行该等义务,因此在最后分配阶段于基金注销前,普通合伙人和管理人可能需要考量基金注销后投资人分配返还义务发生的实际可能性,以决定是否扣留投资人本可获得的最后分配的一部分,以建立投资人分配返还义务的准备金。当然准备金是否能实际建立仍在较大程度上取决于投资人的配合。

(四)最后分配无法在合伙企业注销前完成?

理论上,基金的最后分配应当在递交注销申请之前完成,因为在企业最终提交注销登记的申请中,全体投资人需要承诺债权债务清算已经完结。然而在实践中,考虑到私募基金清算注销过程中仍会不时产生财务审计、法律服务和/或工商代理等各类中介服务费用以及其他清算注销的必要费用,且该等费用可能需要在基金完成全部清算工作后方可确定具体金额并相应安排支付,因此在企业提起注销公告申请和/或注销登记申请时可能无法完成基金的所有账面资金处置和向投资人进行最终分配,而往往会合理预留部分金额用于支付各类清算注销费用,之后再将剩余款项按约定向各合伙人进行分配。

在此背景下,投资人如因企业注销登记流程的实际需要被要求出具上述关于基金的债权债务清算工作已全面完结、不存在未了结事务等的类似承诺,则与实际情况不符。在此情形下,不少投资人会要求基金的普通合伙人和/或管理人向其出具一份背靠背的承诺函,就前述事宜进行保证并针对此时应已确定的合伙企业利润分配和清算剩余财产分配方案向投资人进行进一步说明。

(五)清算安排应全面考虑有关监管部门的具体流程和细节要求

人民币基金的投资人(有限合伙人)人数众多,各投资人(尤其机构投资人)又往往有各自的内部审批流程,因此,普通合伙人与有限合伙人之间的沟通往往烦琐复杂且耗时良久。在进行企业注销登记的过程中,普通合伙人需要格外注意企业登记机关等监管部门的实操细节,以免该等细节要求对基金整体的清算注销时间表以及基金与投资者之间的沟通产生不利影响。

例如,在现场登记申请环节,由于私募基金的特殊性,企业登记机关可能会要求该投资类有限合伙企业在进行变更或注销登记时,其上层的机构有限合伙人的法定代表人需持本人身份证和该机构有限合伙人的营业执照原件到现场办理并签字确认相关变更或注销登记情况;如果有限合伙人在其投入私募基金期间发生了名称、法定代表人等登记事项变更,企业登记机关还可能要求相关有限合伙人额外提交变更核准通知书、营业执照复印件并携带营业执照原件供现场检查。该等要求对于有限合伙人众多且通常包括大型国资或外资金融机构投资人的人民币基金往往不具备现实可操作性。因此，普通合伙人需注意事先与相关机关协商确定是否有类似的额外要求，以及如有，是否可以通过其他替代方式满足要求，如聘请执业律师对营业执照、法定代表人身份证等资料进行事先见证并出具律师见证函或在公证处进行公证等。

（六）是否能够适用简易注销程序？

除前述介绍的一般注销流程以外，根据2016年《工商总局关于全面推进企业简易注销登记改革的指导意见》，对于未开业、无债权债务的企业，只要没有不适用简易注销程序的特别情形，则可自主选择适用简易注销程序。选择简易注销程序的企业在通过国家企业信用信息公示系统发布的45日《简易注销公告》公告期满后，可向企业登记机关提交《申请书》《指定代表或者共同委托代理人授权委托书》《全体投资人承诺书》和营业执照正、副本，以提出简易注销登记申请。相较于一般注销程序而言，简易注销程序所需提交文件相对简化，不再要求提交清算报告、投资人决议、清税证明、清算组备案证明、刊登公告的报纸样张等材料。

实践中，有限合伙制形式的私募基金是否可以选择适用上述简易注销程序，存在一定争议和不确定性。基于此前实务经验，有些企业登记机关为响应市场监督总局的全面推进要求，允许所有债权债务已清理完毕的有限合伙制基金自主选择简易注销程序；有些企业登记机关认为单一投资项目的专项基金的权利义务关系较为简单，可以在清理完毕后申请简易注销，但多项目的盲池基金则不适用简易注销程序；也有些企业登记机关持更加严格的解释口径，认为简易注销程序仅适用于从未开业经营、未发生债权债务的企业，而不适用于已实际开展过经营活动且存在与下游投资项目、上层投资人等多重权利义务关系的有限合伙制基金。

/第十四节/
基金运营中的常见争议解决问题

在私募基金“募、投、管、退”的全过程中，私募基金交易各方之间不可避免地会产生一些争议。在整个私募市场略显低迷的大环境下，频繁发生的投资人出资违约事件及投资人以基金投资表现不佳为由质疑管理团队对基金事务执行不力的情况，也加剧了争议产生的可能性。然而，因相关法律法规规定本身比较原则，往往难以为国内快速发展的私募基金实务所产生的相关争议提供明晰的答案。另外，从保密性角度出发，私募基金的交易各方往往倾向于选择仲裁作为争议解决方式，因此可以公开查询到的、对私募基金运作中有关争议问题作出裁判的法院判决很少。

下文拟以合伙制私募股权投资基金为例，就私募基金运营过程中的若干争议解决问题进行讨论。

一、有限合伙人违约

按照违约行为发生频率分类，有限合伙人的违约可以分为出资违约和其他类型违约。其中，出资违约是有限合伙人违约的主要类型。由于出资违约违反了有限合伙人对基金最根本的义务，合伙协议中通常会设置较为严苛的违约责任，并给予普通合伙人（同时代表其他有限合伙人）尽可能广泛的违约救济权利。

但在司法实践中，基金合伙协议中约定各项的违约救济措施是否都能得到支持并被强制执行呢？

（一）救济措施及执行

合伙协议中约定的违约救济措施包括两类：（1）经济类救济措施，主要包括继续履行出资义务、要求违约合伙人缴纳违约金、承担损害赔偿或限制/剥夺其分配权，及（2）非经济类救济措施，主要包括要求违约合伙人实际履行相关义务（如停止侵害普通合伙人及基金商号的行为等）、限制/剥夺其表决权、强制其退出等。

1. 经济类救济措施

合伙协议中约定的经济类救济措施是否能得到司法支持并被强制执行，从而使基金和守约合伙人获得补偿，往往是基金和合伙人首要关注的。

（1）继续履行出资义务

普通合伙人可以要求违约合伙人继续履行出资义务，这是合伙企业就违约合伙人违约出资行为最基本的救济。实践中，只要有合理的证据证明合伙人出资违约，这一救济措施作为最基本的诉求必将得到支持。

（2）违约金

违约金可分为补偿性违约金和惩罚性违约金，前者目的为弥补损失，后者的出发点则在于通过严苛的后果威慑违约行为并促使合同得到履行。我国司法实践中，对于各类合同争议，法院往往会支持补偿性违约金，而倾向于不支持惩罚性违约金，如约定的违约金金额远远超过造成的损失，可能会被认定为违约金畸高，畸高部分不予认可；但如何具体计算违约行为所造成的损失金额以及约定的违约金数额在何种情况下构成畸高，司法实践中的个案处理又有不同。《民法典》颁布及生效前，有法院根据最高人民法院《关于适用〈中华人民共和国合同法〉若干问题的解释（二）》（法释〔2019〕5 号）认为，约定的违约金金额如超过损失金额的 30%，则属于畸高；[1] 在《九民纪要》发布前，也有法院认为，如合伙协议中约定以违

---

〔1〕 最高人民法院《关于适用〈中华人民共和国合同法〉若干问题的解释（二）》规定，当事人主张约定的违约金过高请求予以适当减少的，人民法院应当以实际损失为基础，兼顾合同的履行情况、当事人的过错程度以及预期利益等综合因素，根据公平原则和诚实信用原则予以衡量，并作出裁决。当事人约定的违约金超过造成损失的 30% 的，一般可以认定为《合同法》第 114 条第 2 款规定的"过分高于造成的损失"。

约出资金额作为基数并按民间借贷相关司法解释中24%/年[1]的利率作为上限,如此计算得出的违约金可以得到支持。但《九民纪要》发布后明确,除借款合同外,不能以受法律保护的民间借贷利率上限作为判断违约金是否过高的标准,而应当兼顾多种因素综合考虑。司法实践中,除了前述判定标准不尽相同外,法院通常确实会结合诸如涉诉合同的实际履行情况、当事人过错程度以及预期利益等因素一并考虑,从而作出关于可以得到司法支持部分的违约金的判决。

(3)损害赔偿

就损害赔偿而言,实务中得到司法支持的难度主要在于举证,证明损失的存在以及违约行为和损害结果之间的因果关系。

典型的因有限合伙人出资违约导致基金遭受损失的情况是,基金因资金短缺造成其在下游投资项目的交易文件项下的违约,并被要求支付违约金。然而,基金的某一合伙人出资违约,并不能必然使得法院认可该违约合伙人需就基金在下游投资项目项下的违约金承担赔偿责任。在司法实践中,法院通常会从如下多个角度出发综合考虑,并作出相应的裁判,包括:基金是否已根据下游投资项目交易文件被要求支付了违约金、该等违约金条款是否畸高,基金是否采取了合理措施避免或减小下游投资项目交易文件项下的违约后果,下游项目投资交易违约与基金层面有限合伙人出资违约行为的因果关系,基金的合伙协议中是否有明确约定以使违约合伙人可以合理预见其出资违约将造成的后果等。

(4)限制或剥夺利润分配权

限制或剥夺利润分配权的实质,与要求违约合伙人支付违约金或损害赔偿金并无不同,只是形式上不是受制于违约合伙人的支付,而是赋予基金的普通合伙人以主动权,从基金本应向合伙人进行分配的金额中直接扣收。因此,就限制或剥夺利润分配权而言,争议要点也类似上述关于违约金或损害赔偿问题中提及的金额确定。

2. 非经济类救济措施

除经济类救济措施外,其他非经济类的救济措施也不容忽视,尤其在经济类救济措施无法有效弥补合伙企业的经济利益时,非经济类救济的实现往往能起到对违约合伙人施加压力,促使其纠正违约行为,或达到将其"赶出"合伙企业并及时止损的效果。

(1)停止或纠正违约行为

违约合伙人被要求停止或纠正违约行为是比较基本的非经济类救济措施。例如,违约合伙人侵害了普通合伙人、管理人或基金的商号,普通合伙人可要求违约合伙人停止侵害行为,通常都会被法院支持。

---

[1] 最高人民法院于2020年7月22日在其官网上发布了最高人民法院、国家发改委《关于为新时代加快完善社会主义市场经济体制提供司法服务和保障的意见》(法发〔2020〕25号),进一步强调了"大幅度降低民间借贷利率的司法保护上限",载最高人民法院官网,http://www.court.gov.cn/zixun-xiangqing-242911.html,2021年1月16日最后访问。

(2)限制或剥夺表决权

《合伙企业法》第30条规定:"合伙人对合伙企业有关事项作出决议,按照合伙协议约定的表决办法办理。合伙协议未约定或者约定不明确的,实行合伙人一人一票并经全体合伙人过半数通过的表决办法。本法对合伙企业的表决办法另有规定的,从其规定。"合伙制私募股权投资基金的合伙协议往往在《合伙企业法》前述法条关于合伙人会议原则性规定的基础上,会就基金的合伙人会议机制作出进一步细致的规定,或者额外设置由有限合伙人委派代表组成的咨询委员会的机制,根据前述规定,该等约定应当有效。但需要注意的是,如合伙协议中赋予有限合伙人对合伙企业相关事宜的表决权,又约定有限合伙人的相关违约行为将导致丧失该等表决权的后果,尽管原则上司法将基于意思自治而认可合伙协议的该等约定,但在实务中,就具体违约行为所对应的褫夺表决权的后果,法院仍将综合考虑是否予以认可。例如,某一有限合伙人为某一基金的第一大出资人且其已经实缴了其认缴出资的50%或更高比例的出资,而普通合伙人根据合伙协议的约定决定剥夺该违约合伙人的全部表决权(包括就基金拟从事的某一关联交易而进行的表决事项),在此情境下,法院是否认可基金可以剥夺该等违约合伙人就该事项的表决权将存在不确定性。

(3)强制退出

有限合伙人可以与普通合伙人基于商业需求约定退出合伙企业的条件、事由及责任承担的方式(详见本节第三部分的展开讨论),但如果有限合伙人对合伙企业出资违约,且合伙协议赋予普通合伙人强制违约合伙人退伙的权利时,普通合伙人是否确实有权将违约合伙人"扫地出门"呢?这其实是一个比较有争议的话题。一方面《合伙企业法》第49条规定,合伙人存在未履行出资义务等情形的,其他合伙人一致同意的,可以决议将其除名;另一方面《合伙企业法》第63条规定,合伙协议应载明有限合伙人退伙的条件、程序以及相关责任。[1] 司法实践中对有限合伙人强制退伙应适用哪一条并没有明确,如适用前述的不同规定,也将使普通合伙人应遵循何种程序和条件要求有限合伙人退伙,有不同的答案。另一个比较有争议的话题是,对待已履行部分出资义务的有限合伙人和完全没有履行出资义务的有限合伙人,强制执行的适用是否有所区别?就退伙而言,完成退伙财产结算是否有时限要求?这些均有待对司法实践的持续观察。

3.违约救济措施的合并适用

根据法律规定及司法实践,原则上,普通合伙人可根据合伙协议的约定,对违约有限合伙人同时主张多项违约救济措施。但违约合伙人往往会进行抗辩,主张就同为经济性救济

---

[1] 《合伙企业法》第45条有关合伙人除名的规定列明于"普通合伙企业"一章中,对普通合伙企业的合伙人直接适用;而《合伙企业法》第60条进一步规定,"有限合伙企业"一章未作规定的,有限合伙企业及其合伙人适用于"普通合伙企业"一章("特殊普通合伙企业"相关内容除外)的规定。尽管"有限合伙企业"一章未明确规定有限合伙人强制退伙或除名安排,但根据《合伙企业法》第63条,有限合伙企业的合伙协议应当载明有限合伙人的退伙条件及程序。司法实践中对有限合伙人强制退伙应适用哪一条尚无明确的标准。

措施的违约金和损害赔偿金而言，只能择一适用。

目前司法的主流观点认为，违约金请求权与损害赔偿请求权各自独立，其中一个请求权发生效力时，并不当然排斥另一个请求权的效力。只是如本节前文所述，我国司法实践中，不倾向于支持惩罚性违约金，因此实务中如合伙企业或普通合伙人要求违约合伙人同时承担违约金及损害赔偿的，且合并的金额过高，超过了法院认为适当的弥补损失的程度，则超出部分很可能不会得到法院的支持。

（二）主张违约的主体

1. 私募基金

合伙协议由普通合伙人和有限合伙人共同签署，当有限合伙人未按合伙协议约定的期限缴纳出资时，一般需要作为合伙协议相对方的合伙人（守约的有限合伙人或者普通合伙人单独或者共同）根据合伙协议的约定向该有限合伙人主张违约责任，可以主张的范围包括要求有限合伙人实际缴纳出资（及按照合伙协议约定承担逾期出资时需支付延期支付利息的义务），以及违约合伙人向守约合伙人承担支付违约金等责任。此种情况下，守约合伙人将作为案件原告，违约的有限合伙人则是被告，合伙企业则有可能会被列为案件的第三人。

实践中的问题是，基金本身并非合伙协议的签署主体，其是否能作为适格主体向违约有限合伙人主张违约责任呢？仅从合同相对性的原则来看，基金直接起诉违约有限合伙人向守约合伙人承担违约责任的成功可能性非常小。因此，如需将基金作为直接起诉方，则需要找到基金可以主张的权利以及作为权利相对方的请求权基础。案例实践中，《合伙企业法》被认为是基金据以起诉的基础。

由于缴付出资系《合伙企业法》明文规定的合伙人的法定义务，[1]是将合伙人认缴出资部分转换为合伙企业财产的规定动作。因此，作为非签约主体、但对该等出资享有法律上利益的合伙企业，将有机会以此为依据要求作为权利主体提出诉求，直接主张发生出资违约的有限合伙人应承担补缴义务。[2] 如合伙企业因此产生损失的，还有机会要求合伙人对合伙企业进行赔偿。需要注意的是，基于合伙企业不是合伙协议的签署主体，其在要求合伙人按约缴纳出资时，只能通过法院诉讼方式提起主张，而无法根据合伙协议中可能存在的仲裁条款提起仲裁。

针对其他类型的违约行为，实践中如需由合伙企业直接提起诉讼或仲裁，则需进一步从合伙人共同签署的合伙协议中寻找依据；如无法找到事先明确约定将合伙企业作为提起主张的一方，也可考虑从以下角度作为切入点主张权利：(1)合伙协议系全体合伙人为设立合

---

[1] 《合伙企业法》第65条规定，有限合伙人应当按照合伙协议的约定按期足额缴纳出资；未按期足额缴纳的，应当承担补缴义务，并对其他合伙人承担违约责任。

[2] 例如，在湘潭九华瑞银中小企业投资服务中心与李某萍合伙协议纠纷一审民事判决书［湖南省湘潭市雨湖区人民法院(2015)雨法响民初字第773号］中，有限合伙企业作为原告请求未出资的自然人有限合伙人履行出资义务，法院根据《合伙企业法》第65条规定的法定出资义务支持了作为原告的有限合伙企业的该等诉请。

伙企业之目的而协商签署的法律文件,其可被视为直接约束合伙企业与合伙人之间的法律关系文本,合伙人相应义务的履行涉及的是合伙企业内部利益;或(2)执行事务合伙人在签署合伙协议时不仅是代表其自身,同时也是代表合伙企业接受有限合伙人入伙并签署相应法律文件。

2. 执行事务合伙人和管理人

通常而言,普通合伙人如为执行事务合伙人,其作为合伙协议的签署方,应被视为向相关违约的有限合伙人要求实际履行及/或损害赔偿的适格主体。司法实践中,普通合伙人不仅可以单独向有限合伙人提起诉讼,还可以与合伙企业共同作为原告向违约的有限合伙人起诉。[1]

值得注意的是,如合伙制私募基金的管理人与普通合伙人并非同一主体,考虑管理人系受合伙企业及/或普通合伙人委托向合伙企业提供相关服务的机构,其较难以自身名义向违约的有限合伙人提起诉讼。

3. 其他守约合伙人

实务中,除执行事务合伙人外的其他守约合伙人直接向违约有限合伙人就其在基金层面的违约行为主张违约责任的案例非常少见,但从合同相对性的角度出发,守约有限合伙人有权起诉并要求违约合伙人承担合伙协议项下的出资违约责任。

根据《合伙企业法》的规定,“在有限合伙企业中的利益受到侵害时”,有限合伙人可以向有责任的合伙人主张权利或者提起诉讼。[2] 该条中所规定的“利益受到侵害”通常应理解为有限合伙人自身在合伙企业中的相关利益,其应与合伙企业作为一个整体的利益相区分,因此,其他守约有限合伙人仅在有足够证据证明由于违约合伙人的违约行为导致了其自身的利益受到损失时,才有机会向该等违约合伙人直接主张权利。但是当违约合伙人的违约行为损害了合伙企业的整体利益,而执行事务合伙人怠于行使权利时,基于《合伙企业法》的规定,有限合伙人有权督促执行事务合伙人行使权利或者为了合伙企业的利益以自己的名义提起诉讼,[3]这也是我们通常所称的有限合伙人的派生诉讼。有关有限合伙人派生诉讼的内容,请见本节第二部分。

二、合伙事务执行[4]

《合伙企业法》项下规定了有限合伙企业合伙事务由普通合伙人执行,有限合伙人不执行合伙事务的大原则。就合伙制私募股权投资基金而言,商业逻辑是有限合伙人作为财务投资人加入基金,负责提供资金但不参与合伙事务执行;普通合伙人仅对基金做少量出资,

---

[1] 详见原告南京宁浦膜材料产业投资基金合伙企业、南京膜材料产业投资管理有限公司与被告王某杰合伙协议纠纷一案的民事判决书[江苏省南京市浦口区人民法院(2018)苏0111民初3626号]。

[2] 详见《合伙企业法》第68条第2款第6项。

[3] 详见《合伙企业法》第68条第2款第7项。

[4] 当有限合伙企业的普通合伙人超过一名时,可由一名或多名普通合伙人担任执行事务合伙人。为便于行文,本部分讨论的有限合伙企业假设仅有一名普通合伙人。

重在控制、管理、运营基金并执行合伙事务,就其出资部分可如同有限合伙人的出资一样获得回报,且基于其提供的资源、经验及管理服务,可进一步自基金收取管理费和绩效分成。但因相关商业交易的复杂性,有些基金的普通合伙人需要委托并授权外部机构代为执行合伙事务,有些有限合伙人要求限制普通合伙人的权限,甚至在一定程度上介入基金的运作和决策,由此造成实务中私募基金合伙事务执行的具体情形与前述的法律原则并不完全相符,因而引出了如下相关问题。

(一)执行事务合伙人是否可以授权第三方执行合伙事务?

与英美普通法系不同,我国《合伙企业法》并未明确规定执行事务合伙人的勤勉义务,仅规定了一些基于执行事务合伙人及其普通合伙人身份所应尽的义务和职能,包括但不限于:对合伙企业债务承担无限连带责任、执行合伙事务、竞业限制、禁止自我交易、信息披露义务。除上述《合伙企业法》明确规定之外,合伙协议也可能对执行事务合伙人应尽的义务有所约定。

在中国就普通合伙人执行合伙事务的勤勉义务没有明确法律规定的前提下,如普通合伙人将部分或全部管理和运营基金的职权委托给第三方(如基金管理人等),是否就不受限制了呢?我们的理解是,普通合伙人可以将该等权力委托或授权给第三方,由其代为执行,但参照民法上的诚实信用原则、公司董监高的忠实勤勉义务以及委托代理相关原则,普通合伙人的该等委托或授权一般应得到全体合伙人的事先书面同意。并且,即使普通合伙人得到了全体合伙人的认可,将管理和运营基金的职权全部委托给第三方执行,但如受普通合伙人委托而执行合伙事务的相关人士在执行合伙事务的过程中存在任何不当行为,普通合伙人恐怕仍然需就被授权方不当行为所造成的后果向基金外部的第三方及基金的投资人承担责任,即普通合伙人不应将其管理和运营基金的职权全权转委托,且放任被授权方的行为而不对其进行任何监督和约束。

(二)有限合伙人参与执行合伙事务的界限和突破界限的法律后果

1. 有限合伙人参与执行合伙事务例外及存疑情形讨论

《合伙企业法》第68条第1款规定,有限合伙人不执行合伙事务,不得对外代表有限合伙企业;该条第2款进一步列举了8项允许有限合伙人进行并不被视为执行合伙事务的行为。[1]

基金业协会发布的《私募投资基金合同指引3号(合伙协议必备条款指引)》也明确了该8项不被视为有限合伙人执行合伙事务的行为,并进一步提及,有限合伙人不得以直接或间

〔1〕《合伙企业法》第68条第2款规定,有限合伙人的下列行为,不视为执行合伙事务:(1)参与决定普通合伙人入伙、退伙;(2)对合伙企业的经营管理提出建议;(3)参与选择承办合伙企业审计业务的会计师事务所;(4)获取经审计的合伙企业财务会计报告;(5)对涉及自身利益的情况,查阅合伙企业财务会计账簿等财务资料;(6)在合伙企业中的利益受到侵害时,向有责任的合伙人主张权利或者提起诉讼;(7)执行事务合伙人怠于行使权利时,督促其行使权利或为合伙企业利益以自己的名义提起诉讼;(8)依法为合伙企业提供担保。

接方式,参与或变相参与超出该等8项不视为执行合伙事务的行为。

但实务中,因商业交易中各方商业诉求的复杂性和特殊性(如相关基石投资人、战略投资人希望能与基金管理团队深入合作并参与到合伙企业的项目投资决策中;又如国资背景的投资人希望通过合伙协议进一步限制普通合伙人的执行合伙事务权限,避免管理团队滥用权限,并达到控制投资风险的效果等),合伙制私募股权投资基金中一些难以定论是否将构成有限合伙人突破上述8项情形的、直接或间接参与执行合伙事务的机制或安排并不少见,例如:

- 情形一:有限合伙人持有执行事务合伙人的部分股权、合伙权益。

有限合伙人在执行事务合伙人中持股这一事实本身并不足以推定该有限合伙人间接执行了合伙事务,但若叠加一些其他因素,如有限合伙人是执行事务合伙人的大股东,且其滥用股东权利,直接参与了执行事务合伙人对基金合伙事务的执行,或者有限合伙人的法定代表人同时也是基金的执行事务合伙人的委派代表,则该有限合伙人将有可能被认为直接或间接执行了合伙事务。

- 情形二:有限合伙人在基金中任职。

自然人有限合伙人在基金中担任相关管理职务,这一事实本身并不足以推定该有限合伙人执行了合伙事务,[1]但如果其同时系合伙企业执行事务合伙人的委派代表,则该有限合伙人将很有可能被认为直接或间接执行了合伙事务。

- 情形三:有限合伙人在投资咨询委员会或投资决策委员会中享有席位。

私募基金的市场惯例会设置投资咨询委员会,由部分有限合伙人委派代表组成,并通过咨询委员会的决策限制普通合伙人的权限。在募资环境日益艰难的市场环境下,也有越来越多强势的有限合伙人要求委派代表加入基金的投资决策委员会,更积极地参与基金的投资和运作事务中。

有一种观点认为,只要相关有限合伙人在投资咨询委员会或投资决策委员会中没有最终的决定权,即使其享有一票否决权,也不应构成该有限合伙人直接或间接参与执行了合伙事务;主要的理由在于,有限合伙人参与该等机制的动因在于通过限制普通合伙人的权力而实现自我保护的目标,主观上并没有积极执行基金事务的意愿。但也有另一种观点认为,《合伙企业法》中规定有限合伙人"对企业的经营管理提出建议"不构成执行合伙事务,表明有限合伙人可以对合伙企业的日常业务和经营提出建议,但如果相关有限合伙人就基金的相关事务拥有一票否决权,则突破了前述法律的规定,应被视作执行了合伙事务。

2. 有限合伙人执行合伙事务的后果

如果避免有限合伙人被认定执行合伙事务,那么该有限合伙人将可能会失去有限责任的保护,而需要如普通合伙人一样,对基金债务承担无限连带责任。但根据法律规定,即使

---

[1] 详见曲某东诉朱某合伙协议纠纷一案二审民事判决书[上海市第一中级人民法院(2017)沪01民终6517号]。该判决表明该案中的上诉人曲某东担任合伙企业北京分部的负责人,不属于执行合伙事务的行为。

有限合伙人直接或间接参与执行了合伙事务,要求其对基金债务承担无限连带责任也并非当然。

《合伙企业法》第76条第1款规定,只有当第三人有理由相信有限合伙人为普通合伙人并与其交易的,该有限合伙人对该笔交易才需要承担与普通合伙人同样的责任。[1] 结合全国人大常务委员会法制工作委员会对前条的释义,前条规定有以下两个内涵:

- "第三人有理由相信"。第三人负有举证责任,证明其有理由相信该有限合伙人为普通合伙人或代表合伙企业同自己进行交易,自己是善意第三人。
- "对该笔交易承担与普通合伙人同样的责任"。该有限合伙人突破有限责任限制而承担无限连带责任的范围仅限于"该笔交易",对于合伙企业的其他债务,该有限合伙人仍然以其认缴的出资额为限承担有限责任。

《合伙企业法》第76条第2款进一步规定,有限合伙人未经授权以合伙企业名义与他人进行交易,给合伙企业或者其他合伙人造成损失的,该有限合伙人应当承担赔偿责任。此款隐含的含义是,如该等交易是经过全体合伙人授权由某一有限合伙人以有限合伙企业名义进行的,则即使该等交易给合伙企业或者其他合伙人造成了损失,该有限合伙人也不因此对基金或其他合伙人承担赔偿责任;当然,该有限合伙人仍根据上述第76条第1款对善意第三人承担责任。

因此,尽管实务中很多时候就有限合伙人是否突破法律规定执行了合伙事务这一问题较难判断且容易引发争议,但即便构成执行合伙事务,也不必然就导致有限合伙人失去有限责任保护的严厉后果。

(三)普通合伙人怠于执行合伙事务时,有限合伙人的救济

根据前文所述,原则上有限合伙人不执行合伙事务,普通合伙人实际控制并运营合伙企业。在实务中,如出现普通合伙人怠于执行合伙事务的情形时,有限合伙人是否就束手无策了?

根据《合伙企业法》,当普通合伙人怠于行使权利时,有限合伙人可以督促其行使权力或为了合伙企业的利益以自己的名义提起诉讼。这也是我们通常所说的,有限合伙人派生诉讼。[2]

---

[1] 值得注意的是,有限合伙企业中如存在两个及以上的普通合伙人,并非所有的普通合伙人均为执行事务合伙人。合伙人通常在合伙协议中约定普通合伙人中的部分或者全部担任执行事务合伙人,并在协议中约定清楚合伙事务执行的权限划分;实践中,部分地区的企业登记管理机关在企业登记环节可能仅接受一个执行事务合伙人登记并公示。《合伙企业法》第76条第1款规定中,仅强调了第三人相信有限合伙人为普通合伙人并与之交易后有限合伙人的责任承担问题,并没有特别强调"执行事务合伙人"。结合全国法工委对该条的解释,我们理解该法条主要是保护善意的外部债权人,而通常外部债权人在不清楚合伙协议及合伙人之间的约定的情况下,较容易把普通合伙人与执行事务合伙人画等号。该条的本意仍应为善意第三方认为有限合伙人代表合伙企业与之交易的情形下该有限合伙人应承担责任。

[2] 在焦某、刘某等与安徽瑞智房地产开发有限公司金融借款合同纠纷二审民事判决书[最高人民法院(2016)最高法民终756号]中,最高人民法院认为,有限合伙人派生诉讼无须全体有限合伙人一致同意才可进行,有限合伙人以自己的名义提起派生诉讼时,不限定其在个人出资额范围内提出诉讼请求,但应满足以合伙企业的利益为目的这一要求。因此,可以看出派生诉讼最后的起诉结果是归于合伙企业的。

三、有限合伙人"退出"和责任承担

《合伙企业法》在很大程度上给予了普通合伙人和有限合伙人从商业角度对合伙企业的各类事项在合伙协议中进行自由约定的权利。就有限合伙人"退出"合伙企业而言,合伙人可以基于实际商业需要,在合伙协议中针对有限合伙人转让合伙财产份额的前提条件和流程、退伙事由、退出合伙企业的有限合伙人所应承担的责任等做出自由约定,但该等约定有效性的前提是其不应突破相关法律法规的强制性规定。然而,相关事宜是否系"法律法规的强制性规定"本身可能也存在争议。

从商业角度来看,有限合伙人"退出"合伙制私募基金的方式包括转让其持有的全部合伙财产份额和自合伙企业退伙两种,我们下文就这两种退出方式在基金合伙协议中较为常见的相关约定是否有效分别展开讨论。

(一)份额转让的条件和流程

根据《合伙企业法》第 73 条的规定,有限合伙人可以按照合伙协议的约定向合伙人以外的人转让其在有限合伙企业中的财产份额,但应当提前 30 日通知其他合伙人。据此,有限合伙人的份额转让原则上仅须提前 30 日事先通知其他合伙人。

- 基金合伙协议中约定的关于转让的额外限制性要求是否有效?

如果合伙协议对有限合伙份额的转让存在额外限制性约定的,相关转让是否必须符合该等约定的限制条件才能有效呢?根据相关案例检索的结果,南京建邺区法院、[1]深圳福田区法院、[2]宁波海曙区法院[3]等,均在实际案件中认可合伙协议对合伙财产份额转让做出的额外限制性约定的有效性,即合伙财产份额的转让如不满足合伙协议约定的特定条件则无法履行。

不过需要注意的是,尽管法院原则上认可基金合伙协议中就合伙份额转让而设置的额外限制性要求,但如相关额外的限制性要求完全剥夺或实际上相当于剥夺有限合伙人在任何情形下转让或退出合伙企业的全部可能,该等约定可能会被认定为是剥夺财产权行使的固有权利的不公平条款从而被质疑其效力。

- 30 日的提前通知义务是否可以通过协议约定来豁免?

合伙协议是否可以约定免除上述《合伙企业法》第 73 条的提前 30 日的通知义务,对此各方有不同观点。受限于立法技术和司法解释的缺失,《合伙企业法》第 73 条并未留有"合伙协议另有约定的除外"的余地,因此本条规定的事先通知义务是否构成强制性规范、是否可由相关当事人通过明示约定以及通过约定更为详细的关于份额转让权利行使条件和流程

[1] 详见原告张某枝与被告邵某诚及南京安海资本投资管理中心(有限合伙)合同纠纷一审民事判决书[江苏省南京市建邺区人民法院(2017)苏 0105 民初 8348 号]。

[2] 详见赵某华与乔某君、深圳市宏金润达投资合伙企业合伙协议纠纷一审民事判决书[广东省深圳市福田区人民法院(2012)深福法民一初字第 3260 号]。

[3] 详见郑某、郭某宏等与吴某光等合伙企业财产份额转让纠纷一审民事判决书[宁波市海曙区人民法院(2018)浙 0203 民初 4191 号]。

安排的方式免除或减轻该等事先通知义务(如明确约定无须提前30日通知其他合伙人、约定仅需提前5日通知其他合伙人等),存在争议。

因此,如在合伙协议中豁免或减轻关于转让合伙份额的提前30日的通知义务,该等约定是否会被视作违反法律强制性规定从而无效或不可执行,目前尚存在不确定性。

除上述两个问题外,根据相关案例检索的结果,我们注意到就相关有限合伙人已与第三方签订的份额转让协议而言,即使多数法院认为是否通知其他合伙人、是否满足合伙协议约定的限制性转让条件,不应影响转让协议本身的效力[1];但如不满足合伙协议约定条件的,转让协议无法实际履行,该有限合伙人应就已订立的份额转让协议另行承担违约责任。

(二)直接退伙的条件和流程

根据《合伙企业法》第63条的规定,合伙协议应载明有限合伙人退伙的条件、程序以及相关责任。这一规定从侧面允许了合伙协议对有限合伙人的退伙进行限制,司法判例对此观点也有支持。[2]

值得注意的是,对于何种情形下有限合伙人可以越过合伙协议中有关退伙的条件和程序,而是基于《合伙企业法》第45条的法定退伙情形选择直接退伙,或者是应适用提请解散合伙企业的方式来实现退伙,相应案例尚未明确界定。

常州钟楼区法院在顾某华与常州市数鹰企业管理咨询中心、江苏数字鹰科技股份有限公司合同纠纷案[江苏省常州市钟楼区人民法院(2019)苏0404民初3864号]中认可了合伙协议中约定的有限合伙人不得退伙的内容,对于原告主张的投资款项未按约定使用等主张,提出其可以根据合伙协议约定,提请执行事务合伙人召集合伙人会议并解散合伙组织,而非径行要求退伙。该案中原告的退伙理由类似于《合伙企业法》中的法定退伙情形"其他合伙人严重违反合伙协议约定的义务",[3]但法院的态度似乎隐含地肯定了在合伙协议约定有限合伙人不得退伙时,对于该等法定退伙情形,有限合伙人应该通过依据合伙协议约定提请解散合伙的方式实现退出。

---

[1] 武汉中院在王某学、张某禄合伙协议纠纷、股权转让纠纷二审民事判决书[湖北省武汉市中级人民法院(2017)鄂01民终4557号]中以有限合伙人对外转让份额未按照《合伙企业法》的规定通知其他合伙人并取得同意为由,认定转让协议无效,其后湖北高院再审认为二审法院认定转让协议无效缺乏法律依据,亦未对双方履约情况进行审理,裁定撤销该二审民事判决,并发回湖北省武汉东湖新技术开发区人民法院重审{详见王某学、武汉益青科技投资中心合伙协议纠纷、股权转让纠纷再审民事裁定书[湖北省高级人民法院(2018)鄂民再469号]}。

[2] 深圳龙华区法院在孙某华与北京君盛泰石股权投资中心、中发君盛(北京)投资管理有限公司合伙协议纠纷一审民事判决书[广东省深圳市龙华区人民法院(2019)粤0309民初5785号]中,似乎认可合伙协议可以对有限合伙人的退伙事由进行限制,认为原告未能证明其符合退伙的条件,进而驳回了原告的诉讼请求。

[3] 根据《合伙企业法》第45条的规定,合伙协议约定合伙期限的,在合伙企业存续期间,其他合伙人严重违反合伙协议约定的义务,合伙人可以退伙。该条规定于"普通合伙企业"一章,而《合伙企业法》第63条则进一步规定了有限合伙企业的合伙协议应当规定有限合伙人的退伙条件,因此有限合伙人是否可以以《合伙企业法》第45条规定的普通合伙企业法定退伙情形为由主张退伙,仍取决于各地法院的实务操作。

因此,在基金合伙协议中对退伙有限制性的约定,而有限合伙人又有意实现退伙的情形下,还需结合具体案件情况和合伙协议约定,慎重判断和确定实现退伙的方案。

(三)“退出”后的责任承担

对于有限合伙人的责任承担问题,通常的认识是基于《合伙企业法》第 2 条第 3 款的总体性规定,即有限合伙人以其认缴的出资额为限对合伙企业债务承担责任。另根据《合伙企业法》第 81 条,有限合伙人退伙后,对基于其退伙前的原因发生的有限合伙企业债务,以其退伙时从有限合伙企业中取回的财产承担责任。

- 合伙协议可否明确有限合伙人在退伙后不再负有任何返还义务?

依据市场惯例操作,合伙协议往往会约定,有限合伙人在退伙后或在退伙后的一定期限届满后对于其退伙前所产生的基金债务将不再负有任何返还义务(无论该等返还义务是否以其自基金获得的分配财产为限)。但需要注意的是,合伙协议或退伙协议中即便明确约定该有限合伙人在其退伙后不再负有任何返还义务,该等约定也无法对抗对合伙企业享有债权的第三人,该等第三人仍可以基于《合伙企业法》第 81 条的规定要求退伙合伙人以取回的财产承担责任。

在实践中,除了债权人可要求退伙合伙人以退伙时取回的财产为限承担责任外,有限合伙人还有可能被法院要求以其认缴出资额为限对其退伙前发生的合伙企业债务承担责任。在衢州某票据追索权纠纷二审判例中,浙江省衢州市中级人民法院明确认为已退伙的有限合伙人对合伙企业认缴并未实际缴纳,且其将该合伙份额转让时亦未收取任何对价,因此该已退伙的有限合伙人依法仍应对案涉合伙企业不能清偿的到期债务以其认缴出资额为限承担连带清偿责任。[1]

因此,就已退伙的有限合伙人而言,即便合伙协议、退伙协议或其他退伙相关文件中约定该退伙有限合伙人对于此前基金债务不再负有任何分配返还义务,该退伙有限合伙人仍可能面临在其退出后对此前基金债务以取回财产或认缴出资额为限承担连带清偿责任的风险。该等风险在一些采取以核心管理团队成员作为初始有限合伙人先行设立壳基金、募资完成后退伙的安排中尤其值得关注,实务中应把握好基金对外开展业务、发生债务与初始有限合伙人退出时间之间的关系。

- 《合伙企业法》第 2 条与第 81 条之间如何衔接?

就法条设置角度而言,《合伙企业法》第 2 条应被视为关于合伙企业的有限合伙人的债务承担原则的一般规则,而第 81 条应为关于有限合伙人在退伙情形下的特殊规则。但结合上述衢州案例不难发现,《合伙企业法》第 2 条的原则性规定在有限合伙人退伙情形下仍有可能被适用。

在这两条规定均被适用的情形下,两者的衔接问题主要涉及三个概念之间的相互关系:

---

[1] 详见衢州惠禾化工有限公司、衢州市正文投资管理合伙企业票据追索权纠纷二审民事判决书[浙江省衢州市中级人民法院(2020)浙 08 民终 35 号]。

认缴出资额、实缴出资额和退伙分配财产。受限于未来更明确的法院判例和权威部门的后续解释，我们仅结合现有案例和对现有条款的理解，简单分类和讨论如下：(1)如退伙有限合伙人此前无实缴出资/退伙分配财产，且后续受让合伙份额的有限合伙人亦未补足相应出资的，则根据上述衢州案例，可能被认定以其原本的认缴出资额为限对此前基金债务承担责任；(2)如存在部分实缴出资和退伙分配财产，则退伙有限合伙人将可能被要求以其认缴出资额中未实缴的部分加上退伙分配财产为限承担责任；但在未实缴部分和退伙分配财产之和大于认缴出资额的情形下或在退伙分配财产金额本身已远超认缴出资额的极端情形下，是应以第2条的认缴出资额为限还是以第81条的退伙分配财产为限，亟待后续观察和明确；(3)如此前已全额实缴且取得对应的退伙分配财产，则理论上，应以退伙有限合伙人已取得的退伙分配财产为限承担相应责任(即使退伙分配财产金额超过此前已认缴和实缴的出资金额)。

除了法律规则的不甚清晰之外，实务中此类案例数量也相对稀少，故关于退伙有限合伙人的责任承担范围和具体处理方式，仍未形成成熟和统一的观点，有待继续观察。

第七章

基金实务篇

——具体而微的基金形态及其创新

人民币基金作为国际私募基金市场中的一个细分产品，在学习和借鉴境外基金经验教训的基础上成长壮大起来，同时也呈现自己鲜明的特色。

与欧美成熟市场私募股权投资市场的"哑铃型"格局[中间(成长期)占比小、两端(VC和并购)占比大]不同，人民币基金投资市场呈现出明显的中间(成长期)大、两端(VC和并购)小的"橄榄球型"特征。目前可能正处在一个由橄榄型向哑铃型转变的过程中，但哑铃的两端VC大、并购小。截至2019年年末，人民币基金中，VC基金、并购基金和包括成长期在内的其他私募股权基金占比分别为10.31%、16.98%和41.05%。[1] 此外，母基金、定增基金占比分别为14.16%和1.25%。与此同时，我们的VC基金和并购基金也都表现出浓厚的中国特色。

本章结合国际私募基金市场的最新发展，对人民币基金大家庭中具体而微的基金品种做一介绍。除本章专节介绍的基金品种(并购基金、创投基金、地产基金、特殊机会基金、S基金、夹层基金、纾困基金、企业创投、基金之基金、PIPE基金、对冲基金等)外，以下的一些基金产品也值得关注。

一、成长型基金

成长型基金(growth capital funds)是主要投资于成长期未上市企业的PE基金。通常以取得少数股权、非控股的方式，投资于正在寻找资本以扩大或重组业务、进入新市场或为重大并购项目融资的较成熟企业。

中国改革开放为人民币基金提供了宝贵的成长期投资机会。由于特殊的高增长历史阶段，企业依托粗放发展模式便能得到快速增长，导致企业家不愿轻易出卖控股权，因此并购投资几乎没有市场，投资人把握好成长投资的机会即可，没有必要冒早期投资的巨大风

---

〔1〕 基金业协会：《中国私募股权投资基金行业发展报告2020》。

险。[1] 导致成长型基金作为人民币基金市场最主要的基金类型,2019 年合计募集数量达到 1517 只,总募资规模合计达到 8040.33 亿元人民币,金额占市场比重的 64.6%。[2]

二、孵化器基金

孵化器基金主要针对有发展前景的种子期项目进行投资,这些项目往往没有资金和场地,一般认为孵化器基金的投资时间早于天使基金。孵化器基金投资的特点是每个项目的投资金额较小,占股低,一般针对某一细分领域,受行业整体和时间窗影响很大。孵化器基金后面一般都会配套有天使基金和 VC 基金,孵化器基金的主要作用是为天使基金和 VC 基金输送案源。

三、专项基金(联合投资基金)

专项基金一般是为特定项目募集而设立的 PE 基金或 VC 基金,多数仅投资于某一特定项目,典型特征是先有项目而后设立基金。专项基金可能因为投资份额较大而存在一定的募集过程,但也可能仅是几名共同投资人为了达成商业、税务及/或监管等方面的特定目的而搭建的中间投资架构。在用于共同投资人的联合投资载体的情况下,专项基金构成联合投资基金。与一般的集合投资基金不同,专项基金因投资于特定项目而在其设立时项目情况已基本清晰,投资人关注的重点及其做出是否参与的决策依据多为投资人对投资项目本身情况的了解和判断,而不是私募基金管理人的投资管理能力。

四、行业基金

行业基金,是指投资于特定行业,如专注于影视、医疗健康、钢铁、艺术品等行业的 PE 基金或 VC 基金。相对于多行业的 PE/VC 基金,特定行业基金要求基金管理人及其从业人员具有更为精深的行业背景和行业相关能力,或者基金管理人与特定行业内的机构有较深入的合作。并且,鉴于特定行业的投资有其固定的模式和策略,行业基金多在设立阶段就将其必要的行业投资特征和风险等考虑到位并反映在相关组织文件和募集过程中。

五、产业基金

产业基金可指投资于某一特定产业的 PE 基金,类似于前述行业基金。但产业基金多被用来特指 2006~2008 年由国家发改委批准设立的 10 只产业投资基金及类似 PE 基金,其具有较为鲜明的政府指导特色,区别于市场化管理和运作的 PE 基金,具有经政府批准、由政府推动出资设立、由政府引导投资方向的特点,且一般情况下规模较大。2006~2008 年,经国务院同意、国家发改委批准,渤海产业投资基金、绵阳科技城产业投资基金、天津船舶产业投资基金 3 批共计 10 只试点产业投资基金获批设立,总计募资规模达 1400 多亿元。[3] 此后,

---

[1] 参见王欧:《人民币股权投资市场发展的新机遇》,载财新网,http://other.caixin.com/2019-11-26/101487484.html,2021 年 1 月 16 日最后访问。

[2] 参见《清科观察:2019 年度募资数据盘点,下滑趋势放缓,头部效应持续凸显》,载投资界,https://m.pedaily.cn/news/451710,2021 年 1 月 16 日最后访问。

[3] 参见《三批共 10 基金获批　发改委将不再推产业试点基金》,载中新网,https://www.chinanews.com/cj/lcfa/news/2008/08-05/1336039.shtml,2021 年 1 月 16 日最后访问。

国家发改委和国家其他部门又陆续牵头成立过中国文化产业投资基金、国家集成电路产业投资基金、先进制造产业投资基金等专门的产业投资基金。

六、独立账户/管理账户

独立账户(separate account)/管理账户(management account)是由专业、独立的投资管理人管理的一揽子证券组合。在美国,绝大多数此类投资管理人被称为"注册投资顾问",主要受美国《1940年投资顾问法案》调整及美国证监会监管。独立账户/管理账户的日常投资决策由一位到多位投资管理人负责,同时由分析师、运营及行政团队予以支持。[1] 每个独立账户/管理账户对应一位投资者,账户资金不与其他投资者混同,且每个账户的资金可根据投资者需求定制投资组合。其实质是让单个投资者以更低的资金规模享受到集合投资基金的投资者拥有的长期专业服务,并且在该等专业服务基础上提供满足该特定投资者的特定目标或特定需求的定制服务。

成熟市场中的独立账户/管理账户主要有以下特点:(1)可以利用投资组合管理队伍的专业才能;(2)针对客户情况,通过定制投资实现特定的财务目标,而且投资者能够就投资组合提出特定要求,例如拒绝投资于烟草或酒类公司,或要求仅投资于有利于环保事业的公司等;(3)更具效率的税务筹划,即通过构造投资组合、安排交易时间来减少税收,从而更好地实现投资者的目标。我国的独立账户/管理账户尚在早期阶段,并且多服务于机构投资者,往往仅是依托单LP基金、单一信托、单个客户资管计划等其他产品的模式设立,并且目前私募基金及其他金融产品的监管并未对独立账户/管理账户做出区别对待,该等产品往往受到与其依托的模式同样且并不必要的监管和合规要求,因此独立账户/管理账户在境内的发展较慢,应用也较为零散。

七、投资俱乐部(investment club)[2]

投资俱乐部,又名承诺基金(pledge fund)或搭桥基金(bridge fund),近年在境外市场作为传统盲池基金的替代方式出现,中国境内可能有零星尝试,尚未出现成形的此类基金模式。投资俱乐部模式的核心是在合同约定的条款和条件下给予投资者保留是否参与某项组合投资的权利。投资俱乐部模式至少包括以下安排:(1)通常在投资人支付一定费用的前提下,管理人给予投资人查看潜在投资项目的基本资料的机会;(2)投资人决定是否参与某拟投资项目的一系列程序和时限安排,及(3)预先设置好的投资人参与投资项目的架构和条款(包括投资主体的形式、费用的收取、GP/管理人的权利、经济条款等)。这一模式与传统盲池PE/VC基金的最大区别在于,这一模式下并非所有投资人均参与投资项目,而是给予投资人是否参与某一投资项目的决定权。鉴于投资人并未对基金做出绝对的承诺出资,管理人承

---

[1] Investopedia,"Should You Have a Separately Managed Account?",https://www.investopedia.com/articles/mutualfund/08/managed-separate-account.asp,2021年1月16日最后访问。

[2] Mark Proctor & Andrea J. Schawartzman,"Fundamentals of Pledge Funds, Practising Law Institute",http://www.pli.edu,2021年1月16日最后访问。

担了很大风险在实际投资项目出现后其需要从其他渠道融资。但是鉴于募集环境恶化投资人不愿意向缺乏投资业绩的首次募集管理人承诺出资等原因,投资俱乐部模式是募集首只基金受挫的管理人愿意考虑的替代模式。另外,这一模式也可以很好地适用于主基金外的联合投资,值得境内管理人参考。

/第一节/

并购基金

并购基金(buyout funds)是一种旨在对目标企业进行并购的私募股权投资基金,典型特征是投资目标主要为具有一定规模和稳定现金流的成熟企业(包括私有公司和上市公司)。并购基金通过收购目标企业的股权,获得企业的控制权(或重要参股权),进一步对其进行重组和改造,为企业引入新的战略资源,拓展新的渠道,改善经营状况,优化资本运作方式,提升企业的价值,并在持有目标企业股权一段时间后通过股权出售、目标企业上市等方式退出,实现投资收益。

一、美国市场

全球并购基金最早兴起于美国,经历了三个主要发展阶段、在此过程中也形成了三种主要的获利模式。[1]

(一)财务杠杆(financial leverage)

20世纪80年代,由于美国经济结构的变化,新兴产业崭露头角,一些成熟企业步入衰落,整个经济面临重组,美国掀起了第四次并购浪潮。在这次并购浪潮中,受益于垃圾债券的创新和广泛应用,小公司可借助杠杆融资方式筹措大量资金进行收购活动,利润下降、治理不佳或股价被低估的传统企业成为收购目标,并购基金市场上迎来了杠杆收购(Leverage Buyout,LBO)的繁荣,并催生了诸如黑石、凯雷、KKR等私募巨头。

简单来说,LBO是一种债务和股本结合的并购方式。当时美国并购基金使用LBO的操作方式是,基金公司使用目标公司的资产和未来经营产生的现金流作为抵押物,从数家银行获得并购贷款和/或发行高收益并购债券(垃圾债)筹措资金;最终并购基金依靠小额自有资本(合伙人/投资人的出资),借助大量债务资本完成收购交易。在交易过程中,杠杆融资在收购价款中占比达70%~90%。[2] 并购基金中使用LBO模式的经典案例有KKR对纳贝斯

[1] 参见王欧:《中国并购基金的彷徨与未来》,载微信公众号"王欧PE漫谈",https://mp.weixin.qq.com/s/gwUnJtR0s4Sg4UCWYAX0kQ,2021年1月16日最后访问。

[2] 参见王欧:《中国并购基金的彷徨与未来》,载微信公众号"王欧PE漫谈",https://mp.weixin.qq.com/s/gwUnJtR0s4Sg4UCWYAX0kQ,2021年1月18日最后访问;Private Equity Interviews, The Official Guide, https://www.interviewprivateequity.com/types-of-private-equity-funds/,2021年1月16日最后访问。

克公司的收购,KKR 自身仅动用了约 20 亿美元的自有资本即完成了这项交易对价为 250 亿美元的并购。

美国第四次并购浪潮中也涌现出管理层收购(Management Buyout,MBO)模式,其在并购基金的发展中发挥了重要作用。MBO 是指目标公司管理层利用所筹措的资本收购目标公司股份,以对目标公司股权结构和资产结构进行重组重建,进而获得收益的一种模式。美国当时并购基金市场使用 MBO 的操作方式是,并购基金在利用上述杠杆模式(通过从银行获得抵押贷款和/或发行垃圾债券)筹集收购目标公司资金的同时,要求目标公司管理层以少量自有资本入股。由于这种模式实现了经营者和所有者的统一,其能够有效激励公司内部人员的积极性,降低代理成本,并改善企业的经营状况。MBO 转型升级后,并购基金会将目标公司卖给其他战略投资者或者推荐上市进行退出,实现投资收益。并购基金中使用 MBO 模式的经典案例有 KKR 收购劲霸电池(Duracell)。KKR 于 1988 年 5 月收购了劲霸电池,劲霸电池的管理层拥有公司 9.85% 的股权。随后劲霸电池效益实现持续飞速增长,并在公司上市以及随后股份出售中给 KKR 和管理层带来了巨额财富。

(二)资产价值提升(EBITDA improvement)

由于 80 年代末期经济的衰退和垃圾债市场的崩溃,杠杆收购的浪潮也随之结束。并购基金意识到并不能仅仅是将获利的来源寄托在财务杠杆上大展拳脚,而应该回到目标企业本身,帮助目标公司改善运营,带来企业价值提升。这渐渐成了并购基金获得回报的第二层逻辑。3G 资本是把这种模式做到极致的代表。从收购一家日薄西山的零售企业美洲商店入手,再收购重组濒临破产的巴西博浪啤酒,3G 资本此后接连上演惊天逆袭的并购交易,鲸吞了百威、汉堡王、亨氏、卡夫、提姆霍顿、南非米勒等巨头,掌控百威英博、汉堡王、亨氏、卡夫、提姆霍顿、南非米勒 6 家跨国企业,年营收合计达到 1000 亿美元,市值总和高达 3500 亿美元,成长为全球最大的食品饮料集团。3G 资本的典型打法是,对它认为被低估的公司发起收购,然后再接手管理,通过大幅削减成本、提升运营效率等方式帮助被收购公司在短期内实现经营状况的显著改善,被并购公司的运营状况改善带来价值的显著提升,投资人以此从中获利。

(三)市场套利(multiple arbitrage)

经济危机的到来为并购基金创造了新的投资机会。在经济危机发生时,不仅是资质差的企业陷入困境,一些企业有不错的现金流,商业模式成熟,但受宏观环境影响,也有可能陷入困境。这给了并购基金投资进入的良机,并购基金可以用较低的价格将目标公司买下,注资帮助企业渡过难关。在市场行情恢复正常,标的公司的估值倍数回升后,管理人将股份卖出,即可从中赚取差价。这就是并购基金获利的第三个逻辑——“套利”。并购基金买下目标公司后将其有价值的资产分拆卖出也属于市场套利的一种方式。

二、中国市场

并购基金在我国的起步较晚,基于国企改革、产业整合等巨大市场需求,近十几年来快速发展。同时,由于并购基金运作模式复杂,对基金管理机构的综合能力要求较高,且退出渠道受到政策影响较大等因素,我国目前市场上主流并购基金更多仅充当融资角色,较国际常见的"Buyout"模式仍有一定差距。

与欧美市场并购基金以控股型并购模式为主不同，人民币基金市场主要是参股型并购模式，一般并不取得被投资企业的控制权，而是通过提供债权融资或股权融资的方式，协助其他主导并购方参与对目标企业的整合重组。值得注意的是，近期中国市场也开始出现以取得上市公司控制权为目的的控股型并购基金。

同样有别于欧美市场的并购基金模式，人民币基金市场目前比较常见的并购基金模式为国企改革并购基金和"上市公司 + PE"模式。

（一）国企改革并购基金

在中国市场，20 世纪末的国企改革为市场提供了大量的并购目标。在最初的试水之后，国企改革的浪潮为中国并购基金发展提供了重要机遇。2010 年 8 月国务院《关于促进企业兼并重组的意见》（国发〔2010〕27 号）中提到"积极探索设立专门的并购基金等兼并重组融资新模式，完善股权投资退出机制，吸引社会资金参与企业兼并重组"，在此之后，2015 年 9 月国务院《关于国有企业发展混合所有制经济的意见》（国发〔2015〕54 号）中也提到"支持国有资本与非国有资本共同设立股权投资基金，参与企业改制重组"。一方面，国企自身需要通过并购快速发展或转型，与私募机构合作设立并购基金是许多并购方选择的快捷路径；而另一方面，大型国企之间的强强合并也越发频繁，其中许多案例中都有并购基金的参与。

2003 年弘毅投资的成立标志着本土并购基金的崛起，随后几年，以弘毅投资、中信并购基金为代表的本土机构募得多只并购基金，深入参与到国企改革、产业整合的浪潮中。

弘毅投资被誉为"国企改制专家"，在其成立之后的 15 年里共参与了 33 家国企的 38 个改制项目，投资总金额超过 190 亿元。[1] 弘毅投资与中联重科的合作案例充分显示了并购基金深度参与国企改革的过程。中联重科股份有限公司由建设部长沙建设机械研究院发起设立，于 2000 年在深交所上市。2005～2006 年，中联重科进行股权分置改革，弘毅投资出资 2.74 亿元，通过协议转让入股中联重科，成为其第二大股东。此后 12 年，在中联重科开拓全球市场进行海外收购、定向增发再融资以用于重大项目建设、港股上市、发行美元债，以及战略布局落地收购奇瑞重工等重大发展举措中，弘毅投资均参与其中。弘毅投资一方面作为一个专业投资者，充分发挥其募资能力，累计投入资金超过 24.26 亿元人民币，为中联重科的多次重大投资提供了充足的资金支持；另一方面作为公司管理层的一致行动人，充分发挥其在战略制定、并购整合、资本运作、优化管理等方面的经验，深入参与到企业决策之中。中联重科逐渐淘汰掉过剩产能、引进先进技术，不仅稳定了其国内市场地位，更是逐渐在海外市场争得一席之地，并购基金从中也获得了可观的收益。

（二）"上市公司 + PE"模式

"上市公司 + PE"这一中国特色的并购基金模式，主要是指上市公司与 PE 机构合作设立并购基金，通过对外收购系列项目后注入上市公司，协助上市公司进行产业整合式的外延式扩张，

〔1〕 清科研究中心：《2017 年中国并购基金发展研究报告》。

从而实现上市公司和PE机构的资源优势互补及利益共赢。在人民币基金的惯常语境下,"上市公司+PE"模式狭义上指上市公司与私募管理人合作设立为上市公司自身战略、上下游产业服务的产业基金、并购基金;广义上也同时包括上市公司以财务投资人的身份参与投资私募投资基金(含创业投资基金)。

上市公司与PE机构合作设立并购基金的模式最早可追溯至2011年,湖南大康牧业股份有限公司(以下简称大康牧业)与浙江天堂硅谷股权投资管理集团有限公司(以下简称天堂硅谷)共同设立了专门为大康牧业并购服务的产业并购基金——长沙天堂硅谷大康股权投资合伙企业(有限合伙)(以下简称大康并购基金),这被业界认为是上市公司与PE机构合作设立并购基金的首个案例。

在IPO堰塞湖的背景下,上市公司与PE机构合作设立并购基金蔚然成风。2013年与2014年分别有35只和133只产业基金(包括并购基金与其他类型的基金)设立。2017年则出现了井喷,合计有311家上市公司参与投资产业基金,数量达365只,较2016年的176只增长了107.39%。经历资本寒冬,上市公司与PE机构合作设立产业基金的数量于2018年触底(144只)、2019年反弹(181只)、2020年年初又有继续升温之势。[1]

自诞生之后,"上市公司+PE"模式出现了许多结构的变种。大体来说,可以分为上市公司LP模式和上市公司GP模式。上市公司LP模式即上市公司单纯作为投资人参与并购基金设立,而上市公司GP模式即上市公司作为GP、基金管理人等主导并购基金的设立与投资。在两种模式下,上市公司的实控人、高管、子公司及其他关联方也通过不同的形式参与进来。

对于"上市公司+PE"的并购基金模式,业界自其诞生之初就有争议。支持者认为,这一交易模式自有其逻辑支撑,乃至实现了"募投管退"的完美闭环。就上市公司而言,与PE机构合作设立并购基金可以利用外部资金,提高上市公司自身资金的使用效率,并借助PE机构的投资经验获取更好的投资和并购标的,打通产业上下游并构建符合上市公司策略的生态圈。就PE机构而言,与上市公司合作能拓宽募资渠道,借助上市公司在自身行业的丰富经验获取更好的项目资源,并在一定程度上锁定未来项目退出的渠道,上市公司与PE机构在该模式中可谓各取所需。质疑者认为,这一模式充其量实现的是"弱弱组合",投资和并购能力强的上市公司并购前先行搭建基金结构解决资金来源的必要性不大,实力强的PE机构也没有必要以退出平台为条件来募资。善意的解读是双方专业认知能力差,高估了此种模式的效果;恶意的动机推测则是上市公司为了忽悠股价、PE机构为了管理费,形成了双方另一维度的利益共赢。[2]

---

〔1〕 参见柴佳音:《2020年,联姻VC/PE》,载投中网,https://www.chinaventure.com.cn/news/80-20201005-358331.html,2021年1月16日最后访问。

〔2〕 劳阿毛:《为什么说"上市公司+PE"是伪命题?》,载资本邦网,http://www.chinaipo.com/hk/105577.html,2021年1月16日最后访问。

作为“上市公司 + PE”这一中国特色并购基金模式的开创者,大康牧业与天堂硅谷即因为并购标的退出事宜发生了纠纷。2015 年 10 月 8 日,大康牧业公告其被天堂硅谷及大康并购基金起诉,大康牧业被要求收购大康并购基金所持的特定投资标的,公告中披露了相关协议要求的一系列对特定投资标的并购的条件(如业绩达到一定指标等)。虽然 2015 年 12 月 31 日大康牧业进一步公告了天堂硅谷的撤诉情况,但这在一定程度上揭示了“上市公司 + PE”的内在缺陷。就上市公司而言,其一般会希望基金侧重于打造上市公司自身的生态圈,上市公司更多地会从自身战略的角度孵化、收购基金的投资项目;而对 PE 机构及其他投资人而言,其最重要的诉求是最大化基金的财务收益,从而为投资人及自身带来高额回报。

大康并购基金设立时,由于尚无详细的监管要求,上市公司仅在两份公告中概括性地披露了交易的基本情况。在此之后,中国境内的私募投资基金领域立法经历了根本性的变化,而上市公司与 PE 机构合作设立基金这一模式也引起了交易所的特别关注,上交所和深交所就此模式相继发布了监管业务指引:

2015 年 9 月 11 日,上交所发布了《上市公司与私募基金合作投资事项信息披露业务指引》(上证发〔2015〕76 号),对上交所上市公司与私募基金及私募管理人合作投资相关事宜作出了规定。

2015 年 9 月 14 日,深交所发布了《主板信息披露业务备忘录第 8 号——上市公司与专业投资机构合作投资》、《中小企业板信息披露业务备忘录第 12 号》及《创业板信息披露业务备忘录第 21 号——上市公司与专业投资机构合作事项》(前述备忘录分别均于 2017 年及 2016 年修订更新),对深交所上市公司与专业投资机构合作作出了规定。

以上业务指引与备忘录奠定了上市公司与 PE 机构合作设立基金这一模式的监管框架与披露要求。

(三)“上市公司 + PE”模式若干监管问题

1. 关联交易审议及披露

在上市公司与 PE 机构合作设立基金的交易中,上市公司的关联人(如上市公司的实际控制人、控股股东、董事、监事、高级管理人员等)可能出现在 GP/管理人或团队跟投平台中,并进一步构成关联交易。

以上交所的规定为例(深交所的相应规定与上交所基本一致),《上海证券交易所股票上市规则》(上证发〔2020〕100 号)规定,上市公司或其控股子公司与关联人共同投资属于关联交易,与关联法人发生的交易金额在 300 万元以上且占最近一期经审计净资产绝对值 0.5% 以上的关联交易应当及时披露,与关联人发生的交易金额在 3000 万元以上且占最近一期经审计净资产绝对值 5% 以上的关联交易,除应当及时披露外,应将该交易提交股东大会审议。在此基础上,上市公司还需结合自身公司章程的规定履行内部审批流程。

由于股东大会审议的程序较为复杂,在上市公司及/或其实际控制人、董事、监事、高级管理人员等发起设立的基金中,如果上市公司同时作为 LP 投资于基金,则在分阶段设立合资 GP、团队跟投平台、基金等实体的过程中,一般需注意控制出资金额(如上述 3000 万元与经审计净资产绝对值的 5%),以尽量避免每次都触发股东大会审议的程序。

2. 合并报表

在上市公司与PE机构合作设立基金的交易中,一方面出于对基金投资标的的潜在并购意愿,上市公司一般会希望对基金保留一定的控制力;另一方面由于基金进行的股权投资存在较高风险,收益无法预测,且基金存续期限一般较长,为了防止对基金的投资影响上市公司业绩,上市公司一般会希望不要将基金合并到上市公司的财务报表内。

合并报表与控制力是两个互相矛盾的方面,获取更多控制力意味着更高的合并报表概率,而更低的合并报表概率则意味着更少的控制力。合并报表更多的是一个会计问题,会计上的"控制"不同于法律上的控制,更多的是看实质上是否能够控制。因此,单纯的股权上不控股并不能达到出表目的,而需要通过GP权限、投资决策委员会设置、可变收益占比等条件,结合具体情况与会计师讨论确认。上市公司投资基金的会计处理方式主要包括以下几类。

(1)纳入合并报表范围,一般需要上市公司对基金形成控制。

(2)以长期股权投资核算,一般是指虽未形成控制,但能够产生重要影响。比如,奇信股份2017年年度报告中将奇信股份产业基金作为长期股权投资核算(注:年度报告中实际持有权益比例为50%,而非公告的15%)。

(3)以可供出售金融资产核算。比如,美年健康2017年年度报告中将美年健康产业基金作为期末按成本计量的可供出售金融资产核算。

需要特别注意的是,以上所列案例对相应基金的会计核算方式不可作为先例绝对依赖。根据中国证监会历年发布的上市公司年报会计监管报告,上市公司对基金的会计核算方式存在执行会计准则不到位、会计专业判断不合理的问题。举例如下。

(1)证监会《2016年上市公司年报会计监管报告》中提道,由于合伙企业是契约性组织,有限合伙人在合伙企业中承担风险、分享收益,以及对合伙企业的影响程度,不仅受其出资比例的影响,更主要由合伙企业章程确定。根据企业会计准则的相关规定,公司需要综合考虑相关事实和情况,尤其是对合伙企业的权力、可变回报等因素,判断有限合伙人是否对合伙企业存在控制、共同控制或重大影响,以确定其分类和后续会计处理,同时需要充分披露判断的依据和理由。个别上市公司作为有限合伙人持有合伙企业较大份额(如99%),仍将其分类为以成本计量的可供出售金融资产,也未披露对该合伙企业不具有控制、共同控制、重大影响的判断理由,无法合理判断其分类是否恰当。

(2)证监会《2018年上市公司年报会计监管报告》中提道,部分上市公司仅基于有限合伙人的身份,就认为对其投资的合伙企业不具有控制,未纳入合并报表范围。例如,有的上市公司作为有限合伙人持有结构化主体99%份额,剩余1%份额由普通合伙人持有,普通合伙人作为执行事务合伙人负责结构化主体日常事务的管理并收取固定报酬。该结构化主体的设立目的是服务于上市公司的并购或融资需求,上市公司参与并主导其设立。这种情况下,上市公司依据持有的份额按比例承担和分享了该结构化主体绝大部分的风险和可变回报,并且结合其设立目的,应将其纳入合并报表范围。

3. 公告披露

无论是上交所的业务指引还是深交所的信息披露业务备忘录,均对上市公司与PE机构合作设立基金相关的信息披露事宜提出了如下要求。

(1)无论金额大小,上市公司均有义务进行信息披露。上交所在《〈上市公司与私募基金合作投资事项信息披露业务指引〉起草说明》中即提道,实践中较多上市公司与私募管理人达成合作协议时往往不涉及金额,但可能会对股票价格造成重大影响,因此合作相关的披露不设置金额门槛。

(2)上交所与深交所的披露信息内容的要求略有不同,但披露内容都涵盖了整体合作的情况(如合作目的、合作模式、合作期限等)、PE机构的基本情况、PE机构与上市公司的关联关系与其他利益关系、私募基金本身的内部安排(如决策机制、收益分配等)等。

(3)上市公司需分阶段持续地在如下事项发生时进行信息披露:合作协议签订、合作协议履行、基金法律文件签订、基金募集失败或登记/备案完成、基金进行对上市公司有重大影响的投资、发生其他对上市公司有重大影响的事项等。

另外,关于人民币基金实践中常见的附属协议是否需要披露的问题:(1)上交所《上市公司与私募基金合作投资事项信息披露业务指引》(上证发〔2015〕76号)第4条规定,"上市公司与私募基金发生合作投资事项,应当真实、准确、完整地披露投资协议或合作协议的主要条款",从条文字面来看,上交所仅对"投资协议"或"合作协议"作出了完整披露的要求,而合伙协议及其附属协议严格来说似乎并不在完整披露的要求范围之内;(2)深交所《中小企业板信息披露业务备忘录第12号》第2条第7项则有明确的要求,即"上市公司应完整披露与专业投资机构签订的各项协议,承诺不存在其他未披露的协议"。虽然如此,实践操作中却几乎没有上市公司披露合伙协议之附属协议或补充协议的公告案例,仅有的披露补充协议的案例也只是全体合伙人共同签署补充协议以整体修订合伙协议,与人民币基金实践中一般会签署的附属协议并不相同。

"上市公司+PE"这一中国独创的并购基金模式,建立在中国独特的发行审核体制和缺乏共识的估值体系基础之上,有其内在逻辑也存在一定不足,在监管不到位的情况下,存在概念炒作、制度套利、内幕交易、利益输送等内在风险。

另外,从我们的实务经验来看,无论上市公司还是PE机构,希望通过"上市公司+PE"模式实现真正"强强联合"的不乏其人。对于上市公司而言,其一般会希望基金侧重于打造上市公司自身的生态圈,上市公司更多地会从自身战略的角度孵化、收购基金的投资项目;而对PE机构及其他投资人而言,其最重要的诉求是最大化基金的财务收益,从而为投资人及自身带来高额回报。上市公司、PE机构以及投资人如何处理好这些矛盾、真正做到合作共赢,是未来并购基金架构和条款设计过程中需要更加深入考虑的问题。

（四）小结

截至2019年12月，我国并购基金管理规模1.71万亿元，在私募股权基金中占比16.98%。[1] 可见，中国并购基金在行业所占比重仍然偏低。制约我国并购基金发展的主要原因有以下几个：

第一，在可投标的方面，以成长期投资标的为主，没有足够多适合加杠杆并购的标的，即现金流稳定又具备运营提升空间的成熟期企业；第二，在企业治理生态方面，中国大量国有企业尚待改革、一代民营企业控制权集中在创始人手中，职业经理人短缺，企业治理和文化并不完善，缺少控股型交易的契机；第三，在金融工具方面，杠杆融资渠道较少，缺乏复杂的金融工具与金融创新空间；第四，在行业专业能力方面，中国金融行业整体处于发展早期，从投资团队、到资金供给方、再到第三方中介机构，具有操盘控股型并购投资经验的人才并不多，专业能力尚待提升。

具体而言，比照国外并购基金，财务杠杆、业务提升、市场套利这三个获利的模式很长时间内在国内市场都还不具备现实基础。

国内并购交易中能撬动的杠杆与国外市场的差距仍然很大，由于垃圾债券尚未兴起，收购者大多是用被收购公司的股权作质押向银行借贷来完成收购，交易结构简单雷同，难以通过复杂的金融工程手段提高股权投资的回报率。融资工具的不足导致杠杆率并不高，难以有效实现资本的流动与资源配置。

同样，在过去几十年很多企业处于高速成长的阶段，业务模式都很简单粗犷，精细化运营的迫切性并不强，而且中国市场的投资人往往也很难能够提供比企业创始人更多的经验和资源，并购投资的专业价值难以得到体现。

在市场套利方面，在企业遭遇困境时，债务重组的难度较大。银行往往是很多困境企业的主要债权人，银行的国有属性和考核机制决定了很难进行债务谈判。银行的信贷负责人没有动力共同推进债务重组，因为一旦形成呆账坏账都是终身追责，银行方面因而难以有决策者可以真正同意债务打折的方案。这导致企业债务危机爆发后，银行宁愿一直拖延而不愿意接受债务打折的方案，导致债务重组也往往旷日持久，最终影响新投资者的回报率。

长远来看，国家对基于产业整合的并购重组持续鼓励，并购退出渠道的畅通性也在不断改善。各地政府相继成立的以促进国企改革和产业整合为核心目标的政府引导基金为并购基金提供了充足的资金支持。同时，新兴产业蓬勃发展、传统行业升级转型需求依旧旺盛，这些都给并购基金提供了难得的发展机遇。

---

[1] 基金业协会：《中国私募股权投资基金行业发展报告2020》。

/第二节/

创业投资基金

创业投资基金(venture capital funds)(除非特别说明外,本书中一般使用“VC基金”或“创投基金”)是专业从事创业投资活动的集合投资载体。由于历史和习惯等原因,也有人将 venture capital 称为风险投资、venture capital funds 称为风险投资基金。

美国风险投资协会(National Venture Capital Association,以下简称美国风投协会)认为,创业投资将思想和基础研究转化为产品和服务,改变了世界,也支撑起一个才华横溢的美国企业家群体。VC基金作为风险资本(risk capital)的专业的、机构化的管理人,为新思想提供支持,这些新思想无法得到传统的银行融资支持,对即存行业的现成产品和服务构成挑战,需要5~8年才能到达成熟期。

世界经合组织科技政策委员会将“创业投资”定义为向极具发展潜力的新兴企业或中小企业提供股权资本的投资行为,其主要特点是投资周期长、除资金投入外,投资者还向投资对象提供企业管理等方面的咨询和帮助、投资者通过投资结束时的股权转让活动获得投资回报。

创业投资的概念最早起源于15世纪,资本主义萌芽初期一些西南欧国家的商人纷纷开始尝试海外创业、投资远洋探险,从而首次出现了风险投资的概念。随着地理大发现的发展,各类海外公司相继建立,直接促成了创投行业的萌芽。真正意义上的现代创投行业,通常认为起源于19世纪末20世纪初的美国。19世纪以后美国油田开发、铁路建设热潮吸引了一大批富有个人开展创投业务,此类投资通常由个人直接作出,单项目金额较低且投资范围往往限于相互了解的家族持有的公司。自20世纪起,一些投资银行、金融公司和实业公司也开始以自有资金直接向其他企业进行投资,创投行业进一步发展。1946年,美国研究发展公司(American Research and Development Corporation)在美国马萨诸塞州波士顿成立,该公司通过引入专业的创业投资中介机构来募集众多个人和机构投资者的资金从事专业性的集合创业投资,从而打破了传统的主要依赖个人或非专业性机构分散从事创业投资的局面,创业投资行业开始进入专业化和组织制度化阶段。美国创投行业的发展为新兴科技行业的发展做出了巨大贡献,美国创投界巨头红杉资本自20世纪70年代创办以来投资了数百家新科技公司,其中包括业界巨头苹果、开创游戏机工业先河的 Atari、著名数据库公司 Oracle、网络硬件制造商 Cisco 等,直接推动了美国高新技术等新兴产业的发展。

集中于创业投资是VC基金区别于PE基金的主要方面。VC行业的突出特点是,其创新属性强于其金融属性,[1]对科技和经济发展具有很强的推动作用。由于投资策略的差异,VC基金专注于对高科技、高新技术等新兴产业的初创型公司提供资金支持,较PE基金而言,VC基金具有更强的促进高新科技发展、促进创新及创造就业机会的功能,为知识经济提供金融支持。创业投资符合国家产业政策、对于中小企业的成长具有很好的推动作用,对国家经济发展具有不可忽视的作用。因此,国际上主要法域的法律和政策均对VC基金采取区别于PE基金监管的倾斜性差异化监管。

近年来,随着脸书等独角兽企业的涌现,出现了一种特殊形式的创投基金,即晚期创投基金(late-stage VC)。晚期创投将传统的早期创投模式与并购模式结合起来,项目阶段虽然仍然处于传统的VC阶段,但基金投资的规模却远远超出了传统的VC投资,以至于为一级市场提供了近似二级市场的估值和流动性。独角兽企业本质上还处于企业发展的早期阶段,因此在很大程度上依然依赖于核心创始人,但企业的规模和估值都已经与一般意义上的早期企业不可同日而语。晚期创投基金投入企业的资金规模很大(接近传统并购基金的投资规模),但往往并不要求被投企业所有权和管理权的分离,核心创始人往往依然对企业拥有很大的控制权。晚期创投模式下,创始团队和VC投资人的利益并不完全一致。随着一级市场估值泡沫的破灭,市场也开始反思独角兽企业的估值逻辑和晚期创投的投资模式。

一、国外经验借鉴及国内起源发展

(一)国外经验借鉴

1. 美国

美国作为现代创业投资的发源地,为促进创投企业的发展,早在1958年就制定了《小企业投资法》(the Small Business Investment Act of 1958),通过认定小型商业投资公司(SBIC)的方式扶持SBIC形式的创投企业发展。

但是,美国法下长期以来并没有一个"创投基金"的法律定义。全球金融危机后,美国国会要求对私募基金加强监管;同时也意识到创投基金与其他私募基金的区别,因此有必要进行区别监管。[2]

在全面总结全球金融危机经验教训的基础上,美国国会制定了《多德弗兰克华尔街改革与消费者保护法案》(Dodd-Frank Act),于2010年7月21日由奥巴马总统签署生效。其中Dodd-Frank Act第四章又被称为《2010年私募基金投资顾问登记法案》,对美国《1940年投资顾问法》中关于私募基金投资顾问豁免登记的条款进行了修改,要求所有私募基金管理人必须进行登记;将此前缺乏监管的场外衍生品市场、对冲基金、私募基金等纳入监管范畴,并专门针对对冲基金和私募基金建立了若干监管规则,加强了对于私募基金投资顾问的注册监

---

[1] Silicon Flatirons,"Private Equity and Venture Capital: What's the Difference",https://siliconflatirons.org/documents/publications/report/20120306PEVCreport.pdf,2021年1月16日最后访问。

[2] 参见郭强:《中国创投基金的监管实践及对美国立法经验的借鉴》,2017年7月基金业协会深圳"创业投资及早期投资百人论坛"发言。

管。同时,立法者认为,创投基金不涉及杠杆,投资锁定期长,在次贷危机中没有爆发较大风险,因而可对创投基金给予注册豁免,并要求美国证监会针对创投基金出台细则。

美国证监会 2011 年出台 203(1) -1 规则,明确豁免创投基金管理人、管理资产少于 1.5 亿美元的 PE 基金管理人及外国私人顾问在美国《1940 年投资顾问法》下有关投资顾问(investment adviser)的相关注册登记及监管要求。同时首次对"创投基金"进行了专门定义,明确了"创投基金"的构成要件:

- 该基金须以创业投资为其投资策略(正如其向投资人及潜在投资人所陈述的);
- 该基金用于"合格投资"(qualifying investments)之外的金额不得超过基金认缴资本总额的 20%;
- 该基金借贷、担保或以其他方式使用杠杆[1]所涉金额不得超过该基金认缴出资总额的 15%;
- 该基金不得为基金投资人提供回购、赎回或其他流动性权利(极端例外情形除外);及
- 该基金未注册为美国《1940 年投资公司法》下的投资公司,也未选择作为该法下的商业发展公司对待。[2]

符合条件的既存创投基金也可按照该规则适用相关豁免规定。

2. 以色列

除现代创业投资的发源地美国外,以色列在借鉴和学习美国的基础上也发展出了国际领先的创业投资行业,其主要特色在于政府在整个创投行业发展中所起的主导作用。提及以色列创投行业便不得不从 YOZMA 计划说起,作为起源于旨在促进以色列创投发展的政府计划,YOZMA 于 1993 年成立了第一只 VC 基金 YOZMA 一期,主要募集以色列国内私人资本,同时也与外国创投机构合作设立子基金。此后 YOZMA 分别于 1998 年及 2002 年设立了 YOZMA 二期及三期,继续投资于科技公司并为被投资公司提供各项投后增值服务。YOZMA 基金的主要运作模式是"政府 + 民间资本 + 海外资本"模式,YOZMA 以参股形式向子基金注资并撬动民间及海外资本投资。YOZMA 通过这种政府与私人投资者共同承担风险的方式,降低了民间及海外投资人的顾虑,提高了投资积极性。除募资层面的特色外,YOZMA 计划的另一特点在于引导 YOZMA 基金对通信、互联网技术、生命生物科学、医药技术等高科技领域进行创业早期投资,从投资策略角度进行政府干预,为以色列跻身于世界科技强国提供了强大的资金支持,同时又强调政府仅担任基金之有限合伙人,不得干预基金的日常投资决策,保证基金的市场化原则。YOZMA 的成功也为我国政府创业引导基金的发展提供了宝贵的借鉴经验。

此外,为鼓励 VC 基金发展以进一步促进中小企业的发展及其对经济的推动作用,欧盟也

---

[1] 期限不超过 120 天(如果担保金额不超过该基金在该被投公司的投资金额,则不受此限)且不可更新。

[2] 详见本书第七章第十二节对商业发展公司的介绍。

出台了对 VC 基金的倾斜性政策。欧盟于 2013 年发布了《欧盟风险投资基金条例》(European Venture Capital Funds Regulation)(EuVECA),EuVECA 旨在增大 VC 基金的规模、促使其采取多元化的投资策略,以使其专注于互联网技术、生物技术及医疗保健等领域,进而使欧洲公司在全球范围内更具竞争力。根据 2011 年出台的《另类投资基金管理人指引》(AIFMD),只有全范围的另类投资基金管理人可以使用市场通行证(Market Passport)在欧盟范围内募集资金,而大部分 VC 基金管理人都无法享有前述通行证因而必须遵守欧盟内各个国家的私人配售规则。对此,EuVECA 规定符合合格创投基金标准的 VC 基金管理人享有在欧盟范围内向特定种类的投资人募资的市场通行证。此外,欧盟于 2018 年与欧洲投资基金(European Investment Fund)(EIF)共同发起了泛欧风投"母基金"计划(Pan-EuropeanVenture Capital Funds-of-Funds Programme)(VentureEU),在该计划下,EIF 的目标是投资于私人主导、市场驱动的泛欧风投母基金,为欧盟 VC 基金的发展撬动资金。目前泛欧风投"母基金"计划申请期已关闭,EIF 已与 Isomer Capital、Axon Partners Group 及 Lombard Odier 签署相关的投资协议。[1]

(二)国内起源及监管现状

在我国,相较于 PE 基金,我国的 VC 基金起源较早,随着我国扶持高新技术、科技体制改革的深化与科技的发展,风险投资、创业投资开始在我国出现。创业投资这一概念最早可追溯到 20 世纪 80 年代。1985 年 3 月,中共中央、国务院发布的《关于科学技术体制改革决定》提出,"对于变化迅速、风险较大的高技术开发工作,可以设立创业投资给以支持",创业投资的概念在我国被首次提出。次年,经国务院批准,我国第一家创业投资机构"中国新技术创业投资公司"正式成立,其主要股东为原国家科学技术委员会和财政部,对高新技术开发进行投资或提供贷款。随后,国家陆续制定了促进创业投资发展的相关政策与法规,例如,1991 年国务院发布的《国家高新技术产业开发区若干政策的暂行规定》第 6 条第 3 款规定,有关部门可在高新技术产业开发区建立投资基金,用于风险较大的高新技术产品开发,条件比较成熟的高新技术产业开发区,可创办创业投资公司;1993 年国务院批准国家体委《一九九三年经济体制改革要点》(国发〔1993〕16 号),提出在深圳等城市进行建立科技基金、创业投资公司的试点;1995 年中共中央、国务院作出《关于加速科学技术进步的决定》(中发〔1995〕8 号),强调要发展科技创业投资事业,建立科技创业投资机制;1996 年国务院颁布《关于"九五"期间深化科学技术体制改革的决定》(国发〔1996〕39 号),提出积极探索科技发展创业投资机制,促进科技成果转化;同年,全国人大通过《中华人民共和国促进科技成果转化法》(主席令第 32 号),其中第 21 条首次对中国的创业投资以法律条文的形式加以规定,此外,该法第 24 条规定,国家鼓励设立科技成果转化基金或者风险基金,其资金来源由国家、地方、企业、事业单位以及其他组织或者个人提供,用于支持高收入、高风险、高产出的科技成果的转化,加速重大科技成果的产业化,这也是中国

〔1〕 参见 EIF 网站关于 VentureEU 的公示信息:https://www.eif.org/what_we_do/equity/paneuropean_venture_capital_fund_of_funds/index.htm,2020 年 12 月 31 日最后访问。

首次将创业投资概念纳入法律条文。与此同时,为配合国家对 VC 基金扶持政策的落地,各级地方政府也陆续成立高新技术开发区,并且在园区成立创业投资基金,以推动高新技术成果的商品化、产业化和国际化。此外,IDG 于 20 世纪 90 年代初出资成立美国太平洋技术风险投资基金,是我国第一家外商投资创业投资基金,外国 VC 资本也开始进入中国。

1999 年 11 月,科技部、国家经贸委、人民银行、证监会等七部委联合出台了《关于建立风险投资机制的若干意见》,界定风险投资[1]是指向主要属于科技型的高成长性创业企业提供股权资本,并为其提供经营管理和咨询服务,以期在被投资企业发展成熟后,通过股权转让获取中长期资本增值收益的投资行为。

为了配合 VC 基金在 20 世纪 90 年代后的迅速发展,原外经贸部和国家发改委分别于 2003 年和 2005 年牵头发布了《外资创投规定》以及《创投企业管理办法》,分别针对外国投资者来华从事创业投资以及创业投资企业的投资领域、设立条件等创业投资基本制度进行了系统梳理和特别规制,对 VC 基金从国家宏观政策层面进行差异化监管。此后,我国陆续出台了一系列对 VC 基金具有针对性的法律法规,即使在《基金法》《证监会 105 号文》相继出台,私募基金领域逐步建立起统一监管后,相较于一般 PE 基金,我国仍对 VC 基金从备案监管、投资运作以及退出安排等采取一系列特别规定进行差异化监管。

2016 年 9 月,国务院印发《关于促进创业投资持续健康发展的若干意见》(国发〔2016〕53 号,以下简称《创投国十条》),是 20 余年来创业投资领域第一部以国务院名义印发的促进行业持续健康发展的系统性、前瞻性的纲领性文件。业内将之称为"创投国十条"、中国创投行业的顶层设计。创投国十条对创业投资企业在行业管理、备案登记等各方面均采取与其他私募基金区别对待的差异化监管政策,建立适应创业投资行业特点的宽市场准入、重事中事后监管的适度而有效的监管体制,进一步明确了促进创业投资发展、差异化对待的政策举措。自此,我国的监管政策对 VC 基金建立了全面的差异化监管模式,具体而言,从设立、备案等准入角度,将 VC 基金区别于一般 PE 基金进行特别备案、分类备案,从投资运作中的特殊安排角度,先后出台了一系列适用于 VC 基金的特殊扶持政策,包括下文将详细说明的税收优惠、锁定期及减持特殊安排等。

二、现行对 VC 基金的差异化监管和政策扶持

在证监会和基金业协会成为私募基金的行业监管主要负责部门后,不同于对于 PE 基金的基本完全放手,发改委体系对于 VC 基金的监管机制仍在较大程度上维持,并且国家发改委联合证监会、国家税务总局等其他相关部门,继续为 VC 基金及创业投资提供政策扶持的制度供给。另外,证监会行业监管体系内,对于 VC 基金也坚持差异化监管,例如证监会发布的《私募投资基金监督管理暂行办法》即规定了 VC 基金差异化监管原则。

---

〔1〕 对于 venture capital 究竟应该译作"创业投资"还是"风险投资",国内曾经有过比较激烈的争论。参见刘健钧:《创业投资原理与方略:对"风险投资"范式的反思与超越》,中国经济出版社 2003 年版。

(一)差异化监管

1. 备案监管的差异化——地方发改委自愿备案与基金业协会的行业登记备案并行

如上文讨论,VC基金在我国受到特殊监管,就设立角度而言,VC基金除了作为私募基金按要求向基金业协会进行备案[1]外,也往往涉及向国家发改委自愿备案。

远早于私募基金行业监管体系的形成,早在2006年实施的《创投企业管理办法》即对VC基金(办法中定义为"创业投资企业")自愿备案作出了规定,其后通过发改委的一系列部门规章和规范性文件,基本确立了VC基金在VC基金及VC基金管理机构到国家或地方发改委自愿申请备案,自愿备案后受发改委监管,并且投资运作符合有关规定的可享受政策扶持的体系。2014年2月中央编办发布《关于创业投资基金管理职责问题意见的函》(编综函字〔2014〕61号)后,证监会开始接手VC基金的监管,但同年国家发改委通过《关于进一步做好支持创业投资企业发展相关工作的通知》(发改办财金〔2014〕1044号)等文件,重申了国家发改委对VC基金和VC基金管理人的备案要求,并将该等备案证明,作为VC基金享受应纳税所得额抵扣、创业投资引导基金支持和豁免国有创业投资机构股权转持义务等优惠政策的前提。因此,VC基金到国家或者地方发改委(或地方金融局)备案虽非强制要求,但为取得地方的优惠待遇,VC基金往往会自愿向地方发改委或金融办进行备案。

另外,证监会、基金业协会考虑到VC基金与一般PE基金存在投资标的、投资策略等差异以及一直以来对VC基金的差异化对待,对PE基金和VC基金也采取了分类备案的方式。例如,根据AMBERS系统发布的《基金类型说明》[2]中明确,VC基金是主要向处于创业各阶段的未上市成长性企业进行股权投资的基金(新三板挂牌企业视为未上市企业);对于市场所称"成长基金",如果不涉及沪深交易所上市公司定向增发股票投资的,按照VC基金备案;如果涉及上市公司定向增发的,按照PE基金中的"上市公司定增基金"备案。在向基金业协会备案时,如果私募基金选择备案为VC基金,则应按照上述分类标准进行投资运作,同时也可按照相关法律规定享受优惠待遇,例如下文将讨论的VC基金减持特别规定等。

2. 较高层级私募监管规定层面坚持差异化

近年来,在行政法规和跨部门监管规定等较高规范层级上,国务院及有关监管部门仍然坚持VC基金差异化监管的思路。可以预见在未来较长时间内,差异化监管仍将是VC基金监管的主要基调。例如,2017年8月,国务院法制办发布的《私募基金条例(征求意见稿)》坚持了对VC基金相较于一般PE基金的差异化监管口径,将VC基金的特殊监管单列一章规定。此外,该征求意见稿将VC基金的投资范围限定为股权性投资,同时规定VC基金不

---

〔1〕 私募基金备案参见本书第五章第二节。

〔2〕 指截至2020年6月1日,基金业协会于AMBERS系统中公布的最新版本,详见《有关私募投资基金"基金类型"和"产品类型"的说明》,载基金业协会网,https://ambers.amac.org.cn/web/app/static/publicTemplate/productInfo.html,2021年1月16日最后访问。

得投资于已上市企业的股权。

又如,2018年4月中国人民银行、银保监会、证监会、国家外汇局联合发布的《资管新规》,其第2条指出“创业投资基金、政府出资产业投资基金的相关规定另行制定”。2019年10月19日国家发改委等六部委联合发布了《1638号文》,一方面,对“创业投资基金(VC基金)”做出了迄今为止最官方、最权威的定义,[1]即“向处于创建或重建过程中的未上市成长性创业企业进行股权投资,以期所投资创业企业发育成熟或相对成熟后,主要通过股权转让获取资本增值收益的股权投资基金”;另一方面,对符合条件的VC基金如何适用《资管新规》作出了如下规定:《资管新规》出台前,金融机构已与其签订的认缴协议继续有效。对于《资管新规》出台前已签订认缴协议且符合要求的VC基金,过渡期内,金融机构可以发行老产品出资,但应当控制在存量产品整体规模内,并有序压缩递减,防止过渡期结束时出现断崖效应;过渡期结束仍未到期的,经金融监管部门同意,采取适当安排妥善处理。过渡期内,对于投资方向限定于符合要求的VC基金的资产管理产品,其管理机构应当加强投资者适当性管理,在向投资者充分披露并提示产品投资性质和投资风险的前提下,可以将该产品整体视为合格投资者,不合并计算该产品的投资者人数。符合要求的VC基金接受资产管理产品及其他私募投资基金投资时,该基金不视为一层资产管理产品。

另外,2021年4月,国家发改委发布了其与有关部门共同起草的《创业投资主体划型办法(征求意见稿)》,该稿若获得通过,将明确“创业投资”“创业投资主体”“基金类创业投资主体”“天使投资人”等的定义,并明确鼓励创业投资主体投资的范围和合规运作要求等。其中,对于“基金类创业投资主体”(即VC基金)的定义,基本沿用了《资管新规》中“创业投资基金”的定义。该办法旨在厘清创业投资在性质和战略定位方面的误区,改变把创业投资行业归为金融或类金融行业的认知,有助于创业投资回归本源。但征求意见稿也在学界和业界引起较大反响,有观点认为应当关注监管的边界,通过不同标准来引导创投主体投早、投小、投长、投高新固然是必要的,但需尊重创投主体运作的自主性。

(二)政策支持

早在《创投企业管理办法》中发改委等即对创投企业(VC基金)的政策支持明确了三大方向,即创投引导基金扶持、税收优惠和建立多层次资本市场体系以便利创投企业退出。[2]此后10余年来,各级政府相关部门给予创投企业的政策扶持皆未超出该办法早期制定的此一框架。

1. 创业投资引导基金扶持

创业投资引导基金,是指由中央或地方政府财政出资设立、以参股等方式支持VC基金

[1] 吴晓灵、邓寰乐等:《资管大时代》,中信出版集团2020年版,第292页。

[2] 具体规定见《创投企业管理办法》第四章。

的母基金。创业投资引导基金大多不直接参与VC投资,而是为直投VC基金提供资金支持,并吸引多渠道的社会资本进入创投领域。

2007年,财政部、科技部制定的《科技型中小企业创业投资引导基金管理暂行办法》(财企〔2007〕128号,已废止)规定了科技型中小企业创业投资引导基金专项用于引导创业投资机构向初创型科技型中小企业投资。其针对创业投资企业、创投管理企业、具有投资功能的中小企业服务机构、初创型科技型中小企业四类支持对象,采取阶段参股、跟进投资、风险补助和投资保障四大方式进行投资及引导。随后,2008年由国家发改委、财政部和商务部联合发布的《关于创业投资引导基金规范设立与运作的指导意见》(国办发〔2008〕116号,以下简称《创投引导基金指导意见》)中指出:"引导基金是指由政府设立并按市场化方式运作的政策性基金,主要通过扶持创业投资企业发展,引导社会资金进入创业投资领域。引导基金本身不直接从事创业投资业务。"《创投引导基金指导意见》对引导基金的性质与宗旨、设立与资金来源、运作原则与方式、管理、监管与指导及风险控制等进行了要求,为引导基金组织和设立明确了法律基础。随着《创投引导基金指导意见》的出台,各地创业引导基金的设立进入高潮,规模也呈现逐年增长的趋势。

政府引导基金肩负着国家产业战略与地方经济发展的双重使命,一方面需要体现"引领":引领国家与地方战略性与新兴产业发展,推动经济与技术进步;另一方面需要体现"放大":实现基金的撬动效应,引导社会资本积极参与。基于该定位,政府引导基金对所投领域、阶段即返投比例等一般均会有一定要求,这也构成了VC基金与政府引导基金合作的巨大挑战。近年来政府引导基金越来越重视专业化、规范化和精细化管理,从"募投管退"四个环节提高政府引导基金的专业化运作水平,要求实施政府投资基金全过程绩效管理,加强预算约束,提高财政出资效益。〔1〕

2. 税收优惠待遇

目前我国向VC基金提供的税收优惠主要体现在所得税方面。

在《创投企业管理办法》提出对创投企业的税收优惠政策扶持后,国家税务总局等相关部门即开始探索对VC基金的税收优惠。2007年,国家税务总局发布了《关于促进创业投资企业发展有关税收政策的通知》(财税〔2007〕31号,已失效),规定创业投资企业采取股权投资方式投资于未上市中小高新技术企业2年以上的,在符合条件情况下可按其对中小高新技术企业投资额的70%抵扣该创业投资企业的应纳税所得额。但受限于当时政策,该优惠在实际效果上仅适用于法人制VC基金。随着2008年中国进行企业所得税制度改革,VC基金投资额抵扣应纳税所得额的优惠政策在《企业所得税法》下得到了沿袭,〔2〕并于2012年开始尝试扩大适用于有限合伙制VC基金的法人合伙人。该等优惠政策最终于2018年扩大至全国范围并全面适用于

〔1〕 参见本书第四章第一节及第六章第九节。

〔2〕 参见《企业所得税法》第31条,创业投资企业从事国家需要重点扶持和鼓励的创业投资,可以按投资额的一定比例抵扣应纳税所得额。

法人制VC基金、有限合伙制VC基金的法人投资人和个人投资人以及天使投资个人。[1]

在现行税法下,VC基金及其被投资企业[2]须符合特定条件,方可享受税收优惠政策,并且,享受优惠的VC基金的投资方式仅限于通过向被投资初创科技型企业直接支付现金方式取得股权投资,而不包括受让股权。

VC基金(及其相关方)享受的税收优惠具体内容如下。

(1)投资额抵扣所得税。VC基金本身(或其投资人)直接或间接对初创科技型企业的实缴投资额的70%可冲抵有关应纳税所得额,从而降低有关主体的所得税纳税义务。针对不同投资架构,其抵扣方式稍有差异。公司制VC基金可抵扣VC基金自身的应纳税所得额;合伙制VC基金则将可抵扣额用于抵扣其投资人根据“先分后税”原则自VC基金取得的分配,并且法人合伙人投资多个VC基金可合并计算其可抵扣的投资额和取得的分配金额,而个人合伙人仅可抵扣从该VC基金取得的分配。

(2)不同核算基础适用不同个税税率。该政策肇始于2018年12月国务院常务会议,该会议决定实施所得税优惠促进创业投资发展。从2019年1月1日起,符合条件的VC基金可选择按单一投资基金核算,则其个人合伙人从该基金取得的股权转让和股息红利所得,按20%税率缴纳个人所得税;如VC基金选择按VC基金年度所得整体核算,则其个人合伙人从基金取得的收入按5%～35%超额累进税率计算个人所得税。政策实施期限暂定5年。[3] 2019年1月,财政部、国家税务总局等联合出台《关于创业投资企业个人合伙人所得税政策问题的通知》(财税〔2019〕8号)对此项政策从规范性文件层面予以确定。具体核算基础和税率如表7.1所示。

---

〔1〕 参见财政部、国家税务总局《关于将国家自主创新示范区有关税收试点政策推广到全国范围实施的通知》(财税〔2015〕116号),财政部、国家税务总局《关于创业投资企业和天使投资个人有关税收试点政策的通知》(财税〔2017〕38号,已失效),《关于创业投资企业和天使投资个人有关税收政策的通知》(财税〔2018〕55号)以及国家税务总局《关于创业投资企业和天使投资个人税收政策有关问题的公告》(国家税务总局公告2018年第43号)。鉴于本节仅针对VC基金的税收优惠加以讨论,适用于天使投资人的有关政策此处暂略。

〔2〕 例如,被投资企业须为符合特定条件的初创型科技型企业。特定条件包括:(1)被投资企业须为按照查账征收的居民企业;(2)接受投资时,被投资企业人员不超过200人,大学本科以上学历的从业人数需占30%或以上,资产总额和收入均不超过3000万元;(3)接受投资时,被投资企业设立时间不超过5年(60个月)且接受投资时及之后2年内未在境内外上市;及(4)接受投资当年及下一纳税年度,被投资企业研发费用总额占成本费用支出的比例不低于20%。又如,根据证监会和基金业协会的相关标准,申请税收优惠的VC基金应满足:(1)VC基金实缴资本不低于3000万元人民币,或者首期实缴资本不低于1000万元人民币且全体投资者承诺在工商注册后5年内实缴资本不低于3000万元人民币;(2)存续期限不短于7年;(3)管理团队有至少3名具备2年以上创业投资或者相关业务经验的人员负责投资管理运作;(4)对单个企业的投资金额不超过该VC基金总资产的20%;(5)未投资已上市企业,所投资未上市企业上市(包括被上市公司收购)后,VC基金所持股份的未转让部分及其配售部分不在此限;(6)未从事担保业务和房地产业务。

〔3〕 参见《李克强主持召开国务院常务会议 决定实施所得税优惠促进创业投资发展 加大对创业创新支持力度等》,载国务院网,http://www.gov.cn/guowuyuan/2018-12/12/content_5348172.htm,2021年1月16日最后访问。

表 7.1 VC 基金不同核算基础个税税率适用表

核算方式	适用税率	应税所得额的计算
按单一投资基金核算	20%	股权转让所得 ——年度股权转让收入扣除对应股权原值和转让环节合理费用后的余额 ——单一投资基金一个纳税年度内不同投资项目的所得和损失相互抵减后的余额作为该基金的年度股权转让所得,但余额小于零不得结转 ——若涉及转让可适用 70% 投资额抵扣的项目,则在该项目转让的所得中扣减抵扣额 ——管理费和业绩报酬在内的其他支出不得在核算时扣除
		股息红利所得 ——以其来自所投资项目分配的股息、红利收入以及其他固定收益类证券等收入的全额计算
按年度所得整体核算	按照“经营所得”项目,5% ~35% 的超额累进税率	以每一纳税年度的收入总额减除成本、费用以及损失后,计算应分配给个人合伙人的所得 若涉及转让可适用 70% 投资额抵扣的项目,则按照被转让项目对应投资额的 70% 抵扣其可以从创投企业应分得的经营所得后再计算其应纳税额

该措施加强了国家改善 VC 基金税收环境、扶持 VC 行业发展的一贯态度,也一定程度上缓解了投资人对近期个人合伙人税收征管态势趋严的担忧。

(3)公司制 VC 基金的个人股东免征企业所得税试点。2020 年 8 月,国务院发布《关于深化北京市新一轮服务业扩大开放综合试点建设国家服务业扩大开放综合示范区工作方案的批复》(国函〔2020〕123 号,以下简称《国发 123 号文》)。该函提出,在中关村国家自主创新示范区开展公司型创投企业所得税优惠政策试点。在试点期限内,对符合条件的公司型创投企业将按照企业年末个人股东持股比例免征企业所得税,个人股东从该企业取得的股息红利按照规定缴纳个人所得税。该政策预期可改善个人投资者投资于公司型创投基金的双重税收负担问题,甚至可为公司型创投基金的个人投资者提供相比合伙型基金更为优惠的税收待遇。

(4)公司制 VC 基金企业所得税反相挂钩优惠试点。为深化和落实《国发 123 号文》的实施,根据北京市地方金融监督管理局网站于 2021 年 1 月 7 日公示的信息 ,财政部、国家税务总局、发改委、科技部、证监会、知识产权局等国家部委联合印发文件,在中关村国家自主创新示范区开展公司型创投企业所得税优惠政策试点和技术转让所得税优惠政策试点。对示范区内符合条件的公司型创业投资企业,转让持有 3 年以上股权所得,超过年度股权转让所得总额 50% 的,可以减半征收企业所得税;转让持有 5 年以上股权所得,超过年度股权转让所得总额 50% 的,可以免征企业所得税。该政策设计了投资期限越长缴纳企业所得税越少的反向挂钩制度,有利于增强创投企业长期投资初创型科技企业的“耐心”,初步实现了鼓励 VC 基金长期投资的效果,促进 VC 基金的投资期企业做大做强。

3. 资本市场对 VC 基金退出的优惠待遇

《创投企业管理办法》首次提出了积极推进多层次资本市场体系建设,完善创业投资企业的投资退出机制的目标。近年来在资本市场多次出台新规严格监管的大环境下,证监会等监管机构对于 VC 基金投资从资本市场退出还是出台了一些差异化措施,以促进 VC 基金投资的有序适时退出。这些措施包括,在减持方面较为宽松的条件、VC 基金投资适用较短的锁定期以及支持 VC 基金发债等。

(1) VC 基金减持

相比受限于严格减持条件的上市公司其他股东,VC 基金作为股东的减持一直相对宽松。2018 年 3 月证监会出台的《上市公司创业投资基金股东减持股份的特别规定》(证监会公告〔2018〕4 号,已作废),对在基金业协会备案并符合特定条件的 VC 基金的减持节奏作出了特殊安排。2020 年 3 月的《上市公司创业投资基金股东减持股份的特别规定》(证监会公告〔2020〕17 号,以下简称《创投减持新规》)对前述规定进行了修订,为 VC 基金减持提供了更多便利。上交所及深交所分别出台了实施细则,以配合《创投减持新规》的实施。

《创投减持新规》(包括证券交易所相关实施细则)相较于此前的规定放宽了诸多资质要求的限制,并加强了与其他部门的监管实践的协调。例如,新规允许在基金业协会备案的 PE 基金参照适用,符合实质条件的 PE 基金也可享受对 VC 基金的减持安排,新规对 VC 基金和被投资企业各自的资质条件也有较大幅度的放宽。

《创投减持新规》对于符合条件的 VC 基金的减持,具体规定包括:

- 投资期限达 5 年以上的 VC 基金,锁定期满后不再限制减持比例。
- 大宗交易方式而言,对 VC 基金股东取消了受让方 6 个月内不得转让其受让份额的限制。(与其他股东的减持规定比较,请见表 7.2)
- 集中竞价交易方式而言,在维持现有减持比例不变的前提下(集中竞价不超过 1%,大宗交易不超过 2%),将减持节奏快慢与 VC 基金在公司上市前投资期限长短反向挂钩。(与其他股东的减持规定比较,请见表 7.3)

表 7.2　大宗交易减持 VC 基金股东与一般股东比较

投资期限	VC 基金股东	一般股东
投资期限不满 36 个月	在任意连续 90 日内减持股份的总数不得超过公司股份总数的 2%,即年度累计可减持不超过 8%	在任意连续 90 日内减持股份的总数不得超过公司股份总数的 2%,即年度累计可减持不超过 8%
投资期限在 36 个月以上但不满 48 个月	在任意连续 60 日内减持股份的总数不得超过公司股份总数的 2%,即年度累计可减持不超过 12%	同上

续表

投资期限	VC 基金股东	一般股东
投资期限在 48 个月以上但不满 60 个月	任意连续 30 日内减持股份的总数不得超过公司股份总数的 2%，即年度累计可减持不超过 24%	同上
投资期限在 60 个月以上	无比例限制	同上
受让方锁定期	无锁定期要求	无论投资期限，受让方在受让后 6 个月内，不得转让其受让的股份

表 7.3　集中竞价减持 VC 基金股东与一般股东比较

投资期限	VC 基金股东	一般股东
投资期限不满 36 个月	在任意连续 90 日内减持股份的总数不得超过公司股份总数的 1%，即年度累计可减持不超过 4%	在任意连续 90 日内减持股份的总数不得超过公司股份总数的 1%，即年度累计可减持不超过 4%
投资期限在 36 个月以上但不满 48 个月	在任意连续 60 日内减持股份的总数不得超过公司股份总数的 1%，即年度累计可减持不超过 6%	同上
投资期限在 48 个月以上但不满 60 个月	任意连续 30 日内减持股份的总数不得超过公司股份总数的 1%，即年度累计可减持不超过 12%	同上
投资期限在 60 个月以上	无比例限制	在任意连续 90 日内减持股份的总数不得超过公司股份总数的 2%，即年度累计可减持不超过 8%

VC 基金适用减持特殊安排的申请目前具体由基金业协会办理。基金业协会于 2020 年 3 月发布《〈上市公司创业投资基金股东减持股份的特别规定（2020 年修订）〉系统操作指南》，对拟申请适用《创投减持新规》的 VC 基金/PE 基金的申请、具体标准、证明材料以及系统填报操作流程等作出具体规定。在基金业协会办理完成后，基金业协会将在私募基金公示信息页面为该等基金添加"适用《上市公司创业投资基金股东减持股份的特别规定（2020 年修订）》"标识。

（2）锁定期

因应《创投国十条》要求的"研究建立所投资企业上市解禁期与上市前投资期限长短反向挂钩的制度安排"，证监会对于符合一定条件的 VC 基金股东，不适用通常的 3 年锁定期安排，而是适用 1 年锁定期安排。具体为，在发行人没有或难以认定实际控制人的情况下，对于发行人的一般股东要求按持股比例从高到低依次承诺其所持股份自上市之日起锁定 3 年，直至锁定股份的总数不低于发行前股份总数的 51% 的要求，但是对于非发行人第一大股东但位列合计持股 51% 以上股东范围，并且符合一定条件的 VC 基金股东，上述锁定 3 年的要求替换为自发行人股票在证券交易所上市交易之日起的 1 年内不得转让。[1]

(3)VC 基金发债

国家发改委和证监会对于创业投资企业发债均予以肯定和支持。例如,2014 年,国家发改委即提出要加快审核专项用于投资小微企业的创业投资企业发债申请,支持符合条件的创业投资企业的股东或有限合伙人发行企业债券,用于投资创业投资企业。[2] 2017 年 7 月,证监会发布《关于开展创新创业公司债券试点的指导意见》(证监会 2017 年第 10 号公告),为创新创业公司、[3]创业投资公司[4]发行创新创业公司债提供了制度保障,开展试点允许符合条件的创新创业公司、创业投资公司发行创新创业公司债券,同时要求创业投资公司发行创新创业公司债募集的资金应专项投资于种子期、初创期、成长期的创新创业公司的股权。市场上,较为著名的创新创业公司债券包括 2014 年 3 月湖南高新创业投资集团发行的"14 高新创投债"、[5]深圳市创新投资集团有限公司发行的 2014 年度第一期非公开定向债、[6]2017 年 5 月深圳市天图投资管理股份有限公司发行的创新创业债[7]等。

发展并成熟于 20 世纪美国的 VC 基金,在过去的一百多年里为新兴产业的发展和繁荣做出了巨大贡献。鉴于 VC 基金在经济和科技发展中的独特推动作用,美国、以色列、欧盟等发达国家和地区均出台了形式多样的扶持政策。自改革开放初期创业投资引入我国后,对 VC 基金的监管在随后的四十余年里逐步形成了与之配套的差异化监管框架,覆盖了从备案、投资运作到退出安排各环节的监管、扶持和鼓励政策体系。随着我国产业结构战略性调整的进一步深化,高科技、高风险、高成长的新兴产业必将在国民经济中扮演更加重要的角色,为其保驾护航的 VC 基金将在未来大放异彩,规范与鼓励 VC 基金运作的法律监管制度也将迎来新的挑战与机遇。

---

[1] 参见《发行监管问答——关于首发企业中创业投资基金股东的锁定期安排》,载证监会网,http://www.csrc.gov.cn/pub/newsite/fxjgb/gzdt/201706/t20170602_317837.html?from=groupmessage,2021 年 1 月 16 日最后访问。

[2] 参见国家发展改革委办公厅《关于进一步做好支持创业投资企业发展相关工作的通知》(发改办财金〔2014〕1044 号)。

[3] 国办发 116 号文第 2 条,创新创业公司,是指从事高新技术产品研发、生产和服务,或者具有创新业态、创新商业模式的中小型公司。

[4] 国办发 116 号文第 2 条,创业投资公司,是指符合证监会 105 号文、《创投企业管理办法》等有关规定,向创新创业企业进行股权投资的公司制 VC 基金和 VC 基金管理机构。

[5] 参见《国内首只创投债完成发行募资 4.1 亿》,载证券时报网,http://epaper.stcn.com/paper/zqsb/html/2014-03/17/content_553919.htm,2021 年 1 月 16 日最后访问。

[6] 参见《创投债时隔 5 年重启　深创投试水定向债》,载新浪财经网,http://finance.sina.com.cn/money/bond/20140806/014419922514.shtml,2021 年 1 月 16 日最后访问。

[7] 参见《首单创投公司创新创业债在上交所成功发行》,载中国金融信息网,http://stock.xinhua08.com/a/20170525/1706446.shtml?f=arelated,2021 年 1 月 16 日最后访问。

/第三节/

地产基金

地产基金,通常指通过发行基金权益募集投资者资金,并委托专业团队从事地产的收购、开发、管理及经营,以此获得投资收益的一种集合投资载体。主要投资于土地以及建筑物等土地定着物或者专注于地产相关运营的私募基金,也称为不动产基金。[1] 根据募集方式,地产基金可以分为私募地产基金和公募地产基金。

一、私募地产基金

(一)定义与类型

私募地产基金,是指以非公开方式募集的、由专业投资团队或机构管理的、主要以地产项目为最终投资标的的集合投资载体。其基础结构如图7.1所示,在该结构下,根据不同的商业安排,可能衍生出较多复杂的变体,如信托计划嵌套私募地产基金、契约型基金嵌套有限合伙、结构化安排等。

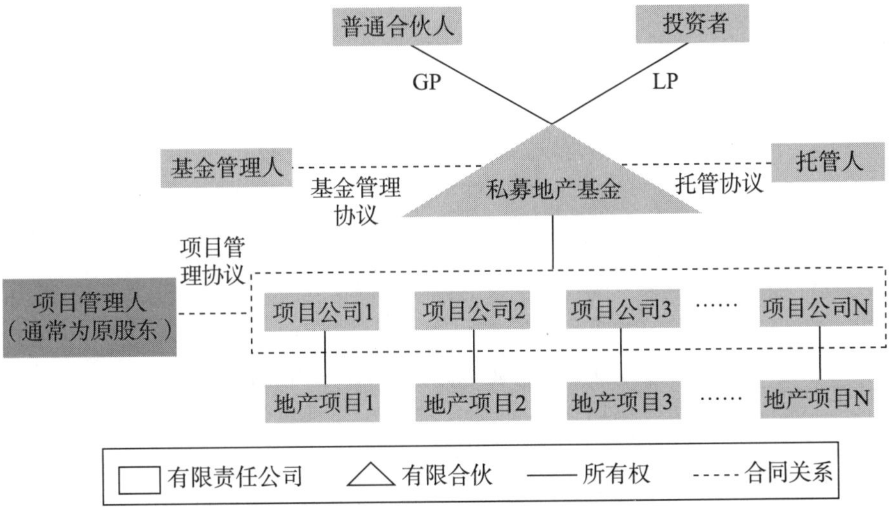

图7.1 私募地产基金的基础结构示意

根据境外成熟市场的实践,按照不同的标准,私募地产基金大体有如下分类:

- 按照投资方式,私募地产基金可分为股权类、债权类、夹层类。股权投资除了关

---

[1] 与地产基金相关的基础设施基金是指专门投资于基础设施项目的私募基金。与地产基金类似,基础设施基金也可被看作行业基金的一类,但因其投资策略和方式的多样性,基础设施基金也未必均能归入严格意义上的PE基金行列。基础设施基金主要针对交通、城市基础设施等资金需求大、投资回收期长的基础设施产业,其特点是注重稳定回报,投资期限长。

心标的资产的现状之外,更加在意标的资产的增值前景;债权投资更加关注抵押资产的价值;夹层投资则是两者的结合,是风险和回报方面介于债权投资和股权投资之间的一种融资形式。在中国地产市场的相关实践中,债权类投资较多,股权类投资较少。导致前述现状的原因,一是投资人(尤其是作为主要募资对象的银行系投资人)对固定收益的惯常偏好;二是股权投资对专业管理团队的要求更高,而在中国市场上此类既懂地产又懂金融的复合型人才仍然较为匮乏;三则是私募地产基金的退出机制不明朗,大宗交易的流动性总体较弱。

● 按照发起人背景,私募地产基金可分为独立 PE 背景和开发商背景。独立 PE 背景的地产基金往往是 PE 行业和地产行业共同发展的产物,如境外的黑石、国内的鼎晖、普凯、高和等;国内较知名的开发商背景的地产基金则有保利旗下的信保基金、金地旗下的稳盛投资、荣盛旗下的荣盛泰发基金以及复地集团参与的盛世神州基金等。在中国地产市场的相关实践中,独立 PE 背景较少,开发商背景较多。究其原因,一方面,可能是专业人才的稀缺导致 PE 背景的发起人仍需依赖开发商对地产项目收购、开发、管理及经营的经验;另一方面,也与募资市场倚重行业背景有关,在固收类单一项目融资为主流的背景下,知名开发商往往能够提供更强的信用背书。

● 按照风险类型,私募地产基金可分为核心型(及核心增益型)、增值型和机会型,具体如表 7.4 所示。随着物流地产商剥离重资产、向轻资产模式转型的趋势发展,中国市场上私募地产基金的类型逐渐得到丰富。

表 7.4　私募地产基金的分类及比较

分类	投资方向	特点	回报	代表机构
核心型(core)	繁华地段的物业,例如办公楼、商业用房、工业用房、住宅等	有稳定的现金流并占预期回报的绝大比例,轻负债,风险较低	相对较低(7% ~9%)	凯德置地
核心增益型(core plus)	需要改进或增值的繁华地段的物业		相对较高(9% ~12%)	
增值型(value added)	需要经营改善、翻修、再造的地产项目	资产增值是预期回报的重要来源,负债较大	相对更高(12% ~16%)	铁狮门
机会型(opportunistic)	需要重整的、无管理、闲置的、新开发或待改造的地产项目		高回报(>16%)	黑石

地产基金还可根据投资标的、投资策略的不同而进一步细分,例如一些地产基金的投资直接涉及房地产的收购和土地开发,一些地产基金专注于租赁物业的管理运营,而另一些地产基金则专注于旅游地产、养老地产、酒店等特定类型房地产的开发或运营。虽然同名为地产基金,但其投资范围、标的、策略、收益模式等可能存在较大差异,因此,在基金的募集设立环节既可能需要针对其开发、运营及收益模式进行特定的考量,并在基金组织文件中对收益

分配、基金费用、投资管理等做出必要的特殊安排。

(二)监管现状及其价值导向

私募地产基金在本质上系私募投资基金,受限于私募投资基金的适用规定,主要包括《基金法》《资管新规》《证监会105号文》《私募基金监管规定》等法律法规和规范性文件和基金业协会的相关行业自律规范性文件(如《私募资管计划备案管理规范第4号》)。如为受监管的金融机构发起设立的私募地产基金,还将受到相关机构监管的限制。结合地产投资实践,现行监管可能在以下方面对私募地产基金产生较大影响。

1. 投资形式

在既往的地产投资中,无论是投资人抑或是融资主体均更熟悉也更倾向于债权性质的投资。但私募地产基金,其本质上仍是私募投资基金的一种,"投资"应是其内核,与"还本付息"的债权应存在实质差别。因此,自《私募资管计划备案管理规范第4号》发布之日起,相关监管机构(包括自律监管机构)相继对地产项目的债权投资作出了限制。

具体而言,《私募资管计划备案管理规范第4号》规定,证券期货经营机构设立私募资产管理计划,投资于房地产价格上涨过快热点城市普通住宅地产项目的,暂不予备案,包括但不限于以下方式:(1)委托贷款;(2)嵌套投资信托计划及其他金融产品;(3)受让信托受益权及其他资产收(受)益权;(4)以名股实债的方式受让房地产开发企业股权;(5)中国证券投资基金业协会根据审慎监管原则认定的其他债权投资方式,且私募基金管理人开展私募投资基金业务投资房地产开发企业、项目的参照《4号规范》(《私募资管计划备案管理规范第4号》)执行。简而言之,即限制私募投资基金以债权投资方式投资于房地产价格上涨过快热点城市的普通住宅地产项目。

《资管新规》亦明确,权益类资管产品投资于股票、未上市企业股权等股权类资产的比例应不低于资管产品总资产的80%。且根据基金业协会对私募股权投资基金股权和债权投资的监管实践,股权和债权的投资比例原则上将限制为股:债≥8:2。结合其他类基金管理人已暂停登记的情况,对于较多的无既存其他类基金管理人的私募地产基金而言,可能只能选择备案为私募股权投资基金,进而导致前述规定将对其适用。尽管基金业协会于2018年1月的"类REITs业务专题研讨会"上曾表示"私募投资基金在其投资端可以综合运用股权、夹层、可转债、符合资本弱化限制的股东借款等工具投资到被投企业,形成权益资本,此类基金可以正常备案",而基金业协会领导在公开讲话中亦提出"推动建立债权、收益权等各类非标资产确权登记场所和机制",说明监管层已充分意识到私募地产基金等并非典型意义上的私募股权投资基金,在投资策略、投资方式上与私募股权投资基金必然存在差异,但对于债权、收益权等私募地产基金常用的投资模式,监管层面尚未就此形成可行的实操规则。

此后,基金业协会于2019年12月发布的《2019版基金备案须知》中再次明确,"私募投资基金的投资不应是借(存)贷活动,下列不符合'基金'本质的募集、投资活动不属于私募投资基金备案范围:(1)变相从事金融机构信(存)贷业务的,或直接投降金融机构信贷资产;

(2)从事经常性、经营性民间借贷活动,包括但不限于通过委托贷款、信托贷款等方式从事上述活动;(3)私募投资基金通过设置无条件刚性回购安排变相从事借(存)贷活动,基金收益不与投资标的的经营业绩或收益挂钩;(4)投向保理资产、融资租赁资产、典当资产等《私募基金登记备案相关问题解答(七)》所提及的与私募投资基金相冲突业务的资产、股权或其收(受)益权;(5)通过投资合伙企业、公司、资产管理产品(含私募投资基金)等方式间接或变相从事上述活动"。此《2019 版基金备案须知》在基金从事借贷活动的监管上延续了《2018 版基金备案须知》,借(存)贷活动仍被认定为超出私募投资基金的通常投资范围,试图主要从事债权投资的私募地产基金恐依然无法完成备案。

《私募基金监管规定》更是直接明确了以股权投资为目的对被投企业提供的借款或担保,该等借款和担保期限应为 1 年以内且到期日不晚于股权投资退出日,且借款/担保余额不超过私募基金实缴金额的 20%。这一限制可能无法满足私募地产基金的投资策略需求。

有鉴于此,地产项目通过私募地产基金进行债权融资的渠道相应受限。也正体现了监管机构提倡股权投资、提倡增值型管理、降低企业负债的要求。

2. 结构化和负债杠杆

就私募地产基金而言,其一大特点是资金需求量大,较多的私募地产基金会考虑通过举债以增加杠杆的方式进行投资,也正因如此,催生了其另一特点为通常由融资方作为劣后级投资人进行结构化安排,以增强优先级投资人的收益安全。

但受限于《资管新规》等规定,目前单只私募地产基金的总资产不得超过该产品净资产的 200%,且如为分级私募地产基金,则其总资产不得超过净资产的 140%;分级私募地产基金(如前所述,在目前的监管环境下,可能需备案为私募股权投资基金)的分级比例(优先级份额/劣后级份额,中间级份额计入优先级份额)不得超过 1∶1。

总体而言,私募地产基金的杠杆可分为两类:一类是负债杠杆,即基金募集后通过举债增加投资杠杆;另一类是分级杠杆,即对基金进行优先、劣后的份额分级。前述规定正体现了对两类杠杆一体监管的思路。同时,该等限制亦是维护金融市场平稳运行,抑制资产价格泡沫,控制资管产品杠杆水平的监管意图的体现。

3. 单一项目融资

中国私募地产基金的实践中,固收类单一项目融资为主流。针对单一项目融资,《资管新规》明确禁止通过为单一项目融资设立多只资管产品的方式变相突破投资者人数限制或其他监管要求的行为;且为分散风险,规定同一金融机构发行多只资管产品投资同一资产的,多只资管产品投资该资产的资金规模合计不得超过人民币叁佰亿(30,000,000,000)元。并且,《2019 版基金备案须知》亦禁止管理人通过为单一融资项目设立多只私募投资基金的方式,变相突破投资者人数限制或者其他监管要求。由于单一项目基金投资策略存在集中度过高的特殊风险,基金业协会要求管理人应将单一投资标的所涉风险作为特殊风险向投资人进行披露,并由投资人对该等风险收益特征逐项予以签字确认。

4. 利益冲突和关联交易

如前所述，私募地产基金的类型之一为开发商主导型，即融资方或其关联方同时也是私募地产基金的发起人。此类"自融自投"的基金在减少寻找投资项目、简化投资尽调等方面具有天然的优势，但同时也在利益冲突、关联交易等方面存在更大隐忧。

目前就利益冲突、关联交易的规范多集中在要求发起人进行适当披露的层面，例如，《信息披露办法》要求信息披露义务人应当向投资者披露的信息包括："……（八）可能存在的利益冲突；发生以下重大事项的，信息披露义务人应当按照基金合同的约定及时向投资者披露：……（十一）发生重大关联交易事项的。"《2019 版基金备案须知》则扩大了关联交易的范围，要求在基金合同中明确约定涉及关联交易的事前、事中信息披露安排以及针对关联交易的特殊决策机制和回避安排，并强调私募基金管理人应当在风险揭示书的"特殊风险揭示"部分，重点对私募基金的关联交易等所涉特殊风险进行披露。

二、公募地产基金（REITs）

REITs，即不动产信托投资基金（real estate investment trust），系不动产投资权益证券化的重要形式之一，通过发行股票或受益凭证，汇集众多投资者资金，由专门投资机构进行经营管理，并将综合收益按比例分配给投资者的一种信托基金。

（一）境外成熟市场的REITs

根据境外成熟市场的 REITs 实践，依据资金运用方向的不同可分为权益型、抵押型和混合型；依据组织结构的不同可分为公司型与契约型。

- 权益型 REITs 的增值主要源于对底层资产的运作，包括维修、改善、租赁服务等。抵押型 REITs 通过向地产持有人提供贷款或购入抵押支持证券为地产企业提供信用增级。混合型 REITs 是上述两种类型的混合。
- 公司型 REITs 以公司为载体，通过发行股票募集资金；公司由股东选举董事会经营，通常委托专业管理公司或独立投资顾问管理资产，并委托保管机构保管资产。契约型 REITs 由投资者、管理人、托管人形成信托关系，通过发行受益凭证而组建投资信托基金。

REITs 的三大特征为税收优惠、流动性好、收益高且稳定。

- 税收优惠：大多数已建立 REITs 制度的国家对于 REITs 的分配部分仅进行单次征税。税收优惠是 REITs 吸引投资者的重要因素。
- 流动性好：综观国际市场，绝大多数 REITs 属于公募，因此于发行后可在公开市场进行交易，弥补了地产行业投资资金规模大而流动性差的缺陷，通过 REITs 地产融资可以较快盘活存量资产，提高资金周转，降低流动性的风险。
- 收益较高且稳定：REITs 的收益主要来自租金和地产升值，投资者的收益较为稳定，且大多数已建立 REITs 制度的国家规定 REITs 必须将收益的 90% 以上分配给投资者，因此 REITs 具有收益可观的特点。

（二）中国的类 REITs 实践

受到法律框架和税收环境的约束，国内相关实践还主要集中在类 REITs 模式。我国市场上目前的类 REITs，通常以资产支持专项计划为募资载体，通过私募投资基金、信托计划等 SPV[1] 而投资地产类资产，类 REITs 通常以证券交易所、全国中小企业股份转让系统、机构间私募产品报价与服务系统为交易场所进行挂牌交易。类 REITs 的基本结构如图 7.2 所示。

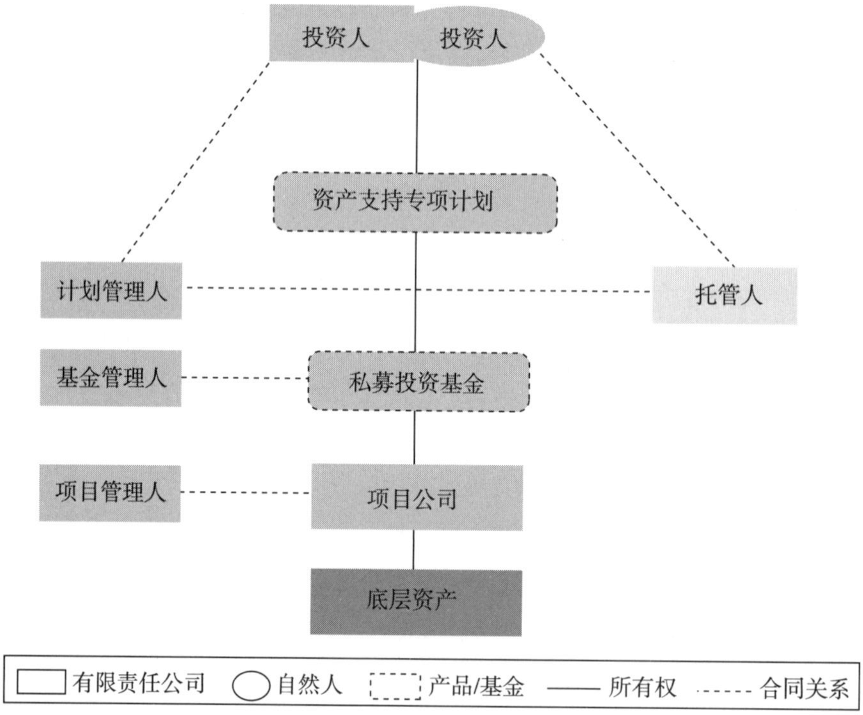

图 7.2　类 REITs 的基本结构示意

相较于私募地产基金，类 REITs 的意义在于将非标产品转化为标准化产品，[2] 增强了流动性，也扩大了投资者的范围。但类 REITs 与境外成熟市场的 REITs 在以下方面仍存在一些区别，如表 7.5 所示。

---

〔1〕 SPV 的使用主要基于以下几个方面的考量：（1）税收筹划；（2）可以有效地将对项目公司的股权、债权投资统一到 SPV 层面形成基础资产，使基础资产相对清晰；（3）便于在 SPV 层面进行优先劣后的结构化安排；（4）SPV 的管理人通常由原始权益持有人控制，可能也有对底层资产控制权方面的考虑。除此之外，抵押型类 REITs 的 SPV 通常使用信托计划，信托计划的优势在于可以直接发放贷款而无须通过银行委托贷款。

〔2〕 根据《资管新规》，标准化债权类资产应当同时符合以下条件：（1）等分化，可交易；（2）信息披露充分；（3）集中登记，独立托管；（4）公允定价，流动性机制完善；（5）在银行间市场、证券交易所市场等经国务院同意设立的交易市场交易。标准化债权类资产之外的债权类资产均为非标准化债权类资产。

表 7.5 中国的类 REITs 与境外成熟市场的 REITs 的区别

项目	境外的 REITs	中国的类 REITs
发行方式	一般为公募发行	私募发行
投资者	中小型公众投资者为主	机构投资者为主
流动性	较强	较弱
产品属性	权益型为主,抵押型和混合型为辅	固定收益产品为主,权益型和混合型较少
入池物业	通常为多个物业,强调分散,产品存续期入池物业可新增或出售	目前主要为单一物业,存续期内物业为静态,资产构成不发生变化
资产管理	对物业进行主动管理,可新增投资或出售物业	对物业进行被动管理为主
投资范围	物业、地产相关股票、债权、其他 REITs 或 CMBS 等	主要对项目公司进行股权 + 债权投资
融资方式	银行贷款或发债	通常产品本身不融资,可分级
退出方式	以二级市场证券交易为主	主要通过原股东回购或物业处置完成退出
税负	多数为单次征税	根据不同的交易行为(资产收购、经营、收益分配、资产回购),相关纳税主体可能涉及所得税、增值税、土地增值税、契税、印花税等

(三) 中国的公募 REITs 探索

参考境外市场的成熟经验,目前公募 REITs 在我国发展所面临的障碍除税收政策的限制及高素质专业人才的匮乏外,还受到相关法律法规既存框架和规定的限制。在中国现有的法律框架中,REITs 的发展主要受到《信托法》《证券法》《公司法》《基金法》等法律法规的制约,这些法律法规在不同程度上都存在限制公募 REITs 发展的方面。具体而言,以《信托法》为依据发行的资产支持证券存在严重的二级市场流动性问题,且该等证券主要受银保监会监管;而公募 REITs 的优势之一则在于其流动性强,且公募 REITs 上市涉及人民银行、原银保监会、证监会等各个监管机构的职责划分与协调。如以《证券法》中的股票作为公募 REITs 的发行和交易产品,可考虑采用公司型 REITs。而根据《公司法》的规定,在决策机制上,大股东可能对管理层决策施加较大影响,不符合公募 REITs 作为一种产品汇集投资者资金由专业管理人管理运营的理念;在利润分配上,公司应先弥补亏损和提取法定公积金、任意公积金,此后所余税后利润方可向股东分配,而 REITs 的特点之一则在于将收益尽可能多地分配给投资者;此外,公司作为载体本身还存在企业所得税等较重的税负。而在《基金法》及其配套规定下,鉴于 REITs 的投资可能集中于一家或少数几家项目公司股权、一处或少数几处标的资产,因此可能需突破公募基金的“双十限制”。[1]

〔1〕“双十限制”指《公开募集证券投资基金运作管理办法》中规定的“基金管理人运用基金财产进行证券投资,不得有下列情形:(一)一只基金持有一家公司发行的证券,其市值超过基金资产净值的百分之十;(二)同一基金管理人管理的全部基金持有一家公司发行的证券,超过该证券的百分之十”。

就我国开展公募 REITs 的业务模式而言，结合境外市场的成熟实践，并根据中国现有法律框架，公募 REITs 可能有以下两种模式：(1) 根据《证券法》《公司法》等，采取公司型模式，通过持有资产，发行股票或收益凭证募集资金并上市交易；或(2) 在《基金法》的基础上采用契约型模式，以可公开募集的证券投资基金为载体，通过投资不动产支持证券或不动产项目股权间接持有资产。综合考虑立法成本、设计难度、可操作性等多方因素，中国的公募 REITs 采用"公募基金 + 不动产支持证券(ABS)"的模式(其基本结构如图 7.3 所示)可能是相对优选的方案。[1]

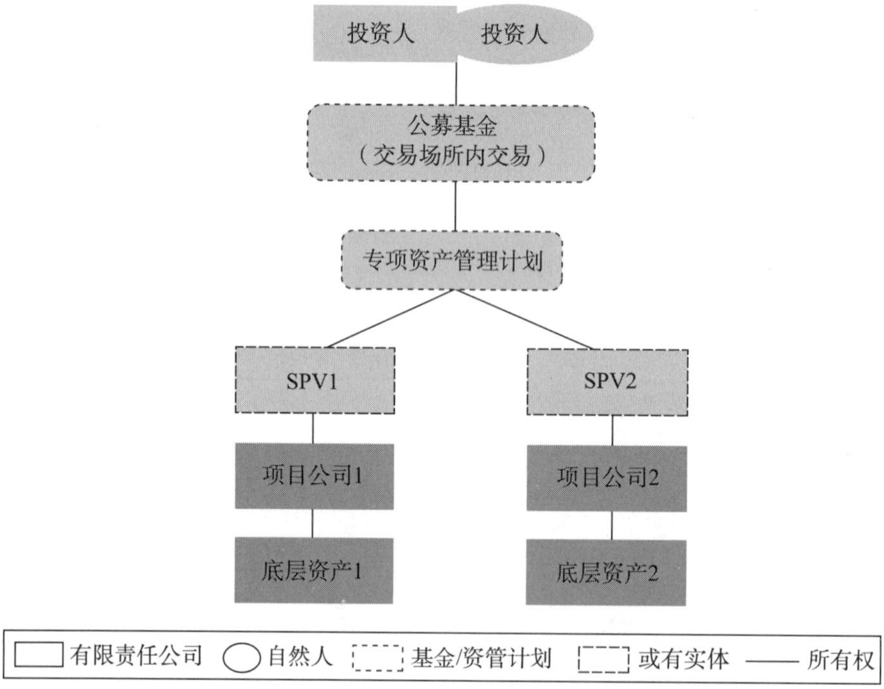

图 7.3　中国的公募 REITs 基本结构示意

尽管法律法规、税收政策及高素质专业人才匮乏等因素都不同程度地制约了中国公募 REITs 的发展，但监管部门和市场主体对公募 REITs 的探索一直没有停止。2020 年 4 月 24 日，证监会、国家发改委联合发布了《关于推进基础设施领域不动产投资信托基金(REITs)试点相关工作的通知》(证监发〔2020〕40 号)，后证监会于 2020 年 8 月 6 日推出了《公开募集基础设施证券投资基金指引(试行)》(证监会公告〔2020〕54 号)(合称《公募 REITs 规则》)，备受关注的公募 REITs 试点政策十年破冰终于正式落地。《公募 REITs 规则》的核心内容如下：

- 结构

基础设施公募基金 + 基础设施资产支持证券 + 项目公司，基础设施公募基金资产的 80% 以上应持有单一基础设施资产支持证券的全部份额，基础设施资产支持证券持有基础

〔1〕 参见北京大学光华管理学院：《中国公募 REITs 发展白皮书》，2017 年 7 月。

设施项目公司的全部股权，进而持有基础设施资产。

● 底层基础设施项目

聚焦重点区域。优先支持京津冀、长江经济带、雄安新区、粤港澳大湾区、海南、长江三角洲等重点区域，支持国家级新区、有条件的国家级经济技术开发区开展试点。

聚焦重点行业。优先支持基础设施补短板行业，包括仓储物流、收费公路等交通设施，水电气热等市政工程，城镇污水垃圾处理、固废危废处理等污染治理项目，不含住宅和商业地产。鼓励信息网络等新型基础设施，以及国家战略性新兴产业集群、高科技产业园区、特色产业园区等开展试点。

聚焦优质项目：(1)项目权属清晰，已按规定履行项目投资管理，以及规划、环评和用地等相关手续，已通过竣工验收；PPP项目应依法依规履行政府和社会资本管理的相关规定，收入来源以使用者付费为主，未出现重大问题和合同纠纷。(2)经营3年以上，已产生持续、稳定的收益及现金流，投资回报良好，并具有持续经营能力、较好的增长潜力；现金流来源具备较高分散度，且主要由市场化运营产生，不依赖第三方补贴等非经常性收入。(3)发起人(原始权益人)及基础设施运营企业信用稳健、内部控制制度健全，具有持续经营能力，最近3年无重大违法违规行为；基础设施运营企业还应当具有丰富的运营管理能力。

加强融资用途管理。发起人(原始权益人)通过转让基础设施取得资金的用途应符合国家产业政策，鼓励将回收资金用于新的基础设施和公用事业建设，重点支持补短板项目，形成投资良性循环。

● 基础设施公募基金的募集、成立

(1)募集的基金份额总额达到准予注册规模的80%；(2)募集资金规模2亿元以上且投资人为1000人以上；(3)原始权益人参与战略配售，战略配售比例不得低于本次基金份额发售数量的20%，且持有基础设施基金份额期限自上市之日起不少于5年；(4)扣除战略配售部分，网下发售比例不低于本次公开发售数量的80%。

● 基础设施公募基金的杠杆

基金直接或间接对外借款，应当遵循基金份额持有人利益优先原则，借款总额不得超过基金资产的20%，借款用途限于基础设施项目的维修、改造等。

● 基础设施公募基金的利润分配

基金应当将90%以上经审计年度可供分配利润以现金形式分配给投资者，收益分配在符合分配条件的情况下每年不得少于1次。

● 主要参与主体

《公募REITs规则》还对基金管理人、基础设施资产支持证券管理人、托管人、财务顾问、项目运营管理机构、评估机构/律师事务所/会计师事务所等其他中介机构等主要参与主体的专业胜任能力、责任等作出要求，并强调应参照IPO标准压实各机构责任。

随着《公募REITs规则》的落地，相关规则体系的建立也在有序推进中。2021年1月29日，上海证券交易所、深圳证券交易所分别制定发布了《公开募集基础设施证券投资基金

(REITs)业务办法(试行)》、《公开募集基础设施证券投资基金(REITs)规则适用指引第1号——审核关注事项(试行)》和《公开募集基础设施证券投资基金(REITs)规则适用指引第2号——发售业务(试行)》等业务规则。1月29日,证券业协会制定并发布《公开募集基础设施证券投资基金网下投资者管理细则》。2月8日,基金业协会发布了《公开募集基础设施证券投资基金运营操作指引(试行)》和《公开募集基础设施证券投资基金尽职调查工作指引(试行)》。4月30日,上交所与深交所分别发布《公开募集基础设施证券投资基金(REITs)业务指南第1号——发售上市业务办理》与《公开募集基础设施证券投资基金业务指南第2号——网下发行电子平台用户手册》。目前,已初步形成了如下规则体系:交易所主要负责业务办法、发售指引和审核指引,涵盖了公募REITs生命周期中"募、投、管、退"的全链条,对审核、时限、询价、定价、上市、配售扩募、并购等进行规范;证券业协会主要负责网下投资者管理细则,对网下战略投资者和被询价机构的配售行为进行规定;基金业协会主要负责尽调指引和业务操作指引,尽调指引将作为向投资者详细披露询价的依据,业务操作指引相当于运营指引,包括会计核算、收益分配以及信息披露等。

随着相关规则体系的建立,基础设施公募REITs项目也在紧锣密鼓地筹备中。2021年5月14日,上交所首批5单、深交所首批4单基础设施公募REITs项目获交易所审核通过。5月17日,证监会官网发布对首批9只公募REITs基金注册的许可批复,首批公募REITs基金正式进入上市前的募集阶段,5月31日正式对公众投资者发售。

从目前的情况来看,基础设施公募REITs可能是化解地方政府债务(其中较大比例用于基础设施建设)的有效手段,并可能成为未来地方政府城投平台的转型之路。但与此同时,我们也注意道,基础设施公募REITs的税务规则可能仍是该规则体系中的难点。公募REITs的税务安排也一直是市场主体关注的重要环节,市场期待相关监管部门能够尽快出台针对公募REITs的系统性、完整的税务政策。中国版公募REITs先以基础设施先行进行试点,符合我国当前的国情,也有益于监管和市场以此为基础和先导,在实践中不断探索完善中国特色的公募REITs制度。

/第四节/ 特殊机会基金

特殊机会基金,通常是指以非公开方式向合格投资者募集资金设立的主要投资于特殊资产和特殊投资机会的投资基金。特殊机会基金属于私募投资基金的范畴,其投资策略可细分为特殊境况、困境证券、重整、不良资产等。因此其与地产基金、并购基金、夹层基金、纾困基金等概念具有一定的交叉。例如,收购困境(如现金流短缺)住宅、土地、商铺等并进行改造和专业化持有管理的基金可能同时落入地产基金的范畴;对处于业务和财务困境中的企业进行收购,然后对其进行一定的重组改造,待企业发展增值后,通过上市、转售或管理层回购等方式实现退出的基金也可视为并购基金中的一类;对业务和财务状况相对良好但短期面临资金链断裂的企业提供短期可转债融资的基金也可归为夹层基金。

一、境外特殊机会基金的兴起、发展及主要特征

全球特殊资产投资缘起于20世纪80年代美国的杠杆收购浪潮,杠杆收购带来的巨大融资需求,推动了高收益债券市场的迅猛发展。1990年,美国高收益债券危机爆发,支持杠杆收购的高收益债券陆续违约。在此背景下,大量专注投资于困境和违约企业债券的投资机构应运而生,该类机构也俗称为"秃鹫资本"。此后,爆发于1997年前后的亚洲金融危机、2000年前后的北美科网泡沫、2008年前后的全球金融危机和2010年前后的欧债危机分别集中产生了大量银行不良贷款、困境企业、高收益债券、困境地产项目等特殊资产,全球特殊资产投资市场迎来多次集中而迅猛的发展。

在境外特殊资产投资市场的发展过程中,包括阿波罗(Apollo)、橡树(Oaktree)和黑石(Blackstone)等在内的各境外私募发起人机构也在此领域逐渐累积了丰富的经验,并根据不同投资策略在各领域形成了细分的不同类型的特殊机会基金。经过长期发展,境外特殊机会基金的投资策略逐步形成了信贷类资产、股权类资产以及实物类资产三大投资方向。

- 信贷类。如前所述,20世纪80年代美国高收益债券的爆发及随后出现的违约危机催生了特殊资产投资市场的发展,信贷类资产投资也是境外特殊机会基金发起人机构最早开始的业务之一。境外特殊机会基金的信贷资产投资策略大致分为不良贷款投资、机会型投资和结构化投资三类。不良贷款投资策略主要投资于商业地产抵押贷款、住宅抵押贷款、不良资产、无抵押的消费信贷等;机会型投资策略主要投资于流动性较差、有较大升值空间的重组前、重组中、重组后信贷资产,以及被低估的证券,投资标的包括优先级贷款、高收益债、夹层债、不良资产、违约资产、重组资产、救援贷款、过桥贷款及设备融资贷款等;结构化投资策略主要投资于具有有利和保护性贷款条件的多种结构性证券,包括贷款抵押证券、住房抵押担保证券、资产支持证券等。以橡树为例,橡树的信贷策略部门成立于1995年,主要投资于全球范围内的不良债权(distressed debt)、高收益债(high yield bonds)、高级贷款(senior loans)、私人债务(private credit)、可转换证券(convertible securities)等,目前该策略部门也是其管理资金规模最大的策略部门。

- 股权类。股权投资是众多境外特殊机会基金发起人机构自成立以来就确立的核心策略之一。与狭义的PE基金相比,进行股权投资的特殊机会基金更看重被投资企业的长期价值,在被投资企业出现运营困难或财务困难的时期以较低的价格购买其资产,通过其运营管理能力帮助被投资企业走出困境进而实现退出,其投资回报通常比狭义的PE基金更高。特殊机会基金的股权投资策略通常又可细分为债转股和机会性并购两类,而机会性并购根据标的情况的不同还可以进一步细分为困境公司重组、分拆业务

收购及整合性收购。

● 实物类。不合理的资本结构、突发事件引起的困境以及流动性缺乏等会引发许多实物资产的折价现象,而特殊机会基金则把握这些机会,对各种有形特殊资产进行投资,包括写字楼、酒店、零售物业、工业地产、风电场、炼油厂、船舶、机场、公路交通等类似资产以及相关服务企业等。其中,地产投资是最重要也是投资规模最大的投资类型,主要通过收购处于困境但修复后具有良好现金流的地产项目,进行管理运作实现价值提升从而获取投资收益。例如,黑石目前已形成了综合化、特色化的特殊资产业务模式,在房地产及酒店管理等领域表现了出色的特殊资产运作能力。除地产投资外,境外特殊机会基金发起人机构也设立了投资于其他实物资产的特殊机会基金,对电力、自然资源、可再生能源以及基础设施等领域的特殊资产进行投资,许多特殊机会基金发起人机构也与相关行业的专业投资机构进行合作,例如凯雷(Carlyle)已与 Riverston 合作设立四只基金进行能源相关投资。

境外特殊机会基金的发展呈现以下主要特征:

● 从投资标的角度看,特殊机会基金投资标的类型丰富但具有共同特征。无论特殊机会基金的投资策略是重点关注股权类资产、信贷类资产还是实物类资产的一种或多种,其投资标的均具有面临财务或经营困境或处于经济下行等特殊周期等共同特征,这也是其区别于其他类型基金的核心特征。

● 从投资策略角度看,特殊机会基金注重对投资标的运营管理及价值提升。不同于普通的财务投资,特殊机会基金注重在作出投资后对投资标的进行后续的运营管理以最大限度提升其价值。传统 PE/VC 基金主要看重被投资公司未来潜在的增长,而特殊机会基金则更看重对价值被低估的特殊资产进行主动的管理提升及/或资本运作,力求帮助投资标的摆脱经营或财务困境、恢复其经营能力和偿债能力,以期提高特殊资产的价值。

● 从业绩表现角度看,由于特殊机会基金往往围绕逆周期这一投资逻辑,通过对市场发展周期和规律的判断把握投资、运营与处置机会,其单周期以及跨周期都有着优异的业绩表现,综合表现具备较大优势。

● 从市场格局角度看,境外特殊机会基金市场的发展呈现了较强的规模效应与先发优势。据统计,在特殊机会基金资金募集金额前十大管理机构中,前四大机构的集中度达46.4%,前八大机构的集中度达到59.6%。大型基金管理机构往往能在不同地区进行不同策略的多样化投资,其表现往往更为稳健,而投资者对此特点的偏好也促进了其管理的特殊机会基金规模的进一步扩大与发展。

二、人民币特殊机会基金的渊源、主要特点与类型

人民币特殊机会基金的萌芽和发展与我国特殊资产投资行业的兴衰密不可分。我国特殊资产市场很大程度上受到宏观政策影响,特殊资产投资从国有银行剥离不良资产的改革起步,经历了政策性阶段、市场化转型和全面市场化三个阶段。

(一)1999～2000年为政策性阶段

由于历史和体制的原因,国有商业银行积累了大规模的主要由不良贷款构成的不良资产。为化解这部分不良资产,四大金融资产管理公司(成立于1999年10月的中国华融资产管理公司、中国长城资产管理公司、中国东方资产管理公司和成立于1999年4月的中国信达资产管理公司)先后成立,分别接收从中国工商银行、中国农业银行、中国银行、中国建设银行剥离出来的不良资产。

(二)2001～2008年为市场化转型阶段

国有商业银行改革之后盈利能力逐步增强,四大资产金融管理公司开始折价收购银行的不良资产。在此阶段发生了第二次和第三次不良资产剥离,第二次不良资产剥离主要是为了商业银行完成股改上市,第三次不良资产剥离开始按照逐包报价的原则出售不良资产。自此,四大金融资产管理公司开始了市场化转型,被收购对象也由银行不良资产拓展至非银行金融机构的不良资产。

(三)2009年至今为全面市场化阶段

随着监管部门一系列管理办法的出台,四大金融资产管理公司逐步发展成为全牌照的综合性金融控股平台,并且陆续出现了地方性资产管理公司、银行系子公司以及非持牌资产管理公司等服务业态,不良资产市场逐步形成了"4+2X+银行AIC+N"的格局:其中"4"即四大金融资产管理公司;[1]"2X"即各省、直辖市设立的不超过两家[2]的资产管理公司;"银行AIC"即根据银保监会《AIC管理办法》,主要由商业银行发起设立的金融资产投资公司,自主参与市场化债转股以及相关债权的买卖;"N"即包括非持牌资产管理公司、上市公司、外资机构、私募基金等在内的其他参与方。

此外,随着中美第一阶段经贸协议[3]的签订与实施,外资持牌资产管理公司(以下简称外资AMC)有望取得不良资产一级市场牌照。中美第一阶段经贸协议下引入的外资AMC制度具有以下几个特点:(1)牌照目前仅限于省级,因此直接催生的是可在不良资产一级市场直接从银行处批量收购不良资产包的省级外资AMC;(2)暂时不涉及全国性牌照,中国政府承诺未来授予该等牌照时给予美国金融供应商国民待遇;(3)标的限于银行不良贷款,非银行金融机构以及非金融机构的不良资产似乎不应包括在内。外资AMC制度将境外对不

---

[1] 2020年3月5日,银保监会批复同意建投中信资产管理有限责任公司转型为金融资产管理公司,并更名为中国银河资产管理有限责任公司。根据批复文件,建投中信资产管理有限责任公司应自批复之日起6个月内完成转型工作,转型工作接受银保监会的监督指导,转型期间不得从事金融业务活动,转型完成后向银保监会提出开业申请。转型成功后,中国银河资产管理有限责任公司将成为自1999年四大金融资产管理公司成立之后的第五家全国性金融资产管理公司。

[2] 值得注意的是,目前浙江、广东、福建、山东等地已分别出现第三家AMC,预计未来此项牌照将会进一步放开。

[3] 中美第一阶段经贸协议第4.5条约定,"中国应允许美国金融服务供应商申请资产管理公司许可证,该许可证将允许它们从省级许可证开始直接从中资银行获取不良贷款。授予额外的国家许可证时,中国应与中国供应商(包括在授予此类许可证方面)无歧视地对待美国金融服务供应商"。

良资产投资和处置具有丰富经验和充足弹药的专业投资者引入中国不良资产投资市场，将进一步丰富市场参与者类型并有望给市场格局带来重大改变。

当前，我国特殊资产投资行业态势呈现两面性：

一方面，当前经济形势为特殊资产投资带来巨大需求和发展机遇。宏观经济增长放缓，金融风险逐步积累，商业银行不良贷款率的不断攀升、新一轮市场化债转股的开启以及房地产行业从增量市场到存量市场的转变等使得特殊资产供应端不断增加。特殊资产投资因其具有对抗经济周期、缓释现金流、可提升投资组合韧性等特点，成为投资者和资产管理人等关注的热点。

另一方面，我国特殊资产投资仍处于相对初级阶段。具体表现在，其一，投资标的范围狭窄、种类单一。目前特殊资产投资集中在对不良资产的投资，对于其他特殊资产的关注相对较少。即使在不良资产领域内，目前关注的也主要是不良债权，包括：(1)来自商业银行的不良资产，例如银行出售的不良贷款和其他不良债权资产等；(2)来自非银行金融机构的不良资产，例如信托、券商、基金等金融机构出售的到期无法兑付或预计到期无法兑付的债权类资产等；以及(3)来自非金融机构的不良资产，例如企业应收账款等。其中，又以来自商业银行的不良债权资产为主流。其二，交易主体有限，市场化程度较低。目前特殊资产投资市场的主要经营主体仍是国有体制内的持牌资产管理公司(AMC)，其中更以具有政策、规模和资本市场融资优势的四大金融资产管理公司为主，其他市场化主体在我国特殊资产投资市场中参与的深度和广度仍然受到较多限制。

境内特殊资产投资尤其是不良债权资产投资中，传统AMC在资金能力、定价机制及激励机制等方面的缺陷日益显现，这给包括外资机构、上市公司、商业银行、保险公司、特殊机会基金等在内的市场化参与方带来凸显其价值的空间。在前述市场化参与方中，外资机构、上市公司、商业银行、保险公司的参与方式多见于设立非持牌资产管理公司，将不良资产投资等列入经营范围，自行或下设子公司对特殊资产进行获取、运营和处置。人民币特殊机会基金作为特殊机会投资领域的专业玩家，与其他市场化参与方相比，凸显其独到的优势：

- 在资金能力方面，相比其他市场主体，特殊机会基金向投资者募集相对长期限、低成本的资金，从而满足特殊资产收购、经营、管理和处置方面的长期资金需求；
- 在资源整合方面，特殊机会基金通过引入外部投资者的方式，更直接和紧密地与银行、地方政府、大型企业集团等主体合作，可充分利用前述合作方在相关行业领域的资源与经验，从而丰富特殊资产的处置模式，有效提高特殊资产的处置效率；
- 在激励机制方面，特殊机会基金通过市场化的管理和激励机制，将具有经验和能力的高素质团队成员与投资收益实现有效绑定，从而能够更大限度调动各方在项目发掘、投后管理、项目处置等方面的积极性。

目前人民币私募基金中将特殊机会基金作为单一基金策略的尚属少数，更常见的是将特殊资产投资作为其辅助投资手段之一、融合于其他投资策略中，特殊资产只占基金整体资产配置的一部分。例如，部分市场知名的夹层基金中包含特殊机会投资策略，该等夹层基金的部分资金用于投资不良资产包、不良商业地产项目、困境企业等。从投资标的上看,受我国特殊资产投资市场发展现状的限制,特殊机会基金主要以投资不良债权资产尤其是商业银行的不良债权为主,同时辅之以困境项目等其他类别的特殊资产(如参与对困境企业的重整)。

从类型上看,人民币特殊机会基金以不良资产基金为主,另外,其他类型私募基金中也不乏以该类型中的特殊机会为其主要投资策略的情况,该等其他类型私募基金也在一定程度上构成人民币特殊机会基金。

- 不良资产基金。[1] 不良资产基金典型的运营模式为以账面原值的一定折扣收购商业银行的不良资产包,在资产分类的基础上进行价值提升,并通过单户/打包转让或其他方式(如债务人折扣清偿、债转股、破产清算、诉讼追偿、本息清收、以物抵债等)实现债权回收。

- 并购基金。并购基金典型的运营模式为对于存在困境但尚未破产的企业,通过收购目标企业股权,获得对目标企业的控制权或重要参股权,通过优化或调整目标企业发展战略、改善目标企业的股权结构与治理结构、调整与优化目标企业的资产组合、资本及税务结构后,通过私有化、退市、业务/财务再造或再上市等方式获得投资回报并实现退出。

- 纾困基金。纾困基金旨在帮助民营上市公司及其大股东化解流动性风险和股票质押风险,其运营模式主要包括债权型投资和股权型投资两大类。其中,债权型投资主要是以"转质押"方式提供股票质押融资支持,可概括为"借新还旧"模式。股权型投资是解决民营企业债务问题的最终途径,主要包括协议受让上市公司股份、认购上市公司非公开发行股份、重组控股股东等模式。

- 地产基金。地产基金较为典型的运营模式为通过股权、债转股、股加债等投资方式,对处于困境的商业物业或公寓、工业、酒店办公楼等底层资产进行收购,通过专业处置手段,将优质资产上的瑕疵予以剥离及梳理,并通过清租、土地整理、建设和内部装修、物业改造等方式提升资产价值,随后向市场转让该等特殊资产并取得转让收入。

---

[1] 也称不良债权基金(distressed debt funds),主要投资方向为收购和处置不良资产,在收购不良资产后,通过债转股、重组、证券化等方式进行处置、回收,实现资产价值变现和价值提升。境内因对债权基金的敏感通常称为不良资产基金。不良债权基金的投资主要有以下特点:(1)通常要求投资后很快回收现金,因此投资周期相对较短;(2)投资市场对专业度的要求更高,成熟投资机构对风险的管理能力更强;(3)通常为逆周期投资,一般经济下行周期的底部是不良资产投资的黄金阶段。

截至2020年第一季度末,我国商业银行不良贷款余额为2.61万亿元,不良贷款率为1.91%,关注类贷款余额达到4.1万亿元,就潜在标的而言,不良债权基金未来有很大的市场空间。然而,鉴于我国目前不良债权登记和批量简化转让制度基础的缺失以及银保监会和证监会对于银行等金融机构债权和私募基金分头管理的现状,不良债权基金在国内的大规模发展还需要较多的配套制度建设和监管深入合作,不良债权基金的发展可能受到较多制度掣肘。

三、人民币特殊机会基金的特殊架构和条款

特殊机会基金属于私募基金的一种,其运行与其他私募基金的运行机制类似,同样存在"募、投、管、退"的生命周期。同时,特殊机会基金在设立、运营等方面又具有如下一些特殊性。

(一)基金架构

在基金架构上,鉴于投资标的的特性以及当前 AMC 在特殊资产生态链条的核心地位,很多特殊机会基金在设立之初就在基金架构上确定了与 AMC 的合作关系,以保证未来可以获取充足而优质的项目资源。除常见的 AMC 作为共同发起人参股 GP/管理人发起设立特殊机会基金、作为 LP 投资于特殊机会基金及/或以共同投资者身份与特殊机会基金共同参与投资外,市场上也有特殊机会基金募集资金直接用于投资地方 AMC 股权从而间接参与不良资产投资与收购的做法。

另外,不良债权等特殊资产在管理、处置等方面对于发起人管理团队专业化需求较高,特殊机会基金发起人往往需要配备专门的特殊资产管理和运营团队,部分发起人选择将该等团队置于一个专门的特殊资产运营管理公司,进行专业化运作。

(二)基金条款

就投资人而言,特殊机会基金采用 PE/VC 基金常用的内在机制以较好地实现发起人与投资人之间的利益一致,这是促使投资人选择通过特殊机会基金而非其他方式投资于特殊资产的重要原因之一。这些 PE/VC 基金常见内在机制,例如,基金合同中关于 GP 出资、团队跟投的安排使发起人得以向特殊机会基金认缴出资从而按比例参与特殊机会基金的投资,从而实现发起人与投资人的利益绑定;又如,特殊机会基金在基金合同中约定关键人士条款,将在项目获取、投资决策、特殊资产增值服务、投资退出等重要环节发挥关键性作用的团队核心成员和基金绑定,在核心成员发生变化或者无法为特殊机会基金提供足够服务之际,赋予投资人一系列权利,以保护其利益。

除与 PE/VC 基金采用类似机制之外,特殊机会基金的条款根据其投资策略与投资标的的不同,与 PE/VC 基金的典型条款也有区别,并且不同类型的特殊机会基金,其条款也存在差异。例如,

——不良债权基金通常要求投资后很快回收现金,因此其投资期通常相对较短,而并购类特殊机会基金的投资期则相对较长;

——夹层策略的特殊机会基金的投资周期较短且更具流动性,因此其基金合同中往往约定了更为宽松的循环投资条款,循环投资可能放宽至整个投资期甚至整个存续期限;

——地产类和并购类的特殊机会基金因其各自投资策略的需要,基金合同中往往约定了相较一般 PE/VC 基金更灵活的举债与担保安排;

——地产类特殊机会基金取得收益的方式使得其会产生更多的利息收入(当期收益),因此除通常就来源于投资项目的收益分配进行约定外,基金合同也可能会对利息、

分红等经常收入设置单独的分配条款;

——不良债权基金除了基金管理人外,往往还需就相关不良债权的清收服务单独聘请专门的顾问或者清收服务商,并向该等服务提供方另行支付报酬(如清收服务费)。

(三)投资人组成

受限于我国特殊资产投资市场的发展状况,投资人对于特殊机会基金的了解尚不全面,并且特殊机会基金基于其投资标的情况,往往规模较大,目前特殊机会基金的投资人主要以包括保险公司、央企、地方政府平台和大学基金会在内的专业投资机构为主,其中,因特殊机会基金收益特征与其投资目标比较契合,保险公司的参与意愿较高,而高净值个人投资者和一般民营企业直接参与的则相对较少。

(四)管理团队

由于特殊资产处置链条通常较长,特殊机会基金对发起人管理团队提出了更高的要求。一方面,特殊资产投资十分看重取得特殊资产后的运营管理及价值提升,因此特殊机会基金更考验发起人管理团队的项目把握能力与投后运营能力。对特殊机会基金而言,作出投资只是第一步,后续有大量的管理与运营贯穿整个项目周期,且与其他市场主体不同,特殊机会基金发起人通常不直接依托任何金融机构和平台,因此特殊机会基金的投、管和退均需要管理团队在特殊资产投资领域具有独立判断和正确处置的经验和能力,包括法律关系梳理能力、整改增值能力、转让定价能力以及与债务人的谈判能力等。目前市场上几家相对成熟的特殊机会基金发起人管理团队中均包括在不良资产处置、地产重组等方面有专门经验的团队成员。另一方面,特殊资产处置过程中往往涉及与金融机构、债务人、服务商、各地法院、政府部门等多方主体的沟通与协调,因此还需要发起人管理团队具有一定的行业资源,与相关方建立起稳定的合作关系和行业网络,对银行、资产管理公司、服务商、专业评估机构、政府部门、国有企业、上市公司等多方面资源加以整合。

四、人民币特殊机会基金面临的特殊挑战

尽管国内特殊资产供应端的数量和种类都在不断增加,但仍有诸多因素制约特殊机会基金在我国的发展,在目前的法律和监管机制下,特殊机会基金在项目获取、处置等诸多方面都面临一些特殊挑战。

例如,对以不良资产基金为代表的信贷类特殊机会基金而言,目前仅 AMC 可以直接从银行处批量受让不良资产包,特殊机会基金仅能非批量直接从银行处受让不良资产包或从 AMC 等其他主体处间接受让不良资产包。一级市场的“身份限制”导致即使不良资产供应量在持续增加,特殊机会基金直接获取优质不良资产的效率仍然低下。大量优质项目仍掌握在 AMC 手中,特殊机会基金仅能更多依赖 AMC 在二级市场出售的不良资产包而获取不良资产投资机会。而在二级市场从 AMC 手中获取优质项目也并非易事,一方面 AMC 往往不愿意单独出让优质不良资产包而往往要求基金同时承接其他不良资产,另一方面从 AMC 处出让的不良资产包通常竞争激烈,因此基金获取项目的成本也相应地水涨船高。从长远看,垄断的格局不利于提高处置的效率,而进一步降低一级市场门槛、引入多元化的处置主

体更加有利于激活和推动整个不良资产处置的市场化进程。

又如,从特殊资产的信息整合与披露角度,由于目前缺乏统一的特殊资产信息交流平台,导致特殊资产的交易与处置过程存在较大的信息不对称性,给特殊资产的交易增加了信息成本。特殊资产从直接来源方到最终的处置方之间往往存在多层主体,而各主体之间对特殊资产相关信息的掌握程度存在较大差异。尤其对于新进入特殊资产市场的发起人而言,对特殊资产相关信息的获取能力将直接影响其定价能力和处置能力。

此外,目前私募基金的相关监管规则和监管实践与特殊机会基金可能存在较大差异,兼容性较差。最直观的例如,在管理人登记与基金备案层面,根据基金业协会公布的《基金类型说明》,[1]私募基金产品依据投向等因素,被分为私募证券投资基金、私募股权投资基金、创业投资基金、其他私募投资基金、上述各类基金对应的FOF基金及私募资产配置基金。特殊机会基金根据其投资策略的不同,有可能落入私募证券投资基金、私募股权投资基金或其他私募投资基金的类别。按照基金业协会对不同类型私募基金的相关定义,不良资产基金等特殊机会基金通常认为应属于“其他私募投资基金”[2]的范畴,基金管理人所属登记的类别亦应为“其他私募基金管理人”。但根据基金业协会目前的监管实践,“其他类私募管理人”的登记申请事实上已被叫停。[3] 在确实存在新设登记现实需求的情况下,市场上不乏不良资产等基金管理人申请股权类私募基金管理人牌照的情形,但该等做法在未来基金备案时是否一定能通过基金业协会的审核,仍待进一步观察。

除管理人登记与基金备案外,不同类型的特殊机会基金在后续运营过程中亦面临不少来自监管的限制与影响。例如,对以地产基金为代表的实物类特殊机会基金而言,其过去较为常用的债权投资形式目前受到相关监管机构(包括自律监管机构)的严格限制,特殊机会基金以债权投资方式投资于相关住宅地产项目(包括以名股实债的方式受让房地产开发企业股权)的做法面临较大监管障碍;并且,随着不断加强的地产金融监管,地产基金在结构化和负债杠杆、单一项目融资、利益冲突和关联交易方面亦面临逐渐“收紧”的监管口径,这也对地产类特殊机会基金的运营产生较大影响。又如,对以并购基金为代表的股权类特殊机会基金而言,商业银行并购贷款作为并购交易中的重要融资工具之一,在境外成熟市场已广泛为并购基金所采用,而与境外相比,目前境内并购贷款由于起步较晚、发放条件严格、贷款利率偏高以及杠杆比率受限等原因,使并购基金较难取得境内并购贷款以满足其资金需求。此外,相关监管部门对三类股东、结构化并购基金、间接锁定等问题的监管口径以及《资管新

---

[1] 参见《有关私募投资基金“基金类型”和“产品类型”的说明》,载基金业协会网,https://ambers.amac.org.cn/web/app/static/publicTemplate/productInfo.html,2021年1月16日最后访问。

[2] 即投资除证券及其衍生品和股权以外的其他领域的基金。

[3] 根据基金业协会的私募基金管理人公示信息,自2017年9月28日5家其他类私募基金管理人通过登记以来,近一年未有新的其他类私募基金管理人成功登记,而自2018年6月至2020年5月陆续新登记的路博迈等18家其他类管理人,均属于QDLP管理机构,其他类私募管理人并未全面放开,详见基金业协会网,http://gs.amac.org.cn/amac-infodisc/res/pof/manager/index.html,2021年1月16日最后访问。

规》下对并购基金杠杆倍数、兜底安排、份额质押等方面的限制,也会对并购基金的运营与退出造成一定的限制与影响。

2018 年以来我国经济面临着增长放缓、结构失衡、金融风险暴露、国际关系紧张等压力和风险,各类不良资产、困境重整等特殊资产投资机会应运而生。作为市场重要组成部分的私募基金行业不可避免地受到宏观经济形势影响,无论是基金发起人还是投资人都在致力于寻找足以抵抗下行风险和“逆周期”的私募基金投资机会。在传统投资手段已不足以满足投资人的收益预期和资产配置需求时,以特殊资产为主要投资标的的投资基金——特殊机会基金,正吸引着市场越来越多的关注。中美经贸协议中对于外资 AMC 的特别规定凸显了特殊机会投资的战略意义,在申请外资 AMC 牌照的同时,某些境外特殊机会基金发起人机构也在考虑设立在岸人民币特殊机会基金。人民币特殊机会基金有望迎来难得的发展机遇。

/第五节/ S 基金

私募股权二级市场基金(secondary funds,以下简称 S 基金)是专注于私募股权二级市场(以下简称 PE 二级市场)投资机会的投资基金,是 PE 二级市场的专业“玩家”,也称“二手”基金。PE 二级市场是指对私募股权基金(以下简称 PE 基金)权益及投资组合进行交易的市场,区别于 PE 基金直接向投资人募集及投资组合首次接受投资的一级市场(以下简称 PE 一级市场)。

S 基金的主要投资方式包括:(1)参与 PE 二级市场中 PE 基金权益的交易,即直接收购 PE 基金中既存投资人的权益;(2)参与 PE 二级市场中投资组合的交易,即直接收购 PE 基金所持有的部分或全部投资组合;(3)参与兼具基金权益交易及投资组合交易属性的基金资本重构。

一、S 基金的发展情况

(一)境外 S 基金的兴起和兴盛

S 基金肇始于 1982 年,“PE 二级市场之父”Dayton Carr 在当年设立了第一家专注于 PE 二级市场投资的投资机构美国创业资本基金(Venture Capital Fund of America,即今天的 VCFA Group)。1990 年 PE 二级市场策略的另一位先驱 Jeremy Coller 创立了科勒资本(Coller Capital)。但直到 20 世纪末,S 基金的规模一直很小,并没有形成单独的基金类型。20 世纪末互联网泡沫后,由于投资人对资产流动性的需求大幅增加,S 基金逐渐开始显露头角,在 2008 年金融危机爆发后,大量 PE 二级市场买家涌入,S 基金作为 PE 二级市场的专业买家,借此迅猛发展,尤其最近几年一直保持高速增长,募资规模屡创新高。2019 年 S 基金的募集规模达到369亿美元,平均单只基金规模已高达11.5亿美元。[1] 2020年S基金的募集规模总计高达956亿美元,全球募集规模前十大的PE基金中有4只为S基金,分属Ardian(190亿美元)、Lexington(140亿美元)、高盛(103亿美元)和AlpInvest(90亿美元)[2]。

近年来,境外S基金参与的交易类型不单局限于受让基金权益,而是越来越多地参与到基金发起人(以下泛称GP)主导的基金重组中,交易结构通常更为复杂且具有较强的定制性。[3]

(二)境内S基金的发展状况

境内S基金是随着境内PE二级市场的出现而逐渐发展起来的。境内PE二级市场为私募股权投资市场的流动性、投资配置多元化以及风险管理提供了重要补充。对S基金的投资者来说,这种二级市场交易提供了一个新的投资机会,一个可能以较低价格购买较高投资价值资产的途径与桥梁;对于卖方而言,二级市场则可以将手中的出资份额或者被投资企业的权益变现,从而使处于固定状态的资本流动起来。

2013年歌斐资产募集完成中国第一只S基金,规模为5亿元人民币,自此拉开了境内S基金的序幕,但在2013~2017年境内PE二级市场发展缓慢,S基金甚至被看作"不怀好意的捡漏者"。[4]

2017年年末以来,一方面,在信用债违约不断、资本市场波动、去杠杆以及《资管新规》出台的大背景下,投资人缴款违约现象增加,加上2019年年末开始暴发的COVID-19疫情导致的经济停摆,投资人对PE基金权益流动性的需求大幅增加,越来越重视主动资产配置以及投入资本分红率(DPI);另一方面,随着2008~2012年设立的首批人民币PE基金陆续到期以及减持新政的限制,GP也面临基金到期退出的问题。在此背景下,S基金既可以解决投资人的流动性需求、节省其零散售卖基金权益的时间及其他成本、加速锁定投资回报率,同时也可以填补原有投资人无法实缴到位的资金空缺以保证PE基金按时完成下游投资,因此境内S基金发展速度明显加快。无论是专业的PE二级市场投资管理机构(如科勒资本),还是母基金(如歌斐资产、宜信财富、盛世投资、开元国创等),都纷纷在境内布局S基金或类似的投资平台。一些母基金开始探索"F+S+D"(子基金+S基金+直投)三合一的投资模式,利用S基金的灵活度补足母基金流动性。[5] 大额S交易于2018~2019年增幅明显,与

[1] "Secondaries Investor: Fundraising report 2019", https://d16yj43vx3i1f6.cloudfront.net/uploads/2020/01/2019-full-year-fundraising-report-1.pdf,2021年1月16日最后访问。

[2] "Secondaries buoys total FY 2020 PE fundraising amid pandemic", https://www.privateequityinternational.com/secondaries-buoys-total-fy-2020-pe-fundraising-amid-pandemic/,2021年1月16日最后访问。

[3] 详见本章第十一节。

[4] 参见《新程投资掘金资本寒冬 业内:需更多人参与以形成市场》,载新浪财经网,https://finance.sina.cn/chanjing/gsxw/2019-02-22/detail-ihqfskcp7551943.d.html?vt=4&pos=17,2021年1月16日最后访问。

[5] 参见投中信息《2020年中国PE二级市场发展趋势及展望报告》。

《资管新规》的出台相呼应。[1]

此外,政策层面对 S 基金的发展也持鼓励态度。例如,深圳市政府于 2019 年 1 月 6 日发布的《关于印发促进创业投资行业发展若干措施的通知》及青岛市政府于 2019 年 5 月 9 日发布的《打造创业投资风险投资中心若干政策措施》中均提到"鼓励设立私募股权二级市场基金"。2020 年 7 月 15 日,国务院常务会议决定在区域性股权市场开展股权投资和创业投资份额转让试点。2020 年 8 月 28 日,国务院《关于深化北京市新一轮服务业扩大开放综合试点建设国家服务业扩大开放综合示范区工作方案的批复》(国函〔2020〕123 号)中提出,支持北京市在现行私募基金法律法规框架下,设立私募股权转让平台,拓宽私募股权和创业投资退出渠道。2020 年 12 月 10 日,证监会正式批复同意在北京股权交易中心开展股权投资和创业投资份额转让试点。

总体而言,人民币 S 基金的发展还处于初期阶段,相较于境外成熟市场基金规模较小,交易类型较为初级。2019 年年末全球 PE 二级市场 7% 的渗透率,人民币 PE 二级市场的渗透率只有 0.3%。[2] 对标全球市场,中国 PE 二级市场买方规模依然不足,存在很大增长空间。

2020 年人民币 S 基金在募资端和交易端都发展迅猛。从募资端看,人民币 S 基金的募资如火如荼:例如,2019 年 12 月,深创投在珠海设立其第一期 S 基金,目标规模 100 亿元;2020 年 8 月,歌斐资产旗下的第五期 S 基金募集金额 20 亿元,募资仅历时 2 个月;2020 年 12 月,北京清科和嘉二期投资管理合伙企业(有限合伙)在京落地,总规模 20 亿元,系首只在北京设立的 S 基金。从交易端看,2020 年君联资本[3]、昆仲资本和 IDG 资本先后完成三笔 S 交易,接续基金等比较复杂的交易结构得到应用[4]。以致有人将 2020 年称为中国 S 基金的真正元年。[5]

二、S 基金与盲池基金(blind-pool fund)的区别

盲池基金(blind-pool fund),即一般的 PE 基金,其在募资时底层资产尚未确定,投资人对基金未来投资的底层资产存在盲区。与盲池基金相比,S 基金具有以下特点。

(一)底层资产确定

S 基金投资的基金通常情况下已完成全部或大部分投资,底层资产相对确定。因此,S 基金可通过对底层资产的尽职调查,分析底层资产的目前状况及未来潜力,一定程度上降低"盲池风险"。

---

〔1〕 参见光尘顾问《中国私募股权二级市场白皮书》(2020)。

〔2〕 参见投中信息《2020 年中国 PE 二级市场发展趋势及展望报告》。PE 二级市场渗透率指 PE 二级市场募集/在管规模在 PE 整体募集/在管规模中所占比重,反映 PE 二级市场对整体 PE 市场的贡献程度。

〔3〕 该交易的标的基金为一只美元基金(而非人民币基金)。

〔4〕 参见光尘顾问《接续基金研究报告》(2020 年 12 月)。

〔5〕 参见《乘风破浪的中国 S 基金》,载母基金周刊,http://www.fofweekly.com/yixiankuaixun/4302.html,2021 年 1 月 16 日最后访问。

（二）通常以折扣价取得资产

由于投资人可能出于流动性压力而出让基金权益，因此S基金通常情况下可以以基金单位资产净值（NAV）的折扣价取得权益或资产。境外S基金在2017年收购基金权益的平均价格为NAV的80%～94%，[1]但2018年下半年由于竞争加剧，S基金收购基金权益的平均价格甚至达到NAV的102.5%。[2]

在国内，由于2020～2021年属于买方市场，预计标的基金折扣会普遍较大。未来2年内的S交易中，低于6折的交易占比会从11%提升至19%，高于8折的交易占比会从44%降至36%。如果基金即将到期，面临逾期压力，折扣力度可能会进一步加大。[3]

（三）降低J曲线效应（J-curve effect）

在PE基金运营初期需支付投资成本、筹建费用及基金营运费用等，而投资项目尚未取得投资回报，因此总体的回报率会为负数，随着投资项目的逐渐退出，PE基金的收益率会逐渐提高。因此，如以时间为横轴，以收益率为纵轴画出一条曲线，PE基金的内部回报率通常呈现J曲线（见图7.4）。而S基金由于投资阶段偏向于基金的中后期，收益率为负数的时间被大幅缩短，退出周期相对更快、回款周期相对更短，整体效益一般会超出PE基金。境外S基金中仅有不到2%的基金IRR为负数，且平均IRR中位数为15.8%，高于PE基金平均IRR的中位数13%。[4]

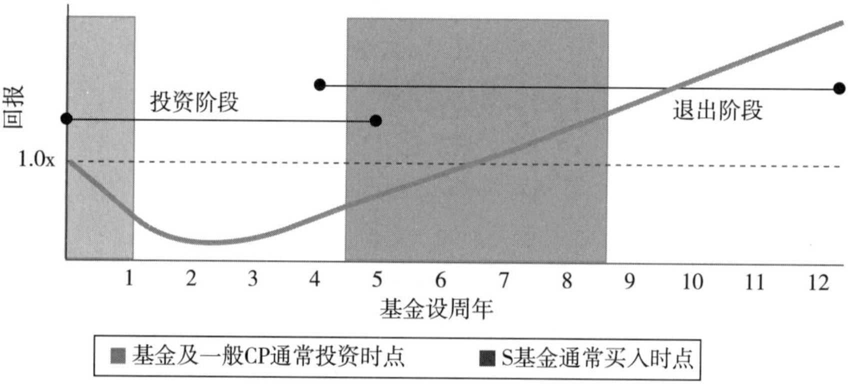

图7.4　PE基金内部回报率的J曲线示意

（图片来源：科勒资本：《私募股权二级市场》[5]）

---

〔1〕“Preqin Secondary market update Q1 2018”，https://docs.preqin.com/reports/Preqin-Special-Report-Secondary-Market-Update-Q1-2018.pdf，2021年1月16日最后访问。

〔2〕“Here Are the Private Equity Funds Winning the Secondary Market”，https://www.institutionalinvestor.com/article/b1crdd8r4j687y/Here-Are-the-Private-Equity-Funds-Winning-the-Secondary-Market，2021年1月16日最后访问。

〔3〕参见光尘顾问《中国私募股权二级市场白皮书》（2020）。

〔4〕“Preqin Secondary market update Q1 2018”，https://docs.preqin.com/reports/Preqin-Special-Report-Secondary-Market-Update-Q1-2018.pdf，2021年1月16日最后访问。

〔5〕“The Private Equity Secondary Market”，https://www.collercapital.com/private-equity-secondary-market-2，2021年1月16日最后访问。

(四)实现投资在时间维度的多元化

为实现投资多元化,盲池基金可能会从投资标的、行业领域、投资地域等方面着手,但S基金的独特性在于可以实现时间维度的多元化,也就是说,即使投资于同一GP旗下基金,S基金也可以通过投资于GP在此前经济周期不同阶段所募集管理的基金来减少因投资时间及特定经济周期对投资表现的影响。

(五)估值难度较高

投资盲池基金时,由于基金尚未进行投资或仅进行少量投资,一般不涉及对投资组合或权益的估值。而S基金投资的基金通常已完成全部或大多数投资,因此投资组合及权益估值是S基金交易的核心问题,对投资组合的估值目前有相对成熟的方法,而对权益的估值较难且不同机构之间也存在较大差异。[1]

三、S基金的交易类型

S基金作为一种专门类型的私募基金,其与一般PE基金的主要区别在于其投资的主要是PE二级市场交易。境内外S基金的主要交易类型包括以下几个,其中人民币S基金采用的方式还略显直接和初级。

(一)基金权益收购

基金权益收购,即S基金作为受让方直接购买PE基金的投资人所持有的基金权益,是S基金传统的交易方式,也是目前国内S基金主要的交易方式。以受让人数量和基金数量两个维度进行区分,理论上可划分为四类交易方式:(1)收购单一投资人的单只基金权益;(2)收购单一投资人的多只基金权益;(3)收购多个投资人的单只基金权益;以及(4)收购多个投资人的多只基金权益,但因第4类交易既涉及多个投资人,又涉及多只基金,通常并不将其作为一类单独的交易方式,即使发生,也是按照具体情况拆分为前三类交易方式。因此以下就基金权益收购的前三类交易方式进行简要介绍。

1. 收购单一投资人的单只基金权益

S基金收购单一投资人的单只基金权益与一般PE基金权益转让无实质区别,但通常情况下S基金主要投资于已完成全部或较大比例提款的基金,从而可以对底层标资产状况及潜力进行一定程度的判断。但近年来基于一些投资人对流动性的需求,境外也有S基金投资于仅完成较小比例提款或尚未提款的基金,此类交易被称为"低提款基金权益交易"(low-funded secondaries deal)。[2] 低提款基金权益交易更类似于基金权益的直接募集,由于基金提款比例较低或尚未开始提款,此类S基金类似于母基金,在投资时主要关注的是基金发起人的管理能力,而非底层资产状况。

---

[1] 参见《中国PE二级市场基金2019年度展望报告》,载微信公众号"投中网",https://mp.weixin.qq.com/s/FaWrNBWkLl3UBfm4r5MEvw,2021年1月16日最后访问。

[2] "We just closed our new fund and already an investor wants out?",https://www.privatefundscfo.com/just-closed-new-fund-already-investor-wants/,2021年1月16日最后访问。

2. 收购单一投资人的多只基金权益

S基金收购单一投资人的多只基金权益也是境外成熟市场中常见的一种交易模式，目前国内并不常见。此种交易形式诞生于2000年，Chase Capital Partners将其持有的5亿美元的基金权益打包转让，收购方为Lexington Partners和Hamilton Lane旗下的S基金。[1] 2007年加利福尼亚州公共雇员养老基金（CalPERS）因投资战略调整，将其所持有的超过60只PE基金的基金权益打包转让，收购方以Coller、HarbourVest和Lexington等专业的PE二级市场投资机构为主。[2]

在以上两种交易方式中，GP通常仅为被动角色，被称为“沉默的合伙人”，仅在必要时同意基金权益转让，并进行信息披露、接受尽职调查、审核买方资质条件，并完成转让相关登记/备案程序等。

3. 收购多个投资人的单只基金权益

S基金参与此种交易通常采取要约收购（tender offer）的方式，即由GP代表S基金向PE基金的既存投资者发出收购要约，接受收购要约的投资人可将其持有的基金权益向S基金转让从而实现退出或者部分退出，未接受收购要约的投资人将继续持有基金权益。S基金受让后可能导致该基金的投资人结构发生重大变化，一般情况下会随着延长基金的存续期限，S基金甚至可能通过与GP的谈判，通过修改基金组织文件及订立附属协议等方式重新进行经济利益安排，例如调整管理费、收益分配机制等。

与前两种交易方式中GP仅为被动角色不同，此种交易方式中GP通常为主动方，具有一定的控制力。近年来因GP在获取交易信息、接触投资主体上具有天然优势，此种交易方式逐渐普及开来。尤其在基金临近存续期限届满但投资项目尚未到退出时机的情形下，如果GP预计未来可能有较好的前景，则可能引入S基金投资。同时S基金在通过GP向既存投资人发出收购要约的同时，也可能绑定认购GP所管理的其他基金的基金权益（stapled commitment），通过“要约收购加绑定认购新基金”的方式创新性地解决了既存投资人的流动性问题，同时也为GP下期基金的募集减轻压力，这些做法近年来尤为普遍。例如2017年Lexington向BC European Capital IX LP的投资人发出12亿欧元的收购要约，同时承诺对BC European Capital X认缴出资6亿欧元；[3] 2018年Ardian向Bridgepoint Europe IV的投资人发出收购要约，同时承诺认购Bridgepoint最近一期的债权基金，认购金额为其持有

[1] “Private equity secondary market”，https://en.wikipedia.org/wiki/Private_equity_secondary_market，2021年1月16日最后访问。

[2] “Private Equity Liquidity：A Perspective on the Secondary Market”，http://portal.idc.ac.il/en/main/research/caesareacenter/annualsummit/documents/ew08-2.pdf，2021年1月16日最后访问。

[3] “Lexington Seals $1 Billion Secondary Deal With BC Partners”，https://www.wsj.com/articles/lexington-seals-1-billion-secondary-deal-with-bc-partners-1502710205，2021年1月16日最后访问。

Bridgepoint Europe IV 基金权益的 1/20,最高不超过 5000 万美元;[1] 2018 年 Lexington 通过要约收购形式购买 TPG 五期和六期亚洲基金的权益,同时向 TPG 七期基金认缴出资;[2] 2019 年 HarbourVest 收购 Court Square 三期基金的合伙人权益,同时向 Court Square 四期基金认缴出资。[3]

(二)投资组合收购

GP 出于调整投资组合或者基金清算变现的目的,有将投资组合转手的需求,S 基金可通过收购 PE 基金部分或全部投资组合的方式进行投资。收购完成后,S 基金可继续对收购的资产包进行管理并获取收益。此种交易类型与股权投资类似,区别主要在于交易对象一般为投资组合而非单个资产,因此在交易定价、交易结构、交易程序设计等方面更为复杂。

此种交易类型在境外较为普遍,例如 2017 年,Lexington、Goldman Sachs 及其他投资人共同收购 Warburg Pincus Private Equity XI 所持有的大约 12 亿美元的投资组合,该投资组合主要涉及中国、印度及东南亚其他国家的投资项目。[4]

在国内,S 基金参与投资组合收购目前还处于发展初期,数据显示,该种交易类型占国内 PE 二级市场交易的 12.11%。[5] 2020 年年初,此种交易方式开始体现出强劲的上升趋势,例如,君联资本旗下的美元基金将其 12 个被投项目转让给汉领资本领投的受让方,完成 2 亿美元的交易,[6] 昆仲资本旗下的人民币基金将其 7 个被投项目转让给 TR Capital 领投的受让方,涉及金额大约 1 亿美元。[7]

需要指出的是,S 基金参与的各种交易类型并非各自独立,在同一个交易中可能涉及多种交易类型。例如在 2004 年,Abbey 将其 41 只 PE 基金的基金权益及 16 个欧洲公司的股权一并向 Coller 出售,[8] 该交易既涉及收购投资组合,也涉及"收购单一投资人的多只基

---

〔1〕 "Ardian to back Bridgepoint credit fund staple", https://www.secondariesinvestor.com/ardian-back-bridgepoint-credit-fund-staple-exclusive/,2021 年 1 月 16 日最后访问。

〔2〕 "Lexington leads $1b stapled secondary for TPG Asia", https://www.avcj.com/avcj/news/3012929/lexington-leads-usd1b-stapled-secondary-for-tpg-asia,2021 年 1 月 16 日最后访问。

〔3〕 "HarbourVest backs Court Square stapled deal", https://www.secondariesinvestor.com/harbourvest-backs-court-square-stapled-deal-exclusive/,2021 年 1 月 16 日最后访问。

〔4〕 "Warburg Pincus to Sell $1.2 Billion of Asian Assets to Secondhand Buyers", https://www.wsj.com/articles/warburg-pincus-to-sell-1-2-billion-of-asian-assets-to-secondhand-buyers-1507028400,2021 年 1 月 16 日最后访问。

〔5〕 参见《中国 PE 二级市场基金 2019 年度展望报告》,载微信公众号"投中网",https://mp.weixin.qq.com/s/FaWrNBWkLI3UBfm4r5MEvw,2021 年 1 月 16 日最后访问。

〔6〕 参见《君联资本续期基金首秀:交易规模 2 亿美元,资产包含 12 个项目》,载新浪网,https://tech.sina.com.cn/roll/2020-02-17/doc-iimxxstf2050728.shtml,2021 年 1 月 16 日最后访问。

〔7〕 参见《昆仲资本完成部分人民币资产退出和美元基金募集》,载搜狐网,https://www.sohu.com/a/373654536_115433,2021 年 1 月 16 日最后访问。

〔8〕 "Abbey: asset sale", https://www.collercapital.com/abbey-asset-sale,2021 年 1 月 16 日最后访问。

金权益”。

(三)参与基金资本重构(fund recapitalization)

与前两种交易类型相比,S基金参与基金资本重构兼具基金权益收购和投资组合收购的特点。基金资本重构是GP主导型PE基金重组的一种重要交易形式。S基金参与的基金资本重构通常的交易模式为,S基金与GP共同新设承继实体SPV,该SPV收购原基金投资组合,同时原基金投资人可以选择将其在原基金的权益转换为新设SPV的权益(roll-over)或者在取得现金后退出(cash-out)。

与要约收购中S基金受让后通常受限于原基金条款的框架不同,由于S基金在参与基金资本重构时,通常直接参与新设SPV,因此其有机会通过与GP的谈判重新设定不受原基金条款框架限制的基金条款、合作模式、估值基础等,并且S基金可能参与确定收购方案,因此S基金在参与基金资本重构时具有相对较大的话语权及把握交易安排的灵活度。

境外S基金参与基金资本重构近年来尤其火爆,不仅交易数量多,而且交易规模也屡创新高。2018年Nordic Capital主导了Nordic Capital VII基金的基金重组,该基金的净资产25亿欧元全部转移至新设实体Nordic Capital VC1,其中收购方Coller Capital和Goldman Sachs合计收购15亿欧元的净资产,剩余净资产由原基金投资人通过权益转换(roll over)继续持有,[1]该交易为史上交易规模最大的基金资本重构交易。[2] 与要约收购类似,S基金在参与基金资本重构时,也可同时绑定认购GP所管理的新基金的权益(stapled commitment)。[3]

四、交易中介机构

在S基金参与的PE二级市场中,信息获取往往并不透明,卖方和买方之间的信息不对称,被投资公司缺乏公开信息,而且交易通常涉及多方且交易方案具有极强的定制性,因此在架构设计、尽职调查、估计定价、交易程序及交易文件等方面更为复杂,需要专业中介机构协助交易机会发现、交易尽职调查以及交易顺利执行。

境外PE二级市场中的交易中介发达,服务细化,拥有较为成熟的交易平台及报价系统。交易顾问(intermediary)提供的服务主要包括:(1)为卖方寻找买方,撮合交易。由于PE二级市场本身信息不对称、不透明,了解交易标的并寻找适合的买方是PE二级市场交易中面对的首要问题。(2)协商确定交易方案并协助交易方案执行。例如,在投资组合收购中是否将

[1] “Coller and Goldman Confirm Nordic Capital GP-led close”,https://www.privateequityinternational.com/coller-confirms-nordic-capital-gp-led-close/,2021年1月16日最后访问。

[2] “History of Secondaries”,https://www.collercapital.com/about-secondaries/history-secondaries,2021年1月16日最后访问。

[3] “GP-Led Restructurings: Shaking up the World of Private Funds”,https://privateequityreport.debevoise.com/the-private-equity-report-spring-2018-vol-18-no-1/gp-led-restructurings,2021年1月16日最后访问。

投资组合分拆转让、如何进行分拆,在基金资本重构中如何确定既存投资人的选择方案、具体执行步骤等。(3)进行财务尽职调查,协助确定交易标的的估值。如何对交易标的进行公允定价(pricing)是买卖双方共同关注的重要问题,交易顾问可运用其专业能力、对标的进行的尽职调查以及对市场的了解协助确定交易标的价格。[1] 境外 PE 二级市场的蓬勃发展离不开专业交易顾问的协助,目前境外 PE 二级市场上交易顾问机制已较为成熟,规模较大的有 Greenhill、Campbell Lutyens、UBS 及 Evercore 等。根据 Preqin 的统计,2017 年境外 PE 二级市场中有 61% 的买方从交易顾问处获取过交易信息。[2]

而在国内,能够起到发展和完善 PE 二级市场作用的中介机构仍然较少,也欠缺必要的服务专业性。随着 S 基金的发展,交易中介机构也将累积经验、聚集人才,未来也会成为国内 S 基金发展的重要助推力量。

五、人民币 S 基金的特殊问题和考量

人民币 S 基金由于受限于中国适用法律项下的监管规定,在募资、交易方面可能需结合以下特殊问题一并考量。

(一)J 曲线在中国投资市场失真

由于目前境内 PE/VC 基金的退出方式等原因,前述 J 曲线并不能准确描述境内 PE/VC 基金的生命周期。境内 PE/VC 基金最主要的退出渠道是 IPO,而境外基金退出渠道以并购为主,因此境内 PE/VC 基金的时间—收益曲线恐怕会是较长的凹陷阶段加上最后较短期间极为陡峭的上升阶段。因此境内 S 基金在设计投资架构、策略乃至设置 S 基金本身的存续周期、投资期等方案时,不能完全依赖 J 曲线效应,而需要考虑境内市场的实际情况,设计符合中国 PE/VC 基金和资本市场的策略方案。

(二)募资端外资敏感性更强

由于我国的外商投资法规政策的要求,含有外资的基金在投资范围上可能受到限制。而 S 基金在投资时,相较于一般的 PE 基金而言,对投资组合的选择更为被动,例如基金权益收购通常对应的是目标基金所有投资组合,S 基金恐无法选择仅接受部分投资组合。如 S 基金本身含外资成分,则在参与交易时,除与转让方、基金进行沟通外,也可能需事先与被投资公司进行沟通,以免由于外资投资禁止或限制的原因导致交易无法执行。由于一个 PE 基金可能涉及众多被投资公司,该等沟通很可能会影响交易进度。因此 S 基金在募资时对外资成分的敏感度更高。

(三)交易可能涉及国资转让限制

从前述 S 基金的主要交易类型可以看出,境内 S 基金可能受让国有企业、政府引导基金

---

[1] "Secondary Market Intermediaries: What Do They Do?", https://www.pehub.com/2009/02/secondary-market-intermediaries-what-do-they-do/,2021 年 1 月 16 日最后访问。

[2] "The Secondary Market in 2017", https://docs.preqin.com/reports/Preqin-Secondary-Market-in-2017-February-2018.pdf,2021 年 1 月 16 日最后访问。

等国资投资人的基金权益,也可能收购含有国资成分的 PE 基金所持有的投资组合,因此,S 基金的交易很可能受到国有资产交易方面的相关法律法规和监管实践制约,在对手方为国有企业或者有国有成分的情况下,S 基金在交易架构、流程等方面不可避免需将国资相关规定及地方实践纳入交易考量因素。而相关法规和监管要求在适用于有限合伙制 PE/VC 基金方面的不确定性,[1]可能导致 S 基金交易方面的不确定性增加,需要在交易开始前和过程中与相关监管部门和对手方保持有效的沟通。

例如,国有产权交易方面目前的主要规范《32 号令》是否适用于有限合伙制企业(包括有限合伙制 PE/VC 基金),在《32 号令》颁布以来从学理到实操上一直存在争议。实践中不乏地方监管机构要求国有企业转让 PE/VC 基金权益须进场交易的先例,例如,国有企业转让有限合伙型私募基金权益时在产权交易所进行了公开转让,例如首都机场集团公司在上海联合产权交易所公开转让其在民航股权投资基金(有限合伙)的基金权益。[2] 国务院、国资委 2018 年 12 月和 2019 年 5 月的相关问题回复在一定程度上解释了《32 号令》对于有限合伙企业的适用问题,但有限合伙企业的国有企业认定及其转让程序还有待国资相关监管机构另行出台规定加以规制。

(四)交易可能需事先与被投资公司沟通确认

如被投资公司对其间接股东的变动有严格限制或其他要求,则 S 基金或者卖方基金的 GP 交易前应事先与被投资公司就拟议交易进行沟通,以免由于被投资公司的原因导致交易无法执行。在资产或者多只基金权益打包出售的情况下,S 基金的交易可能需要花费较大人力和费用与被投资公司进行一一沟通确认。

(五)涉及的工商变更等登记、备案程序导致交易事实上需要其他投资人配合乃至同意

人民币 S 基金交易中可能涉及被投资公司或目标基金的工商变更登记及其他相关登记、备案等,而大部分地区的企业登记管理部门实践中要求全体合伙人/投资人签署更新文件,因此 S 基金在进行交易时往往也需与其他投资人事先沟通以取得其配合乃至同意。

[1] 例如,国有产权交易方面目前的主要规范《32 号令》是否适用于有限合伙制企业(包括有限合伙制 PE/VC 基金),在《32 号令》颁布以来从学理到实操上一直存在争议。实践中不乏地方监管机构要求国有企业转让 PE/VC 基金权益须进场交易的先例,例如,国有企业转让有限合伙型私募基金权益时在产权交易所进行了公开转让,如首都机场集团公司在上海联合产权交易所公开转让其在民航股权投资基金(有限合伙)的基金权益。参见《首都机场同日转让两项目股权　底价超 1 亿元》,载新京报网,http://www.bjnews.com.cn/finance/2019/01/18/540818.html,2021 年最后访问。国资委 2018 年 12 月和 2019 年 5 月的相关问题回复在一定程度上解释了《32 号令》对于有限合伙企业的适用问题,但有限合伙企业的国有企业认定及其转让程序还有待国资相关监管机构另行出台规定加以规制。

[2] 参见《首都机场同日转让两项目股权　底价超 1 亿元》,载新京报网,http://www.bjnews.com.cn/finance/2019/01/18/540818.html,2021 年 1 月 16 日最后访问。

（六）科创板对 S 基金的估值具有参考价值

随着科创板的推出，符合科创板定位的尚未盈利或存在累计未弥补亏损的企业可以在科创板上市。未来将有更多新经济领域公司上市流通，S 基金可将其作为对投资组合估值定价的参考。科创板的发展可能促进 S 基金估值体系向更加市场化、理性化发展。

私募股权二级市场的出现，为私募股权投资市场的流动性、投资配置多元化以及风险管理提供了重要补充。对于 S 基金的投资者来说，这种二级市场交易提供了一个新的投资机会，一个可能以较低价格购买较高投资价值资产的途径与桥梁；对于卖方来说，二级市场则可以将手中的出资份额或者被投资企业的权益变现，从而使处于固定状态的资本流动起来。

作为活跃于国际 PE 二级市场的接盘侠，S 基金在中国的兴起和壮大对于建立和健全一个健康活跃的国内 PE 二级市场殊为重要，有望为中国私募股权投资提供亟须的流动性，从而为困扰中国 PE 市场已久的退出难题提供本土化、订制化和专业化的解决方案。

/第六节/ 夹层基金

夹层基金（mezzanine funds），是指专注于夹层投资策略为被投资企业提供特定融资形式的私募基金。20 世纪 80 年代夹层基金在美国兴起并逐步发展，高盛、KKR、凯雷等国际大型投资机构都纷纷涉足夹层基金领域并设立了夹层基金。在境外，夹层基金通常被归为介于债权和股权之间的私募基金，其通常是独立于股权投资基金和债权基金（credit funds）的独立种类，但在境内特定的监管环境下，夹层基金往往被归为 PE 基金的一种。

一、夹层基金的设立和架构

夹层基金在设立和架构搭建方面与经典的股权投资基金（狭义的 PE 基金）类似，通常采用有限合伙形式设立，发起人担任 GP 并通过认缴出资基金总规模的 1% ~3% 达到与 LP 利益绑定的效果，GP（及基金管理人）负责基金的投资管理运营，并就此收取管理费，并对 LP 的投资收益收取比例通常为 20%（具体比例取决于发起人的收益安排及策略）的绩效分成。

（一）夹层基金的投资人

夹层基金的投资人组成与股权投资基金有所不同。从投资者的角度来看，夹层基金为其提供了一种新的投资方式，主要有以下特点：(1) 相对于债权投资而言收益较高，可以获得利息和/或资本升值双重收益；(2) 相对于股权类投资而言风险较低，夹层融资在企业无法正常经营破产清算情况下的债务追索权在债权融资之后，但优先于股权类融资的融资安排；(3) 退出的确定性较大，夹层融资的债务构成中通常会包含一个预先基本确定的还款日程表,可以在一段时期内分期偿还债务,也可以一次还清。

国外的夹层基金主要投资人通常也包括保险公司、商业银行、养老基金等。我国夹层基金背后的投资人主要包括保险公司、国有企业、政府引导基金、自然人等风险偏好相对较小的投资人。例如,近期募集完成的鼎辉夹层五期基金的投资人就包括央企、国资、民营及合资等各种类型的保险公司、政府引导基金,同时也引入了银行、信托等金融机构。[1] 另外,近年来险资在境内夹层基金的投资占夹层基金规模的比例大幅增加,例如,中信产业基金 2017 年的二期夹层基金,保险公司投资人的占比达到 60%,而光大仍在募集中的三期夹层基金,预计保险公司投资人的投资比例将高达 80%。[2]

(二)夹层基金的发起人

从发起人角度看,目前境内夹层基金活跃的发起人不像 PE/VC 基金发起人那样分散,基本集中于较早(2011~2012 年)开始夹层基金试水的几家头部私募基金发起人,包括弘毅、鼎辉、中信产业基金和光大等,这些机构已陆续发起多期夹层基金或者包括夹层策略的多策略混合基金。近年来,在相关国家政策和监管推动下,更多金融机构发起人可能发起夹层基金或深度参与夹层市场,例如,国务院、银保监会等相继发布了多项政策规定,包括《保险业新国十条》、《国务院关于中国保险投资基金设立方案的批复》(国出〔2015〕104 号)及《中国保险业发展"十三五"规划纲要》(保监发〔2016〕74 号)等允许保险资产管理机构设立夹层基金,夹层策略与保险资金的契合度一向较高,除了作为夹层基金的投资人外,险资也可能涉足夹层基金或类似私募产品的发起人和管理人。国寿资本近期募集设立了 90 亿元的启航夹层策略型基金。[3] 此外,2018 年 6 月,银保监会正式发布《AIC 管理办法》,鼓励五大国有银行的金融资产投资公司充分利用市场化方式和渠道筹集参与债转股,除发行私募管理产品外,还允许金融资产投资公司设立附属机构申请成为私募基金管理人,通过设立私募基金开展债转股业务。这些政策和监管的松绑,可能给夹层基金市场带来一波国资背景的金融机构发起人玩家。

二、夹层基金的投资运作

夹层,顾名思义是指位于股权和债权之间的中间层。夹层基金的产生和发展与公司对夹层融资的需求息息相关。一般来说,公司融资的方式主要包括三种:(1)传统债务融资,如发行公司债券、取得银行贷款等;(2)股权融资;以及(3)夹层融资以取得夹层资本,如可转债、次级债和优先股等。夹层资本通常由部分无抵押的债权及部分股权组成,可以灵活设计

---

〔1〕 参见《鼎晖五期夹层基金完成 80 亿募集,迄今国内规模最大》,载投资界网,https://pe.pedaily.cn/202004/453695.shtml,2021 年 1 月 16 日最后访问。

〔2〕 Larissa Ku,"China mezzanine: Not the norm",https://www.avcj.com/avcj/analysis/3019444/china-mezzanine-not-the-norm,2021 年 1 月 16 日最后访问。

〔3〕 参见《中国人寿旗下国寿资本发起设立夹层策略基金 将重点投资于服务内循环大局》,载中国保险网,http://www.china-insurance.com/qiye/bxgs/20201121/47331.html,2021 年 1 月 16 日最后访问。

交易结构和收益安排。在银行贷款等债务融资对抵押有较严格的要求且风险偏好较低,而公司股东又不愿意稀释股权进行股权融资的情况下,抑或是在考虑前两种融资方式后仍存在资金缺口的情况下,夹层融资便成为一项理想的融资来源。

(一)夹层基金的经典投资方式

从夹层基金股债结合的投资策略出发,夹层基金通常选择的投资方式包括投资于可转债、次级债(包括附有认股权证的次级债)以及可赎回优先股等。

- 可转债

可转债是通过在债权之上约定在满足一定条件的情况下债权人可选择将其债权转换为债务人之股权的方式,给债权人选择权以达到基金的最佳收益。需要注意的是,就投资于可转债而言,目前我国夹层基金投资的更多的是有转股权的债权而非可转换公司债券,不同于可转换公司债券,有转股权的债权没有发行主体资质的限制,债权人与债务人可自行约定在某些条件达成的情况下将债权转换为公司股权。[1]

- 可赎回优先股

可赎回优先股是指事先约定了发行人可以以特定价格赎回的一种优先股。可赎回优先股在企业清偿顺序中优先于普通股,但劣后于债权,并且在企业利润分配时也优先于普通股获取利润。可赎回优先股给予公司更多的财务灵活性,在赎回之前仅构成公司的所有者权益而非负债。可赎回优先股更细化而言,又包括强制赎回优先股和任意赎回优先股。强制赎回优先股是指该等优先股发行时就约定,当约定的条件成就时,公司就有权决定将优先股按照约定的价格和方式收回,持有优先股的股东没有任何主动权。而任意赎回优先股则是约定当约定的赎回条件成就时,持有优先股的股东可以自行选择是否要求公司赎回,如果持有优先股的股东不愿继续持有该股票,公司不得拒绝按赎回条款购回优先股。

- 次级债

次级债尤其是附认股权证的次级债亦是夹层基金的投资工具,次级债的偿还顺序劣后于普通债但优先于各类股权,使次级债在保证较高收益率的情况下又能兼顾投资安全性。附认股权证的次级债上所附的认证股权既给予债权人一项以特定价格购买特定数量的股权的权利,又给予债权人退出的灵活性。

(二)夹层基金的收益

通常而言,企业向夹层基金融资的成本高于企业债券融资的成本但低于股权融资成本,收益也是介于二者之间。从权益上看,夹层基金提供的融资可以看作长期无担保的债务,当融资主体无法正常经营申请破产清算时,夹层资本的清偿排在优先级债务之后,股

---

[1] 参见《公司注册资本登记管理规定》第7条第1款明确规定:“债权人可以将其依法享有的对在中国境内设立的公司的债权,转为公司股权。”

东之前。另外,鉴于夹层基金所投资的债权通常没有抵押资产,还本付息完全依赖于被投资公司的现金流,因此夹层基金在投资时通常更为关注被投资企业的稳定性及未来的偿债能力。

夹层基金的收益取得主要通过三种方式:一是现金利息收益,与其他债权类似,通过对未偿付债权收取对应的利息(固定利率或浮动利率)按期取得现金收益;二是 PIK(payable in kind)利息收益,指通过本金增值的方式获取收益但并不会以现金支付该等利息,例如债权本金为1000 万元且 PIK 利率为10%时,对应期限到期时将获得1100 万元的债权但并不会取得现金利息;三是直接取得股权,通常是在被投资公司无法按时偿还债务的情况下发生。后两种方式的增加既可以提高夹层基金的投资收益率,同时又可以延缓被投资公司的还款时间、缓解其还款的现金流压力。正是因为夹层基金这种相对灵活的收益方式,使其深受融资方青睐。

(三)夹层基金的投资退出

夹层基金的退出相对灵活,如果被投资企业发展良好,夹层基金可通过债权转股权,通过被投资公司上市退出;如被投资企业状况不佳,亦可通过要求股东回购或出售债权的方式退出;如被投资企业运营良好且近期无上市安排,也可通过还本付息的方式退出。因此,夹层基金对于投资者而言相较于狭义的 PE 基金能够提供更加稳定的收益预期和可靠的本金回收保障。

三、夹层基金与股权投资基金条款的差异

如上文提及,夹层基金与典型的股权投资基金从设立和基金结构搭建的角度来看并无本质差异,但从具体条款的设计来看,夹层基金及夹层投资的特点导致夹层基金在投资和经济条款方面与狭义 PE 基金存在一些差异。以下试举几例。

存续期限及投资期。狭义 PE 基金通常投资于成熟期公司的股权以期待通过被投资公司上市等方式退出,周期较长,而夹层基金的投资标的相对而言投资周期更短且更具有流动性,退出的方式也更加灵活,因此夹层基金的存续期限和投资期通常较狭义 PE 基金更短,存续期限通常在5~8年(包含延长期)、投资期一般为3~4年,因此也更符合投资人对于尽快取得收益的要求。

再投资安排。夹层基金通常相较于狭义 PE 基金拥有更为宽松的再投资条款。相较于狭义 PE 基金的投资项目,夹层基金的投资项目期限更短且更具有流动性,因此夹层基金的GP/管理人更倾向于将取得的收益持续投出以再次产生收益,通过提高资金使用率的方式提高基金的收益率。也因为夹层基金的投资周期较短,因此不会对投资人造成较大的资金占用成本。

举债和担保。由于夹层基金股债结合的投资策略和投资周期,更加强调杠杆的高效使用。狭义 PE 基金的举债和担保条款通常限定在基金认缴出资总额的20%或以下,对于夹层基金而言,杠杆率约定在基金认缴出资总额的50%左右的情况比较常见,但我国投资人对于基金举债和担保的接受度较低,也会有 GP 接受 20% 甚至更低的杠杆率的情况。

分配。相较于狭义 PE 基金,夹层基金取得收益的方式使得其会产生更多的经常收入(current income)。因此,除通常就处置投资项目取得的收益分配约定外,基金文件也可能会对利息、分红等经常收入单独约定分配条款。当然,这也取决于 GP 对基金安排的策略以及收益构成,如果 GP 不希望单独区分经常收入分配或是对该基金而言经常收入并非占主要部分,GP 可能统一对待经常收入及处置项目的收益,也可能仅从分配时间的角度进行区分,例如就每个基准期间取得的经常收入定期进行分配。就中国市场而言,由于涉及债权性投资,夹层基金投资人通常还会要求每年 7% ~8% 的当期收益,并作为向管理人支付管理费的前提,以避免"固定回报"之嫌疑。

四、境内夹层基金的发展和监管

如上文提及,与境外市场夹层基金专注于夹层策略的情况不同,境内夹层基金在其投资策略、范围等方面与股权投资基金、债权基金和特殊机会基金等并无明晰界限,而监管体系内,境内夹层基金往往也被视为 PE 基金的一种。这一状况的形成可从夹层基金的历史沿革和境内的私募基金监管体制中找到成因。

(一)夹层基金在境内的发展历史和特点

自 2011 年市场化夹层基金出现开始,境内夹层基金的投资策略和范围即不局限于典型的夹层投资。中国境内法律法规和监管体系下,放贷业务受到牌照限制,仅有取得相关牌照的金融机构方能开展,但是传统金融机构放贷,更多看重抵押品的价值并且对于贷款主体资质有着诸多要求,一些企业、项目难以从传统金融机构进行债务融资,另一些逐渐受到政策限制挤压的行业(如房地产行业),从金融机构获得债务融资的条件也日趋严格,或者仅依靠传统的债务融资难以弥补全部的资金缺口。在这一市场环境下,夹层基金恰逢其时地弥补了传统金融机构债务融资和股权融资之间的空白,境内夹层基金在早期多为变相的债权基金,通过嵌套信托或金融机构资管产品等方式实现放贷。并且与变相放贷业务相匹配,早期的夹层基金在投资中往往要求被投资企业或其关联方提供担保、抵押等增信措施,而在基金募集层面,因其主要进行债权投资,则比较容易满足基金外部投资人每年一定固定回报的要求,因而受到保险资金、国有投资平台等不追求高回报但看重投资稳健性期待固定回报的投资人的青睐。在这一阶段,夹层基金的投资策略较为简单粗暴,某种意义上是顶着"夹层基金"招牌的债权基金,并以此回避了境内放贷业务的牌照管理体制。

随着私募基金监管划归证监会、基金业协会,这一监管体系对于私募基金进行了较为严格的行业监管(见本节后述),在监管趋于严格的今天,夹层基金在境内也逐渐回归到其夹层投资的本质,开始真正关注优先股、可转债等夹层投资模式。但尽管受监管倒逼的夹层基金限制了自身的变相放贷业务,却尚不足以让夹层基金成为如境外夹层基金那样独立的私募基金细分领域,除了本节后述的行业监管导致夹层基金只能备案为 PE 基金这一原因之外,中国夹层基金自身的发展也是一个重要因素。

从境内夹层基金主要发起人的策略发展看来,多数夹层基金并非能够完全与该等发起人的其他策略基金区分明确,这也与“夹层”策略本身在中国境内市场的定义不明息息相关。例如,境内夹层基金早年曾较集中于房地产相关投资,而现今夹层基金在新冠肺炎疫情开始以来部分聚焦于IDC数据中心等行业,其投资策略与地产基金有着不少重合。又如,鼎晖的夹层基金近年来集中进行了多项特殊机会投资,投资规模达20亿元人民币。[1] 可见,夹层基金与特殊机会基金的投资范围亦有不少重合。再如,中信产业基金(CPE)的一期夹层基金为夹层基金,但其后续的二期基金已变更为多策略基金,夹层只是其策略之一,而股权投资亦是其可选投资方式。另外,光大的夹层基金在实际投资运作中也更偏向于进行股权和类股权投资。[2]

由以上可知,在境内市场上,“夹层基金”是个有一定核心含义但边界模糊的概念,夹层基金的历史较短且集中于少量头部基金发起人,因此何为“夹层”、何为“夹层基金”、其如何与类似策略或投资方向的私募基金相区别,恐仍需一个较长的发展过程方可能明确。

(二)夹层基金相关行业监管演变

与夹层基金本身的概念不清晰相关,夹层基金在境内并未被作为单独的私募基金种类加以监管,在基金业协会的监管谱系里,夹层基金管理人多是PE基金管理人,夹层基金也多备案为私募股权投资基金(PE基金)。早些年间,在基金业协会对其他私募基金仍持开放态度的时期,亦有夹层基金备案成其他私募基金。具体而言,

- 基金业协会在2016年之前,在旧版“私募基金登记备案系统”中,将夹层基金划分为股权投资基金的一种,定义为夹层基金通常以股债结合的形式投资处于稳定成长期而上市之前的企业。该时期,例如弘毅夹层一期、二期基金、中信产业基金的一期夹层基金等多备案成股权投资基金。

- 基金业协会于2017年在其“资产管理业务综合管理平台”中删除了“夹层基金”类别。2016年起监管对债权投资收紧,监管部门开始提及国务院办公厅《关于加强影子银行监管有关问题的通知》(国办发〔2013〕107号)等关于规范发展私募投资基金业务的要求,按照不同类型投资基金的本质属性,规范业务定位,严禁私募股权投资基金开展债权类融资业务。基金业协会在2017年3月发布的《登记备案问答(十三)》中进一步明确了同一私募基金管理人不可兼营多种类型的私募基金管理业务,更新后的基金备案系统删除了“夹层基金属于一种私募股权投资基金”的分类说明,不再明确给予夹层基金应备案为私募股权投资基金的系统提示。这一时期,部分夹层基金备案成了其

〔1〕 Larissa Ku,“China mezzanine: Not the norm”,https://www.avcj.com/avcj/analysis/3019444/china-mezzanine-not-the-norm,2020年12月31日最后访问。

〔2〕 Larissa Ku,“China mezzanine: Not the norm”,https://www.avcj.com/avcj/analysis/3019444/china-mezzanine-not-the-norm,2020年12月31日最后访问。

他私募基金。

- 基金业协会在其2018年1月发布的《2018版基金备案须知》中明确私募基金的投资不应是借贷活动，禁止私募基金直接或间接从事借贷活动，此后，有债权或债权相关投资策略的基金(包括夹层基金)的备案都存在较多阻碍。并且基金业协会同期通过系统反馈意见的方式暂停了"其他私募基金管理人"和"其他私募基金"的登记/备案受理，进一步堵住了投向债权标的的私募基金备案成其他类私募基金的可能，投资策略偏债权的夹层基金在基金备案的层面遭遇了障碍。

现阶段，尽管基金业协会自律监管体系内不再列明"夹层基金"，亦不对夹层基金如何备案给予明确指导，但实践中，大部分夹层基金备案为私募股权投资基金，盖因在现行私募基金分类监管体系内夹层基金只能挂靠在私募股权投资基金大类之中。行业监管虽然严苛，但监管者并无完全堵死夹层基金发展之路的意图，2018年基金业协会领导在"类REITs业务专题研讨会"中指出，在私募基金投资端，私募基金可以综合运用股权、夹层、可转债、符合资本弱化限制的股东借款等工具投资到被投企业，形成权益资本，符合上述要求和《2017版基金备案须知》的私募基金产品均可以正常备案。[1]

尽管行业备案并未被完全堵死，但备案的类别导致夹层基金可能在条款设计、投资范围、投资策略选取方面不得不削足适履，以持续符合私募股权投资基金的各项规范、指导和要求。这些规范和要求未必符合夹层基金的投资运作特性，可能会对夹层基金的健康发展带来不利影响。

(三)境内夹层基金的发展趋势

从上文可知，夹层基金对于企业融资的补充作用巨大，在境内市场中的投资策略和范围比境外更为宽泛且灵活，但在中国监管体系中的地位则妾身未明略显尴尬。短期内，因应目前的监管格局，有基金发起人开始注重"偏股夹层"基金，[2]其项目的主要来源是传统的股权投资领域并且收益主要来自标的资产的增值而非利息，在传统股权投资的基础上引入增信措施，并且通过交易架构的设计缩短投资周期。

随着夹层基金的自身发展，监管者也许能对夹层基金有更为深刻的认识从而发展出适合夹层基金的监管框架和具体规范。除了寄希望于行业监管者调整目前的行业监管规范之外，要改变夹层基金的尴尬地位，可能首先需要通盘考虑的是对于现行放贷体制的改革，改变建立在20世纪80年代法规上的牌照体制，正视夹层融资的市场需求和夹层融资提供方——夹层基金的地位，提供适合现实多层次融资体系的监管制度供给。

---

[1] 参见基金业协会公告《促进回归本源　助力业务发展——中国证券投资基金业协会资产证券化专业委员会类REITs业务专题研讨会在京召开》，载基金业协会官网，https://www.amac.org.cn/aboutassociation/gyxh_xhdt/xhdt_xhgg/201801/t20180124_2333.html，2021年1月16日最后访问。

[2] 参见《一村资本创新投资事业部执行总经理郭欣：偏股夹层——一种股权投资的新模式》，载投中网，https://www.chinaventure.com.cn/cmsmodel/news/detail/330580.html，2021年1月16日最后访问。

另外，境外夹层基金管理人和投资人对于中国夹层基金和夹层投资市场也一直表示了兴趣，但受限于目前的外商投资和外汇管理限制，境外管理人和投资人设立/投资于境内夹层基金仍存在诸多障碍，这些障碍一定程度上超过了境外投资人投资于境内 PE/VC 基金，例如，境外发起人或境外投资人可能通过 QFLP 或者类似机制投资于在岸的 PE/VC 基金，但 QFLP 等机制多明确规定 QFLP 基金不可进行放贷。[1] 另外，境外夹层基金的投资策略更为精准专注，是一个较成熟的细分市场，其进入中国后能否适应境内夹层基金广泛但边界模糊的投资策略和投资领域，其与境内夹层基金的惯例如何碰撞、能否促进境内夹层基金的进一步发展，这些或许都是境内夹层基金发展进程中不可避免的问题。

/第七节/
纾困基金

2018 年年初，随着外部贸易摩擦的与日俱增、内部去杠杆要求的逐步推进，沪深指数持续下探，大盘走势越趋低迷。国内 A 股上市公司频繁发布股票质押触及预警线和平仓线的公告。当年 9 月起，习近平总书记多次强调要鼓励、支持、引导非公有制经济和民营企业经济的健康发展，研究解决民营企业发展中遇到的困难，各地应综合运用多种手段对民营企业进行纾困。国务院办公厅、人民银行、证监会、银保监会、国家税务总局及相关行业协会等各部门为纾解企业融资困难、控制股票质押爆仓风险，先后发布配套政策及措施。国内“纾困基金”的概念也应运而生。

纾困基金是中国监管部门为拯救民营上市公司的目的而推出的一个制度性基金产品，可以理解为是一种中国特色的特殊机会基金。作为特殊时期肩负特殊使命的产物，纾困基金在我国并没有一个明确的法定概念。通常认为，广义上的纾困基金包括纾困民营上市公司的专项资金和专项投资工具，但在目前国内市场环境和背景下主要指的是为纾困民营上市公司之目的而由国内金融机构设立的资产管理产品、私募投资基金，以及非金融机构设立的私募投资基金；狭义上，纾困基金指主要以纾困民营上市公司为目的的私募股权投资基金（见图 7.5）。

---

[1] 更多 QFLP 基金的相关内容，请见本书第二章第三节。

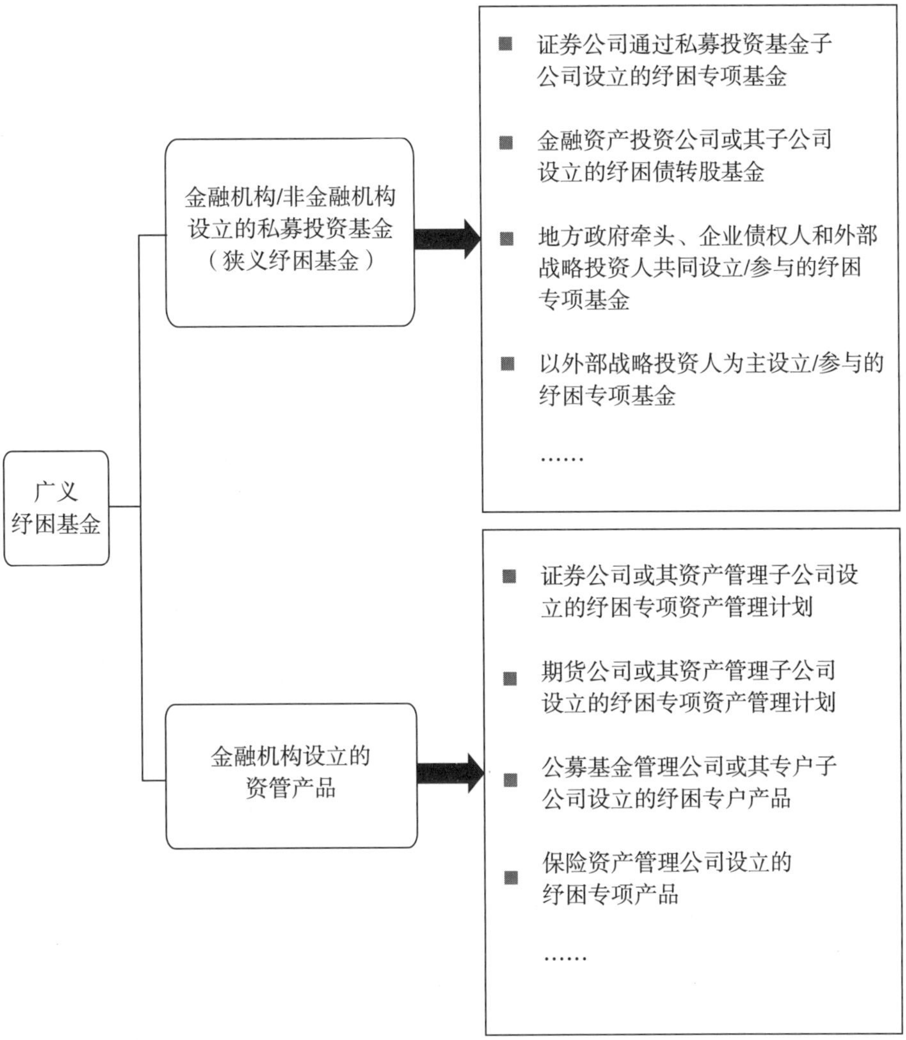

图 7.5　纾困基金分类

一、纾困基金与特殊机会基金等概念的比较

“纾困基金”的概念最初源于欧债危机期间。为应对欧债危机对欧洲金融稳定的冲击及侵蚀，欧元区成员国出资并先后设立欧洲金融稳定机构（European Financial Stability Facility）以及其后继机构欧洲稳定机制（European Stability Mechanism），向陷入危机的成员国提供紧急援助资金，同时也在市场上发行债券为其援助资金进行融资，从而形成了一套完整的纾困机制。得益于此，2013～2016 年，爱尔兰、西班牙、葡萄牙、塞浦路斯等国先后成功退出两个机构的援助安排，逐渐恢复本国经济。[1]

---

[1] 参见“欧洲稳定机制”历史介绍、股东介绍，载“欧洲稳定机制”网，https://www.esm.europa.eu/about-us/history#the_programmes、https://www.esm.europa.eu/esm-governance，2021 年 1 月 16 日最后访问。

与纾困基金相关联的概念还有“特殊机会基金”(special situation fund),或称“困境投资基金”(distressed fund)等。20 世纪 80 年代末,美国杠杆收购浪潮带来了巨大的融资需求,在推动高收益债券市场迅速发展的同时,也埋下了债券违约爆发的伏笔。20 世纪 80 年代末后期、90 年代初,债券违约频发,在此背景下专注投资于困境和违约企业债券的投资机构——特殊机会基金逐步兴起。随着后续亚洲金融危机、互联网泡沫、全球经济危机跌宕起伏,全球范围内对困境和违约企业及其不良资产的投资机会也相应增多,特殊机会基金在其中扮演了很重要的角色。[1]

从内涵上讲,境内纾困基金和境外特殊机会基金的概念有许多相似之处。比如,其均会投向具有一定前景但陷入现金流短缺、债务危机等困境的企业,且通过帮助该等困境企业整改经营和治理模式、有效进行资本运作等方式对企业的整体价值进行修复,并最终以上市、出售等方式实现退出。同时,两者在以下方面也存在相当差异,见表 7.6。[2]

表 7.6　境内纾困基金与境外特殊机会基金的比较

比较角度	境内纾困基金	境外特殊机会基金
投资标的、投资方式	狭义的境内纾困基金,以向陷入经营困境的民营上市公司提供救助为目的,具体投资方式以股权投资为主	境外特殊机会基金更多着眼于投资不良资产(如困境企业的债权或债券、不动产、其他实物资产等),以及银行的不良贷款;除股权投资外,境外特殊机会基金还会进行债权投资、实物投资,且会对不良资产通过债转股、债权置换、重组、资产证券化等方式进行处置、回收,实现资产价值变现和价值提升
资产安全性、投资回报稳定性	即使投资标的为优质的上市企业,但因其实际控制人、控股股东股票质押比例等具体情况不同,纾困基金对其投入的资产的安全性会有较大不确定性;此外,该等纾困基金的投资回报与退出时上市公司的股票价值息息相关,因此投资回报上也存在较大不确定性	境外特殊机会基金选择的标的资产通常风险已经充分暴露,管理团队在衡量标的价值时往往关注去除瑕疵后的底层价值,并主要以折价方式获取资产标的,因此资产安全性较高,相应地投资回报也较为稳定

〔1〕 参见《鼎一投资:海外特殊资产投资三十年纵览 | 华山论剑》,载“清华金融评论”微信公众号,https://mp.weixin.qq.com/s/NRzucXHC5lL6Yr5JriA2Sg,2021 年 1 月 16 日最后访问。

〔2〕 参见《鼎一投资:海外特殊资产投资三十年纵览 | 华山论剑》,载“清华金融评论”微信公众号,https://mp.weixin.qq.com/s/NRzucXHC5lL6Yr5JriA2Sg;《清科发布:〈2019 年另类资产配置之不良资产专题研究报告〉》,载“清科研究”微信公众号,https://mp.weixin.qq.com/s/Hxzg7m4MCnpwA4uUN3s7xA,2021 年 1 月 16 日最后访问。

续表

比较角度	境内纾困基金	境外特殊机会基金
投后管理程度及专业人员配置	目前国内纾困基金更多地担任着传统财务投资人的角色,对被纾困企业的运营参与程度不高,负责投后的团队成员仍主要基于纾困基金作为财务投资人的角色相应配置	市场化特殊机会基金管理团队为争取更高收益,一般要求对标的资产开展精细化管理、深度运营,对管理团队的专业化程度要求较高
发起机构	纾困基金一定程度上属于上层政策的产物,国内纾困基金多数均是由地方政府、金融机构发起设立的	特殊机会基金更多是市场化 PE 机构发起设立的

此外,除四大资产管理公司和地方资产管理公司关注不良资产的投资机会外,近年来国内也有一些 PE 机构开始逐步设立以不良资产为投资标的的私募投资基金。这类基金不属于境内纾困基金的范畴,而是更类似于境外的特殊机会基金。

二、国内纾困基金的配套制度发展

自 2018 年 10 月起,中共中央/国务院、国家发改委、人民银行、证监会、银保监会、国家税务总局和基金业协会相继出台了一系列政策措施,鼓励并推动纾困基金的兴起,支持民营企业的发展。该等规定按出台部门及其颁布的时间先后顺序,梳理如下,见表 7.7。

表 7.7 国内纾困基金的配套法律及政策

发文机关	时间	规定
中共中央/国务院	2019 年 2 月 14 日	发布《关于加强金融服务民营企业的若干意见》:鼓励符合条件的私募基金管理人发起设立民营企业发展支持基金
	2019 年 12 月 4 日	发布《关于营造更好发展环境支持民营企业改革发展的意见》:在依法合规的前提下,支持资管产品和保险资金通过投资私募股权基金等方式积极参与民营企业纾困
国家发改委	2018 年 11 月 13 日	与人民银行、财政部、银保监会、证监会等多部门联合发布《关于鼓励相关机构参与市场化债转股的通知》(发改办、财金〔2018〕1442 号):鼓励各类机构发起设立私募股权投资基金、资管产品开展债转股业务,支持外资设立私募股权投资基金开展市场化债转股业务
人民银行	2018 年 10 月 22 日	发布《设立民营企业债券融资支持工具,毫不动摇支持民营经济发展》:推动相关机构设立民营企业债券融资支持工具
	2018 年 11 月 21 日	人民银行上海总部发布《关于进一步加强民营企业和科技创新企业金融服务的实施意见》(银总部发〔2018〕75 号):引导金融资源支持民营企业和科技创新企业
证监会	2018 年 10 月	发布《关于支持证券基金经营机构积极参与化解上市公司股票质押风险、支持民营企业发展的通知》:鼓励证券公司等机构发起设立产品参与纾困上市公司,在产品设计、出资比例、投资范围、风控指标计算等方面按规定给予一定的政策支持

续表

发文机关	时间	规定
银保监会	2018年10月24日	发布《关于保险资产管理公司设立专项产品有关事项的通知》(银保监发〔2018〕65号):允许保险资产管理公司设立专项产品参与纾困上市公司
	2018年10月26日	公布《股权办法征求意见稿》,并向社会公开征求意见:征求意见稿在现行法律法规的基础上,放宽了保险资金股权投资的投资范围及投资债转股类投资基金的要求,鼓励保险资金支持实体经济
	2019年2月25日	发布《关于进一步加强金融服务民营企业有关工作的通知》(银保监发〔2019〕8号):支持资管产品、保险资金通过私募基金进一步参与化解处置民营上市公司股票质押风险
国家税务总局	2018年11月16日	发布《关于实施进一步支持和服务民营经济发展若干措施的通知》(税总发〔2018〕174号):鼓励和推动银行依托纳税信用创新信贷产品,深化税务、银行信息互通,缓解小微民营企业融资难题
基金业协会	2018年10月19日	发布《就"私募股权投资基金参与上市公司并购重组"相关问题答记者问》:私募股权投资基金可以通过开立证券账户参与非公开发行、协议转让、大宗交易等方式,购买已上市公司股票,参与上市公司并购重组
	2018年10月21日	发布《关于对参与上市公司并购重组纾解股权质押问题的私募基金提供备案"绿色通道"相关安排的通知》:针对参与上市公司并购重组交易的私募基金和资产管理计划的新增产品备案的申请,以及变更相关投资策略和投资范围等基金合同内容所提交的产品重大事项变更申请,特别提供"绿色通道"服务

三、国内纾困基金的常见法律问题

金融机构在设计纾困类资产管理产品整体结构时,仍受限于其设立一般资产管理产品的法律法规,此处不做进一步详述。就狭义概念上的纾困基金而言,设计纾困基金结构时会遇到如下几个常见的法律问题。

(一)相关国资问题

就合伙制纾困基金而言,如该等基金由地方政府牵头发起,则其普通合伙人往往含有国资成分,且具有国资背景的出资人恐怕也不在少数。因此,纾困基金在设计架构时,需注意国资相关问题。

例如,《合伙企业法》第3条规定,国有独资公司、国有企业等不得成为普通合伙人,但《合伙企业法》未进一步明确前述规定的"国有企业"具体的定义范围。尽管实践中存在由国有独资企业以占绝对多数股权的形式与民营企业合资,并以该等合资公司担任普通合伙人的案例,但始终也有观点认为,普通合伙人不得为《32号令》第4条所定义的"国有及国有控股企业、国有实际控制企业"。

又如,根据《32号令》,若相关有限合伙企业为国有及国有控股企业、国有实际控制企业,则其对外投资、转让、退出以及其本身的增资(进行基金后续交割)恐怕都需要适用《32号令》,遵守国有产权交易的相关要求。然而,目前国资监管法律法规尚未明确规定含有国资出资的有限合伙企业是否属于《32 号令》提及的“国有及国有控股企业、国有实际控制企业”。市场上对国资出资的有限合伙企业转让有限合伙份额等行为是否适用《32 号令》也观点不一。[1]

因此,谨慎起见,在设计纾困基金架构时,如涉及《32 号令》第 4 条所定义的“国有及国有控股企业、国有实际控制企业”拟担任纾困基金之普通合伙人的,或者纾困基金本身国有投资人的出资比例较大等情形,建议与地方市场监督管理部门及地方国资部门尽早沟通,确认各方对该纾困基金在相关国资问题上的态度和认定。

(二)资金来源及相关要求

市场化 PE/VC 基金的资金来源范围较广,包括 FOF、保险机构、银行、券商资管、基金管理公司子公司、社保基金、公益基金、政府引导基金、国有投资平台、民营投资机构、高净值自然人、外国投资机构等。相较之下,就纾困基金募资的实际情况来看,往往还是以各地政府及金融机构为主,并结合了部分社会资本的参与。受到政策的利好影响,国家鼓励各类资本参与到纾困基金的募资环节,从而纾解部分上市企业现阶段的困难。纾困基金在开展社会募资时,就以下类型投资者而言,应关注如下相关问题。

- FOF 类资管产品

以证券公司、保险资产管理公司为主的金融机构作为纾困行动的先遣部队,在 2018 年年底发起设立了不少以纾困企业为目的的资管产品,其中有一部分是 FOF 类资管产品,该等 FOF 产品不仅投入金融机构发起的其他管产管理子计划,还投入到了纾困类私募股权投资基金中。

由于上述机构发起设立的产品须严格遵守《资管新规》中“不得多层嵌套”的要求,因此纾困基金如接纳该类投资者,应注意在后续纾困投资时,不得再投资公募证券投资基金以外的资产管理产品、私募基金。

- 银行理财产品

按照目前的监管政策及相关业务指南,在“全国银行业理财信息登记系统”登记的银行理财产品可开立证券账户,[2]直接投资于上市公司流通股票,因此银行理财产品直接参与二级市场以缓解存在爆仓风险的上市公司的危机从政策上没有障碍。但如果纾困基金的管理人仅为在基金业协会登记的私募投资基金管理人,既非金融持牌机构,又非金融资产投资公司的附属机构,其拟向银行理财产品募资,则受限于《理财新规》(第 35 条和第 36 条)的规定,其管理的纾困基金恐怕难以直接获得银行理财产品的资金。

---

[1] 更多相关内容请见本书第四章第一节。

[2] 《中国证券登记结算有限责任公司特殊机构及产品证券账户业务指南(2020 年 12 月版)》第 2.7.1 条载明,商业银行及商业银行理财子公司发行的已在“全国银行业理财信息登记系统”登记的理财产品,可以开立商业银行理财产品证券账户。

如纾困基金有意向银行理财产品募资,则从合规性的角度出发,还需进一步探讨出资结构和方案。此外,除上文提及的“不得多层嵌套”问题外,因银行理财产品背后多为个人投资者,募资时还应特别关注相关个人投资者对投资于纾困基金之银行理财产品的投资者适当性问题。

- 政府引导基金

近一年多来的企业纾困行动中,各地政府积极发挥了良好的引导作用,而政府引导基金的参与也是其中重要的一环。

政府引导基金参股的纾困基金在我国发展的初期,主要是由地方政府牵头发起,总体政策上是鼓励政府引导基金支持、纾困当地重点企业、优质企业的。如市场化 PE 机构拟发起设立纾困基金,并想引进政府引导基金的,应注意相关政府引导基金引导资金投向“政府重点扶持企业、特定产业企业或初创企业”、地方返投等具体的政策性要求,从而更为精准地进行定向沟通并最终引入政府引导基金投资人。

(三)双管理人/双 GP 问题

狭义纾困基金诞生之使命就决定了其背后往往需要多家机构合力为目标企业提供支持,而多方可能都希望对纾困基金的后续运营有相当的话语权。因此,双管理人/双 GP 甚至多管理人/多 GP 是纾困基金的一个常见结构设计问题。

自 2018 年 8 月起,基金业协会就已不接受双管理人模式的基金备案申请,而 2019 年 12 月 23 日基金业协会出台的《2019 版基金备案须知》第 1 条第 3 款更是直接明确了私募投资基金的管理人不得超过一家。因此双管理人或多管理人的模式不再可行。

目前双 GP(甚至多 GP)架构在法律和合规上还是可行的,但根据基金业协会资产管理业务综合报送平台上显示的要求,该等 GP 中应当至少有一家与纾困基金的管理人存在符合基金业协会要求的关联关系。除此之外,双 GP,甚至多 GP 的安排对纾困基金本身的治理结构提出了较高的要求,如何既兼顾各方的话语权诉求又在实际落地执行时简捷有效,这是纾困基金前期法律架构探讨中的一个重要命题。

(四)投资形式限制

基金业协会于 2018 年 10 月 19 日《就“私募股权投资基金参与上市公司并购重组”相关问题答记者问》中明确了私募股权投资基金是资本市场重要的直接融资工具,其指投资包括未上市企业和已上市企业非公开发行和交易的普通股(含上市公司定向增发、大宗交易、协议转让等)、可转换为普通股的优先股和可转换债等的私募基金。基金业协会重申私募股权投资基金可以通过开立证券账户参与非公开发行、协议转让、大宗交易等方式,购买已上市公司股票,参与上市公司并购重组,这为各方发起设立纾困基金、参与企业纾困提供了政策上的依据。但是纾困基金如果仅向企业提供借款,解决其现金流紧缺的需求,则并不符合私募基金投资本源的监管精神及要求。

根据早前基金业协会相关会议精神,私募投资基金可以综合运用股权、夹层、可转债、符合资本弱化限制的股东借款等工具投资到被投企业,形成权益资本,但应区分私募基金业务与经营性借贷业务，私募投资基金不能搞“名基实贷”业务，不能成为影子银行的变种；《2019版基金备案须知》《私募基金监管规定》分别强调，私募基金不得直接或间接从事借（存）贷业务、明股实债等非私募基金投资活动，也不得投资保理资产、融资租赁资产、典当资产等与私募投资基金相冲突业务的资产、股权或其收（受）益权。但根据《私募基金监管规定》的进一步说明，允许私募基金以股权投资为目的，按照基金合同约定为被投企业提供1年期内的借款、担保。

因此，即使是作为纾困上市企业的特殊产物，应注意除《私募基金监管规定》允许的以股权投资为目的向被投企业提供短期借款或担保外，纾困基金仍不能直接或间接从事借贷活动、进行纯债权投资。

（五）纾困基金作为一人有限责任公司股东的适格性问题

一些纾困项目上，纾困基金可能会先设立一个公司制的持股平台，再通过该持股平台进行股权投资。在此类结构下，各参与方（甚至包括地方市场登记监督管理部门）往往会忽视《公司法》中一人有限责任公司的股东只能是自然人或者法人的要求。

合伙制纾困基金是企业非法人，根据《公司法》第57条规定（一人有限责任公司是指只有一个自然人股东或者一个法人股东的有限责任公司），不能全资设立和收购另一家公司。这一点，需要在纾困基金整体方案设计时予以注意。

（六）纾困基金备案的绿色通道

基金业协会于2018年10月21日公布《关于对参与上市公司并购重组纾解股权质押问题的私募基金提供备案“绿色通道”相关安排的通知》，为参与上市公司并购重组交易的纾困基金提供了备案绿色通道，简化了备案流程、缩短了备案时限：

- 针对参与上市公司并购重组交易的私募基金的新增产品备案申请，基金业协会将在材料齐备后2个工作日内完成备案并对外公示；
- 针对已备案私募基金因参与上市公司并购重组交易申请变更相关投资策略、投资范围等基金合同（合伙协议或基金公司章程）内容所提交的产品重大事项变更申请，基金业协会将在材料齐备后2个工作日内完成基金重大事项变更手续；
- 在新增产品备案或产品重大事项变更申请时，“管理人（投顾）需要说明问题的文件”页面仅需要上传《立项报告》、《投资框架协议》、《投资意向书》或《尽调报告》等业务支持文件。

纾困基金的发起人应注意利用好该绿色通道，在进行纾困基金方案设计时，注意根据纾困基金备案绿色通道的要求同步准备相关备案申请文件，从而尽快完成纾困基金的设立及备案工作。

四、国内纾困基金的案例介绍

为响应号召并切实帮助存在流动性问题及股票质押爆仓风险的民营上市公司，自2018年10月起，各金融机构已相继发起设立多项纾困类资管产品。此外，北京、上海、浙江、江苏、广东等多个省市纷纷出台纾困举措，鼓励国有资本、社会资本、待纾困企业的债权人作为投资人分别或共同发起设立、参与地方性的私募纾困基金,该等基金规模一般自几十亿至百亿元。

在这场纾困行动中,各家金融机构首当其冲,率先发起设立了诸多纾困类资管产品。

(1)中国人寿资产管理有限公司(以下简称国寿资产),作为险资先遣部队设立了保险行业首只专项产品“国寿资产—凤凰系列产品”,目标总规模200亿元,并在发起设立后很快落地了第一单项目。[1] 根据通威股份有限公司(600438)(以下简称通威股份)之前发布的公告,国寿资产以其发行并管理的“国寿资产—凤凰系列专项产品”账户,于2018年11月30日,通过大宗交易形式增持通威股份非限售流通股。此次交易前,通威股份股票质押超过90笔,质押比例超过40%,而截至2021年1月15日,通威股份的股票质押笔数已降至22笔,质押比例为16.65%,大大降低了爆仓风险。

(2)证券业协会于2018年10月31日组织召开了“证券行业支持民营企业发展系列资产管理计划”发起人会议,11家证券公司就255亿元出资规模签署了发起人协议,作为联合发起人发起行业系列资产管理计划;[2]其中,天风证券股份有限公司设立了首只证券行业支持民营企业发展资产管理计划,参与了上市公司的纾困行动。[3]

(3)期货公司和基金管理公司专户子公司先后发起设立的纾困类产品包括但不限于:海通期货股份有限公司于2019年上半年发起设立了“证券行业支持民企发展系列之海通期货1号集合资产管理计划”;基金公司专户子公司上海富诚海富通资产管理有限公司于2019年中及年末分别发起设立了“证券行业支持民企发展系列之富诚海富通海富七号集合资产管理计划”“证券行业支持民企发展系列之富诚海富通海富十号集合资产管理计划”。

除了金融机构外,地方政府、国务院国资委及下设机构在纾困行动中也扮演了比较重要的角色。

2019年上半年,山东省国资委旗下设立了济南纾困盛鲁股权投资基金合伙企业(有限合伙)(济南纾困基金)。[4] 根据山东阳谷华泰化工股份有限公司(300121)(以下简称阳谷华泰)的公告,济南纾困基金于2019年8月与珠海节达建筑工程有限公司(以下简称珠海节达)签署协议,通过协议转让形式受让珠海节达持有的全部阳谷华泰股票,占阳谷华泰总股本的5.3%,该笔交易于同年9月完成过户登记。根据阳谷华泰的后续公告,其控股股东、实际控制人的一致行动人解除了部分被质押的阳谷华泰股份。

---

[1] 参见《中国人寿设立保险行业首支专项产品》,载国寿资产网,http://www.clamc.com/common/index.aspx?nodeid=70&page=ContentPage&categoryid=0&contentid=624,2021年1月16日最后访问。

[2] 参见《证券行业支持民营企业发展系列资产管理计划全面启动》,载中国证券报网,http://www.cs.com.cn/jg/03/201811/t20181102_5888303.html,2021年1月16日最后访问。

[3] 参见《天风证券设立首只证券行业支持民营企业发展资产管理计划》,载天风证券股份有限公司网,http://www.tfzq.com/about/view.html?id=11136,2021年1月16日最后访问。

[4] 参见济南纾困盛鲁股权投资基金合伙企业(有限合伙)私募基金公示信息,载基金业协会网,https://gs.amac.org.cn/amac-infodisc/res/pof/fund/1905231809102532.html,2021年1月16日最后访问。

此外,进行金融不良资产批量收购业务的地方性资产管理公司也参与到此次纾困行动中。中原资产管理有限公司,作为河南省第一家具有金融不良资产批量收购业务资质的地方资产管理公司,其全资控股子公司中原金象投资管理有限公司(以下简称中原金象)于2019年上半年取得了私募基金管理人资质。中原金象在2019年下半年分别发起设立了三只契约型纾困基金,其中1号和2号基金分别对相关上市公司进行了投资并完成了股份过户。[1]

实际上在2018年上市公司流动性及股票质押危机之前,国内部分市场化PE机构已经陆续发起设立旨在纾困解难的基金并参与了上市公司破产重组计划。例如,2017年下半年,重庆钢铁股份有限公司(601005)(以下简称重庆钢铁)因业绩亏损、资不抵债被债权人申请破产,并进入司法重整程序。宝武集团牵头与境内外其他三家机构共同发起设立了四源合基金,[2]通过设立重庆长寿钢铁有限公司作为重整方参与了对重庆钢铁的司法重整,59%的清偿率也创下了司法重整清偿率之最,重庆钢铁破产重整案件还于2018年入选了全国法院十大破产典型案例。[3] 四源合基金通过市场化的基金运作、专业化的团队管理、全球化的资源嫁接,协助重庆钢铁在短短一年的时间内实现扭亏为盈。在疫情期间,重庆钢铁2020年仅第一季度就实现营业收入51.78亿元,低成本制造能力取得新突破。四源合基金是国内首只钢铁产业结构调整基金,重钢重组是中国钢铁行业的首例市场化重整。

五、国内纾困基金的成效及思考

纾困基金作为特殊时期的“救市”工具,其对部分上市企业的纾困效果直观,发挥了稳定市场的作用,但纾困基金的救助对象仍需要筛选。根据习近平总书记在民营企业座谈会上的讲话,纾困基金应“救急不救穷”,其主要针对“符合经济结构优化升级方向、有前景的民营企业”“区域内产业龙头、就业大户、战略新兴行业等关键重点民营企业”进行纾困,故纾困基金不能与不良资产基金或扶贫基金完全画等号。

但是,就国内纾困基金这一年多的发展来看,也暴露出了一些问题。

上市公司流动性危机出现后,纾困基金推进速度较快,几千亿规模的纾困资金整装待

---

〔1〕 参见中原金象投资管理有限公司私募基金管理人公示信息,载基金业协会网,https://gs.amac.org.cn/amac-infodisc/res/pof/manager/1802061706100825.html,2021年1月16日最后访问。

〔2〕 四源合基金设立之初的定位为“钢铁产业结构调整基金”,目标规模为人民币400亿~800亿元,其管理人发起股东为宝武集团、美国WL罗斯公司(WL ROSS & Co. LLC)、中美绿色基金、招商局金融集团,四方持股比例分别为25%、26%、25%和24%。其中,持股最多的美国WL罗斯公司,是一家以在钢铁、煤矿、电信等领域兼并重组而闻名的私募机构。威尔伯·罗斯(Wilbur L. Ross, Jr.)曾是这家公司的董事长兼首席执行官,被称为“破产重组之王”的他主持了对美国第四大钢铁厂LTV和美国钢铁巨头伯利恒钢铁的并购重组项目,其财富也主要来自投资陷入困境的美国钢铁厂所产生的收益。

〔3〕 参见《重庆钢铁破产重整案入选全国法院十大破产典型案例》,载重庆市第一中级人民法院网,http://cqyzy.chinacourt.gov.cn/article/detail/2018/03/id/3227644.shtml,2021年1月16日最后访问;方达作为四源合基金的律师,就该纾困基金的设立、重庆钢铁的重整以及后续重庆钢铁的运营管理提供了全程及全方位的法律服务。

发,然而总体上纾困的覆盖面不如想象中那么广。不少纾困产品、纾困计划目标规模上百亿,但最终落地的规模(实缴到位并实际投到企业中的金额)可能只有区区几十亿或者十几亿。落地难的原因,一方面是筛选纾困企业的标准较难拿捏,对部分上市企业的经营业务没有十足的把握或者了解不够深入,待纾困企业的业务经验、人员设置、资产等多少存在一些瑕疵和不足,使得援助一方犹豫不决。部分纾困基金的管理机构通过走访、调研等后认为市场上优质标的其实比较稀缺。另一方面纾困基金的投资人对纾困企业及纾困方式想法不一致也是部分纾困基金推进放缓的一个主要因素。

目前市场上的纾困基金多为由金融机构或地方政府、国有企业发起设立,鲜有民营 PE 机构主导,即使有社会资本参与金融机构或国有企业设立的纾困基金,投入的资金量也不大。可能有两个主要原因导致了这样的现状。其一,民营 PE 机构往往担心纾困基金纯属企业援助,收益率无法保障,甚至担心投入的资金有去无回。其二,民营 PE 机构也担心如与地方政府合作发起纾困基金,其在后续管理和运营基金的过程中话语权不够,无法取得投资主导权。如市场化 PE 机构不能活跃于纾困基金的发起设立环节,则市场势必无法撬动更多的社会资本参与到这场纾困行动中。

纾困基金虽然能救一时之急,但能否彻底化解待救助企业的自身风险,仍需要一定时间的检验。一方面,地方政府在纾困行动中应适当放权并鼓励纾困基金逐渐市场化运作,以给予社会资本更多的信心;另一方面,纾困基金也应在精心筛选适合被救助的企业的同时,注意不仅要“授人以鱼”,更要“授人以渔”,协助被救助企业了解自身经营及财务问题,共同进一步探讨适合企业的发展方向,避免一些企业获得大量现金流后过河拆桥,趁机减持套现。

纾困基金在国内的发展时间还比较短,尽管目前对上市企业的纾困已初显成效,但仍有待市场参与各方的共同努力和进一步探索。受 2020 年开年新型肺炎疫情的影响,不少依附线下实体经营业务的企业在 2020 年一整年内持续承受着巨大的现金流压力,疫情对总体实体经济的影响远不可知,纾困基金能否在更深更广的维度上发挥其纾困功能,值得我们进一步关注和探讨。

/第八节/
企业创投(CVC)——创投界的观光客

近年来,创投界正在日益被创投基金(VC Funds)之外的非传统投资人(包括 PE 基金、共同基金、对冲基金、主权基金、家族办公室和企业创投等)侵入。这一趋势在境外更加明显,据 Pitchbook 统计,2018 年美国创投总额 1350 亿美元,其中 1000 亿美元(大约 3000 个项目)

由非传统投资人贡献,占比 81.5%。[1] 其中企业创投更是以 711 亿美元的投资额占比 52%,[2] 首次超越传统创投,将创投基金的前浪拍在了沙滩上。

然而,由于市场强劲时蜂拥而至、市场动荡时又迅速作鸟兽散的历史表现,企业创投又被冠以观光客投资人(tourist investor)的头衔。人们不禁要问,在被下一波后浪推翻之前,这一波企业创投的浪潮能持续多久?

一、什么是企业创投?

一般而言,创投(venture capital,VC)分为两种类型,传统创投(independent venture capital,IVC)和企业创投(corporate venture vapital,CVC)。

与传统创投不同,企业创投的设立、发展和退出与集团企业的长期发展战略密切相关。学术界以哈佛大学 Henry W. Chesbrough 教授为代表的观点认为,企业创投是一种集团企业对初创企业的外部投资,但不包括(1)集团企业通过第三方管理的基金进行投资,即使这个基金的资金来源是集团企业并且该基金的投资方向贯彻集团企业的投资战略,和(2)集团企业内部部门进行的投资。他认为集团企业内部设立的创投部门尽管可能与集团企业的主营业务不同并且获得一些独立决策权力,但如果仍然从法律上属于集团企业的一部分,那么这种集团企业内部创投部门并不属于企业创投的范畴。[3]

相较于学术界对企业创投的狭义定义,实务界更倾向于对企业创投采取广义理解。英国创投协会在 2013 年颁布的《企业创投指南(Guide to Corporate Venture Capital)》中提出,企业创投可用来概括描述集团企业的多种股权投资,其基本内涵是集团企业或者其投资主体对具有高成长性和高潜力的私人企业进行股权投资,而不同集团企业采取的具体投资模式和制度就如集团企业本身的类型一样多样。因此,如果对企业创投进行精准的定义,可能会使一些具有价值的形式被排除在这个定义的范围外。[4] 类似的,美国风投协会在 2020 年度报告中对企业创投的定义也比较概括和务实,提出企业创投包括集团企业通过已设立的企业创投机构(CVC Arms)对被投资企业进行的投资或者集团企业本身对被投资企业的直接股权投资。[5]

事实上,由于企业创投自兴起到现在已发展了将近一百年,企业创投的具体运营模式随着时间的变迁和对经济环境的适应已发生了较大的变化。具体而言,市场上的主流观点认

---

[1] Nontraditional Investors in VC are Here to Stay, PitchBook. https://pitchbook.com/news/reports/4q-2019-pitchbook-analyst-note-nontraditional-investors-in-vc-are-here-to-stay,2021 年 1 月 14 日最后访问。

[2] Nontraditional Investors in VC are Here to Stay, PitchBook. https://pitchbook.com/news/reports/4q-2019-pitchbook-analyst-note-nontraditional-investors-in-vc-are-here-to-stay,2021 年 1 月 14 日最后访问。

[3] Chesbrough H W,"Making sense of corporate venture capital", *Harvard business review*,2002,80(3):90.

[4] BVCA,"Guide to Corporate Venture Capital", https://www.bvca.co.uk/Portals/0/library/documents/BVCA%20Guide%20to%20Corporate%20Venture%20Capital.pdf,2021 年 1 月 14 日最后访问。

[5] NVCA,"2020 Year Book", https://nvca.org/wp-content/uploads/2020/03/NVCA-2020-Yearbook.pdf,2021 年 1 月 14 日最后访问。

为,目前全球企业创投的形式主要包括如下四种。

(一)集团企业内部设立战略投资部门

这是企业创投兴起时的最初形式,时至今日仍然有不少集团企业采取这种形式,将企业创投作为一个集团企业内部的战略投资部门。例如英特尔资本(Intel Capital),自1991年成立至今,一直作为直投部门生长于英特尔公司生态体系之中,属于其下设的事业部。英特尔资本在全球范围内对初创企业投资的资金均来自英特尔公司的利润。[1]

(二)集团企业设立独立投资子公司

随着市场的发展以及企业创投独立性的需求,不少集团企业内部的战略投资部门已独立出来成为集团企业的独立投资子公司,对初创企业进行投资。例如日本三菱UFJ金融集团(Mitsubishi UFJ Financial Group,Inc.)于1974年下设三菱日联资本(Mitsubishi UFJ Capital Co. Ltd),作为独立的投资子公司,专注于投资生命科学、ICT和高科技领域的初创企业。[2]

(三)集团企业发起设立企业创投基金

同传统创投一样,管理团队也是企业创投发展的核心力量。因此,企业创投在实际发展中也逐步在向传统创投靠拢,例如采取传统创投的合伙企业形式,搭建企业创投的投资平台。这种结构化安排兼具传统创投机构的合伙制优势,能对管理团队进行市场化的绩效分成激励,又背靠企业创投的集团企业支持和资源,在具体决策上相对前两种形式更具有独立性,是比较灵活的投资结构。从市场实践看,不少集团企业发起设立的企业创投基金的资金来源仍然为集团企业,不包括外部社会资本。例如,谷歌早期在内部成立单独的创业投资部门,后来2009年该部门独立出来,成立了谷歌风投(Google Venture),由谷歌的母公司Alphabet作为谷歌风投的唯一LP,主要投资早期企业。长期以来,谷歌风投独立于谷歌运营,每年从谷歌(或重组后的谷歌母公司Alphabet)获得3亿~5亿美元的自有资金。[3] 类似的,诺基亚成长基金(NGP Capital)的结构设置上,也由诺基亚公司作为唯一的LP,仅从诺基亚公司获得资金支持。[4]

(四)集团企业的关联方作为LP参股专业投资机构或其设立的创投基金

除了发起设立集团企业内部的企业创投基金之外,不少集团企业也与外部专业投资机构合作,由外部专业机构作为GP,集团企业的投资主体(一般为集团企业的关联方)作为LP参股外部专业投资机构发起设立的创投基金。这种模式也包括集团企业出于控制力等因素的考虑,对专业投资机构的参股。这种企业创投的形式使得集团企业能与专业投资机构建立良好关系,有效地利用专业投资机构的管理能力,并提高市场认知能力。例如,思科

[1] 参见《CVC英特尔资本:看好国内科创板,并购市场将减速》,载东方网,http://n.eastday.com/pnews/1586514969018769,2021年1月14日最后访问。

[2] 参见清华大学国家金融研究院创业金融与经济增长研究中心:《2019中国CVC行业发展报告》。

[3] 参见清华大学国家金融研究院创业金融与经济增长研究中心:《2019中国CVC行业发展报告》。

[4] 参见清华大学国家金融研究院创业金融与经济增长研究中心:《2019中国CVC行业发展报告》。

(Cisco)除了直接投资项目之外,也会作为LP参与到其他创投基金中。[1]

这种模式下的创投基金又被称为"基于客户的基金(Client-Based Fund)",最早出现于20世纪80年代。这种模式还包括多家集团企业联合作为LP投资创投基金,由外部专业投资机构作为GP进行专业打理。20世纪80年代时,例如AT&T、3M、Gulf和Western这四家公司就共同创建了由前华尔街分析师管理的Edelson Technology Partners基金。2008年,KPCB也和苹果一起成立了iFund,在促进App Store生态的发展的同时,也为KPCB增加了潜在的项目来源。[2]

上述(一)、(二)、(三)三种模式所设立的对外投资平台,尽管组织形式不同,但均为集团企业内部的投资平台,而第(四)种模式中集团企业所参股的创投基金则是集团企业的外部投资平台。区别于传统创投资金源于不同投资人的认缴出资,前三种模式下企业创投投资平台的资金来源仅为集团企业,不涉及第三方的出资,因此,在投资资金的运用上更加灵活。而第(四)种模式由于涉及对外募资,且集团企业并不一定对GP有控制力,因此在对外投资上更为松散,在投资资金的运用上更受到协议的约束。企业创投采取前三种模式不对外募资,不同集团企业有不同的考虑,例如如果募集第三方资金,外部投资者会对集团企业战略投资的投资机会分配等可能有所顾虑。此外,如果集团企业已经拥有足够的资金支持企业创投活动,那么更没有动机与外部投资者分享可能的利好。

立足于企业创投的实际发展,笔者认为尽管第(一)种模式和第(四)种模式被Henry W. Chesbrough教授排除在企业创投的范围外,但与其他两种模式一样都是市场自发而为。从集团企业的资金流向来看,这些模式都体现了集团企业的资金向初创企业的流动,只是不同模式下对初创企业的投资平台设置不同,这些投资平台所汇集的所有资金不一定均为集团企业的资金。此外,这些模式的出现是集团企业为不同投资目标所采取的不同方案,并且在长期的发展演变中已被证明了各自的优越性和对集团企业的价值。可以预见的是,随着市场的进一步发展,企业创投也将产生更多的投资模式。将企业创投的范围仅限定于第(二)种模式和第(三)种模式,并不符合企业创投蓬勃的发展势头和发展前景。因此,本书采取最广义的企业创投定义,将其描述为集团企业通过直接投资或者通过多种投资主体(包括但不限于独立投资子公司、发起设立的企业创投基金或者参股的创投基金等)间接对初创企业进行的股权投资,旨在实现集团企业战略目标或者提高集团企业协同效应等。

---

[1] *The History Of CVC: From Exxon And DuPont To Xerox And Microsoft, How Corporates Began Chasing "The Future"*, *CB insights*. https://www.cbinsights.com/research/report/corporate-venture-capital-history/,2021年1月14日最后访问。

[2] *The History Of CVC: From Exxon And DuPont To Xerox And Microsoft, How Corporates Began Chasing "The Future"*, *CB insights*. https://www.cbinsights.com/research/report/corporate-venture-capital-history/,2021年1月14日最后访问。

二、"观光客"的观光史

(一)第一波热潮:集团巨头企业的领头(1960~1977年)

企业创投最早出现于美国。1914年,彼时著名的化工、火药公司美国杜邦公司(DuPont),投资了还属于初创企业的通用汽车公司(General Motors),拉开了企业创投的序幕。企业创投于20世纪60年代正式掀起了第一波热潮。20世纪中期的企业创投背后的集团企业往往是一些工业巨头,例如3M、美铝(Alcoa)、美孚(Mobil)等。企业创投在这个时期蓬勃发展是因为这些工业集团在战后积累了较多的财富,但是受限于美国经济大萧条时期严格的反垄断法,这些集团在单一市场上难以获得更大的市场份额,因此转而谋求新的机会以进行多元化发展,在增加利润的同时拓宽集团的发展领域。然而这波热潮到了20世纪70年代就渐渐退去。这是因为彼时美国的反垄断法的监管环境变得相对宽松,同时爆发了股东革命。随着股份公司的发展,股权分散,企业所有权和经营权分离,企业逐渐从股东主义向管理层主义转型。而管理层对公司经营投资倾向于短期化,更注重财务投资。此外,1969年开始公司所得税的大幅提升也抑制了很多企业对外投资的想法。经济衰退和滞胀危机更使IPO市场面临崩溃,公司可提供的资金流出现了短缺。[1]

(二)第二波热潮:硅谷的兴起(1978~1994年)

20世纪70年代末电脑的诞生,推动了第二波企业创投热潮的掀起。这一时期的背景主要是硅谷诞生并日渐家喻户晓,一大波专业投资机构也陆续成立,例如红杉资本(Sequoia Capital)、凯鹏华盈(Kleiner Perkins Caufield and Byers)。这种传统创投在1977~1982年对外投资额从25亿美元增至67亿美元。在这种投资环境下,企业创投尽管投资额不如传统创投体量那么大、增速那么快,但也实现了从10.25亿美元至18亿美元的显著提高,主要投资领域也逐渐转向科技、技术领域。这个时期的集团企业不再进行单一的直接股权投资,而是采用了多种模式,例如集团企业直接参股传统创投机构,作为传统创投机构的LP。1987年约有100家公司采用这种方法进行投资。到了1989年,20%的企业创投业务采用了这种模式,金额高达4.83亿美元。此外,"基于客户基金"(Client-Based Fund)也于这个时期诞生,集团企业联合专业投资机构成立专门的创投基金进行对外投资。1982年,采取这种模式进行投资的公司数量仅31家,至1987年已快速增加到了102家。这一时期,集团企业自己管理的企业创投基金也蓬勃发展,从1982年的28个增加到1988年的76个。然而这波热潮随着1995年股市的崩盘又告一段落。[2]

---

[1] *The History Of CVC: From Exxon And DuPont To Xerox And Microsoft, How Corporates Began Chasing "The Future", CB insights.* https://www.cbinsights.com/research/report/corporate-venture-capital-history/,2021年1月14日最后访问。

[2] *The History Of CVC: From Exxon And DuPont To Xerox And Microsoft, How Corporates Began Chasing "The Future", CB insights.* https://www.cbinsights.com/research/report/corporate-venture-capital-history/,2021年1月14日最后访问。

（三）第三波热潮：互联网泡沫下的非理性繁荣（1995～2001年）

20世纪90年代末期开始的互联网浪潮下，企业创投活动又开始活跃起来。根据CB Insights的数据，仅在2000年这一年，仅美国就新成立了20多家企业创投机构；从1995年到2001年的这7年之间，共诞生了近100家企业创投机构。2000年，企业创投金额高达17亿美元，约是那一年创投总金额的1/4。在这个时期，广告传媒公司逐渐成为企业创投的投资主体，医药企业和科技企业也成了企业创投的主要投资对象。在这波热潮下，企业创投的投资策略从抢占新市场逐渐向构建生态圈转变。这一时期比较典型的案例是英特尔的企业创投。作为顶级芯片制造商，英特尔致力于投资上下游产业链具有战略协同性的企业，以抢占更大的市场份额，拥有更大的话语权。1999年，英特尔启动了安腾64（Itanium 64）基金，基金规模2.5亿美元，主要投资那些使用安腾64处理器的公司。2002年，英特尔推出了1.5亿美元的基金，只投资那些能普及业界标准IEEE 802.11（别名WiFi）技术的公司。据统计，在1991～2005年这15年间，英特尔投资了1000多家公司，投资金额超过50亿美元。

但是好景不长，互联网泡沫很快就破灭了。2000年3月至5月，纳斯达克指数在两个月内跌了40%，虽然在2000年的9月收回了不少损失，但是在2001年4月之后又再次下跌。已经上市的科技公司纷纷破产，初创公司难以为继，市场一时间哀鸿遍野。集团企业面临着巨大的披露报表压力，不少集团企业中止或者缩减了企业创投业务，使这一时期的企业创投又渐渐衰退。[1]

（四）第四波热潮：独角兽时代（2002年至今）

CB insights的数据显示，受互联网泡沫破裂的影响，企业创投的年投资额在2003年达到最低点，约为20亿美元。第三波热潮逐渐消退后，企业创投一直保持着缓慢增长的速度。直至2015年，全球企业创投的年投资额上升70%，高达284亿美元。这可能是因为社交媒体和智能手机的崛起，强劲的发展势头吸引越来越多的公司重拾企业创投热情。这个时期比较著名的案例就是微软投资Facebook，以及谷歌成立Google Venture（偏向投资早期企业）和Google Capital（偏向投资中后期企业）投资独角兽企业。[2] 2019年3月，星巴克宣布投入1亿美元给Valor Equity Partners（VEP）一起成立Valor Siren Ventures Fund，以投资食品和新零售领域的初创公司。2020年4月，星巴克又与红杉资本中国基金达成战略合作，在新生代餐饮和零售科技方面进行商业合作，合力加速星巴克中国的数字化创新步伐，共同助力中国科创领域的蓬勃发展。[3]

---

〔1〕 *The History Of CVC: From Exxon And DuPont To Xerox And Microsoft, How Corporates Began Chasing "The Future"*, *CB insights*. https://www.cbinsights.com/research/report/corporate-venture-capital-history/，2021年1月14日最后访问。

〔2〕 *The History Of CVC: From Exxon And DuPont To Xerox And Microsoft, How Corporates Began Chasing "The Future"*, *CB insights*. https://www.cbinsights.com/research/report/corporate-venture-capital-history/，2021年1月14日最后访问。

〔3〕 参见《进入中国20年，星巴克被迫"求变"》，载搜狐网，https://www.sohu.com/a/305393078_250147，2021年1月14日最后访问。

根据 CB Insights 的统计，目前全球约 1/4 的创投交易有企业创投参与投资。2019 年全球企业创投参与的融资金额高达 571 亿美元，是 2014 年投资金额的 3 倍。企业创投的风头一时无两。[1]

三、企业创投 vs. 传统创投

传统创投的投资受限于基金的存续期限，往往只有 3 ~ 5 年，而企业创投背靠集团企业，能提供更为长期的资金支持。

此外，得益于集团企业在行业内的资源优势和技术支持，企业创投可以为被投资企业提供更好的发展平台和资源输入，在供应商、渠道、市场准入、物流、研发等方面形成战略合作，这也是传统创投所不能提供的优势。以英特尔为例，对于一些只有技术没有资源的初创企业来说，接受英特尔的投资，相当于打开了产业链上下游的销售和供应渠道，更代表着主流商圈的认可。微软对初创企业投资的同时，也提供了微软产品合作、销售网络、宣传推广等投后服务。[2]

不仅如此，相对传统创投，企业创投对风险的容忍度也更高，能更好地激发被投资企业的研发和创新能力。因此，在诸如医疗医药行业等投资周期长回报慢的领域，可以见到更多企业创投的身影。

另外，企业创投背后的集团企业品牌价值也能够向其他投资者（如传统创投）或者潜在消费者传递被投资企业价值的信号。据统计，接受企业创投的被投资企业更可能受到传统创投的关注，能够以更高的估值在更早的阶段进行 IPO。[3]

综观近些年的投资历史，在市场流动性紧缩的背景下，传统上投资于早期的传统创投也开始将投资阶段逐渐向后移，单笔投资金额增大，并越来越多在 B 轮及以后的融资中见到传统创投的身影。背靠集团企业，企业创投对产业链及行业的认知往往强于传统创投，在投资决策上的优势逐渐显现。从全球的数据来看，企业创投往往参与 B 轮以前的早期融资，并且对种子轮、A 轮和 B 轮的投资分布都较为均匀。尤其是 2019 年，CB Insights 的数据显示，全球企业创投 24% 集中于种子轮、29% 集中于 A 轮，20% 集中于 B 轮。[4]

四、企业创投的驱动力

美国学者 Henry W. Chesbrough 教授认为，企业创投的驱动力主要有两个维度的衡量标准，一是投资目标的选择，即考虑出于财务目标还是战略目标进行投资，二是集团企业与被投资企业之间的业务关联度。从这两个维度出发，Henry W. Chesbrough 教授提出了以下四种企业创投的策略选择，包括当前公司业务推进型战略、当前公司业务补充型战略、潜在新

[1] 参见《风险投资掘金路：中国 CVC 的二十年》，载"国际创投"微信公众号，https://mp.weixin.qq.com/s/B_XyEGu9Avsel5j1raKNgA，2021 年 1 月 14 日最后访问。

[2] Chesbrough H W, *Making sense of corporate venture capital*, Harvard business review, 2002, 80(3): 90.

[3] Chesbrough H W, *Making sense of corporate venture capital*, Harvard business review, 2002, 80(3): 90.

[4] CB sights, *The 2019 Global CVC Report*, https://www.cbinsights.com/research/report/corporate-venture-capital-trends-2019/，2021 年 1 月 14 日最后访问。

业务探索型战略和财务回报型战略。[1] 见图 7.6。

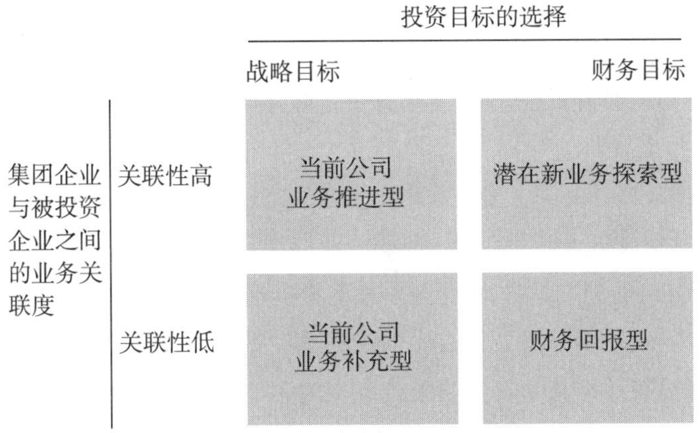

图 7.6 CVC 的四种投资目标

(资料来源:Henry W. Chesbrough: Making Sense of Corporate Venture Capital)[2]

(一)当前公司业务推进型战略

对于一些与集团企业的经营业务高度相关的被投资企业,企业创投往往会采取这种当前公司业务推进型战略,以便增强集团企业的现有业务经营能力。企业创投主要看重这些被投资企业的战略领域的发展前景,并希望通过投资将这些业务优势转为集团企业所有。采用这一投资战略有利于集团企业实现产业链的横向扩张,提高市场份额。

(二)当前公司业务补充型战略

对于一些与集团企业经营业务相关性不是很高的被投资企业,出于战略布局的目的,仍然存在可投资性。这是因为,这些被投资企业的业务领域虽然与集团企业的业务领域并非紧密相关,甚至可能是互补的关系,但投资此类被投资企业可以刺激市场对集团企业业务领域需求的增加,有利于集团企业纵向深耕产业链上下游,对于布局生态圈、增强市场话语权有较大的优势。

例如英特尔,在 20 世纪 90 年代就意识到它们可以通过投资生产微处理器的互补品的初创企业,以增加市场对微处理器的需求。因此,英特尔投资了上百家生产如音频、视频、图形硬件和软件等要求高性能微处理器运行的企业,从而刺激了英特尔奔腾芯片销量的增长。

(三)潜在新业务探索型战略

探索型战略主要针对一些虽然与集团企业的业务关联度较高但是对集团企业当前战略的促进作用很小的被投资企业。采用探索型战略的集团企业主要是通过投资一些潜在新业务领域的被投资企业,抓住新的发展趋势,及时抢占市场红利,获得新的商业模式,取得最新的技术。相比直接开展市场调研,通过投资潜在新业务领域的初创企业,更能反映真实的市

[1] 参见 Chesbrough H W, *Making sense of corporate venture capital*, Harvard business review, 2002, 80(3): 90。

[2] 参见 Chesbrough H W, *Making sense of corporate venture capital*, Harvard business review, 2002, 80(3): 90。

场估值、产品体验、用户评价等更有价值的信息。如果被投资企业的财务回报证明该等新业务领域具备相当的发展潜力，那么集团企业可以将这一新业务领域纳入战略目标，企业创投的一些诸如优先购买权的约定也能为集团企业的企业并购创造有利条件。可以说，在市场环境变化，或者公司战略需要调整时，这种投资策略将变得极具战略价值。

（四）财务回报型战略

纯财务回报型战略针对的主要是与集团企业战略目标和经营业务的关联度都不高的被投资企业。尽管这种投资可能不会促进集团企业的经营业务，但是能带来可观的财务回报。

根据CB Insights的调查报告，就企业创投的投资选择，到底以追求财务回报为主还是追求战略目标的实现为主，不同的公司有不同的回答。79%的受访者认为企业创投目标是为了实现集团企业的战略协同性，47%的受访者认为企业创投能增加集团企业在行业内的领先地位，26%的受访者认为企业创投可以使集团企业与潜在并购对象建立初步联系，24%的受访者提出企业创投可以增加现有集团企业的销售和利润，12%的受访者认为通过企业创投也可以使得被投资企业提高内部效率。除此之外，也有76%的受访者将财务回报作为企业创投的核心目标，见图7.7。事实上，由于企业创投的战略性投资目标往往胜于财务投资目标，市场上也不乏为了占领市场份额导致被投资企业因企业创投的发展目标“被牺牲”的例子。

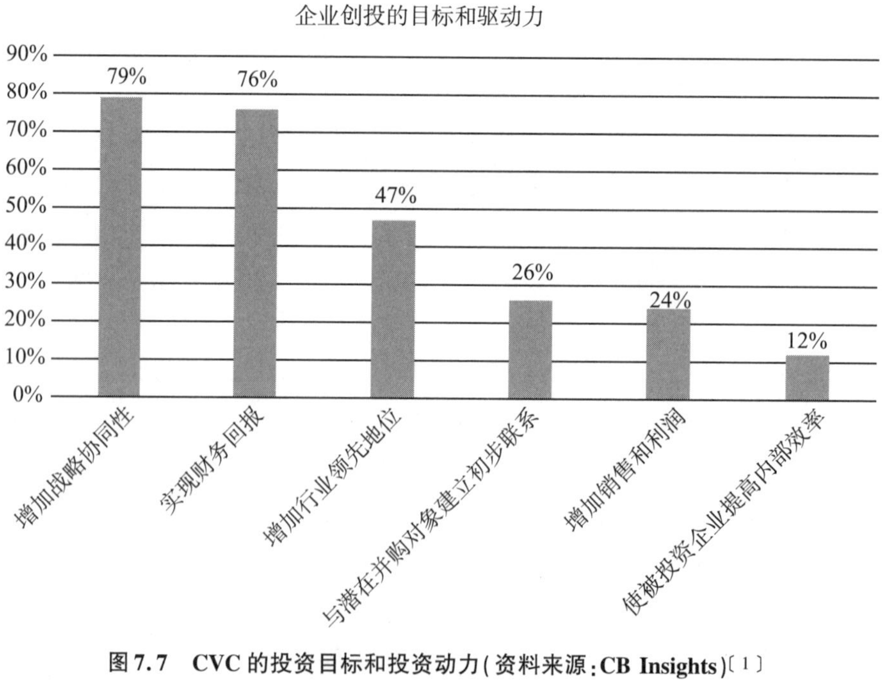

图7.7　CVC的投资目标和投资动力（资料来源：CB Insights）[1]

---

〔1〕 *The History Of CVC: From Exxon And DuPont To Xerox And Microsoft, How Corporates Began Chasing "The Future"*, *CB insights*. https://www.cbinsights.com/research/report/corporate-venture-capital-history/，2021年1月14日最后访问。

五、企业创投在中国

经过20多年的发展,中国企业创投也已颇具规模。相较于全球企业创投的分布,中国企业创投有着较高的集中度。根据私募通的统计,2019年,投资金额最多的10家产业集团投资共904.67亿元,占同期全部中国企业创投的79.4%,头部集团企业的优势明显。[1] 腾讯、阿里巴巴、百度等集团企业投资板块不断扩大,深入互联网相关的各细分领域,包括交通出行、在线教育、AI科技、保险、金融等。可以说,中国一半独角兽企业的背后都有腾讯、阿里巴巴、百度等头部企业创投机构的身影。除这些头部企业创投机构之外,目前绝大多数的中国企业创投机构仍然是以集团企业的产业范围为主进行创投,显示出更为明显的产业链完善目标。

(一)中国企业创投发展的整体情况及特征

1. 中国企业创投与全球企业创投的发展对比

据清科研究中心的统计,2013年以来,中国企业创投快速发展,2015~2016年整个行业的投资频率达到巅峰,2018年后因受资本寒冬影响,中国企业创投的投资频率略有下降。2010年,中国企业创投的投资金额约占中国股权投资市场4.3%,2015年达到最高点23%,此后维持在15%~17%之间,2019年投资金额占中国股权投资市场的14.9%。[2]

根据CB Insights发布的《2019年全球企业创投报告》,全球企业创投活跃度在2019年小幅上涨,投资案例数为3234起,同比上涨8%,投资金额约751亿美元,同比2018年上涨3%,平均投资金额为2360万美元,约人民币1.65亿元。[3] 而在中国,由于受到国内股权投资市场整体收缩等诸多因素的影响,企业创投的投资活跃度在2019年出现明显下滑,这和私募通统计的国内数据趋势基本一致。根据私募通的数据,中国企业创投共705起,同比下降17%,投资金额共1139.13亿元,同比下滑41%,平均投资金额为人民币1.62亿元。[4]

2. 中国企业创投的投资阶段

尽管根据CB Insights和私募通的统计,2019年中国企业创投与全球企业创投平均投资金额水平相当,均略高于1.6亿元,介于VC和PE市场投资均值之间。但是相比而言,中国

---

[1] 参见清科研究中心:《揭秘真实的CVC投资》,载新浪网,https://cj.sina.com.cn/articles/view/1774800467/69c94e5301900poko?from=finance,2021年1月14日最后访问。

[2] 参见《风险投资掘金路:中国CVC的二十年》,载"国际创投"微信公众号,https://mp.weixin.qq.com/s/B_XyEGu9Avsel5j1raKNgA,2021年1月14日最后访问。

[3] 参见清科研究中心:《揭秘真实的CVC投资》,载新浪网,https://cj.sina.com.cn/articles/view/1774800467/69c94e5301900poko?from=finance,2021年1月14日最后访问。

[4] 参见清科研究中心:《揭秘真实的CVC投资》,载新浪网,https://cj.sina.com.cn/articles/view/1774800467/69c94e5301900poko?from=finance,2021年1月14日最后访问。

企业创投对种子轮项目的支持占比低于全球水平,较少投资于无融资历史的种子项目,轮次主要集中在A/B轮,当然中国企业创投对后期的优质项目也有不少投资。尽管如此,根据新闻报道,不少头部企业创投机构表示由于投资早期项目需要花大量时间去接触创业者和看项目,并且认为早期的初创企业对集团企业的协同价值比较低,因此不排除一些头部企业创投机构存在投资阶段向C轮后移的倾向。[1]

3. 中国企业创投的投资领域

根据清华大学五道口金融学院等机构的相关统计,中国企业创投的投资领域主要集中在互联网、IT、电信及增值业务和娱乐传媒四类行业,其中投资在互联网领域的案例数和总金额遥遥领先,投资占比均超过三成。这与全球企业创投在互联网领域近四成的投资比例基本相当。[2]

4. 中国企业创投的退出

中国企业创投对所投资的初创企业的退出,主要体现为被投资企业IPO和并购。根据私募通的统计,2019年中国企业创投退出中,被投资企业IPO退出笔数占比超过55.8%,被投资企业IPO和并购总计占比71.7%,该比例远高于全球企业创投20%左右的年退出比例。[3] 一般而言,企业创投以长期持有为主,减持时间较晚。尽管如此,中国企业创投也实现了大量企业IPO。根据公开报道,腾讯投资的企业中已有23个完成了上市。[4] 当然,这种退出量较高的原因也可能是因为中国企业创投不少是以私募基金的形式进行投资,可能接受了一定的社会资本,相应也增加了退出的压力。

(二)中国企业创投的形式

不少观点认为,中国企业创投已经历了单纯依靠企业投资部进行投资的1.0时代,组建GP进行投资的2.0时代,正在迈向3.0时代,集企业战投部、旗下独立GP、LP投资"三位一体"的完整投资体系。

相对于全球企业创投的形式,中国企业创投的形式有相似性也有其自身的特点。具体而言,目前中国企业创投的形式大概如图7.8所示。

---

[1] 参见艾想投资:《CVC们一脚急刹,创业者们加速进化》,载搜狐网,https://www.sohu.com/a/376364962_99928432,2021年1月14日最后访问。

[2] 参见清华大学国家金融研究院创业金融与经济增长研究中心:《2019中国CVC行业发展报告》。

[3] 参见清科研究中心:《揭秘真实的CVC投资》,载新浪网,https://cj.sina.com.cn/articles/view/1774800467/69c94e5301900poko?from=finance,2021年1月14日最后访问。

[4] 参见清科研究中心:《揭秘真实的CVC投资》,载新浪网,https://cj.sina.com.cn/articles/view/1774800467/69c94e5301900poko?from=finance,2021年1月14日最后访问。

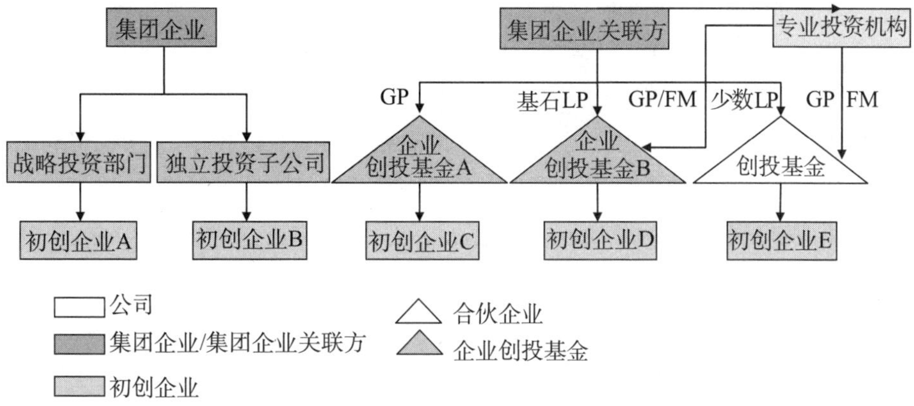

图 7.8 中国企业创投的形式(方达整理)

1. 集团企业内部设立战略投资部门

作为全球企业创投最早期的形式,集团企业内部设立战略投资部门也受到中国集团企业的青睐。诸如头部企业创投机构中的腾讯投资,就是腾讯控股的投资部门与核心战略部门之一,成立于2008年,其投资主体也相对多样化,旗下拥有多个企业创投投资平台,最广为人知的是2011年马化腾宣布成立的腾讯产业共赢基金。[1]

2. 集团企业内部设立独立投资子公司

与全球企业创投的选择类似,中国很多科技类公司采用设立独立投资子公司的模式作为集团企业的外部投资机构。例如,2019年华为成立哈勃科技投资有限公司,作为华为投资控股有限公司的全资子公司,其注册资本为人民币7亿元。小米科技有限责任公司也是作为小米公司的独立投资公司进行小米生态链的CVC投资布局,通过参股型投资打造小米生态圈。[2]

3. 集团企业的关联方作为GP发起设立企业创投基金,并与社会资本合作

近年来,中国企业创投的一个变化是发展出了集团企业与社会资本合作的企业创投基金。这种企业创投基金的基本结构是集团企业的关联方作为GP/FM,或者作为GP/FM的控股股东,同时集团企业作为基石LP并募集其他社会资本作为LP。

这种模式也备受国资企业的青睐,不少国企成立了国资企业初创基金。比如,根据公开报道上汽集团利用其下属的私募股权管理机构尚颀资本,与地方政府合作,设立了多个私募股权基金或者母基金,对优质初创企业进行投资。国资企业创投基金,相对于其他非国资企业创投机构,背靠国企,具有较强的信用优势,所募集的资金也更容易进入强政府监管的领域,例如军工、公共事业等。从初创企业的角度看,接受国资企业创投基金的投资,也有利于

〔1〕 参见《风险投资掘金路:中国CVC的二十年》,载"国际创投"微信公众号,https://mp.weixin.qq.com/s/B_XyEGu9Avsel5j1raKNgA,2021年1月14日最后访问。

〔2〕 参见清华大学国家金融研究院创业金融与经济增长研究中心:《2019中国CVC行业发展报告》。

开拓强政府监管的下游客户，更容易优先获取国家的政策优惠，获得资源的倾斜优势。但国资企业创投基金的一个劣势就是复杂的国资监管，特别是目前国资监管法律法规尚未明确规定国资出资的有限合伙企业是否属于“国有及国有控股企业、国有实际控制企业”，因此市场上对国资出资的有限合伙企业转让有限合伙份额等行为是否适用《32 号令》观点不一，是否适用取决于各地国资委的监管态度及对个案的分析判断，但如被认定适用《32 号令》，国资企业创投基金对被投资企业的股权转让将受限于“招拍挂”流程，对转让底价、转让时间均有限制性要求，这一定程度上会影响交易效率和交易时机。此外，根据 2020 年颁布的《有限合伙企业国有权益登记暂行规定》，国资集团企业及其出资子公司需对其持有的基金进行产权登记，被投资企业需要为此配合在相应时点提供所要求的相关信息。

4. 集团企业的关联方作为基石 LP 或控股专业投资机构设立的创投基金，打造自身的企业创投基金

这种模式的一个典型代表就是蚂蚁金服。根据公开报道，蚂蚁金服近些年的企业创投形式主要是以基石 LP 的身份参与私募股权基金，与专业投资机构合作，例如凡创资本、浅石创投等，控股这些专业投资机构设立的创投基金已成为蚂蚁金服对外投资初创企业的重要渠道。[1] 在该种模式下，除了作为 LP 投资创投基金之外，集团企业的关联方往往会以协议方式增强对 GP 内部决策的干涉和控制力度，例如约定在投资决策委员会中有投票权甚至一票否决权等，或者直接入股 GP/FM，成为其控股股东。这种创投基金尽管并不是由集团企业的关联方发起设立，但是集团企业在 GP/FM 和 LP 层面都具有某种程度的控制力。

5. 集团企业的关联方作为少数 LP，参股专业投资机构或其设立的创投基金

采取这种模式的集团企业实际是在与外部专业投资机构合作，更多的是向其学习创投业务的开展，获得信息和专业能力的优势，在创投基金中持有的份额不大，实际上做的仅是财务投资。这种模式下集团企业对这些创投基金的控制力比较弱，所投资的初创企业与集团企业的战略协同性也较低，因此该等创投基金并不宜被视为企业创投基金。根据公开报道，2010 年年底，第一只国家级大型人民币 FOF 国创母基金设立时，在首期 150 亿元的募集份额中，华为出资了 5 亿元，以 LP 的身份出资母基金，作为其试水企业创投业务的一个开始。[2]

出于战略布局的需要，中国头部集团企业在打造自身企业创投基金的同时，也纷纷参股专业投资机构。根据公开报道，腾讯作为 LP 投资的第一家 GP 是钟鼎资本，而钟鼎资本背后的 LP，不但包括腾讯、京东、美团等新经济 CVC，也包括顺丰、建发新兴、晨光文具和海底捞

---

〔1〕 参见《风险投资掘金路：中国 CVC 的二十年》，载“国际创投”微信公众号，https://mp.weixin.qq.com/s/B_XyEGu9Avsel5j1raKNgA，2021 年 1 月 14 日最后访问。

〔2〕 参见《“LP 化”生存！中国 CVC 战略大棋局》，载“FOF Weekly”微信公众号，https://mp.weixin.qq.com/s?src=11&timestamp=1590139674&ver=2354&signature=TAWBqbpVDAjdocnIrk5I1rsq-ErPzek0g6XU4GmWzsBUhn5MQECvhBXkKl48IMOiWuECmHADyP*66UA6ZLWP6x8CwlAfjvTYPKNjsDocrPm7ZQHwVisW7iHf*2IeYFOS&new=1，2021 年 1 月 14 日最后访问。

等传统产业 CVC。京东除了投资星界资本、钟鼎资本之外,还投资了高成资本、拾玉资本等。[1] 值得注意的是,如 LP 在 GP 下设的投资决策委员会中持有席位并具有投票权或者一票否决权,有可能被认定为有限合伙人参与合伙企业的投资决策,从而被刺破有限合伙人的面纱乃至承担无限责任。

中国企业创投的实际发展中,很多集团企业的企业创投业务会同时采用几种模式,或者在几种模式中变化和发展。随着企业创投在中国的发展,中国企业创投的多种形式将充分实现资源的优化和配置,协助传统企业进行战略转型,打造产业链新生态,创造投资蓝海。

综上所述,企业创投对于集团企业而言,既是探索模式边界、拓展前沿技术的有效范式,也是自生长型组织架构扩张以及行业生态圈演进的重要手段。在集团企业生命周期的各个阶段,企业创投已成为集团企业的用户、市场、组织及产品四大战略演进路径的重要实现手段。与此同时,接受企业创投的被投资企业既能获得长期稳定的资金支持,也能获得企业创投背后集团企业所拥有的市场资源、技术和品牌等。可以说,企业创投对于集团企业和被投资企业都是一种合作共赢的选择。

曾经有一种说法是这个时代是初创企业发展最好的时代。科技和互联网成为最强风口,共享经济、人工智能、虚拟货币等新兴概念应运而生,创新型产品从初创到拿风投再到上市的周期越来越短,独角兽榜单也日新月异。对于很多大企业来说,抓住这种新的经济增长点,及时抢占红利,完善产业链布局,对抗产业的周期性发展,也是相当重要的命题。

2020 年年初开始的新冠大流行对全球经济造成了巨大破坏。从 2020 年第一季度的财报来看,全世界规模最大的 PE 们,已面临 2008 年金融危机以来最严重的亏损。覆巢之下无完卵,创投界不会这边风光独好。企业创投会改弦易辙从此在创投圈里安营扎寨,还是会故伎重演走上观光客的老路?

/第九节/

基金之基金(FOF)

一、基金之基金的概念

基金之基金,也称为母基金(fund of funds,FOF),是以私募基金作为主要投资对象的基金。母基金可根据不同的投资标的划分为 PE 母基金(以 PE 基金为主要投资标的)、VC 母基金(以 VC 基金为主要投资标的)、对冲母基金(以对冲基金为主要投资标的)等。母基金

[1] 参见《"LP 化"生存! 中国 CVC 战略大棋局》,载"FOF Weekly"微信公众号,https://mp.weixin.qq.com/s?src=11&timestamp=1590139674&ver=2354&signature=TAWBqbpVDAjdocnIrk5I1rsq-ErPzek0g6XU4GmWzsBUhn5MQECvhBXkKl48lMOiWuECmHADyP*66UA6ZLWP6x8CwlAfjvTYPKNjsDocrPm7ZQHwVisW7iHf*2IeYFOS&new=1,2021 年 1 月 14 日最后访问。

也可根据其投资目的,分为以改善地区经济、布局产业发展为目的的产业导向型母基金,以及注重财务回报、以收益为导向的财务投资型母基金。在私募投资基金行业的生态圈中,母基金兼具了普通合伙人与有限合伙人的双重特性。具体而言,一方面,母基金为投资者管理运作其认缴出资额,充当了管理人的角色;另一方面,母基金对于其所投资的私募投资基金("直投基金")而言,又充当了投资人的角色。

中国证券投资基金业协会母基金专业委员会将母基金的基本特征总结为以下几点:(1)投资方式可能涉及一级投资、二级投资和直接投资;(2)投资策略根据资金端需求的不同呈现差异;(3)基金投资以财务回报或产业导入为目标;(4)承担管理人和投资者的双重身份。

典型的PE母基金和典型的PE直投基金的基本架构如图7.9和图7.10所示。

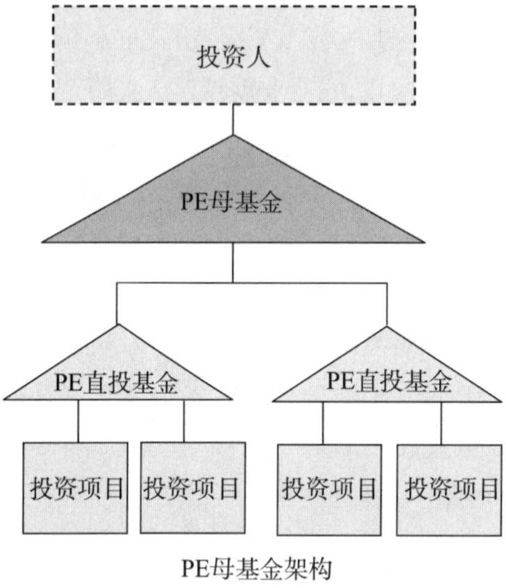

图7.9 典型的PE母基金架构示意

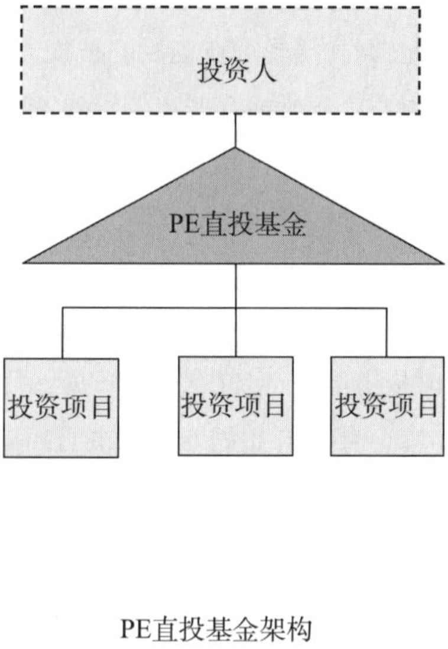

图7.10 典型的PE直投基金架构示意

二、母基金的优势

相较于一般的直投基金,母基金[1]往往存在下述方面的优势:

- 专业投资和监督能力

由于股权投资行业中的公开信息十分有限,而不同直投基金的业绩表现也参差不齐,因此选择优秀的直投基金投资需要深厚的专业水平和精准的眼光。母基金的管理人作为专门筛选私募基金的管理人,通常本身具有丰富的基金管理和运营能力,凭借其专业团队的前期调研、尽职调查和谈判议价上的能力,可以找到颇具潜力的直投基金并以较为优厚的条件进行投资。此外,在投资持续过程中,母基金还能有效跟踪和监督直投基金的投资情况,在遇到直投基金产生困难或问题时能及时保障自身利益,甚至出手干预。

---

〔1〕 除非特别说明,自本段开始所涉"母基金"和"直投基金"分别对应的是PE母基金和PE直投基金。

- 分散投资风险

母基金主要投资于多只第三方管理人发起设立的直投基金从而间接参与直投基金进行的各类下游投资,并自该等直投基金处获得投资收益。有别于直投基金中高度依赖特定管理团队的投资方式,母基金可以通过对不同投资阶段、投资策略、投资方向或地域的直投基金进行分散投资,使投资组合多样化,从而达到降低系统性风险和波动性的目的,获得相对稳定的收益。

- 降低投资人进入门槛

通常,业绩优秀和知名品牌的直投基金在募资时因供大于需而对投资人设置较高的要求(包括设定最低投资额、考虑投资人在投资领域的经验和声誉,以及对基金提供的附加值贡献等)。同时,直投基金出于控制投资人人数、保持基金稳定性的考虑也往往更欢迎周期更长、同时能带来稳定资金的机构投资人。而母基金,本身作为一种金融产品恰好可以解决普通投资人难以进入优秀直投基金的渠道难题:一方面母基金可以通过将单独无法达到直投基金投资者要求的资金汇集起来,以满足某些直投基金较高的出资要求;另一方面母基金凭借其广泛的市场接触面通常与许多业绩优秀的直投基金团队保持良好的关系,可以获得一些不对普通投资人开放的投资机会。

- 增值服务

接纳母基金不仅能为直投基金带来资金支持,甚至能有额外的附加价值提供。举例而言,母基金的管理人往往浸淫市场多年,可以向直投基金的管理团队提供人脉、技术支持、行业消息,乃至下游投资机会。有的时候,能够获得一只知名母基金的出资甚至能直接提升直投基金的品牌知名度和市场认可度。

三、全球及中国母基金的发展历史和现状

1979 年美国雅登投资(Adams Street Partners)发起设立的 Institutional Venture Capital Fund 被认为是历史上第一只母基金。[1] 在行业发展初期,母基金更多的是以独立账户(separate accounts)的形式提供给大型的机构投资者,因此自诞生后相当长的时间,母基金并未取得实质性进展。直到 20 世纪 90 年代私募股权市场的逐渐兴起,母基金开始得以快速发展。进入 21 世纪后,各大机构开始通过其独有的管理人资源和在某一细分领域的深耕经验展示其独特性。例如,提供全球多元分散化投资工具的 Adam Street 和 Pantheon,提供不同行业细分基金的 HarbourVest。[2] 经过逾 20 年的发展,母基金已发展成为世界私募基金市场中一类重要的基金产品。

金融危机以来,母基金行业内部还出现了管理人收购与兼并的趋势,如列克星敦投资(Lexington Partners)在 2010 年完成对花旗集团(Citigroup)母基金业务的收购,ICG 集团(Intermediate Capital Group)于 2015 年收购石墨资本(Graphite Capital Management)的母基金

[1] 参见雅登投资网,https://www.adamsstreetpartners.com/our-firm/history/,2021 年 1 月 14 日最后访问。

[2] 参见基金业协会母基金专业委员会:《2017 中国私募股权投资母基金行业发展报告》。

业务等。通过合并,一方面,母基金管理人能够获得更大的规模优势,有更多的资源和技术向原先没有覆盖的市场拓展;另一方面,大型资产管理公司等机构对业务线条实现扩充,有利于满足现有客户更为丰富的投资需求。[1]

金融危机以来,受到双层费率结构、基金收益率下行和存续期时间较长等因素的影响,母基金发展面临困境。不少母基金管理人在战略层面进行了调整,以应对竞争越发激烈的市场环境。这一转变首先体现在费率层面,2017 年管理费率的平均值和中位数分别为 0.80% 和 0.85%。在业绩报酬方面,一部分管理人也做出让渡,2016~2017 年成立的母基金中有 58% 将业绩报酬的比例降至 5% 甚至 5% 以下,42% 的母基金的业绩报酬比例为 10% 或以上,而这一比例在 2007 年前通常为 20%。[2]

不同于国外母基金经历了数十年的发展,在中国,母基金还是个刚刚成熟的新兴产物。整体来看,中国母基金起步于政府引导基金,并逐步向更多元化的资本结构、管理人结构的方向发展。国内母基金近年来快速发展,参与的投资者主要有三类:一是国有企业、政府财政代表的国有资本,二是保险、银行等金融资本,三是高净值个人、民营企业等私有资本。

2001 年,中关村创业投资引导基金正式启动,初始成立时与评审认定的 32 家创业投资机构合作,采用跟进投资的方式投向园区内的种子期和初创期的高新技术企业以及新设的子基金。中关村创业投资引导基金是我国国内第一只由政府出资设立的具有“引导”之名的创业投资引导基金,它的成立标志着我国母基金行业的正式开启。[3] 2006 年开始,国有企业主导设立的市场化母基金陆续出现。2006 年 9 月,国家开发银行和中新苏州工业园区创业投资有限公司共同组建了苏州工业园区国创创业投资有限公司,由专业化的母基金管理团队进行管理。2010 年开始,民营资本发起设立的母基金也开始涌现。各母基金管理人逐渐形成了鲜明的特色,例如前身为清华控股投资部的紫荆资本以运营 VC 母基金为特色,金晟资产主打“母基金投资早期阶段 + 直投中后期阶段”的复合投资模式。

截至 2019 年 6 月 30 日,[4] 中国母基金全名单共包括 310 只母基金,总管理规模达人民币 2.5376 万亿元。如果以市场化母基金和政府引导基金进行区分,具体包括市场化母基金 74 家,总管理规模 5511 亿元人民币;政府引导基金 236 只,总管理规模达到 19,865 亿元人民币。

在当下募资难的市场环境下,资金雄厚的母基金成为直投基金管理团队最为青睐的投资人之一。这主要有两方面的原因:一方面母基金的资金来源长期稳定,很少存在出资违约的情况;另一方面母基金的投资团队经验丰富,在对直投基金进行尽职调查、与直投基金管

[1] 参见基金业协会母基金专业委员会:《2017 中国私募股权投资母基金行业发展报告》。

[2] 参见基金业协会母基金专业委员会:《2017 中国私募股权投资母基金行业发展报告》。

[3] 参见中国股权投资基金协会、北京股权投资基金协会编著:《中国母基金实践指引白皮书(2017 年版)》,首都经济贸易大学出版社 2017 年版,第 20 页。

[4] 参见《2020 年上半年中国母基金全景报告》,载母基金研究中心官网,http://www.china-fof.com/index.php/Home/Index/articleDetail/article_id/2846/article_type/2,2021 年 1 月 4 日最后访问。

理团队进行基金条款谈判等方面均具有相对较强的专业度。因此,如果一只直投基金在募资早期阶段即成功获得母基金的认可并接受其认购的,那么这将对该直投基金的后续募集起到显著的证明作用。

2018年以来,母基金的募资本身面临许多挑战,而《资管新规》中的一些限制性规定(多层嵌套)等对母基金的运作影响尤其明显。业内一般认为,母基金作为股权投资市场专业的机构投资者,具有进行专业投资管理、促进资源合理配置、优化股权投资市场环境、改善投资结构等作用。母基金投向子基金所形成的"嵌套",是由其产品属性决定的,是母基金优选投资子基金的过程,并不会带来资金空转或是风险隔离失效等影响,与通道类金融产品构成的嵌套有着本质区别。

2019年10月,国家发改委、人民银行有关部门负责人在就《1638号文》答记者问时指出,部分创业投资基金和政府出资产业投资基金具有"母基金"性质,直接服务于实体经济,不属于《资管新规》禁止的资产管理产品在金融系统"脱实向虚""体内循环"的情形,因此对这两类基金豁免了多层嵌套限制。[1]

四、中国母基金的相关监管规则

虽然现行中国法下并未专门针对母基金设计单独的法律法规,而是在私募基金的整体监管框架下对母基金进行管理,但是回顾并整理母基金相关条款的发展历程,对我们充分理解母基金有着十分重要的意义。

2005年11月,国务院十部委联合发布的《创投企业管理办法》规定"国家与地方政府可以设立创业投资引导基金,通过参股和提供融资担保的方式扶持创业投资企业的设立与发展,具体管理办法另行制定"。这是引导基金第一次以法规的形式出现。虽然《创投企业管理办法》仅概括规定了引导基金的设立方式和作用,同时将具体管理办法留待此后制定,但这是第一次在正式文件中提出了引导基金的概念,确立了引导基金的法律地位。

2016年《创投国十条》特别指出,鼓励和规范发展专业化管理的创业投资母基金、国有企业设立或参股创业投资母基金、创业投资引导基金注资市场化母基金、中央和地方企业、保险公司、大学基金等机构投资创业投资母基金。

2017年,协会资产管理综合信息报送平台(AMBERS系统)中,新增了私募股权投资类FOF、创业投资类FOF的信息报送渠道和字段,并按照产品类型将FOF分为私募股权投资母基金和投向单一资管计划基金两类。

五、中国母基金的特别条款安排

尽管适用于相同的监管框架,在中国,母基金和直投基金在具体商业安排上存在下述不同之处:

[1] 国家发改委、人民银行有关部门负责人就《关于进一步明确规范金融机构资产管理产品投资创业投资基金和政府出资产业投资基金有关事项的通知》答记者问,https://www.ndrc.gov.cn/fzggw/jgsj/cjd/sjdt/201910/t20191025_1195629.html,2021年1月23日最后访问。

• 存续期限

一般的直投基金的存续期限多为5~7年,而母基金因投资于不同的直投基金,因此存续期限一般较长,比如8年甚至更长,从而避免出现母基金和所投资的直投基金出现期限错配的情况。

• 管理费

一般的直投基金的管理费费率为2%/年,而母基金因其存续期限更长、规模庞大,且母基金在对直投基金进行投资过程中不免需在直投基金层面承担一定的费用和成本(包括但不限于母基金在直投基金层面所需缴纳的管理费),因此母基金本身向其投资人所收取的管理费费率通常有所降低,多为0.5%~1%/年。区别于国际通行做法,母基金的管理费率除了按照认缴金额缴纳外,还存在按照实缴金额缴纳的现象。

• 退出方式

直投基金的常见退出方式包括IPO、全国中小企业股份转让系统挂牌、并购、回购等方式;与此相对,母基金的退出方式主要有直投基金终止、清算、直投基金份额转让等。

• 免责补偿

在基金文件常见的免责补偿条款中,如果基金并无足够的资金履行补偿和费用预支义务时,基金有权向投资人要求返还其已取得的分配金额。且PE/VC基金可能在解散清算后仍发生补偿义务,因此免责补偿一般及于基金解散以后,届时仍保留向投资人要求返还分配金额的权利。由于母基金往往在获得所投资的直投基金收益后会尽快向自己的投资人进行分配,因此其本身也并不一定留存大量现金。有鉴于此,母基金大多会与直投基金协商,要求就该等免责补偿下的分配返还义务设定金额上限,就返还期限设定限制等条件。

• 违约处理

为了避免因为母基金背后某一投资人的违约而导致整个母基金被所投资的直投基金视为违约合伙人,并对其施加处罚措施(包括要求母基金退伙、禁止母基金参与特定投资项目、剥夺母基金在直投基金中的表决权等),很多母基金会要求直投基金在判断母基金是否违约时适用穿透原则。具体而言,如果因母基金的任何投资人而导致母基金对直投基金违约的,那么在计算该等违约责任时,应视该投资人直接为直投基金的有限合伙人,仅将该投资人所对应的份额视为违约份额,而除此之外的母基金的其他投资人仍为守约状态且不受影响。

六、中国市场上常见的母基金类型

• 政府引导基金[1]

政府引导基金,指由政府部门发起设立的,通过发挥财政资金的引导和聚集放大效应,引导当地产业发展和招商引资的政策性基金(包括母基金)。其投资目的通常为发挥财政资金的杠杆放大效应,支持创新创业、扶持中小企业发展、支持经济转型升级、建设基础设施和提供公共服务等。政府引导基金的投资对象通常为相关产业的被投资实体及/或专注于相

〔1〕 详见本书第四章第一节。

关产业的直投基金。随着国家新兴产业创业投资引导基金、国家中小企业发展基金等国家级引导基金的出现,中央鼓励政府引导基金的态势逐渐明朗。各地政府纷纷响应,主导设立政府引导基金。设立主体也由省级单位逐渐延伸至市级甚至区县级单位,政府引导基金的数量和规模都呈现爆发式增长。[1] 截至2020年6月底,国内共成立1349只政府引导基金,政府引导基金自身总规模已超2.1万亿元。[2] 政府引导基金多采用母基金形式,已成为人民币基金的主要募资渠道之一。

除了国家层级的《政府投资基金暂行管理办法》(财预〔2015〕210号)、《政府出资基金暂行办法》、《政府出资产业投资基金信用信息登记指引(试行)》(发改办财金规〔2017〕571号)和多项通知外,各地政府就其当地的引导基金运作、管理、投资均有不同的公开或非公开的书面政策,且不同类型的政府引导基金的对外投资要求亦会有所区别,但总体而言,政府引导母基金对拟投资的直投基金会提出不少类似的非市场化要求,如项目返投、普通合伙人和/或管理人注册地限定、违法事项的一票否决权、政府出资上限、政府引导母基金提前退出情况等。与此同时,政府引导母基金也会向所投资的直投基金提供包括适当让利在内的优惠条件,且在直投基金满足一定条件的情况下协助其申请当地的优惠政策,包括开办奖励、税收减免、高管补贴等。实务中,政府引导母基金一般会要求将部分或全部要求和条件直接写入基金合同中。

- 市场化母基金

根据数据统计,截至2019年6月,中国境内178家市场化母基金管理品牌旗下共成立224家母基金管理人,管理着365只市场化母基金,管理规模共计2121亿元人民币。[3] 目前,市场化母基金主要由国有企业参与设立的母基金和本土民营企业发起的市场化母基金这两类组成。

就前者而言,该类别下的由金融机构子公司或参股公司发起的市场母基金已成为私募股权市场上一股不可小觑的力量。国泰君安证券公司的全资子公司国泰君安创新投资于2018年7月在上海举办母基金启动仪式,成立总规模达到500亿元人民币的市场化股权投资母基金,该只母基金计划将40%投向内部子基金、40%投向外部子基金、20%直接投资。[4] 除国泰君安外,包括中金公司、中信证券等在内的多家券商都已成立了自己的私募股权投资子公司,并发起市场化母基金。而泰康保险集团旗下的股权投资平台公司泰康投资

---

〔1〕 参见中国股权投资基金协会、北京股权投资基金协会编著:《中国母基金实践指引白皮书(2017年版)》,首都经济贸易大学出版社2017年版,第9页。

〔2〕 参见《2020年政府引导基金专题研究报告》,载投中网,https://www.chinaventure.com.cn/report/1001-20201114-1629.html,2021年1月4日最后访问。

〔3〕 参见《中国市场化母VCPE母基金研究报告(2019)》,载投中网,https://www.chinaventure.com.cn/report/1005-20191022-1574.html,2021年1月4日最后访问。

〔4〕 参见《国泰君安创新投资启动成立规模为500亿元母基金》,载中新网,http://www.chinanews.com/cj/2018/08-06/8590408.shtml,2021年1月4日最后访问。

于2020年12月发起并管理的泰康乾亨股权母基金则是中国母基金行业内首支由险资自主发起、进行财务性股权投资的母基金。此类金融系市场母基金因其国资背景而天然地享有优质的有限合伙人资源，可以直接连线央企、地方国有企业、上市公司等潜在投资人，使其在募资环节中往往压力较小；同时，该类母基金也借由其在金融行业的人脉和经验而享有资源整合优势，在投资环节中可以更为容易地知悉、接触并筛选到优质项目，并凭借其专业知识和行业经验协助下游投资项目在资本市场中实现退出。此外，其他非金融行业的国企也开始纷纷涉水母基金行业。例如，上汽集团于2011年全资设立上海汽车集团股权投资有限公司，该公司作为上汽集团国内专业投资管理平台，主要从事母基金、PE/VC直接投资、创新投资及资产管理业务；上海汽车集团股权投资有限公司于2017年发起了规模为60亿元的母基金上汽中原股权投资合伙企业（有限合伙）。

就后者而言，民营企业所发起的市场化母基金也日渐增多，较为典型的代表包括诺亚财富旗下的歌斐母基金、天堂硅谷母基金、盛世投资母基金、宜信母基金等。作为中国最早一批成立的母基金管理人，歌斐资产截至2020年第一季度所管理的母基金规模已达1057亿元人民币（包括综合私募股权母基金、定制母基金、私募股权二级市场母基金、美元私募股权母基金等）。歌斐资产旗下的私募股权母基金可分为三个类别，分别是人民币旗舰母基金、美元旗舰母基金和S基金。其中，已发起至第六期的人民币旗舰母基金系列已成功完成对顺为资本、真格基金、达晨创投、红杉等多只基金的投资。[1]

- 新发展——私募资产配置基金

随着《登记备案问答（十五）》的发布，私募资产配置基金自2018年9月10日起成为基金业协会在此前的三类基金[私募证券投资（母）基金、私募股权投资（母）基金与创业投资（母）基金、其他私募投资（母）基金]的基础上所开放并接受备案的第四类私募基金产品。根据基金业协会公布的《基金类型说明》，私募资产配置基金指主要采用基金中基金的投资方式进行证券、股权等跨类别资产配置投资的私募基金，其80%以上的已投基金资产应当投资于已备案的私募基金、公募基金或者其他依法设立的资产管理产品。私募资产配置基金通过允许投资人参与不同种类的投资标的而跨越底层资产实现大类资产配置的目的。截至2020年11月，已在基金业协会登记的私募资产配置类管理人共有9家，[2]已备案的私募资产配置基金共计10只，规模总计达9.96亿元。[3]

私募资产配置基金与一般的私募股权/创业投资母基金在监管要求上存在下述不同之处。

---

[1] 参见歌斐资产官网，http://www.gopherasset.com/invest/pe，2020年5月2日最后访问。

[2] 详见基金业协会网，http://gs.amac.org.cn/amac-infodisc/res/pof/manager/index.html，2021年1月4日最后访问。

[3] 参见《私募基金行业数据》，载基金业协会网，http://www.amac.org.cn/researchstatistics/datastatistics/privategravefundindustrydata/，2021年1月4日最后访问。

1. 初始规模

《登记备案问答(十五)》规定,私募资产配置基金初始募集资产规模应不低于5000万元人民币;但《2019版基金备案须知》并未对私募股权/创业投资母基金的初始规模设置最低限额,仅要求在基金备案前基金的投资人均已完成不低于100万元的首轮实缴出资。

2. 托管要求

《登记备案问答(十五)》和《2019版基金备案须知》明确要求私募资产配置基金应由依法设立并取得基金托管资格的基金托管人进行托管,但未对一般的私募股权/创业投资母基金提出该等要求(除非该等私募股权/创业投资母基金通过公司、合伙企业等特殊目的载体间接投资底层资产)。

3. 投资比例上限

《2019版基金备案须知》规定了私募资产配置基金对单一资管产品或项目的投资比例不得超过认缴出资总额的20%的投资比例上限;[1]但对于私募股权/创业投资母基金,基金业协会仅建议其在基金合同中明确约定该等基金投资于单一资产管理产品或项目所占基金认缴出资总额的比例,而不强制要求设置该等上限。

4. 后续基金限制

《2019版基金备案须知》要求在已设立的私募股权投资基金尚未完成认缴规模70%的投资(包括为支付基金税费的合理预留)之前,除经全体投资者一致同意或经全体投资者认可的决策机制决策通过之外,管理人不得设立与前述基金的投资策略、投资范围、投资阶段均实质相同的新基金。与此相对的是,私募资产配置基金并不适用此项要求。

/第十节/
PIPE基金与私募定增基金

PIPE(private investment in public equity,PIPE)基金是专注投资于上市公司非公开发行的股权性证券(包括普通股、优先股、可转债、认股权证、股本额度等)的基金。其因定向、快速的特点,与中小型上市公司的融资需求十分匹配。

当前国内常见的PIPE交易类型包括定向增发、大宗交易和协议转让等,投资标的主要是普通股,优先股和可转债尚不常见。可见,国内法律框架下允许的PIPE交易并不止于定增,因此PIPE基金与定增基金之间并不能画等号。

本节仅以定增基金为例,围绕定增基金的概念和发展,对定增基金参与定增交易的常见问题进行讨论。定增基金后续是否还能在定增市场(尤其是锁价定增环节)扮演重要的角

---

[1] 《2019版基金备案须知》规定,仅向单一的个人或机构投资者(依法设立的资产管理产品除外)募集设立的私募资产配置基金可不受此项投资比例限制。

色,有待后续监管态度和市场案例的进一步验证。

一、私募定增基金的概念及发展概况

(一)“上市公司定向增发”和“定增基金”概述

1. 上市公司定向增发

“定向增发”在法律法规中并没有明确的定义,因《上市公司证券发行管理办法(2006 年版)》(中国证券监督管理委员会第 30 号)中“向不特定对象公开募集股份”被简称为“增发”,故上市公司“向特定对象非公开募集股份”的行为在业内相应被惯称为“定向增发”或“定增”。

2006 年 4 月和 2007 年 9 月,证监会先后发布了《上市公司证券发行管理办法(2006 年版)》和《上市公司非公开发行股票实施细则(2017 年版)》(证监发行字〔2007〕302 号),确立了定向增发为上市公司再融资的一种方式。这两个法规(包括其后续的修订、更改、和补充)以及针对不同证券交易所的不同交易市场进一步发布上市公司再融资办法,[1] 构成了目前关于定向增发的主要监管规定。

定向增发的发行方式分为两种,即锁价发行和竞价发行。简单而言,锁价发行为以事先确定之定价基准日的相关价格计算公式得出的价格将拟议新增的股份发行给董事会事先确定的发行对象;竞价发行则类似于拍卖,将按照竞价方式确定上市公司拟议新增股份的发行价格和发行对象。这两种发行方式相关要素的对比情况如表 7.8 所示。

表 7.8 锁价发行与竞价发行的比较

发行要素	锁价发行	竞价发行
发行对象	董事会决议提前确定全部发行对象,且发行对象属于下列情形之一: (一)上市公司的控股股东、实际控制人或其控制的关联人; (二)通过认购该次发行的股份取得上市公司实际控制权的投资者; (三)董事会拟引入的境内外战略投资者	发行对象不属于左侧栏所述情形的,以竞价方式确定发行对象
发行对象数量	发行对象数量不超过 35 名,允许发行对象为境外投资者[2]	

---

〔1〕 2014 年 5 月证监会发布了《创业板上市公司证券发行管理暂行办法(2014 年版)》(中国证券监督管理委员会令第 100 号),该办法于 2020 年 2 月被修正,但又被证监会于 2020 年 6 月 12 日发布的《创业板再融资办法》所废止。2020 年 7 月,证监会发布了《科创板再融资办法》。

〔2〕 根据最新《上市公司非公开发行股票实施细则(2020 年修订)》,就《创业板上市公司证券发行管理暂行办法(2020 年修订)》规定的发行对象数量的计算而言,证券投资基金管理公司、证券公司、合格境外机构投资者、人民币合格境外机构投资者以其管理的二只以上产品认购的,视为一个发行对象;此外,信托公司作为发行对象,只能以自有资金认购。尽管《创业板上市公司证券发行管理暂行办法》(2020 年修订)被《创业板再融资办法(试行)》取代并废止,但《创业板再融资办法》亦规定了 35 名发行对象的限制,且未修订《上市公司非公开发行股票实施细则(2020 年修订)》,因此我们理解有关具体 35 名发行对象的计算方法,仍应参考《上市公司非公开发行股票实施细则(2020 年修订)》的说明。类似地,《科创板再融资办法》也仅规定了向特定对象发行证券的,每次发行对象数量不超过 35 名,未规定数量计算具体方法。我们理解就科创板上市公司定增而言,关于发行对象数量的计算方法也应参考《上市公司非公开发行股票实施细则》。

续表

发行要素	锁价发行	竞价发行
定价基准日	董事会决议公告日、股东大会决议公告日或者发行期首日	发行期首日
发行底价	发行价格不低于定价基准日前20个交易日公司股票均价的80%	
锁定期	18个月	6个月
减持要求	不适用《上市公司股东、董监高减持股份的若干规定》(中国证券监督管理委员会公告〔2017〕9号)	

尽管锁价定增对于发行对象以及锁定期均有更为严格的限制,但因其定价基准日的确定更为灵活,发行价格往往更优惠,且交易成功的确定性更高,因此这一定增方式对私募基金而言更具吸引力。

2. 可参与上市公司定向增发的私募基金类型

根据基金业协会公布的《基金类型说明》,私募基金包括私募证券投资基金、创业投资基金、私募股权投资基金、其他私募投资基金及私募资产配置基金五大类。根据《基金类型说明》的规定,上市公司定增基金是指"主要投资于上市公司定向增发的私募股权投资基金"。2016年9月基金业协会首次发布《基金类型说明》后,市场上一度有观点认为只有私募股权基金才能参与上市公司定向增发,私募证券投资基金不能参与。但在实践中,其实也存在不少定增基金成功备案为私募证券投资基金的情形。

2019年12月23日,基金业协会发布《2019版基金备案须知》,其中规定私募证券投资基金的投资范围"主要包括股票、债券、期货合约、期权合约、证券类基金份额以及中国证监会认可的其他资产",并未区分相关投资标的是否是"公开发行"的。之后,基金业协会曾表示由于定向增发是上市公司标准化交易,同时又是非公开非集中竞价交易,因此基金协会认可私募股权类和私募证券类基金均可从事该等投资活动。

为便于行文,在本章中,我们将投资于上市公司定向增发的私募基金统称为"定增基金"。实践中,发起人可以综合考虑私募股权投资基金与私募证券投资基金,以及契约型基金与合伙型基金在合规要求、税务等相关问题上的差异,决定定增基金的类型及法律组织形式。

(二)定增基金近年的发展概况

综观定增基金的发展进程,2017年和2020年是其发展态势发生较大变化的两个重要节点。

1. 2017年监管的加强

经历了2015~2017年定增市场飞速发展的三年后,针对市场上逐渐出现的一些乱象,证监会于2017年2月颁布了修订后的《上市公司非公开发行股票实施细则(2017年修订)》(中国证券监督管理委员会公告〔2017〕5号)并出台相关监管问答,对上市公司再融资实行紧缩政策，对定价机制、融资规模和融资频率等做出了更为严格的限制，从发行端增加了对定增的限制。2017年5月，证监会发布《上市公司股东、董监高减持股份的若干规定》，增加了对股份减持的限制，进而从退出端增加了对定增的限制。在该等政策的影响下，定向增发的发行难度增加、套利空间减少、减持阻碍增加，定增市场迅速冷却。

2. 2020年从年初监管对定增的再次松绑到下半年监管对基金参与定增的态度不明

证监会于2020年2月14日颁布了修订后的《上市公司证券发行管理办法（2020年修订）》（中国证券监督管理委员会令第163号）《上市公司非公开发行股票实施细则（2020年修订）》（中国证券监督管理委员会公告〔2020〕11号）等再融资规定以及《发行监管问答——关于引导规范上市公司融资行为的监管要求（修订版）》，并分别于2020年6月12日和2020年7月3日发布了《创业板上市公司证券发行注册管理办法（试行）》（中国证券监督管理委员会令第168号，以下简称《创业板再融资办法》）和《科创板上市公司证券发行注册管理办法（试行）》（中国证券监督管理委员会令第171号，以下简称《科创板再融资办法》；《创业板再融资办法》、《科创板再融资办法》与前述再融资规定及监管要求合称"再融资新规"），关于定向增发的政策调整是再融资新规的重要组成部分。再融资新规放宽了对定增交易的限制，包括放宽了定增的定价机制、发行数量限制、融资规模限制，缩短了定增锁定期并放开减持限制，延长了定增再融资批文的有效期，降低创业板再融资条件等，使定增市场迅速升温。再融资新规发布后不久，多家私募机构开始筹划发起设立定增基金参与上市公司非公开发行股票项目。

凯莱英（002821）于2020年7月23日发布了《关于修订公司非公开发行股票方案的公告》，提出因资本市场环境变化并综合公司实际情况、发展规划等考虑，对定增方案进行调整，将原先明确引入高瓴资本QFII基金，调整为"发行对象为不超过35名特定投资者"，并由锁价发行改为竞价发行。2020年10月13日，凯莱英发布《非公开发行股票发行情况报告书暨上市公告书》，包括高瓴资本QFII基金在内的9家机构最终以227.00元/股的价格参与此次定增，与7月23日调整前方案所确定的123.56元/股相比翻了将近一倍。2020年2月至10月，"定增新规战投第一单"凯莱英历时8个月、两次修订定增方案，将锁价引入战略投资者方式修改为竞价定增，认购对象也由高瓴资本"唯一认购"修改成"不超过35名特定投资者"。高瓴资本在无法以战略投资者身份参与凯莱英18个月锁价定增后，转而参与了其6个月的竞价定增，一波三折后终于成功入股。〔1〕

除凯莱英外，部分其他拟引入私募基金作为战略投资者参与锁价定增的上市公司也于

〔1〕 参见马慕杰：《豪掷10亿高瓴终于拿下凯莱英》，载投中网，https://m.gelonghui.com/p/416296，2021年1月17日最后访问。

2020年下半年相继发布了关于变更或撤回非公开发行申请的公告。[1] 监管对私募基金参与定增(尤其是锁价定增)的态度究竟如何引发市场极大关注,原本如火如荼准备参与定增项目的不少私募机构也在考虑是否需要调整参与方案。各方都在持续观望,等待监管层进一步的窗口指导或市场先例。

二、定增基金参与定增交易的常见法律问题

(一)定增基金完成基金备案的时限要求

根据《登记备案办法》及《2019版基金备案须知》的规定,私募基金管理人应当在私募基金募集完毕后20个工作日内,通过AMBERS系统进行备案。

就锁价定增而言,根据证监会发布的《发行监管问答——关于与发行监管工作相关的私募投资基金备案问题的解答》(以下简称《关于基金备案的发行监管问答》),保荐机构和发行人律师应对上市公司股东中或事先确定的投资者中是否有私募投资基金、是否按规定履行备案程序进行核查,并分别在《发行保荐书》《发行保荐工作报告》《法律意见书》《律师工作报告》中对核查对象、核查方式、核查结果进行说明。因此,定增基金参与锁价定增的,原则上应在定增项目向证监会申报前完成备案,并且上市公司从谨慎的角度,理论上往往会要求定增基金在被董事会确定为发行对象前即完成私募基金备案。然而,考虑到市场化基金募资的周期较长,且基金备案前基金投资人需要实缴一定的金额,但董事会决议通过定增方案直至上市公司向证监会正式申报仍有一定期间,期间存在资金闲置的窘境,因此不少私募机构倾向于与上市公司协商,以基金管理人/普通合伙人身份签署定增认购文件并承诺后续将设立基金,以基金作为认购主体参与定向增发。实践中还存在向证监会申报时参与认购的相关定增基金尚未完成基金备案(但上市公司承诺在该定增基金完成备案后再正式发行

---

[1] 例如:(1)2020年7月27日,奥翔药业(603229)发布《关于公司终止前次非公开发行股票事项、撤回申请文件并重新申报的公告》,提出公司审慎分析并与中介机构等反复沟通论证,董事会决议确定的认购对象(包括公司实际控制人及两只私募基金)对于发行人而言不满足《关于战略投资者的发行监管问答》中关于战略投资者的相关监管要求;同日,奥翔药业发布的《2020年度非公开发行股票预案》中,将发行对象调整为“不超过三十五名(含三十五名)特定投资者”,并由锁价发行改为竞价发行。2020年10月29日,奥翔药业公告其已取得证监会关于本次非公开发行的核准批文。按照定增方案,最终发行价格将由公司董事会根据股东大会的授权,根据发行对象申购报价情况,遵照价格优先的原则,与保荐机构(主承销商)协商确定。(2)2020年8月6日,福日电子(600203)发布《关于终止非公开发行股票事项并撤回申请文件涉及关联交易事项的公告》,提出“综合考虑资本市场环境变化并结合公司实际情况,以及依据2020年3月20日证监会发布的《发行监管问答——关于上市公司非公开发行股票引入战略投资者有关事项的监管要求》”,公司决定终止本次非公开发行事项并撤回申请文件。2020年10月10日,福日电子发布《2020年非公开发行A股股票预案》,将发行对象调整为“包括公司间接控股股东信息集团在内的不超过35名特定投资者”,并由锁价发行改为竞价发行。(3)宝钛股份(600456)于2020年5月6日发布《2019年度非公开发行A股股票预案(修订稿)》,将原预案项下的非公开发行方式由竞价发行改为锁价发行,发行对象包括相关私募基金。但宝钛股份于2020年9月1日进一步发布《2019年度非公开发行A股股票预案(二次修订稿)》,将非公开发行方式由锁价发行重新改为竞价发行。2021年1月14日,宝钛股份公告其已取得证监会关于本次非公开发行的核准批文,最终定增方案采取了竞价发行的方式。

股份)的情形,[1]但该等情形仅为个例,且证监会也将在定增基金完成备案后方会出具正式核准发行的批复。值得注意的是,根据《创业板再融资办法》和《科创板再融资办法》,如定增基金拟参与创业板或科创板的锁价定增,则应考虑在定增项目向深交所或上交所申报注册申请文件前完成备案,如投资者参与该等交易市场的定增项目,应注意定增基金募集、设立及备案的时间点。

就竞价定增而言,根据《关于基金备案的发行监管问答》,保荐机构或主承销商应在收到投资者报价后、向投资者发送缴款通知书前就基金备案问题进行核查,在合规性报告书中详细记载有关情况;发行人律师应在合规性报告书中发表核查意见;发行情况报告书应披露中介机构核查意见。因此,定增基金通常需要在竞价阶段即完成私募基金备案,否则发行人律师可能无法就定增基金参与定增项目的合规性发表无保留的意见。

如拟参与定增项目的定增基金未能及时在基金业协会完成私募基金备案,可能对定增项目(尤其是锁价定增的项目)的审核进程产生影响。实践中,已有因定增基金未能及时完成基金备案导致定增项目中止的案例。[2]

此外,根据《登记备案办法》《中国证券登记结算有限责任公司关于私募投资基金开户和结算有关问题的通知》《中国证券登记结算有限责任公司特殊机构及产品证券账户业务指南(2020 年 12 月版)》等规定,定增基金仅在基金业协会完成私募基金备案后,方能申请开立证券账户。因此,在拟定定增基金完成基金备案的时间表时,还应注意结合证券账户开立的需求。

(二)定增基金和战略投资者的认定

根据再融资新规,如定增基金作为"董事会拟引入的境内外战略投资者"参与锁价定增,与参与竞价定增相比,可以享受更优惠的价格和更高的确定性,这对定增基金具有极为重要的意义,因此,关于私募基金能否作为战略投资者参与定增的疑问在再融资新规发布后受到了广泛的关注。

继证监会于 2020 年 2 月 14 日发布一系列再融资新规后,2020 年 3 月 20 日,证监会发布《发行监管问答——关于上市公司非公开发行股票引入战略投资者有关事项的监管要求》(以下简称《关于战略投资者的发行监管问答》),对战略投资者需满足的资格条件以及发行

---

[1] 例如,证监会在审查金科文化(300459)2017 年的非公开发行股票项目时,就定增对象之一绍兴上虞杭天股权投资合伙企业(有限合伙)是否完成了私募基金备案进行了提问,独立财务顾问和法律顾问答复该合伙企业当时正在办理私募基金的备案手续,金科文化在《重组报告书》中进行了风险揭示及专项说明,并承诺基金备案完成前不会实施该次重大资产重组。该合伙企业后续在证监会核准批复该非公开发行股票项目的同一日完成了私募基金备案。又如,证监会在审查三安光电(600703)2019 年的非公开发行股票项目时,就认购对象之一长沙先导高芯投资合伙企业(有限合伙)是否完成了私募基金备案进行了提问,发行人保荐机构和律师回复称该合伙企业的私募基金备案手续当时正在办理过程中。该合伙企业后续在证监会核准批复该非公开发行股票项目之前完成了私募基金备案。

[2] 例如,由于认购对象中部分定增基金未完成私募基金备案,珠海中富(000659)和瀚蓝环境(600323)分别于 2016 年撤回了 2015 年度非公开发行股票申请。

人的决策程序、信息披露要求等予以明确,我们将相关规定简要归纳和分析如下。

1. 战略投资者的认定标准

根据《关于战略投资者的发行监管问答》的规定,上市公司通过定增引入的战略投资者需符合表 7.9 中左侧栏列明的全部条件,且同时符合表 7.9 中右侧栏列明的两项条件之一。

表 7.9　上市公司通过定增引入战略投资者的条件

<table>
<tr><th>符合以下全部条件</th><th>且符合下列情形之一</th></tr>
<tr><td>具有同行业或相关行业较强的重要战略性资源,与上市公司谋求双方协调互补的长期共同战略利益</td><td rowspan="2">能够给上市公司带来国际国内领先的核心技术资源,显著增强上市公司的核心竞争力和创新能力,带动上市公司的产业技术升级,显著提升上市公司的盈利能力</td></tr>
<tr><td>愿意长期持有上市公司较大比例股份</td></tr>
<tr><td>愿意并且有能力认真履行相应职责,委派董事实际参与公司治理,提升上市公司治理水平,帮助上市公司显著提高公司质量和内在价值</td><td rowspan="2">能够给上市公司带来国际国内领先的市场、渠道、品牌等战略性资源,大幅促进上市公司的市场拓展,推动实现上市公司销售业绩的大幅提升</td></tr>
<tr><td>具有良好诚信记录,最近三年未受到证监会行政处罚或被追究刑事责任的投资者</td></tr>
</table>

对于定增基金等资管产品而言,以上所述各项战略投资者条件中,表 7.9 左侧栏第一项及右侧栏的两项与战略及技术资源相关的要求的论证难度相对较高。从目前公告的关于上市公司拟引入私募基金等相关资管产品作为战略投资者参与定增的案例来看,上市公司往往是从基金管理人或其集团公司符合该等要求的角度来进行论证,即论证基金管理人或其集团公司具有核心资源和优势,在市场资源、具体业务领域及战略布局等方面能够与上市公司产生协同,符合《关于战略投资者的发行监管问答》的相关要求。

综合来看,对于定增基金而言,要达到以上战略投资者标准是存在一定难度的,但是,对于在相关行业内具有良好的投资布局或者拥有较强综合实力积累的私募基金管理人而言,具备争取战略投资者身份认定的说服力。[1]

2. 战略投资者的认定流程

根据《关于战略投资者的发行监管问答》的规定,上市公司引入战略投资者,应当按照《公司法》《证券法》《上市公司证券发行管理办法(2020 年修订)》等和上市公司章程的规定,履行相应的决策程序,且应包括以下步骤,见图 7.11。

〔1〕 截至 2020 年 12 月 31 日,尚未发现有上市公司公告相关私募基金根据再融资新规以战略投资者身份论证通过证监会审批的案例,私募基金短期内是否还有希望作为战略投资者参与上市公司定增,以及第一单花落谁家,有待持续关注。

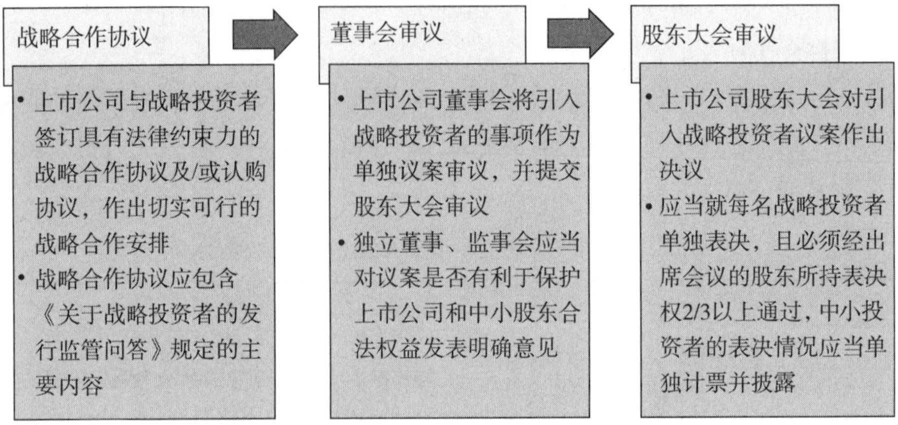

图 7.11　上市公司引入战略投资者的步骤示意

3. 战略投资者的信息披露要求

根据《关于战略投资者的发行监管问答》的规定，上市公司引入战略投资者的，应当履行以下披露义务。

（1）董事会议案应当充分披露公司引入战略投资者的目的，商业合理性，募集资金使用安排，战略投资者的基本情况、穿透披露股权或投资者结构、战略合作协议的主要内容等；

（2）非公开发行股票完成后，上市公司应当在年报、半年报中披露战略投资者参与战略合作的具体情况及效果。

（三）锁定期对定增基金的影响

根据再融资新规的规定，锁价定增的发行对象适用自股份发行结束之日起 18 个月的锁定期，竞价定增的发行对象适用自股份发行结束之日起 6 个月的锁定期，发行对象不得在锁定期内转让其认购的股份，但锁定期结束后，发行对象进行减持不再适用《上市公司股东、董监高减持股份的若干规定》项下的限制。

关于能否通过转让定增基金份额的方式间接规避锁定期要求，再融资新规并未明确规定。但在实践中，特别是就参与锁价竞争的定增基金而言，为确保定增方案能够顺利通过证监会的审核，定增基金管理人常在基金合同中明确，锁定期内定增基金投资人不得进行份额转让。并且，在部分定增案例中，证监会也明确要求参与认购定增股份的定增基金和定增基金投资者分别作出锁定期内不得转让份额的承诺。

（四）保底保收益承诺的风险

实践中，部分具有较为强势谈判地位的锁价定增发行对象为了增加投资收益的稳定性，可能会要求上市公司、上市公司股东或实际控制人签署保底收益承诺。针对该等情形，再融资新规明确规定，上市公司及其控股股东、实际控制人、主要股东不得向发行对象作出保底保收益或变相保底保收益承诺，且不得直接或通过利益相关方向发行对象提供财务资助或者补偿。再融资新规发布前，在涉及该等保底收益约定效力的相关案例中，法院可能基于相关保底收益约定不违反法律、行政法规中的效力性强制规定,而不会将该等约定认定为无效。再融资新规发布后,结合《九民纪要》的规定,"违反规章一般情况下不影响合同效力,但该规章的内容涉及金融安全、市场秩序、国家宏观政策等公序良俗的,应当认定合同无效",因此,如果上市公司或其控股股东、实际控制人或主要股东向发行对象作出保底收益承诺或变相保底收益承诺,该等承诺因被认定涉及金融安全、市场秩序、国家宏观政策等公序良俗进而无效的风险大大增加。

(五)参与定增的私募基金穿透核查及穿透计算人数的问题

根据《证券法》的规定,向特定对象发行证券累计超过 200 人的,构成公开发行证券(但依法实施员工持股计划的员工人数不计算在内)。2015 年 10 月,在北京召开的保荐代表人培训会议上,证监会相关负责人传达了关于非公开发行的证监会指导意见,要求锁价定增发行对象如涉及资管计划、理财产品等的,在公告预案时应穿透披露至最终出资人,人数不能超过 200 人(不适用于员工持股计划参与认购的情形),该次培训中传达的监管精神成了市场上判断定增投资者穿透问题的重要依据。但由于缺乏法规或指导性文件的明确书面要求,在不同案例中,定增基金的穿透核查尺度及穿透计算投资者人数的方式并非完全统一。

再融资新规出台后,尽管明确了上市公司定增的直接发行对象合计不超过 35 名,但仍未就定增时要求穿透计算低于 200 人的规则做出明确的解释,因此,关于定增基金穿透核查以及穿透计算人数问题如何界定,仍有待进一步观察。[1]

/第十一节/

GP 主导的基金重组

GP 主导型 PE 基金重组交易(以下简称 GP 主导型基金重组或基金重组)是私募股权二级市场交易中的一种新型交易类型,本质上是由 GP 主导的对基金既存合同关系的调整,旨在为基金的 LP 提供流动性解决方案,同时为 GP 提供额外的时间和资金、从而最大化其尚未实现投资组合的价值。

近年来(尤其是 2014 年以来)GP 主导的 PE 基金重组交易得到了长足的发展。根据 Lazard 的统计,2018 年该类交易规模达到历史高峰,相比 2017 年交易量增长达 38%,为 2016 年交易量的三倍。机构有限合伙人协会 ILPA 于 2019 年 4 月专门发布了《GP 主导型基金二

---

〔1〕 参考首次公开发行股票前对发行人核查的一般标准,对于已备案的私募产品,如其为专项投资于拟上市主体的,通常需要穿透核查背后人数,但对于已备案的盲池基金,通常视为一个投资人。一种观点认为定增项目的穿透核查比首次公开发行前的核查更为严格。另一种观点认为早期不少定增基金主要为参与某一定增项目的专项基金,故 2015 年 10 月的保代培训会议上提及的产品应穿透至背后最终出资人计算人数,可能主要针对该等专项参与定增的私募基金或资管产品。

级市场重组交易:LP 和 GP 的考量》(以下简称《ILPA 基金重组交易指引》),对 GP 主导型基金重组交易的交易流程、潜在利益冲突问题进行了详细的阐述,提出了有关交易结构、条款和交易过程的业内最佳实践建议,迅速成为交易各方的重要参考依据。

一、GP 主导型 PE 基金重组交易的驱动因素

GP 主导型 PE 基金重组交易最直接的诱因之一是基金期限届至而基金项目无法退出。但是,从 20 世纪 80 年代二级市场兴起到 21 世纪初二级市场的火热,GP 对于基金重组乃至二级市场的态度发生了翻天覆地的变化,从最初的消极被动甚至怀疑和回避,过渡到如今的积极主动。更加激进的 GP(如凯雷、黑石、KKR 等)则更进一步通过并购等方法将 PE 二级市场业务变成其重要的业务板块。

新近的 GP 主导型基金重组交易体现了多种商业考量:

——让有短期流动性偏好的 LP“提前下车”,而偏好较长期流动性的 LP“留在车上”继续持有基金资产;

——在尚无法实现整个基金的流动性的情况下率先实现某特定基金资产的流动性;

——既存基金持有的某些资产如果继续持有会充分实现其价值,但鉴于既存基金期限届满,则通过基金重组剥离这些资产,继续持有来为投资人提供更优回报;

——防止基金对某特定资产的风险过于集中;

——在同一 GP 发起的多个基金之间重新划分资产,使各基金实现更为专注的投资策略;

——从维护基金的内部收益率(IRR)的角度出发,有些 GP 会考虑把一些目前回报不错但是未来升值潜力可能有限的投资项目打包处理给新的投资人;

——通过基金重组克服传统的 PE 基金通常存续期限的局限性。同样的原因也在一定程度上催生了“长期基金”(longer dated funds)和“永续资本基金”(permanent capital funds)的出现和发展。

此外,法律或监管环境的变化可能对合规和风险管控提出新的要求,导致 GP 必须对基金结构进行重组以满足这些特定的监管需求。比如英国脱欧导致一些 GP 开始考虑对旗下基金进行重组以满足因此造成的新的合规要求。就境内市场而言,资产管理业务的监管环境新月异,《资管新规》等监管规则等都可能对人民币基金的运营提出具体的整改要求,以便符合新规下关于杠杆率、多层嵌套、结构化等的规定。

二、常见的交易结构

从标的来看,GP 主导型 PE 基金重组交易涉及两类交易标的,即基金资产和基金权益。从交易类型来看,常见的基金重组交易大致可分为基金权益收购(tender offer for fund interests)、基金资本重构(fund recapitalization)和捆绑式交易(stapled secondary/primary)三类。但值得注意的是,实践中的交易类型多样,很难进行“一刀切”的分类。随着市场的不断演进,GP 主导型 PE 基金重组交易已经呈现了高度个性化的交易特征。例如,基于基金资产的具体情况制定不同的重组方案，实现不同类型资产的剥离；或者在为 LP 提供短期流动性的同时，就后续项目的增值向已退出的 LP 持续提供收益分享的机制。

（一）基金权益收购（ttnder offer for fund interests）——基金权益的直接交易

其交易流程见图 7.12。

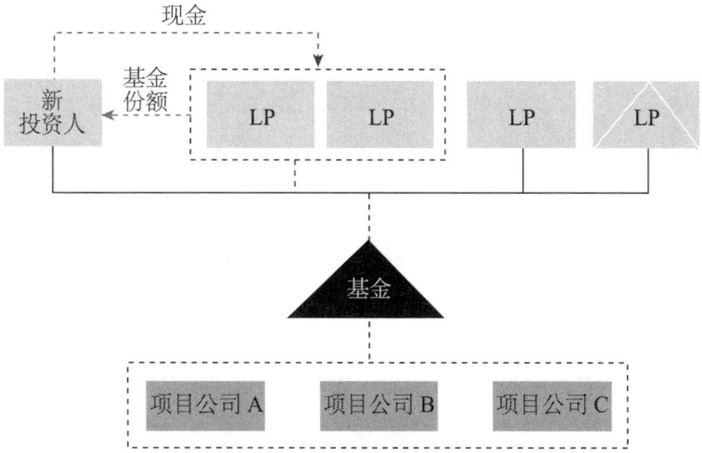

图 7.12 基金权益收购交易流程

基金权益的转让（transfer of fund interests）本是很常见的交易类型，既存 LP 及新投资人之间直接就交易价格进行谈判，通常根据 LPA 的约定，只需得到 GP 的同意即可进行权益的转让，新的投资人取代既存 LP 成为新的 LP，承继既存 LP 在该基金中的权利与义务。GP 在交易中的角色很有限，仅限于对转让给予同意（某些情况下甚至是除非有合理的理由，GP 都不能拒绝对转让给予同意）。

而在 GP 主导的基金权益收购中，GP 的角色更为积极和进取。在成熟国际市场上，这类交易通常以要约收购（tender offer）的方式进行，GP 通过由其主导的一个报价程序筛选潜在买家，确定由其中的一个或多个买家获得该 PE 基金的全部（或相当比例的）基金权益。因此此类交易又常常直接简称为“权益收购”（interest tender）。

GP 主导的基金权益收购是基金重组中相对简单的一种交易类型。除了 GP 可能需要就延长基金期限寻求各 LP 的同意之外，通常绩效分成条款和 GP 的回拨义务条款均不会被触发，因而通常无须就基金经济利益进行重新谈判。

由于此类交易并不导致基金持有的下层资产的价值实现，并未实际产生绩效分成，因此对于想要重新设定基金经济条款的 GP 而言作用有限。

国内近年来陆续出现了一些二手份额交易平台的雏形，若干产权交易所也宣称受理过 PE 基金份额的转让。但现阶段这些交易平台除了作为额外的交易信息的披露渠道外，对于二手交易的实际交割、投资收益的最终实现，作用有限。总体而言，国内以 PE 基金权益为标的的转让交易尚未呈现 GP 主导的规模化交易的特征。

(二)基金资本重构(fund recapitalization)——对基金权益结构进行重组

其交易流程见图 7.13。

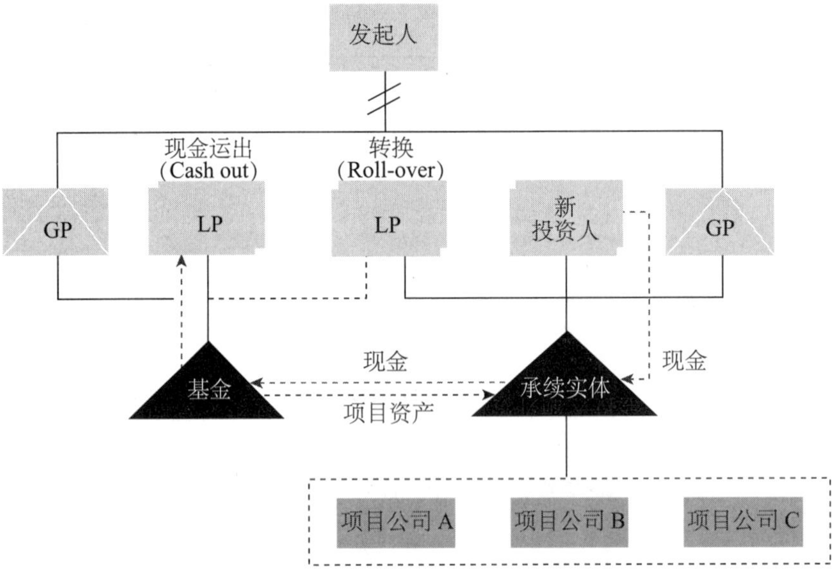

图 7.13 基金资本重构交易流程

在一个典型的基金资本重构交易中,既存基金将其持有资产的全部或大部分出售(或作为出资注入)给由同一 GP 管理的新设承继实体(continuing vehicle),通常由为 PE 基金提供流动性的新投资人(如 S 基金或其他专注于投资私募股权二级市场的投资人)与 GP 新设。基金现有 LP 有机会选择取得现金分配实现退出(cash out),或将其权益转换为新设承继实体的权益(roll-over)并作为承继实体的投资人继续间接持有下游资产。

在基金权益收购中,买家取得既存基金的所有资产的间接权益。而资本重构交易更加灵活,可以只涉及基金的某一部分资产。同基金权益收购相比,资本重构交易更加复杂。

基金资本重构交易中,发起人坐在同一交易的两边(既存基金的 GP 或管理人以及新的承继实体的 GP 或管理人),不可避免地产生利益冲突的问题(详见本节第五部分)。

(三)捆绑式交易(stapled secondary/primary)——对原基金权益重组并绑定发行新基金权益

其交易流程见图 7.14。

在一项基金权益收购交易或基金资本重构交易的基础上,基于 GP 与投资人达成的整体协议,投资人(通常是 S 基金或其他专注于投资私募股权二级市场的投资人)同时认购 GP 设立的新基金实体的权益,使该类型下的交易同时带有新权益发行和既有权益受让的属性。

例如,2017 年,在 Lexington 作为新的投资人参与的有关 BC European Capital IX LP 的捆绑式交易中,Lexington 除向基金的既有 LP 提供高达 12 亿欧元的现金流动性外,还认购了由 BC Partners 作为 GP 新发行的基金中 6 亿欧元的基金权益。根据 Hamilton Lane 的不完全统

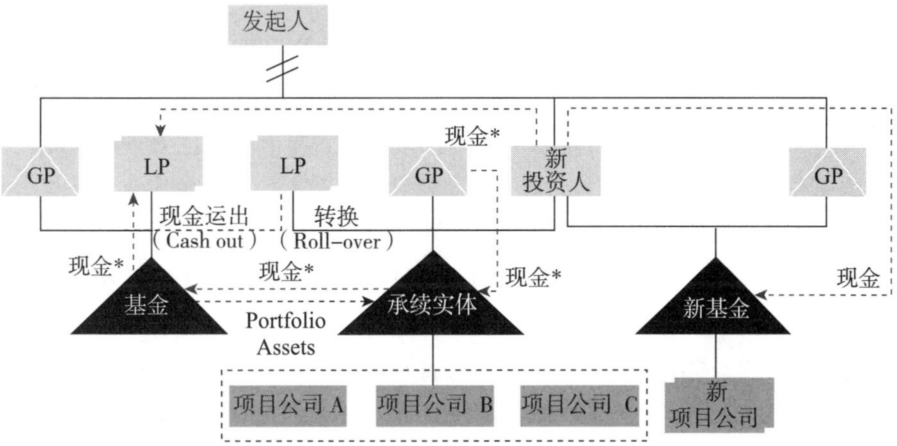

注:* 可能涉及的现今流向。

图 7.14 捆绑式交易流程

计,2018 年 GP 主导型 PE 基金重组交易案中,约有 27% 的交易采用了捆绑式交易的模式。

捆绑式交易的特征在于,除为已投资现有投资项目的部分 LP 提供流动性以外,投资人还会对发起人另设的新基金投入额外资本进行新的投资。这类交易同时带有二级市场交易和一级市场权益发行的特征。

对 GP 而言,这类交易具有额外的优势,因为 GP 能够获取更多的资金进行新投资,这也对其管理的所有下游资产的整合和增值有所助益。另外,由于这类交易同时涉及一级市场和二级市场,定价机制更复杂,GP 实施交易的难度更大,也更容易面临利益冲突的指责。

三、常见交易要点

GP 主导型 PE 基金重组交易中有一些交易要点值得各方关注:

——尽职调查。基金重组交易中的尽职调查与一般并购交易中的尽职调查既有共性,又有区别;不同的重组交易尽职调查的范围和程度也会有所区别。比如基金权益收购中,买家对基金资产的尽职调查通常比较简单(主要目的是确定转让权益的价格),购买协议的起草和谈判也都相对简单。与基金权益收购交易中有限的尽职调查相比,基金资本重构交易所要求的尽职调查要严格得多,因为涉及基金资产的实际转让,该等转让是否受制于任何转让限制、实际控制人变更限制或其他类似障碍,如果存在资产支持信贷安排是否需要债权人的同意等问题都需要仔细研究。

无论哪一种重组交易,交易方至少应当审阅基金的组织性文件、每一项目公司的组织性文件及重大债权性或股权性融资性文件。目的是确定该重组交易是否会触发项目公司层面的任何控制权转移条款或类似投资人保护条款(如优先拒绝权、优先购买权、随售权等)、是否需要任何债权人的同意或是否会触发或提前触发任何股权激励计划中的确权事件。另外,还要确定该项重组交易是否需要取得任何政府审批以及该等审批对交易的影响。

——声明和保证。基金权益收购交易中,卖家声明和保证比较简单,通常仅限于卖家本人及所转让的权益本身,不延伸到基金和基金所持资产。资本重构交易中,卖家声明和保证(特别是保证)则往往既涵盖基金,又涵盖基金所持资产(当然往往受制于知情或重大性等限制,同时一般并购交易中常见的与运营相关的保证事项通常也不适用)。此外,资本重构交易中,买方可能希望GP作出一些基本的声明和保证并承担相应的责任,从而促使GP尽可能披露投资人关注的特定事项。

——绩效分成。交易如果涉及分配安排,原基金的分配进度和绩效分成提取将直接受到影响,GP在原基金的绩效分成返还义务及相关的托管账户等均可以得到调整。GP也有机会重新审视并与投资人重新协商绩效分成条款。若部分投资人权益置换至承继实体中,未来的绩效分成收取模式,资产的账面基数或绩效分成的计算基数等均可能进行调整,从而重构LP与GP之间这一重大的经济利益划分。

——重设其他基金经济利益条款。如上所述,在某些交易中,GP将有机会重新商讨基金的经济利益条款。例如,对资产的继续管理和运营需要GP持续投入资源,因此作为交易的一部分通常会对交易后的管理费条款进行重新调整和协商,当然这种调整可能受制于一定的费率折扣。再如,将部分资产转至新的基金实体的同时,GP往往会寻求重新设定原有基金的经济条款,包括重新设定绩效分成的定价基础和回拨机制等。假定在原基金LPA下,针对GP的回拨义务GP已经做了相当的保证安排,资本重构交易还可以对这些回拨义务起到去风险化(de-risking)的作用。尽管选择roll-over的投资人可能会愿意接受这些新条款,但是就此进行的谈判以及将相应谈判结构反映到交易文件中都需要很多的时间和精力。

——税务影响。由于重组计划可能涉及资产和权益的转让和互换,涉及的各方将面临较为复杂的税务影响。例如,LP是否会因资产增值或权益转让确认应税所得,投资人在交易中取得的现金流是否足以支持其届时的纳税义务,基金资产转让将会为基金及投资人带来何种税务影响,交易的结构是否能够适用特殊重组的税务处理从而递延有关所得税的影响。因此,为促成交易,GP与交易各方商讨交易计划之时也需要仔细衡量这些涉税因素。

——交易费用的承担。绝大多数基金文件并不会涉及重组交易有关的费用承担问题,因此这成了大多数GP主导型PE基金重组交易谈判中需要讨论的问题。这一问题在无法确保交易一定能够完成时有可能变得更为重要,因为交易费用分摊问题更容易产生争议。同时,费用分摊的安排也可能导致监管机构的质疑。

四、基金重组的交易步骤

恰当的交易步骤可以提高各方的沟通效率,确保沟通的公平性,能为交易的顺利实施奠定良好的基础。较为普遍的看法是,GP主导型PE基金重组交易应当尽可能早地与所有LP进行沟通,取得其支持和谅解,给予其充分的时间考虑各项方案,从而降低GP利益冲突的风险,促进交易顺利达成。

《ILPA 基金重组交易指引》对主要交易步骤做了如下建议：

——GP 需考虑首先向 LP 解释重组的理由供其考虑；

——GP 需要考虑选择顾问就交易环节给予引导，包括寻找潜在收购方进行报价，指导资产转让流程等；

——LP 和投资人咨询委员会收到重组安排后，即应开始审阅交易结构，并根据 LPA 的条款就利益冲突问题进行审核和表决；

——尽职调查阶段启动，届时 GP 需要确保向收购方和 LP 作出同样的信息披露，并包括基金下游投资的基本情况；

——GP 向所有 LP 发出最终的交易文件和条款，对现有基金文件进行修订，并提供交易费用的分摊情况；

——LP 对交易作出选择，或是选择将其权益按比例转换至新设实体中，或是向收购方出售其权益，或二者兼而有之，或维持现状。

五、GP 面临的利益冲突

GP 主导型 PE 基金重组交易中，GP 面临着突出的利益冲突问题。GP 在交易中通常同时出现在交易的两方并能够有力地控制交易进程。当 GP 的利益无法与所有投资者保持一致时，GP 就可能面临较高的利益冲突风险。例如，LP 与买方达成的交易价格和承继实体的经济利益条款很可能会直接影响 GP 提取的绩效分成，因此 GP 就有可能提议或促使投资者选择对 GP 自身而言更有利的交易方案；或者，买方通过捆绑式交易为 GP 创造更多的管理费收入从而变相激励 GP 促成对买方而言更为有利的交易条件，而非为既有 LP 争取利益最大化的交易条款。

同时，利益冲突还源于多方参与的交易结构。各交易方的利益诉求不同，谈判有时不仅是双边谈判而是多边谈判，GP 管理交易进程和平衡各方利益的难度更大，各方进行有效沟通的难度也更大，GP 也更可能面临违反利益冲突的指责。

由于 GP 主导型 PE 基金重组交易内在的利益冲突风险，监管机构历来非常重视对交易各方进行必要的约束和限制。早在 2015 年，美国证监会的官员就曾表达了其对 GP 主导型 PE 基金重组交易中的信息披露及利益冲突问题的关注。在一起 2015 年的基金重组交易中，虽然 Veronis Suhler Stevenson 作为发起人采用了要约收购的模式，但 SEC 仍以未能向 LP 提供有关估值的重大信息为由对其展开调查。最终，发起人以 20 万美元罚金与美国证监会达成和解。

为了更好地降低 GP 主导型 PE 基金重组交易中的利益冲突的风险，GP 可以考虑如下举措：

——聘请独立的第三方财务顾问协助推进要约收购计划，包括准备要约材料和尽职调查材料，筛选报价，协助执行要约收购的流程。这将使 LP 在要约收购过程中获得的报价相对公允；

——对某些交易寻求 LP 表决投资人咨询委员会批准。这一点通常不难理解，因为大多数基金文件均通过LP表决投资人咨询委员会批准等制约机制对潜在利益冲突事项加以规范。若对现有基金文件进行修订,则LP表决一般也必不可少;

——向投资人提供维持现状的交易选择。当然此类维持现状仅指在经济利益上投资人对资产享有的权益不做改变。基金的存续期限在重组后必然会发生变化。如果基金未来作出新投资,则各方之间利益关系也会发生变化。但是,作为现金离场和权益置换之外的第三种选择,维持现状的交易方案可以一定程度上保证投资者拥有充分公平的选择权;

——在交易各方之间确保信息公平。投资人咨询委员会、LP作为一个整体及各个LP虽然有权对交易作出决策,但是,由于信息不对称,通常并不能完全地确保交易各方之间的公平。GP应当尽可能地保证交易各方获得对等、充分的信息披露,并且给决策人足够充分的时间对披露的信息加以衡量;

——考虑借鉴并购交易中常见的对赌机制(earn out provision)。如果卖方投资人和新投资人同意按一定比例分享重组完成后的一段时间里投资组合所产生的收益,则交易双方在重组交易价格方面的分歧可能在一定程度上能得到弥合;

——适当的安排基金重组步骤。如前所述,合理的交易步骤可以尽可能地确保交易的公允性并减少利益冲突。

六、GP主导型基金重组在中国的发展

中国私募股权二级市场本身尚处于早期阶段,呈现海外私募二级市场早期的特征,如资产大多需要折价出售等。生态系统不完整,信息不对称,定价机制尚未形成。反映到估值方法上,自下而上法比起自上而下法更为现实。二级市场专业投资人匮乏,据不完全统计,中国S基金的到账规模总计310亿元人民币,甚至比不上一些大机构单只基金的规模。[1]

相应的,GP主导型基金重组交易则更为鲜见。针对基金重组交易中国目前也缺乏明确的监管规定,尽管某些原则性的监管政策依然适用。例如,基金业协会在其自律监管规则中就要求,私募基金涉及关联交易的,私募基金管理人应当在风险揭示书中向投资者披露关联关系情况,并提交证明底层资产估值公允的材料。此外,取决于参与各方的监管地位,基金重组交易还需要满足中国某些特定法律法规的要求(如当交易涉及国有背景的投资人时,如何确保交易方案符合有关国有资产转让的要求)。

GP主导型基金重组交易需要一整套高度定制化的解决方案,这对包括GP在内的整个PE生态圈都提出了高标准严要求。GP在主导推进基金重组时,需要考虑各现有LP们的偏好、市场环境、基金持有的下游资产的质量以及未来增值前景、市场上潜在的二级市场投资人数量及专业化程度,综合运用多种交易结构以实现各方的商业诉求。不同交易结构具有不同的复杂程度,这也为GP对整个交易环节的把控能力,以及与LP和交易各方进行有效沟通带来了挑战。

---

〔1〕 参见母基金研究中心:《中国S基金全景报告》。

中国的 PE 二级市场目前正处于特别早期阶段,交易模式比较单一,GP 主导型基金重组有望提供一种全新的差异化交易模式,这对 PE 市场的所有参与者来说都意味着重大的机遇和挑战。基金重组交易呼唤更多的本土专业买家的出现,以便形成足够的市场需求和充分的估值定价基础;呼唤量身定制的专门交易平台,以满足二级市场交易独特性、一对一和定制化的需求。由于较高的知识、技术和资源门槛,基金重组交易的顺利开展也高度依赖于专业的 PE 二级市场中介机构(尤其是专业的财务和法律顾问)。

/第十二节/

永续资本基金

经过 50 年来的发展,传统私募投资基金模式的局限性也逐渐开始显现出来。

一个典型的并购基金存续期 10 年,在一个被投公司持股通常大约 5 年。人为设置的基金年限常常导致管理人在错误的时间内处置掉基金财产。许多适合长期持有的公司却被迫在基金存续期前处置掉。PE 行业在公众眼中沦为剥离和翻转(strip and flip)专家的形象。近年来二级市场大行其道,实际上也是好的资产在不同的 PE 管理人之间进行倒手。由此造成的摩擦成本[1]和增加的交易成本被迫由投资人来承担,更离谱的是有些机构投资人在这些交易中干脆既是买方,又是卖方。

另外,GP 每隔几年就要回到市场中去募资,为此需要维持专门的募资团队、投入大量的时间和资金成本。

与此同时,LP 们也在寻找一种成本更可控的长期资产配置方案,希望能够降低 J 曲线效应、减少摩擦成本、提高总体收益率。保险公司和主权财富基金对于能够与其长期负债相匹配的资产类型始终充满关注。家族办公室一旦选定了某一行业,就希望通过一次性配置、循环再投资、从而围绕该配置逐渐建立起自己在该行业内的投资组合,反而并不特别关心某一笔特定投资的最佳处置时点。[2]

有鉴于此,PE 行业进行了诸多尝试,试图改"购买 + 出售"的传统模式为"购买 + 持有。"[3]比如通过 GP 主导的基金重组交易,在 PE 二级市场将老基金的资产置换到新成立的延续基金(continuation funds)中,从而赢得更多时间来继续管理这些资产。或者设立针对已

---

[1] 巴菲特在伯克希尔哈撒韦公司 2005 年年报中把跟随股市上下买进卖出的成本称为"摩擦成本"(frictional costs)。

[2] 当然,另外家族办公室未必希望其资本被永久性锁死,因此希望在锁定期后能够通过赎回或转售而实现一定的流动性。

[3] Miriam Gottfried, *Private-Equity Firms Create Funds That Are Built to Last*, Wall Street Journal, January 1, 2019.

有投资组合的专门基金,当老基金出售其投资组合时,收购这些投资组合中的少数股权,从而达到长期持有的目的。[1]

最引人注目的当然还是所谓永续资本基金(permanent capital fund)或称常青基金(ever green funds)的出现。GP 们还越来越多地开始设立期限长于 10 年的长期资本基金(long term capital funds or long-dated funds),作为介于传统 PE 基金和永续资本基金之间的一种中间形式。

一、永续资本基金的概念

市场上并没有永续资本的统一定义。黑石将其永续资本(perpetual capital)定义为其管理资产中无固定期限、无赎回权安排的部分,也包括跟投资本中有权可转换成永续资本的部分。[2] 永续资本也被定义为"未来可见期间内没有必须处分的压力(或禁止在未来可见期间内处分)的资本",[3]按照这个定义,基金会、家族办公室、保险公司、年金、养老金和主权财富基金都是典型的永续资本的持有人。永续资本基金的目的就是避免分配投资收益,而是投入再投资以循环使用。理论上永续资本基金可以永久存续,直至最后一名投资人赎回其基金份额或管理人在处置完所有资产后决定清算为止。换句话讲,也可以说是给 PE 基金传统的封闭架构创造一个开放式条件。[4]

狭义的永续资本基金指为基金管理人提供永续的资金来源以满足基金管理人及其管理团队对其募集管理的 PE/VC 基金的出资和跟投需要的实体。[5] 投资者投资于此类永续资本基金的主要目的在于借此分享基金管理人从多个各类型私募基金中取得的跟投收益和绩效分成收益,投资者的退出方式主要为在 PE 二级市场向其他投资者转让份额或者在证券二级市场分散出售给零售投资人。

广义的永续资本基金既包括常青基金,又包括长期资本基金。

二、永续资本基金的崛起

最有名的永续资本莫过于巴菲特的伯克希尔哈撒韦公司(Berkshire Hathaway Inc.)。巴菲特的名言是:"我们最喜欢的持有期限是永远。"[6]50 余年来其通过投资利润和旗下保险业务的保费收入践行了其价值投资理念,而无须承受投资人要求资本和现金回报的压力。其他著名的常青基金还有成立于 1980 年的成长型基金——泛大西洋投资(General Atlantic)

---

[1] The Long,Long-Hold,Private Equity International,October 1,2020.

[2] 参见《黑石集团 2019 年年报》。

[3] Tom Blaisdell,*Why You Should Consider a "Permanent Capital" Investment Strategy*,January 10,2018, http://tuck-fac-cen. dartmouth. edu/centers/uploads/cpee/files/BLAISDELL _ WhyYouShouldConsiderPermanentCapital_180124. pdf.

[4] Simon Constable,*What is Permanent Capital*? Wall Street Journal,May 8,2016.

[5] Stephanie R. Breslow and Phyllis A. Schwartz,*Private Equity Funds Formation and Operation*,2nd edition, Practising Law Institute(2016).

[6] 《致股东的信》(1989 年 2 月 28 日),载 https://www. berkshirehathaway. com/letters/1988. html,2020 年 12 月 31 日最后访问。

和成立于1962年的创投基金——萨特山创投(Sutter Hill Ventures)。

黑石2014年起创立核心股权基金,旨在进行比传统的私募股权基金周期更长的投资。2020年10月26日,黑石集团宣布完成了80亿美元规模的黑石核心股权基金二期(BCEP II)的募集,规模比一期基金扩大了70%。[1] 黑石通过旗下一家特殊目的收购公司(SPAC)于2017年底收购了FGL Holdings Inc.,获得了后者约250亿美元资产的管理权,同时计划进一步扩大其保险业务。2020年第三季度末,黑石的干火药增长至惊人的1524亿美元,增幅达60%;其中私募股权板块为734亿美元,增幅高达102%。黑石集团不仅储备了充足的资金,同时还在极力提高其中长期资本的比重,其永续资本规模一直保持着远高于总AUM的增速。2020年第三季度末,黑石集团的永续资本规模达到了1152亿美元,相比于上年增长了19%,已经占到了总AUM的20%。[2]

KKR从2017年起开始募集长期持有(15年以上)且风险更低的核心股权投资基金。2020年7月,KKR宣布以44亿美元收购年金及人寿保险公司环球大西洋金融集团(Global Atlantic Financial Group),以进一步增强其永续资本基础(在此之前KKR已管理着260亿美元的保险公司资产)。[3] 包括REITs、BDC等在内的永续资本占KKR全部AUM的比例从9%增加到33%,如果再加上其长期战略伙伴资本则占比高达42%。[4]

其他如凯雷旗下全球合伙人基金(Carlyle Global Partners)和CVC旗下战略机会基金(Strategic Opportunities fund)都是20年的存续期。2020年10月阿布扎比主权财富基金穆巴达拉发展公司与银湖资本的合作基金规模为20亿美元,存续期25年。[5] 专注软件行业并购机会的Vista Equity Partners旗下的永续资本基金(Perennial Fund)也是近年来机构投资人重点关注的。

核心股权投资的概念源于基础设施基金,重点关注较低风险/回报的资产类别。对应相对较低的投资回报率(通常在15%左右[6]),采用核心投资策略的GP通常会降低管理费费率,以确保基金在净回报基础上对投资人仍有足够的吸引力。尽管费率降低,但对于GP来说,意味着长期而可靠的费用收入来源。[7]

永续资本策略的其他潜在优势还包括:

- *消除摩擦成本提高的总体收益率。根据贝恩咨询的一项分析,仅仅靠买卖环节*

---

[1] Private Equity International,Three Things to Know about Blackstone's $8Bn Long-hold Strategy.

[2] 参见《黑石集团2010年第三季度报告》。

[3] 另类投资管理公司阿波罗全球管理(Apollo Global Management)就通过共同建立雅典娜控股有限公司(Athene Holding Ltd,以下简称雅典娜)的方式成为第一家进入保险领域的私募股权机构。随后在其规划下,雅典娜实现成功转型并于2016年挂牌纽交所。

[4] James Comtois,KKR Agrees to Buy Global Atlantic Financial,Pensions & Investments,July 8,2020.

[5] The Long,Long-Hold,Private Equity International,October 1,2020.

[6] 黑石年化净回报率为15%、CVC战略机会基金是12% ~14%的内部收益率,市场上还看到过10% ~12%的年化净收益率。

[7] 与传统PE基金相比,永续资本基金的管理费与绩效分成设计都有其特殊性,囿于篇幅本书不予详细讨论。

的成本减省,如果持有某投资标的24年后再处分掉,所得收益(税后)就要比一只典型并购基金连续出售四笔投资所得收益高出两倍还多。[1]

● 获得普通PE所无法获得的投资机会。1995年伯克希尔1.75亿美元购买犹他州最大家具店RC Willey(尽管Willey家族收到2亿美元的报价)和2018年CVC投资宾州树木修剪和植被管理公司Asplundh Tree Expert LLC,被投企业都认为投资人愿意长期持有的决心是他们决定接受其投资的关键因素。

● 税务节省。根据《巴伦周刊》2015年的分析,依靠零分红、循环投资,巴菲特2014年避免了12亿美金的分红收入,相当于相应节省了2.8亿美元的税费。[2] 永续资本策略的节税效果对家族办公室尤其有吸引力,因为家族办公室(不同于年金)是需要支付资本利得税的,因此未必需要太强的流动性。

● 对于一些特殊策略(如影响力投资等),常青基金更是具有得天独厚的优势。[3]

因此,作为一种期限够长、费用稳定的投资载体,永续资本基金对于GP和LP来说都有足够的吸引力。

三、常见的上市永续资本基金形式

永续资本基金可以是上市的,也可以非上市的。下面以美国市场为例,介绍几种常见的上市永续资本基金形式。

(一)封闭式基金(closed-end funds)

封闭式基金的法定名称为封闭式公司,是一种基金份额在交易所上市或OTC市场交易的基金。受美国《1940年投资公司法》及其相关规则的规制,也须遵守美国《1933年证券法》和《1934年证券交易法》的规定。全球第一家现代意义上的创投基金美国研究与发展公司(ARDC)即是一家依据美国《1940年投资公司法》设立的封闭式基金。

基金管理人根据封闭式基金的投资目标和投资策略,进行专业化投资管理,基金资产可以投资于股票、债券以及其他证券。和其他可上市交易的证券一样,封闭式基金交易价格的波动反映了其供求关系。

封闭式基金在募集期募集一定数量的基金份额。后续的增发、份额拆分、红利再投资等也会增加基金的份额。除了募集普通份额外,封闭式基金还可发行优先级份额。区别于普通份额,优先级份额获得分红,但不承担基金净值涨跌的损益。封闭式基金可以通过发行优先级份额募集更多的资金,用于配置更多的证券。

基金份额发行之后可通过公开市场买卖,但不能申购赎回(也有部分封闭式基金会在成

---

[1] Mariam Gottfried,"Private-Equity Firms Create Funds That Are Built to Last", *Wall Street Journal*, January 1,2019.

[2] Tom Blaisdell, *Why You Should Consider a "Permanent Capital" Investment Strategy*, January 10,2018, http://tuck-fac-cen.dartmouth.edu/centers/uploads/cpee/files/BLAISDELL_WhyYouShouldConsiderPermanentCapital_180124.pdf.

[3] Evergreen funds could be the future of social impact, Private Equity International, July 10,2018.

立后回购份额或定期增发份额)。由于无须保留现金或出售证券以应对赎回,封闭式基金可以投资低流动性的证券(如小市值证券、交易不活跃的市政债券,甚至是欠发达市场的证券)。

封闭式基金的最大投资特点:

● 中长期投资业绩较好。封闭式基金在一定时期内基金规模固定,不需要应对投资者的申购和赎回的申请,基金投资不会受到投资者进出的影响,因此封闭式基金与开放式基金相比,投资效率更高,在中长期投资方面优势明显。

● 投资目标更为偏重实现总回报。封闭式基金的投资目标与开放式基金相比,更为重视总回报,即既追求长期资本增值,也要实现当期收益。封闭式基金由于不必应对投资者的赎回申请,更容易投资于高收益债券、可转换债券、REITs、优先股等流动性较差但有较高收益的品种。

● 投资范围更广。一般来说,封闭式基金不但可以与开放式基金一样,投资于普通股、优先股、债券、海外证券、REITs 和金融衍生品等证券品种,还可以投资于实物资产、收藏品、非上市证券和私人股权等品种。

● 更高比例投资于流动性较差资产。流动性较差资产是指不能在 7 日内按照基金计算基金份额净值的价格卖出的证券,如新兴市场股票、小盘股、非上市证券等。作为对流动性的补偿,此类投资对象往往有较高的收益率,是封闭式基金提高收益水平的重要品种。

● 更少现金储备。封闭式基金没有变现压力,可以一直保持较高的投资比例,甚至不持有现金,灵活利用多种投资方法,集中投资于具有较好投资价值的资产。

● 更灵活地运用衍生金融工具。封闭式基金可以进行广泛的金融衍生产品投资,包括权证、股票期权、股指期权、期权、利率互换和期权、汇率互换和信用互换等产品。除此之外,它还可以将其持有的股票资产或其他资产作为抵押,发行期权、权证等衍生金融工具,获取发行收入。

● 更低投资运作成本。为了满足投资者的赎回要求,开放式基金需要将一些证券资产在短时间内变现,这在两方面给基金造成损失,一是买卖次数增加带来交易成本上升,二是短时间内变现资产可能会使资产折价出卖。而封闭式基金由于没有赎回压力,因此交易次数和换手率均少于开放式基金,投资运作成本也更低。

● 更多资金来源。按照美国《1940 年投资公司法》的规定,封闭式基金可以根据实际需要,采用发行普通份额、优先份额、份额认购权证以及借贷的方式募集资金。封闭式基金通过这些方法募集资金,进行长期投资,扩大了基金的规模,有助于增加收益。

(二)期间基金(interval fund)

期间基金是介于开放式基金和封闭式基金之间的基金形式,旨在为投资者同时提供上述两种基金的优点。期间基金不仅能够为投资者提供投资非流动性资产的机会,同时还可为其带来更多的流动性。

1993年,为应对有关封闭式基金通常具有的较大净值折让的难题,期间基金这一新基金结构首次根据美国证监会的第23c－3号条例建立。由于封闭式基金允许基金经理利用稳定投资组合,从非流动资产中取得更高的长期投资回报,因此通常十分具有吸引力。

为了保证投资组合的稳定性,封闭式基金的投资者通常不能像开放式基金的投资者一样随时赎回或者发售基金份额。封闭式基金的投资者为获得流动性,必须设法在二级市场出售基金份额,而且交易价格通常低于基金资产净值(NAV)。而期间基金规定每季度、每半年度或每年向投资者开放基金份额赎回,并按照资产净值(NAV)进行交易。除了定期回购外,期间基金还可以持续以资产净值(NAV)发售基金份额。

(三)商业发展公司(Business Development Company,BDC)

商业发展公司是1980年美国国会通过的《小型商业投资刺激法案》(Small Business Investment Incentive Act of 1980,以下简称《1980年修订案》)下创设的一种新型投资公司,鼓励设立公开上市的载体投资于小型、成长性私人企业。BDC在IPO时公开发行固定数目的股份,其股份随后在全国性股票交易所交易。BDC有两种管理模式:自我管理或委托外聘管理人(通常是关联人士)。

《1980年修订案》对美国《1940年投资公司法》和《1940年投资顾问法》中许多被认为阻碍PE管理人进入公开市场的限制性条款(如薪酬、借贷等)都做了修订,同时加入了若干为BDC量身定做的新条款[1](以下简称为BDC条款)。

BDC不是美国《1940年投资公司法》下的注册投资公司,但自愿选择接受美国《1940年投资公司法》下众多条款的制约(包括董事会成员的独立性要求、估值要求、不得投资于其他投资公司等)。

因此,从操作层面,BDC和一个根据美国《1940年投资公司法》设立的封闭式投资公司(以下简称1940法案基金)相比相差不大。与一般1940法案基金不同的是,BDC的下游投资必须满足如下条件:

- 至少70%的资产必须投资于“适格标的公司”(eligible portfolio companies)(简单讲就是非上市公司或市值小于2.5亿美元的上市公司);
- BDC必须为其被投资的公司提供管理上的实质性帮助(如协助融资、管理人员招聘、评估并购机会)。

修订后的美国《1940年投资公司法》和美国《1940年投资顾问法》对BDC有一些特别的规定(如关联交易禁止、杠杆率方面的禁止性规定)都有一定程度的放松。

BDC的管理人有权收取与业绩挂钩的报酬[2](自我管理模式的BDC可以为其投资团队设立股权激励计划或利润分成计划),即按照PE行业通常的收费方式,收取激励费(incentive fee)或业绩费(performance fee)。

---

[1] 美国《1940年投资公司法》第54~65条。

[2] 美国《1940年投资顾问法》一般禁止投资顾问收取激励性质的费用。

在负债率方面,与一般注册封闭式基金 300% 的资产覆盖率相比,BDC 也更加宽松(只要求 200%)。

BDC 可以选择按照公司缴纳公司所得税,也可以选择作为一家"受监管投资公司"(RIC)[1] 而避免在公司层面课税,前提是:(1)其收入中的 90% 以上均属于"合格收入"(通常包括股息、利益、资本利得等消极性收入);(2)其年度可纳税收入的 90% 以上均须分配给其股东;以及(3)遵守投资多样性要求(如投资于同处该 BDC 控制下的发行人的金额不得超过该 BDC 资产总值的 25%)。

BDC 为 PE 管理人们提供了一种与私募基金相比更易获得的资本,BDC 的投资人无须满足合格投资人(qualified purchaser 或 accredited investor)的要求。同时,BDC 也可以享受税收穿透体待遇。更重要的是,这种资本还是一种永续资本(区别于传统 PE 基金的定期资本回报要求)。一般认为投资人应该趋之若鹜的。

但是,《1980 年修订案》出台后 BDC 一直不温不火,未能引起 PE 行业的足够兴趣(直到 2004 年左右才迎来了一波 PE 机构上市的行情)。同时,内部管理式的 BDC 一直是 BDC 市场的主流,直到 2003 年 TICC 上市后,外部管理的 BDC 才逐渐兴起。2004 年 4 月,Apollo Capital Management,L. P. 发起的 BDC(Apollo Investment Corporation)上市,在不到两个月的时间里募集资金近 10 亿美元。包括 KKR、黑石、Thomas H. Lee 等在内的 10 家左右的 PE 机构都曾尝试发行 BDC。创立于 1997 年的阿瑞斯,于 2004 年设立 Ares Capital Corporation 并以 BDC 形式在纳斯达克上市(股票代码 ARCC),2010 年收购 Allied Capital,2017 年战略收购另一家 BDC 美国资本(American Capital),是目前市值最大的 BDC。

然而,和许多美国注册封闭式基金一样,这些 BDC 股份的交易价格往往被严重低估。与传统 PE 基金相比,BDC 作为一个公众公司的额外费用又似乎过高,因此 BDC 渐渐演变成少数超大型基金管理人和少数大型机构投资人之间的小众游戏。2020 年 6 月 17 日,KKR 和总部位于费城的资管机构 FS Investments 联合管理的 FS KKR Capital Corp. II (FSKR) 在纽交所上市,与其另一家在纽交所交易的 FS KKR Capital Corp. (FSK) 合计成为美国第二大公开交易的 BDC(仅次于 Ares)。[2]

(四)特殊目的收购公司(SPAC)

特殊目的收购公司(Special Purpose Acquisition Companies,SPAC)最早出现于 20 世纪 90 年代初期,是区别于传统的 IPO 上市与借壳上市不同的一种创新性的上市方式。与传统的 IPO 上市或者借壳上市不同,SPAC 选择自己"造壳",即 SPAC 是通常由共同基金、对冲基金等募集资金而上市的特殊目的公司,这个上市公司只有现金,没有任何的资产或经营业务。SPAC 将所募集的资金 100% 存放于托管账户并进行固定收益证券的投资。SPAC 在上市后仅有一个目的,即投资并购欲上市的公司,使目标公司通过并购的方式获得融资并上市。通

[1] 美国《国内税收法典》第 M 分章。

[2] https://fsinvestments.com/fs-kkr-capital-corp-ii-announces-listing-on-new-york-stock-exchange/.

常情况下,SPAC 在成功上市后,基金发起人会获得该上市公司的 20% 股份。如果在设定的期限内,该 SPAC 没有完成并购,那么这个 SPAC 必须进行清算并将所有托管账户内的资金按持股比例向 SPAC 投资者返还他们的资金份额。

在 2008 年金融危机后,资本市场上的融资投资条件显著改善,同时投资者的投资信心回归,共同促进了 SPAC 这一投资模式的发展。近年来,高盛、花旗、黑石等均发起参与过 SPAC 的交易。2018 年 6 月 28 日新风天域(New Frontier Corporation)在纽交所上市,联合创始人之一是黑石集团高级董事总经理和大中华区主席梁锦松先生。2019 年 12 月 19 日宣布收购和睦家医疗,更名为新风医疗集团。[1] 2020 年在新冠肺炎疫情的影响下,众多本意图在美国上市的公司,因业务受到疫情影响,最终纷纷选择与特殊目的公司并购的方式实现上市。根据《华尔街日报》报道,数据提供商 Dealogic 的数据显示,截至 2020 年 9 月末,在美国上市的 SPAC 已总计筹资 404 亿美元,而整个 2019 年,SPAC 总计筹资 135 亿美元。截至同一时间点,SPAC 公司已经完成 47 起并购交易,交易总额达 502 亿美元。[2]

SPAC 与传统的私募股权基金有以下几点不同:

- 募集方式与发行债券的形式不同。私募股权基金采取非公开发售的形式向特定的投资人进行多为有限合伙(limited partnership)份额的发售,而 SPAC 是公开发行的以普通股与认股权证组合的方式发放给投资者,从而募集资金(一个投资单元通常包含 1 股普通股与 1 ~ 2 股认股期权);
- 出资时间节点不同。与私募股权基金的承诺出资制不同,SPAC 的投资者需在特殊收购目的公司完成首次公开发行的时候完成出资;
- 退出机制不同。私募股权基金多以 IPO、股权转让、破产清算的方式退出,SPAC 则相对容易很多,股东可以直接通过股票减持实现退出。

与传统 IPO 或者借壳上市相比,SPAC 架构有着并购上市时间短,成本低廉以及上市程序相对简单的显著优势。除此之外,SPAC 对于投资者和目标公司还有以下几点优势:

- 对于基金投资人而言,SPAC 的流动性和参与度更强。一般而言,私募股权的投资周期为 7 ~ 9 年,流动性较差。而 SPAC 的投资单元与流通中的股票没有差别,可在市场中自由交易。与此同时,SPAC 投资人能够在投资决策中有发言权,有着更高的参与度,即如果找到合适的目标公司,SPAC 全体股东都有权投票决定是否要与之合并;
- 对于目标收购公司而言,除了上述目标公司可以以更短的时间以及更低的成本上市以外,SPAC 上市也没有借壳上市的风险。借壳上市可能面临着壳公司潜在的法律诉讼、负债等问题,SPAC 是完全干净的公司,为目标公司上市避免了潜在的风险。

---

[1] https://www.new-frontier.com/zh/new-frontier-corporation-completes-acquisition-united-family-healthcare/.

[2] Maurer, K. and Maurer, M.. *Why Finance Executives Choose SPACs: A Guide To The IPO Rival*, The Wall Street Journal, https://www.wsj.com/articles/why-finance-executives-choose-spacs-a-guide-to-the-ipo-rival-11600828201, Nov. 11, 2020.

然而,市场上对于 SPAC 也存在许多担忧。SPAC 公司如果找到合适的目标公司,需要 SPAC 股东投票决定是否与目标公司合并。反对 SPAC 并购交易的股东,可以选择将其持有的 SPAC 股份转换为 SPAC 托管账户中按比例分配的资金。而且,如果有超过特定比例的 SPAC 公共股份(通常为 20% ~40%)选择行使其转换权,则 SPAC 将不能与目标公司进行合并。此外,SPAC 并购对目标公司的公允价值也有一定的要求,即其价值须至少等于 SPAC 托管账户的 80%。[1] 即便 SPAC 公司成功完成对目标公司的并购,由于 SPAC 的普通股发行通常随着发行认股权证,那么当合并后公司股票涨得较好时,投资人可以通过行使买入期权,以较低的价格购买更多的目标公司股票从而导致目标公司的股价下滑和股权的稀释。

此外,由于 SPAC 需要在一定时间内(通常为 18 ~36 个月)完成对目标公司的并购,对于目标公司而言,为了满足完成并购上市的许多要求,目标公司需要在有限的时间内准备所需的披露材料来满足美国证监会对 SPAC 的审查。如果未能在一定时间内完成并购,SPAC 公司必须进行清算。

SPAC 无疑提供了一种快速和合理的交易途径。为了降低 SPAC 上市并购的风险,SPAC 在设立阶段需考虑以下几个方面:

- 基金的发起人,投资人,目标公司等需要谨慎考虑在 SPAC 上市并购过程中存在的潜在利益冲突的问题。SPAC 公司可能会选择与目前董事或其他股东有关联的目标公司进行并购,那么就有可能涉及相关业务的信息披露,或获取现有股东同意等问题;
- SPAC 的架构必须与未来并购目标公司的业务相适应,其中也包括利用 SPAC 打造未来永续资本。投资人若想同时投资多个 SPAC 公司的话,那么情况将更为的复杂;
- SPAC 需考虑到基金发起人希望在 SPAC 公司中有更多的共同投资份额,而且希望有相较于美国《1934 年证券交易法》10b5 -1 规定的交易计划[2]更为灵活的回购方式;
- SPAC 作为上市公司,虽然没有像传统 IPO 一样的详尽复杂的信息披露义务,但是 SPAC 公司仍需定期对其重要信息进行披露;
- 基金发起人无论是否为美国证券交易委员会注册的投资顾问都需要考虑美国《1940 年投资公司法》中所涉及的问题。

（五）房地产信托投资基金（REITs）

房地产信托投资基金(以下简称 REITs)最早可以追溯到 19 世纪后期,但现代意义上的避免双重征税的美国 REITs 出现于 1960 年,旨在让投资者从中获得一定的税收优惠,以及让

[1] McDermott Will & Emery, Corporate Practice Group, *Overview of SPACs and Latest Trends: Special-purpose Acquisition Companies*, *NAT'L L. REV.* (Oct. 22,2015), http://www.natlawreview.com/article/overview-spacs-and-latest-trends-special-purpose-acquisition-companies.

[2] Rule 10b5 -1, Securities Exchange Act of 1934.

中小型投资者能以较低的门槛参与到房地产投资市场。

REITs是以发行收益凭证从而将流动性较低、非证券形态的房地产投资直接转化为资本市场可流通的证券，由专门的管理机构管理，专门从事商业房地产投资，并将其所得的收益按照投资者的出资比例进行分配的一种基金。

REITs在美国很大程度上是一个税收概念，即无论REITs的主体采取什么样的形式（在美国主要采取股份制公司，信托或者合伙企业设立REITs），只要其满足税收会计等规则，就可以享受税收优惠。REITs支付给投资者的利润分配金额可以按照相应标准予以税前扣除。因此很多时候REITs被很多投资者视为一种合法的避税方式。

美国《国内税收法典》第856～859条对REITs的设立、资产与业务限制等都作出了以下详细的规定。

1. 结构组成

- REITs是在美国国内注册的独立个体而且不能是金融或者是保险公司，其持有人需要至少有100人，即在一个税务年中，该REITs需要至少在335天[1]内保持不少于100名持有人否则无法享受税收优惠；
- 在每个税务年的后半年，任何5个或以下的股东合计持股不得超过全部股份的50%（此即所谓的“5/50测试标准”）。

2. 资产构成

在每个税务季度末，REITs持有的：

- 全部资产总价值中的至少75%由不动产、现金和现金等价物（包括应收账款）以及政府债券组成；
- 各类非政府债券不超过其全部资产总价值的25%；
- 一个或者多个纳税子公司的价值不超过全部资产总价值的20%；
- 任何一个发行人所持有的REITs证券价值不超过REITs全部资产总价值的5%；
- 任何一个发行人所持有的享有表决权的REITs证券价值不超过该REITs全部资产总价值的10%；以及
- 任何一个发行人的所持有的REITs证券价值不超过其已发行证券的10%。

3. 收入来源

REITs的全年总收入（annual gross income）至少75%应是来自不动产租金、不动产抵押贷款利息等被动性且与房地产密切相关的投资所得到的收益；[2]并且95%的收入来自上述75%所涉及的各项收入，以及其他投资分红或者是出售、处置非交易资产的股票或证券所得。

---

[1] 美国《国内税收法典》第856(b)条。

[2] 美国《国内税收法典》§856(c)(2)章节。

4. 利润分配

一般要求 REITs 的 90% 的应税所得(taxable income)分配给股东。

5. 投资限制

REITs 不能从事禁止交易(prohibited transaction),但与止赎财产(foreclosure property)有关的交易除外。如果 REITs 从事了禁止交易,则其需要对禁止交易所获得的净利润进行 100% 纳税。

按照投资对象的不同,REITs 可分为:

- 权益性 REITs,主要是经营和运营房地产业务。它通过物业的租金、出售等经营活动获取相应的收益;
- 抵押型 REITs,主要是通过向地产公司发放贷款,获取贷款利息进行收益或者购买交易房地产抵押债券来获取收益;
- 混合型 REITs,是指既从事权益性投资又从事抵押型投资的复合型 REITs。

按照是否在交易所公开上市交易的标准,REITs 可分为:

- 公募 REITs(publicly traded REITs),即以公开发行的方式向公众进行公开信托资金的募集并且该 REITs 的有价证券可以在市场上流通。公募 REITs 在发行时需要监管机构进行严格审批;
- 私募 REITs(non-exchange traded REITs),即以非公开发行的方式向特定投资者募集资金。

与公募 REITs 相比,私募 REITs 投资者所持有的证券因不能在美国的证券交易所进行交易而存在流动性不足的问题。此外,私募 REITs 一般在发行 18 个月后才能对其进行估值,所以私募 REITs 也存在股票估值不透明以及滞后的问题。但是与公募 REITs 相比,私募 REITs 一般股息收益高于公募 REITs 而且私募 REITs 经常会对其投资者支付超过其运营的分红。为了做到这一点,私募 REITs 需要通过发行收益和借款来完成分红,这种做法通常不会被公募 REITs 采纳,因为这有可能会降低公募 REITs 的股票价值或者是影响到公司用作其他投资的现金流。私募 REITs 一般会雇佣外部人员作为管理人管理 REITs,所以其可能还存在与现有股东利益冲突的问题。

REITs 对美国的房地产投资产生了巨大影响,其实现了降低房地产市场投资的门槛,投资者从直接持有房地产转变为拥有有价证券的形式参与房地产投资从而改变了商业房地产的交易模式和经营模式。与此同时,房地产证券化将高额高价值的房地产转变为小价值的可以在市场上流通的有价证券,使投资者可以随时在市场上交易所持证券,因此大大增加了流通性从而减少了商业房地产投资的风险。

四、中国的实践

近年来随着价值投资的理念逐渐深入人心,中国私募基金市场也开始出现超长期投资策略乃至全生命周期解决方案的践行者。成为基金、今日资本、喜马拉雅资本、高瓴资本等都曾发行过常青基金,但都限于美元基金。今日资本 2014 年发行的 4 亿美元的常青基金,期限长达28年,从而使今日资本能够投资并持有一些新型中国公司(包括京东)的股权。喜马拉雅资本所持有的一些资产可追溯到20年前的基金初创时期。高瓴资本的常青基金不限于一级或二级市场的投资机会,只要有价值的投资都可以做,对被投公司可以从早期、中期、晚期、上市乃至上市后一直持有。

另外,与境外基金相似,期限长、低风险、低回报、追求预期稳定现金流的核心投资策略在人民币地产和基础设施基金中已经开始有所应用。2017年6月20日菜鸟网络发起设立一只物流仓储基金,基金规模85亿元人民币,中国人寿是核心投资人。这也是人民币基金市场上的首只核心基金。[1]

总体而言,人民币基金的存续期限仍然普遍较短,平均存续期为6.43年,[2]远低于美国PE基金平均10年的存续期,更遑论10年期以上的永续资本基金。长期资金支持明显不足存在两方面的原因:

一是长期资金先天不足。国际上传统意义的养老金主要对应我国的养老三支柱:包括政府主导管理的城镇职工基本养老保险、社会养老保险及社会保障基金的第一支柱。包括企业自主发展的企业年金、职业年金及团体养老保险的第二支柱,以及包括储蓄性养老保险及投资和商业养老保险在内的个人养老金制度即第三支柱。三大支柱或面临偿付压力、或覆盖率低。

二是在配置端还存在制度性障碍。我国养老保险仅允许对国有重点企业改制、上市的中央企业及一级子公司以及地方具有核心竞争力的行业龙头企业开展股权投资;而企业年金/职业年金仅以试点模式允许以专项养老金形式参与股权投资,实际案例都很少。同时,年金管理人普遍以不亏损为主要考核目标,尚未建立起与负债期限匹配的投资管理体系,短期内难以开放配置私募股权。第三支柱可投范围目前仅包括公募基金、养老保险等,尚未将私募股权投资纳入可投范围。保险资金虽然可以投资于私募股权投资基金、不动产基金、创业投资基金和母基金乃至发起设立基金,但从保险资金的运用情况来看,仍以债券、银行存款和金融产品为主,三者占比超过70%,配置权益资产(含股票与股权)的比例仅为15%左右,远低于30%的投资上限。[3]

同时,除了最近刚刚开闸的REITs之外,永续资本基金在人民币基金市场的发展还缺乏足够的制度、市场和投资者基础。国务院《创投国十条》中提出要研究鼓励长期投资的政策措施。倡导长期投资和价值投资理念,研究对专注于长期投资和价值投资的创业投资企业在企业债券发行、引导基金扶持、政府项目对接、市场化退出等方面给予必要的政策支持。但相关政策措施的出台仍然相对滞后。尽管如此,随着GP和LP合作广度和深度以及相互

---

〔1〕 方达投资基金团队和公司业务团队全程参与了该项目从架构设计、投资人竞标、基金设立到项目交易谈判的各个环节。详见《投资基金法律观察》公众号,2017年6月29日。

〔2〕 基金业协会:《中国私募股权投资基金行业发展报告2020》。

〔3〕 基金业协会:《中国私募股权投资基金行业发展报告2020》。

信任的加深，达成一对一的、定制化的长期资本解决方案仍然值得期待。前文提到的菜鸟核心基金中菜鸟与中国人寿的合作就是一个很好的例子。

/第十三节/

私募对冲基金

一、私募证券投资基金——中国的“对冲基金”

（一）对冲基金（hedge fund）和私募证券投资基金的名称之辩

根据我国相关法律法规的规定，私募证券投资基金是指在中华人民共和国境内，以非公开方式向满足特定人数要求的合格投资者募集资金设立的投资基金。而对冲基金的概念则是一个舶来品。

1949 年，时任《财富》杂志编辑的琼斯在做了一项有关美国股票市场技术分析、趋势投资和市场预测的调查后成立了世界上第一只“对冲基金”。[1] 自第一只对冲基金在美国诞生以来，对冲基金以灵活复杂的投资策略和高风险高收益的特点闻名世界。为了豁免注册和信息披露的监管要求，美国的对冲基金通常采取非公开募集的方式并向一定数量的符合监管规则要求的高净值投资者募集资金，因此监管部门通常会将对冲基金作为私募基金的类型之一或采取与私募基金类似的监管方式。

在我国，与境外的对冲基金最接近的概念是私募证券投资基金，但我国的私募证券投资基金和美国的对冲基金并不能画等号。虽然很多私募证券投资基金在宣传中会称呼自己为“对冲基金”，[2] 各级政府出台的相关产业发展文件中会也提到鼓励发展“对冲基金”，[3] 但是，我国的“对冲基金”是对私募证券投资基金采取的投资策略的描述，是一个市场概念，而非准确的法律概念，且该概念多流行于 2014 年之前，彼时我国私募证券投资基金相关法律法规体系尚未得以建立和完善。目前，我国基金的法律法规体系中没有对冲基金概念的明确定义，也没有对对冲基金进行系统的规范。

此外，我国的股票投资市场主要的交易方式仅为单向做多交易，投资者无法进行做空交易且没有可交易的场内个股期货品种，因此，除了融资融券和股指期货等有限的交易方式外，我国的做空交易手段和对冲机制并不全面。

但另外，我国的私募证券投资基金和境外的对冲基金也有很多相似之处，如通过非公开

---

〔1〕 参见陈道轮等：《融资融券和股指期货催生了中国真正的“对冲基金”吗？——来自“阳光私募”基金的证据》，载《财经研究》2014 年第 9 期。

〔2〕 参见《国泰君安资管公司推出首只对冲基金产品》，载东方财富网，http://fund.eastmoney.com/a/1590，20110215119610650.html，2020 年 11 月 3 日最后访问。

〔3〕 如《“十二五”上海国际金融中心建设规划》。

方式向符合条件的(合格)投资者发行,以及基金发行无须监管部门的审批等。

根据相关研究,[1]我国的私募证券投资基金与海外对冲基金相比,具有产品数量巨大但产品规模小、产品存续期短但锁定期长、管理费低、产品表现好但波动大的特点。

(二)中国私募证券投资基金的发展历程

在我国,私募证券投资基金的诞生和发展晚于公募证券基金。1990 年年末,上交所和深交所成立,中国证券投资与交易市场有了舞台。1991 ~ 1997 年,在缺少相关法律制度的背景下,中国公募基金开始了不规范的封闭式基金试点起步,比如人民银行武汉分行和深圳南山风险区政府于 1991 年分别批准成立的"武汉证券投资基金"和"深圳南山风险投资基金"。[2] 至 1997 年 10 月,《证券投资基金管理暂行办法》(证委发〔1997〕81 号)(现已失效)的出台确认了证券投资基金的法律地位;1998 年 3 月,国泰和南方基金管理公司成立,金泰、开元两只规范的封闭式证券投资基金发行;2001 年 9 月,华安创新投资基金作为第一只开放式证券投资基金发行;2003 年 10 月,《基金法》颁布并规定了公募证券投资基金的完整法律框架,证券投资基金正式进入规范发展阶段。

随着资本市场的纵深发展,证券市场的代客理财业务迅速发展。根据人民银行非银司研究员夏斌于 2001 年的报告,据监管部门推测,截至 2001 年,中国地下私募基金市场规模至少达到了 7000 亿元人民币,远超当时公募基金的规模。[3] 但是,《证券投资基金管理暂行办法》仅适用于公募基金,其中并没有规定私募证券投资基金的内容,因此私募证券投资基金的存在和发展缺少明确的法律基础。

2001 年上半年,《信托法》和《信托投资公司管理办法》(中国人民银行令〔2002〕第 5 号)(现已失效)的第一版颁布,为私募证券基金的合法诞生提供了契机。2004 年,华润信托发行了第一只私募投资信托计划,私募证券投资基金开始"阳光化"。这类阳光私募投资计划主要是信托公司发行的,并由第三方银行担任托管人、私募证券投资管理公司担任管理人。自此,随着数轮牛市,大量人才从公募基金转投私募行业,极大地促进了私募基金的发展。2009 年 1 月,原银监会颁布的《信托公司证券投资信托业务操作指引》(银监发〔2009〕11 号)正式认可了"阳光私募"模式。2012 年 12 月,《基金法》修订,增加了"非公开募集基金"一章,私募基金的法律地位得到了正式的确认。

(三)私募证券投资基金行业的现状

经过 20 多年的发展,我国私募证券投资基金管理人数量、私募证券投资基金产品数量和管理资产规模都获得了爆发式的增长。2014 年 8 月《证监会 105 号文》出台后,私募基金管

〔1〕 参见赵羲、李路、陈彬:《中国私募证券投资基金行业发展现状分析——基于全球对比的视角》,载《证券市场导报》2018 年第 12 期。

〔2〕 《谁说基金二十年? ——中国公募基金前传》,载东海证券网,http://edu.longone.com.cn/app?d=www&c=Longxingdonghai&m=LgpHistory_Details&id=3997,2020 年 12 月 31 日最后访问。

〔3〕 参见夏斌:《中国"私募基金"报告》,载《金融研究》第 2001 年第 8 期。

理人和私募基金产品根据该规定需要向基金业协会进行备案登记。据此，关于私募证券投资基金的登记情况、行业数据和监管信息均在基金业协会官网进行公示。基金业协会每月更新的私募基金管理人登记及私募基金产品备案月报显示，[1]近年来我国私募证券投资基金的数量每月均在快速增加。此外，随着监管趋严，大量空壳基金、违法违规或失联基金不断被注销，因此私募证券投资基金的存量总数逐年下降。根据基金业协会公布的数据，我国近5年的私募证券投资基金管理人数量、管理基金数量和管理规模如表7.10所示。

表7.10 我国近5年来私募证券投资基金情况统计

统计时间	管理人数量(人)	管理基金只数	管理规模(万亿元)
2015年1月	2527	4383	0.85
2016年1月	11,291	15,524	1.85
2017年1月	7908	27,322	2.78
2018年1月	8575	35,189	2.61
2019年1月	8997	35,843	2.13
2020年1月	8853	42,020	2.51
2020年7月	8908	52,599	3.74

虽然私募证券投资基金的管理规模正在迅速上涨，尤其是科创板设立和创业板注册制的改革后，2020年新一轮牛市的氛围逐渐到来，我国的私募证券投资基金的产品数量已经超过私募股权投资基金，但私募证券投资基金的资产管理规模与私募股权、创业投资基金相比仍然存在不小的差距，具体可见表7.11所列信息。

表7.11 我国私募证券投资基金及股权、创业投资基金情况概要(截至2020年11月)

基金类型	管理人数量(人)	管理基金只数	管理规模(万亿元)
私募证券投资基金	8908	52,599	3.74
私募股权、创业投资基金	15,026	39,329	11

(四)我国私募证券投资基金的法律监管框架

我国的私募基金法律规范体系，包括了法律、法规、中国基金业协会的自律规定，并在过去的20年间不断完善和深化。

2012年12月，修订后的《基金法》首次将非公开募集基金纳入调整范围，并就非公开募集基金进行了专章规定。从此，《基金法》确定了私募证券投资基金的基本框架，包括私募证券投资基金的投资者(私募证券投资基金的募集对象为不超过200名合格投资者)、托管人(私募证券投资基金除另有规定外，应当由托管人托管)、管理人登记(私募证券投资基金管

[1] 参见《中国私募基金行业数据报告》，载基金业协会网，https://www.amac.org.cn/researchstatistics/report/zgsmjjhysjbg/，2020年12月31日最后访问。

理人应向基金业协会登记)、销售方式(私募证券投资基金不得向不特定对象宣传推介)、基金合同(私募证券投资基金的基金合同应当包括投资者、管理人、托管人的权利和义务等内容)、产品备案(私募证券投资基金的产品在募集完毕后应向基金业协会备案)和投资范围(私募证券投资基金的投资范围包括买卖公开发行的股份有限公司股票、债券、基金份额,以及国务院证券监督管理机构规定的其他证券及其衍生品种)。

私募证券投资基金的种类:

- 股票类(私募证券投资)基金

股票类基金,根据基金业协会的定义,是指主要投资于股票或股票型基金的资产比例高于80%(含)的私募证券基金。

股票类基金的主观交易策略可进一步划分为纯多头策略和对冲策略,其中纯多头策略为市场上较为常见的策略。股票型基金也可以采用量化交易策略,即以数学模型代替人为主观判断的交易策略,具体又可细分为量化多头策略、量化对冲策略、择时对冲策略等。其中量化对冲策略是量化交易策略中的主流策略,是指利用量化的方法选择股票组合,并使用对冲工具锁定基准收益率,期望该组合能够获得超越锁定后基准收益率的投资行为。[1]

- 固定收益类(私募证券投资)基金

固定收益类基金,根据基金业协会的定义,是指投资于银行存款、标准化债券、债券型基金、股票质押式回购以及有预期收益率的隐含理财产品、信托计划等金融产品的资产比例高于80%(含)的私募证券投资基金。

- 期货及其他衍生品类(私募证券投资)基金

期货及其他衍生品类基金,根据基金业协会的定义,是指根据合同约定的投资范围,主要投资于期货、期权及其他金融衍生产品、现金的私募证券投资基金。

期货及其他衍生品类基金的交易策略可采用主观交易策略,例如主观CTA策略,即由基金管理人基于基本面、调研或操盘经验,主观判断走势,决定买卖时点;也可能采取量化交易策略,其中量化交易策略可进一步分为量化多头策略、量化对冲策略、择时对冲策略、期货量化CTA策略等。随着中国衍生品市场的快速发展,未来利用量化对冲技术构建绝对收益产品预计将成为国内资产管理的一个主流方式,前景十分广阔。[2]

- 混合类(私募证券投资)基金

混合类基金是私募证券投资基金中的一个类型,根据基金业协会的定义,是指合同约定的投资范围包括股票、债权、货币市场工具但无明确的主要投资方向的私募证券投资基金。

---

〔1〕 参见《可信量化:"量化"和"对冲"终于不再混淆了》,载雪球网,https://xueqiu.com/9084243601/134541351,2020年12月31日最后访问。

〔2〕 参见《利用量化对冲策略构建绝对收益产品》,载MSN中文网,http://msn.finance.sina.com.cn/gdxw/20120225/0119719413.html,2020年12月31日最后访问。

- PE－对冲混合基金

境外成熟私募基金市场中，随着PE基金和对冲基金策略、条款的相互借鉴和不断融合，出现了混合基金（hybrid funds）这一将PE基金和对冲基金特点融合一体的新型私募基金。PE－对冲混合基金投资于多个资产类别，拥有多样化的投资组合，此类基金既可进行私募股权投资也可进行对冲投资，且其投资比例更为灵活。此外，PE－对冲混合型金的另一种模式也表现在母基金方面，此类母基金既可以投资于对冲基金以保持其流动性也可以同时投资于PE基金以期享有长期价值增长。

但是，当前境内的监管体系并不允许该类私募基金的存在，不过，随着越来越多跨资产类别配置投资业务需求的出现，基金业协会于2018年8月发布的《登记备案问答（十五）》明确从2018年9月10日起增设可进行跨类别投资的私募资产配置基金，私募资产配置基金应主要采用FOF的投资方式，投资于已备案的私募基金、公募基金或者其他依法设立的资产管理产品的比例不低于80%，且投资于单一资产管理产品或标的的比例不超过基金规模的20%。虽然与境外的混合型基金相比，投资资产类别的范围较窄，投资比例不够灵活，但私募资产配置基金可以通过投资于不同种类的资产管理产品而跨越多种底层资产实现大类资产配置的目的，其出现本身也许是实现境内混合型基金的第一步。

截至2020年11月30日，已有中国银河投资管理有限公司、浙江玉皇山南投资管理有限公司、信银（深圳）投资管理有限责任公司、珠海横琴金晟硕业投资管理有限公司、深圳乐瑞全球管理有限公司、潮商东盟投资基金管理有限公司、中国石油集团养老资产管理有限责任公司、北京常瑞资产管理有限公司和上海道禾长期投资管理有限公司9家机构在基金业协会登记成为私募资产配置类管理人，共发行10只私募资产配置产品。其中浙江玉皇山南投资管理有限公司于2019年7月10日备案国内首只私募资产配置基金——山南云栖私募资产配置基金。[1]

根据《基金法》的授权，证监会于2014年8月出台了《证监会105号文》。《证监会105号文》对《基金法》中的内容进行了进一步的细化，在私募基金登记备案、资金募集、投资运作、合格投资者、行业自律、监督管理、法律责任等方面进行了全面规范，且明确了私募证券投资基金的组织形式可以是公司型、合伙型和契约型。值得注意的是，除了投资范围问题外，《证监会105号文》并没有区分私募股权基金和私募证券投资基金。

在《基金法》和《证监会105号文》确立的框架下，基金业协会在2014年后陆续颁布了多个办法、公告、须知、清单和指引，由此确立了基金业协会进行自律管理的总体框架。[2] 此外，基金业协会还不时以问答和通知形式对自律规则进行解释和补充，从各方面不断细化和完善了私募证券投资基金的自律监管框架，且基金业协会出台的上述相关自律管理办法也同时适用于私

---

〔1〕 详见基金业协会网，http：//gs. amac. org. cn/amac-infodisc/res/pof/manager/index. html，2020年12月31日最后访问。

〔2〕 基金业协会的“7＋2＋2＋2＋8＋N”自律监管体系，请见本书第一章第三节。

募证券投资基金和私募股权投资基金。

2018年4月,人民银行、证监会、银保监会和国家外汇局联合出台了《资管新规》,对资管行业的诸多监管标准进行了统一规范。《资管新规》进一步规定,包括私募证券投资基金在内的私募投资基金在私募投资基金专门的法律和法规中没有明文规定时,适用《资管新规》的规定。

值得注意的是,除了私募基金管理人外,持牌金融机构也可以开展私募资产管理业务。2016年7月和2018年10月,证监会先后出台了《私募资管暂行规定》和《资管业务管理办法》,对证券公司、基金公司、期货公司及其子公司开展私募资产管理业务进行了统一的规范。

对冲基金投资策略繁多、类型不一,其涉及的法律、监管、实践问题各式各样。篇幅所限,笔者择取新兴的MOM产品、境外对冲基金普遍感兴趣的PFM和业界广泛使用但内涵和外延不一的投资顾问资格三个主题,在以下部分介绍并简略分析。

二、MOM产品

管理人中管理人(manager of managers, or MOM)是一种起源于美国的资产管理模式。MOM产品以“多元管理、多元资产、多元风格”为主要特征,通过遴选市场上优秀的、不同投资风格的投资顾问,分散非系统性风险,在体现管理人的大类资产配置能力的同时,发挥各投资顾问擅长的资产管理能力,也可以串连起不同资管行业之间的协作,因此该模式有利于大规模资金的运作。MOM模式在欧美市场的发展已经非常成熟,但在国内市场尚处于起步阶段。

中国证监会于2018年10月22日发布的《私募资管细则》中首次提出了“管理人中管理人”。

2019年12月6日,证监会正式发布《MOM产品指引》,开启MOM产品规范化管理时代,对MOM产品定义、运作模式、参与主体主要职责及资质要求、投资运作、内部控制及风险管理、法律责任等进行了较为详细的规定。下文拟对MOM产品及其与FOF基金的比较及MOM模式在国内的发展和监管现状进行简要的梳理。

同时,鉴于证监会机构部于2019年10月25日向部分机构下发了《关于做好公开募集证券投资基金投资顾问业务试点工作的通知》(机构部函〔2019〕2515号,以下简称《公募基金投顾试点通知》),对公募基金投资顾问业务首次进行了规定,笔者也在文尾对MOM产品投资顾问、试点公募基金投顾及其他几种类型的投资顾问业务进行了简要的比较分析。

(一)MOM产品和FOF基金

《MOM产品指引》对MOM产品的定义是指证券期货经营机构(管理人,范围见下文)管理的同时符合以下特征的资产管理产品:

(1)管理人按照要求委托两个或者两个以上符合条件的第三方资产管理机构(投资顾问)就资产管理产品的部分或者全部资产提供投资建议;

(2)根据资产配置需要将资产管理产品的资产划分成两个或者两个以上资产单元,每一个资产单元按规定单独开立证券期货账户。

FOF基金,则是指以基金作为主要投资对象的基金,其组合对象为基金产品而非基金管理人。

MOM 产品和 FOF 基金均属于组合资产管理产品，二者时常被相提并论并进行比较。作为组合基金，FOF 基金与 MOM 产品均达到了由多个管理人为同一产品提供投资管理服务的效果，因此在基本理念上有很大的相似之处，也均可以体现出组合资产管理产品的诸多优点：

——通过增加投资组合的多样性，配置不同的投资策略，降低持有单个产品或单类产品的风险，并且面对市场上丰富的产品种类以及不断变化的市场环境，通过 MOM 产品管理人/FOF 基金母基金管理人的系统数据分析予以不时调整投资策略，更容易获得较长期持有单个产品/单类产品更稳定的收益。

——降低投资者为增加投资组合多样化而亲自挑选不同管理人或产品的时间和成本。

——使投资者（特别是个人投资者）可以接触到由于自身投资成本和专业水平等限制而难以直接自行投资的资产管理产品。

但是，MOM 产品和 FOF 基金在运作模式、主体资质、职责划分、投资决策和交易执行等方面也存在较大的差异，见表 7.12。

表 7.12 MOM 产品和 FOF 基金的差异比较

项目	MOM 产品	FOF 基金
运作模式	“选聘投资顾问” 管理人将 MOM 产品根据资产配置需要将资产管理产品的资产划分成两个或者两个以上资产单元，并委托两个或者两个以上投资顾问就部分或者全部资产提供投资建议	“选购子基金” 母基金直接购买子基金的份额，且子基金有各自的管理人
主体、资质要求及职责划分	MOM 产品管理人： 应为证券期货经营机构，即证券公司、公募基金管理人、期货公司及前述机构依法设立的从事私募资产管理业务的子公司；且应当符合《公开募集证券投资基金运作管理办法》（证监会令第 104 号）、《资管计划运作规定》等法规关于资产管理产品管理人的相关要求，并持续具备专门的投资研究团队，专职从事 MOM 产品或基金中基金相关投资的研究人员不少于 3 人。注意，上述范围并不包括私募基金管理人 投资顾问： 公募 MOM 产品的投资顾问应当为公募基金管理人； 私募 MOM 产品的投资顾问应当符合《私募资管细则》等法规关于资产管理产品投资顾问的相关要求（详见本书第三部分） 职责划分： 管理人委托投资顾问提供投资建议服务，依法应承担的责任不因委托而免除。管理人履行 MOM 产品的法定受托职责，负责投资决策及交易执行	母基金管理人： 可为公募基金管理人或私募基金管理人；广义而言，其他资产管理产品均可投资其他资产管理产品，实质上亦可理解为“FOF 产品” 子基金管理人： 范围同母基金管理人 职责划分： 母基金管理人和子基金管理人对各自产品的运作及投资者负责

续表

项目	MOM 产品	FOF 基金
投资决策及交易执行	投资顾问按照投资顾问协议约定为特定资产单元提供投资建议,由管理人作出投资决策并负责交易执行	母基金层面,母基金可对各子基金进行申购赎回;子基金层面,各子基金有各自的管理人且可独立于子基金的投资人(如母基金)作出投资决策并负责交易执行
账户开立	MOM 产品的每一个资产单元可按规定单独开立证券期货账户,账户开立由管理人或托管人负责 例如,就证券账户而言,根据中国证券登记结算有限责任公司于2019 年 12 月 6 日与《MOM 产品指引》同步修订的《中国证券登记结算有限责任公司特殊机构及产品证券账户业务指南》,MOM 产品应以其名义开立一码通,每个投资顾问可以在 MOM 产品一码通账户下开立 1 个沪市 A 股账户、1 个深市 A 股账户	母基金与子基金各自负责相关账户的开立
管理方式	更偏向于主动管理型的组合基金: ——管理人进行整体的风险控制; ——管理人可实时监控母账户层面的持仓情况,底层数据透明度更高	更偏向于被动管理型的组合基金: ——母基金管理人难以把控子基金的后端交易和风控; ——母基金在对子基金的后端交易的信息获取上有一定的滞后性
投资者类型	在欧美市场上发展初期主要面向机构投资者,近年来主要面向个人投资者的产品发展迅速	包括机构定制 FOF 基金以及主要面向个人投资者的 FOF 基金,国际市场上以主要面向个人投资者的 FOF 基金为主
费率结构	仅就 MOM 产品本身收取费用。投资顾问费用从管理人收取的管理费中列支,具体由管理人与投资顾问自主约定	比较容易出现母子基金层面各自收取费用(如基金管理费、托管费等),进而出现双重收费的情形
调仓灵活性	灵活性较高	灵活性较低
多层嵌套	MOM 产品本身仅为一个产品,不存在嵌套,为上层通过资产管理产品引入资金或下层投资资产管理产品标的留出更多空间	母基金 + 子基金的组合容易被认定为已含一层嵌套,如果公募证券投资基金以外的母基金接受资产管理产品的投资或者子基金投资公募证券投资基金以外的资产管理产品,存在被认定为《资管新规》等规定项下多层嵌套的风险,这也是目前限制 FOF 基金发展的掣肘之一

(二)MOM 模式在中国的发展及监管

1.《MOM 产品指引》发布前

美国罗素投资于 1980 年创立了第一只 MOM 产品,而后该等模式被国外很多机构应用。2011 年,美国罗素投资和中国平安在国内合资成立了平安罗素投资管理(上海)有限公司,并于 2012 年发售第一期 MOM 信托产品,首次将 MOM 概念引入中国。

2014 年 6 月,证监会发布《关于大力推进证券投资基金行业创新发展的意见》(证监发〔2014〕50 号),提出"支持基金管理公司拓展业务范围,鼓励探索定制账户管理、多元经理管理(MOM)模式创新"。自2014年下半年以来,国内运用MOM模式的银行理财产品、证券及基金公司资管产品、私募基金产品等陆续出现,但是局限于私募资管领域。在《MOM产品指引》之前,由于缺乏具体配套的监管规定,并无公募MOM基金发售。

作为私募资管领域MOM模式发展情况的参考,我们曾于2019年年底对基金业协会公示系统中产品名称明确标注为MOM的各类资管产品进行了检索,截至2019年12月24日的检索结果归纳如下(需注意的是,以下部分检索类别中的相关产品存在一定的重合):

——基金业协会的"私募基金公示"系统中,产品名称明确标注为MOM的产品共108个,产品备案类型包括信托计划、资产管理计划、私募证券投资基金,产品备案的时间为2014年3月至2018年5月,其中首只成立并经备案的产品为平安道远投资管理(上海)有限公司管理的"交银国信 平安罗素MOM一期多元投资集合资金信托计划"(成立时间为2012年8月6日,备案时间为2014年3月17日);首只备案类型为"私募证券投资基金"的产品为北京恒昌弘德资产管理有限公司管理的"恒德资本MOM基金1号非公开募集证券投资基金"(成立时间和备案时间为2015年1月21日);

——基金业协会的"基金公司及子公司集合资管产品公示"系统中,产品名称明确标注为MOM的基金专户产品共42个,产品备案时间主要为2014年5月至2017年3月,管理人包括中欧盛世资产管理(上海)有限公司、东海瑞京资产管理(上海)有限公司、鹏华资产管理有限公司等,其中首只经备案的产品为北京千石创富资本管理有限公司管理的"千石资本-海通MOM私募精选之卧龙3期资产管理计划"(成立时间和备案时间为2014年5月21日);

——基金业协会的"证券公司集合资管产品公示"系统中,产品名称明确标注为MOM的产品共22个,产品备案时间主要为2014年11月至2018年5月,其中19个产品的管理人为招商证券资产管理有限公司,且首只经备案的产品为其管理的"招商证券智远群英荟MOM集合资产管理计划"(备案时间为2014年11月10日);

——基金业协会的"期货公司集合资管产品公示"系统中,产品名称明确标注为MOM的产品共21个,产品备案时间主要为2015年10月至2017年8月,管理人包括方正中期期货有限公司、海通期货股份有限公司、广发期货有限公司等,其中首只经备案的产品为华闻期货有限公司管理的"华闻泓德信MOM中国好对冲1号特定多客户资产管理计划"(成立时间为2015年10月19日)。

可以看出,自2018年5月起至2019年12月《MOM产品指引》发布的一年多时间内,无一只私募MOM产品成立备案。

2018年10月,证监会发布的《私募资管细则》进一步明确,证券期货经营机构可以设立私募MOM资管计划,并要求MOM资管计划应当在其名称中标明"MOM"或者其他能够反映该产品类别的字样,同时规定关于MOM产品的具体规则由证监会另行制定。

2.《MOM产品指引》发布后

证监会于2019年2月22日发布《关于就〈证券基金经营机构管理人中管理人(MOM)

产品指引(征求意见稿)〉公开征求意见的通知》。2019年12月6日,《MOM产品指引》正式发布。同日,中国证券登记结算有限责任公司修订《特殊机构及产品证券账户业务指南》,明确MOM产品项下证券账户开立的方式。随后,《MOM产品基金经理注册登记流程》向部分机构下发。

《MOM产品指引》发布后,市场反应积极。据悉,多家基金管理公司及证券公司立即表示已在人员、系统、产品设计等方面准备就绪,将以最快速度推进各自MOM产品的发售。2019年12月,已有多家基金管理公司向证监会提交了注册公募MOM基金的申请,且均为"混合型"产品;据媒体报道,2020年12月31日,首批5只公募MOM基金正式获批。

在私募资管领域,根据2021年1月18日的检索结果,自《MOM产品指引》发布至2021年1月8日,已新增17只名称中明确标注"MOM"备案的产品,包括10只公募基金,2只基金公司及子公司集合资管产品以及5只证券公司集合资管产品。

(三)此投资顾问非彼投资顾问

1. 公募基金的投资顾问

在公募基金领域,《基金法》虽然已对基金管理人委托投资顾问作出原则性规定,但实践中除某些特定类型基金外,公募基金的管理人罕有聘请投资顾问的情形。此前,参与港股通投资的基金、QDII基金等特定类型基金的管理人可以"名正言顺"地委托符合条件的投资顾问。《MOM产品指引》发布后,MOM产品也加入了可以由管理人"名正言顺"委托投资顾问的行列。

上述由基金管理人委托的投资顾问的概念很容易与2019年10月24日下发的《公募基金投顾试点通知》项下的试点公募基金投顾相混淆。试点公募基金投顾可以接受投资者委托,按照协议约定向其提供基金投资组合策略建议,并直接或者间接获取经济利益,且所建议的标的应为公募基金或经证监会认可的同类产品;特别的,经与投资者协议约定,试点公募基金投顾可以为投资者提供全权委托的管理型基金投资顾问服务,代其作出具体基金投资品种、数量和买卖时机的决策,执行基金产品的申购、赎回、转换等交易申请。可见,公募MOM产品与试点公募基金投顾服务均可为投资者提供全权委托的资产配置/组合投资服务,且投资顾问在其中都扮演了重要角色,但二者所涉"投资顾问"仍有实质区别,简要总结见表7.13。

表7.13　公募MOM产品与试点公募基金投顾服务的比较

项目	公募MOM产品	试点公募基金投顾服务
为投资者提供资产配置/投资组合服务的主体	系管理人而非投资顾问,其对MOM产品进行整体的风险控制,确保产品的投资运作合规合约; 投资顾问仅就其负责的部分资产提供投资建议	系试点公募基金投顾,其为投资者提供基金投资组合策略建议

续表

项目	公募 MOM 产品	试点公募基金投顾服务
投资者关系	主要由管理人负责维护,可能面向一个或多个投资者,更注重产品本身的综合表现	主要由试点公募基金投顾负责维护,以单个投资者的诉求为中心,能提供更为个性化定制的服务;此外,不少试点机构侧重往智能投顾方向发展,为更多小规模投资者服务
投资顾问的委托方	MOM 产品的投资顾问面向管理人,经管理人委托,在约定权限范围内为 MOM 产品的特定资产单元提供投资建议等服务	试点公募基金投顾面向投资者,由投资者委托,为其提供投资组合策略建议服务
投资顾问的数量	两个或两个以上	一个
投资顾问资质要求	应当为公募基金管理人	试点公募基金投顾应当为符合《公募基金投顾试点通知》要求的具有资产管理、基金销售等业务资格的机构或上述机构所设立的符合条件的子公司。目前,已获得试点资格的机构共有 8 家,类型包括公募基金管理公司、独立基金销售机构及独立基金销售机构旗下公司
投资顾问是否可以直接执行投资建议	不可以,应由管理人负责投资决策及交易执行。不过,根据目前市场上公募 MOM 产品管理人所设计的投资交易系统逻辑,投资顾问可以访问其投资交易系统,其投资建议只要通过管理人系统中所设定的风控审查,就可以转换为投资指令并通过该系统发出;除非触发相关风控阈值,否则最终的指令下达不需要管理人的人工审核。这样的机制能使投资顾问更能有效地为产品提供投资建议,且也从技术层面保证了投资指令是经由管理人下达。当然,管理人是否可以开发出一套既能“便捷下单”又能进行有效风控的系统,将会是市场和监管关注的重点。 值得注意的是,如果某些产品(如量化产品)需要对接投资顾问的系统,则可能会涉及信息系统外部接入的相关限制	可以提供管理型基金投资顾问服务,代投资者作出具体基金投资品种、数量和买卖时机的决策,执行基金产品的申购、赎回、转换等交易申请

2. 证券期货经营机构私募资产管理产品的投资顾问

《MOM 产品指引》下的私募 MOM 产品投资顾问资质条件与《私募资管细则》等法规项下关于证券期货经营机构资产管理产品投资顾问的要求一致,即应当为依法可以从事资产管理业务的证券期货经营机构、商业银行资产管理机构、保险资产管理机构以及证监会认可的其他金融机构,或者符合规定条件的私募证券投资基金管理人(包括在基金业协会登记满

1 年,系基金业协会会员,具备 3 年以上连续可追溯证券、期货投资管理业绩,无不良从业记录的投资管理人员不少于 3 人等)。

MOM 模式是中国监管机构为进一步促进证券基金经营机构资产管理业务创新发展、提高为各类投资者提供资产配置服务的能力而着力引入的。MOM 模式核心的商业模式即将客户投资需求与市场上优秀的投资管理能力相互匹配,从而打造一个发现投资需求、寻找与整合投资能力、进而满足投资需求的闭环。它是我国资产管理行业专业化发展到一定阶段的必然要求,反过来也对资产管理的专业化能力提出了更高的要求。

三、外资 PFM 的兴起

(一)PFM 的含义和背景

PFM 通常指私募证券投资基金管理人(private securities investment fund manager)。[1] 外资 PFM,即在基金业协会登记为私募证券投资基金管理人的外商独资企业和外资控股的中外合资企业。

从 2013 年 6 月 1 日生效的《基金法》明确承认私募证券投资基金的法律地位[2]开始,以及随着基金业协会自律职能的不断完善,中国的私募证券投资基金行业迅速发展壮大。然而,直至 2017 年 1 月 3 日,第一家外商独资 PFM 方才取得基金业协会登记。[3] 在此之前,相关法律法规并未明确禁止设立外商独资或控股 PFM。《外商投资产业指导目录(2015 年版)》(国家发改委、商务部令第 22 号)规定,"证券投资基金管理公司"中的"外资比例不超过 49%",但此处的"证券投资基金管理公司"一般被解读为公募证券投资基金管理公司,而不包括私募证券投资基金管理人。然而,在实践中,此前该领域并未向外商独资或控股企业开放。随着中国金融领域的逐步开放,2016 年 6 月 30 日基金业协会以问答形式[4]明确了允许外商独资和合资企业申请登记成为 PFM。

(二)设立与监管

与内资私募证券投资基金管理人类似,外资设立 PFM 的通常方式是:首先设立投资管理类的外商独资企业或中外合资企业,其次该外商投资企业向基金业协会申请登记为私募证券投资基金管理人。登记完成后,PFM 发行契约型私募证券投资基金,并向基金业协会备案该等私募基金。

在设立条件、监管规定方面,外资 PFM 与内资私募证券投资基金管理人大致相同,都需

---

[1] 尽管 PFM 更像是 private fund manager/私募基金管理人的缩写,实践中一般 PFM 多用来指代 private securities investment fund manager/私募证券投资基金管理人,尤其是外资私募证券投资基金管理人。

[2] 修订后于 2013 年 6 月 1 日生效的《基金法》第 2 条规定,"在中华人民共和国境内,公开或者非公开募集资金设立证券投资基金(以下简称基金),由基金管理人管理,基金托管人托管,为基金份额持有人的利益,进行证券投资活动,适用本法",从而将私募证券投资基金纳入监管范围。

[3] 参见《私募基金管理人公示信息》,载基金业协会网,http://gs.amac.org.cn/amac-infodisc/res/pof/manager/1610250945101521.html,2021 年 1 月 16 日最后访问。

[4] 参见《登记备案问答(十)》。

要符合《基金法》《证监会105号文》《登记备案办法》及其他法律法规和基金业协会的自律规则。此外,外资PFM应遵守的特殊规定[1]主要如下:

(1)股东/实际控制人资质。外资PFM的境外股东和实际控制人(如有)应当是所在国家或者地区金融监管当局批准或者许可的金融机构,且其所在国家或者地区的证券监管机构已与证监会或者证监会认可的其他机构签订证券监管合作谅解备忘录;[2]并且,外资PFM及其境外股东和实际控制人(如有)最近3年没有受到监管机构和司法机构的重大处罚。

(2)资本金及结汇人民币的使用。外资PFM的资本金及其结汇所得人民币资金的使用,应当符合国家外汇管理部门的相关规定。实践中,该规定主要意味着外资PFM不得以结汇所得人民币资金用于境内二级市场证券投资。

(3)独立投资决策。外资PFM在境内从事证券及期货交易,应当独立进行投资决策,不得通过境外机构或者境外系统下达交易指令,证监会另有规定的除外。

(三)现状与展望

截至2021年1月16日,已有32家外商独资PFM取得基金业协会登记,包括富达利泰、瑞银、富敦、英仕曼、路博迈、安本、贝莱德、施罗德、桥水、元胜、德劭、野村、霸菱和鲍尔赛嘉等[3]。其中,瑞银、富敦、惠理、路博迈、安本、贝莱德、桥水、元胜和毕盛等外资PFM还取得了投顾资格。[4] 这些PFM的外方股东大多是国际知名的金融机构和基金管理人,来自美国、欧洲、中国香港、新加坡等主要发达国家和地区。

从注册地点来看,这32家外资PFM有28家都注册在上海,尤其是浦东新区(其他4家注册在深圳、珠海和天津)。在可预见的将来,外资PFM仍将主要聚集在上海。

外资PFM在带来境外投资理念和管理方式的同时,通常也重视与中国监管机构保持沟通,有助于推动资产管理行业的发展。从证监会和基金业协会的角度来看,借鉴境外经验是完善境内监管规定的重要途径。并且,多数外方同时也申请了其他境内金融牌照或资格,[5]积极参与整个中国金融市场的发展。因此,尽管在数量上远远少于内资私募证券投资基金管理人,外资PFM将对中国资产管理行业的发展产生较为深远的影响。

---

[1] 参见《登记备案问答(十)》。

[2] 参见《中国证监会与境外证券(期货)监管机构签署的备忘录一览表(2018年6月)》,载证监会网,http://www.csrc.gov.cn/pub/newsite/gjb/jghz/201806/t20180614_339866.html,2021年1月16日最后访问。

[3] 载基金业协会网,http://gs.amac.org.cn/amac-infodisc/res/pof/manager/index.html和"私募汇",2021年1月16日最后访问。

[4] 这9家公司的公示信息中,"是否为符合提供投资建议条件的第三方机构"一栏的状态为"是",载基金业协会网,http://gs.amac.org.cn/amac-infodisc/res/pof/manager/index.html,2021年1月16日最后访问。

[5] 例如,QFII、RQFII、QDLP、"债券通"、证券公司、基金管理公司等。

四、投顾资格[1]

(一)私募证券基金管理人的投顾资格

1.投顾资格条件

根据基金业协会网站的相关信息,在外商独资私募证券投资基金管理人中,Fullerton、Neuberger Berman、Aberdeen、BlackRock、Winton、APS Asset Management、Bridgewater 等多家外资机构所设立的私募证券投资基金管理人[2]已经备案为"符合提供投资建议条件的第三方机构"。这意味着,这些私募基金管理人取得了投资顾问资格,除了管理自己发行的私募证券投资基金外,还可向其他适格机构就私募资产管理业务提供投资建议。

上述投资顾问资格的法律依据是证监会于 2016 年 7 月发布的《私募资管暂行规定》。根据该规定第 5 条和第 14 条第 8 项,证券期货经营机构委托第三方机构为其私募资产管理业务提供投资建议,第三方机构应当满足如下条件:

——在基金业协会登记满一年、无重大违法违规记录的会员[3];

——具备 3 年以上连续可追溯证券、期货投资管理业绩的投资管理人员不少于 3 人、无不良从业记录。

私募证券投资基金管理人参照上述规定执行。[4] 基金业协会在后续通知和规定中明确了私募证券投资基金管理人提供投资建议服务需要符合上述条件,并且制定了具体的备案材料要求。[5]

虽然证监会于 2018 年 10 月 22 日发布了《私募资管细则》,但《私募资管暂行规定》并未被废止,并且该条款中的资质规定与《私募资管细则》不存在冲突。《私募资管细则》没有再对投顾资质条件予以明确表述,而是原则性地规定"证券期货经营机构从事私募资产管理业务,可以聘请符合中国证监会规定条件并接受国务院金融监督管理机构监管的机构为其提供投资顾问服务"以及"证券期货经营机构不得聘请个人或者不符合条件的机构提供投资顾问服务"。[6]

对于在人员、合规等方面较为健全、完备的外资私募基金管理人而言,上述条件并不难满足,在基金业协会登记满一年后,即可申请备案为"符合提供投资建议条件的第三方机构",取得投顾资格。

---

[1] "投资顾问"/"投顾"并无非常清晰的定义和资质要求,而是由相关监管部门对特定类型产品的投资顾问制定具体规定,例如适用于私募证券投资基金、银行理财产品的投资顾问的规定。

[2] 即富敦投资管理(上海)有限公司、路博迈投资管理(上海)有限公司、安本标准投资管理(上海)有限公司、贝莱德投资管理(上海)有限公司、元胜投资管理(上海)有限公司、毕盛(上海)投资管理有限公司、桥水(中国)投资管理有限公司。

[3] 根据《私募资管计划备案管理规范第 2 号》第 3 条,"拟聘请的第三方机构为私募证券投资基金管理人的,应当已加入协会,成为普通会员或观察会员"。

[4] 《私募资管暂行规定》第 15 条。

[5] 参见《私募资管计划备案管理规范第 2 号》。

[6] 参见《资管业务管理办法》第 16 条。

2. 投顾服务的对象

值得强调的是,根据《私募资管暂行规定》,该投顾资格适用于为证券期货经营机构、私募证券投资基金管理人的私募资产管理业务提供投资建议,即向如下机构提供私募资产管理业务的投资建议:

——证券期货经营机构,包括证券公司、基金管理公司、期货公司,以及前述机构依法设立的从事私募资产管理业务的子公司;

——私募证券投资基金管理人。

换言之,上述外资私募证券投资基金管理人根据《私募资管暂行规定》取得的投顾资格适用于经证监会或基金业协会批准、登记的私募资产管理机构,不包括其他监管机构所监管的资产管理机构或是普通投资者。此外,基金业协会在相关通知中还明确了私募证券投资基金管理人的投顾资格不适用于为主要投资于非标资产的资产管理计划提供投资建议服务。[1]

3. 投顾业务模式

根据《私募资管暂行规定》开展的投顾业务与早期的传统私募投顾模式存在本质性的不同。传统私募投顾通常指私募基金管理人通过信托、期货、券商、基金等第三方渠道发行产品,第三方名义上是管理人,实际上仅是发行渠道,而私募基金管理人名义上是投资顾问,实际上则承担了管理职能。《私募资管暂行规定》严格界定了投资顾问的资质,提高了投资顾问的门槛,而且限定了其行为模式和权限,禁止投资顾问直接执行投资指令。

4. 向关联方的 QFII/RQFII 提供投资建议

根据于 2020 年 11 月 1 日起生效的关于 QFII 和 RQFII 制度的新规,[2] QFII/RQFII 可以"委托其控制或在同一控制下的境内私募投资基金管理人提供投资建议服务",并且可以投资于私募证券投资基金。[3] 因此,外资私募证券投资基金管理人可以为其关联方的 QFII/RQFII 提供投资建议,并且可在设立基金时向 QFII/RQFII 募集资金。该规定有助于外资机构通过其境内私募证券投资基金管理人集中管理 QFII/RQFII 投资,提升效率、节省成本。

(二)《资管新规》视角下的投顾资格

前文所述投资顾问特指符合《私募资管暂行规定》要求的资质条件、在基金业协会备案、针对证券期货经营机构和私募证券投资基金管理人的私募资产管理业务的投资顾问。这只是投资顾问这一宽泛概念中的一种,而广义的投资顾问本身并无统一的法定定义,可

---

〔1〕 参见《私募资管计划备案管理规范第 2 号》第 3 条。

〔2〕 即《合格境外机构投资者和人民币合格境外机构投资者境内证券期货投资管理办法》(证监会、人民银行、国家外汇局令第 176 号)和《关于实施〈合格境外机构投资者和人民币合格境外机构投资者境内证券期货投资管理办法〉有关问题的规定》(证监会公告〔2020〕63 号)。

〔3〕 参见《关于实施〈合格境外机构投资者和人民币合格境外机构投资者境内证券期货投资管理办法〉有关问题的规定》第 6 条。

以包括各种提供投资咨询或投资建议的机构。即使证监会在2016年出台了《私募资管暂行规定》，从全市场来看投资顾问业务的法律监管仍然缺乏完备的体系，而是散见于各类细分的金融产品（如银行理财产品、公募基金、私募基金等）的监管文件中。因此，当我们讨论投资顾问的监管规定的时候，需要针对特定的受监管机构发行的资管产品予以区分（如私募与公募产品、不同类型机构发行的私募产品等，其投资顾问的规定或多或少存在一定的差异）。

在资产管理行业加强统一监管的大趋势下，不同资管产品的投资顾问相关规定似乎也倾向于统一化。人民银行、银保监会、证监会以及国家外汇局于2018年4月联合发布的《资管新规》第22条对资管产品的投资顾问提出了原则性规定，即"金融机构可以聘请具有专业资质的受金融监督管理部门监管的机构作为投资顾问。投资顾问提供投资建议指导委托机构操作"。

这项规定似乎可以体现对投资顾问进行统一监管的原则。《资管新规》的行文以及后续的修改规定可以佐证这一说法，具体而言：

- 《资管新规》第22条。《资管新规》第22条的核心目的是禁止金融机构之间的通道业务，即通过资产管理产品的多层嵌套来规避监管要求。出于这一目的，该条规定，如果金融机构将本机构的资产管理产品资金委托给其他机构进行投资，该受托机构应当为具有资质的受金融监督管理部门监管的机构。并且，"对各类金融机构开展资产管理业务实行平等准入、给予公平待遇"，"金融监督管理部门基于风险防控考虑，确实需要对其他行业金融机构发行的资产管理产品采取限制措施的，应当充分征求相关部门意见并达成一致"。第22条的上述要求主要适用于发行、管理资产管理产品，对投资顾问仅是简单要求其为"具有专业资质的受金融监督管理部门监管的机构"。但是，考虑到投资顾问与投资管理具有很强的关联性，而且在发展过程中部分私募基金、资管产品存在投资顾问与投资管理密切合作甚至互相依存的现象，对投资顾问的监管或可参考规范投资管理的理念，对投资顾问也统一加强监管。

- 《理财子公司办法》第32条。根据2018年12月颁布的《理财子公司办法》第32条，银行理财子公司可以选择符合以下条件的私募证券投资基金管理人担任投资顾问：

  1. 在基金业协会登记满1年、无重大违法违规记录的会员；

  2. 具备3年以上连续可追溯证券、期货投资管理业绩且无不良从业记录的投资管理人员应当不少于3人；

  3. 金融监督管理部门规定的其他条件。

  与前文《私募资管暂行规定》所述的证券期货经营机构私募资产管理产品的投资顾问的资质要求对比，这里的1、2两项要求完全一致。

值得注意的是，《资管新规》第22条指出了金融机构委托、聘请其他机构的两种情形，即金融机构直接将本机构的资产管理产品资金委托给其他机构进行投资，以及金融机构聘请其他机构作为投资顾问提供投资建议。对于前一种情形，《资管新规》规定"私募资产管理产品的受托机构可以为私募基金管理人”,这是《资管新规》唯一明确提及私募基金管理人的条款,对私募基金管理人的资质和地位予以了认可。然而,针对后一种情形,《资管新规》仅原则性地提及投资顾问可以是“具有专业资质的受金融监督管理部门监管的机构”,未明确提及私募基金管理人。除了上述《私募资管暂行规定》《理财子公司办法》中关于投顾资格的规定外,其他监管部门对于投顾的资格要求是否可能出现趋同,以及对私募基金管理人的态度,还有待观察。

(三)与证券投资咨询的区别

日常中证券市场投资者经常听说证券投资咨询机构,也会接触到证券公司的证券分析师、证券投资顾问。无论是证券投资咨询机构,还是提供证券投资咨询服务的证券公司,其服务对象都可以包括各类机构和个人投资者。根据《证券、期货投资咨询管理暂行办法》(证委发〔1997〕96 号),提供证券投资咨询服务应当取得证监会的业务许可,登记为证券投资咨询机构。此外,根据《证券法》,经证监会批准,证券公司可从事证券投资咨询业务。由于近年来证监会未批准设立新的证券投资咨询机构,因此非证券公司一般无法从事证券投资咨询业务。

如前所述,对于在基金业协会备案的“符合提供投资建议条件的第三方机构”,投资顾问服务的对象是证券期货经营机构、私募证券投资基金管理人的私募资产管理业务,而非各类机构和个人投资者。

/第十四节/
人民币基金的跨境投资

一、境内企业的境外直接投资(ODI)

(一)ODI 监管体系概述

境内企业的境外直接投资,系指中国境内企业直接或通过其控制的境外企业,以投入资产、权益或提供融资、担保等方式,获得境外所有权、控制权、经营管理权及其他相关权益的投资活动。[1]

自 2017 年起,包括国务院国资委、国家发改委、国家外汇局在内的多个监管部门对中资

---

〔1〕 相较 2014 年 5 月 8 日实施的《境外投资项目核准和备案管理办法》(国家发改委令第 9 号,以下简称《国家发改委 9 号令》,现已失效),2017 年年底国家发改委颁布的《企业境外投资管理办法》扩大了境外投资的监管范畴,明确将“境内企业通过其控制的境外企业的境外投资活动”列入境外投资监管范畴。该监管变化导致曾经借《国家发改委 9 号令》的监管空隙而通过境外企业再投资实现的敏感类项目无处遁形。

企业境外投资发布了新的境外投资规范性文件,〔1〕规定涵盖了中资企业境外投资的事前核准或备案制度、风险管理、合作信用体系以及事后监督等各个方面。在现有中国法律法规及监管体系下,中国境外投资监管制度主要采取"备案为主、核准为辅"的双轨制审批流程,见图7.15。

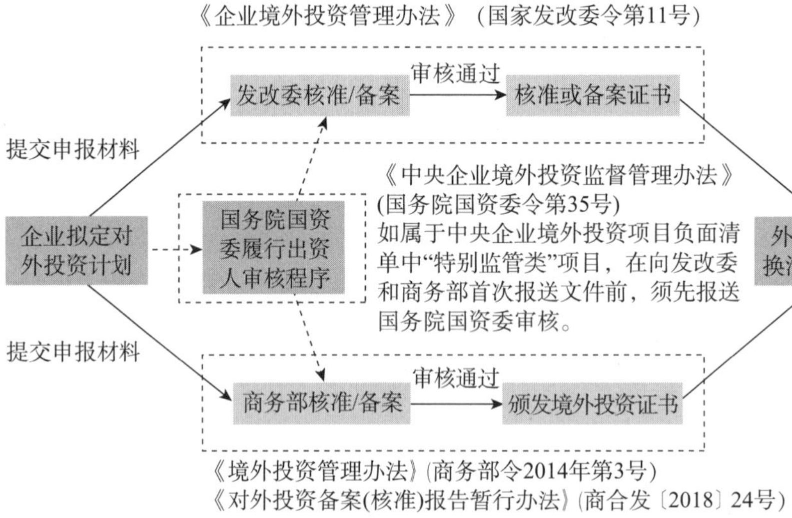

图7.15 境外投资双轨制流程

(1)发改部门层面。根据《企业境外投资管理办法》(国家发改委令第11号,以下简称《国家发改委11号令》)、《境外投资敏感行业目录(2018年版)》(发改外资〔2018〕251号,以下简称《2018年敏感行业清单》)及国家发改委《关于发布企业境外投资管理办法配套格式文本(2018年版)的通知》(发改外资〔2018〕252号),投资主体需按照下述原则向适格发改委部门办理核准/备案/通知:

➢ 报国家发改委核准。敏感类项目的直接ODI;投资主体通过其控制的境外企业进行间接境外投资("间接ODI")的敏感类项目;

➢ 报适格发改委部门〔2〕备案。非敏感类项目的直接ODI;境内投入资产、权益,或

---

〔1〕 该等规范性文件系指:2017年1月国务院国资委出台的《中央企业境外投资监督管理办法》(国务院国资委令第35号)、2017年8月国务院办公厅出台的《关于进一步引导和规范境外投资方向指导意见的通知》(国办发〔2017〕74号)、2017年12月国家发改委、商务部、人民银行、外交部及全国工商联联合发布的《民营企业境外投资经营行为规范》(发改外资〔2017〕2050号)、2017年12月国家发改委出台的11号令、2018年1月商务部、人民银行、国务院国资委、银监会、证监会、保监会、国家外汇局联合发布的《对外投资备案(核准)报告暂行办法》(商合发〔2018〕24号)、2018年2月国家发改委出台的2018年敏感行业清单及2018年4月国家发改委、财政部、商务部、人民银行、银保监会及证监会联合出台的《关于引导对外投融资基金健康发展的意见》(发改外资〔2018〕553号)等规范性文件。

〔2〕 根据投资主体属性(中央企业还是地方企业)、投资结构(投资主体直接投资还是投资主体通过其控制的境外企业投资)及投资金额的大小,分别向国家发改委或投资主体注册地的省级发改委进行备案。

提供融资、担保的非敏感类项目的间接 ODI；

➢ 履行国家发改委的大额非敏感类项目报告程序。境内未投入资产、权益，或提供融资、担保，但该中方投资金额达到 3 亿美元的非敏感类项目的间接 ODI；

➢ 无须履行发改委程序。境内未投入资产、权益，或提供融资、担保，且中方投资金额小于 3 亿美元的非敏感类项目的间接 ODI。

(2)商务部门层面。根据 2014 年商务部颁布的《境外投资管理办法》(商务部令 2014 年第 3 号)及 2018 年 1 月原商务部、人民银行、国务院国资委、原银监会、证监会、原保监会、国家外汇局联合发布的《对外投资备案(核准)报告暂行办法》(商合发〔2018〕24 号)，涉及敏感国家和地区或敏感行业的 ODI 须经商务部核准，未涉及敏感国家和地区或敏感行业的 ODI 则需向商务部和省级地方商务主管机关进行备案。[1]

(3)外汇主管部门层面。根据 2015 年 2 月 13 日国家外汇局颁布的《国家外汇管理局关于进一步简化和改进直接投资外汇管理政策的通知》(经修订)，[2] 国家外汇局自 2015 年 6 月 1 日起取消了投资主体在项目投资前向外汇主管部门办理境外直接投资的外汇登记核准的要求，并将外汇审核权下放给了外汇银行，由投资主体直接向外汇银行提出申请并进行购汇。

(4)中央企业的特殊监管。针对中央企业境外投资项目负面清单中的“特别监管类”项目，还需根据 2017 年 1 月国务院国资委颁布的《中央企业境外投资监督管理办法》(国务院国资委令第 35 号)履行国务院国资委作为出资人的前置审核程序。

(二)对设立或参股境外股权投资基金的影响

中国企业设立或参股境外股权投资基金会受到发展改革部门、商务部门和外汇主管部门的共同监管。根据《国家发改委 11 号令》的规定，“新设或参股境外股权投资基金”属于境外投资的监管范畴。随后 2018 年敏感行业清单进一步明确，“在境外设立无具体实业项目的股权投资基金或投资平台”属于需要限制企业境外投资的行业。

2018 年 6 月国家发改委在其官网上发布了《境外投资常见问题解答》，并对 2018 年敏感行业清单中规定的“在境外设立无具体实业项目的股权投资基金或投资平台”的适用范围作出了限制性解释，明确前述境外投资不包括“既不涉及境内投入资产、权益，也不涉及境内提供融资、担保等，全部从境外募集资金的股权投资基金或投资平台”，也不包括“境内金融企业已取得国内金融监管部门批准的情况下，在境外设立无具体实业项目的股权投资基金或投资平台”的两种例外情形。

---

〔1〕 2019 年 5 月 16 日商务部发布的《对外投资备案(核准)报告实施规程》进一步详细规定了外投资事中事后监管的报告操作流程。

〔2〕 2020 年 1 月 10 日，国家外汇局发布《关于废止和失效 5 件外汇管理规范性文件及 7 件外汇管理规范性文件条款的通知》，其中附件 3《国家外汇管理局废止、修改 7 件外汇管理规范性文件中部分条款的目录》中废止了《国家外汇管理局关于进一步简化和改进直接投资外汇管理政策的通知》的附件《直接投资外汇业务操作指引》第 1. 5、1. 6、1. 10、1. 11、1. 12、1. 13、1. 14、1. 16、1. 17、1. 18、1. 19 条款的内容。

因此,对于中国企业在境外设立/参股的股权投资基金,需根据基金投资目的、募集资金来源,适用不同境外投资的监管程序。

(1)单一项目基金。对于中国企业为投资境外特定实体项目而设立/参股境外单一项目基金,实践中通常以该境外单一项目基金拟投项目作为境外投资项目,境外单一项目基金仅作为投资路径办理 ODI 审核/备案。

(2)全部募资活动都在境外完成的盲池基金。如该基金的全部募集资金都源于境外,且没有从境内获得融资或接受境内任何形式的担保,则相关投资主体无须事先履行国家发展改革部门核准、备案程序,但如中方投资额在 3 亿美元及以上,则相关投资主体仍需履行国家发改委大额非敏感类项目情况报告程序。

(3)募集资金直接或间接源于境内,或涉及源于境内的任何形式的融资或担保的盲池基金。该类基金属于国家发改委部门限制的"敏感行业",相关投资主体需按照敏感项目报国家发改委核准。全国投资项目在线审批监管平台公示的项目核准信息显示,《国家发改委 11 号令》颁布之后,国家发改委按照敏感类项目核准了多个该类别的盲池基金投资项目,其中许多投资主体具有政府及/或国企背景。[1] 例如国家发改委于 2020 年 3 月 26 日核准的中投国际有限责任公司投资美国 ArcLight 第七期能源基础设施基金项目,于 2020 年 6 月 8 日核准的丝路基金投资凯雷可再生能源基金项目,及于 2020 年 2 月 26 日核准的中国人寿保险股份有限公司投资 Dover Street X L. P. 基金项目。因此,非政府及/或国企背景的境外盲池基金能否取得国家发改委的核准还有待观察。

二、QDLP 机制及各地 QDLP 政策比较分析

QDLP(合格境内有限合伙人,qualified domestic limited partner)机制,即指依托地方试点规定,向符合条件的境内私募投资基金及/或其他投资企业授予一定外汇额度,使符合资质和条件要求的境内自然人和机构投资者通过参与该等私募投资基金和/或其他投资企业而投资于境外市场的机制。通常,各地 QDLP 机制对 QDLP 基金本身及其管理人、管理人的股东或实际控制人以及 QDLP 基金的投资人均设置了一定的资质和条件,符合条件取得试点资格的私募基金及其管理人即为目前所称的 QDLP 试点企业。

(一)QDLP 机制的发展历程

1. 从 ODI/QDII 到 QDLP

从资金全球配置的大背景下来看,QDLP 机制的出现并非偶然。在此之前,已有 ODI(境外直接投资,overseas direct investment)和 QDII(合格境内机构投资者,qualified domestic institutional investor)等资金外流通道。然而,无论 ODI 机制还是 QDII 机制,均难以成为境内投资人投资于境外私募基金的顺畅渠道。

ODI 作为以获得控制权、经营权及其他相关权益为目的的直接投资渠道,主要针对具体

---

[1] 详见全国投资项目在线审批监管平台网,https://www.tzxm.gov.cn:8081/tzxmspweb/tzxmweb/pages/portal/publicinformation/examine_new.jsp,2021 年 1 月 18 日最后访问。

境外投资项目,不仅投资参与门槛相对较高,而且审批程序相对复杂,涉及发改委、商务部门及外汇管理三重审批,一般只有大型机构投资者才有足够的能力参与;另外,ODI 制度虽然早些年曾用于投资境外基金,但由于 ODI 审核仍以项目为单位,对每一最终投资标进行穿透核查、单独审核,难以达到私募基金投资一次承诺多次缴付的目的,并且随着《关于进一步引导和规范境外投资方向指导意见的通知》(国办发〔2017〕74 号)及发改委网站的《境外投资常见问题解答》的发布,明确将"从境内投入资产、权益或提供融资、担保等,在境外设立无具体实业项目的股权投资基金或投资平台"划入敏感行业后,根据 2018 年 3 月生效的《国家发改委 11 号令》,敏感类项目需要履行严格的核准流程,意味着以 ODI 投资境外尚未确定具体投资项目的 PE/VC 基金等私募基金的路子基本被堵死。

QDII 作为首个允许以"募集"资金进行对外投资的渠道,投资门槛大幅降低,为投资者提供了一个崭新的投资方向。然而由于出生即带着"首个"光环,其监管可以说复杂且严格,目前银保监会、证监会分别针对不同类型的金融机构出台各自 QDII 规则,不仅准入门槛不同,投资范围也各有差异,概括而言,其在主体资格上限定为受银保监会及证监会监管的金融机构,而重点投资范围则主要是境外证券市场。因此虽然对于一般投资者而言,投资门槛虽然按照公募类产品募集要求有所降低,但是由于监管要求复杂、投资范围受限等原因,并无法满足所有市场投资需要。另外,与 ODI 一样,QDII 投资审批与外汇额度审批仍然分离使外汇额度的获批仍具有不确定性。

相较于 ODI 和 QDII,各地的 QDLP 机制有以下优势和特点:首先,QDLP 机制填补了非金融机构募集资金投资于境外私募基金的空白,允许非金融机构 QDLP 管理人向境内合格投资者募集资金,使 QDLP 基金的市场参与度得到大幅提升;其次,在 QDLP 基金的投资范围上,大部分地方的试点机制均既允许投资于境外二级市场(如境外标的为境外 hedge funds),又允许参与境外一级市场(如境外标的为境外 PE funds),满足了境内投资者的投资需要;最后,目前 QDLP 机制由地方金融办牵头各机构组成领导小组或联席会议,采用一站式审批的方式,在多部门协同基础上实现了程序的大幅简化。

2. QDLP 机制的发展阶段

QDLP 机制从 2012 年至今已逾 8 年。

- 第一阶段(2012 ~ 2016 年),自上海率先试点 QDLP 并发布《关于本市开展合格境内有限合伙人试点工作的实施办法》(沪金融办〔2012〕101 号,以下简称《沪金 101 号文》)以来先后批准了三批共 15 家试点企业;2014 ~ 2015 年,天津、深圳、青岛和重庆先后加入试点行列,其中,深圳于 2014 年年底正式发布的《关于开展合格境内投资者境外投资试点工作的暂行办法》(深府办函〔2014〕161 号,以下简称《深府 161 号文》)确定试点 QDIE(合格境内投资企业,qualified domestic investment enterprise,即深圳版的 QDLP 机制);青岛于 2015 年同步发布《青岛市开展合格境内有限合伙人试点工作暂行办法》(青金办字〔2015〕9 号,以下简称《青金 9 号文》)并批准了 5 家试点企业。然而这一波试点风潮刚起,2016 年受经济环境及外汇管理影响,当年五地均未见任何试点企业获批,QDLP 试点工作均告暂停。

● 第二阶段(2017 年至今),上海于 2017 年宣布重启 QDLP 机制,同步发布《关于本市开展合格境内有限合伙人试点工作的实施办法》(沪金融办〔2017〕12 号,以下简称《沪金 12 号文》),《沪金 101 号文》同时废止,并批准了第四批逾 10 家试点企业。深圳也于 2017 年年底展开 QDIE 联合工作会议,明确将继续推进 QDIE 试点。随后,国家外汇局和基金业协会纷纷出台政策支持,其中,国家外汇局将深圳 QDIE 和上海 QDLP 试点额度分别增加至 100 亿美元;[1] 基金业协会则相继发布《登记备案问答(十)》及《关于合格境内有限合伙人(QDLP)在协会进行管理人登记的特别说明》,明确了针对外资机构的基金管理人注册登记要求,并明确 QDLP 管理人可登记为其他私募投资基金管理人。2019 年,国务院批复了北京市服务业扩大开放综合试点工作方案,支持符合条件的在京机构开展 QDLP 境外投资试点。[2] 北京于 2020 年 1 月正式出台《北京市关于开展合格境内有限合伙人境外投资试点工作的暂行办法》(以下简称《北京 QDLP 试点办法》)及其配套办法《北京市关于开展合格境内有限合伙人境外投资试点工作的实施细则》(以下简称《北京 QDLP 试点实施细则》与《北京 QDLP 试点办法》合称《北京 QDLP 试点规则》)。海南于 2021 年 4 月 8 日出台了《海南省开展合格境内有限合伙人(QDLP)境外投资试点工作暂行办法》(琼金监〔2021〕37 号)(以下简称《海南 QDLP 试点办法》),作为落实《海南自由贸易港建设总体方案》中投资自由化便利化的部署要求的重要举措之一。此外,2021 年 3 月底,国家外汇局同意在广东省(不含深圳)开展 QDLP 对外投资试点,试点额度 50 亿美元,目前广东省 QDLP 试点的相关细则尚未出台。深圳于 2021 年 4 月 30 日发布了《深圳市开展合格境内投资者境外投资试点工作的管理办法》(深金监规〔2021〕2 号,以下简称《深圳 2021 版 QDLP 试点办法》),取代了其 2014 年的试点暂行办法,对其 QDIE 试点机制进行了更新和优化。

3. QDLP 机制发展的路径差异

各地 QDLP 试点体现了不同的发展特点:

● 上海。除"第一阶段"已批准的三批共 15 家试点企业外,"第二阶段"又批准了第四批逾 10 家[3] 试点企业。截至 2019 年年底,在基金业协会登记的 QDLP 管理人共有 28 家,注册地均为上海。

---

[1] 参见《上海合格境内有限合伙人(QDLP)试点扩容外资资产管理行业迎来新机遇》,载上海金融局网,http://jrj.sh.gov.cn/ZXYW178/20201208/07fe1f984ab54aa49a76da2689c20dfe.html;《支持跨境股权投资深圳 QDIE 试点再扩容》,载中国金融新闻网,https://www.financialnews.com.cn/yh/sd/202012/t20201207_207097.html,2020 年 12 月 31 日最后访问。

[2] 参见《国务院:批准北京市支持机构开展合格境内有限合伙人境外投资试点》,载新浪财经,http://finance.sina.com.cn/7x24/2019-02-22/doc-ihqfskcp7586363.shtml,2020 年 12 月 31 日最后访问。

[3] 参见《消息:上海近日批准第四批 QDLP,逾 10 家海外机构入围》,载品略图书馆,http://www.pinlue.com/article/2018/02/2410/535581590359.html,2020 年 12 月 31 日最后访问。

• 深圳。据悉,深圳在批准南方基金的子公司南方资本管理有限公司作为首家试点[1]之后,又于2015年批准30余家试点企业。[2] 就这两批试点企业来看,主要是保险、信托、基金公司的下设子公司。因此与上海试点获批的多数为境外投资机构或合资投资机构相比,可以说是另辟蹊径。当然这也与QDLP管理人的制度要求导向不同有关,如深圳就明确允许设立纯内资的QDLP管理人(这一创新也被《北京QDLP试点规则》吸纳),而上海和青岛均仅能设立外商投资或合资企业的QDLP管理人。《深圳2021版QDLP试点办法》出台时间尚短,但其放松了对QDLP管理人的注册资本、控股股东等要求并拓宽了QDLP基金的投资范围,预计该新版试点办法的实施将能促使更多发起人考虑在深圳设立其QDLP平台。

• 青岛。自2015年首批批准了5家试点企业后,青岛未再批准任何QDLP试点企业。目前青岛QDLP试点工作的重点在于制度修订,在修订并公示新制度前不接受QDLP试点企业申请。

• 天津及重庆。两地均未正式发文公告QDLP试点安排。目前天津市地方金融监督管理局职能中已不存在QDLP试点企业审核职能;重庆也表示其从未批准过QDLP试点企业,并且也不再接受任何QDLP试点企业申请。

• 北京。北京试点于2020年初起步,从其投资方向的限制来看,仍然相对严格,但是其对QDLP管理人的控制人的管理基金规模由深圳的10亿元人民币降低为1亿元人民币或等值外币。北京QDLP试点具有四大创新点:(1)流程最短,会同相关部门一次性审核,同时开展工商登记前置管理;[3](2)额度不限,根据需求受理,可追加申请;(3)募资渠道广泛(可面向机构投资者和个人投资者募集);(4)投向明确(既可投公开市场,亦可投非公开市场)。[4]

• 海南。海南的试点刚刚起步,但是从《海南QDLP试点办法》的文本看来,海南QDLP政策具备后发优势,在其他地方QDLP政策的基础上进一步放宽和加以优化。例如,海南对于QDLP基金的初始募集规模仅要求3000万元人民币;海南对于QDLP对外投资额度不设限制并可追加申请;其允许的QDLP基金的投资范围也较为广泛,包括一级市场和二级市场诸多投资品种。

与此同时,各地QDLP政策本身也在不断地修订和完善。以上海为例:

• 第一阶段不同批次的变更。上海第一批试点企业的主要投资方向是另类资产,

---

[1] 参见《深圳QDIE政策正式落地 南方资本获首家试点》,载东方财富网,http://fund.eastmoney.com/news/1593,20150115468188282.html,2020年12月31日最后访问。

[2] 参见《深圳QDIE第二批启动 30余家获批》,载中国金融信息网,http://rmb.xinhua08.com/a/20151118/1577260.shtml,2020年12月31日最后访问。

[3] 新冠肺炎疫情期间,橡树资本完成北京首家QDLP试点资格申请。同时,OAKTREE(北京)投资管理有限公司是《外商投资法》2020年1月1日实施以来,首家在中国境内以英文名称注册的准金融类企业。

[4] 参见《外资资管机构北京发展指南》(2020年6月),基金业协会等联合编制。

而第二批投资范围扩大到传统资产类别;第一批试点企业还全部是合伙企业的形式,第二批已经开始尝试允许契约型基金。到第三批试点企业时,除允许外商独资企业作为QDLP管理人外,已经尝试让合资基金公司涉足这一创新领域。

- 第二阶段QDLP机制变更。正式出台的《沪金12号文》将三批试点中的有益尝试通过制度方式确立下来,修订的主要内容包括:对于QDLP管理人而言,明确可以合资或外商独资设立,降低了QDLP管理人境外投资者、高管的要求,删除注册资本到位时间限制,删除QDLP管理人试点评定程序,增加跨国公司地区总部的认定;对于QDLP基金而言,允许以契约制设立基金,取消了投资范围中"二级市场"的限制,取消基金锁定期规定,但是增加了6个月募资期限制,增加QDLP基金重大事项10日内报告的义务;对于试点企业管理,不再设立联席会议作为审核主体。

(二)QDLP机制要素的比较分析

就已公布QDLP办法的上海、深圳、青岛、北京和海南而言,其QDLP机制在基金及其管理人的名称、投资范围、基金形式、披露要求方面存在诸多差异:比如青岛允许审慎探索一级市场投资并购业务,以及境外有监管的大宗商品交易;北京和海南要求QDLP管理人的控制人为金融企业或基金管理企业,如以已经存续经营的基金管理人作为主体申请内资QDLP管理人,还必须已经完成一只基金的备案;北京、上海、深圳和海南允许契约型QDLP基金等,深圳还允许QDLP基金采用私募资管计划形式。

QDLP机制的核心要素是QDLP基金及QDLP管理人,以下依据各地QDLP机制现行有效的文件(《海南QDLP试点办法》、《北京QDLP试点规则》、《沪金12号文》、《深圳2021版QDLP试点办法》和《青金9号文》)[1],对核心要素加以比较分析。

1. QDLP基金

就该拟投资于境外的基金,上海称为"海外投资基金"、青岛称为"合格境内投资基金企业",而北京和海南称为"试点基金"。本书将统一称为QDLP基金,作为试点的QDLP基金一般应包含如下要素。

(1)境内合格投资者

境内合格投资者,即相关QDLP办法中所称的"合格境内有限合伙人",在有限合伙型QDLP基金中担任有限合伙人,在契约型QDLP基金中担任委托人/份额持有人的境内投资者。目前北京、上海、深圳及海南均明确该合格境内有限合伙人可以是自然人投资者,也可以是机构投资者,而青岛虽未明确,但从基金业协会目前的合格投资者标准来看,也允许自然人和机构作为投资者。

《北京QDLP试点规则》进一步明确QDLP基金的合格境内有限合伙人标准,融合了《证监会105号文》和《资管新规》及《资管计划运作规定》中关于合格投资者的标准并从高要求:

---

〔1〕《深圳2021版QDLP试点办法》发布于本书截稿之后,故该办法的更新和优化内容未能全部包括在下文各地QDLP机制的详细比较中。

- 机构投资者：净资产不低于1000万元人民币；
- 自然人投资者：(1)具有2年以上投资经历；(2)金融资产不低于500万且金融净资产不低于300万或近3年年均收入不低于50万元。

其他视为合格投资者的类型及穿透计算规则等与《证监会105号文》基本保持一致。虽然《私募基金监管规定》进一步拓展“视为合格投资者”的范围，即明确将国务院金融监督管理部门监管的机构依法发行的资产管理产品、合格境外机构投资者、人民币合格境外机构投资者明确为《证监会105号文》所述合格投资者，不再穿透核查最终投资者，但《北京QDLP试点规则》是否会相应更新或将该等投资者纳入《北京QDLP试点办法》第18条第(四)项规定的“试点联审工作成员单位规定的其他投资者”从而保持与《私募基金监管规定》一致，仍然有待试点联审工作办公室进一步解释和明确。

《海南QDLP试点办法》则基本采用了《证监会105号文》中私募基金的合格投资者概念，并按照《私募基金监管规定》增加了“依法备案的资产管理产品”作为当然合格投资者。

(2)基金形式

一般基金常见的形式包括契约型、合伙型和公司型。对QDLP基金而言，青岛仅允许有限合伙型基金，深圳则允许设立契约型、公司型、有限合伙型和私募资管计划，上海则于2015年批准了契约型QDLP基金，这一举措正向地推动了QDLP基金的发展。一方面，可以缓解高税负的压力，主要在于境外双重征税问题、资金结汇返回境内期间既要按照我国标准缴纳所得税又要缴纳在投资过程中涉及的境外利得税和资产转移税；另一方面，契约型的合格投资者数量上限为200人，相比于合伙型的投资者人数上限50人增加了人数上限。《北京QDLP试点规则》和《海南QDLP试点办法》也沿袭了这一做法，允许公司制、合伙制和契约制三种形式。

(3)投资方向

QDLP基金的投资方向主要是境外市场，上海的《沪金101号文》曾经明确仅允许投资境外二级市场，青岛在投资范围上进一步扩大到可以审慎探索境外一级市场投资并购业务和有监管的大宗商品交易市场业务。随后，在上海新修订的《沪金12号文》中已经删除“二级市场”的限制，《北京QDLP试点规则》也明确投资业务除常规的“境外证券市场，境外大宗商品、贵金属、对冲基金、REITS、金融衍生品，发起设立境外证券投资子基金、投资其他证券投资基金，境外债券/证券基金份额等”外还包括“境外未上市企业、私募股权投资基金等非公开市场领域”。但《北京QDLP试点规则》进一步明确“试点基金境外投资应遵守境外投资相关法律、法规及规范性文件的规定。如需履行境外投资备案或核准手续的，应按照相关法律法规规定办理”，北京QDLP基金的投资范围等仍然受限于国家对外投资法律法规及政策。《海南QDLP试点办法》规定的QDLP基金可以开展的投资业务亦较为广泛，与北京比较类似。虽然其也规定了如需履行境外投资备案或核准手续的，应按照相关法律法规的规定办理，但据悉实践中可能可以更为灵活处理。《深圳2021版QDLP试点办法》列举的QDLP基金投资范围包括境外非上市企业股权和债权、境外上市企业非公开发行和交易的股票和债券、境外私募股权投资基金和私募证券投资基金等。

（4）认缴出资

上海对 QDLP 基金的认缴出资有明确要求，合伙型 QDLP 基金的认缴出资不低于 1 亿元人民币，单个投资者认缴出资不低于 500 万元人民币；契约型 QDLP 基金的认缴出资不低于 3000 万元人民币或等值货币。青岛目前未在公开制度文件中予以明确约定，但据悉，在实践中青岛要求原则上以机构投资者为主，单个投资者的认缴出资应不低于 1000 万元人民币。北京与上海在认缴出资上保持一致，要求 QDLP 基金的认缴出资金额/初始募集规模不低于 1 亿元人民币或等值外币，但对单个投资者的认缴出资仅要求满足合格投资者门槛即可，即 100 万元人民币或等值外币。海南则对认缴出资的要求进一步放宽，要求 QDLP 基金的认缴出资不低于 3000 万元人民币或等值外币，而单个投资者的认缴则仅需满足合格投资者门槛，即 100 万元人民币或等值外币。

（5）托管银行

目前上海、深圳、青岛和北京都要求 QDLP 基金必须托管，上海称为“保管银行”，深圳称为“资金托管人”，青岛和北京直接称为“托管银行”，海南则称为“境内托管人”，境内托管人可以是海南省设有分支机构的商业银行或具有托管资质并符合条件的金融机构。其中，上海、青岛、北京和海南对托管银行的基本资质条件基本相同，如具有外汇指定银行资格和经营人民币业务资格，最近一个会计年度实收资本不少于人民币 30 亿元或等值货币等，深圳未予明确要求。另外，北京特别明确允许托管银行委托符合资质要求的境外资产托管人负责境外资产托管业务。

（6）行政管理人

上海和青岛的 QDLP 基金要求必须设置行政管理人，上海和青岛分别称为“基金行政管理人”及“基金管理人”，应当注意，此处的行政管理人虽然在青岛被直接称为“管理人”，但并非通常所理解的在基金业协会登记的管理人。而北京、海南和深圳并不强制要求，明确可以由 QDLP 管理人自行管理或者委托一家境内企业作为“行政管理人”。本书统一称为“行政管理人”，主要负责 QDLP 基金的后台行政管理。

（7）锁定期

青岛明确要求 QDLP 基金设置锁定期，获得试点资格的 QDLP 基金应设定至少 6 个月的基金锁定期，锁定期满后，才可按照合伙协议约定进行基金的申购和赎回。上海的《沪金 101 号文》中曾有同样的要求，但是在修订后的《沪金 12 号文》中已经删除，深圳、北京和海南无此要求。

（8）募集期

募集期限制是上海在《沪金 12 号文》中的新增内容，QDLP 基金应于取得试点资格起 6 个月内完成基金募集和设立工作。逾期未完成的，可取消试点资格、收回试点额度。青岛、深圳均暂无此要求。海南要求 QDLP 管理人和 QDLP 基金在获准试点并设立后尽快到基金业协会办理登记备案手续。北京、深圳和海南对于一定期限内未使用额度的 QDLP 管理人均有收回额度的措施,具体见下文。

(9)额度闲置限制

《北京 QDLP 试点规则》特别提出了额度闲置的限制。一是 2 年期的限制,北京 QDLP 基金及 QDLP 管理人如在 2 年内未使用额度,试点联审工作办公室有权取消其试点资格并收回试点额度。二是如发生增资、减资或股东/合伙人变更等重大事项,须经联审工作办公室批准后,至国家外汇局北京外汇管理部办理外汇登记变更及调整账户限额手续。海南则规定,对于 11 个月未使用额度的 QDLP 管理人,金融局应告知对于一年内未使用额度的,金融局有权取消其试点资格并收回全部试点额度;对于增资、减资或股东/合伙人变更、额度调整等也有类似于北京的规定。深圳则规定,获批之日起 12 个月内未使用的额度失效。可以看出,北京和海南的试点对于额度的使用仍然相对严格,希望从制度上限制管理人虚报额度但无法落实的问题。

2. QDLP 管理人

就该发起设立 QDLP 基金的主体,上海称为“海外投资基金管理企业”,深圳称为“境外投资主体管理企业”,青岛称为“合格境内投资基金管理企业”,北京和海南称为“试点基金管理企业”。本书将统一称为 QDLP 管理人,是由境内外机构或个人在中国境内投资或参与投资设立的,以发起设立和管理 QDLP 基金为目的的境内机构,即是我们通常理解的需在基金业协会登记的私募基金管理人,一般作为试点的 QDLP 管理人应包含如下基本要求。

(1)协会登记

QDLP 管理人须为在基金业协会登记的管理人。目前青岛、北京和海南将管理人登记作为必备要求在其制度中予以明确,而上海虽未写明,但根据基金业协会的自律规则,未登记为管理人的企业不得作为基金管理人,我们理解基金业协会的登记也是应有之义。深圳则规定,如果境外投资主体(《深圳 2021 版 QDLP 试点办法》对“QDLP 基金”的称谓)以私募基金形式运作,则 QDLP 管理人和境外投资主体应在基金业协会办理私募基金管理人登记和私募基金备案。从规定行文看来,深圳存在 QDLP 不作为私募基金形式运作的空间。北京和海南不仅要求新设的 QDLP 管理人应当完成基金业协会登记,而且对于在申请试点时已经存续的内资 QDLP 管理人,还要求至少完成一只私募基金备案。然而就这一要求还存在进一步解释的空间,如此前已登记为“私募股权、创业投资基金管理人”的管理人是否由于证券投资和股权、创业投资的分业经营要求无法申请成为北京或海南的 QDLP 管理人,以及此前已登记为“私募证券投资基金管理人”的管理人在获批 QDLP 管理人后,是否需要按照基金业协会此前关于 QDLP 管理人登记为“其他私募投资基金管理人”的要求,履行变更程序等事项,均有待进一步明确。

(2)组织形式

在 QDLP 管理人的企业形式上,上海、深圳、青岛、北京和海南均允许公司制和合伙制。

(3)注册地

上海、青岛、北京均要求 QDLP 管理人注册设立在本市。海南除了要求 QDLP 管理人注册于海南省外，还要求其在海南省“实际经营”。《深圳2021版QDLP试点办法》没有明确要求QDLP管理人注册设立于本市，在规则的文本层面给其他地方管理人申请深圳QDLP试点资格留下了空间。

（4）QDLP管理人的境外投资者资质要求

由于QDLP管理人允许由境外投资者设立或者参与设立，因此上海、青岛、北京和海南均对该等境外投资者资质进行了限定，上海的限定主体为QDLP管理人的“境外实际控股投资者或该控股投资者的关联实体”，青岛的限定主体为QDLP管理人的“境外投资者”，北京的限定主体为QDLP管理人的“控股股东、实际控制人及执行事务合伙人”，海南的限定主体则为QDLP管理人的“控股股东、实际控制人及执行事务合伙人中任一主体或上述任一主体的关联实体”。本书统一称为“QDLP管理人的境外投资者”，该QDLP管理人的境外投资者均需满足经营投资境外市场的私募基金投资管理业务的经历、设立地投资管理业务准入许可以及内部完善制度及诚信要求，其中，青岛要求该QDLP管理人或者其关联实体的私募基金投资管理业务需满足7年的要求，上海《沪金12号文》已删除该限制；青岛要求最近5年未受到重大处罚，上海已在《沪金12号文》中降低至3年。北京的限制比较特殊，允许设立纯内资的QDLP管理人，其对于“QDLP管理人的境外投资者”与其“QDLP管理人的境内控股投资者”采取完全同一的标准，具体要求见第（5）项内容。《深圳2021版QDLP试点办法》则完全删除了其前身（2017年办法）对QDLP管理人的境外投资者的条件和要求，是目前各地试点机制中最为宽松的机制。

（5）内资QDLP管理人的控股投资者资质要求

北京和海南允许设立纯内资的QDLP管理人，对控制人采取了同一套标准。北京的标准为：（1）其控制人为金融企业；或具有良好投资业绩，管理规模不低于1亿元的人民币或等值外币的基金管理企业；（2）净资产不低于1000万元人民币或等值外币，资产质量良好、具有规范的内部治理结构和健全的内部控制制度，在境内外资产管理行业从业5年以上。海南的标准与北京有细微差别，要求QDLP管理人的控制人或其关联实体为：①经所在地监管机构批准从事投资管理业务或资产管理业务，具备所在地监管机构颁发的许可证件的金融企业，或具有良好投资业绩且管理基金规模不低于1亿元人民币（或等值外币）的基金管理企业；②净资产应不低于1000万元人民币或等值外币，资产质量良好，在境内外资产管理行业从业3年以上，且具有规范的内部治理结构和健全的内部控制制度，最近1年未受所在地监管机构的重大处罚，无重大事项正在接受司法部门、监管机构的立案调查。《深圳2021版QDLP试点办法》放弃了其前身对内外资QDLP管理人采取双轨制的做法，且其对QDLP管理人的实控人不设置特别条件。

（6）法定代表人或执行事务合伙人委派代表及高管要求

青岛及上海均要求QDLP管理人的法定代表人或执行事务合伙人委派代表需满足具有海外市场投资或相关管理经历、高管任职经历、无违规记录等要求，其中，青岛明确要求投资管理经历需满足7年的要求，上海已在《沪金12号文》中删除年限限制。

青岛及上海都要求必须有一名高管常驻本市，其中，青岛明确高管须为副总及以上，且同时要求每年至少召开一次由高管出席并在青岛召开的 QDLP 管理人的全体投资者大会；上海的对高管的定义已在《沪金 12 号文》中改为适用监管部门及行业自律组织的规定，以与基金业协会自律规则保持一致，即包括法定代表人/执行事务合伙人（委派代表）、总经理、副总经理、合规/风控负责人等，并同时删除召开全体投资者大会的要求。我们理解，要求每年必须在青岛组织并召开一次 QDLP 管理人全体投资者大会，对 QDLP 管理人的境外投资者而言相对困难，从上海已删除会议要求的做法来看，青岛在未来的修订中可能也会考虑删除这一限制。

北京和海南则要求管理团队具备 1 名 5 年以上以及 2 名 3 年以上的境外资产投资管理经验和相关专业资质的主要投资管理人员。海南还额外要求高管人员在最近 5 年内无违规记录或尚在处理的经济纠纷诉讼案件。《深圳 2021 版 QDLP 试点办法》不再对 QDLP 管理人的高管人员设置特别条件和要求。

（7）注册资本

上海明确要求 QDLP 管理人的注册资本（或认缴出资）不低于 200 万美元。北京采用了统一的内外资 QDLP 管理人的注册资本要求，并提高了 QDLP 管理人的注册资本标准，明确要求 QDLP 管理人的注册资本应不低于 3000 万元人民币（约合 400 多万美元）或等值外币，且应在二年内全部缴足。青岛无该明确要求。海南同样对内外资 QDLP 管理人的注册资本做了统一规定，要求 QDLP 管理人的注册资本不低于 500 万元人民币（约合 70 多万美元）或等值外币，要求在两年内缴足。《深圳 2021 版 QDLP 试点办法》不再对 QDLP 管理人的注册资本设置特别要求。

（8）信息报送及披露

上海和青岛在信息披露要求上各有侧重，深圳和北京则均从高从严要求。

上海侧重重大事项的报送，针对基金合同、高管、QDLP 管理人变更及 QDLP 清算事项，要求 10 个工作日内报送，同时要求 QDLP 基金的托管银行及行政管理人行使监督职责，针对 QDLP 基金的重大违法违规行为，应在 10 个工作日内向主管部门报送。

青岛侧重持续信息报送及投资者信息披露，将上述重大事项与 QDLP 基金及 QDLP 管理人的投资运作情况合并，均按照半年度向主管部门报送。同时明确了 QDLP 管理人须按月或季度向合格境内有限合伙人提供资产净值估值计算，并向合格境内有限合伙人提供季度、年度报告，经审计的年度报告须抄送指定政府主管部门的要求。

北京不仅吸纳了其他试点的信息披露要求，还借鉴了基金业协会的部分信息披露要求，形成了截至 2020 年 12 月最严信息披露标准：一方面，对于 QDLP 管理人而言，既要求持续披露义务，如季度结束后 30 个工作日、年度结束 4 个月内报送 QDLP 基金基本情况等，还要求就修改基金合同、QDLP 管理人更名、高管变动等重大事项进行 30 个工作日内的重大事项报送；另一方面，要求托管银行及行政管理人就重大事项、未完成事项及违法违规事项，如未在时限内办理开户手续、违反基金合同、委托管理协议或托管协议约定、未发生境外项目实质投资、投资于限制和禁止领域等事项及时进行报送，对于跨境人民币信息还应当在“人民币跨境收付信息管理系统(RCPMIS)”上进行信息报送。同时,还要求托管银行按月或季度报送账户变动、结售汇和对外投资数据等。海南的要求与北京类似。

3. QDLP 试点企业申请

QDLP 基金及 QDLP 管理人的设立均需要进行试点资质申请,但是青岛和上海两地均在制度中侧重明确 QDLP 基金试点申请的具体流程,对 QDLP 管理人仅明确需要主管部门进行资质认定;北京和海南同时规定了 QDLP 管理人及基金的申请流程,北京更辅之以配套办法详细说明申请流程及负责单位。海南因新近出台 QDLP 试点机制,具体流程、材料、时限等尚待观察,因此海南的情况不包括在以下(1)~(3)细节汇总中,从《海南 QDLP 试点办法》看来,应与北京的情况较为类似。

(1)申请时点

上海明确 QDLP 基金可以在工商设立后向主管部门递交申请材料,考虑到上海具有6个月募集期的限制,QDLP 基金可以考虑先完成工商设立,再进行试点申请;青岛明确 QDLP 基金需先提交试点申请材料,经审核在纳入试点范围后,再根据企业组织形式的不同办理工商注册;深圳并未在制度中加以明确,不过就其此前批准的试点企业来看,允许已经设立并存续的企业作为试点主体;北京对于新设 QDLP 管理人要求先提交申请材料,获得试点联审工作办公室出具的同意开展试点、给予试点额度的书面意见后才可进行工商注册(并应当在注册设立后 30 日内向试点联审工作办公室报送 QDLP 基金及 QDLP 管理人的营业执照、相关协议等,在缴纳完毕注册资本金后 30 日内提供注册资本金交付凭证)。注册后进行基金业协会登记。同时允许已经存续经营的基金管理人作为申请试点的主体。

(2)申请试点材料

目前上海及青岛申请试点的材料基本相同,均包括申请书、申请企业资料(包括 PPM、合伙协议/基金合同、投资管理协议、投资管理人员简历等)、托管银行及行政管理人资料及意向函等,两地均设有兜底条件,即允许当地主管部门要求其他材料。

北京不仅分别就 QDLP 管理人及 QDLP 基金明确列明需要提供的材料,而且还另行设置了注册设立后 30 日内的补交程序,届时需报送营业执照及相关最终签署的协议,在缴纳完毕注册资本金后 30 日内补交实际缴付注册资本金凭证等。实践中,北京进一步要求 QDLP 管理人及 QDLP 基金在完成基金业协会的登记及备案后 30 日也需要补交相关登记及备案证明。在首次提交材料阶段,除上述材料外,北京 QDLP 管理人还需要提交其控股股东、实际控制人及执行事务合伙人的证明文件/从业背景介绍及其他符合资质要求的证明材料、内部控制制度、存续经营的内资 QDLP 管理人的基金业协会登记记录及备案记录等;北京 QDLP 基金还需要提供基金投资方向及项目储备,合格境内有限合伙人的合格投资者证明、投资明细及出资凭证、风险揭示书,托管银行及行政管理人资质证明;认缴承诺书等。

(3)外汇额度

上海、青岛及北京均明确,由于日后续约或追加投资导致试点企业获批额度不足的,试点企业须重新向主管部门申请追加额度或新设 QDLP 基金。但北京同时规定还应当受限于额度闲置限制规则。

(三)QDLP 基金的特殊注意事项

QDLP 基金由于其投资者和管理人均为境内主体,因此 QDLP 基金及其管理人的基本机制也需要适用人民币基金的一般要求,如基金业协会发布的关于基金募集、合格投资者标准(北京合格境内有限合伙人应适用其试点办法中的更高要求)、管理人登记与基金备案等自律规则。但是由于目前 QDLP 基金比较常见的架构是由 QDLP 基金向境内投资者募集后,定向投资到境外联接基金或者直接作为联接基金投资境外基金,从而实现对境外市场的投资,因此在相关 QDLP 基金设立中可能还需要注意以下特殊事项。

- 投资者承诺

在一般人民币基金中,投资者需要对其合格投资者身份、资金来源等作出承诺。但是考虑到 QDLP 基金可能是整个境外基金中的一环,可能需要为了满足境外基金关于"KYC"、反腐败、反贪污贿赂、反洗钱等相关承诺也要求 QDLP 基金的投资者作出相同承诺。如境外基金适用美国法律,则可能需要作出美元基金的投资者的常见承诺,例如,知晓该 QDLP 基金及其境外基金未根据美国《1933 年证券法》进行登记,且不是美国《1940 年投资公司法》所指的投资公司,以及比较特殊的如美国关于制裁和禁运计划的相关承诺。

- 风险揭示

相比于一般人民币基金,QDLP 管理人可能还需要向投资者揭示一些 QDLP 基金特有的风险事项,如因试点阶段的 QDLP 机制变化所导致的政策变化的风险;因投资于境外基金可能被转嫁的境外风险;因单一定向投资于境外基金所涉的单一投资标的风险;以及因基金架构涉及多层基金而需要披露的投资架构及底层标的风险等。北京 QDLP 试点规则的附件中首次明确要求 QDLP 基金的风险揭示书中应当包含"QDLP 基金未取得/未足额取得试点额度所涉风险""QDLP 基金投资本金、收益因外币汇兑所涉风险"及"QDLP 基金及 QDLP 管理人因严重违反北京 QDLP 试点规则规定取消试点资格所涉风险"等。

- 外包服务

与一般人民币基金不同,北京、深圳和海南 QDLP 基金明确"可以"设置行政管理人,其他 QDLP 基金明确要求设置行政管理人角色,实践中,QDLP 基金大多具有外包服务安排,因此行政管理人也需要满足基金业协会关于外包服务机构的相关适用规则,如登记为基金业协会会员单位等。

- 信息披露和报告

如前所述,QDLP 基金根据其注册地不同,除基金业协会的相关披露规则要求外,还需要分别履行上海、青岛、深圳、北京及海南主管部门的报告义务,尤其如青岛需要按月报送运行情况等对于 QDLP 管理人而言也需要考虑如何与境外基金信息披露进行衔接。

(四)前景展望

QDLP 作为境外投资的一种渠道,为境内投资者提供了多元化的选择,同时也为国际知名的基金管理机构提供了一种进入中国市场的机会。目前上海自贸区的外汇改革以及粤港

澳大湾区建设新政正开展得如火如荼,对 QDLP 机制而言也是一柄“双刃剑”:

一方面,它可能促进 QDLP 机制的发展,并帮助吸引更多投资者采取这条通道进行对外投资,比如允许非投资性企业的结汇收入用于股权投资,使外资或合资 QDLP 管理人的境外投资者向其注资以实现资本金要求更为便利;而资本项目及投融资外汇管理便利化试点的开展,逐步实现了网上操作和审批权下放,未来可能为投资者从境外投资获得的收益在境内结汇、换汇及再投资提供一定的便利。

另一方面,外汇政策的进一步放开也有可能对 QDLP 机制起到一定的替代作用。如《粤港澳大湾区发展规划纲要》提出:“支持香港机构投资者按规定在大湾区募集人民币资金投资香港资本市场,参与投资境内私募股权投资基金和创业投资基金。支持香港开发更多离岸人民币、大宗商品及其他风险管理工具。”由于没有进一步的实施细则落地,所谓在“大湾区募集”如果仅限于募集行为在大湾区进行,并不限制投资者所在地域,且“投资香港资本市场”如果不是指穿透到底层投资标的概念,并且允许包含一、二级市场,那么,这一举措将使在境内募资,并经由香港搭建结构后投向世界各地的一、二级市场成为可能,尤其是以人民币作为投资币种的境外投资将无须再经过 QDLP 机制进行。但就目前看来,QDLP 基金的主要投资币种仍然是外币,核心仍然是争取外汇额度,而粤港澳大湾区的这一制度的终极目的如果仅限于扩大人民币的使用范围和影响力,那么 QDLP 机制本身还是具有一定的不可替代性。

结　　语

如果从20世纪90年代本土创投的发轫开始算起,本土人民币基金已经穿越了一至两个完整的基金周期。本土创投机构中,既有完整经历两个国际化基金周期(10年)的深创投、达晨等,又有走过了两个5+2基金周期的东方富海等。

随着外资发起人民币基金的崛起,2010~2013年成为人民币基金募集的高峰期。以7~10年的存续期计,预计在2020~2023年左右迎来首次到期高峰。[1]

业内很多人士认为,2009~2010年是中国投资历史上最好的年份。宏观经济稳健快速增长,VC搭上了移动互联网的快车,PE则遇上了创业板的东风。那么,这一时代的业绩是否可以说在某种程度上代表了中国投资史上优秀的业绩?[2]潜力股平台做了一项很有意思的研究,从2018年开始对30只2009~2011年成立的人民币基金的退出情况进行了分析。总退出比例为32.44%,其中IPO比例为19.76%,并购比例为6.42%,转让比例为5.41%,回购比例为2.2%。而天使、VC、PE基金的退出数据存在巨大差异,同一类型不同基金的数据也存在较大差异。

由于市场上源于第三方的相对客观公正的数据依然缺乏,导致很难对过去20年人民币基金做出准确的绩效评估。这也是市场人士如潜力股平台采用退出率,而不是IRR和DPI进行统计的原因。尽管如此,市场不断分化和加速出清,行业集中度不断提升,尾部不断缩减,成为人民币基金市场发展的显著特点。

根据基金业协会的统计,大型基金管理人明显增多,12.69%的基金管理人(管理规模10亿元以上)管理着83.84%的资产规模。国资控股的私募股权基金管理人管理规模总额为3.52万亿元,占比34.42%,平均管理规模为18.44亿元,为各类型的私募股权管理人的最高值。行业二八分化显著且持续加剧,管理10亿元及以上的私募股权管理人达1630家,占比达到12.69%。管理规模在100亿元以上、10亿~100亿元和10亿元以下的机构规模占比分别为42.9%、40.94%和16.16%,大体呈现"4-4-2"的格局。而管理规模1亿元以下和以

---

[1] 参见基金业协会:《中国私募股权投资基金行业发展报告2020》。

[2] 参见《股权投资回报到底如何?看看这30支2010年成立的人民币基金退出成绩就知道了》,载微信公众号"潜力股平台",https://mp.weixin.qq.com/s/-fBi1n7jY_PTD8ulghMHbw,最后访问日期:2021年1月16日。

上的机构分别占比 54.23% 和45.77%,大体五五分。5000 万元以下管理规模的基金占比逐年下降。投资机构间管理水平分化日益加大,头部私募基金管理人在募投管退各个环节均尽占优势。

人民币基金从粗放型爆发增长、片面追求增长规模转向寻求结构优化、深耕细分领域形成机构优势,监管的力量如影随形。从早期的"不扶持、不监管、不立法"到针对 VC 基金的"特别扶持、特别监管、特别立法",再到"统一监管、统一立法、适度监管、特别扶持",今天的人民币基金行业已经被打上了深深的监管烙印。既能定分止争、规矩方圆又可为行业保驾护航,是市场对于监管的殷切期盼。

附录一　私募基金管理人登记申请材料清单(证券类)

页签序号	页签名称	序号	申请材料名称	特殊适用情形说明	是否必填	是否有模板	内容要求	原件/复印件	上传文件格式	签章要求
说明:本材料为私募基金管理人登记申请材料清单,已登记私募基金管理人进行控股股东/实际控制人的重大事项变更参照适用。(该材料清单需下载后详细阅读)										
1	机构基本信息	1	登记承诺函		必填	有	1. 请在 AMBERS 系统中下载使用最新模板。 2. 机构名称、注册地址、办公地址均需完整准确填写,登记承诺函与工商登记和系统填报保持一致。	原件	PDF	1. 落款处加盖申请机构公章,多页加盖骑缝章。 2. 法定代表人/执行事务合伙人(委派代表)签字。
		2	实收资本/实缴出资证明	注:实缴资本不足200 万元、实缴比例未达注册资本25% 的情况,协会将在私募基金管理人公示信息中予以特别提示。	必填		应提交验资报告或银行回单(优选银行回单),记载的出资人、认缴资本额、实缴资本额与工商登记信息一致;如实缴出资后发生出资人变更,可将原出资证明(验资报告或银行回单)、股权转让协议、股权转让款银行转账回单一并上传,或重新出具验资报告。	原件	PDF	银行回单需加盖银行业务章,验资报告需加盖会计师事务所公章。
		3	管理人的公司章程/合伙协议		必填		管理人的公司章程/合伙协议约定事项如有变更,可将章程修正案/补充合伙协议一并上传,或上传最新修订的章程/合伙协议。	原件/复印件	PDF	复印件需加盖申请机构公章,多页加盖骑缝章。

续表

页签序号	页签名称	序号	申请材料名称	特殊适用情形说明	是否必填	是否有模板	内容要求	原件/复印件	上传文件格式	签章要求
1	机构基本信息	4	组织机构代码证/税务登记证/营业执照		必填		若申请机构实现了三证合一，组织机构代码证、营业执照、税务登记证均需要上传三证合一后的营业执照。	原件/复印件	PDF或JPG	复印件需加盖申请机构公章。
		5	全体员工简历及社保证明		必填		全体员工简历应涵盖员工基本信息、学习经历、工作经历等；社保缴费记录应显示员工姓名及申请机构名称，新参保无缴费记录的可提供社保增员记录等，第三方人力资源服务机构代缴的上传申请机构签署的代缴协议、人力资源服务资质证明文件、代缴记录，退休返聘的上传退休证。	原件	PDF	全体员工简历加盖申请机构公章，多页加盖骑缝章；社保缴费记录应加盖社保主管部门章。
		6	办公场地使用证明		必填		如为直接租赁所得，应提供租赁协议及产权证复印件；如为转租所得，应提供原租赁协议、转租协议、产权人或物业管理人同意转租的确认文件；如由股东、关联方等无偿提供取得，应提供原租赁协议或产权证、无偿使用证明、产权人或物业管理人同意使用的确认文件。	原件/复印件	PDF	复印件需加盖申请机构公章，多页加盖骑缝章。
		7	商业计划书		必填		请提交商业计划书，详述申请机构展业计划并加盖公章，如投资团队介绍，投资方向，如何募集，如何选择投资对象等。并详细说明贵机构基金产品交易结构、资金来源及投资策略，详述公司未来发展方向、运作规划及当前业务需求等内容。	原件	PDF	加盖申请机构公章，多页加盖骑缝章。

续表

页签序号	页签名称	序号	申请材料名称	特殊适用情形说明	是否必填	是否有模板	内容要求	原件/复印件	上传文件格式	签章要求
1	机构基本信息	8	新设同类型私募基金管理人合理性说明	申请机构实际控制人/第一大股东下已有同类型私募基金管理人的，实际控制人需提交新设同类型私募合理性说明。	如有		说明设置多个同类型私募基金管理人的目的与合理性、业务方向有何区别、如何避免同业化竞争等问题。	原件	PDF	加盖实际控制人/第一大股东公章，多页加盖骑缝章。
		9	关联私募基金管理人自律合规连带责任承诺函	关联方中有已登记私募基金管理人，或控股股东/第一大股东为已登记私募基金管理人的需提交。	如有		关联私募基金管理人出具承诺函，承诺若申请机构展业中出现违法违规情形，应当承担相应的合规连带责任和自律处分后果。	原件	PDF	加盖关联私募基金管理人公章。
		10	其他相关证明文件	申请机构的设立或后续展业如有政府支持性文件、招投标证明、引导基金相关批复、行业知名机构举荐函/推荐信等相关支持文件可一并上传。	如有			原件/复印件	PDF	复印件需加盖申请机构公章，多页加盖骑缝章。

续表

页签序号	页签名称	序号	申请材料名称	特殊适用情形说明	是否必填	是否有模板	内容要求	原件/复印件	上传文件格式	签章要求
2	相关制度	11	运营风险控制制度、信息披露制度、机构内部交易记录制度、防范内幕交易、利益冲突的投资交易制度、合格投资者风险揭示制度、合格投资者内部审核流程及相关制度、私募基金宣传推介、募集相关规范制度、公平交易制度、从业人员买卖证券申报制度、其他制度(如防范关联交易,利益输送等制度)		必填		申请机构应根据其拟申请的私募基金管理业务建立与之相适应的制度,制度应根据申请机构自身实际情况制定,不可照搬照抄。	原件/复印件	PDF 或 ZIP	复印件需加盖申请机构公章。
3	机构持牌及关联方信息	12	冲突业务关联方承诺函及冲突业务许可证明文件	关联方经营范围含冲突业务。	如有		1. 申请机构与冲突业务关联方共同出具不存在利益输送的承诺函,承诺申请机构自身及其未来管理的私募基金均不涉及民间借贷、民间融资、配资业务、小额理财、小额借贷、P2P/P2B、众筹、保理、融资租赁、担保、房地产开发、交易平台、典当等可能与私募投资基金属性相冲突的业务。(申请机构与冲突业务关联方均需出具) 2. 从事小额贷款、融资租赁、商业保理、融资担保、互联网金融、典当等冲突业务(房地产除外)的关联方需提供相关主管部门的正式许可文件。	原件/复印件	PDF 或 JPG	申请机构与冲突业务关联方加盖公章,承诺函可一页出具共同盖章,也可分别出具各自盖章;冲突业务许可证明文件若上传复印件需加盖冲突业务关联方公章。

续表

页签序号	页签名称	序号	申请材料名称	特殊适用情形说明	是否必填	是否有模板	内容要求	原件/复印件	上传文件格式	签章要求
4	诚信信息	13	申请机构处罚决定书	存在诚信信息，需上传相关文件。	如有		最近三年受到刑事处罚； 最近三年受到证监会的行政处罚； 最近三年被证监会采取行政监管措施； 最近三年受到其他监管部门的行政处罚； 最近三年被基金业协会或其他自律组织采取自律措施； 最近三年涉及诉讼或仲裁； 最近三年其他合法合规及诚信情况。	原件/复印件	PDF	复印件需加盖申请机构公章，多页加盖骑缝章。
5	财务信息	14	资产负债表、利润表、现金流量表；审计报告及经审计的财务报告；最近季度的财报	1. 申请机构成立满一个会计年度需提交审计报告。 2. 申请机构成立不满一个会计年度自愿提交审计报告，但近期资产负债表、损益表及现金流量表需上传。	—		年度审计报告距提交申请时间较长的，请上传本年度最近季度的财务报告。（季报不强制经审计）	原件/复印件	资产负债表、利润表、现金流量表上传EXCEL版本； 审计报告PDF版本	加盖申请机构公章，多页加盖骑缝章； 原件应有会计师事务所公章，复印件需加盖申请机构公章、多页加盖骑缝章。
6	出资人信息	15	营业执照或主体资格证明文件	非自然人出资人提供。	必填		若出资人实现了三证合一，组织机构代码证、营业执照、税务登记证均需要上传三证合一后的营业执照。	原件/复印件	PDF或JPG	营业执照或主体资格证明文件复印件需加盖出资人公章。

续表

页签序号	页签名称	序号	申请材料名称	特殊适用情形说明	是否必填	是否有模板	内容要求	原件/复印件	上传文件格式	签章要求
6	出资人信息	16	证件扫描件、学位/学历证明文件	自然人出资人提供。	必填		证件扫描件为身份证、台胞证、港澳通行证、护照等 1. 高中以上学位证、毕业证、结业证等。(高中学历证明无须提交,但最高学历为高中的需提交) 2. 取得外国学历学位的,需补充提交教育部学历学位认证证明文件。(早年取得无认证的无须提交) 3. 如遗失,可上传相关机构(如毕业学校、人事档案所在机构)出具的有效证明或学信网学籍验证报告。 4. 学历请按照学位证填写为博士、硕士、本科、专科、专升本、成人高考、自考、电大、网络教育、其他。	原件/复印件	PDF 或 JPG	学位/学历证明文件复印件需加盖申请机构公章。
		17	实缴出资证明		必填		应提交验资报告或银行回单(优选银行回单),记载的出资人、认缴资本额、实缴资本额与工商登记信息一致;如实缴出资后发生出资人变更,可将原出资证明(验资报告或银行回单)、股权转让协议、股权转让款银行转账回单一并上传,或重新出具验资报告。	原件	PDF	银行回单需加盖银行业务章,验资报告需加盖会计师事务所公章。

续表

页签序号	页签名称	序号	申请材料名称	特殊适用情形说明	是否必填	是否有模板	内容要求	原件/复印件	上传文件格式	签章要求
6	出资人信息	18	申请机构股权架构合理性说明	申请机构股权架构超过三层。	如有		申请机构股权架构向上穿透超过三层的，申请机构应说明多层股权架构设置的合理性及必要性，上穿出资人如为SPV的应说明设立目的及出资来源； 出资人为地方政府融资平台的，请申请机构出具承诺函，承诺将在产品运作过程中符合六部委《关于进一步规范地方政府举债融资行为的通知》（财预〔2017〕50号）及财政部印发《关于规范金融企业对地方政府和国有企业投融资行为有关问题的通知》（财金〔2018〕23号）的相关规定规范运作。	原件	PDF	加盖申请机构公章，多页加盖骑缝章。
		19	持股平台不开展经营性业务承诺函	出资人仅为持股平台。	如有		出资人承诺自身仅为持股平台，不开展经营性业务。	原件	PDF	加盖出资人公章。
		20	出资人出资能力证明		必填		1. 自然人出资人的出资能力证明包括：固定资产（非首套房屋产权证）、非固定资产（不限于薪资收入证明、完税证明、理财收入证明、配偶收入等），如为银行账户存款或理财金额，可提供近半年银行流水及金融资产证明；如涉及家族资产，应说明具体来源等情况。 2. 非自然人出资人的出资能力证明如为经营性收入，应结合成立时间、实际业务情况、营收情况等论述收入来源合理与合法性，并提供审计报告等证明材料。 3. 出资能力证明应包括资产所有权证明及该资产的合法来源证明，律师应结合上述证明材料，核查财产证明真实性、估计及除贷后净值、资产来源及合法性、股东是否具备充足的出资能力等。	原件/复印件	PDF	复印件需加盖申请机构公章，多页加盖骑缝章。

续表

页签序号	页签名称	序号	申请材料名称	特殊适用情形说明	是否必填	是否有模板	内容要求	原件/复印件	上传文件格式	签章要求
7	实际控制人/第一大股东	21	营业执照或主体资格证明	非自然人实际控制人/第一大股东提供。	必填		若实际控制人实现了三证合一，组织机构代码证、营业执照、税务登记证均需要上传三证合一后的营业执照。	原件/复印件	PDF或JPG	复印件需加盖实际控制人公章。
		22	证件扫描件、学位/学历证明文件	自然人实际控制人/第一大股东提供。	必填		证件扫描件为身份证、台胞证、港澳通行证、护照等 1. 高中以上学位证、毕业证、结业证等。（高中学历证明无须提交，但最高学历为高中的需提交） 2. 取得外国学历学位的，需补充提交教育部学历学位认证证明文件。（早年取得无认证的无须提交） 3. 如遗失，可上传相关机构（如毕业学校、人事档案所在机构）出具的有效证明或学信网学籍验证报告。 4. 学历请按照学位证填写为博士、硕士、本科、专科、专升本、成人高考、自考、电大、网络教育、其他。	原件/复印件	PDF或JPG	学位/学历证明文件复印件需加盖申请机构公章。
		23	实际控制人与管理人之间的控制关系图		必填		1. 实际控制人是指控股股东或能够实际支配企业运营的自然人、法人或其他组织，认定实际控制人应穿透至自然人、上市公司、国有控股企业或受外国金融监管部门监管的境外机构。 2. 控制关系图应完整展示申请机构全部直接出资人及出资比例，并披露各直接出资人向上逐层穿透情况直至最终出资人（自然人、上市公司实控、政府部门、事业单位等）。除依据控股股东上穿认定实际控制人的情形外，其他实际控制人认定理由应在图下做简要说明；如有一致行动协议或其他协议安排，应将相关文件附于控制关系图后一并上传。 3. 申请机构通过一致行动协议认定实际控制人的，应上传一致行动协议。	原件	PDF	实际控制人/第一大股东若为自然人，应在控制关系图上签字；若为非自然人，应在控制关系图上加盖公章。

续表

页签序号	页签名称	序号	申请材料名称	特殊适用情形说明	是否必填	是否有模板	内容要求	原件/复印件	上传文件格式	签章要求
7	实际控制人/第一大股东	24	实际控制人保持实际控制及自律合规连带责任承诺函	关联方中有已登记的私募基金管理人，或控股股东/第一大股东为已登记的私募基金管理人。	如有		1. 申请机构第一大股东及实际控制人出具书面承诺函，承诺申请机构完成私募基金管理人登记后，继续持有申请机构股权及保持实际控制不少于三年；实际控制人承诺若申请机构展业中出现违法违规情形，应当承担相应的合规连带责任和自律处分后果。 2. 申请机构的实际控制人为自然人，且不在申请机构担任高管的，应说明原因，并说明申请机构实际控制人如何在不担任公司高管的情况下参与公司经营管理。	原件	PDF	自然人实际控制人/第一大股东签字，非自然人实际控制人/第一大股东盖章。
8	高管人员	25	证件扫描件、学位/学历证明文件		必填		证件扫描件为身份证、台胞证、港澳通行证、护照等 1. 高中以上学位证、毕业证、结业证等。(高中学历证明无须提交，但最高学历为高中的需提交) 2. 取得外国学历学位的，需补充提交教育部学历学位认证证明文件。（早年取得无认证的无须提交） 3. 如遗失，可上传相关机构（如毕业学校、人事档案所在机构）出具的有效证明或学信网学籍验证报告。 4. 学历请按照学位证填写为博士、硕士、本科、专科、专升本、成人高考、自考、电大、网络教育、其他。	原件/复印件	PDF 或 JPG	学位/学历证明文件复印件需加盖申请机构公章。

续表

页签序号	页签名称	序号	申请材料名称	特殊适用情形说明	是否必填	是否有模板	内容要求	原件/复印件	上传文件格式	签章要求
8	高管人员	26	劳动合同及社保缴纳记录		必填		提交申请机构与高管签订的劳动合同，国企委派任职高管提供派出单位出具的委派任职文件； 社保缴纳记录应显示高管姓名及申请机构名称，新参保无缴费记录的可提供社保增员记录等；第三方人力资源服务机构代缴的上传申请机构签署的代缴协议、人力资源服务资质证明文件、代缴记录；退休返聘的上传退休证。	原件	PDF	劳动合同应由员工签字、申请机构加盖公章，国企委派任职文件加盖委派单位公章；社保缴纳记录应加盖社保主管部门章。
		27	高管承诺函	高管承诺系统填写信息真实、准确、完整。	必填		高管需承诺法律意见书中披露及系统填报的基本信息、诚信信息、兼职及挂职信息真实、准确、完整，无系统填报以外的诚信信息及兼职挂职信息。	原件/复印件	PDF	复印件需高管签字并加盖申请机构公章，多页加盖骑缝章。
		28	高管及团队员工投资管理经验证明		必填		申请机构需提供现任职高管或投资人员近三年内连续六个月以上可追溯的投资业绩证明材料（包括但不限于管理证券类产品的证明材料或股票、期货等交易记录，不含模拟盘），若能提供，请律师在补充法律意见书中对其真实性发表结论性意见，该证明应反映资金规模、投资期限、投资业绩、组合投资及获益情况，并在法律意见书中逐一论述；申请机构高管人员、团队员工在其岗位或私募投资基金领域具备专业能力的证明材料。	原件/复印件	PDF	复印件需加盖申请机构公章，多页加盖骑缝章。

续表

页签序号	页签名称	序号	申请材料名称	特殊适用情形说明	是否必填	是否有模板	内容要求	原件/复印件	上传文件格式	签章要求
9	管理人登记法律意见书	29	律师事务所执业许可证		必填			原件/复印件	PDF 或 JPG	复印件加盖律师事务所公章，多页加盖骑缝章。
		30	法律意见书		必填			原件	PDF	加盖律师事务所公章及骑缝章，列明经办律师的姓名及其执业证件号码并由经办律师签字，出具日期应清晰明确。
		31	律师尽调底稿		—		律师可自愿选择上传对于申请机构尽职调查的相关材料。	原件	PDF	加盖律师事务所公章，列明经办律师的姓名及其执业证件号码并由经办律师签字，出具日期应清晰明确。

附录二　私募基金管理人登记申请材料清单(非证券类)

页签序号	页签名称	序号	申请材料名称	特殊适用情形说明	是否必填	是否有模板	内容要求	原件/复印件	上传文件格式	签章要求
说明:本材料为私募基金管理人登记申请材料清单,已登记私募基金管理人进行控股股东/实际控制人的重大事项变更参照适用。(该材料清单需下载后详细阅读)										
1	机构基本信息	1	登记承诺函		必填	有	1. 请在 AMBERS 系统中下载使用最新模板。 2. 机构名称、注册地址、办公地址均需完整准确填写,登记承诺函与工商登记和系统填报保持一致。	原件	PDF	1. 落款处加盖申请机构公章,多页加盖骑缝章。 2. 法定代表人/执行事务合伙人(委派代表)签字。
		2	实收资本/实缴出资证明	注:实缴资本不足 200 万元、实缴比例未达注册资本 25% 的情况,协会将在私募基金管理人公示信息中予以特别提示。	必填		应提交验资报告或银行回单(优选银行回单),记载的出资人、认缴资本额、实缴资本额与工商登记信息一致;如实缴出资后发生出资人变更,可将原出资证明(验资报告或银行回单)、股权转让协议、股权转让款银行转账回单一并上传,或重新出具验资报告。	原件	PDF	银行回单需加盖银行业务章,验资报告需加盖会计师事务所公章。
		3	管理人的公司章程/合伙协议		必填		管理人的公司章程/合伙协议约定事项如有变更,可将章程修正案/补充合伙协议一并上传,或上传最新修订的章程/合伙协议。	原件/复印件	PDF	复印件需加盖申请机构公章,多页加盖骑缝章。

续表

页签序号	页签名称	序号	申请材料名称	特殊适用情形说明	是否必填	是否有模板	内容要求	原件/复印件	上传文件格式	签章要求
1	机构基本信息	4	组织机构代码证/税务登记证/营业执照		必填		若申请机构实现了三证合一，组织机构代码证、营业执照、税务登记证均需要上传三证合一后的营业执照。	原件/复印件	PDF 或 JPG	复印件需加盖申请机构公章。
		5	全体员工简历及社保证明		必填		全体员工简历应涵盖员工基本信息、学习经历、工作经历等；社保缴费记录应显示员工姓名及申请机构名称，新参保无缴费记录的可提供社保增员记录等，第三方人力资源服务机构代缴的上传申请机构签署的代缴协议、人力资源服务资质证明文件、代缴记录，退休返聘的上传退休证。	原件	PDF	全体员工简历加盖申请机构公章，多页加盖骑缝章；社保缴费记录应加盖社保主管部门章。
		6	办公场地使用证明		必填		如为直接租赁所得，应提供租赁协议及产权证复印件；如为转租所得，应提供原租赁协议、转租协议、产权人或物业管理人同意转租的确认文件；如由股东、关联方等无偿提供取得，应提供原租赁协议或产权证、无偿使用证明、产权人或物业管理人同意使用的确认文件。	原件/复印件	PDF	复印件需加盖申请机构公章，多页加盖骑缝章。
		7	商业计划书		必填		商业计划书应详述申请机构展业计划，内容应包括投资类型、投资标的、如何募集、如何选择投资对象等，并详细说明基金产品的交易结构、资金来源及投出方式，并列出首只基金的产品要素表。（不要套用模板，详细、具体描述真实的展业计划）	原件	PDF	加盖申请机构公章，多页加盖骑缝章。

续表

页签序号	页签名称	序号	申请材料名称	特殊适用情形说明	是否必填	是否有模板	内容要求	原件/复印件	上传文件格式	签章要求
1	机构基本信息	8	拟投项目证明资料	申请机构已和相关企业签订项目协议的。	如有		拟投资项目投资协议或合作意向书、项目合作方联系方式、拟担任政府引导基金管理人相关政府批文等。	原件	PDF	投资协议或合作意向书应加盖申请机构与合作方的公章,政府公文无须加盖申请机构公章,其他证明资料加盖申请机构公章。
		9	新设同类型私募基金管理人合理性说明	申请机构实际控制人/第一大股东下已有同类型私募基金管理人的,实际控制人需提交新设同类型私募合理性说明。	如有		说明设置多个同类型私募基金管理人的目的与合理性、业务方向有何区别、如何避免同业化竞争等问题。	原件	PDF	加盖实际控制人/第一大股东公章,多页加盖骑缝章。
		10	关联私募基金管理人自律合规连带责任承诺函	关联方中有已登记私募基金管理人,或控股股东/第一大股东为已登记私募基金管理人的需提交。	如有		关联私募基金管理人出具承诺函,承诺若申请机构展业中出现违法违规情形,应当承担相应的合规连带责任和自律处分后果。	原件	PDF	加盖关联私募基金管理人公章。
		11	其他相关证明文件	申请机构的设立或后续展业如有政府支持性文件、招投标证明、引导基金相关批复、行业知名机构举荐函/推荐信等相关支持文件可一并上传。	如有			原件/复印件	PDF	复印件需加盖申请机构公章,多页加盖骑缝章。

续表

页签序号	页签名称	序号	申请材料名称	特殊适用情形说明	是否必填	是否有模板	内容要求	原件/复印件	上传文件格式	签章要求
2	相关制度	12	运营风险控制制度、信息披露制度、机构内部交易记录制度、防范内幕交易、利益冲突的投资交易制度、合格投资者风险揭示制度、合格投资者内部审核流程及相关制度、私募基金宣传推介、募集相关规范制度、其他制度（如防范关联交易，利益输送等制度）		必填		申请机构应根据其拟申请的私募基金管理业务建立与之相适应的制度，制度应根据申请机构自身实际情况制定，不可照搬照抄。	原件/复印件	PDF 或 ZIP	复印件需加盖申请机构公章。
3	机构持牌及关联方信息	13	冲突业务关联方承诺函及冲突业务许可证明文件	关联方经营范围含冲突业务。	如有		1. 申请机构与冲突业务关联方共同出具不存在利益输送的承诺函，承诺申请机构自身及其未来管理的私募基金均不涉及民间借贷、民间融资、配资业务、小额理财、小额借贷、P2P/P2B、众筹、保理、融资租赁、担保、房地产开发、交易平台、典当等可能与私募投资基金属性相冲突的业务。（申请机构与冲突业务关联方均需出具） 2. 从事小额贷款、融资租赁、商业保理、融资担保、互联网金融、典当等冲突业务（房地产除外）的关联方需提供相关主管部门的正式许可文件。	原件/复印件	PDF 或 JPG	申请机构与冲突业务关联方加盖公章，承诺函可一页出具共同盖章，也可分别出具各自盖章；冲突业务许可证明文件若上传复印件需加盖冲突业务关联方公章。

续表

页签序号	页签名称	序号	申请材料名称	特殊适用情形说明	是否必填	是否有模板	内容要求	原件/复印件	上传文件格式	签章要求
4	诚信信息	14	申请机构处罚决定书	存在诚信信息，需上传相关文件。	如有		最近三年受到刑事处罚； 最近三年受到证监会的行政处罚； 最近三年被证监会采取行政监管措施； 最近三年受到其他监管部门的行政处罚； 最近三年被基金业协会或其他自律组织采取自律措施； 最近三年涉及诉讼或仲裁； 最近三年其他合法合规及诚信情况。	原件/复印件	PDF	复印件需加盖申请机构公章，多页加盖骑缝章。
5	财务信息	15	资产负债表、利润表、现金流量表；审计报告及经审计的财务报告；最近季度的财报	1. 申请机构成立满一个会计年度需提交审计报告。 2. 申请机构成立不满一个会计年度自愿提交审计报告，但近期资产负债表、损益表及现金流量表需上传。	—		年度审计报告距提交申请时间较长的，请上传本年度最近季度的财务报告。（季报不强制经审计）	原件/复印件	资产负债表、利润表、现金流量表上传 EXCEL 版本； 审计报告 PDF 版本	加盖申请机构公章，多页加盖骑缝章； 原件应有会计师事务所公章，复印件需加盖申请机构公章、多页加盖骑缝章。
6	出资人信息	16	营业执照或主体资格证明文件	非自然人出资人提供。	必填		若出资人实现了三证合一，组织机构代码证、营业执照、税务登记证均需要上传三证合一后的营业执照。	原件/复印件	PDF 或 JPG	营业执照或主体资格证明文件复印件需加盖出资人公章。

续表

页签序号	页签名称	序号	申请材料名称	特殊适用情形说明	是否必填	是否有模板	内容要求	原件/复印件	上传文件格式	签章要求
6	出资人信息	17	证件扫描件、学位/学历证明文件	自然人出资人提供。	必填		证件扫描件为身份证、台胞证、港澳通行证、护照等 1. 高中以上学位证、毕业证、结业证等。（高中学历证明无须提交，但最高学历为高中的需提交） 2. 取得外国学历学位的，需补充提交教育部学历学位认证证明文件。（早年取得无认证的无须提交） 3. 如遗失，可上传相关机构（如毕业学校、人事档案所在机构）出具的有效证明或学信网学籍验证报告。 4. 学历请按照学位证填写为博士、硕士、本科、专科、专升本、成人高考、自考、电大、网络教育、其他。	原件/复印件	PDF 或 JPG	学位/学历证明文件复印件需加盖申请机构公章。
		18	实缴出资证明		必填		应提交验资报告或银行回单（优选银行回单），记载的出资人、认缴资本额、实缴资本额与工商登记信息一致；如实缴出资后发生出资人变更，可将原出资证明（验资报告或银行回单）、股权转让协议、股权转让款银行转账回单一并上传，或重新出具验资报告。	原件	PDF	银行回单需加盖银行业务章，验资报告需加盖会计师事务所公章。

续表

页签序号	页签名称	序号	申请材料名称	特殊适用情形说明	是否必填	是否有模板	内容要求	原件/复印件	上传文件格式	签章要求
6	出资人信息	19	申请机构股权架构合理性说明	申请机构股权架构超过三层。	如有		申请机构股权架构向上穿透超过三层的,申请机构应说明多层股权架构设置的合理性及必要性,上穿出资人如为SPV的应说明设立目的及出资来源; 出资人为地方政府融资平台的,请申请机构出具承诺函,承诺将在产品运作过程中符合六部委《关于进一步规范地方政府举债融资行为的通知》(财预〔2017〕50号)及财政部印发《关于规范金融企业对地方政府和国有企业投融资行为有关问题的通知》(财金〔2018〕23号)的相关规定规范运作。	原件	PDF	加盖申请机构公章,多页加盖骑缝章。
		20	持股平台不开展经营性业务承诺函	出资人仅为持股平台。	如有		出资人承诺自身仅为持股平台,不开展经营性业务。	原件	PDF	加盖出资人公章。
		21	出资人出资能力证明		必填		1. 自然人出资人的出资能力证明包括:固定资产(非首套房屋产权证)、非固定资产(不限于薪资收入证明、完税证明、理财收入证明、配偶收入等),如为银行账户存款或理财金额,可提供近半年银行流水及金融资产证明;如涉及家族资产,应说明具体来源等情况。 2. 非自然人出资人的出资能力证明如为经营性收入,应结合成立时间、实际业务情况、营收情况等论述收入来源合理与合法性,并提供审计报告等证明材料。 3. 出资能力证明应包括资产所有权证明及该资产的合法来源证明,律师应结合上述证明材料,核查财产证明真实性、估计及除贷后净值、资产来源及合法性、股东是否具备充足的出资能力等。	原件/复印件	PDF	复印件需加盖申请机构公章,多页加盖骑缝章。

续表

页签序号	页签名称	序号	申请材料名称	特殊适用情形说明	是否必填	是否有模板	内容要求	原件/复印件	上传文件格式	签章要求
7	实际控制人/第一大股东	22	营业执照或主体资格证明	非自然人实际控制人/第一大股东提供。	必填		若实际控制人实现了三证合一，组织机构代码证、营业执照、税务登记证均需要上传三证合一后的营业执照。	原件/复印件	PDF 或 JPG	复印件需加盖实际控制人公章。
		23	证件扫描件、学位/学历证明文件	自然人实际控制人/第一大股东提供。	必填		证件扫描件为身份证、台胞证、港澳通行证、护照等 1. 高中以上学位证、毕业证、结业证等。（高中学历证明无须提交，但最高学历为高中的需提交） 2. 取得外国学历学位的，需补充提交教育部学历学位认证证明文件。（早年取得无认证的无须提交） 3. 如遗失，可上传相关机构（如毕业学校、人事档案所在机构）出具的有效证明或学信网学籍验证报告。 4. 学历请按照学位证填写为博士、硕士、本科、专科、专升本、成人高考、自考、电大、网络教育、其他。	原件/复印件	PDF 或 JPG	学位/学历证明文件复印件需加盖申请机构公章。
		24	实际控制人与管理人之间的控制关系图		必填		实际控制人是指控股股东或能够实际支配企业运营的自然人、法人或其他组织，认定实际控制人应穿透至自然人、上市公司、国有控股企业或受外国金融监管部门监管的境外机构。 控制关系图应完整展示申请机构全部直接出资人及出资比例，并披露各直接出资人向上逐层穿透情况直至最终出资人（自然人、上市公司实控、政府部门、事业单位等）。除依据控股股东上穿认定实际控制人的情形外，其他实际控制人认定理由应在图下做简要说明；如有一致行动协议或其他协议安排，应将相关文件附于控制关系图后一并上传。 申请机构通过一致行动协议认定实际控制人的，应上传一致行动协议。	原件	PDF	实际控制人/第一大股东若为自然人，应在控制关系图上签字；若为非自然人，应在控制关系图上加盖公章。

续表

页签序号	页签名称	序号	申请材料名称	特殊适用情形说明	是否必填	是否有模板	内容要求	原件/复印件	上传文件格式	签章要求
7	实际控制人/第一大股东	25	实际控制人保持实际控制及自律合规连带责任承诺函	关联方中有已登记的私募基金管理人,或控股股东/第一大股东为已登记的私募基金管理人。	如有		申请机构第一大股东及实际控制人出具书面承诺函,承诺申请机构完成私募基金管理人登记后,继续持有申请机构股权及保持实际控制不少于三年;实际控制人承诺若申请机构展业中出现违法违规情形,应当承担相应的合规连带责任和自律处分后果。 申请机构的实际控制人为自然人,且不在申请机构担任高管的,应说明原因,并说明申请机构实际控制人如何在不担任公司高管的情况下参与公司经营管理。	原件	PDF	自然人实际控制人/第一大股东签字,非自然人实际控制人/第一大股东盖章。
8	高管人员	26	证件扫描件、学位/学历证明文件		必填		证件扫描件为身份证、台胞证、港澳通行证、护照等 1. 高中以上学位证、毕业证、结业证等。(高中学历证明无须提交,但最高学历为高中的需提交) 2. 取得外国学历学位的,需补充提交教育部学历学位认证证明文件。(早年取得无认证的无须提交) 3. 如遗失,可上传相关机构(如毕业学校、人事档案所在机构)出具的有效证明或学信网学籍验证报告。 4. 学历请按照学位证填写为博士、硕士、本科、专科、专升本、成人高考、自考、电大、网络教育、其他。	原件/复印件	PDF 或 JPG	学位/学历证明文件复印件需加盖申请机构公章。

续表

页签序号	页签名称	序号	申请材料名称	特殊适用情形说明	是否必填	是否有模板	内容要求	原件/复印件	上传文件格式	签章要求
8	高管人员	27	劳动合同及社保缴纳记录		必填		提交申请机构与高管签订的劳动合同，国企委派任职高管提供派出单位出具的委派任职文件； 社保缴纳记录应显示高管姓名及申请机构名称，新参保无缴费记录的可提供社保增员记录等；第三方人力资源服务机构代缴的上传申请机构签署的代缴协议、人力资源服务资质证明文件、代缴记录；退休返聘的上传退休证。	原件	PDF	劳动合同应由员工签字、申请机构加盖公章，国企委派任职文件加盖委派单位公章；社保缴纳记录应加盖社保主管部门章。
		28	高管承诺函	高管承诺系统填写信息真实、准确、完整。	必填		高管需承诺法律意见书中披露及系统填报的基本信息、诚信信息、兼职及挂职信息真实、准确、完整，无系统填报以外的诚信信息及兼职挂职信息。	原件/复印件	PDF	复印件需高管签字并加盖申请机构公章，多页加盖骑缝章。
		29	高管及团队员工投资管理经验证明		必填		提供高管或投资人员股权（含创投）项目成功退出证明，包括但不限于管理产品的证明材料、退出材料等；申请机构高管人员、团队员工在其岗位或私募投资基金领域具备专业能力的证明材料。	原件/复印件	PDF	复印件需加盖申请机构公章，多页加盖骑缝章。

续表

页签序号	页签名称	序号	申请材料名称	特殊适用情形说明	是否必填	是否有模板	内容要求	原件/复印件	上传文件格式	签章要求
9	管理人登记法律意见书	30	律师事务所执业许可证		必填			原件/复印件	PDF 或 JPG	复印件加盖律师事务所公章,多页加盖骑缝章。
		31	法律意见书		必填			原件	PDF	加盖律师事务所公章及骑缝章,列明经办律师的姓名及其执业证件号码并由经办律师签字,出具日期应清晰明确。
		32	律师尽调底稿		—		律师可自愿选择上传对于申请机构尽职调查的相关材料。	原件	PDF	加盖律师事务所公章,列明经办律师的姓名及其执业证件号码并由经办律师签字,出具日期应清晰明确。

附录三　私募投资基金（证券类）备案申请材料清单

序号	附件名称	特殊适用情形说明	是否有模板	内容要求	原件/复印件	上传文件格式	签章要求
1	备案承诺函		有	1. 下载使用最新模板。 2. 产品名称需完整准确填写。	原件	PDF/JPG	1. 落款处加盖管理人公章，法定代表人/执行事务合伙人（委派代表）及合规风控负责人签章，多页加盖骑缝章。 2. 落款处填写本承诺函签署日期。
2	计划说明书/招募说明书/推介材料（盖章）			1. 招募说明书等募集推介材料应向投资者介绍的管理人基本情况、托管安排（如有）、基金费率、业绩报酬设定依据和计提方式、存续期、分级安排（如有）、主要投资领域、投资策略、投资方式等私募投资基金设立要素。 2. 募集推介材料还应向投资者详细揭示私募投资基金主要意向投资项目（如有）的主营业务、估值测算、基金投资款用途以及拟退出方式等信息。 3. 募集推介材料的内容应当与基金合同实质一致。	原件	PDF	招募说明书等募集推介材料应加盖募集机构公章，多页加盖骑缝章。

续表

序号	附件名称	特殊适用情形说明	是否有模板	内容要求	原件/复印件	上传文件格式	签章要求
3	销售协议（盖章）	基金存在委托募集			原件	PDF	基金销售协议应有基金销售机构与管理人的完整签章与签署日期，多页加盖骑缝章。
4	私募基金合同/合伙协议/公司章程 （原件及 word 版本）			1. 根据《私募投资基金合同指引 1 – 3 号》及《私募投资基金备案须知》（2019）签署基金合同。 2. Word 版本的内容须与实际签署盖章版的内容保持一致。 3. 基金合同/合伙协议/公司章程应当明确约定，在管理人客观上丧失继续管理私募投资基金的能力时，基金财产安全保障、维持基金运营或清算的应急处置预案和纠纷解决机制。 4. 基金合同/合伙协议/公司章程应当明确约定基金合同终止、解除及基金清算的安排。 5. 合伙型及公司型基金如无托管，应在合伙协议/公司章程中约定其他保障财产安全的制度措施和纠纷解决机制，并向投资者披露基本账户信息。 6. 如基金涉及关联交易，需在私募基金合同/合伙协议/公司章程中约定有效实施关联交易的风险控制机制。	原件	PDF Word 2007 及以上版本）	1. 基金合同应有各方完整签章及签署日期。 2. 契约型基金只需上传一份投资者、管理人与托管人签章的基金合同。 3. 合伙协议和公司章程应有全体投资者的签字和签署日期。 4. 基金合同（Word 版本）应上传清洁版本，请勿上传修订版、批注版等过程版本文件。

续表

序号	附件名称	特殊适用情形说明	是否有模板	内容要求	原件/复印件	上传文件格式	签章要求
5	托管协议	合伙型及公司型基金		1. 托管协议应当按照《证券投资基金法》《私募投资基金监督管理暂行办法》等法律法规明确约定托管人的权利义务、职责。 2. 根据《私募投资基金备案须知》(2019)，托管协议应明确约定托管人的权利义务、职责，包括但不限于以下义务、职责： (1)在管理人发生异常且无法履行管理职责时，托管人应当按照法律法规及合同约定履行托管职责，维护投资者权益； (2)托管人在监督管理人的投资运作过程中，发现管理人的投资或清算指令违反法律法规和自律规则以及合同约定的，应当拒绝执行，并向中国证券监督管理委员会(以下简称中国证监会)和协会报告。 3. 契约型基金相关托管内容应参照本条要求在基金合同中约定。	原件	PDF	托管协议应有各方完整签章及签署日期。
6	电子合同服务协议	采用电子合同			原件	PDF/ZIP/RAR	电子合同服务协议应有各方完整签章及签署日期。

续表

序号	附件名称	特殊适用情形说明	是否有模板	内容要求	原件/复印件	上传文件格式	签章要求
7	风险揭示书		有	1. 根据风险揭示书模板（见资产管理业务综合报送平台）签署风险揭示书。 2. 根据相关要求，风险揭示书应包含以下内容： （1）风险揭示书应充分揭示披露私募投资基金的资金流动性、基金架构、投资架构、底层标的、纠纷解决机制等各类投资风险。 （2）风险揭示书应在“特殊风险揭示”部分详细、明确、充分揭示募集机构与管理人存在关联关系、关联交易、单一投资标的、通过特殊目的载体投向标的、契约型私募投资基金管理人股权代持等特殊风险或业务安排。	原件	PDF/ZIP/RAR	1. 风险揭示书应有募集机构与投资者的完整签章与签署日期。 2. 投资者应按照《私募投资基金募集行为管理办法》的相关规定，对风险揭示书中“投资者声明”部分所列的 13 项声明签字签章确认。自然人投资者应在每项声明段尾签名，机构投资者应在声明首页、尾页盖章，加盖骑缝章。 3. 备案时应上传所有投资者签署的风险揭示书。管理人在资产管理业务综合报送平台（AMBERS 系统）进行私募投资基金季度更新时，应当及时更新上传所有投资者签署的风险揭示书。
8	实缴出资证明与基金成立日证明			1. 实缴出资证明： （1）本基金有托管的，需上传托管人开具的资金到账通知书。 （2）本基金无托管的，需上传会计事务所开具的验资证明或投资者将投资款打入基金账户的银行回单等第三方出具的证明。其中，募集规模证明为银行回单的，收款账户名称应与基金名称一致，付款账户名称应与投资者信息一致，若不一致，请管理人出函说明原因。 （3）基金备案通过前发生投资者基金份额转让的，应上传基金份额转让各方签署的份额转让协议。	原件	PDF	1. 募集规模证明为托管人开具的资金到账通知书的，需加盖托管人公章。 2. 募集规模证明为银行回单的，需加盖银行公章。 3. 募集规模证明为会计事务所开具的验资证明或第三方出具的证明，需加盖会计事务所或第三方公章。 4. 基金成立证明为本基金实缴出资证明或基金合同与托管人开具的资金到账通知书的，无须在本附件处额外上传证明文件。

续表

序号	附件名称	特殊适用情形说明	是否有模板	内容要求	原件/复印件	上传文件格式	签章要求
				2. 基金成立日证明： （1）本基金的组织形式为契约型的，基金成立日证明应为托管人开具的资金到账通知书。 （2）本基金的组织形式为合伙型或公司型的，基金成立日证明应以基金合同签署日期或投资者对本基金首轮实缴款到位时间为准。 （3）Ambers 系统产品备案模块中“基金成立日”字段应按基金成立日证明文件内容填报。			
9	私募投资基金投资者风险问卷调查				原件	PDF/ZIP/RAR	风险问卷调查应有募集机构与投资者的完整签章与签署日期。
10	基金的工商公示信息截图	合伙型及公司型基金		1. 合伙型或公司型基金设立或发生登记事项变更的，应当按照《合伙企业法》或《公司法》规定的程序和期限要求，向工商登记机关申请办理登记或变更登记。 2. 截至本基金备案申请最新提交日期，合伙型或公司型基金发生登记事项变更的，若已完成工商变更，应上传变更后的工商公示信息截图；若未完成工商变更，除上传工商公示信息截图外，还应上传包含变更信息的工商变更受理函。如确无工商变更受理函，应提交工商变更承诺函。 3. 工商公示信息截图需包括企业名称、统一社会信用代码、执行事务合伙人或法定代表人、合伙期限或营业期限、主要经营场所或住所、经营范围及全体合伙人或股东信息等相关信息，其中合伙人或股东信息应与投资者明细、合伙协议或公司章程信息保持一致。	原件/复印件	PDF/JPG	1. 工商公示信息截图需加盖管理人公章。 2. 工商变更受理函应有工商局完整签章及签署日期。 3. 工商变更承诺函需加盖管理人公章。

续表

序号	附件名称	特殊适用情形说明	是否有模板	内容要求	原件/复印件	上传文件格式	签章要求
11	委托管理协议	1. GP与管理人分离的合伙型基金 2. 受托管理的公司型基金		委托管理协议是由本基金、GP与管理人签署的，委托管理人管理本基金的协议。	原件	PDF	委托管理应有本基金、GP与管理人的完整签章与签署日期。
12	募集结算资金专用账户监督协议或相关证明文件	募集行为发生于2016年7月15日后		1. 募集结算资金专用账户监督协议或相关证明文件的要求，请参照《私募投资基金募集行为管理办法》第13条的相关内容。 2. 当募集机构与募集监督机构不是同一机构时，请上传募集结算资金专用账户监督协议；当募集机构与募集监督机构为同一机构时，请上传防火墙制度及防范利益冲突制度。 3. 当募集机构与不同监督机构签订监督协议时，请合并成一份文件上传。	原件	PDF	募集结算资金专用账户监督协议应有募集机构与募集监督机构的完整签章与签署日期。
13	管理人员工证明文件	投资者中存在员工跟投		1. 管理人员工证明文件应为所有跟投员工和管理人签署的劳动合同及管理人注册地社保局出具的社保证明。 2. 如员工社保由第三方机构代缴的，应上传员工劳动合同、社保缴纳记录和管理人与代缴方签署的人事委托合同，同时代缴方应为具有人力资源服务资质的机构。	原件	PDF	1. 管理人注册地社保局出具的社保证明应有社保局盖章。 2. 管理人与社保缴纳单位签署的人事委托合同应包含双方签章。

续表

序号	附件名称	特殊适用情形说明	是否有模板	内容要求	原件/复印件	上传文件格式	签章要求
14	信托计划事前报备表或中国信托登记有限责任公司信托登记系统初始登记完成通知书	管理人担任信托计划的投资顾问			原件	PDF	信托计划事前报备表需加盖信托公司公章。
15	外包服务协议（盖章）	基金有外包服务机构		外包服务协议须满足《私募投资基金服务业务管理办法》的相关要求。	原件	PDF/ZIP/RAR	外包服务协议应有管理人与外包服务机构完整签章及签署日期。
16	投资顾问协议	基金有投资顾问			原件	PDF/ZIP/RAR	投资顾问协议应有管理人与投资顾问机构完整签章及签署日期。
17	跨境投资许可证明文件	基金涉及跨境投资		跨境投资许可证明文件包括签署的QDII协议、商务部或外汇管理局签发的跨境投资许可、金融办的批复等文件。	原件	PDF	跨境投资许可证明文件应加盖相关机构签章。
18	普通合伙人与管理人存在关联关系的证明文件	GP与管理人分离的合伙型基金		本基金管理人应与普通合伙人存在关联关系。关联关系指根据《企业会计准则第36号——关联方披露》的规定，一方控制、共同控制另一方或对另一方施加重大影响，以及两方或两方以上同受一方控制、共同控制或重大影响的，构成关联方，同时，如普通合伙人系由基金管理人高管团队及其他关键岗位人员出资情形，同样认定存在关联关系。	原件	PDF	关联关系说明文件需加盖管理人公章。

续表

序号	附件名称		特殊适用情形说明	是否有模板	内容要求	原件/复印件	上传文件格式	签章要求
19	其他相关文件	投资者资金来源承诺及出资能力证明（或有）	1. 投资者资金来源存疑 2. 投资者对基金出资金额与其出资能力匹配存疑		1. 出资能力证明应为投资者的金融资产证明或未来收入证明等文件，且满足金融资产的预计变现价值与预计未来收入的总和可覆盖投资者对基金的累计实缴出资。 2. 自然人投资者的出资能力证明文件包括但不限于银行存款、股票、债券、基金份额、资产管理计划、银行理财产品、信托计划、保险产品、期货权益等金融资产、投资类不动产/特殊动产、公司股权等非金融资产和一定时期内的薪资收入流水、分红流水、投资收益流水及其完税证明等文件。 3. 机构投资者的出资能力证明文件包括但不限于验资报告、最近年度审计报告等文件。	原件	PDF/ZIP/RAR	出资能力证明文件应加盖相关机构签章。
		P2P 关联机构说明函（或有）	管理人为 P2P 关联机构		管理人为 P2P 关联机构的，需上传以下材料： 1. 管理人与 P2P 平台的关联关系和风险自查说明。 2. P2P 平台方自身业务合规及风险自查说明。 3. 管理人及其实际控制人制定所涉 P2P 业务对私募基金的潜在衍生风险的处置预案。 4. 风险揭示书应披露管理人为 P2P 关联机构以及 P2P 风险对产品的影响。 5. 其他相关说明文件。			1. 管理人与 P2P 平台的关联关系和风险自查说明需加盖管理人公章。 2. P2P 平台方自身业务合规及风险自查说明需加盖 P2P 平台公章。 3. 管理人及其实际控制人制定的所涉 P2P 业务对私募基金的潜在衍生风险的处置预案需加盖管理人及其实际控制人签章。 4. 其他相关说明文件应加盖机构签章。
20	管理人（投顾）需要说明问题的文件							管理人（投顾）需要说明问题的文件应加盖相关机构签章。

附录四　私募投资基金(非证券类)备案申请材料清单

序号	附件名称	特殊适用情形说明	是否有模板	内容要求	原件/复印件	上传文件格式	签章要求
1	备案承诺函		有	1. 下载使用最新模板。 2. 产品名称需完整准确填写。	原件	PDF/JPG	1. 落款处加盖管理人公章,法定代表人/执行事务合伙人(委派代表)及合规风控负责人签章,多页加盖骑缝章。 2. 落款处填写本承诺函签署日期。
2	计划说明书/招募说明书/推介材料(盖章)			1. 招募说明书等募集推介材料应向投资者介绍的管理人基本情况、托管安排(如有)、基金费率、业绩报酬设定依据和计提方式、存续期、分级安排(如有)、主要投资领域、投资策略、投资方式等私募投资基金设立要素。 2. 募集推介材料还应向投资者详细揭示私募投资基金主要意向投资项目(如有)的主营业务、估值测算、基金投资款用途以及拟退出方式等信息。 3. 募集推介材料的内容应当与基金合同实质一致。	原件	PDF	招募说明书等募集推介材料应加盖募集机构公章,多页加盖骑缝章。

续表

序号	附件名称	特殊适用情形说明	是否有模板	内容要求	原件/复印件	上传文件格式	签章要求
3	基金销售协议（盖章）	基金存在委托募集			原件	PDF	基金销售协议应有基金销售机构与管理人的完整签章与签署日期，多页加盖骑缝章。
4	私募基金合同/合伙协议/公司章程 （原件及 Word 版本）			1. 根据《私募投资基金合同指引 1－3 号》及《私募投资基金备案须知》（2019）签署基金合同。 2. Word 版本的内容须与实际签署盖章版内容保持一致。 3. 基金合同/合伙协议/公司章程应当明确约定，在管理人客观上丧失继续管理私募投资基金的能力时，基金财产安全保障、维持基金运营或清算的应急处置预案和纠纷解决机制。 4. 基金合同/合伙协议/公司章程应当明确约定基金合同终止、解除及基金清算的安排。 5. 合伙型及公司型基金如无托管，应在合伙协议/公司章程中约定其他保障财产安全的制度措施和纠纷解决机制，并向投资者披露基本账户信息。 6. 如基金涉及关联交易，应在私募基金合同/合伙协议/公司章程中约定有效实施关联交易的风险控制机制。 7. 如基金投向房地产领域，应在基金合同/合伙协议/公司章程中约定遵守《证券期货经营机构私募资产管理计划备案管理规范第 4 号——私募资产管理计划投资房地产开发企业、项目》的相关规定。	原件	PDF Word 2007 及以上版本）	1. 基金合同应有各方完整签章及签署日期。 2. 契约型基金只需上传一份投资者、管理人与托管人签章的基金合同。 3. 合伙协议和公司章程应有全体投资者的签字和签署日期。 4. 基金合同（Word 版本）应上传清洁版本，请勿上传修订版、批注版等过程版本文件。

续表

序号	附件名称	特殊适用情形说明	是否有模板	内容要求	原件/复印件	上传文件格式	签章要求
5	托管协议	合伙型及公司型基金		1. 托管协议应当按照《证券投资基金法》《私募投资基金监督管理暂行办法》等法律法规明确约定托管人的权利义务、职责。 2. 根据《私募投资基金备案须知》(2019)，托管协议应明确约定托管人的权利义务、职责，包括但不限于以下义务、职责： (1)在管理人发生异常且无法履行管理职责时，托管人应当按照法律法规及合同约定履行托管职责，维护投资者权益； (2)托管人在监督管理人的投资运作过程中，发现管理人的投资或清算指令违反法律法规和自律规则以及合同约定的，应当拒绝执行，并向中国证券监督管理委员会和协会报告。 3. 契约型基金相关托管内容应参照本条要求在基金合同中约定。	原件	PDF	托管协议应有各方完整签章及签署日期。
6	电子合同服务协议	采用电子合同			原件	PDF/ZIP/RAR	电子合同服务协议应有各方完整签章及签署日期。

续表

序号	附件名称	特殊适用情形说明	是否有模板	内容要求	原件/复印件	上传文件格式	签章要求
7	风险揭示书		有	1. 根据风险揭示书模板（见资产管理业务综合报送平台）签署风险揭示书。 2. 根据相关要求，风险揭示书应包含以下内容： （1）风险揭示书应充分揭示披露私募投资基金的资金流动性、基金架构、投资架构、底层标的、纠纷解决机制等各类投资风险。 （2）风险揭示书应在“特殊风险揭示”部分详细、明确、充分揭示募集机构与管理人存在关联关系、关联交易、单一投资标的、通过特殊目的载体投向标的、契约型私募投资基金管理人股权代持等特殊风险或业务安排。	原件	PDF/ZIP/RAR	1. 风险揭示书应有募集机构与投资者的完整签章与签署日期。 2. 投资者应按照《私募投资基金募集行为管理办法》的相关规定，对风险揭示书中“投资者声明”部分所列的 13 项声明签字签章确认。自然人投资者应在每项声明段尾签名，机构投资者应在声明首页、尾页盖章，加盖骑缝章。 3. 备案时应上传所有投资者签署的风险揭示书。管理人在资产管理业务综合报送平台（AMBERS 系统）进行私募投资基金季度更新时，应当及时更新上传所有投资者签署的风险揭示书。
8	产品架构图		有	上传风险揭示书中披露的产品架构图，内容需包含本基金投资者（向上穿透到顶）、管理人、GP（如有）、托管人（如有）与投资标的（向下穿透到底）及基金获取投资标的的交易对手方（如有）等要素，同时列明每一层的投资金额、投资方式（投资方式包括但不限于股权、债权与可转债投资）及投资比例等信息。	原件	PDF	产品架构图需加盖管理人公章。

续表

序号	附件名称	特殊适用情形说明	是否有模板	内容要求	原件/复印件	上传文件格式	签章要求
9	实缴出资证明与基金成立日证明			1. 实缴出资证明： (1)本基金有托管的，需上传托管人开具的资金到账通知书。 (2)本基金无托管的，需上传会计事务所开具的验资证明或投资者将投资款打入基金账户的银行回单等第三方出具的证明。其中，募集规模证明为银行回单的，收款账户名称应与基金名称一致，付款账户名称应与投资者信息一致，若不一致，请管理人出函说明原因。 (3)基金备案通过前发生投资者基金份额转让的，应上传基金份额转让各方签署的份额转让协议。 2. 基金成立证明： (1)本基金的组织形式为契约型的，基金成立日证明应为托管人开具的资金到账通知书。 (2)本基金的组织形式为合伙型或公司型的，基金成立日证明应以基金合同签署日期或投资者对本基金首轮实缴款到位时间为准。 (3)AMBERS 系统产品备案模块中“基金成立日”字段应按基金成立日证明文件内容填报。	原件	PDF	1. 募集规模证明为托管人开具的资金到账通知书的，需加盖托管人公章。 2. 募集规模证明为银行回单的，需加盖银行公章。 3. 募集规模证明为会计事务所开具的验资证明或第三方出具的证明，需加盖会计事务所或第三方公章。 4. 基金成立证明为本基金实缴出资证明或基金合同与托管人开具的资金到账通知书的，无须在本附件处额外上传证明文件。
10	私募投资基金投资者风险问卷调查				原件	PDF/ZIP/RAR	风险问卷调查应有募集机构与投资者的完整签章与签署日期。

续表

序号	附件名称	特殊适用情形说明	是否有模板	内容要求	原件/复印件	上传文件格式	签章要求
11	基金的工商公示信息截图	合伙型及公司型基金		1. 合伙型或公司型基金设立或发生登记事项变更的，应当按照《合伙企业法》或《公司法》规定的程序和期限要求，向工商登记机关申请办理登记或变更登记。 2. 截至本基金备案申请最新提交日期，合伙型或公司型基金发生登记事项变更的，若已完成工商变更，应上传变更后的工商公示信息截图；若未完成工商变更，除上传工商公示信息截图外，还应上传包含变更信息的工商变更受理函。如确无工商变更受理函，应提交工商变更承诺函。 3. 工商公示信息截图需包括企业名称、统一社会信用代码、执行事务合伙人或法定代表人、合伙期限或营业期限、主要经营场所或住所、经营范围及全体合伙人或股东信息等相关信息，其中合伙人或股东信息应与投资者明细、合伙协议或公司章程信息保持一致。	原件/复印件	PDF/JPG	1. 工商公示信息截图需加盖管理人公章。 2. 工商变更受理函应有工商局完整签章及签署日期。 3. 工商变更承诺函需加盖管理人公章。
12	委托管理协议	1. GP与管理人分离的合伙型基金 2. 受托管理的公司型基金		委托管理协议是由本基金、GP与管理人签署的，委托管理人管理本基金的协议。	原件	PDF	委托管理应有本基金、GP与管理人的完整签章与签署日期。

续表

序号	附件名称	特殊适用情形说明	是否有模板	内容要求	原件/复印件	上传文件格式	签章要求
13	募集结算资金专用账户监督协议或相关证明文件	募集行为发生于2016年7月15日后		1. 募集结算资金专用账户监督协议或相关证明文件的要求，请参照《私募投资基金募集行为管理办法》第13条的相关内容。 2. 当募集机构与募集监督机构不是同一机构时，请上传募集结算资金专用账户监督协议；当募集机构与募集监督机构为同一机构时，请上传防火墙制度及防范利益冲突制度。 3. 当募集机构与不同监督机构签订监督协议时，请合并成一份文件上传。	原件	PDF	. 募集结算资金专用账户监督协议应有募集机构与募集监督机构的完整签章与签署日期。
14	管理人员工证明文件	投资者中存在员工跟投		1. 管理人员工证明文件应为所有跟投员工和管理人签署的劳动合同及管理人注册地社保局出具的社保证明。 2. 如员工社保由第三方机构代缴的，应上传员工劳动合同、社保缴纳记录和管理人与代缴方签署的人事委托合同，同时代缴方应为具有人力资源服务资质的机构。	原件	PDF	1. 管理人注册地社保局出具的社保证明应有社保局盖章。 2. 管理人与社保缴纳单位签署的人事委托合同应包含双方签章。
15	外包服务协议（盖章）	基金有外包服务机构		外包服务协议须满足《私募投资基金服务业务管理办法》的相关要求。	原件	PDF/ZIP/RAR	外包服务协议应有管理人与外包服务机构完整签章及签署日期。
16	跨境投资许可证明文件	基金涉及跨境投资		跨境投资许可证明文件包括签署的QDII协议、商务部或外汇管理局签发的跨境投资许可、金融办的批复等文件。	原件	PDF	跨境投资许可证明文件应加盖相关机构签章。

续表

序号	附件名称	特殊适用情形说明	是否有模板	内容要求	原件/复印件	上传文件格式	签章要求
17	普通合伙人与管理人存在关联关系的证明文件	GP与管理人分离的合伙型基金		1 本基金管理人应与普通合伙人存在关联关系。 2. 关联关系指根据《企业会计准则第36号——关联方披露》一方控制、共同控制另一方或对另一方施加重大影响，以及两方或两方以上同受一方控制、共同控制或重大影响的，构成关联方，同时，如普通合伙人系由基金管理人高管团队及其他关键岗位人员出资情形，同样认定存在关联关系。	原件	PDF	关联关系说明文件需加盖管理人公章。
18	政府类引导基金批文	政府引导基金		1. 政府引导基金批文指财政部门或财政部门会同有关行业主管部门报本级政府批准的批文等公示证明文件。 2. 该批文需包含引导基金与管理人等相关信息。	原件/复印件	PDF	政府类引导基金批文应加盖相关机构签章。
19	其他相关文件：PPP项目入库证明（或有）	基金拟投资PPP项目		本基金拟投资的PPP项目应为政府和社会资本合作（PPP）综合信息平台项目库或发改委的PPP项目库的入库项目，并上传拟投资PPP项目的入库截图。	原件	PDF/ZIP/RAR	PPP项目入库截图应加盖管理人公章。

续表

序号	附件名称		特殊适用情形说明	是否有模板	内容要求	原件/复印件	上传文件格式	签章要求
19	其他相关文件	上市公司并购重组（含纾困）基金、抗疫基金、扶贫基金等符合特殊政策基金的业务支持文件（或有）	基金满足特殊政策要求		1. 符合特殊政策基金的业务支持文件包括但不限于本基金的《政府决议文件》、《政府会议纪要》、《立项报告》、《投资框架协议》、《投资意向书》和《尽调报告》等相关文件。 2. 请打包上传符合特殊政策基金的业务支持文件，并统一命名为“上市公司并购重组类（或抗击疫情医药卫生类、扶贫类）私募基金相关情况说明”。	原件	PDF/ZIP/RAR	符合特殊政策基金的业务支持文件应加盖相关机构签章。
		投资者资金来源承诺及出资能力证明（或有）	1. 投资者资金来源存疑 2. 投资者对基金出资金额与其出资能力匹配存疑		1. 出资能力证明应为投资者的金融资产证明或未来收入证明等文件，且满足金融资产的预计变现价值与预计未来收入的总和可覆盖投资者对基金的累计实缴出资。 2. 自然人投资者的出资能力证明文件包括但不限于银行存款、股票、债券、基金份额、资产管理计划、银行理财产品、信托计划、保险产品、期货权益等金融资产、投资类不动产/特殊动产、公司股权等非金融资产和一定时期内的薪资收入流水、分红流水、投资收益流水及其完税证明等文件。 3. 机构投资者的出资能力证明文件包括但不限于验资报告、最近年度审计报告等文件。			出资能力证明文件应加盖相关机构签章。

续表

序号	附件名称		特殊适用情形说明	是否有模板	内容要求	原件/复印件	上传文件格式	签章要求
19	其他相关文件	类REITs基金证明（或有）	基金采用类REITs架构的		类REITs基金应上传交易所出具的无异议函。	原件	PDF/ZIP/RAR	类REITS基金证明应加盖相关机构签章。
		P2P关联机构说明函（或有）	管理人为P2P关联机构		管理人为P2P关联机构的，需上传以下材料： 1. 管理人与P2P平台的关联关系和风险自查说明。 2. P2P平台方自身业务合规及风险自查说明。 3. 管理人及其实际控制人制定所涉P2P业务对私募基金的潜在衍生风险的处置预案。 4. 风险揭示书应披露管理人为P2P关联机构以及P2P风险对产品的影响。 5. 其他相关说明文件。			1. 管理人与P2P平台的关联关系和风险自查说明需加盖管理人公章。 2. P2P平台方自身业务合规及风险自查说明需加盖P2P平台公章。 3. 管理人及其实际控制人制定的所涉P2P业务对私募基金的潜在衍生风险的处置预案需加盖管理人及其实际控制人签章。 4. 其他相关说明文件应加盖机构签章。
20		管理人在管基金展业情况说明（或有）	特殊情况下核查需要		在管基金展业情况说明包括但不限于管理人在管基金的底层标的的主营业务、投资方式，投资金额，投后估值、工商确权情况、预计退出方式及涉及关联交易等信息的详细情况。			在管基金展业情况说明应加盖相关机构签章。
21	管理人需要说明问题的文件							管理人（投顾）需要说明问题的文件应加盖相关机构签章。

附录五　私募基金重大变更及清算申请材料清单

业务类型	序号	适用情形	内容要求	原件/复印件	上传文件格式	签章要求
重大变更	1	管理人变更	基金涉及管理人变更的，需上传： 1. 新签署的备案承诺函。 2. 新签署的基金合同。 3. 变更决议文件。 4. 本基金变更管理人的原因及合理性的说明函等。 5. 基金管理人变更涉及新旧管理人或新旧 GP 基金份额转让的，还需上传新旧管理人或新旧 GP 的基金份额转让协议以及基金最新的工商公示信息截图。	原件	PDF/ZIP/RAR	1. 变更决议文件应有全体投资者签字或盖章。 2. 基金合同、投资者明细、实缴出资证明等相关文件的签章要求请参照产品备案各附件的签章要求。 3. 管理人出具的说明函应加盖管理人公章。 4. 涉及产品重大变更的相关上传附件应按“基金全称—附件名称—变更日期”格式命名。 5. 管理人应根据变更决议文件内容修改 AMBERS 系统产品重大变更模块中相关字段，且应在变更页面下方的“变更内容描述”处逐条描述产品的变更内容。
	2	合伙型基金非管理人 GP 变更	1. 基金涉及 GP 变更的，需上传新签署的合伙协议、工商公示信息截图以及变更决议文件等。 2. 基金 GP 变更后涉及 GP 与管理人分离的还需上传与管理人存在关联关系的证明文件与委托管理协议等。			
	3	合伙型及公司型基金投资者变更	合伙型或公司型基金涉及新增或减少投资者、基金增资或减资以及投资者间基金份额转让等情形时，需上传： 1. 新签署的合伙协议、公司章程或变更决议文件。 2. 实缴出资证明。 3. 工商公示信息截图。 4. 份额转让协议（如有）。			
	4	基金产品名称变更	基金涉及产品名称变更的，需上传新签署的备案承诺函、基金合同、工商公示信息截图、变更公告（如有）、信息披露文件（如有）以及变更决议文件等。			
	5	合伙型及公司型基金注册地址变更	基金涉及注册地址变更的，需上传新签署的合伙协议、工商公示信息截图以及变更决议文件等。			

续表

业务类型	序号	适用情形	内容要求	原件/复印件	上传文件格式	签章要求
重大变更	6	基金展期	1. 基金展期需上传新签署的基金合同以及变更决议文件等。 2. 合伙型或公司型基金展期涉及工商登记到期日变更的，还需上传工商公示信息截图。			
	7	托管人变更	1. 基金涉及托管人变更或变更为有托管的，需上传新签署的托管协议或基金合同以及变更决议文件等。 2. 基金解除托管的，需上传其他保障财产安全的制度措施和纠纷解决机制协议以及变更决议文件等。			
	8	外包服务机构变更	1. 基金涉及外包机构变更或变更为有外包机构的，需上传新签署的外包服务协议以及变更决议文件等。 2. 基金解除外包服务的，需上传变更决议文件等。			
	9	基金投资顾问变更	1. 基金涉及投资顾问变更或变更为有投资顾问的，需上传新签署的投资顾问协议以及变更决议文件等。 2. 基金终止投资顾问协议的，需上传变更决议文件等。			
	10	募集监督机构变更	1. 基金变更或新增募集监督机构的，需上传新签署的募集结算资金专用账户监督协议以及变更决议文件等。 2. 基金解除募集监督的，需上传变更决议文件等。			
	11	投资经理变更	基金变更、罢免或新增投资经理或投资决策人的，需上传投资经理或投资决策人变更决议文件等。			
	12	基金合同发生投资范围、费用计提及申购赎回等条款变更	基金合同发生投资范围、费用计提及申购赎回安排等重大条款变更的，需上传最新签署的基金合同以及变更决议文件等。			
清算	1	清算开始	清算开始应上传基金清算承诺函和基金清算公告。	原件	PDF/JPG	1. 基金清算承诺函应加盖管理人公章。 2. 清算报告应有管理人、托管人或投资者签章。
	2	清算完成	清算完成应上传基金清算报告，清算报告中应包括基金财产分配情况。	原件	PDF	
	3	投顾关系解除	上传投顾关系解除文件。	原件	PDF	

附录六　私募投资基金市场、法律与监管路线

年/年代	国际私募基金市场与监管大事记	人民币基金监管大事记	人民币基金市场大事记
史前时代	➢ 1492 年西班牙女王伊莎贝拉一世资助意大利探险家克里斯托弗·哥伦布发现“新大陆”的航海探险旅行，有可能是人类历史上第一次风险投资实践。 ➢ 针对航海探险活动的融资行为是风险投资的雏形，船主和船长可以获得船载货物价值的 20%（称为 carried interest，即绩效分成）。 ➢ 纽约州与伦敦市分别于 1811 年和 1854 年立法确立公司股东的有限责任，奠定了股权投资的法律基础。 ➢ 1822 年有限合伙制被引入纽约州。 ➢ 1901 年 J. P Morgan & Co. 收购卡耐基钢铁公司，被认为是世界上第一笔杠杆收购。 ➢ 1916 年《美国统一有限合伙法》颁布。 ➢ 19 世纪前半叶的股权投资局限在铁路、电报等重资产行业或能产生稳定现金流的零售业。技术型初创企业因为难以估值以及被认为风险过高很难获得银行或公众融资，富裕家族成为其唯一的资金来源，也就此种下 VC 行业的萌芽。〔1〕	/	/

〔1〕 也有人把 19 世纪中叶北美的捕鲸业务视为现代风险投资的最早实践。Tom Nocholas, *VC: An American History*, Harvard Uniersity Press, July 2019.

续表

年/年代	国际私募基金市场与监管大事记	人民币基金监管大事记	人民币基金市场大事记
20 世纪 30 ~ 40 年代	美国 ➤《1933 年证券法》(Securities Act of 1933)创立适用于包括共同基金、封闭式基金份额等在内的所有"证券"的注册和公开发行的法律规范。 ➤《1934 年证券交易法》(Securities Exchange Act of 1934)授予美国证监会对于一个公平公正的证券交易市场的监管权力。 ➤ 1938 年 Eric M. Warburg 创立华平(Warburg Pincus)的前身 E. M. Warburg & Co. ➤《1940 年投资公司法》(Investment Company Act of 1940)创立适用于注册投资公司的监管架构。 ➤《1940 年投资顾问法》(Investment Advisers Act of 1940)建立了投资顾问的注册制度。 ➤"二战"之前的创业投资〔1〕由范德比尔特(Vanderbilt)、惠特妮(Whitney)、洛克菲勒(Rockefeller)和瓦尔堡(Warburg)等富裕家族主导。 ➤ 1946 年全球第一家现代意义上的创业投资公司——美国研究与发展公司(ARDC)于波士顿设立,也是第一家获得机构投资人投资的创投公司。"风投之父"乔治·多里奥特(George Doriot)在 ARDC 随后的发展过程中起到关键作用。 ➤ 1946 年洛克菲兄弟公司(Rockefeller Brothers,Inc.,RBI)和 J. H. Whitney & Company 创立。〔2〕	/	/

〔1〕 当时被称为"发展资本"(development capital)。

〔2〕 公司的业务描述为提供"私人风险资本"(private adventure capital),合伙人贝诺·C. 施密特(Benco C. Schmid,Sr.)把其简化为"venture capital",从而成为"创业投资"一词的缔造者。

续表

年/年代	国际私募基金市场与监管大事记	人民币基金监管大事记	人民币基金市场大事记
20 世纪 30 ~ 40 年代	➢ 1949 年全球第一只对冲基金由 Alfred Winslow Jones 创立。 欧洲 ➢ 1945 年 Industrial and Commercial Finance Corporation（"ICFC"）（3i 集团的前身）由英格兰银行及数家当时大型的英国银行成立，旨在为中小企业提供融资方案。	/	/
20 世纪 50 年代	美国 ➢《1958 年小企业投资法》（Small Business Investment Act of 1958）创立小企业投资公司（Small Business Investment Companies，SBIC）。由美国小企业管理局（US Small Business Administration，SBA）监管。以低息贷款和融资担保的形式鼓励成立小企业投资公司，通过小企业投资公司增加对小企业的股权投资。 ➢ 1959 年美国第一家有限合伙制创投企业 Draper Gaither and Anderson（DGA）设立。	/	/
20 世纪 60 年代	美国 ➢ PE 行业沿用至今的组织形式（有限合伙）及经济条款（1% ~2% 的管理费以及二八分成）基本形成。 ➢ 包括 Warren Buffet 的 Berkshire Hathaway-Inc. 在内的公开交易的控股公司（publicly traded holding companies）开始大行其道。其许多投资策略与理念与后世的 PE 投资并无二致。	/	/

续表

年/年代	国际私募基金市场与监管大事记	人民币基金监管大事记	人民币基金市场大事记
20 世纪 70 年代	美国 ➢ 1971 年纳斯达克股票市场创立。 ➢ 1972 年凯鹏华盈（KPCB）、红杉（Sequoia Capital）等采用了有限合伙、绩效分成等机制的专业 VC 机构在硅谷设立，解决了曾经困扰 ARDC 的 GP 和 LP 的利益一致性问题。 ➢ 1973 年美国创业投资协会（National Venture Capital Association, NVCA）创立。 ➢ 1976 年 KKR 成立，1978 年完成其第一只基金募集（含养老金出资），标志着专业化运作的并购投资基金（即狭义的 PE 基金）的出现。 ➢ 1978 年在 NVCA 的游说下，劳工部放松了《1974 年雇员退休收入保障法》（Employee Retirement Income Security Act of 1974, ERISA）的限制性规定，其谨慎人规则（prudent man rule）允许企业养老金以 LP 身份投资 PE 基金。 ➢《1978 年美国税收法案》（The 1978 Revenue Act）将长期资本利得税率由 49.5% 降至 28%。 ➢ 1979 年"PE 二级市场之父"Dayton Carr 完成 PE 二级市场第一笔交易。1982 年 Dayton Carr 创立第一家专注于 PE 二级市场投资的投资机构美国创业资本基金（Venture Capital Fund of America，即今天的 VCFA Group）。 ➢ 1979 年雅登投资（Adams Street）设立行业内第一只母基金。 欧洲 ➢ 英国开始允许金融机构投资 PE 基金，欧洲其他各国相继放松对私募股权投资的管制，允许银行和保险公司等机构进入私募股权投资行业。	/	/

续表

年/年代	国际私募基金市场与监管大事记	人民币基金监管大事记	人民币基金市场大事记
20 世纪 80 ~ 90 年代	美国 ➢《1980 年小企业投资激励法》(Small Business Investment Incentive Act of 1980),创设一种封闭型投资基金 –“商业发展公司”(Business Development Company,BDC)。 ➢《1981 年经济复苏税法》(Economic Recovery Tax Act of 1981)将长期资本利得税率由 28% 降至 20%,为 20 世纪 80 年代创投和杠杆收购行业的爆炸性增长奠定了基础。 ➢ 一批日后成为 PE 巨头的独立机构如贝恩资本(Bain Capital)(1984)、黑石(Blackstone)(1985)、凯雷(Carlyle)(1987)等先后成立。 ➢ 80 年代是并购基金的高光年代。PE 行业每年可以融到 24 亿美元的承诺出资,这一数字到 1989 年达到 219 亿美元。同时杠杆收购、高度依赖垃圾债融资、出售资产、裁员等减省开支做法无所不用其极,因此公众常把并购基金与擅长敌意收购甚至讹诈策略的“企业掠夺者”混为一谈。 ➢ 相形之下,同期(1980 ~ 1995 年)VC 基金的募集规模及增长都比较有限(1983 年为 30 亿美元,至 1994 年为 40 亿美元)。同时,获得 VC 支持的 FedEx、苹果、思科、微软等都在稳定健康成长,1980 ~ 1995 年又被称为“繁荣时代前期”。[1] ➢ 1989 年 KKR 收购 RJR Nabisco,创造最大 LBO 交易记录(并保持了近 17 年)。 ➢ 1989/1990 年垃圾债市场破灭,起始于 1982 年的 LBO 热潮告一段落。	➢ 1985 年 3 月 13 日,《中共中央关于科学技术体制改革的决定》(中发〔1985〕6 号)提出,首次在相关政府文件中提到“创业投资”。 ➢ 1995 年 9 月 6 日,人民银行发布《设立境外中国产业投资基金管理办法》(人民银行令第 7 号现已失效),鼓励在境外设立基金,投资于中国境内产业项目。 ➢ 1996 年全国人大通过《中华人民共和国促进科技成果转化法》,首次将风险投资/创业投资概念纳入法律条款。 ➢ 1998 年 1 月国家创业投资机制研究小组成立,研究推动创业投资发展的政策措施。 ➢ 1998 年民建提交“政协一号提案”《关于加快发展我国风险投资事业的提案》。 ➢ 1999 年初《基金法》正式列入全国人大常委会立法工作计划,当时曾经设想起草一部统一的“投资基金法”,涵盖风险投资基金、产业(创业)投资基金和证券投资基金。 ➢ 1999 年 12 月 30 日科技部等七部委联合出台《关于建立风险投资机制若干意见的通知》(国办发〔1999〕105 号),建立了风险投资机制的基本原则。	➢ 1985 年我国第一家创业投资机构——中国新技术创业投资公司由原国家科学技术委员会和财政部联合几家股东共同投资设立,其创立之初的目的是扶植各地高科技企业的发展。 ➢ 1987 年香港创业及私募投资协会(HKVCA)成立。 ➢ 1993 年国内第一只外商投资创业投资基金——太平洋技术风险投资(中国)基金(后更名为 IDG 技术创业投资基金)由美国国际数据集团(International Data Group,IDG)与上海市科学技术委员会共同创立。 ➢ 1999 年 11 月港交所正式推出创业板。

[1] Professor Andrew Metrick. Venture Capital and the Finance of Innovation,John Wiley & Sons,2007.

续表

年/年代	国际私募基金市场与监管大事记	人民币基金监管大事记	人民币基金市场大事记
20 世纪 80 ~ 90 年代	➤尽管如此，又一批大型独立 PE 机构如普罗维登斯(Providence Equity Partners)(1989)、阿波罗(Apollo Management)(1990)、德太(TPG)(1992)在此期间相继创立。 ➤ 1995 ~ 2000 年是美国 VC 业的繁荣时代。亚马逊、美国在线、eBay、网景、雅虎等相继 IPO。 ➤ 90 年代初机构有限合伙人协会(ILPA)在华盛顿特区成立。		
	欧洲 ➤ 1981 年花旗银行欧洲 VC 业务部门(CVC Capital Partners)成立，1993 年分立成为独立投资机构。 ➤ 1983 年英国私募股权和风险投资协会(British Private Equity and Venture Capital Association)成立。 ➤ 1983 年欧洲 PE、VC 和基础设施基金行业协会－欧洲 PE/VC 协会(European Private Equity and Venture Capital Association，EVCA)成立。 ➤ 1990 年 PE 二级市场策略的先驱之一 Jeremy Coller 创立科勒资本(Coller Capital)。 ➤ 1994 年欧盟投资基金(European Investment Fund，EIF)成立。		
	开曼群岛 ➤ 1991 年开曼群岛发布《豁免有限合伙法 1991 年》(Exempted Limited Partnership Law，1991)，首次推出全新的豁免有限合伙架构。 ➤ 1998 年开曼群岛修订《公司法》推出独立投资组合公司(Segregated Portfolio Company)架构。		

续表

年/年代	国际私募基金市场与监管大事记	人民币基金监管大事记	人民币基金市场大事记
2000 ~ 2009 年	美国 ➢ 2000 年互联网泡沫破裂，宣告 1995 ~ 2000 年的 VC 繁荣时代结束。 ➢ 2002 年索克斯法案出台加重了对上市公司的监管。一些上市公司管理层开始认为被 PE 基金收购可能会比保持公众公司身份更有吸引力。而增加的合规成本增加了 VC 基金通过 IPO 退出的难度。 ➢ 2004 年新兴市场股权投资协会（EMPEA）成立。 ➢ 2006 年 5 月 KKR Private Equity Investors（KPE）在阿姆斯特丹 Euronext exchange 上市融得 50 亿美元。 ➢ 2007 年 2 月并购基金行业组织私募股权协会（Private Equity Council，PEC）在华盛顿成立。[1] ➢ 2007 年 6 月黑石集团在纽交所上市融得 40 多亿美元。 ➢ 2008 年美国次贷危机引起信贷紧缩、债券缩水和投资人流动性收紧。PE 行业遭受政治及舆论批评，迎来一波针对性监管浪潮。此前以杠杆收购为主要行业特征的私募股权投资开始采取更为多样化的策略，寻求在降低杠杆甚至无法获得杠杆的情况下提供具有吸引力的回报。	➢ 2000 年 9 月 19 日，财政部、国家税务总局引发《关于个人独资企业和合伙企业投资者征收个人所得税的规定》（财税〔2000〕91 号）（以下简称《91 号文》），确立了以下原则：合伙企业投资者的生产经营所得比照个人所得税法的“个体工商户的生产经营所得”应税项目，适用 5% ~35% 的超额累进税率，计征个人所得税。 ➢ 2001 年 1 月 17 日，国家税务总局发布《关于〈关于个人独资企业和合伙企业投资者征收个人所得税的规定〉执行口径的通知》（国税函〔2001〕84 号），对于合伙企业对外投资所得的利息、股息、红利不并入合伙企业收入，而是单独作为投资者个人取得的该等收入，按照利息、股息、红利所得应税项目计征个人所得税，法定税率为 20%。 ➢ 2002 年 10 月《基金法》经第十届全国人大常委会第五次会议审议通过，对证券投资基金单独立法，但并未包括私募证券投资基金。 ➢ 2003 年 1 月 30 日《外资创投规定》发布（2015 年修订）。 ➢ 2005 年 4 月 29 日，证监会发布《关于上市公司股权分置改革试点有关问题的通知》（证监发〔2005〕32 号，已失效），宣布启动股权分置改革试点。此后，一、二级市场通道被打通，本土创投开始逐渐登上历史舞台。	➢ 2000 年新浪通过 VIE 架构赴美上市，为美元基金打通了海外退出通道，本土投资、海外退出的美元基金模式成型。 ➢ 2002 年中华股权投资协会（CVCA）成立，是中国境内成立最早的创业投资和私募股权投资行业协会组织。 ➢ 2002 年随着创业板计划的被搁置，本土创投遭遇史上的第一次寒冬。 ➢ 2004 年国内首只产业投资基金——中国 - 比利时直接投资股权基金 * 成立，同时成为第一家获得全国社保基金注资的 PE 基金。 ➢ 2004 年 6 月深交所变相推出了“中小企业板”（以下简称“中小板”），搭建了中国内地民营企业 IPO 的第一个专属舞台。 ➢ 2008 年 4 月弘毅投资产业一期基金 * 在天津成立，是我国最早的有限合伙型 PE 基金之一。[2] ➢ 2008 年 4 月经国务院批准，财政部、人社部同意全国社保基金投资经国家发改委批准的产业基金和在国家发改委备案的市场化股权投资基金，总体投资比例不超过社保基金总资产（按成本计）的 10%。 ➢ 2008 年 6 月弘毅投资产业一期基金获得全国社保基金投资，是第一只成功获得全国社保基金投资的市场化股权投资基金。 ➢ 2009 年 10 月期待已久的创业板在深圳推出，多年来苦无退出渠道的中国本土创投迎来了难得的发展机遇。但是，深交所创业板在 IPO 标准设计及 IPO 审核模式上比较保守，仍采用了主板的全套做法，尤其是在盈利及规模指标上设置了很高的门槛，再加上 IPO 实质性审核模式（核准制）导致周期长、排队成本高。

〔1〕 2010 年在吸收了成长基金管理人会员的基础上改名为私募股权成长资本协会（Private Equity Growth Capital Council，PEGCC）。2016 年再次改名为美国投资协会（American Investment Council）。

〔2〕 在以下所有标有星号（*）标记的基金中，方达基金组均作为基金律师提供了设计架构、设立、募集等方面的全方位的法律服务。

续表

年/年代	国际私募基金市场与监管大事记	人民币基金监管大事记	人民币基金市场大事记
	欧洲 ➢ 2001 年欧盟决定修改 UCITS I 指令同时实施 UCITS III 指令，引入欧洲护照的概念。合规的资产管理公司可申请欧洲护照，于成员国间自由行销及营运。 ➢ 2007 年 11 月欧盟发布《欧盟金融工具市场指令》(The Markets in Financial Instruments Directive, MiFID)。 ➢ 但专门针对私募基金的监管在全球金融危机前基本上不存在。	➢ 2005 年 11 月 15 日，国家发改委等十部委发布《创投企业管理办法》，确立 VC 基金两级自愿备案制度(并在日后推出一系列针对备案 VC 基金的政策扶持政策)。 ➢ 2006 年 8 月 27 日，新修订《合伙企业法》通过，有限合伙企业制度确立，允许法人机构成为合伙人，为有限合伙型 PE/VC 基金奠定了法律基础。 ➢ 2007 年 2 月 7 日，财政部、国家税务总局发布《关于促进创业投资企业发展有关税收政策的通知》(财税〔2007〕第 31 号)，规定创业投资企业符合条件的，可按其对中小高新技术企业投资额的 70% 抵扣应纳税所得。但实际实施后，该优惠仅适用于公司制创投企业。 ➢ 2007 年 3 月 16 日《企业所得税法》通过，并于 2008 年 1 月 1 日起实施。该法明确不适用于合伙企业。同时，该法在法律层面重申了创业投资企业可以按投资额的一定比例抵扣应纳税所得额。 ➢ 2007 年 6 月 28 日，《保险资金境外投资管理暂行办法》(保监会、人民银行、国家外汇局令〔2007〕第 2 号)，险资获准通过委托投资方式投资于境外证券投资基金等产品。 ➢ 2008 年 12 月 23 日财政部、国家税务总局《关于合伙企业合伙人所得税问题的通知》(财税〔2008〕159 号)发布，追溯至 2008 年 1 月 1 日实施，该文确立了合伙企业生产经营所得和其他所得采用“先分后税”的原则。	

续表

年/年代	国际私募基金市场与监管大事记	人民币基金监管大事记	人民币基金市场大事记
2010 年至 2020 年	美国 ➢ 2010 年 7 月美国出台了《多德－弗兰克华尔街改革与消费者保护法案》(Dodd-Frank Wall Street Reform and Consumer Protection Act)。该法案第四章又被称为《2010 年私募基金投资顾问登记法案》,修改了美国《1940 年投资顾问法》中关于私募基金投资顾问豁免登记的条款,要求所有私募基金管理人必须进行登记;将此前缺乏监管的场外衍生品市场、对冲基金、私募基金等纳入监管范畴,并专门针对对冲基金和私募基金建立了若干监管规则,加强了对于私募基金投资顾问的注册监管。同时,立法者认为 VC 基金不涉及杠杆,投资锁定期长,在次贷危机中没有爆发较大风险,因而可对创投基金给予注册豁免,并要求美国证监会针对 VC 基金出台细则。 ➢ 2011 年 7 月美国证监会出台 203(1)－1 规则,首次对“VC 基金”做了定义。 ➢ 2013 年 12 月美国证监会等五个联邦机构批准了《沃尔克规则》(The Volcker Rule)(2014 年 4 月 1 日生效),对金融机构自营交易业务、对对冲基金或 PE 基金的投资等进行了限制。 ➢ 2017 年 12 月《减税及就业法案》(Tax Cuts and Jobs Act of 2017)签署生效,这是 1986 年以来最大的税收改革,对私募基金行业产生重大影响。 ➢ 2020 年 6 月,美国证监会等五个联邦机构批准了对《沃尔克规则》的修改(10 月 1 日生效),放松银行类机构对 VC 基金、信贷基金、家族财富管理平台等的投资限制。	➢ 2010 年 7 月 30 日原保监会发布《保险资金运用管理暂行办法》(中国保险监督管理委员会令 2010 年第 9 号),依据该暂行办法保险资金可进行股权投资,其中包括未上市股权相关金融产品(指股权投资管理机构发起设立或者发行的以未上市企业股权为基础资产的投资计划或者投资基金等),为险资投资于 PE 基金提供了上位监管规则基础。 ➢ 2010 年 7 月 31 日原保监会发布《保险资金投资股权暂行办法》(保监发〔2010〕79 号,以下简称《79 号文》),明确保险公司可以开展直接和间接股权投资,其中,间接股权投资即投资于符合条件的第三方投资管理机构发起设立的 PE 基金。该文是险资成为中国最重要的机构投资人的肇始。 ➢ 2011 年 1 月 31 日国家发改委下发《关于进一步规范试点地区股权投资企业发展和备案管理工作的通知》(发改办财金〔2011〕253 号,现已失效),要求试点地区的 PE 基金接受强制备案管理;同年 11 月 23 日,国家发改委下发《关于促进股权投资企业规范发展的通知》(发改办财金〔2011〕2864 号,现已失效),将 PE 基金强制备案制度由试点地区推广至全国。 ➢ 2012 年 6 月 6 日基金业协会成立。 ➢ 2012 年 7 月 16 日原保监会发布《关于保险资金投资股权和不动产有关问题的通知》(保监发〔2012〕59 号,以下简称《59 号文》),其中对于险资投资 PE 基金的条件、要求新增规范并对《79 号文》规范加以解释,明确允许险资投资母基金。	➢ 2010 年中国股权投资基金协会正式组建。 ➢ 2010 年 10 月中国投资协会股权和创业投资专业委员会(简称中国创投委)成立。 ➢ 2010 年 IDG 设立其第一只有限合伙制基金,并成功获得全国社保基金投资＊。 ➢ 2011 年 3 月黑石集团首只人民币基金,＊在上海设立,成为首家取得 QFLP 资质的全球性 PE 基金管理人。 ➢ 2011 年 6 月中金佳成设立佳泰一期基金＊,该基金为首只由证券公司直投子公司发起设立的股权投资基金。 ➢ 2011 年 7 月凯雷集团旗下首只人民币基金＊在国家发改委完成 PE 基金备案,是首家取得国家发改委备案的全球性 PE 基金管理人旗下基金。该基金也是获得北京市旗舰母基金重点支持的 3 家 PE 基金之一。 ➢ 2011 年 9 月高盛旗下首只人民币基金＊设立,成为北京市旗舰母基金重点支持的 3 家 PE 基金之一。 ➢ 2011 年 10 月中信资本成功设立其第一只人民币基金,并获得全国社保基金投资＊。 ➢ 2011 年 11 月,弘毅投资二期人民币基金＊获得全国社保基金和中国人寿投资,该基金也是首只获得中国保险资金投资的股权投资基金。 ➢ 2011 年 12 月信达资本于天津发起设立其首只私募股权投资基金＊,该基金为首批由资产管理公司发起设立的人民币基金之一。 ➢ 2011～2012 年北京市旗舰母基金——北京股权投资发展中心(有限合伙)设立＊。摩根大通与北京国有资本经营管理中心联合发起设立的首只 QFLP 基金在北京设立＊。 ➢ 2011～2012 年德太分别在重庆和上海完成其旗下第一只人民币基金的设立＊。 ➢ 2012 年钱伯斯亚太(Chambers Asia Pacific)首次进行投资基金业务排名,方达自首次排名起一直位居投资基金业务第一级别。 ➢ 2012 年 6 月高盛获批 QFLP 资格,设立北京市首批 QFLP 试点基金之一＊。

续表

年/年代	国际私募基金市场与监管大事记	人民币基金监管大事记	人民币基金市场大事记
	➢ 2020 年 8 月美国证监会修订美国证券法及证监会规则下的“合格投资人”(accredited investor)及“合格机构购买人”(qualified institutional buyer)的定义。在合格投资人项下新设了一类通过专业知识和能力而达标的类别，同时针对私募基金而言，其资深雇员(knowledgeable employees)也可以构成合格投资人。 欧洲 ➢ 2010 年 9 月为应对因 2008 年金融危机而暴露的金融监管缺陷，欧洲议会批准设立“一会三局”，[1] 从 2011 年 1 月 1 日起从宏观及微观层面上加强金融系统监管，成为后危机时代欧盟金融改革的重要里程碑。 ➢ 2013 年 7 月《另类投资基金管理人指引》(Alternative Investment Fund Managers Directive，AIFMD)开始实施。AIFMD 正式界定了私募基金即“另类投资基金”(AIF)的概念，厘清了私募基金和公募基金的边界。[2] 监管的重点是基金管理人而不是基金本身。	➢ 2012 年 12 月 28 日《基金法》修订通过，首次将私募证券投资基金纳入调整范围。 ➢ 2012 年 8 月 1 日，财政部、国家税务总局发布《关于苏州工业园区有限合伙制创业投资企业法人合伙人企业所得税试点政策的通知》(财税〔2012〕67 号)，对苏州工业园区内的有限合伙制创投企业的法人合伙人适用 70% 未上市中小高新技术企业投资额 70% 抵扣应纳税所得额。 ➢ 2012 年 10 月 12 日，原保监会发布《保险资金境外投资管理暂行办法实施细则》(保监发〔2012〕93 号)，保险资金开始投资于境外 PE 基金及母基金，并在特定行业范围内进行直接股权投资。 ➢ 2013 年 6 月中央机构编制委员会办公室印发《关于私募股权基金管理职责分工的通知》(中央编办发〔2013〕22 号)，明确由证监会负责股权投资基金行业的具体监督管理，国家发改委则主要从宏观上负责组织拟订行业发展政策措施。经中央编办同意，证监会授权基金业协会具体负责私募投资基金管理人登记和私募基金备案并履行自律监管职能。 ➢ 2014 年 1 月证监会向国务院上报《私募投资基金管理暂行条例(草案)》。[3]	➢ 2012 年 8 月摩根士丹利在杭州设立其第一只人民币基金 *，该基金是最早获得原银监会批复由信托公司参与发起设立的 PE 基金。 ➢ 2013 年 3 月凯雷和德太分别在北京和上海获批 QFLP 资格，设立当地首批 QFLP 试点基金 *。 ➢ 2013 年 9 月包括橡树资本 * 在内的第一批共 6 家境外大型对冲基金公司获得上海 QDLP 试点资格。 ➢ 2013 年歌斐资产募集完成中国第一只 S 基金。 ➢ 2014 年 3 月 17 日，基金业协会公布第一批 50 家私募基金管理人获颁登记证书。 ➢ 2014 年 9 月中资协成立。 ➢ 2016 年太平洋保险收购一家人民币夹层基金 LP 份额，涉及复杂的定价机制等前沿问题，是人民币基金市场最早的 S 交易之一 *。 ➢ 2016 年 10 月 Ares Management 设立其第一只人民币基金 *。 ➢ 2016 年 11 月中国人寿成立中国市场上规模最大的大健康产业基金 *，该基金是保监会关于保险私募基金规定颁布后首只获批成立的保险私募股权投资基金。 ➢ 2017 年 6 月菜鸟设立专注于物流仓储领域的人民币基金 *，该基金为中国市场首只人民币核心基金。

[1] 即欧洲系统性风险委员会(European Systemic Risk Board，ESRB)、欧洲银行监管局(European Banking Authority，EBA)、欧洲保险与职业养老金局(European Insurance and Occupational Pensions Authority，EIOPA)及欧洲证券及市场管理局(European Securities and Markets Authority，ESMA)。

[2] 泛指无须按照欧盟《可转让证券集合投资计划》(UCITS)获得审批的集合投资计划。UCITS 在欧盟广泛用于可以面向公众投资者募集的公募型基金，不但基金管理人本身需要获得牌照、UCITS 基金本身也需要由监管机关进行实质审查和登记。

[3] 2017 年 8 月国务院法制办拟订《私募投资基金管理暂行条例(征求意见稿)》，并向社会各界征求意见。2019 年 5 月国务院办公厅发布《关于印发国务院 2019 年立法工作计划的通知》，将《私募投资基金管理暂行条例》列入 2019 年立法工作计划。

续表

年/年代	国际私募基金市场与监管大事记	人民币基金监管大事记	人民币基金市场大事记
	➢ AIFMD 对私募基金实行统一监管，但并没有区别对待开放式私募基金（即对冲基金以及其他投资于流动性较高资产类别的基金）和封闭式基金（即私募股权基金以及其他投资于流动性较低资产类别的基金）。[1] ➢ 同时按照基金规模实行分级监管：重点监管大型另类基金管理人，建立和强化信息披露机制，强化对杠杆的规制及需向监管机构取得经营核准。AIFMD 对小规模另类投资基金管理人则采取较为宽松的监管方式。允许欧盟成员国为一定资产规模以下的小规模另类投资基金管理人（Small AIFMs）建立监管程度较低的制度，其中 AIFMD 第 3 条第 2 款规定，小规模另类投资基金管理人可在一定程度上豁免适用 AIFMD 的监管要求。[2] ➢ 自此欧洲投资基金一体化市场形成了以 ESMA 为单一监管者，以公募、私募、创投基金为主要监管对象并实行差异化监管，并辅以货币市场基金、社企基金和长期基金进行单行立法的综合金融监管法律制度。	➢ 2014 年 2 月中央编办综合司发布《关于创业投资基金管理职责问题意见的函》（编综函字〔2014〕61 号），进一步明确创业投资基金业归属证监会进行监督管理。 ➢ 2014 年 1 月 17 日基金业协会发布《登记备案办法》，2 月 7 日起施行，正式启动登记备案工作。 ➢ 2014 年 5 月 8 日《国务院关于进一步促进资本市场健康发展的若干意见》（国发〔2014〕17 号）发布，设专章阐述培育私募市场，要求建立健全私募发行制度，发展私募投资基金。 ➢ 2014 年，国务院《关于加快发展现代保险服务业的若干意见》（国发〔2014〕29 号）（以下简称保险业新国十条）发布，提出保险资金发挥长期投资优势支持科技企业、小微企业发展相配套。 ➢ 2014 年 8 月 21 日证监会发布（《证监会 105 号文》），是中国私募基金历史上第一部纲领性文件。 ➢ 2014 年 12 月 12 日原保监会发布《关于保险资金投资创业投资基金有关事项的通知》（保监发〔2014〕101 号），险资开始投资于 VC 基金。	➢ 2018 年 4 月 24 日港交所正式公布，允许双重股权结构公司、尚未盈利的生物科技公司、在海外上市的创新企业赴港上市。新规则一改香港金融界奉为“圭臬”的“同股同权”，被市场人士视为 25 年来港交所意义最为重大的上市制度改革。4 月 30 日，港交所新的《上市规则》正式开始执行。 ➢ 2018 年 6 月桥水（中国）投资管理有限公司在基金业协会登记成为 PFM *，标志着全球最大对冲基金桥水（Bridgewater Associates）在华私募业务正式启动。 ➢ 2019 年上交所“科创板 + 注册制”横空出世，改变了中国内地创新企业 IPO 的生态。2019 年 6 月 13 日，科创板正式开板；7 月 22 日，科创板首批公司上市；8 月 8 日，第二批科创板公司挂牌上市。意味着中国版 NASDAQ 正式起航，也标志着中国版注册制正式开始落地实施。 ➢ 2020 年伴随着科创板的呱呱坠地，A 股注册制改革终于拉开了帷幕，不但在发行制度上打破了过去行政审批的基本框架，而且引入了同股不同权、VIE 企业回归，甚至通过多套上市标准首次允许亏损企业发行上市，为期盼已久的新经济企业登陆 A 股市场开了制度绿灯。 ➢ 2020 年 8 月 18 日 Oaktree（北京）投资管理有限公司完成基金业协会备案登记，成为北京 QDLP 试点机制下第一家获批企业 *。 ➢ 2020 年人民币基金市场连续迎来三笔 S 交易（涉及昆仲资本、君联资本和 IDG 资本）。

[1] AIFMD 中针对小规模另类投资基金管理人（Small AIFMs）的制度里，对开放式基金和封闭式基金进行了有差别的对待。AIFMD 对于对冲基金等开放式基金的管理人实施更严格的规定，一旦资产规模总计超过 1 亿欧元就需要接受 AIFMD 的全面监管（而非开放式基金达到 5 亿欧元才需要接受全面监管）。

[2] 与全范围基金管理人（full-scope AIFM）相比，小规模另类投资基金管理人承担的合规和申报义务相对较轻。例如，往往 AIFMD 转化为本国法之后小规模另类投资基金管理人不需要申请相关的牌照只需要进行注册；小规模管理人无需对其管理的基金委任存托机构（depositary）；比之全范围基金管理人，小规模另类投资基金管理人的劣势在于无法享受单一护照制度，即小规模另类投资基金管理人管理的基金无法按照 AIFMD 规定的便利政策在每一个欧盟国家推介募集。但是小规模另类投资基金管理人可以自愿选择符合 AIFMD 全面监管要求，以享受推介募集的单一护照制度的便利。

续表

年/年代	国际私募基金市场与监管大事记	人民币基金监管大事记	人民币基金市场大事记
	➢ 2013 年欧盟委员会出台《欧盟风险投资基金条例》(European Venture Capital Funds Regulation)(“EuVECA”) 和《欧洲社会企业基金条例》(European Social Entrepreneurship Regulation)(“EuSEF”),旨在鼓励欧盟创投基金和中小企业发展。〔1〕 ➢ 2013 年安盛集团 PE 部门独立并更名为 Ardian。 ➢ 2015 年欧洲 PE/VC 协会改名为投资欧洲(Invest Europe)。 ➢ 2018 年 4 月欧盟委员会及欧洲投资基金共同发起泛欧创投母基金计划(VentureEU)。 ➢ 2020 年 1 月 31 日英国正式脱欧。	➢ 2015 年 9 月 10 日,原保监会发布《关于设立保险私募基金有关事项的通知》的(保监发〔2015〕89 号)(以下简称《89 号文》)规定,保险资金可发起设立私募基金,包括成长基金、并购基金、产业基金、夹层基金、不动产基金、VC 基金及母基金,基本涵盖广义 PE 基金中的主流品种。 ➢ 2015 年 10 月 28 日商务部发布经修订的《外商创投规定》(中华人民共和国商务部令 2015 年第 2 号) ➢ 2015 年 10 月 23 日,财政部、国家税务总局《关于将国家自主创新示范区有关税收试点政策推广到全国范围实施的通知》(财税〔2015〕116 号),2015 年 11 月 16 日国家税务总局发布《关于有限合伙制创业投资企业法人合伙人企业所得税有关问题的公告》(国家税务总局公告 2015 年第 81 号),将部分地区试点的有限合伙制创投企业的法人合伙人、可按照对未上市中小高新技术企业投资额的 70% 抵扣应纳税所得额的政策,推广至全国范围。 ➢ 2016 年 2 月基金业协会先后发布《内控指引》、《信息披露办法》及《规范管理人登记公告》。 ➢ 2016 年 4 月基金业协会先后发布《行为管理办法》及《私募投资基金合同指引》。	
	开曼群岛 ➢ 2014 年开曼群岛发布《2014 豁免有限合伙法》(Exempted Limited Partnership Law,2014),大幅修订其豁免有限合伙体制,以迎合国际基金发起人的要求。当中的修订包括扩大了合资格普通合伙人的范围、安全港活动及简化签订有限合伙协议的要求等。 ➢ 2018 年开曼群岛发布《2018 年豁免有限合伙法》(Exempted Limited Partnership Law, 2018),进一步明确有限合伙人的法定信息权。		

〔1〕 风险投资基金或者社会企业基金的管理人虽然属于小规模另类投资基金管理人的范畴,但是如果管理人和基金本身符合了 EuVECA 和 EuSEF 的相关条件(比如管理资产规模不超过 5 亿欧元、基金无杠杆安排、5 年内不提供赎回安排,同时管理资产的 70% 要用来进行符合要求的中小企业投资或社会企业投资),其管理基金可以作为欧盟风险投资基金或欧盟社会企业基金,享受单一护照制度、取得在欧盟境内销售基金的权利。

续表

年/年代	国际私募基金市场与监管大事记	人民币基金监管大事记	人民币基金市场大事记
	➢ 2019 年 1 月开曼群岛推出《2018 年国际税务合作(经济实质)法》及《2018 年国际税务合作(经济实质)(规定日期)规例》(连同其于 2019 年 2 月发布的《2019 年国际税务合作(经济实质)(附表修订)规例》,统称为"《经济实质法》")。此举旨在响应经济合作与发展组织为打击地域流动性高的活动的侵蚀税基及转移利润而提出的国际标准。 ➢ 2020 年 2 月开曼群岛发布《2020 年私募基金法》(Private Funds Law, 2020)及其相关法规,首次将封闭式基金纳入开曼群岛金融管理局(Cayman Islands Monetary Authority)的注册系统,并制定了全方位的监管体系。 ➢ 2020 年 7 月开曼群岛通过《2020 年私募基金法》修正案,进一步明确需要向开曼金融管理局注册的"私募基金"的定义及修正如利益冲突披露等持续运营的要求。	➢ 2016 年 9 月 16 日《创投国十条》发布,从丰富投资主体、拓宽资金来源、加强政府引导和政策扶持、完善创投法规、完善退出机制、优化市场环境、推动行业双向开放、完善行业自律和服务体系 10 个方面提出了 22 条意见。 ➢ 2017 年 2 月 21 日证监会发布《投资者适当性管理办法》,进一步完善投资者合法权益保护的基础制度建设。 ➢ 2017 年 3 月 1 日基金业协会发布《服务业务管理办法》,明确私募基金服务机构与私募基金管理人的法律关系,规范服务业务的发展。 ➢ 2017 年 4 月 28 日,财政部、国家税务总局发布《关于创业投资企业和天使投资个人有关税收试点政策的通知》(财税〔2017〕38 号),开展试点,对创投企业和天使投资个人投资于符合条件的种子期、初创期科技型企业,投资额的 70% 在股权持有满 2 年的当年可抵扣应纳税所得额。(根据投资方形式的差异,分别抵扣公司制基金或法人合伙人的企业所得税、个人合伙人和天使投资个人的个人所得税)。 ➢ 2017 年 6 月 28 日基金业协会发布《投资者适当性管理实施指引》。 ➢ 2017 年 8 月 30 日国务院法制办发布《私募基金条例(征求意见稿)》。 ➢ 2017 年 12 月 22 日,基金业协会发布《私募基金管理人登记须知》(2017 年版),明确机构登记重点事项规范标准、不予登记的情形等。 ➢ 2018 年 1 月 12 日基金业协会发布《2018 版基金备案须知》,明确私募基金的投资不是借贷活动,重申投资者风险揭示书的签署要求。	

续表

年/年代	国际私募基金市场与监管大事记	人民币基金监管大事记	人民币基金市场大事记
		➢ 2018年1月24日原保监会发布《保险资金运营管理办法》(保监会令〔2018〕1号),取代了早先的暂行办法。险资运用形式中明确列举了“投资股权”,且明确规定了险资可以投资VC基金等私募基金,并可以设立保险私募基金。在部门规章层面统领了《79号文》《59号文》《101号文》和《89号文》等具体规范。 ➢ 2018年2月12日,原保监会资金部发布《关于加强保险资金股权投资事后报告监管机制有关事项的通知》(资金部函〔2018〕34号)和《关于印发〈保险资金股权投资信息报告监管口径〉的通知》(资金部函〔2018〕35号),明确险资投资于PE基金的事后报告事项和时限,并明确PE基金的投资管理机构和险资对中资协的相关报告义务。 ➢ 2018年3月1日,中资协发布《关于报告保险资金股权投资信息的通知》,就股权投资信息报告系统事项进行了细节规定,并对险资、PE基金的投资管理机构、托管机构、中介机构等各自的信息报告义务和程序作出规定。 ➢ 2018年《股权办法征求意见稿》,进一步放宽保险资金投资私募股权的可投行业范围及可投基金种类。 ➢ 2018年3月27日基金业协会发布《关于进一步加强私募基金行业自律管理的决定》,维护投资者合法权益。 ➢ 2018年4月27日人民银行、银保监会、证监会及国家外汇局联合发布《资管新规》。 ➢ 2018年5月14日,财政部、国家税务总局发布《关于创业投资企业和天使投资个人有关税收政策的通知》(财税〔2018〕55号)。该文将2017年38号文的试点政策变为正式税收优惠政策。	

续表

年/年代	国际私募基金市场与监管大事记	人民币基金监管大事记	人民币基金市场大事记
		➢ 2018 年 8 月 31 日，全国人大常委会发布《关于修改〈个人所得税法〉的决定》，于 2019 年 1 月 1 日起实施。此次修订增加了反避税相关条款，对我国实施 CRS 等反避税规则提供了上位法支持。 ➢ 2018 年 12 月 18 日，国务院发布《个人所得税法实施条例》（2018 年修订）（国务院令第 707 号），于 2019 年 1 月 1 日起实施，该修订在“财产转让所得”定义中增加了“合伙企业的财产份额”，适用 20% 税率计征个人所得税，基本结束了个人合伙人的合伙企业份额转让适用财产转让税率（20%）还是视同退伙/入伙适用 5% ~35% 税率的争论（但税基如何确认等相关争议仍然未决）。 ➢ 2018 年 10 月 19 日基金业协会就“私募股权投资基金参与上市公司并购重组”相关问题答记者问，并于 10 月 21 日发布《关于对参与上市公司并购重组纾解股权质押问题的私募基金提供备案“绿色通道”相关安排的通知》。 ➢ 2018 年 10 月 22 日证监会发布《私募资管细则》。 ➢ 2018 年 11 月 20 日基金业协会发布《私募投资基金命名指引》，自 2019 年 1 月 1 日起实施。 ➢ 2018 年 12 月 7 日基金业协会发布《基金管理人登记须知》。 ➢ 2019 年 1 月 10 日财政部、国家税务总局、国家发改委、证监会联合发布了《关于创业投资企业个人合伙人所得税政策问题的通知》（财税〔2019〕8 号），两类持牌合伙制创投企业［按照《创投管理办法》或证监会 105 号文备案的合伙制创业投资企业（基金）］，可在按单一投资基金核算和按年度所得整体核算两种方式中选择如何计算其个人合伙人个人所得税。 ➢ 2019 年 3 月 15 日第十三届全国人民代表大会第二次会议通过《外商投资法》，确立了外商投资准入、促进、保护、管理等方面的基本制度框架。	

续表

年/年代	国际私募基金市场与监管大事记	人民币基金监管大事记	人民币基金市场大事记
		➢ 2019年8月,为落实科创板上市公司并购重组注册制试点改革要求,证监会发布《科创板上市公司重大资产重组特别规定》(证监会公告〔2019〕19号)。 ➢ 2019年10月25日,国家发改委、人民银行等六部门发布《1638号文》,对金融机构资产管理产品投资两类基金如何适用《资管新规》作了明确规定。 ➢ 2019年11月11日,基金业协会发布《私募股权、创业投资基金管理人会员信用信息报告工作规则(试行)》。 ➢ 2019年11月22日,国家发改委、商务部发布《市场准入负面清单(2019年版)》,私募基金被首次纳入《市场准入负面清单》。 ➢ 2019年11月14日,最高人民法院正式发布《九民纪要》。 ➢ 2019年11月29日,基金业协会发布《基金从业人员资格管理办法(试行)(征求意见稿)》。 ➢ 2019年12月6日证监会发布《MOM产品指引》。 ➢ 2019年12月23日基金业协会发布《2019版基金备案须知》,进一步明晰私募基金的外延边界、重申合格投资者制度、明确募集完毕概念、细化投资运作要求并针对不同类型基金提出差异化备案要求。 ➢ 2019年12月28日第十三届全国人大常委会第十五次会议审议通过修订后的《证券法》。 ➢ 2020年2月7日起对持续合规运行、信用状况良好的私募基金管理人试行"分道制+抽查制"方式办理私募基金产品备案。 ➢ 2020年2月28日协会发布《关于便利办理私募基金管理人登记相关事宜的通知》,对增强办理私募基金管理人登记申请工作的公开透明问题公布了相应措施。	

续表

年/年代	国际私募基金市场与监管大事记	人民币基金监管大事记	人民币基金市场大事记
		➢ 2020 年 4 月 24 日证监会、国家发改委联合发布《关于推进基础设施领域不动产投资信托基金(REITs)试点相关工作的通知》(证监发〔2020〕40 号)。 ➢ 2020 年 5 月 28 日全国人大通过《民法典》(中华人民共和国主席令第 45 号,并于 2021 年 1 月 1 日生效)。 ➢ 2020 年 7 月 17 日,银保监会办公厅发布《关于优化保险公司权益类资产配置监管有关事项的通知》,提高了符合条件的保险资金投资于权益类资产的比例上限。市场受到鼓舞,认为是险资将扩大对 PE/VC 基金投资的利好消息。 ➢ 2020 年 7 月 31 日央行会同国家发改委、财政部、银保监会、证监会、国家外汇局等部门审慎研究决定,《资管新规》过渡期延长至 2021 年年底。 ➢ 2020 年 8 月,《国务院关于深化北京市新一轮服务业扩大开放综合试点建设国家服务业扩大开放综合示范区工作方案的批复》(国函〔2020〕123 号)中提出,在中关村国家自主创新示范区开展公司型创投企业所得税优惠政策试点,对符合条件的公司型创投企业按照企业年末个人股东持股比例实行免征企业所得税的试点。 ➢ 2020 年 9 月 11 日证监会发布《关于加强私募投资监管的若干规定(征求意见稿)》。 ➢ 2020 年 9 月 30 日,银保监会发布《关于优化保险机构投资管理能力监管有关事项的通知》(银保监发〔2020〕45 号),取消保险机构投资管理能力备案(包括 79 号文和 59 号文下的股权投资管理能力备案),调整为保险机构自评估、信息披露和持续监管相结合的方式,体现了行业监管"放管服"的趋势。 ➢ 2021 年 1 月 8 日,证监会发布《私募基金监管规定》。	

附录七　参考文献

一、中文文献

1. 吴晓灵、邓寰乐等:《资管大时代》,中信出版集团 2020 年版。

2. 中国证券投资基金业协会:《中国私募股权投资基金行业发展报告 2020》,中国财政经济出版社 2020 年版。

3. 中国证券投资基金业协会:《基金》,中信出版集团 2019 年版。

4. [美]戴维·凯里、约翰·莫里斯:《资本之王:全球私募之王黑石集团成长史》,巴曙松、陈剑等译,浙江人民出版社 2017 年版。

5. 郭强主编:《中国资产管理:法律和监管的路径》,中国政法大学出版社 2015 年版。

6. 刘健钧:《创业投资原理与方略:对"风险投资"范式的反思与超越》,中国经济出版社 2003 年版。

7. 基金业协会母基金专业委员会:《2017 中国私募股权投资母基金行业发展报告》。

8. 中国股权投资基金协会、北京股权投资基金协会:《中国母基金实践指引白皮书》,首都经济贸易大学出版社 2017 年版。

9. 清华大学国家金融研究院创业金融与经济增长研究中心:《2019 中国 CVC 行业发展报告》。

10. 母基金研究中心:《中国 S 基金全景报告》,2019 年 12 月。

11. 李录:《文明、现代化、价值投资与中国》,中信出版集团 2020 年版。

12. 张磊:《价值:我对投资的思考》,浙江教育出版社 2020 年版。

13. 中国政府引导基金名录编委会:《中国政府引导基金名录(2020)》。

14. 中金公司研究部:《黑石集团:全球领先的另类资管巨头》,2020 年 11 月 26 日。

15. 张立洲、刘兰香:《中国式投行》,中信出版集团 2015 年版。

16. 中国保险资产管理业协会:《保险资产管理实务》,中国金融出版社 2018 年版。

17. 郭强、张萱:《PE 基金如何入法》,载财新《中国改革》2012 年第 10 期。

18. 郭强:《求解私募基金监管体制》,载财新《新世纪周刊》2013 年第 42 期。

19. 刘燕:《大资管法制建设二十年:待从头收拾旧山河》,载《声音》2020 年第 10 期。

二、英文文献

1. Stephen A. Schwartman, *What It Takes—Lessons in the Pursuit of Excellence*, Simon &

Schuster, 2019.

2. Tom Nicholas, *VC: An American History*, Harvard University Press, 2019.

3. Karen Sands, Hermes GPE, *Inside The Fund Management Firm—How to Build and Deliver Operational Excellence*, Private Equity International, 2018.

4. Stephanie R. Breslow and Phyllis A. Schwartz, *Private Equity Funds Formation and Operation*, 2nd edition, Practising Law Institute, 2016.

5. Chesbrough H. W., *Making Sense of Corporate Venture Capital*, Harvard Business Review, 2002.

6. Richard Guo, *A Future Onshore*, IFLR Private Equity and Venture Capital Review, January 2008.

7. Richard Guo, Stephanie Zhu, Flora Qian and Kevin Troy, *More Relaxation for Renminbi Funds*, China Law & Practice, May 2009.

8. Technical Committee of the International Organization of Securities Commissions (IOSCO), *Private Equity Conflicts of Interest*, Nov. 2010.

9. Technical Committee of the International Organization of Securities Commissions (IOSCO), *Private Equity Final Report*, May 2008.

10. Tarmar Frankel, *Fiduciary Law*, Oxford University Press, 2011.

11. MJ Hudson, *Private Equity Fund Terms Research*, 5th Edition.

12. Deborah A. DeMott, *Fiduciary Contours: Perspective on Mutual Funds and Private Funds*, 2016.

13. Tichelen, A. Van, *Private Equity Secondary Market Valuation Analysis*, 2010.

14. IPEV, *International Private Equity and Venture Capital Valuation Guideline*, 2018.

15. SEC Staff Report, *Protecting Investors: A Half – Century of Investment Company Regulation*, May 29, 1992.

16. SEC, *Commission Interpretation Regarding Standard of Conduct for Investment Advisors*, Release No. IA – 5248.

17. SEC, *Rule of Practice and Rules on Fair Fund and Disgorgement Plans*, April 2019.

18. Investment Company Institute, *Investment Company Fact Book*, 60th edition, 2020.

19. Bain & Company, *Global Private Equity Report*, 2020.

20. Bain & Company, *Asia-Pacific Private Equity Report*, 2020.

21. Coller Capital, *The Private Equity Secondary Market*, 2020.

22. The Institutional Limited Partners Association (ILPA), *GP-led Secondary Fund Restructurings: Considerations for Limited and General Partners*, April 2019.

23. The Institutional Limited Partners Association (ILPA), *The ILPA Model Limited Partnership Agreement (Whole-of-Fund Waterfall)*, July 2020.

24. The Institutional Limited Partners Association（ILPA）, *The ILPA Model Limited Partnership Agreement*（*Deal-by-Deal Waterfall*）, July 2020.

25. BVCA, *Guide to Corporate Venture Capital*, Oct. 27, 2020.

26. CB sights, *The* 2019 *Global CVC Report*, Nov. 3, 2020.

27. BVCA, *Guide to GDPR for the Funds Industry*, Jun. 30, 2020.

28. NVCA, 2020 *Year Book*, Oct. 27, 2020.

29. SEC, *Business Development Company Report*, Sep. 24, 2020.

30. SEC, *Family Office-a Small Entity Compliance Guide*, Oct. 30, 2020.

后　记

本书是在方达律师事务所投资基金团队内部培训材料、研究报告和微信公众号文章的基础上，由投资基金和资产管理团队的核心团队成员编纂而成。投资基金和资产管理组的全体合伙人（姓名及简历请见后页）分担了全书各章节的审阅工作。感谢各位团队成员在新冠疫情阴影下、紧张繁重的本职工作之余、牺牲大量个人休息时间、为本书写作和编纂所付出的辛勤劳动。

本书作者及各自分工如下：

作者 （以姓氏拼音为序）	章节
崔晓光	第四章第六节（合写）、第五章第一节（合写）、第五章第三节（合写）、第七章第十节（合写）
黄思颖	第六章第二节、第六章第三节、第六章第六节、第六章第八节
黄宇笛	第七章第十三节
寇增艳	第三章第一节、第三章第二节、第五章第二节、第六章第一节
李蕾婉秋	第二章第二节、第五章第四节、第六章第四节（合写）、第六章第十三节、第七章第十一节
李　忻	第七章第十三节（合写）
李卓珺	第一章第一节、第一章第二节、第七章第五节、附录六
梁志鹏	第六章第九节、第六章第十节
刘　刚	第四章第四节（合写）、第四章第六节（合写）
钱　瑾	第四章第一节（合写）、第四章第五节（合写）、第七章第八节
施　艺	第一章第三节（合写）、第七章第十三节（合写）
宋　悦	第四章第五节（合写）、第五章第一节（合写）、第五章第三节（合写）、第七章第九节
汪灵罡	第五章第一节（合写）
王　辉	第七章第十三节
夏　莹	第一章第二节、第一章第三节（合写）、第二章第一节、第三章第一节、第三章第三节、第七章第三节

续表

作者 (以姓氏拼音为序)	章节
许思闻	第六章第五节
徐晓路	第三章第五节、第六章第四节(合写)
许晓悦	第四章第二节(合写)、第七章第十四节
殷　榕	第四章第二节(合写)、第七章第二节、第七章第六节
余禕菲	第四章第四节(合写)、第五章第一节(合写)、第五章第三节(合写)、第六章第十二节、第六章第十四节(合写)
郑文豪	第四章第一节(合写)、第六章第十四节(合写)、第七章第七节、第七章第十节(合写)

欧宇、陈婉婷、陈彩芳、苏永瀚、林嘉怡、严子轩、汤雪、陈贝贝也参与了本书部分章节的编写工作。梁志鹏、陈格、陈天旸和吴奇(实习生)为全书的统稿工作付出了辛勤的劳动,特此感谢。

本书写作过程中还得到了所内兄弟业务团队的大力支持,包括但不限于:韩亮和王瑾(第六章第七节)、林毅(第六章第十一节)、李春和胡震远(第六章第十四节)等各位合伙人,在此一并致谢。感谢方达律师事务所这个团结战斗的集体!

感谢我们的衣食父母们,虽然无法一一列出你们的名字,但对于各位一直以来给予我们的信任和支持,我们心心念念、无比感恩!法律行业是一个高度竞争的服务性行业,虽然也令人遗憾地存在个别不计成本的恶性低价竞争的现象,但我们坚信静水深流、靠质量取胜才是行业健康发展的不二法门。

感谢摩根士丹利董事总经理、人民币私募股权基金联席主管周熙先生百忙之中为本书作序,感谢北京大学法学院郭雳教授、德弘资本董事长刘海峰先生、中国人民银行前副行长吴晓灵女士、弘毅投资董事长赵令欢先生、蚂蚁集团首席法务官周志峰先生拨冗致推荐词,令本书蓬荜生辉。感谢法律出版社薛晗女士和赵明霞女士的专业指导和建议。

囿于我们的经验和水平,书中一定存在许多不足。疏漏和谬误之处,敬请读者朋友海涵并请不吝指正!

郭　强

2021年5月于北京

审　阅　人

郭　强

毕业于中国政法大学和美国纽约大学法学院，分别获得法学学士、国际法硕士和法律博士（J. D.）学位，拥有中国和美国纽约州执业资格。主要执业领域包括私人股权（基金募集设立及下游投资）、资产管理及兼并收购。自《钱伯斯（亚太）》设立投资基金业务评级以来，郭律师连年被评为该组别第一等级（也是该等级多年里唯一上榜律师）。《钱伯斯（亚太）》评价其为“中国基金设立领域的开创者之一”及“该领域的当然领导者”。同时，郭律师还被《亚洲法律》、《国际金融法律评论 1000 强》、The Legal 500、《法律名人堂》、总部设于伦敦的 Legal Media Group 之《专家指引》、Practical Law Company 等权威专业期刊评为私人股权业务和/或投资基金业务杰出律师。2020 年入选《国际金融法律评论》（IFLR）首度评选的“亚洲律师之选”（IFLR Asia Best Lawyers）。郭律师目前担任国家科技成果转化引导基金理事会理事、中华股权投资协会行业政策委员会特别法律顾问以及香港创业及私募投资协会技术委员会委员等社会职务。

陈　瑱

毕业于北京大学、清华大学和美国西北大学，分别获得法学学士、国际法学硕士和法律博士（J. D.）学位，拥有中国和美国纽约州执业资格。主要执业领域包括投资基金、私募股权和投资管理。陈律师在《2021 钱伯斯（亚太区）排名》（2021 Chambers Asia Pacific Guide）中被列为“投资基金”业务“潜质律师”（Up and Coming），在 The Legal 500 亚太区排名中被列为“投资基金”领域的“领先律师”（Leading Individual），及在《国际金融法律评论 1000 强》（IFLR1000）排名中被列为“投资基金”领域“高度受认可律师”（Highly Regarded）。

唐婕人

毕业于复旦大学和美国纽约大学法学院，分别获得法学学士和法学硕士学位，拥有中国和美国纽约州执业资格。主要执业领域包括私募基金设立及合规、资产管理及金融创新。唐律师于 2019 年及 2020 年在 The Legal 500 发布的亚太区榜单中被评为投资基金（Investment Funds）领域的“新星律师”（Next Generation Partners）。

钱亦伶

毕业于上海外国语大学和美国加州大学伯克利分校法学院，分别获得法学学士和法学硕士学位，拥有美国纽约州执业资格。主要执业领域为私人股权（包括基金设立和下游投资）。

殷　莹

毕业于复旦大学和美国纽约大学法学院，分别获得法学学士和法学硕士学位，拥有中国和美国纽约州执业资格。凭借在私募融资、收购兼并和资本市场领域的专长，结合其在资产管理和基金设立方面的经验，成为少数能在结构复杂的项目中为客户提供从上游融资到下游投资退出的一站式服务的律师。

任志毅

毕业于北京大学和美国哥伦比亚大学法学院，分别获得法学学士和法学硕士学位，拥有中国和美国纽约州执业资格。主要执业领域为金融监管、金融市场、基金产品和金融领域的并购交易，并为跨国金融/资管机构在中国的机构设立、产品发行、合规、监管调查和危机处理以及跨境交易等方面提供法律服务。

张　钺

毕业于北京大学、美国宾夕法尼亚大学和美国乔治城大学法学院，分别获得经济学学士、经济学硕士和法律博士（J. D.），拥有美国纽约州执业资格。主要执业领域为私募股权及资产管理，专注于美元基金设立及监管事宜。

图书在版编目(CIP)数据

人民币基金法律与实务指引 / 郭强主编. -- 北京 :
法律出版社, 2021
ISBN 978 - 7 - 5197 - 5655 - 0

Ⅰ. ①人… Ⅱ. ①郭… Ⅲ. ①证券投资基金法-中国
Ⅳ. ①D922.287

中国版本图书馆 CIP 数据核字(2021)第 102276 号

人民币基金法律与实务指引
RENMINBI JIJIN FALÜ YU SHIWU ZHIYIN

郭　强 主编

策划编辑 薛　晗　赵明霞
责任编辑 赵明霞
装帧设计 马　帅

出版发行 法律出版社
编辑统筹 法商出版分社
责任校对 晁明慧
责任印制 胡晓雅
经　　销 新华书店

开本 787 毫米×1092 毫米　1/16
印张 38.75　　**字数** 805 千
版本 2021 年 6 月第 1 版
印次 2021 年 6 月第 1 次印刷
印刷 三河市兴达印务有限公司

地址:北京市丰台区莲花池西里 7 号(100073)
网址:www. lawpress. com. cn
投稿邮箱:info@ lawpress. com. cn
举报盗版邮箱:jbwq@ lawpress. com. cn
销售电话:010 - 83938349
客服电话:010 - 83938350
咨询电话:010 - 63939796

书号:ISBN 978 - 7 - 5197 - 5655 - 0
定价:158.00 元